「十二五」國家重點圖書出版規劃項目

關學文庫·關學文獻整理系列

總主編 劉學智 方光華

韓邦奇集（上册）

[明] 韓邦奇 著
魏冬 點校整理

西北大學出版社

韓邦奇篆文碑影

疏鑿呂梁洪記碑，徐階撰文，韓邦奇題篆，文徵明書。

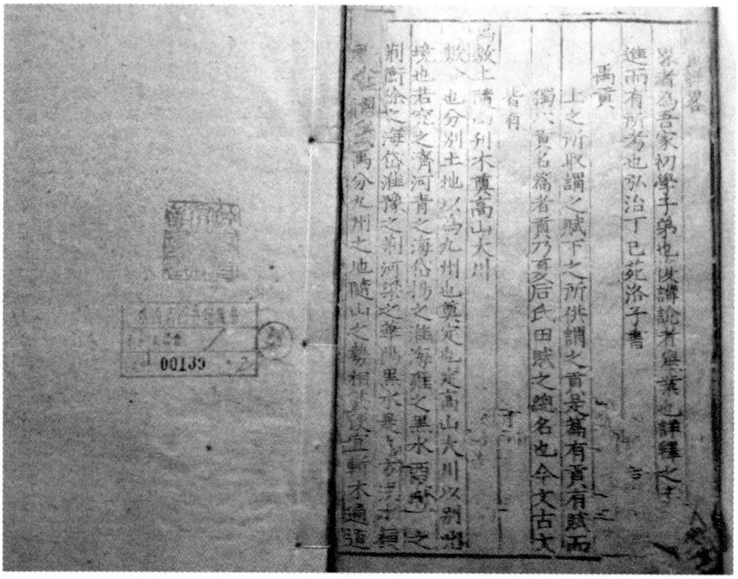

[illegible]略者爲吾家初學子弟也彼[illegible]者[illegible]業也詳釋之[illegible]
進而有所考也弘治丁巳苑洛子書
禹貢
上之所收謂之賦下之所供謂之貢是篇有貢有賦而
獨以貢名篇者貢乃夏后氏田賦之總名也今文古文
皆有
禹敷土隨山刊木奠高山大川
敷[illegible]也分別土地以爲九州也奠定也定高山大川以別州
境也若兗之濟河青之海岱徐之淮海雍之黑水西河之
荆衡[illegible]之[illegible]淮豫之荆河梁之華陽黑水是也[illegible]
[illegible]禹分九州之地隨山之勢相[illegible]宜斬木通道

陝西省圖書館藏韓邦奇禹貢詳略書影

總序

張載(一〇二〇—一〇七七),字子厚,宋鳳翔府郿縣(今陝西眉縣)人,祖籍大梁,宋仁宗嘉祐二年(一〇五七)進士。張載出身於官宦之家。祖父張復在宋真宗時官至給事中、集賢院學士,死後贈司空。父親張迪在宋仁宗時官至殿中丞、知涪州事,贈尚書都官郎中。張迪死後,張載與全家遂僑居於鳳翔府郿縣橫渠鎮之南。因他曾在此聚徒講學,世稱「横渠先生」。他的學術思想在學術史上被稱爲「横渠之學」,他所代表的學派被後人稱爲「關學」。張載與程顥、程頤同爲北宋理學的創始人。可以説,關學是由張載創立并於宋元明清以至民國初年,一直在關中地區傳衍的地域性理學學派,亦稱「關中理學」。

關學基本文獻整理與相關研究不僅是中國思想學術史的重要課題,也是體現中國思想文化傳承與創新的重要舉措。關學文庫關學文獻整理系列以繼承、弘揚和創新中華文化爲宗旨,以文獻整理的系統性、全面性爲特點,是我國第一部對上起於北宋、下迄於清末民初,綿延八百餘年的關中理學的基本文獻資料進行整理的大型叢書。這項重點文化工程的完成,對於完整呈現關學的歷史面貌、發展脈絡和鮮明特色,彰顯關學精神,推動傳統文化創造性轉化、創新性發展無疑具有重要意義。因爲文庫關學文獻整理系列的各部分均有整理者具體的前言介紹和點校説明,我這裏僅就關學、關學與程朱理學的關係、關學的思想特質、關學文庫關學文獻整理系列的整體構成與學術價值等談幾點意見,以供讀者參考。

一、作爲理學重要構成部分的關學

衆所周知,宋明理學是中國儒學發展的新形態與新階段,一般被稱爲新儒學。但在新儒學中,構成較爲複雜。比較典型的則是程朱理學與陸王心學。南宋學者呂本中較早提到「關學」這一概念。南宋朱熹、呂祖謙編選的近思録較早地梳理了北宋理學發展的統緒，關學是作爲理學的重要一支來作介紹的。朱熹在伊洛淵源録中，將張載的「關學」與周敦頤的「濂學」、二程（程顥、程頤）的「洛學」并列加以考察。明初宋濂、王禕等人纂修元史，將宋代理學概括爲「濂洛關閩」四大派別，其中雖有地域文化的特色，但它們的思想內涵及其影響并不限於某個地域，而成爲中國思想文化史上重要的一頁，即宋代理學。

根據洛學代表人物程顥、程頤以及閩學代表人物朱熹對張載關學思想的理解、評價和吸收，張載創始的關學本質上當是理學，而且是影響全國的思想文化學派。過去，我們在編寫中國思想通史第四卷、宋明理學史上册的時候，在關學學術旨歸和歷史作用上曾作過探討，但是也不能不顧及古代學術史考鏡源流的基本看法。

需要注意的是，張載後學，如藍田吕氏等，在張載去世後多歸二程門下，如果拘泥門戶之見，似乎張載關學發展有所中斷，但學術思想的傳承往往較學者的理解和判斷複雜得多。關學，如同其他學術形態一樣，也是一個源遠流長、不斷推陳出新的形態。關學沒有中斷過，它不斷與程朱理學、陸王心學融合。明清時期以至民初，關學的學術基本是朱子學、陽明學的傳入及與張載關學的融會過程。因此，由宋至清末民初的關學，實際是中國理學的重要組成部分，它是一個動態的且具有包容性和創新性的概念，它開啓了清初王船山學術的先河。

關學文庫關學文獻整理系列所遴選的作品，結合學術史已有研究成果，如宋元學案、明儒學案、關學編及關學續編、關學宗傳等，均是關中理學的典型代表，上起北宋張載，下至晚清的劉光蕡、民國初期的牛兆濂，能够反映關中理學的發展源流及其學術內容的豐富性、深刻性。與歷史上的關中叢書相比，這套文庫文獻整理更加豐富醇純，是對前賢整理文獻思想與實踐的進一步繼承與發展，其學術意義不言而喻。

二、張載關學與程朱理學的關係

佛教傳入中土後，有所謂「三教合一」說，主張儒、道、釋融合滲透，或稱三教「會通」。唐朝初期可以看到三教并舉的文化現象。當歷史演進到北宋時期，由於書院建立，學術思想有了更多自由交流的場所，從而促進了學人的獨立思考，使他們對儒家經學箋注主義提出了懷疑，呼喚新思想的出現，於是理學應時而生。理學主體是儒學，兼采佛、道思想，研究如何將它們融合爲一個整體，這是一個重要的課題。從理學産生時起，不同時代有不同的理學學派。譬如，在「三教融合」過程中，如何理解「氣」與「理」（「理」的問題是迴避不開的，華嚴宗的「理事説」早在唐代就有很大影響）的關係？理學如何捍衛儒學早期關於人性善惡的基本觀點，又不致只在「善」與「惡」的對立中打圈子？如何理解宇宙？宇宙與社會及個人有何關係？君子、士大夫怎麽做才能維護自身的價值和尊嚴，又能堅持修齊治平的準則？這些都是中國思想史中宇宙觀與人生觀的大問題。對這些問題的研究和認識，不可能一開始就有一個統一的看法，需要在思想文化演進的歷史進程中逐步加以解決。宋代理學的産生及不同學派的存在，就是上述思想文化發展歷史的寫照，因而理學在實質上是中國思想文化的傳承創新，具有重要的歷史意義。

張載關學、二程洛學、南宋時朱熹閩學各有自己的特色。作爲理學的創建者之一，張載胸懷「爲天地立心，爲生民立命，爲往聖繼絶學，爲萬世開太平」的學術抱負，在對儒學學説進行傳承發展中做出了重要的理論貢獻。北宋時期，學者們重視對易的研究。易富於哲理性，張載通過對易的解説，闡述對宇宙和人生的見解，積極發揮禮記、論語、孟子等書中的義理，并融合佛、道，將儒家的思想提升到一個新的高度。

張載與洛學的代表人物程顥、程頤等人曾有過密切的學術交往，彼此或多或少在學術思想上相互産生過一定的影響。宋仁宗嘉祐元年（一〇五六），張載來到京師汴京，講授易學，曾與程顥一起終日切磋學術，探討學問（參見二程集河南程氏遺書卷二上）。張載是二程之父程珦的表弟，爲二程表叔，二程對張載的人品和學術非常敬重。通過與二程的切磋與交流，張載對自成一家之言的學術思想充滿自信：「吾道自足，何事旁求！」（吕大臨横渠先生行狀）

因爲張載與程顥、程頤之間爲親屬關係，在學術上有密切的交往，關學後傳不拘門户，如吕氏三兄弟吕大忠、吕大鈞、吕大臨，蘇昞、范育、薛昌朝以及种師道、游師雄、潘拯、李復、田腴、邵彦明、張舜民等，在張載去世後一些人投到二程門下，繼續研究學術，也因此關學的學術地位在學術史上常常有意無意地受到貶低甚至質疑（包括程門弟子的貶低和質疑）。事實上，在理學發展史上，張載以其關學卓然成家，具有鮮明的特點和理論建樹，這是不能否定的。反過來，張載的一些觀點和思想也影響了二程的思想體系，對後來的程朱學說及閩學的形成也有重要的啓迪意義，這也是客觀的事實。

張載依據易建立自己的思想體系，但是，在基本點上和易的原有内容并不完全相同。他提出「太虛即氣」的觀點，認爲沒有超越「氣」之上的「太極」或「理」世界，換言之，「氣」不是被人創造出的產物。又由此推論出天下萬物由「氣」聚而成；物毁氣散，復歸於虛空（或「太虛」）。在氣聚、氣散即物成物毁的運行過程中，纔顯示出事物的條理性。張載說：「太虛不能無氣，氣不能不聚而爲萬物，萬物不能不散而爲太虛，循是出入，是皆不得已而然也。」（正蒙卷一）他用這個觀點去看萬物的成毁。這些觀點極大地影響了清初大思想家王船山。

張載在西銘中說：「乾稱父，坤稱母。予茲藐焉，乃混然中處。故天地之塞，吾其體；天地之帥，吾其性。民，吾同胞；物，吾與也。」天地是萬物和人的父母，人是天地間藐小的一物。天、地、人三者共處於宇宙之中。由於三者都是氣聚之物，天地之性就是人之性，所以人類是我的同胞，萬物是我的朋友，歸根到底，萬物與人類的本性是一致的。進而認爲，人們「尊高年，所以長其長；慈孤弱，所以幼其幼。聖，其合德；賢，其秀也。凡天下疲癃殘疾、惸獨鰥寡，皆吾兄弟之顛連而無告者也」。這裏所表述的是一種高尚的人道主義精神境界。

二程思想與張載有別，他們通過對張載氣本論的取捨和改造，又吸收佛教的有關思想，建構了「萬理歸於一理」的理論體系。在人性論方面，二程在張載人性論的基礎上進一步深化了孟子的性善論。二程贊同張載將人性分爲「天地之性」和「氣質之性」。但二程認爲「天地之性」是天理在人性中的體現，未受任何損害和扭曲，因而是至善無瑕的；「氣質之性」是氣化而生的，也叫「才」，它由氣稟決定，稟清氣則爲善，稟濁氣則爲惡，正因爲氣質之性不可避免地受到了「氣」的侵蝕而出現「氣之偏」，因而具有惡的因素。在二程看來，善與惡的對立，實際上是「天理」與「人欲」的對立。

朱熹將張載氣本論進行改造，把有關「氣」的學說納入他的天理論體系中。朱熹接受「氣」生萬物的思想，但與張載的苑洛志樂、韓苑洛集、苑洛先生語録以及易說、書說、毛詩末喻、禮記斷章、周禮義疏、六經說等多種。以上著述除去已經散佚及内容重複、不可考證者外，傳世的尚有禹貢詳略、啓蒙意見、洪範圖解、正蒙拾遺、易占經緯、卦爻三變、易林推用、苑洛志樂、韓苑洛集、苑洛先生語録等十種。今據有關史料，對韓邦奇的生命歷程和主要著述做一考述，以見其學術思想發展流變的軌跡、概貌和主要傾向。

一

韓邦奇生於明憲宗成化十五年（己亥，一四七九），據明末關中大儒馮從吾所言，韓邦奇「幼靈俊異常，承訓過庭，即有志聖學」（馮從吾：關學編苑洛韓先生），[一]「朝邑韓苑洛講學，其父蓮峰老人督之」（馮從吾：疑思録）。[二]韓邦奇早年所學，主要出於其父的家學。而其父，就是當時研習尚書的著名學者韓紹宗。王九思韓蓮峰墓碑載：「（韓紹宗）十歲讀書，日記千言，蓋受尚書武清令倫所。武清令倫者，先生之叔父也，精通尚書。以此盡傳其秘，十六而爲學官弟子。」[三]韓紹宗十歲開始讀書，並跟隨其叔父武清令韓倫研治尚書，盡得秘傳。後因鄉試不中，于華山雲臺觀授經三年，明成化戊戌（一四七八）中進士，仕至福建按察副使。其「學識才品，當世推重」，世人尊之爲「蓮峰先生」。[四]

韓紹宗注重家學傳承與人格培養，「父子兄弟以學問相爲師友」[五]，大約在韓邦奇十四歲的時候，韓紹宗任職福建按

〔一〕明馮從吾：苑洛韓先生（弟邦靖附），見陳俊民等點校關學編（附續編），北京：中華書局，一九八七：五一頁。
〔二〕清沈青崖：陝西通志卷九十八，上海：上海古籍出版社，一九九五，影印文淵閣四庫全書第五五六册，第一〇五頁。
〔三〕明王九思：韓蓮峰墓碑，見黄宗羲明文海卷四百四十七。
〔四〕明馮從吾：苑洛韓先生（弟邦靖附），見陳俊民等點校關學編（附續編），北京：中華書局，一九八七：五一頁。
〔五〕明馮從吾：苑洛韓先生（弟邦靖附），見陳俊民等點校關學編（附續編），北京：中華書局，一九八七：五一頁。

前言

韓邦奇（一四七九—一五五五），字汝節，號苑洛，陝西西安府朝邑縣（今陝西省大荔縣）人。是明代緊承「三原學派」王恕、王承裕父子之後，與呂柟、馬理同時而齊名的關學重要代表人物。

韓邦奇年少時即「有志聖學」，並善詩、詞、歌、賦，通曉音律，多才多藝，時人稱奇。自其正德三年（一五〇八）中進士後步入仕途，至嘉靖二十八年（一五四九）獲准致仕，曾歷任吏部考功司主事、吏部員外郎、文選司主事、平陽府通判、浙江按察僉事、山東布政司參議、山西左參政、四川提學副使、右春坊右庶子兼翰林修撰、河南、山東按察副使、大理寺左少卿、左僉都御史、右副都御史、刑部右侍郎、吏部右侍郎、南京右都御史、南京兵部尚書等職。韓邦奇爲官以經世致用、力踐務實爲旨歸，且爲人剛直誠信，勁節自持，故自入仕歷五十餘年，罷免里居者六，每次罷歸之後，韓邦奇都潛心於講學著述，一時學者雲集門下，人才濟濟。其中最爲著名的，即是號稱「韓門二楊」以忠烈名揚海内的楊繼盛和楊爵二人。

關於韓邦奇的學術，明儒言行録記載：「（韓邦奇）性好學，老不釋卷，尤精於律數。……其學以精一爲宗，以培養夜氣爲本，以修明禮樂爲要，旁通天文、地理、太乙、六壬、奇門、兵陣諸家。」[一]四庫全書總目提要亦稱：韓邦奇「記問淹通，凡天官、地理、律呂、數術、兵法之屬，無不博覽精思，得其要領。……其他辨論經義，闡發易數，更多精確可傳。」[二]由此可見，韓邦奇終生好學不倦，所涉範圍廣泛。而其著述，亦頗爲繁富。根據文獻記載，韓邦奇一生的著述，有蔡傳發明、禹貢詳略、啓蒙意見、律呂直解、正蒙解結、洪範圖解、正蒙拾遺、周易本義詳説、蔡沈尚書傳義、易占經緯、卦爻三變、易林推用、

[一] 清沈佳撰明儒言行録卷四，文淵閣四庫全書本。
[二] 清永瑢等：四庫全書總目，北京：中華書局，一九八一，第一五〇一頁。

作在編輯出版委員會領導下進行，日常工作由陝西省人民政府參事室（陝西省文史研究館）和西北大學出版社負責。本文庫歷時五年編纂完成，凝結着全體參與者的智慧和心血。總主編劉學智、方光華教授，項目總負責徐曄、馬來同志統籌全書，精心組織，陝西師範大學、西北大學、西北政法大學、中國人民大學、華東師範大學、鄭州大學等十餘所院校的數十位專家學者協力攻關，精益求精，體現出深沉厚重的歷史使命感和復興民族文化的責任感；他們孜孜矻矻，持之以恒，任勞任怨，樂於奉獻，以古人爲己之學相互勉勵，在整理研究古代文獻的同時，不斷錘煉學識，砥礪德行，努力追求樸實的學風和嚴謹的學術品格。出版社組織專業編輯、外審專家通力合作，希望盡最大可能提高本文庫的學術品質。作爲文庫編輯出版委員會主任，我謹向大家卓有成效的工作表示衷心的感謝。由於時間緊迫、經驗不足等原因，文獻整理中存在的疏漏差錯難以完全避免。希望讀者朋友們在閱讀使用時加以批評指正，以便日後進一步修訂，努力使文庫文獻整理更加完善。

張豈之

二〇一五年一月八日

于西北大學中國思想文化研究所

藍田呂氏集、李復集、元代關學三家集、王恕集、薛敬之張舜典集、馬理集、呂柟集涇野子內篇、呂柟集涇野先生文集、韓邦奇集、南大吉集、楊爵集、馮從吾集、王徵集、王建常集、王弘撰集、李顒集、李柏集、李因篤集、王心敬集、李元春集、賀瑞麟集、劉光蕡集、牛兆濂集以及關學史文獻輯校等。其中的韓邦奇集、南大吉集、李柏集、李因篤集、牛兆濂集屬于搶救性整理；李復、王恕、薛敬之、呂柟、馬理、楊爵、王建常、王弘撰、王心敬、李元春、賀瑞麟等學人文獻屬于首次系統整理出版；張子全書、藍田呂氏集、李顒集、劉光蕡集、關學史文獻輯校是在進一步輯佚完善的基礎上整理出版的。總之，關學文獻整理的系統性和全面性得到了體現。

關學文庫文獻整理力圖突出全面性、系統性和深度整理的特點。就全面性和系統性而言，就是保證關學史上重要學人的文獻資料不被遺漏，這裏所選的二十九位學人，都是關學史上較爲重要的和代表了關學發展某一環節的學人。其中如張載、藍田「三呂」、馬理、呂柟、楊爵、馮從吾、王弘撰、李顒、李柏等人的著作集，是迄今文獻收集最爲齊全的。同時對於有關關學史的文獻也進行了全面系統的搜集和整理，如關學史文獻輯校，不僅重新點校整理了馮從吾的關學編，收録和點校整理了王心敬、李元春、賀瑞麟以及由劉光蕡、柏景偉重加整理校勘的關學續編，還首次點校整理了清末民初張驥的關學宗傳，并從諸多史書中輯録了一些零散的關學史資料，使之成爲目前能全面反映關學史面貌的文獻輯校本。關學文庫關學文獻整理系列，以豐富的關學史文獻，證明了「關學之源流初終，條貫秩然」，關學有其自身發展演變的歷史。就深度整理來說，關學文獻整理系列遵循古籍整理的傳統做法，采用繁體字、竪排版，標點，校勘，并對專用名詞做下劃綫處理。其目的不僅在於使整理與編纂者在文獻整理中提高自身的學術素養，同時也爲以後文獻研究者提供方便，推動關學研究深入開展，這也是關學文庫關學文獻整理系列圖書出版的重要目的。

關學文庫係「十二五」國家重點圖書出版規劃項目，國家出版基金項目、陝西出版資金資助項目，得到了中共陝西省委、陝西省人民政府、國家新聞出版廣電總局以及陝西省新聞出版廣電局的大力支持。文庫的組織、編輯、審定和出版工最後，求真求實，開放會通。關學學者大多不主一家，具有比較寬廣的學術胸懷。張載善於吸收新的自然科學成果，不斷充實豐富自己的儒學理論。他注意對物理、氣象、生物等自然現象做客觀的觀察和合理的解釋，具有科學精神。後世關學學者韓邦奇、王徵等都重視自然科學。三原學派的代表人物王恕以治易入仕，晚年精研儒家經典，強調用心求學，用心考證，求疏通之解，形成了有獨立主見的治國理政觀念。關學學者堅持傳統，但并不拘泥於傳統，能够因時而化，不斷地融合會通學術思想，具有鮮明的開放性和包容性特徵。由張載到「三呂」、呂柟、馮從吾、李顒等，這種融會貫通的學術精神得到不斷承傳和弘揚。

四、關學文庫關學文獻整理系列的整體構成與學術價值

關學文獻遺存豐厚，但是長期以來没有得到應有的保護和整理，除少量著作如正蒙、涇野先生五經說、少墟集、元儒考略等在清代收入四庫全書之外，大量的著作仍以綫裝書或手抄本的形式散存於陝西、北京、上海等地的圖書館或民間，其中有的已成孤本（如韓邦奇的禹貢詳略、李因篤的受祺堂文集家藏抄本），有的已殘缺不全（如南大吉集收入的瑞泉集殘本，現重慶圖書館存有原書，國家圖書館僅存膠片；收入的南大吉詩文，搜自西北大學圖書館藏周雅續）。即使晚近的劉光蕡、牛兆濂等人的著述，其流傳亦稀世罕見。二十世紀七十年代以來，中華書局出版了張載集，并將藍田呂氏遺著輯校、關學編、正蒙合校集釋、涇野子内篇、二曲集等收入理學叢書陸續出版，這些僅是關學文獻的很少一部分。全方位系統梳理關學學術文獻仍係空白。

關學典籍的收集與整理，是關學學術研究的重要基礎。這次關學文庫文獻的整理與編纂者在全國范圍的圖書館和民間廣泛搜集資料，一是搶救性發掘整理了一批關學文獻，二是對一些文獻以新發現的版本進行比對校勘、輯佚補充，從而使關學文庫關學文獻整理系列成爲目前最能反映關學學術史面貌，對關學研究具有基礎性作用的文獻集成。關學文獻整理系列圖書共涉及關學重要學人二十九人，編訂文獻二十六部，計一千八百六十餘萬字。這些文獻分別是：張子全書、

氣本論不同，朱熹不再將「理」看成是「氣」的屬性，而是「氣」的本原。天理與萬事萬物是一種怎樣的關係？朱熹關於「理一分殊」的理論回答了這一問題。他認爲：「太極只是個極好至善的道理。人人有一太極，物物有一太極。」又說：「太極非是別爲一物，即陰陽而在陰陽，即五行而在五行，即萬物而在萬物，只是一個理而已。」（朱子語類卷九四）「理一分殊」理論包括一理攝萬理與萬理歸一理兩個方面，這與張載思想有別。

總之，宋明理學反映出儒、道、釋三者融合所達到的理論高度。這一思想的融合完成於兩宋時期。張載開創的關學爲此做出了重要的學術貢獻。正如清初思想家王船山所說：「張子之學，上承孔孟之志，下救來兹之失，如皎日麗天，無幽不燭，聖人復起，未有能易焉者也。」（張子正蒙注序論）船山之學繼承發揚了張載學說，又有新的創造。

三、關學的特色

關學既有深邃的理論，又重視經世致用。這可以概括爲以下幾個方面：

首先，學風篤實，注重踐履。黄宗羲指出：「關學世有淵源，皆以躬行禮教爲本。」（明儒學案師說）躬行禮教、學風樸質是關學的顯著特徵。受張載的影響，其弟子藍田「三呂」也「務爲實踐之學，取古禮，繹其義，陳其數，而力行之」（宋元學案呂范諸儒學案），特別是呂大臨。明代呂柟其行亦「一準之以禮」（關學編）。清代的關學學者王心敬、李元春、賀瑞麟等人，依然守禮不輟。

其次，崇尚氣節，敦善厚行。關學學者大都注意砥礪操行，敦厚士風，具有不阿權貴、不苟於世的特點。張載曾兩次被薦入京，但當發現自己的政治理想難以實現時，毅然辭官，回歸鄉里，教授弟子。明代楊爵、呂柟、馮從吾等均敢於仗義執言，即使觸犯龍顔，被判入獄，依舊不改初衷，體現了大義凜然的獨立人格和卓異的精神風貌。清代關學大儒李顒，在皇權面前錚錚鐵骨，操志高潔。這些關學學者「窮則獨善其身，達則兼善天下」，體現出「富貴不能淫，貧賤不能移，威武不能屈」的「大丈夫」氣節。

察副使，韓邦奇就跟隨父親，得到其父一好友讚賞，謂之有「顔子之志」，家學門風，可見一斑。〔一〕由於韓紹宗在學業上對韓邦奇要求嚴格，韓邦奇亦早年聰慧，秉承家教，發憤好學，於是在其十餘歲時，即有研習尚書的著作。馮從吾說他「爲諸生治尚書時，即著有蔡傳發明、禹貢詳略、律吕直解，見者歎服」。〔二〕這些著作，大略是少年韓邦奇最早的著作。

蔡傳發明一書，今已不存，詳細内容，難以考見。然由書名可知見，此書是韓邦奇基於宋儒蔡沈的尚書集傳（又名書集傳）闡發思想的作品。據馮從吾所言推斷，是書完成時間應與禹貢詳略大致相當。而禹貢詳略一書，則傳承至今。是書前有韓邦奇自序，其中言是書作於「弘治丁巳」，是年韓邦奇年當十九，由此可見韓邦奇著書立說之早。關於是書内容，陝西省志第七十一卷著述志載：「此書根據地理著作尚書禹貢篇，輯録全國各地山嶺、河流、藪澤、郡縣、土壤、貢賦、物産、美玉等，並詳加注釋和考證。其中對黄河流域考證較詳。卷末有九州賦歌六十餘首、地域圖二十餘幅。是書卷前有韓邦奇跋云：『此爲鄉塾私課之本，特以教吾子弟，非敢傳之人人。』」〔三〕而四庫全書總目經部書類存目本書提要云：

此書訓釋淺近，惟言擬題揣摩之法，所附歌訣圖考，亦極鄙陋，乃類兎園冊子。前有邦奇自爲小引，云：「略者，爲吾家初學弟子也，復講說者，舉業也。詳釋之者，使之進而有所考也。」後有薊門歐思誠跋，述邦奇之言，亦曰：「特以教吾子弟，非敢傳之人人。」則是書本鄉塾私課之本。思誠無識而刻之，轉爲邦奇累矣。至於每州之下各加某州之域四字，參於經文之中，尤乖體例，邦奇必不如是之謬。殆亦思誠校刊之時，移其行欵也。朱彝尊經義考載，「邦奇書說一卷。注曰未見」，而不載此書。其卷數則相同，或即因此書而傳訛歟？

〔一〕事見韓邦奇嘉議大夫總督漕運兼巡撫淮揚等處地方都察院左副都御史西溪屈公傳（苑洛集卷八）。

〔二〕明馮從吾，苑洛韓先生（弟邦靖附），見陳俊民等點校關學編（附續編），北京：中華書局，一九八七：四八—四九頁。

〔三〕陝西省志第七十一卷著述志（上冊），西安：三秦出版社，陝西省地方志編纂委員會編，二〇〇〇年五月，一八三頁。

由此可見，禹貢詳略一書乃是韓邦奇對尚書禹貢篇的研習之作，其目的是爲滿足自家弟子初學尚書以應科舉考試之需，而並非意在示於時人，傳之後世。而且內容也較爲淺陋，故説「是書本鄉塾私課之本」者也。據筆者初步考察，韓邦奇禹貢詳略承接蔡沈對尚書禹貢篇的解説而爲之疏解，其中不僅針對科舉談到考試應對之法，而且對禹貢所涉地理知識、貢賦制度等有所考證，對禹貢學的研究，具有一定價值。結合韓邦奇的家學淵源可以推斷，蔡傳發明和禹貢詳略均爲韓邦奇早年隨父研習尚書之作，由此可以窺見韓邦奇書學的家學淵源和主要成就。

二

弘治十一年（戊午，一四九八），韓邦奇二十歲，開始踏上科舉考試的道路。在這一年，韓邦奇在長安應試，始留心禮樂。苑洛集卷二十二有其門人張文龍所作刻苑洛先生文集跋曰：「當弘治之盛，自慶身際升平，復留心於禮樂。」三年後，韓邦奇與兄邦彥、弟邦靖又同試于長安，並與呂柟同居於一寺，後結爲至交。弘治十七年（甲子，一五〇四），韓邦奇二十六歲。是年秋，以尚書中舉。大約于中舉之後，韓邦奇開始學界之交遊。武宗正德一年（丙寅，一五〇六），二十八歲的韓邦奇在關中謁州大夫。這一時期的學術交往，促進韓邦奇學術範圍的進一步拓展。而律呂直解、易學啓蒙意見、正蒙解結則是這一時期的重要著作。

易學啓蒙意見即是韓邦奇早年研習朱熹易學啓蒙的重要著作，也是韓邦奇早年易學和哲學思想的代表作。此書通常稱爲啓蒙意見，又名易學疏原，四庫全書本啓蒙意見原序中有：「弘治十六年仲春苑洛人韓邦奇書。」故知是書作於弘治十六年，時年韓邦奇二十五歲。關於此書，四庫全書總目經部易類提要曰：

是編因朱子易學啓蒙而闡明其説。一卷曰「本圖書」，二卷曰「原卦畫」，皆推演邵氏之學，詳爲圖解。三卷曰「明蓍策」，亦發明古法，而附論近世後二變不掛之誤。四卷曰「考占變」，述六爻不變及六爻遞變之舊例。五卷曰「七占」，凡六爻不變、六爻俱變及一爻變者，皆仍其舊。其二爻、三爻、四爻、五爻變者，則別立新法。以占之所列卦圖，皆以一卦變六十四卦，與焦延壽易林同然。其宗旨則宋儒之易，非漢儒之易也。

如四庫全書總目提要所説，啓蒙意見是「因朱子易學啓蒙而闡明其説」，故而書中大量引用朱熹易學啓蒙和周易本義中的内容進行詳細解釋。此可見朱熹易學爲韓邦奇早期易學思想之重要淵源。然因朱熹易學啓蒙亦本之邵雍象數之學，所以總而觀之，韓邦奇易學思想既是朱熹易學思想的闡明，也是邵雍易學思想的推演。上引啓蒙意見第一、二卷「皆推演邵氏之學，詳爲圖解」，亦以道明。另關於邵雍、朱熹與周易的關係，韓邦奇在啓蒙意見序中亦有所闡述：

宋邵康節氏自八而十六，自十六而三十二，自三十二而六十四。朱晦菴氏爲之本圖書，爲之原卦畫，爲之明蓍策，爲之考占變，於是乎，易之先後始有其序，而理、數、辭、象之功懋矣。（啓蒙意見原序）

邵雍和朱熹的易學理路，都是立足於象數而推演其義理之學。這一思路，亦是韓邦奇易學的思路。然韓邦奇的啓蒙意見，雖本于邵雍、朱熹，卻並非没有創見。除上言「發明古法，而附論近世後二變不掛之誤」和「其二爻、三爻、四爻、五爻變者，則別立新法」之外，四庫提要還有「其宗旨則宋儒之易，非漢儒之易也」一語。這一宗旨，主要表現有二：一者，沿襲邵雍、朱熹將大易分爲先天、後天的思想，提出「其本同其末異，其生異其成同」的觀點。這即是説，對於邵雍所宣導的「加一倍法」（先天之義）和孔子所創立的「相蕩」法（後天之義）而言，太極到八卦的生成是相同的；然而從八卦到六十四卦的生成則是不同的，先天之義的過程是由三爻的八卦慢慢擴展到四爻、五爻，直到六爻，而後天之義則是由三爻的八卦兩兩相蕩，直接形成六爻，這就是「其本同其末異」。雖然從八卦到六十四卦的生成過程不同，但是最後生成的六十四卦是相同的，所以「其生異其成同」也。其二，在本書中，韓邦奇揚棄了周敦頤將太極圖分爲五層、疊爲架屋的方式，而是將五層融合爲一，以太極爲宇宙至高無上的終極本原，創立了具有新特色的「太極圖」：「維天之命」圖和「聖人之心」圖。「維天之命」圖用來體現其「陰陽、五行、萬物不在天地之外」和「陰陽有漸，無遽寒遽熱之理」的思想。「聖人之心」圖則與「維天之命」圖結構相同，體現了人心即天理、天與人相合、生命演化與造化化生之理相同的思想。這一思想是韓邦奇研習朱子易學啓蒙的重要思想創獲，而這一太極圖式也對後來易圖學發展具有較大影響。〔二〕

律呂直解是韓邦奇對蔡沈之父蔡元定之律呂新書所做之注解，後被編入苑洛志樂卷一、卷三、卷十八。韓邦奇爲何而作律呂直解？其門人楊繼盛苑洛先生志樂序曰：

先生自做秀才時，便抱古樂散亡之憂。當其歲試藩司，諸督學虎谷王公云：「律呂之學，今雖失傳，然作之者既出於古人，則在人亦無不可知之理，特未有好古者究其心焉。」自先生於是惕然首悟，退而博極群書，凡涉于樂者，無不參考。其好之之專，雖發疽尋愈不知也。既而得其説矣，於是有直解之作。

由此可見，韓邦奇究心樂學，乃是受當時關中督學王雲鳳之勉勵。關於律呂直解的著作時間，四庫全書本律呂直解序有：「弘治十七年三月中旬苑洛子韓邦奇識」，故知是書當作於是年（一五〇四），其時韓邦奇年當二十有六。關於此書之內容，韓邦奇律呂直解序指出，蔡元定的律呂新書「上宗班固，斟酌馬遷以下諸儒論議」，「亦略明備矣」。「然理雖顯而

〔二〕 據現有的資料，韓邦奇之前還沒有與之相似或相近的太極圖。而此後與之幾乎相同或相近的太極圖越來越多。其中最受後人關注的，主要有章潢的「造化象數體用之圖」和來知德的「太極圓圖」。雖無直接證據説明這些太極圖是受韓邦奇影響，然亦可説明韓邦奇正是此類太極圖的創始者。

文隱，數雖著而意深」，故而爲之「直解」。「直解者不文，欲易讀也」。在本書中，韓邦奇對「黃鐘用九不用十」「必求中聲，不當從事於器數」和「太玄無形，太陰無聲，苟得其妙，一弦可也，無弦亦可也」的觀點提出批評，並提出：「故君子不爲荒唐之虛言，究心製作之實用，黃鐘之用宏矣。豈獨樂哉？制事立法，度物軌則，大而天地日月，小而衣服盤盂，皆其用也。其體物而不遺者乎！」這是韓邦奇對蔡元定律學思想的繼承和發展，是其早年留心禮樂的具體體現。

由以上可見，韓邦奇早年之學，基本上是從其家學——蔡沈的尚書學出發，進而拓展到蔡沈父蔡元定的律呂學及其父子二人之師朱熹的易學。總而言之，韓邦奇的早年之學是出於朱子蔡門之傳的。值得注意的是，韓邦奇在這一時期也開始關注關中張載之學，並撰有著作。其正蒙拾遺序（苑洛集卷一）曰：「弘治中，余嘗爲正蒙解結。」正蒙是關學宗師張載的代表作，而正蒙解結一書，現雖已不傳，但從其名可以看出，此書是韓邦奇對正蒙所作之注解，其所作時間在「弘治中」，約當于韓邦奇二十歲左右也。

三

明正德三年（一五〇八），韓邦奇三十歲。是年，韓邦奇以二甲五十七名[一]，與呂柟、弟邦靖同中進士，授吏部考功司主事，後轉選部員外郎。此時的韓邦奇，正如其門人張文龍刻苑洛先生文集跋所說：「比登仕，則正德矣，乃幡然於性命道德之學。」已經由二十歲時的「留心於禮樂」，轉而提升爲「幡然於性命道德之學」，這是韓邦奇思想的重大轉變。而其崇尚節義，不事擅權宦官的剛直氣節，亦在政事上得以表現。陝西通志卷五五人物聖賢名臣：「劉瑾亂政，朝士多往謁，邦奇卒不往。時人重之。」正德六年（辛未，一五一一），韓邦奇奉命考察都御史，不留情面。調文選司主事，又因秉公辦事，忤太宰意，表現出秉公辦事的剛直人格。馮恭定公全書卷二二苑洛韓先生、王學謨續朝邑縣志卷六人物志均載其事。當

[一] 明清進士題名碑録索引，朱保炯、謝沛霖主編，上海：上海古籍出版社，一九七九年版，第二四九六頁。

年（辛未，一五一一）十一月戊午日，京師地震。韓邦奇上疏極論時政闕失，被謫山西平陽府通判。在平陽，決滯獄，倡理學，號一時卓異。正德八年（癸酉，一五一三），韓邦奇參與山西鄉試命題，撰山西鄉試策問。山西鄉試第二問、山西鄉試第三問、山西鄉試第四問、山西鄉試第五問均爲公所出。此見苑洛集卷九正德八年山西鄉試，主要內容是：（一）律呂：元聲與器數；（二）時政：用人（進賢退不肖，惟有道而已）；（三）時政：法與人（馬政的問題不在法，而在人）；（四）時政：食貨、戎兵。每題均爲一問一答，其後附有韓邦奇所撰答卷。作爲明代中期鄉試之第一手資料，此不僅可見韓邦奇之經學素養，亦對明代中期科舉制度及人才選拔標準之研究有重要價值。正德九年（甲戌，一五一四），三十六歲的韓邦奇遷浙江按察僉事，巡兩浙。面對宸濠的拉攏和預謀，體現出剛直不阿的爲政風格和洞察秋毫的先見卓識。

在仕途上的韓邦奇不僅盡心政務，而且仍潛心於早年的易、書之學。約于正德十年，韓邦奇完成了洪範圖解一書。關於此書，四庫提要說：

是編因蔡沈洪範皇極內外篇復爲圖解，於每疇所分之九字繫以斷語，俾占者易明。其揲蓍之法與易之蓍卦相同，所言休咎皆本于洪範，亦與易象相表裏，蓋萬物不離乎數而數不離乎奇偶，故隨意牽合無不相通云。

如四庫提要所言，洪範圖解大抵是韓邦奇在早年尚書和易學的基礎上，本之于蔡沈洪範皇極內外篇，力求二者貫通的著作。在此書中，韓邦奇首先對蔡氏以洪範與河圖、洛書相貫通，「亦與易象相表裏」的觀點用圖解方式做了解說，然後在此基礎上進一步提出洪範「揲蓍之法與易之蓍卦相同」的觀點，並以大量圖解做了說明。接着，韓邦奇總結了洪範卜筮的規律是：「象以偶爲用者也，有應則吉；範以奇爲用者也，有對則凶」和「正數者，天地之正氣也，其吉凶也確；間數者，天地之間氣也，其吉凶也雜」。他認爲這是「範學傳燈之秘」，對之極爲讚歎。洪範圖解一書，是韓邦奇在象數角度貫通易、書的思想的重要著作。

由此可見，韓邦奇早年的思想，首先是基於家學，重點在尚書，此時的著作主要是蔡傳發明、禹貢詳略；後來爲了科舉需要，而拓展到對易學和律學的研究，這時的代表作，是二十歲間完成的啓蒙意見、律呂直解二書；三十歲中舉出仕之後，以洪範圖解爲標誌，達成了書和易的貫通。宋儒邵雍、朱熹、蔡元定、蔡沈的易學、尚書學和律學思想，對韓邦奇影響比較大，說韓邦奇早年之學主要是「秉自家傳，出於朱蔡」，恐不爲過。

四

正德十一年（丙子，一五一六），是韓邦奇仕途和學問上的一個重要的轉捩點。是年，韓邦奇爲朝廷上疏蘇民困以保安地方事，揭露和抨擊了權宦相互勾結，魚肉百姓的惡行，並作富陽民謠，控訴了官府的欺壓和掠奪。然因此事反被權宦誣奏爲「擅革進貢，誹謗朝廷」而被逮下詔獄，繫械京師，後又被革職爲民。在隨後削籍爲民的日子裏，韓邦奇拒宸濠门客宗元和尚之請，保持節操，謝客講學，以講學授徒、著述撰文爲職事，並與其弟共奉雙親，至親孝悌，傳之鄉里。韓邦奇的思想傾向，也是在這一段時間裏逐漸由尊崇朱子理學轉向推崇張載關學，並在對張載正蒙之學的推闡中構建了自己的思想體系。

正德十一年（丙子，一五一六）韓邦奇歸里後，即著書講學，以授來者。「既歸，謝客講學，四方學者負笈日眾」〔一〕。先後有趙子春、尚道、楊爵等來問學。當年，他完成周易本義詳說一書二十六卷，並授門人趙子春。關於此事，苑洛集卷五鄉進士趙子春墓誌銘言：「正德丙子，苑洛子之家食也，子春執羲經而問焉。……遂手著本義詳說二十六卷以授之，俾誦習焉。」正德十二年（丁丑，一五一七）年，韓邦奇完成蔡沈尚書傳義二十卷，並授之門人尚道。此見苑洛集卷六處士一菴尚公暨配郭孺人王孺人合葬墓誌銘：「正德丁丑，（尚公）謂道曰：『……吾聞苑洛子者，授生徒於河西，爾往從之。』苑洛

〔一〕馮從吾：苑洛韓先生（弟邦靖附），見陳俊民等點校關學編（附續編）北京：中華書局，一九八七，五一頁。

子爲蔡沈尚書傳義二十卷，俾道誦習焉。」周易本義詳説和蔡沈尚書傳義雖今亦不傳，其内容亦不可得知，然而可以肯定的是，對易學、書學的進一步深入研究，爲韓邦奇思想的成熟奠定了基礎。

正德十三年（戊寅，一五一八），步入四十不惑之年的韓邦奇，於謝客講學間完成了正蒙拾遺。這一著作是韓邦奇思想轉型的代表作，也是韓邦奇哲學思想成熟的標誌。通過對韓邦奇研治正蒙過程的考察可以看出：韓邦奇對正蒙的關注是長期的，從正蒙拾遺的完成到出版，體現了韓邦奇思想不斷趨向成熟的過程，也充分體現了韓邦奇對張載之學的高度認同。嘉靖十一年（壬辰，一五三二），韓邦奇在其爲劉璣所作正蒙會稿序（苑洛集卷一）中，提及自己研讀正蒙的大略經過：

> 正德中，吾友何子仲默以近山劉先生正蒙會稿見遺。初，弘治中，余嘗爲正蒙解結，大抵先其難者。繼見蘭江張子廷式正蒙發微，詳盡及于易者。顧于予之解略焉，嘗欲合二書而刻之。今見會稿則難易兼備矣，乃取解結焚之。使廷式見之，亦將焚其發微乎？

「初，弘治中，余嘗爲正蒙解結，大抵先其難者」。「弘治中」，即在明弘治一年（一四八八）—弘治十八年（一五〇五）之間，其時韓邦奇年當十歲至二十七歲之間，與其作啓蒙意見、禹貢詳略、律吕直解等大略當同一時期，概爲其早年著作。由此可見韓邦奇研讀正蒙之早。這是韓邦奇研讀正蒙的第一階段。其後，韓邦奇見到張廷式的正蒙發微，認爲此書「詳盡及于易者」，而已作正蒙解結有「大抵先其難者」的特點，可相互發明，故欲合刻之。這是韓邦奇研讀正蒙的第二階段。到正德年間，韓邦奇又見到劉璣所著正蒙會稿，讀之而以其「難易兼備」，兼取前二書之所長，故「取解結焚之」，並歎曰：「使廷式見之，亦將焚其發微乎？」這是韓邦奇研讀正蒙的第三階段。關於韓邦奇研讀正蒙此一進階經過，其門人樊得仁所撰性理三解序亦有記載。那麼，韓邦奇爲什麼還要做正蒙拾遺一書呢？樊得仁序中亦有揭示，其曰：

正德以來，世儒附注于正蒙者復數家，後先生乃以張子之大旨未白，一二策尚欠詳明，於是作拾遺。

由此可見，韓邦奇因爲看到正蒙之注甚多，然而並未揭示張載學説之大旨，於個別文句解釋也尚欠詳明，故而作正蒙拾遺。這大略是韓邦奇研讀正蒙的第四個階段。然而需要注意的是，韓邦奇正蒙拾遺一書初步完成之後，大約有二十多年未曾刊行面世。直到嘉靖二十一年（壬寅，一五四二），樊得仁重刻性理三解時，以正蒙拾遺替代其中律呂直解，如此正蒙拾遺才得以正式面世。竊以爲，樊得仁以門人身份刻印性理三解此一行爲，應經其師韓邦奇同意或授意而後可行之。那麼，自正德十三年（一五一八）韓邦奇四十歲之時正蒙拾遺成書，到嘉靖二十一年（一五四二）刊刻行世，此間二十多年，韓邦奇爲何僅以正蒙拾遺見示于弟子門人，而不願刊行於世？除了其對初稿或有未當之處要做修改外，似乎沒有更好的解釋。而嘉靖二十一年應樊得仁之請，以正蒙拾遺替代性理三解中之律呂直解，且以之置於書首，正説明韓邦奇此時已對正蒙拾遺修訂完善，並對之特爲重視也。此大略可爲韓邦奇研讀正蒙之第五階段。由此可見，韓邦奇對正蒙之研習，雖始于年少十餘歲，而至六十四歲時方成熟完善，這一過程歷時四五十年，是一個由粗淺到深刻、從雛形到成熟，不斷持續深入的長期過程。正蒙拾遺雖然篇幅不大，然將之視爲韓邦奇一生費力最多、費時最久的覃思之作，當不爲過。而將此書與韓邦奇的其他著作相比，其中所闡之天人、性道思想，亦如張載所言「吾之作是書也，譬之枯株，根本枝葉，莫不悉備」，「又如晬盤示兒，百物俱在」者也，正蒙拾遺定之爲韓邦奇由朱、蔡而復歸於張載的哲學本旨之歸結，應不爲過。

經過對正蒙的長期體認，韓邦奇對張載極爲敬仰，他如此評價張載：「自孔子而下，知『道』者惟橫渠一人」（正蒙拾遺太和篇），以張載爲孔子之後唯一知「道」者，此種讚語，不爲不高，仰慕之心，溢於言表。于正蒙拾遺正文中，他又盛讚了張載「氣坱然太虛」這一觀點：

「氣坱然太虛」。非横渠真見道體之實，不敢以一「氣」字貫之。（正蒙拾遺太和篇）

「未嘗無之謂體」，所謂「氣坱然太虛」。自漢、唐、宋以來，儒者未有見到此者，是以不惟不能爲此言，亦不敢爲此言也。（正蒙拾遺誠明篇）

此中用一個「不能」、兩個「不敢」，不惟道出韓邦奇對張載「造道」的識見之高的信服，亦道出其對張載「造道」之勇的欽佩。再若通觀正蒙拾遺一書，可見是書雖篇幅短小，且以摘録正蒙中部分句子進行解釋分析爲體裁，然其解釋辭句遠遠多於所摘原文，且觀點清晰明瞭，能發張子所未發，明張子所未明，不但「糾正」了宋、明以來學者對張載道學思想的錯誤理解，而且以張載思想爲基礎，重構了以「天人」「性道」爲核心的哲學思想體系，故而此書既是韓邦奇對張載道學的回歸和認同，也是韓邦奇自己哲學體系建立和成熟的標誌。

韓邦奇對張載哲學的繼承和發展，體現于韓邦奇自覺地把由張載首次明確提出的「天人合一」這一命題作爲張載正蒙之本旨和自己思想建構的目標和歸宿。在正蒙拾遺序開篇，韓邦奇即言：「學不足以一天人、合萬物，不足以言學。吾讀正蒙，知天人萬物本一體也。」而其思想，也主要沿著「天人合一」這一思路展開。概而言之，主要有三：其一，韓邦奇在張載「氣」論的基礎上，進一步明確提出了「天地萬物，本同一氣」「太虛無極，本非空寂」、以及「太極未嘗無」的觀點，認爲「太虛」就是「無極」，它和「太極」一樣，都是「氣」未形成萬物之先的統一的、潛在的實有的存在，而不是「空寂」或「無」。在此基礎上，韓邦奇一並批評了先儒及佛老「無生有」以及「以死爲歸真，生爲幻妄」的錯誤看法，這不僅進一步闡明了張載的「氣」論思想，而且爲其「性」「道」觀的進一步提出奠定了基礎。其二，自覺接過張載「性即天道」這一命題，明確提出「性道一物」（正蒙拾遺太和篇）的觀點，並在對「形而上者謂之道」的基礎上提出「氣而上謂之性」這一獨創性的命題。他認爲：「性」是「道」的蘊涵未發、至靜無感，「道」是「性」的大化流行，落實展現。「道」主宰萬物而爲其本體，「性」主宰「氣」而爲其本體。「形」從於「氣」，「道」亦從於「性」也。在此基礎上，他針對宋儒把「理」「太極」等同於「道」的觀點，明確提出「道非太極」，又曰：「太極是寂然不動時物，道是動而生陽以後物，安得以道爲太極哉！」其三，批評了朱熹獨取西銘的錯誤方法，表明他對東銘的重視，並明確提出先東銘後西銘、由人道而天道，即由人而天「推而大之」的修養途徑。在此基礎上，提出「賢人之學」「大賢之學」和「聖人之學」的不斷修養層次和以「戒謹恐懼」「無問動静」「必合乎理」爲主要特點的修養方法。

由此可見，正蒙拾遺一書是韓邦奇通過對「天人」「性道」等形上問題的深刻反思，摒棄朱子理學而向張載關學的自覺回歸的重要思想結晶，這既是韓邦奇經過朱子理學洗禮之後實現的一次重要超越，也是韓邦奇對張載關學繼承發展的重要體現，更是韓邦奇歸之于張載關學的重要標誌。

五

正德十六年（辛巳，一五二一），武宗朱厚照崩，世宗朱厚熜即位。五月，録廢籍，起用韓邦奇爲山東布政司參議。後因韓邦奇上疏慎刑獄以光新政事，爲三司不悦，起用才兩月，即自乞致仕歸。從此時到去世前，韓邦奇基本處於或應命出仕、或祈請歸里的人生狀態。其宦跡大略如下：世宗嘉靖三年（甲申，一五二四）八月，大同兵變，起用韓邦奇任山西左參政，分守大同。次年，因與總督胡瓚意見不合，致仕歸。嘉靖六年（丁亥，一五二七）十月，起韓邦奇任四川提學副使。次年，改右春坊右庶子兼翰林修撰，主試順天。又因命題爲執政不悦，謫南京太僕寺丞。嘉靖八年（己丑，一五二九），再疏請歸，里居。嘉靖十一年（壬辰，一五三二），起用韓邦奇爲河南、山東按察副使，遷大理寺左少卿。嘉靖十二年（癸巳，一五三三），以左僉都御史巡撫宣府。嘉靖十四年（乙未，一五三五），入都察院，佐尚書王廷相振肅臺綱。陞右副都御史，巡撫遼東，改巡撫山西。嘉靖十五年（丙申，一五三六）春，巡視邊關。嘉靖十六年（丁酉，一五三七），任提督雁門等關兼巡撫山西地方右副都御史。嘉靖十七年（戊戌，一五三八）六月，上疏乞歸，獲准。嘉靖二十三年（甲辰，一五四四），薦起總理河道。從此年至嘉靖二十六年（丁未，一五四七），韓邦奇由刑部右侍郎改吏部右侍郎，遷南京右都御史，再遷南京都察院右都御史，復進南京兵部尚書，參贊機務。嘉靖二十八年（己酉，一五四九）十二月，韓邦奇七十一歲，上疏請歸，獲准致仕。嘉靖三十四年（乙卯，一五五五）十二月，卒於關中大地震。

在這一段時間裏，韓邦奇出仕爲官則盡忠國事，致仕里居則著述講學，三十多年，未有中輟。馮從吾贊之曰「立朝著偉績，居鄉談道義」（馮從吾：馮少墟集卷十七），大略是韓邦奇晚年生活的基本寫照。這一段時間，韓邦奇雖然仍有爲數不少的文字之作，但他在學術上所作的，主要是「益修舊業，宣導來學」，在哲學上，韓邦奇再沒有提出新的觀點和論說。大約六十歲之後，韓邦奇諸門人開始結集刊刻其著作，編成性理三解、易占經緯、苑洛志樂、苑洛集等書。故而在這一時期，韓邦奇主要是在現實中落實其早期思想之運用，並進而對其一生之所學所思進行總結。

嘉靖十七年（戊戌，一五三八），韓邦奇六十歲，獲准致仕。此後五六年時間，韓邦奇是以里居講學爲事，其間先後授趙天秩春秋、尚書，授王賜紱、張思靜易。命王賜紱、張士榮編易占經緯，命樊得仁編性理三解。嘉靖十九年，樊得仁曾將律呂直解、啓蒙意見、洪範圖解三書合刊，命名爲性理三解行世。嘉靖二十一年，韓邦奇囑樊得仁以正蒙拾遺替換律呂直解，此後性理三解固定爲正蒙拾遺、啓蒙意見和洪範圖解三書。

嘉靖二十四年，易占經緯編成，此書四卷，由王賜紱和韓邦奇外孫張士榮依韓邦奇之意按順序編排而成，前列卦變圖、易占圖、焦氏易林占圖、易象爻辭，正文以三百八十四變爲經，四千九十六變爲緯，分別取易爻辭與易林附之。占則以孔子占變爲主。後有附録一卷，明卦爻三變及易林推用之法。是書之主要思想，在於「專闡卜筮之法」。[二]張世榮於此書後序曰：

孔子曰：「動則觀其變而玩其占」，斯易之大用乎！夫周易，爲卜筮而作也，是故尚其占焉。易之數，老變而少

〔二〕韓邦奇，易占經緯，濟南：齊魯書社，四庫存目叢書子六六册。

不變，是故觀變焉。易之爻惟九六，無七八之爻也，是故占變焉。「占不變爻」者，于易莫歸；「三爻占象」者，於理無取，是故于易窒矣。三百八十四爻，四千九十六變，易之變，盡於是也。是故國語之附會，後儒之議擬，吾不得而知也。用易林之變而不用易林之辭，吾亦不得而知也。吾之所知，經緯而已矣。

這亦是韓邦奇關於易占之主要思想。韓邦奇認爲，「夫周易，爲卜筮而作也，是故尚其占焉」，而「易之數，老變而少不變，是故觀變焉。易之爻惟九六，無七八之爻也，是故占變焉」，故而他反對朱熹提倡的「占不變爻」和「三爻占象」的思想，創立易占圖，展示了六十四卦的任何一卦，可以通過一至六個不同數、不同組合的、有規律的爻變，變化出另一卦。進而提出應以易經中相應變卦的爻辭和易林中相應的繇辭爲準占斷。這就在「變」的原則下統一了卜筮中「占」和「斷」的矛盾問題。另外，於是書之附録中，韓邦奇提出「卦爻三變說」和「易林推用之法」。「卦爻三變說」依據啓蒙意見提出的「其本同其末異，其生異其成同」的觀點，由太極、兩儀、四象、八卦推演至十二爻卦，實現了先天與後天、八卦與六十四卦、六十四卦與四千九十六變、漢代焦贛之易和宋代朱子之易的貫通；「易林推用之法」則實現了易卦與陰陽、五行、干支以及二十四節氣、三百六十日的統一。結合洪範圖解提出的「九疇」亦與大衍之數相合等思想，可見韓邦奇易學主旨，在於以「變」爲原則而求「通」。就此而言，韓邦奇可謂明代易學史上的博洽通家。

韓邦奇晚年思想的又一個重要總結，是苑洛志樂的刻本面世。此書始刊刻於嘉靖二十七年韓邦奇年七十歲時，是韓邦奇一生樂律學思想的總結。如其卷九所云，該書「取樂之切要者考證刪定」，對古代之樂律、古樂器、樂曲、樂舞，以文字記述與圖解配合的方式做了詳盡的歸納、解說、注解，並且對音律有著獨特的見解。四庫全書總目經部樂類該書提要評之曰：「雖其說多本前人，然決擇頗允，又若考定度量、權衡樂器樂舞樂曲之類，皆能本經據史，具見學術與不知而妄作者究有徑庭」。更爲難得的是，在該書中，韓邦奇繼承了中國傳統「樂生於心」的觀點，提出音樂應該「取諸造化之自然」「順其自然，發乎人心」的觀點，這從本質而言，是其「天人合一」思想在「制禮作樂」上的具體體現。

韓邦奇一生學術思想以及各類撰述的結集，是嘉靖三十一年由其門人張文龍集刻行世的韓苑洛集，其時韓邦奇已七十四歲。是集爲韓邦奇一生文章、思想之彙集，總二十二卷。第一、二卷爲序，共三十五篇，主要是韓邦奇爲自己、他人著作所寫的序言以及爲時人祝壽、贈别等應酬之序文；第三卷爲記，共十四篇，記當時所歷諸種大事；第四、五、六卷爲墓誌銘，共三十八篇，第七卷爲墓表，共十七篇，大多講述了墓誌主人的生平事跡，多讚語之辭；第八卷爲傳，共十三篇，記時人種種事跡；第九卷爲策問，共七篇，是韓邦奇爲山西和順天府鄉試所撰；第十、十一卷爲詩，收韓邦奇五言詩七十一首，六言詩三首，七言詩七十五首和與朋友唱和之作五七言聯句二十八首；第十二卷爲詞、曲，收韓邦奇詞四十一首，散曲三十首；第十三至十七卷爲奏議，收韓邦奇自正德十一年四月至嘉靖二十八年十二月題奏七十一篇，内容涉及戍邊戰事、舉薦賢才、乞恩致仕等；第十八至二十二卷爲見聞考隨録，收集韓邦奇關於軍事、樂律、天文、地理、史論、政論、修養以及諸經各種散論，内容龐雜，涉及面廣。由此可見韓邦奇一生學術梗概。而時人與後人，也對苑洛集給予極高評價。孔天胤評之曰：「苑洛先生，當代之儒賢也，……故其爲文類非丹雘斧藻之事，蓋帝王統治之猷、聖賢傳心之學、人物之污隆、風俗之上下、性情之所感宣、聞見之所著録，其辭不一，其陳理析義，卓然一出於正，其揚教樹聲，翕然一矢乎！」[一]乾隆十六年朝邑知縣成邦彦在他的序文中評價苑洛集：「然明體達用，所謂恬退之節、經濟之才，略可紡緯，其餘體裁不一，要皆根極理要，有稗世道。」于此可見韓邦奇學問廣博並切世之要。這也正是關學「尚實」學風在韓邦奇身上的體現。

韓邦奇的著作，除上已言及者之外，據世宗實録卷四百四十三、韓邦奇門人楊繼盛壽韓苑翁尊師老先生七十一序（楊繼盛：楊忠愍集卷二）、馮從吾關學編苑洛韓先生、清代朱彝尊經義考卷一百二十七等所言，還有易説、毛詩末喻、書説、禮記斷章、周禮義疏、六經説等多種，但皆已失傳，其他文獻也罕見提及。由此亦可見韓邦奇學問之廣博。

概而言之，韓邦奇對天文、地理、兵法、音律等經世之學以及文、詩、詞、曲等文章之學無所不通。在經學上，他大抵以

[一] 孔天胤：苑洛先生文集原序，見韓邦奇韓苑洛集，清嘉慶七年朝邑刻本（一八〇二）。

易、書、禮、詩、樂爲宗，對漢儒焦贛、宋儒邵雍、朱熹等人之學頗有繼承和發明，尤其在「數理」之學和「聲律」之學上，韓邦奇更有著精深的研究和獨到的見解。但就基本哲學立場而言，韓邦奇則是「遠祖横渠，近宗涇野，其學得關中嫡派」，[一]「論道體乃獨取張横渠」，[二]這説明韓邦奇雖然學問博雜，然在思想宗源上，則是遠承張載、宗源關學的。同時，韓邦奇爲人「識度汪然、涵養宏深、持守堅定、躬行心得、中正明達」，[三]也具有關中士人躬行實踐、崇尚氣節的傳統人格特徵。因此，其作爲明代關學傳人的地位，是毋庸置疑的。這也是這次將韓邦奇集的整理點校納入關學文庫的基本理由。

魏冬

甲午年夏於雪域拉薩西藏藏醫學院北陸齋

[一] 清刁包：楊忠愍先生家訓序，見畿輔通志卷一百，影印文淵閣四庫全書第五〇六册，第三三五頁。

[二] 明白璧：讀苑洛先生語録，見四庫存目叢書子七苑洛先生語録，三七三頁。

[三] 明白璧：讀苑洛先生語録，見四庫存目叢書子七苑洛先生語録，三七三頁。

點校說明

韓邦奇一生著述頗多，涉及的内容也很寬廣，主要是有關易、書、禮、樂、詩等經學方面的著作以及晚年編成的文集。按其内容和著述時間先後順序，主要有蔡傳發明、禹貢詳略、啓蒙意見、律吕直解、正蒙解結、洪範圖解、正蒙拾遺、周易本義詳說、蔡沈尚書傳義、易占經緯、卦爻三變、易林推用、苑洛志樂、韓苑洛集、苑洛先生語録以及易說、書說、毛詩末喻、禮記斷章、周禮義疏、六經說等多種，除去已經散佚及内容重複、不可考證者外，傳世的尚有禹貢詳略、啓蒙意見、洪範圖解、正蒙拾遺、易占經緯、卦爻三變、易林推用、苑洛志樂、韓苑洛集、苑洛先生語録等十種。這是此次編校韓邦奇集的主要著作。

此次編訂的基本原則是：對韓邦奇的著作儘量搜集齊全，選擇較好的版本，在不破壞原有版本完整性的前提下，遵循文獻原來的卷次和結構，基本按照著作完成的先後時間順序編排，以反映作者不同階段的思想變化。即：韓邦奇傳世的著作中，以禹貢詳略完成時間最早，是書作於弘治十年（一四九七）韓邦奇十九歲時，故將之作爲第一編；啓蒙意見完成於弘治十六年（一五〇三）韓邦奇二十五歲時，洪範圖解約完成於正德十年（一五一五）韓邦奇三十七歲時，正蒙拾遺約完成於正德十三年（一五一八）韓邦奇四十歲時。以上三書除正蒙拾遺外，啓蒙意見、洪範圖解早有單行本傳世，然早在嘉靖二十一年（一五四二），韓邦奇門人樊得仁已按照正蒙拾遺、啓蒙意見、洪範圖解的順序，將此三書合刊爲性理三解版行於世，此後成爲定本，故依舊例將性理三解作爲第二編；易占經緯完成於嘉靖二十四年（一五四五）韓邦奇六十七歲時，最早刊刻於嘉靖二十七年（一五四八），原本附有卦爻三變、易林推用，今保持原貌不變，作爲第三編；苑洛志樂最晚於嘉靖二十六年（一五四七）韓邦奇六十九歲時已完成，最早刊刻於嘉靖二十七年（一五四八），故將之作爲第四編；苑洛集爲韓邦奇門人張文龍彙集而成，始刊刻於嘉靖三十一年（一五五二）韓邦奇年七十四歲時。此後韓邦奇門人白璧在嘉靖三十四年（一五五五）編成苑洛先生語録六卷，然内容多出於苑洛集，故以苑洛集爲主體，並收録苑洛先生語録中多出於苑洛集的語録作爲第五編。關於歷史上對於以上諸書的序跋提要等，除原書收録保持次序不變者外，其餘則分別附於每編之後。第六編則輯録魏冬編訂之韓邦奇年譜以及古代關於韓邦奇傳記、軼事的主要史料，以備研究資考。如是共分爲六編。根據如上内容，此次編校在儘量保持原貌的前提下，爲便於閲讀和翻檢的需要，對目録做了重編。

此次版本選擇的原則是：選定校刻較精、錯誤較少的一種版本做底本，並確定某些版本通校，某些版本參校。現根據文獻資料、目録書籍記載，以及當前各圖書館館藏情況，對韓邦奇存世諸書的版本情況做一略述，並本着「從古、從精」的原則，對此次點校底本選擇的理由敘述如下。

一、禹貢詳略

此爲現存韓邦奇早年著作，現存於陝西省圖書館，善本。陝西省志第七十一卷著述志載：「禹貢詳略二卷，明韓邦奇撰。明刻本，二册，每半頁十二行，行二十二至二十三字，白口，上下單邊，四庫全書總目著録。此書根據地理著作尚書禹貢篇，輯録全國各地山嶺、河流、藪澤、郡縣、土壤、貢賦、物産、美玉等，並詳加注釋和考證。其中對黄河流域考證較詳。卷末有九州賦歌六十餘首、地域圖二十餘幅。是書卷前有韓邦奇跋云：『此爲鄉塾私課之本，特以教吾子弟，非敢傳之人人。』」〔一〕據點校者搜求，此版本還見存於臺灣故宫博物院圖書館，然索求難得，故將陝西省圖書館所藏作爲本次編校底本。

〔一〕陝西省志第七十一卷著述志（上册），西安：三秦出版社，陝西省地方志編纂委員會編，二〇〇〇年五月，一八三頁。

二、易學啓蒙意見

此書有單行本以及與他書合刊本兩種。歷史上之主要刊刻及存佚情況如下：

（一）明正德九年（一五一四）本，平陽府同知古檀李滄刊刻。已佚。

（二）明嘉靖十三年（一五三四）本，巡按直隸監察御史濮陽蘇祐刊刻。已佚。

（三）明嘉靖十九年（一五四〇）本，性理三解中之啓蒙意見五卷，福建道監察御史韓邦奇門人渭野樊得仁刊刻。〔一〕善本。現存於國家圖書館、故宮博物院圖書館、山東省圖書館。

（四）明嘉靖二十一年（一五四二）本，性理三解中之啓蒙意見五卷，樊得仁刊刻。已佚。

（五）清乾隆十六年（一七五一）本，性理三解中之啓蒙意見六卷，成邦彦刊刻。陝西師範大學圖書館存一至二、五至六卷。

（六）清乾隆年間四庫全書本。欽定四庫全書總目卷五載有：「易學啓蒙意見五卷，浙江汪啓淑家藏本。」〔二〕現存。

（七）清嘉慶七年（一八〇二）本，性理三解中之啓蒙意見六卷，謝正原刊刻。現存於陝西師範大學圖書館。

考慮到嘉靖十九年樊得仁刊刻性理三解時，韓邦奇尚在人世，故以此書爲底本。以乾隆十六年成邦彦刊刻本、乾隆年間四庫全書本、嘉慶七年謝正原刊刻本爲校本。

〔一〕根據中國古籍善本總目（翁連溪編校，臺北：線裝書局，二〇〇五年五月）所録有：「性理三解，明嘉靖十九年樊得仁刻本。」此中有啓蒙意見五卷、律吕直解一卷、洪範圖解一卷，明顯與嘉靖二十一年所刻有别。

〔二〕清永瑢等：四庫全書總目，北京：中華書局，一九八一，第二九頁。

三、洪範圖解

此書有單行本以及與他書合刊本兩種。因該書亦被列爲韓邦奇性理三解之一，所以關於其刊刻、流傳情況，與性理三解緊密相連。歷史上之主要刊刻及存佚情況如下：

（一）明正德十六年（一五二一）本，善本，前有缺頁。四庫全書總目卷一百十載有：「洪範圖解二卷，浙江吴玉墀家藏本。」現存。四庫存目叢書子五七册收録此書，爲東北師範大學圖書館藏。

（二）明嘉靖十九年（一五四〇）本，善本。性理三解中之洪範圖解一卷，福建道監察御史韓邦奇門人渭野樊得仁刊刻。現存於國家圖書館、故宫博物院圖書館、山東省圖書館。

（三）明嘉靖二十一年（一五四二）本，性理三解中之洪範圖解一卷，樊得仁刊刻。已佚。

（四）清乾隆十六年（一七五一）本，性理三解中之洪範圖解一卷，成邦彦刊刻。陝西師範大學圖書館館藏此版本性理三解，然其中此卷已佚。

（五）清嘉慶七年（一八〇二）本，性理三解中之洪範圖解一卷，謝正原刊刻。現存於陝西師範大學圖書館。

此次點校，以明正德十六年（一五二一）本爲底本，嘉靖十九年（一五四〇）樊得仁刊刻本、嘉慶七年謝正原刊刻本爲校本。

四、正蒙拾遺

没有單獨的刊行本，以明嘉靖二十一年（一五四二）樊得仁刊刻性理三解爲祖本。所以關於它的主要刊刻及存佚情況，與性理三解相同。關於此本的刊刻及存佚情況是：

（一）明嘉靖二十一年（一五四二）性理三解本，包括：啓蒙意見、正蒙拾遺、洪範圖解，樊得仁刊刻。已佚。

（二）清乾隆十六年（一七五一）性理三解本，八卷，包括：啓蒙意見六卷、正蒙拾遺一卷、洪範圖解一卷，成邦彦刊刻。陝西師範大學圖書館存五卷：正蒙拾遺一卷，啓蒙意見一至二、五至六卷。

（三）清嘉慶七年（一八〇二）性理三解本，八卷，包括：啓蒙意見六卷、正蒙拾遺一卷、洪範圖解一卷，謝正原刊刻。現存於陝西師範大學圖書館等處。

此次點校，以陝西師範大學圖書館存清乾隆十六年（一七五一）性理三解本中的正蒙拾遺爲底本，以陝西師範大學圖書館存嘉慶七年（一八〇二）謝正原刊刻本爲校本。

五、易占經緯（附：卦爻三變、易林推用）

此書的最早刻本，爲明嘉靖二十七年金城刻本。清代朱彝尊經義考卷五十二中載有「易林推用，未見」，隨後附有韓邦奇所寫的序。最後又附有「張雲章曰：『朝邑韓恭簡公，譚理學，負經濟，世稱苑洛先生。有性理三解行世，内啓蒙意見四卷，即易學疏原也。易占經緯四卷，前列卦變圖、易占圖、焦氏易林占圖、易象爻辭，復有附録一卷，明卦爻三變及易林推用之法，經緯云者，以三百八十四變爲經，四千九十六變爲緯，經者易爻辭，緯取焦氏易林附之。』」[二] 四庫全書總目卷一百十一、子部二十一、術數類存目二載有：「易占經緯四卷，江蘇巡撫采進本。」其提要説：「茲編專闡卜筮之法，以三百八十四變爲經，四千九十六變爲緯，經者易之爻辭，緯取焦氏易林附之，占則以孔子占變爲主，蓋言數而流於藝術者也。經義考載其門人王賜紱序略，此本不録，别有濟南金城序，殊不及原序之詳。」[三] 由此可以推知易林推用當與卦爻要圖一起被編爲易占經緯之附録。四庫存目叢書子部六六册中録有此書，爲北京大學圖書館館藏。

[二] 清朱彝尊：經義考卷五十二，影印文淵閣四庫全書第六七七册，第一〇——一一頁。
[三] 清永瑢等：四庫全書總目，第九四五頁。北京：中華書局，一九八一。

另中國國家圖書館有此書館藏：（一）易占經緯四卷，普通古籍，一七三六年；（二）易占經緯四卷，普通古籍，一六四四年。

此次點校，以明嘉靖二十七年金城刻本爲底本，中國國家圖書館館藏一六四四年、一七三六年本爲校本。

六、苑洛志樂（含律呂直解、樂律舉要）

苑洛志樂始刊刻於明嘉靖二十七年（一五四八）。此書歷史上之主要刊刻及存佚情況如下：

（一）明嘉靖二十七年（一五四八）本，善本。中國古籍善本總目載有：「苑洛志樂，二十卷，明韓邦奇撰，明嘉靖二十七年王宏等刻本，十行二十字二十三字不等，白口四周單邊。」[一]現存於中國國家圖書館。

（二）清康熙二十二年（一六八三）本，善本。中國古籍善本總目載有：「苑洛志樂，十三卷，明韓邦奇撰，清康熙二十二年吳無萊刻本。」[二]現存於清華大學圖書館、上海圖書館、內蒙古師範學院圖書館、天一閣文物保管所、湖南省圖書館、四川省圖書館。

（三）清乾隆年間四庫全書本。四庫全書總目卷三十八載有「苑洛志樂二十卷，浙江汪啓淑家藏本。」[三]現存。

（四）清嘉慶十一年（一八〇六）本，陝西師範大學圖書館館藏有：（重刻）恭簡公志樂十二冊，關中裕德堂藏版，清嘉慶十一年本。又中國國家圖書館館藏有：重刻恭簡公志樂二十卷，普通古籍，一八〇六年。

前已提及，苑洛志樂前兩卷爲律呂直解。然而，律呂直解成書較早，在編入苑洛志樂之前便已經多次刊刻，且曾經被

[一] 翁連溪編校：中國古籍善本總目，臺北：線裝書局，二〇〇五，第八八頁。

[二] 翁連溪編校：中國古籍善本總目，臺北：線裝書局，二〇〇五，第八八頁。

[三] 清永瑢等：四庫全書總目，北京：中華書局，一九八一，第三二三頁。

編入性理三解。在律吕直解編入苑洛志樂以前，其刊刻及存佚情況是：

（一）明正德十六年（一五二一）本，中國國家圖書館館藏有：律吕直解，普通古籍，一五二一年。

（二）明嘉靖十九年（一五四〇）本，善本。性理三解中之律吕直解一卷，福建道監察御史韓邦奇門人渭野樊得仁刊刻。現存於中國國家圖書館、故宫博物院圖書館、山東省圖書館。

另外，與苑洛志樂相關的還有樂律舉要一書。四庫全書總目卷三十九中録有「樂律舉要一卷，編修程晉芳家藏本。」其提要説：「此書爲曹溶學海類篇所載。核校其文，乃從邦奇苑洛志樂中摘録十餘條，爲立此名也。」[二]由此可知，此書乃苑洛志樂之部分。中國國家圖書館有此書館藏：樂律舉要一卷，善本，一八三一年；樂律舉要一卷，普通古籍，一八三一年。此書收録於四庫存目叢書經一八二冊中。

此次點校，以明嘉靖二十七年（一五四八）本爲底本，清康熙二十二年（一六八三）本、清乾隆年間四庫全書本、清嘉慶十一年（一八〇六）本爲主校本，以律吕直解明正德十六年（一五二一）、明嘉靖十九年（一五四〇）本和樂律舉要一八三一年善本爲參校本。

七、苑洛集（含見聞考隨録即苑洛語録）

此集於明清兩朝有過多次刊刻，歷次刊刻皆有序言流傳至今，先後有嘉靖三十一年孔天胤苑洛先生文集原序、乾隆十六年成邦彦重鐫苑洛文集序、嘉慶七年朱儀軾補刊苑洛文集暨性理三解易占經緯序、嘉慶七年謝正原補鐫苑洛文集序、道光八年謝正原重刻韓苑洛集序，文集最後附有韓邦奇門人張文龍於嘉靖三十年十二月二十四日所寫的後記。道光八年秋，謝正原作重刻韓苑洛集序，對明清兩朝此書的刊刻情況有所總結，如下：

[二] 清永瑢等：四庫全書總目，北京：中華書局，一九八一，第三三二頁。

苑洛所存遺書，據原序及跋，始刻於明嘉靖時，分二十二卷，其中已多散佚。國朝乾隆十六年，邑紳重刊之，版藏西河書院，亡何剥蝕又復不少。嘉慶七年，原既補刻邑志，因取苑洛集二十二卷並得性理三解、易占經緯及五泉遺書同鐫補而印之，不下五百餘部，一時索散俱盡。既宦京師，士大夫復多問者，且無以應之，足見人於兩先生景仰之不啻如昌黎，兼慕之不啻蘇文忠昆仲也。比自京師歸，板乃盡壞，數年之間，人無定跡，物遂不免存亡。仲尼嘆杞、宋無徵，傷心遠矣，豈獨茲集哉！於邑者允之即思復刻，未暇也。道光戊子，王子葵圃赴家弟仰山成縣幕署，臨别懇懇以此爲言。因取舊本，乞鄉先生張翔九翰淩、楊永懷孝陸、李時齋元春、張子範飭，各就其家分校之，校訖付梓，既成，仍於西河書院藏焉。（謝正原重刻韓苑洛集序，苑洛集道光八年本）

由此可知，苑洛集於明清兩朝主要有過四次刊刻，即嘉靖年間、乾隆十六年、嘉慶七年和道光八年。綜合各種材料，苑洛集於歷史上之主要刊刻及存佚情況列舉如下：

（一）明嘉靖三十一年（一五五二）本，中國古籍善本總目載有：「苑洛集，二十二卷，明韓邦奇撰，明嘉靖三十一年刻本，十行二十字，白口四周單邊。」[一]現存於中國科學院圖書館、中國社會科學院考古研究所、天津市人民圖書館、吉林省社會科學院圖書館、安徽省圖書館、雲南省圖書館、福建省圖書館、東陽縣文管會。

（二）清乾隆十六年（一七五一）本，中國古籍善本總目載有：「苑洛集，二十二卷，明韓邦奇撰，清乾隆十六年刻本，十行二十字，白口四周雙邊。」現存於遼寧省圖書館。[二]又中國國家圖書館有此書館藏：苑洛集二十二卷，普通古籍，一七

[一] 翁連溪編校：中國古籍善本總目，臺北：線裝書局，二〇〇五，第一四〇五頁。

[二] 翁連溪編校：中國古籍善本總目，臺北：線裝書局，二〇〇五，第一四〇五頁。

五一年。

（三）清乾隆年間四庫全書本。四庫全書總目卷一百七十一載有：「苑洛集二十二卷，副都御史黃登賢家藏本。」[一]

（四）清嘉慶七年（一八〇二）本，陝西師範大學圖書館有此書館藏：韓苑洛文集二十二卷，普通古籍，一八〇二年。

（五）清道光五年（一八二五）本，中國國家圖書館有此書館藏：韓苑洛集一卷，普通古籍，一八二五年。

（六）清道光八年（一八二八）本，陝西師範大學圖書館有此書館藏：韓苑洛文集二十二卷，朝邑西河書院清道光八年刻本。

（七）民國二十五年（一九三六）金陵盧前飲虹簃本，此版本又有江蘇廣陵古籍刻印社一九七九年重印本，皆現存於中國國家圖書館、陝西師範大學圖書館等。

（八）新中國一九九〇年蘭州古籍書店本，屬於中國西北文獻叢書第六輯、西北文學文獻第三卷，本書與明代趙時春浚谷集、浚谷文鈔合訂。現存於中國國家圖書館等。

另外，苑洛集之卷十八至二十二亦曾以見聞考隨録單行本面世。四庫全書存目録有此書，曰：「見聞考隨録無卷數，浙江范懋柱家天一閣藏本。」其提要云：「是書已載入所著苑洛集中，此乃明人鈔出别本，中多朱筆標識，上闌又間加評語，如『胡守中結交郭勳』一條則云『傳聞之過』，『甲申大同之變』一條則云『視各書所記爲詳確』，『藩臬陞遷』一條則云『銓法變自楊邃菴』，蓋别有説，所論亦頗有見，特不知出誰手也。」[二]

又，見聞考隨録又曾以苑洛語録而世。四庫全書存目録有此書，曰：「苑洛語録六卷，副都御史黃登賢家藏本。」其中提要説：「是書皆平日論學之語及所紀録時事，輯爲一編。本名見聞考隨録，已編入所著苑洛集中，惟集本五卷，此本

[一] 清永瑢等：四庫全書總目，北京：中華書局，一九八一，第一五〇一頁。

[二] 清永瑢等：四庫全書總目，北京：中華書局，一九八一，第一二二〇—一二二一頁。

作六卷，所載雖稍有出入而大略皆同，蓋此本乃邦奇門人山西參議白璧所刊。前有璧序，稱刻而題之曰苑洛先生語録，疑又爲璧所重編矣。」〔二〕中國古籍善本總目載有：「苑洛先生語録六卷，明韓邦奇撰，明嘉靖三十四年白璧刻本，十行二十字，白口四周單邊」〔三〕。現存於上海圖書館。四庫全書存目叢書子七録有此書。

此次點校，以明嘉靖三十一年（一五五二）本爲底本，清乾隆十六年（一七五一）本、清乾隆年間四庫全書本、清嘉慶七年（一八〇二）本、清道光五年（一八二五）本、清道光八年（一八二八）本爲主校本，以苑洛語録明嘉靖三十四年白璧刻本爲參校本。

在具體校勘中遵循以下原則：

一、對底本的一般筆劃小誤，字書所無，顯係誤刻者，以及凡遇有日曰淆舛、已巳混同之類的誤刻者和底本不誤、他本誤者，本書不誤、他書誤者，個別虚字有出入而文義無殊者，均逕改不出校記。

二、凡兩通而含義不同者，可出異文校記。本書節引他書而不失原意者，即應盡量保持本書原貌，無須據他書改動本書，如易占經緯通引易林全文，增删衍缺、不同之處甚多，均以易占經緯爲準，不做改動，然其中之引文模糊、確難辨認者，則從易林正之。凡疑有脱訛衍倒，而無堅實理據者，不能輒予補改删乙，但確有根據的，則更正並出校説明。如易占經緯底本中，正文有字體微細難辨者，或表述與卦變原則不一致者、卦畫錯誤者，依卦變原則及卦畫、卦名對應原則改正。正文改字採取校注説明方式，加六角括號〔〕表示增字，加圓括號（）表示删字。

三、凡作者避本朝名諱或家諱者，一律不作改動，缺筆字則補足筆劃。個別影響理解文義的避諱字，出校指出。後人

〔二〕清永瑢等：四庫全書總目，北京：中華書局，一九八一，第八一〇頁。

〔三〕翁連溪編校：中國古籍善本總目，臺北：線裝書局，二〇〇五，第八〇二頁。

傳刻古書避當朝諱者，則據古本回改，各於首見處出校指明，餘皆逕改，不一一出校。

四、文中特殊字，如易占經緯中之㊂㊃，逕改爲【經】【緯】，不出校。

五、原書正文中有小字注釋，保持原貌，但均用小一號的字。

六、校勘只限於底本文字的脱訛衍倒。作者見解上的錯誤，不出校糾駁。

七、在標點上，首先根據文字内容，適當分段。書中引文較長，則采用「另起低四格轉行低兩格」的形式，以便閱讀。

對於文中引用的文獻，只要其大意未變，一般不改文句，有些其文字有較大出入，則出校説明。

八、韓邦奇著作中所用圖、表甚多，對此，本次編校均根據原有較好版本擇優選用。

本書的點校整理工作，困難在於收集、清理版本，查閲引語。然有幸得到西北大學出版社馬平編審，陝西省圖書館徐大平副館長，陝西師範大學劉學智教授、林樂昌教授，中國人民大學韓星教授，陝西寶雞文理學院米文科、張波博士，西安理工大學劉峰博士，西安市新城區教育局發展規劃辦公室王鵬同志（韓邦奇故里陝西省大荔縣人）以及衆多同仁的指導幫助，國家圖書館、陝西省圖書館、陝西師範大學圖書館、三原縣圖書館、大荔縣圖書館也熱情提供了版本。西藏自治區教工委副書記赤列旺傑同志，西藏藏醫學院教務處邊巴次仁處長、咸陽西藏民族學院團委梁軍莉女士也給予了大力支持和鼓勵，在此一並致謝！但限於時間倉促和學識有限，不當之處在所難免，敬請各位專家不吝指正。

目録

上册

禹貢詳略

性理三解

正蒙拾遺　一卷

啓蒙意見　五卷

洪範圖解　一卷

易占經緯

中冊

苑洛志樂

下册

苑洛集

苑洛集　卷三

苑洛集　卷六　…… 一四四八

苑洛集　卷七 …… 一四七二

苑洛集　卷八

苑洛集　卷九

苑洛集　卷十

苑洛集　卷十一……一五五四

苑洛集　卷十二

苑洛集　卷十三

苑洛集　卷十四

苑洛集　卷十八……一六八二

苑洛集　卷十九……一七〇二

苑洛集　卷二十……一七一三

苑洛集　卷二十一……一七三五

苑洛集　卷二十二……一七四八

附録……一七五九

年譜・傳記軼事輯要

禹貢詳略

禹貢詳略

略者，爲吾家初學子弟也。復講說者，舉業也。詳釋之者，俟其進而有所考也。

弘治丁巳苑洛子書

禹貢

上之所取謂之「賦」，下之所供謂之「貢」。是篇有貢有賦，而獨以「貢」名篇者，「貢」乃夏后氏田賦之總名也。今文、古文皆有。

禹敷土，隨山刊木，奠高山大川。

「敷」，分也，分別土地以爲九州也。「奠」，定也，定高山大川以別州境也。若兖之濟河，青之海岱，揚之淮海，雍之黑水、西河，荊之荊衡，徐之海岱、淮，豫之荊河，梁之華陽、黑水是也。方洪水橫流，不辨區域，禹分九州之地，隨山之勢，相其便宜，斬木通道以治之。又定其山之高者與其川之大者，以爲之紀綱。此三者，禹治水之要。故作書者首述之。

曾氏曰：「九州之分，其來久矣。洪水湮沒，故禹復分之也。昔史臣記大禹治水之要，謂夫九州之分，其來久矣。洪水橫流，不辨區域，至是禹始分之：何者爲冀、兖，何者爲青、徐，何者爲揚、荊，何者爲豫、梁、雍；則知何州最下而治之在所當先，何州最高而治之在所當後。非治水之要乎！洪水橫流，地之平者，無非水也。禹則隨山之勢，相其便宜，斬木通道以治之，隨岍、岐至於碣石，所以相河、濟也；隨西傾至於陪尾，所以相伊、洛、淮、渭也；隨嶓冢至於荊山，所以相漢水也；隨岷山至於敷淺原，所以相江水。則知何處塞水源而當流，何處壅水流而當導。非治水之要乎！九州之境，不可以無別也。定其山之高者與其川之大者，以爲一州之紀綱，若兗之濟河，青之海岱，淮揚之淮海，荆山之荆衡，豫之荆河，梁之華陽、黑水，雍之黑水、西河是也。則水之害於州者爲可考，山之壅乎水者爲可見，非治水之要乎！」○重治水之要。○「斬木通道」有二意。山水多有礙人行，故斬以通之。又道不接處斬木爲梁以通之。講兼二意。史臣記聖人治水之要，非一端以見成功之所自也。

曾氏曰：「禹別九州，非用其私智。天文地理，區域各定，故星土之法則有九野，而在地者，必有高山大川爲之限隔，風氣爲之不通。民生其間，亦各異俗，故禹因高山大川之所限者，別爲九州。又定其山之高峻、水之深大者，爲其州之鎮，秩其祭而使其國主之也。」

冀州分野　參井觜昴畢室壁尾箕

兗州分野　危室奎婁角

青州分野　危虛箕

徐州分野　婁房心

揚州分野　斗牛女

荆州分野　翼軫

豫州分野　角亢柳張氐

梁州分野　井鬼參井翼軫觜

雍州分野　井鬼翼軫

冀州霍山　兗州岱山　青州沂山

徐州 蒙山　揚州 會稽　荊州 衡山
豫州 華山　梁州 嶓冢山　雍州 嶽山

冀州

冀州，帝都之地。三面距河：兗河之西，雍河之東，豫河之北。八州皆言疆界而冀不言者，以餘州所至可見，亦所以尊京師，示王者無外之意。

此史臣記「大禹經理冀州也」。禹之治水，先下而後高。冀州非下也，而先治之者，何也？蓋帝都之地，禹受命治水所始，在所當先也，故先治冀州焉。八州皆言疆界，而冀不言疆界者，何也？言濟河惟兗州，則知冀州在兗州之西；言荊河惟豫州，則知冀州在豫河之北；言黑水、西河惟雍州，則知冀州在雍河之東。以帝都而言，疆界與八州等矣。不言者，所以尊京師也。以帝都而言，疆界有限量矣；不言者，所以示王者無外也。

重帝都之地。下文云：「冀州，帝都之地。禹受命治水，在所當先。」蓋人主百官宗廟之所在，自當先治。舊以急君親爲說，「親」字似不穩，不用。三面距河，水患尤劇之說，與註不合。〇「冀州」二字，小試可出，中間許多周折。帝都之地，朝廷宗廟百官之所在，治之當先，一意也。他州皆言疆界，而冀獨不言者，三面距河，言黑水、西河惟雍州，則知冀在雍河之東矣；言濟河惟兗州，則知冀在兗河之西矣；言荊河惟豫州，則知冀在豫河之北矣，一意也。他州言界而冀亦言之，則冀與他州同矣。不言界者，尊京師也，一意也。冀言界，則是地方限於界內。不言界者，示王者無外之意也，一意也。四意俱須發出。〇史臣記：「聖人之治水，必首乎帝都也。」

（少一頁）[二]

[一] 據上下文意，此處文字有脱落，原本上有前人蠅頭小楷眉批曰「少一頁」。經核此處應缺尚書禹貢「既載壺口」條，其釋文亦有缺失，故志乎此。

經「始治之謂之『載』。」壺口，山名。漢地志：「在河東郡北屈縣東南。」今隰州吉鄉縣也。○今按：「既載」云者，冀州，帝都之地。禹受命治水，所始在所當先。經始壺口等處，以殺河勢，故曰「既載」。然禹治水施工之序，則皆自下流始。故次兗、次青、次徐、次揚、次荆、次豫、次梁、次雍，兗最下，故所先；雍最高，故獨後。禹言「予決九川，距四海，濬畎澮，距川」，即其用工之本末。先決九川之水以距海，則水之大者有所歸；又濬畎澮以距川，則水之小者有所泄。皆自下流，以疏殺其勢。讀禹貢之書，求禹功之序，當於此詳之。

冀州之水，莫大于河，壺口之下流也。下流不治，則上流之勢不可遏矣。故禹經始治之，以殺河勢焉，爲開河道之計也。冀州，天下所當先；壺口，又一州所當先。北屈縣，今山西平陽府吉州地也。吾嘗從間道至其地，萬山聳立，或如樓臺，或如殿閣，或如城廓。翠碧如畫，山多倒懸，草樹倒生，稍拂其帽。父老云：「此地人不經行久矣。」奇絕可愛，但無水多虎耳。

治梁及岐。

梁、岐，皆冀州山。梁山在石州離石縣，岐山在汾州介休縣。二山，河水所經，治之所以開河道也。

梁、岐二山，河之所經也。其石崇竦，壅遏爲甚，河勢既殺，方可施功。故禹治之，所以開河道焉。○上是殺河勢。下是開河道。二句可出，上下相關故。蓋壺口在南，梁、岐在北，梁、岐在上流，壺口在下流。梁、岐擁塞，河水出孟門之上，無處下手施工，而壺口□在其下流，先將壺口疏鑿寬闊，下流既通，則上流水勢減殺，始可施工，故曰「殺河勢」。聖人治冀州之山，殺河勢而開河道也。○「冀州」三合「及岐」。史臣記：「聖人之治水。有天下之所當先者，有一州之所當先者。」○「禹敷土」四合「岐」。治天下之水，有其要；治一州之水，先其大。

梁、岐，皆冀州山。梁山，呂梁山也。在今石州離石縣東北。爾雅云：「梁山晉望，即冀州呂梁也。」呂不韋曰：「龍門未闢，呂梁未鑿，河出孟門之上。」又春秋「梁山崩」，左氏、穀梁皆以爲晉山，則亦指呂梁矣。酈道元謂：「呂梁之石崇竦，河流激盪，震動天地。」此禹既事壺口，乃即治梁也。岐山在今汾州介休縣。狐岐之山，勝水所出，東北流注于汾。酈道元云：「後魏於胡岐置六壁城、離石，諸胡因爲大鎮。」今六壁城在滕水之側，實古河逕之險阨。二山，河水所經，治之所以開河道也。先儒以爲雍州梁、岐者，非是。

離石縣，即今山西太原府石州寧鄉縣也。介休，即今山西汾州介休縣也。今介休無狐岐山，孝義縣有狐岐山。孝義縣與介休接壤，豈古介休實兼二縣之地歟？然狐岐之山，滕水所出，河不經流，其下介休，去河尚遠，或臨河別有岐山，今不可考，闕之可也。○朱子曰：「他所舉山川，皆先地後績者，覩成功而言也。壺口、梁、岐及太原，皆先績後地者，本用功之始而言也。豈治之有難易歟？」○陳氏大猷曰：「魏志：梁山北有龍門，禹所鑿，此最用功處。」水患莫甚於河，河莫險於龍門，呂梁鑿闢，疑就狹處鑿而廣之，未必如賈讓所謂'隳斷天地之性也'。」

既修太原，至于岳陽。

修，因鯀之功而修之也。廣平曰「原」。太原，今太原府也。岳，太岳也。山南曰「陽」，岳陽，今岳陽縣也。汾水出于太原，經于太岳，東入于河，此則導汾水也。」

此則治汾水也。廣平曰「原」，太原，汾水之所出也，其源至矣。禹則因鯀之功而濬之、通之，使壅塞去焉。山南曰「陽」，岳陽，汾水所經也，其流至矣。禹則因鯀之功而開之、導之，使阻滯決焉。

修太原，濬汾水之源也。修岳陽，導汾水之流也。「至」字亦當發出。○聖人之治汾水，自源以至于流也。上治三山，所以導河也；此修二地，所以導汾也。○「既載」，三合。史臣記：「聖人創新功以治河，因舊功以治汾。」

修，因鯀之功而修之也。廣平曰「原」，今河東路太原府也。「岳」，太岳也。周職方：「冀州，其山鎮曰霍山。」地志謂：「霍太山，即太岳。在河東郡彘縣東。」今晉州霍邑也。山南曰「陽」，即今岳陽縣地也。堯之所都。揚子雲冀州箴曰「岳陽是都」，是也。蓋汾水出於太原，經於太岳，東入于河，此則導汾水也。

太原府，今山西太原府。彘縣，今山西平陽府霍州。岳陽，今平陽府岳陽縣也。汾水出於太原府靜樂縣管涔山，經太原縣、清源、交城、文水、祁縣、汾州平遙縣、介休縣，入平陽府靈石縣，經霍州趙城、洪洞、臨汾、襄陵、太平、絳州稷山、河津、滎河縣入于河。太岳之南，即趙城縣。汾水不經岳陽縣。今註以岳陽爲岳陽縣，今岳陽與趙城相鄰，豈宋時岳陽或兼趙城之地歟？

（少二頁）〔二〕

之土，豈皆白壤？云然者，土會之法，從其多者論也。

水土既平，土宜可辨，彼教民稼穡，因地制貢，皆不可不先于辨土也。然辨土之宜有二。一也性也。冀州之土，非青黎，非黑赤，其色則白焉，素潔而不雜也。冀土之色，夫豈皆白，而白者多耳。冀州之土，非塗泥，非墳壚，其性則壤焉，柔軟而無塊也。冀土之性，夫豈皆壤，而壤者多耳。布種用糞，皆因其色性。聖人于冀州之土，不惟辨其色之純，而又辨其性之美。○聖人于冀州之土，而辨其色與性焉。○聖人經理冀州，水土既平，而土宜斯辨焉。「既載」至此。

漢孔氏曰：「無塊曰壤。」顏氏曰：「柔土曰壤。」夏氏曰：「周官大司徒：『辨十有二壤之物而知其種，以教稼穡樹藝。以土均之法，辨五物九等，制天下之地征。』則夫教民樹藝與因地制貢，固不可不先辨土也。然辨土之宜有二。白以辨其色，壤以辨其性也。蓋草人糞壤之法，騂剛用牛，赤緹用羊，墳壤用麋，竭澤用鹿，糞治用疇，各因色性而辨其所當用也。」曾氏曰：「冀州之土，豈皆白壤？云然者，土會之法，從其多者論也。」

厥賦惟上上錯，厥田惟中中。

賦，田所出穀米兵車之類。錯，雜也。賦第一等，而錯出第二等也，田第五等也。賦高於田第四等者，地廣而人稠也。林氏曰：「冀州先賦後田者，冀，王畿之地，天子所自治，併與場圃園田漆林之類而征之。如周官載師所載，賦非盡出於田也。故以賦屬於厥土之下，餘州皆田之賦也，故先田而後賦。又按：九州九等之賦，皆每州歲入總數，以九

〔二〕 據上下文意，此處文字有脱落，原本上有前人蠅頭小楷眉批曰「少二頁」。經核此處應缺尚書禹貢「覃懷厎績，至於衡漳」條及釋文，「厥土惟白壤」條及釋文亦有脱落，志乎此。

州多寡相較而爲九等，非以是等田而責其出是等賦也。冀獨不言貢篚者，冀，天子封內之地，無所事於貢篚也。」

土宜既辨，田賦可定矣。彼田所出穀米兵車之類，及場圃園田漆林之所出者，賦也。以九州品序而等列之，則爲第一等焉。然地力有上下，年分有不同，錯則爲第二等焉。以言其田，豫爲中上，第四等也。冀之田，視豫爲下一等，則爲中中焉。兗爲中下，第六等也。冀之田，視兗爲上一等，則爲第五等焉。

「賦」上要見「非盡出于田及地廣人稠」之意。

講冀州之賦，與他州不同。當云「田所出穀米兵車及場圃園田漆林之所出者」。○賦無定法，田有定品。聖人經理冀州然也。○按：水既平而後土得辨其宜，土辨其宜而後田賦之品等定。餘州倣此。○首至此，必定山川而後冀之疆域可別，必敷土而後田賦可定，必隨山刊木而後水功可興也。此顯照應最好，可出。○「厥土」，冀州之土宜既辨，斯田賦之等定矣。○「既載」，冀州之水土平，斯土宜辨，而田賦定焉。○凡「錯」字在下者，自上而降一等，冀「上上錯」是也。「錯」字在上者，自下而陞一等，豫「錯上中」是也。賦所以有錯者，地力有上下，年分有不同，如周官「田一易再易」之意。蓋是一等薄田，種一年，歇一年；甚者歇二年，或只種豆。一二年方可種穀。若謂歲有豐凶，戶有增減，則九州皆然，何獨於冀、揚、豫、梁四州言之哉？○朱子曰：「常出者爲正，間出者爲錯。錯在上上之下則間出，第二等也。賦有九等，此乃計九州歲入多寡，相較以爲之等，非科定取民也。取民則皆所付一。賦入既有常數，而又有間出他等之時者，歲有豐凶，不能皆如其常，故有錯法以通之。然則雖夏法亦未嘗不通也。而孟子以爲不善者，雖間有通融，未若商、周之全通於民也。○臨川吳氏曰：「賦之九等，以各州歲入總數，較其多寡而爲高下也，數之最多者爲上上。田之九等，以各州土地所宜，較其肥瘠而爲高下也，地之最腴者爲上上。」

恒衛既從，大陸既作。

恒水，出常山[illegible]曲陽縣東，入滱水。衛水，出常山郡靈壽縣東，入滹沱河。「從」者，從其道也。「大陸」云者，四無山阜，曠然平地，[illegible]邢、趙、深三州之地也。「作」者，言可耕治也。恒、衛水小而地遠，大陸地平而近河，故其成功於田賦之後。

田賦既定，水土[illegible]有未平者，豈可以已乎？恒、衛水小而地遠，不暇治也。今其地之水土悉平矣，於是乎恒水也，導之使入滱水；於衛水也，導之使入滹沱河。皆由地中行，無復昔日之泛濫也。大陸地平而近河，卒難治也。今一州之水土皆得其治矣，而後其地可耕可耘。魚鱉之淵，變而爲桑麻之區也。載芟載竹、波濤之滙，化而爲黍稷之場也。

按：水小地遠，爲害不深，不暇先治。地平近河，水勢充斥，卒難施功。故成功於田賦之後。○此節人多從呂氏，小註更宜詳之。○水之小者，順其道；地之平者，興其功。○首至此，聖人治冀州水土，先後乎田賦而成也。

恒、衛二水，名恒水。地志：「出常山郡上曲陽縣恒山北谷，在今定州曲陽縣西北恒山也，東入滱水。」薛氏曰：「東流合滱水，至瀛洲高陽縣入易水。」晁氏曰：「今之恒水，西南流至真定府□。」

（下缺）

島夷皮服。

海曲曰「島」。海島之夷，以皮服來貢也。

此記島夷之貢也。彼海島之夷，獸所産也，或熊羆焉，以其皮製之爲衣，而貢之王朝之上。或狐狸焉，以其皮造之爲服，而進之天府之中。○「島夷」，只是冀州之邊人，非外夷也。如青之萊夷、徐之淮夷也。冀無貢，此島夷之貢也。既載聖人經理冀州，水土平而貢賦定也。○只如此穩。舊破云：「水土先後乎，田賦而平；遠人致貢乎，土物而至。」未善。又云：「畢一州之事，定土服之品。」尤未善。

夾右碣石入于河。

碣石在北平郡驪城縣。冀州北方貢賦之來，自北海入河，南向西轉，而碣石在其右轉屈之間，故曰「夾右」也。程子曰：「冀爲帝都，東、西、南三面距河，他州貢賦，皆以達河爲至，故此三方亦不必書。而其北境則漢遼東西、右北平、漁陽、上谷之地，其水如遼、濡、滹、易皆中高，不與河通，故必自北海，然後能達河也。

此記其北方貢賦之道也。彼帝都之地，東、西、南三面距河，餘州貢賦皆以達河爲至，達河則達帝都矣。其北方貢賦，從何而來乎？如上上之賦，皮服之貢，則自北海入河，南向西轉而碣石在其右，轉屈之間，是「夾右碣石入于河」矣。入河則入帝都矣。

史臣於冀州北方貢賦之道，必記其自海入河之處也。○按：此乃冀州北方貢賦之道。島夷之來，亦從此道，然非止爲島夷之貢道也。○二合。記北夷所貢之物，著北方入貢之道。○史臣記冀州之貢賦，先後平田賦水土而定，必表其所入之途焉。○冀州全破。聖人自理王畿，必詳成功之次第而條陳之也。

碣石，地志：「在北平郡驪城縣西南河口之地。」今平州之南也。冀州北方貢賦之來，自北海入河，南向西轉，而碣石在其右轉屈之間，故曰「夾右」也。程子曰：「冀爲帝都，東、西、南三面距河，他州貢賦皆以達河爲至，故此三方亦不必書。而其北境則漢遼東西，右北平、漁陽、上谷之地，其水如遼、濡、滹、易，皆中高，不與河通，故必自此北海，然後能達河也。又按酈道元言：「驪城枕海，有石如甬道數十里。當山頂有大石如柱形，韋昭以爲碣石。其山昔在河口海濱，故以誌其入貢河道。歷世既久，爲水所漸，淪入于海，已去岸五百餘里矣。」戰國策以碣石在常山郡九門縣者，恐名偶同，而鄭氏以爲九門無此山也。

北平郡驪城縣，即平州。今直隸永平府撫寧縣。其西南即本府昌黎縣也。有山，遠望穹窿，似塚。山頂有石，特起如柱，此碣石也。離海三十里。

東海至永平府南，發出一洋，東西百餘里，河從此洋之西，自北注之。此洋正逆河也。碣石在右轉屈之間。碣石在海洋北。洋闊五百餘里，自洋南遠看，如在海中，實未淪入于海也。

遼水出塞外，自三萬衛西北入遼東境南，經鐵嶺瀋陽都司之西、廣陵之東，又南至海州衛西南入海。○濡水，出北直隸保定府易州北三十里窮獨山東南，流過州四里餘，淵而不流。○滹沱河，出山西太原府繁峙縣秦戲山，歷代州崞縣、忻州定襄、五臺、盂縣入真定府平山縣，經府南晋州、束鹿、深州，至直沽入海。○易水，保定府境曹河、徐河、石橋河、一畝泉河、滋河、沙河、鵶兒河、唐河，合流於安州城北，經雄縣，過直沽入海。濡、滹、易三水，去帝都近。縱使其水達河，亦不由行，不知傳何以言此？況滹、易二水，在禹時原入河，後河徙而南，始入海。傳止據宋時言之，非本不入河也。

濟河惟兖州。

兖州之域，東南據濟，西北距河。兖州之境，東南跨濟，非止於濟也。

此下記禹經理兖州也。此則別兖州之境也。兖州之域而水流其東南，兖州據之。兖之東南，不止於濟也，而此外□可書者矣。兖州之境，河水經其西北，兖則距之。兖之西北，非止於河也，而此內無可紀者矣。

按蔡傳三書法云：「至者，正至其處。據者，過其處。距者，不及其處。」蓋禹奠高山大川，以紀綱一州，或未盡其境而境內有大山川，或盡其境而境外有大山川，而正盡其境之地，無大山川可表，故雖過與不及，有大山川，亦表之以爲州之境焉。○所謂東南者，只是東南一隅，非是東與南。西北仿此，乃是二至。非是四至也。若以爲四至，則與下文七州皆言□□之註有不合矣。

兖州之域，東南據濟，西北距河。濟河見導水。蘇氏曰：「河濟之間，相去不遠。」兖州之境，東南跨濟，非止於濟也。愚謂河昔北流兖州之境，北盡碣石、河右之地。後碣石之地淪入於海，河益徙而南，濟、河之間，始相去不遠。蘇氏之説，未必然也。○林氏曰：「『濟』，古文作『泲』。說文註云：『此兖州之濟也。』其從水從齊者，說文註云：『出常山房子縣贊皇山。』」則此二字音同義異，當以古文爲正。

兖州之域

山東：濟南府所屬齊河、禹城、臨邑、長清、肥城、青城、陵縣，泰安州新泰、萊蕪，德州、德平、平原、武定、陽信、海豐、樂陵、商河、濱州、利津、霑化、蒲臺，東昌府所屬州縣，兖州府陽谷、東阿、平陰、東平、汶上、壽張。

直隸：大名府所屬元城、大名、南樂、清豐、内黄、開州、長垣、東明、魏縣。

河南：開封府所屬延津、封丘、原武、陽武、胙城。

愚謂：古黄河故道雖在開、長之南，亦非禹時故道也。其在山東者亦然。蓋河自孟津東，至洛、汭稍北行，由懷慶西界，斜行經新鄉、汲縣，直趨濬縣，折而正北。如此則冀之域止濬、滑二縣，開州、長垣仍屬之兖也。然自洛、汭至大伾，無跡可據，今兩存之，以俟博雅君子焉。

九河既道，

一曰徒駭，二曰太史，三曰馬頰，四曰覆鬴，五曰胡蘇，六曰簡潔，七曰鉤盤，八曰鬲津，其一則河之經流也。「既道」者，既順其道也。

此治河也。洪水之患，惟河爲甚。兖當河下之衝，地平而土疏，被害尤劇。禹則分之爲九，以殺其勢，曰徒駭，曰太史，曰馬頰，曰覆鬴，曰胡蘇，曰簡潔，曰鉤盤，曰鬲津，曰河之經流。支派既安流於外，正派亦安流於中矣。○按九河在滄州之北，平州之南。

九河：爾雅：「一曰徒駭，二曰太史，三曰馬頰，四曰覆鬴，五曰胡蘇，六曰簡潔，七曰鉤盤，八曰鬲津，其一則河之經流也。」先儒不知河之經流，遂分簡潔爲二。「既道」者，既順其道也。○按：徒駭河，地志云「滹沱河」，寰宇記云「在滄州清池南」，許商云「在平城」。馬頰河，元和志「在德州安德平原南東」，寰宇記云「在棣州滴河北」，輿地記云「即篤馬河也」。覆鬴河，通典云「在德州安德」。胡蘇河，寰宇記云「在滄州之饒安、無棣、臨津三縣」，許商云「在東光」。簡潔河，輿地記云「在臨津」。鉤盤河，寰宇記云「在樂陵東南，從德州平昌來」，輿地記云「在樂陵」。鬲津河，寰宇記云「在樂陵東，西北流入饒安」，許商云「在鬲縣」，輿地記云「在無棣」。太史河，不知所在。自漢以來，講求九河者甚詳。漢世近古，止得其三。唐人集累世積傳之語，遂得其六。歐陽忞輿地記又得其一，或新河而載之以舊名，或一地而互爲兩說。要之皆似是而非，無所依據。至其顯然謬誤者，則班固以滹沱爲徒駭，而不知滹沱不與古河相涉。

欒史：馬頰乃以漢篤馬河當之。鄭氏求之不得，又以爲九河齊桓塞其八流以自廣。夫曲防，齊之所禁。塞河，宜非桓公之所爲也。河水可塞，而河道果能盡平乎？皆無稽考之言也。惟程氏以爲九河之地已淪於海，引碣石爲九河之證，以謂今滄州之地，北與平州接境，相去五百餘里，禹之九河，當在其地，後爲海水淪沒，故其跡不存。方九河未沒於海之時，從今海岸東北更五百里平地，河播爲九。在此五百里中，又上文言「夾右碣石」，則九河入海之處，有碣石在其西北岸。「九河」水道變遷，難以推考，而碣石通趾頂皆石，不應仆沒。今兗、冀之地，既無此石，而平川正南有山而名碣石者，尚在海中，去岸五百餘里，卓立可見，則是古河。自今以爲海處，向北斜行，始分爲九，其河道已淪入於海，明矣。漢王横言：「昔天常連雨，東北風，海水溢西南出，浸數百里。九河之地，已爲海水所漸。」酈道元亦謂：「九河碣石，苞淪於海。」後世儒者知求九河於平地，而不知求碣石有無以爲之證。故前後異説，竟無歸宿。蓋非九河之地，而強鑿求之，宜其支離而不能得也。

九河故道，今永平府撫寧縣西有碣石山，去海三十里，遠望穹窿如塚，中有石特起如柱，在海東南之灣，與諸家所載碣石之狀甚相合，則「九河」之地，在滄、平之間無疑。九河非有他水，止將一河分而爲九派，以殺黄河之勢，今河身既徙而南，則九河已爲平地，又何行跡之可求？且今河入海之處，去古河入海之處將二千里，豈惟九河之地？雖河身故處，今皆爲田廬、爲城市已不可辨，况九河乎？河之故道，自鞏縣歷懷衛、彰順、名真數郡，今止長垣、開州、清豐略見其跡，然亦非禹時故道也。觀此則九河在其目中矣。「海之灣」，永平謂之南海，此洋東西長而南北狹，如江河之狀，此或逆河，則河從此入海，今河徙而洋存。○山東通志：馬頰在商河，覆鬴在海豐，鉤盤在德平，鬲津在樂陵，徒駭在齊河，皆濟南府所屬。今真定府三百里，方是濟南之北境，真定去濟南東西又六百餘里，古河自洚水直趨而北，至於大陸則皆真定之地，入北播爲九河，則固永平、河間地也，不應河至大陸，折而東反，廻流而南，以至濟南之境。當時河自南而北，道西經冀東，經兗、冀、高，兗下水，直溢於兗，故禹治之於兗，北疏殺其勢，以泄其水，不應反自西導九渠，而東以灌兗。經上言「播爲九河」，下言「同爲逆河」，則既分而復合爲一，今乃散渙不一，紆曲旋繞八九百里方合而入海，恐無此理。況曰鉤盤者，今入海。大河既徙，安得有水？○河間府吴橋縣有黄河故道，而滄州古志徒駭在滄州廢清池縣。太史、簡潔在本州南皮縣，馬頰在景州東光縣，胡蘇、鬲津在滄州慶雲縣，鉤盤在獻縣。此九河相去不遠，又與黄河故道相近，蓋先儒皆于紙上求之，此古志得之上人父老之相傳焉，是所謂「禮失求之於野」者，況文典可徵乎？一則近海，一則在正北，一則相去不遠，以當時分合之跡，河雖爲冀、兖之界，然兖地下九河之分，則皆在兖地，而其治之也，惟兖爲多，故九河於兖言之。

雷夏既澤，

澤者，水之鍾也。澤中有神，龍身而人頰，鼓其腹則雷，然則本夏澤也，因其神，名之曰「雷夏」，在濟陰郡城陽縣。洪水横流而入于澤，澤不能受，則亦泛濫奔潰，故水治而後雷夏爲澤也。

此志濟也。兖州之水莫大于河，其次莫大於濟。方濟水之未治也，横流漫決而入于雷夏之澤，澤不能受則泛濫奔潰，洚洞無涯，不知何者之爲雷夏，澤亦失其爲澤矣。今禹既加疏導之功而濟水治，則雷夏始得爲澤矣。

此重濟水。蓋此澤在濟水之南也，不可以「豬」意講。蓋雷夏與濟在二處，與大野不同。經文原無「豬」字。

（少一頁）[二]

也○或以河、濟□流，兖受之，當以河、濟爲主。九河志河，雷夏志濟，灉河之流、沮濟之流，亦可。河、濟之正派既得其治，河、濟之支流亦得其治。○破，還作三句講。中用河、濟。○或人以爲兖當河下流之衝，以河爲主，惟水之大者有所歸，則水之止與水之合者治矣。此説不可。○此三句人多以河、濟爲説，上二句正派，下二句支流，今從之。愚意下二句只泛説洪水，河去雷澤亦不遠，「灉、沮會通」只作本水説。或以水小，只作洪水泛説。水之分、水之止、水之

[二] 據上下文意，此處文字有脱落，原本上有前人蠅頭小楷眉批曰「少一頁」。經核，此處應缺尚書禹貢「灉、沮會同」條，釋文亦有脱落，故志乎此。

合，皆得其治，兗州然也。○四合。此當從第二説。○濟河會同，聖人經理冀州也。表河、濟以別其境，治河、濟以除其患。

灉、沮，二水名。灉水，曾氏曰：「爾雅：『水自河出爲灉。』」許慎云：「河灉水在宋。」又曰：「汳水受陳留浚儀陰溝，至蒙爲灉水，東入于泗。」水經：「汳水出陰溝，東至蒙爲狙獾。」則灉水即汳水也。灉之下流，入于睢水。沮水，地志：「睢水出沛國芒縣。」睢水，其沮水歟？晁氏曰：「爾雅云：『自河出爲灉。濟出爲濋。』」求之於韻，沮有楚音，二水，河、濟之別也。」二説未詳孰是。「會」者，水之合也。「同」者，合而一也。

灉水，註云「汳水」，受陳留浚儀陰溝，至蒙爲灉水，東入于泗。今考汳水，乃河之別流，在豫州者。浚儀陰溝，在河南開封府祥符縣，今有浚儀橋。蒙亦祥符地，今有大蒙城、小蒙城，在陰溝之東。汳流至此，名爲灉，一水二名也。此節山東兗州府曹州曹縣之黄水，東歷徐州境入于泗。泗水出兗州府泗水縣陪尾山，歷本府濟寧州入南直隸徐州境，至南直隸淮安府邳州宿遷縣，入于淮。古時汳、泗皆在河之東。利興民居，奠兗州之成功也。○則民利興而居民奠矣。或皆重地，説亦可。〔一〕

厥土黑墳，厥草惟繇，厥木惟條。

「墳」，土脈墳起也。如左氏所謂「祭之地」，地墳是也。「繇」，茂條長也。林氏曰：「九州之勢，西北多山，東南多水。」多山則草木爲宜，不待書也。兗、徐、揚三州，最居東南，下流其地，卑濕沮洳，洪水爲害，草木不得其生。至是或繇、或條，或夭、或喬、漸包，故於三州特言之，以見水土平而草木亦得遂其性也。

又辨是州之土，其色淄黑也，其性墳起也，草則繇而茂盛也，木則條而長達也。

按：二合。上宜桑之土，下一州之土。○六合。「既道」到「會同」爲是。桑土、宅土、黑墳、繇、條皆本于水治

〔一〕據尚書禹貢原文，此下缺「桑土既蠶，是降丘宅土」條及釋文。

來。或截到「宅土」以上，爲水土平了，然後土宜辨，非也。桑土、宅土，不盡厥土。○兖州之水治也。土利興而民得其所，土宜辨而物遂其生。○桑土地利興而民居，奠土宜辨而物性遂。兖州之成功也。

厥田惟中下，厥賦貞，作十有三載乃同。

田，第六等。賦，第九等。「貞」，正也。兖賦最薄，言君天下者，以薄賦爲正也。「作十有三載乃同」者，兖當河下流之衝，水激而湍悍，地平而土疏，被害尤劇。今水患雖平，而卑濕沮洳，未必盡去，土曠人稀，生理鮮少，必作治十有三載，然後賦法同於他州。

土宜既辨矣，由是以其田而言之。中品之下，第六等也。以其賦而言之，君天下者以薄賦爲正也。兖賦下下，爲第九等，其賦正也。然不惟等之下，抑其入之緩。蓋兖當河下流之衝，水激而湍悍，地平而土疏，被害尤劇，水患雖平，而卑濕沮洳，未必盡去，土曠人稀，生理鮮少，必作治十有三載，然後納賦同於他州焉。

「作」，治。是耕耘樹藝。田法定而有其等，賦法薄而入之緩。○「厥賦貞」至「乃同」，聖人定兖州之賦，其等薄，其入緩也。○六合。水之平也。斯民物遂、土物復，而田賦定焉。

厥貢漆絲，厥篚織文。

兖地，宜漆宜桑，故貢漆絲也。「篚」，竹器，筐屬也。古者幣帛之屬，則盛之於篚而貢焉。「織文」者，織而有文，錦綺之屬也。以非一色，故以織文總之。林氏曰：「有貢又有篚者，所貢之物入于篚也。」

以其貢而言之，兖地宜漆也，厥木爲條而漆生矣，則貢之于天府之中焉。兖地宜桑也，桑土既蠶而絲成矣，則進之于王朝之上焉。若夫假杼機而織之爲錦，或玄或黄，而燁然其絢爛，則厥篚是謹焉；勞經緯而織之爲綺，或赤或黑，燦然其輝煌，則承筐是將焉。

貢所産之物，謹所貢之精，聖人定兖州之貢，納所産而謹其美焉。○「厥賦」至此，上薄所取而入之緩，下獻所有而謹其精，蓋既薄而又緩，見愛民之仁；既貢而又篚，見敬君之義。○四合。民、土、物各得其宜，田、賦、貢各有其等，以絲對桑土，漆對木田，賦對黑墳，雖巧，亦理則到也。○七合。惟水土爲不平，斯成功極其詳。

「貢」者，下獻其土所有於上也。兖地宜漆宜桑，故貢漆絲也。「篚」，竹器，筐屬也。古者幣帛之屬，則盛之以筐篚而貢焉。經曰「筐」。

（下缺）[二]

青州之域，東北至海，西南距岱。岱，泰山也。在今襲慶府奉符縣西北三十里。

此下記大禹經理青州也。此則別青州之境也。蓋青州之域，大海環于東北，青之東北則至于海焉。青州之境，岱山峙其西南，青之西南，則距于岱焉。○至是直抵其處。○破。表山水之大，別一州之境。○襲慶府奉符縣，今山東濟南府泰安州。

青州之域

山東之青州府、萊州府、登州府、濟南所屬歷城、章丘、鄒平、淄川、長山、新城、齊東、濟陽及遼東廣寧以東。

嵎夷既畧，

「嵎夷」，登州之地。「畧」，經畧，爲之封畛也。即堯典之嵎夷。

此志嵎夷之成功也。彼嵎夷，東表之地也。向當洪水滔天之際，何有于既畧乎？今禹既加疏鑿之功，可以興樹藝而爲之封也，可以立溝塗而爲之畛也，青之土平矣。

封是樹藝興，畛是溝塗立，未可以廬舍之類講。登州，今山東登州府。

濰、淄其道。

[二] 據尚書禹貢原文，此下缺「浮于濟漯，達于河」條及釋文。「海岱惟青州」條及釋文亦脫落，故志乎此。

濰水，出琅琊郡箕縣北，至都昌入海。淄水，出泰山郡萊蕪縣原山東，至博昌入濟。其道者，水循其道也。上言既道者，禹爲之道也；此言其道者，泛濫既去，水得其故道也。

林氏曰：「河、濟下流，兖受之；淮下流，徐受之；江、漢下流，揚受之。青雖近海，然不當衆流之衝，但濰、淄二水，順其故道，其功畢矣，比之他州，用力最省者。

此志濰、淄二水也。出箕屋山者，濰水也；出原山者，淄水也。向也泛溢横流，何有于其道乎？今禹既施濬導之力，濰水則北入于海焉，淄水則東入于濟焉，青之水平矣。

嵎夷至此地，興其新功，水循其故道。

濰、淄，二水名。濰水，地志云：「出琅琊郡箕縣。」今密州莒縣東北濰山也，北至都昌入海，今濰州昌邑也。淄水，地志云：「出泰山郡萊蕪縣原山。」今淄州淄川縣東南七十里原山也，東至博昌縣入濟，今青州壽光縣也。其道者，水循其道也。上文言既道者，禹爲之道也；此言其道者，泛濫既去，水得其故道也。林氏曰：「河、濟下流，兖受之；淮下流，徐受之；江、漢下流，揚受之；青雖近海，然不當衆流之衝，但濰、淄二水，順其故道，則其功畢矣。比之他州，用力最省者也。

濰水，出山東青州府莒州箕屋山。莒州，即箕縣也。經本府諸城入萊州府高密，經本府昌邑、濰縣東北入海。濰縣，即都昌也。淄水，出本省濟南府泰安州萊蕪縣原山，北入本省青州府臨淄，至博興縣入濟。博興，即博昌，今却至壽光入。

厥土白墳，海濱廣斥。

濱，海涯之地廣漠，而斥鹵鹹地，可煮爲鹽者也。

以言其土，其色白也，其性墳也。海濱之地，廣漠而斥鹵。鹹地，可煮而爲鹽者也。有辨一州之土者，有辨一方之土者。○按：「濰、淄」至此，二水循其道，二土辨其宜。○「嵎夷」至此，水土兩得其治，土宜兩得其辨。或云濰、淄一州之水，既道而後可辨。「白墳」，嵎夷近海之地，既畧而後可辨。其廣斥未允。

濱，涯也。海涯之地，廣漠而斥鹵。許慎曰：「東方謂之斥，西方謂之鹵。」斥鹵鹹地，可煑爲鹽者也。

厥田惟上下，厥賦中上。

田第三，賦第四也。

以其田而言之，上品之下第三等也；以其賦而言之，中品之上第四等也。田有定則，賦有定等。

厥貢鹽、絺，海物惟錯。岱畎絲、枲、鈆、松、怪石。萊夷作牧。厥篚檿絲。

鹽，斥地所出。絺，細葛也。錯，雜也。海物非一種，故曰「錯」。畎，谷也，岱山之谷也。枲，麻也。怪石，怪異之石，意其必須以爲器用之飾而不可缺者，非以爲玩好也。萊夷，萊山之夷。「作牧」者，言可牧放，夷人以畜牧爲生也。檿，山桑也，山桑之絲，其韌中琴瑟之絃，以之爲繢，其堅韌異常。

以其貢而言之，有鹽焉，以爲食用者也；有絺焉，以爲服用者也。海物非一種也，皆令貢之，則祭祀用、食服用、器用有所資矣。絲、枲、鈆、松、怪石、岱谷，所出爲最美者也，制之爲貢絲、枲衣，服之用也；鈆、松、怪石，器物之用也。豈責于有無哉？萊夷以畜牧爲生者也。向也洪水横流，其能作牧乎？今水患悉平，其地可以牧放而遂其生矣。萊夷所產者，有山桑之絲焉，最爲堅韌者也，則盛之篚而貢焉，以爲琴瑟之絃也。是豈取盈于寡哉？中國隨所產而製其貢，遠人遂其利而謹其精。○海物非一種，不可指物而講。○厥貢之怪石，青州之貢，有不詳其地者，有必詳其地者。○「海物」至「怪石」，青州之貢出於水者無定品，出於山者有定品。○二合。田賦獨成於内者，其等明；土賦兼及於外者，其制定。○「厥賦」合此。上之所取者，其品定；下之所貢者，其品殊。○三合。聖人辨青州之土，故有以定田賦而定土賦也。○「嵎夷」至此，青州之水土平，有以辨土田而定貢賦也。○「厥土」至「惟錯」，或者以白墳爲平地之土，故可則壤而定田賦；以廣斥爲海濱之土，故可因而貢鹽與錯也。此意固好，但以鹽爲廣斥所出則可矣，以海物與絺爲廣斥所出則未必然。

鹽，斥地所出。絺，細葛也。錯，雜也。海物非一種，故曰「錯」。林氏曰：「既總謂之海物，則固非一物矣。」此與揚州「齒革羽毛，惟木文勢」正同。「錯」蓋別爲一物，如「錫貢磬錯」之「錯」，理或然也。畎，谷也。岱山之谷也。枲，麻也。怪石，怪異之石也。林氏曰：「怪石之貢，誠爲可疑，意其必須以爲器用之飾，而有不可闕者，非特貢其怪異之石，以爲玩好也。」「萊夷」，顔師古曰：「萊山之夷。」齊有萊侯，萊人即今萊州之地。作牧者，言可牧放，夷人以畜牧爲生也。檿，山桑也。山桑之絲，其韌中琴瑟之絃。蘇氏曰：「惟東萊爲有此絲，以之爲繒，其堅韌異常，萊人謂之『山蠶』。」

萊山，在山東登州府黄縣。

浮于汶，達于濟。

汶水，出泰山郡萊蕪縣原山，至中都縣入濟，不言達河者，因於兗也。

青之貢賦，自何而來哉？彼汶水出于原山之陽，西南而入濟也。貢賦之來，則由汶而達于濟焉。達于濟則達于河，達河則達帝都矣。

青州貢賦之道，因小水而入於大水也。○全破。同兗州。

汶水出泰山郡萊蕪縣原山，今襲慶府萊蕪縣也。西南入濟，在今鄆州中都縣也。蓋淄水出萊蕪原山之陰，東北而入海，汶水出萊蕪原山之陽，西南而入濟。不言達河者，因於兗也。

汶水出山東濟南府泰安州萊蕪縣原山之南，流至本府滋陽，經寧陽、平陰、汶上，西至東平州壽張縣安民亭注濟河。今濟涸，仍順濟故道，折而東北，經東阿入濟南，從濟故道入海。詳見導沇水。

海岱及淮，惟徐州：

徐州之域，東至海，北至岱，南至淮。而西不言濟者，岱之陽，濟東爲徐；岱之陰，濟東爲青。言濟不足以辨，故畧之也。林氏曰：「一州之境，必有四至。七州皆止言二至，蓋以隣州互見。至此州獨載其三邊者，止言海、岱則嫌於青，止言淮、海則嫌於揚，故必曰『海、岱及淮』，而後徐州之疆境始別也。」

此記禹經理徐州也。謂：夫青州之域，則海、岱也；揚州之域，則淮、海也。徐州之域，東有海，東則至于海焉；北有岱，北則至于岱焉；南有淮，南則至于淮矣。

聖人別徐州之境，而記其三面之至焉。

與他州不同，可出。○破。史臣記：「聖人之治徐也，境之嫌於二州者，辨之明；水之大於一州者，治之先。」

徐州之域，東至海，南至淮，北至岱，而西不言濟者，岱之陽面，東爲徐；岱之北，濟東爲青。言濟不足以辨，故畧之也。爾雅：「濟東曰徐州者，商無青，并青於徐也。」周禮：「正東曰青州者，周無徐，并徐於青也。」林氏曰：「一州之境，必有四至，七州皆止二至，蓋以隣州互見。至此州獨載其三邊者，止言海、岱則嫌於青，止言淮、海則嫌於揚，故必曰『海岱及淮』，而後徐州之疆境始別也。」

淮水出河南南陽府泌陽縣，即平氏。胎簪山即銅山，山岡分水，東流爲淮，西流爲泌。

徐州之域

南直隸，徐州所屬；淮安府，海州所屬；邳州所屬：本府桃源縣、沭陽縣、清河縣、安東縣。

山東青州府所屬：莒州沂水、日照、安丘、諸城、蒙陰；兖州府所屬：金鄉、魚臺、城武、單縣、濟寧州嘉祥、鉅野、鄆城、曹州南境曹縣、定陶。揚、徐二州，當以淮爲界，淮北爲徐，淮南爲揚。

淮、沂其乂，

淮之源，出於豫之境，至徐、揚之間始大。其泛濫爲患，尤在於徐。故淮之乂，於徐言之也。沂水，出于泰山郡蓋縣艾山，至下邳西南而入泗。徐之水，有泗、有汶、有汴、有瀤，而獨以淮、沂言者，徐州其川淮、泗，其浸沂、沭，徐之川，莫大於淮，淮又則自泗而下，凡爲川者，可知矣。徐之浸，莫大於沂，沂又則自沭而下，凡爲浸者，可知矣。

徐州之水，淮、沂爲大。彼出於胎簪山者，淮水也。徐之川，有淮有泗，而莫大于淮。向固泛濫横流矣，今禹即加疏鑿之力，但見順流而下，一瀉千里，浩浩蕩蕩，而入于海焉。淮又則自泗而下，凡爲川者可知也。出千艾山者，沂水也。徐之浸，有沂有沭，而莫大于沂。向固洚洞無涯矣。今禹既施濬導之功，但見安流而往，百折不回，滔滔汩汩，而入于泗焉。沂又則自沭而下，凡爲浸者可知也。

（少一页）[二]

鉅野縣，今屬兖州府，在曹州之遠東稍北，東西一百里，南北三百里，今其地皆下濕，或爲泉，或爲湖。乘氏縣，即今兖州府曹縣，在鉅野之西南。

東原厎平。

東原，今之鄆州也。厎平者，水患已去，而厎於平也。按：東原在徐之西北，而謂之東原者，以在濟東故也。益知大野東原，所以志濟也。

由是東原之地，地之平者，水所趨也。向也大野未豬，東原不得而平矣；今大野既豬，于是東原之地皆厎于平，無復泛濫横決之患也。〇二合。此題甚好。若出此題時，兩平不相因。傳曰：「大野、東原，所以志濟。蓋大野，濟之絕；東原，濟之經。向也濟水未治，大野不得而豬，東原不得而平，今濟水既治，宜乎大野豬而東原平也。水之受濟者，得其治；地之近濟者，得其治。〇四合。王氏曰：「淮、沂乂而後蒙、羽藝，大野豬而後東原平，事之相因者也。」曾氏曰：「淮、沂，水之流者；大野，水之止者；蒙羽，地之高者；東原，地之平者。流水治而地之高者其利

[二] 據上下文意，此處文字有脱落，原本上有前人蠅頭小楷眉批曰「少一頁」，蓋有所以也。經核，此處應缺尚書禹貢「蒙、羽其藝」「大野既豬」兩條及釋文，故志乎此。

興，止水治而地之平者其害除。」

東原，漢之東平國，今之鄆州也。晁氏曰：「東平自古多水患，數徙其城。」咸平中，又徙城於東南，則其下濕可知。厎平者，水患已去而厎於平也。後人以見地之平，故謂之「東平」。又按：東原在徐之西北，而謂之「東」者，以在濟東故也。東平國，在景帝亦謂濟東國云。蓋知大野、東原，所以志濟也。

鄆州，即今兗州府鄆城縣。

厥土赤埴墳，草木漸包。

王□曰：「『埴』，膩也，黏泥入脂之膩也。『漸』，進長也，言其日進於茂而不已也。『包』，叢生也，言其叢生而積也。」

水患既平，土宜可辨，是州之土，其色赤也。土性黏膩而墳起也，言其草木進長而不已也，叢生而積也。

土黏曰「埴」。「埴」，膩也，黏泥如脂之膩也。周有摶埴之工，老氏言：「埏埴以爲器。」惟土黏膩細密，故可摶可埏也。「漸」，進長也，如易所謂「木漸」，言其日進於茂而不已也。「包」，叢生也。如詩之所謂「如竹包」矣，言其叢生而積也。

厥田惟上中，厥賦中中。

田第二等，賦第五等也。

土宜既辨，田賦可定。以言其田以他州較之，上品之中，第二等也；以言其賦以餘州比之，中品之中，第五等也。

二合。土既辨，而物之生於土者遂其情；田既辨，而物之出於田者有其則。□□以草木生於土，賦出於田，此亦迎合其實，則土該賦田也。

厥貢：惟土五色，羽畎夏翟，嶧陽孤桐，泗濱浮磬，淮夷蠙珠暨魚。厥篚玄纖縞。

徐州之土雖赤，而五色之土亦間有之，故制以爲貢。將建社也，東青土，南赤土，西白土，北驪土，中央釁以黃土，將建諸侯也，鑿取其方面之土，苞以黃土，苴以白茅，以爲土封。「羽畎」，羽山之谷也。「夏翟」，雉具五色，其羽中旌旄，旌且以爲車服器用之飾。「嶧」，山名，在東海郡下邳縣。「孤桐」，特生之桐，其材中琴瑟。詩曰：「梧桐生矣，于彼朝陽。」蓋草木之生，以向日爲貴也。「泗」，水名，揚魯國汴縣陪尾山東南，過下邳入淮。「濱」，水旁也。「浮磬」，石露水濱，若浮于水。然不謂之石者，成磬而後貢也。「淮夷」，淮之夷也。「蠙」，蚌之別名也。「暨」，及也。珠爲服飾，魚用祭祀，夏翟之出於羽畎，孤桐之生於嶧陽，浮磬之出於泗濱，珠魚之出於淮夷，各有所產之地，非他處所有，故詳其地而使貢也。「玄」，黑色幣也。「纖縞」，皆繒也。禮曰：「及期而大祥，素縞麻衣，中月而禫，禫而纖。」曾氏曰：「玄，赤而有黑色以爲之衮，所以祭也；以爲之端，所以齊也；以爲之冠，所以爲首服也。」黑經白緯曰「纖」。「纖」也，縞也，皆去凶即吉之所服也。

以其貢而言之：徐州之土雖赤，而五色之土亦間有之，故制以爲貢。建大社敷，則用以爲壇壝。東青土，南赤土，西白土，北驪土，四方之中，釁以黃土焉。建諸侯敷，則用以爲土封。東青土，南赤土，西白土，北驪土，苞以黃土，苴以白茅焉。羽山之谷，有五色之雉焉。其羽可以爲旌旄及車服器用之用者也。嶧山之陽，有特生之桐焉，其材可以爲琴瑟之用也；泗水之旁，石露水濱若浮于水，然琢之磨之，以爲磬焉。夏翟也，孤桐也，浮磬也，皆制以爲貢也；蠙珠暨魚，淮夷之所產也，則貢之以爲服飾之用、祭祀之需焉。不特珠、魚也，有玄焉，以之爲衮，所以祭也；以之爲端，所以齊也；以之爲冠，以爲首服也。有縞焉，白經白緯，以爲大祥之服也；有纖焉，黑經白緯，以爲禫服之用也。玄也，纖也，縞也，則盛之以篚而貢焉。貢土爲建大社，建諸侯。二用玄纖縞斷指。淮夷，觀青州經及雍州傳曰：「青、徐、揚，皆淮夷、萊夷、島夷所篚。」是明徵矣。○夏，五色也。「翟」，雉也，珠蠙之所出也。白經白緯曰「縞」。○一節。中國隨所產而致其貢，外夷貢所產而謹其精。○「厥貢」五句，徐州之貢，有不詳其地者，有必詳其地者。○「羽畎」四句，徐州中外之貢，必隨其地而貢其良也，隨其地則不敢責有於無，貢其良則不徒泛取其有。○「泗濱」五句，中國隨其地而列其良，外夷貢其産而謹其精。○「夏翟」，中于禮之用也。「孤桐」「浮磬」，一出於山，一出於水，中于樂之用也。蠙珠、魚、玄、纖、縞，亦中于禮之用也。○「厥賦」至「五色上五等之賦下」，五色之土。○「浮磬」三句，徐州中國之貢，隨其地而列其良也。

徐州之土雖赤，而五色之土亦間有之，故制以爲貢。周書作雒曰：「諸侯受命于周，乃建大社于國中，其壝東青土、南赤土、西白土、北驪土、中央疊以黄土。將建諸侯，鑿取其方面之土，苞以黄土，苴以白茅，以爲土封。故曰受削土于周室。」此貢土五色，意亦爲是用也。「羽畎」，羽山之谷也。「夏翟」，雉具五色，其羽中旌旄者也。染人之職，秋染夏。鄭氏曰：「染夏者，染五色也。」林氏曰：「古之車服器用，以雉爲飾者多，不但旌旄也。」曾氏曰：「山雉具五色，出于羽山之畎。」則其名山以羽者以此歟？「嶧」，山名。地志云：「東海郡下邳縣西有葛嶧山，古文以爲嶧山下邳，今淮陽軍下邳縣也。陽者，山南也。「孤桐」，特生之桐，其材中琴瑟。詩曰：「梧桐生矣，于彼朝陽。」蓋草木之生，以向日爲貴也。「泗」，水名，出魯國卞縣桃墟西北陪尾山。源有泉四，四泉俱導，因以爲名。西南過彭城，又東南過下邳入淮。卞縣，今襲慶府泗水縣也。「濱」，水旁也。「浮磬」，石露水濱，若浮於水。然或曰：「非也。」泗濱非必水中。泗水之旁近浮者，石浮生土中，不根著者也。今下邳有石磬山，或以爲古取磬之地。曾氏曰：「不謂之石者，成磬而後貢也。」「淮夷」，淮之夷也。「蠙」，蚌之别名也。「暨」，及也。珠爲服飾，魚用祭祀。今濠、泗、楚皆貢淮白魚，亦古之遺制歟？夏翟之出于羽畎，孤桐之生於嶧陽，浮磬之出於泗濱，珠魚之出於淮夷，各有所産之地，非他處所有，故詳其地而使貢也。「玄」，赤黑色幣也。武成曰：「篚厥玄黄。」纖、縞，皆繒也。禮曰：「及期而大祥，素縞麻衣，中月而禫，禫而纖。」記曰：「有虞史縞衣而養老。」則知纖、縞皆繒之名也。曾氏曰：「玄，赤而有黑色，以之爲衮，所以祭也；以之爲端，所以齊也；以之爲冠，以爲首服也。」黑經白緯曰「纖」，纖也，縞也，皆去凶即吉之所服也。

浮于淮、泗，達于河。

許慎曰：「汳水受陳留浚儀陰溝，至蒙爲灉水，東入于泗。」則淮、泗之可以達于河者，以灉至於泗也。又曰：「泗水受泲水，東入淮。」蓋泗水至大野而合泲，然則泗之上源，自泲亦可以通河也。

徐之貢賦，何自而來乎？彼河之支流爲汳，汳流而爲灉，灉入于泗，泗入于淮，貢道由淮入泗，由泗入灉，由灉入汳，自汳而達河矣。泲因灉、淮而通于河，南絕于大野，合于泗，泗入于淮，貢道由淮入泗，由泗入大野，入于泲，由泲而達灉、沮，入河矣。

此是二道貢賦之來，各從其便。灉是西路，泲是東路，不然則灉便入泲矣。○河之枝流爲汳，汳流爲灉，灉入泗，泗入淮。貢道逆流而上，由淮入泗，由泗入灉，由灉入汳，由汳則達河矣。又泲水因灉、沮而通于河，至大野而合泗，則由淮入泗，由泗入泲，自泲亦可通河矣。○史臣於徐州貢道，必講其所經，而及其所入也。○仝。同兗州。○淮縞。徐州之水土平，故土宜辨而生物遂，田制定而貢賦通也。○考古今地理，當云「受泲水」。南入淮，或東南入淮。

淮海惟揚州：

揚州之域，北至淮，東南至海。

此記禹經理揚州也。揚州之域，北有淮，北則至于淮焉；東南有海，則至于海焉。

揚州之域：

南直隸、應天府、揚州府、鎮江府、蘇州府、常州府、松江府、池州府、徽州府、寧國府、太平府、安慶府、廬州府、鳳陽府，淮安府所屬山陽縣、鹽城縣、廣德州、和州、滁州。

浙江杭州府、嚴州府、嘉興府、湖州府、金華府、衢州府、處州府、溫州府、寧波府、紹興府、台州府。

江西南昌府、饒州府、廣信府、臨江府、吉安府、瑞州府、袁州府、贛州府、南安府、建昌府、撫州府、九江府所屬瑞昌縣、南康縣、建昌縣。

彭蠡既豬，

彭蠡，澤名。在豫章郡彭澤縣。合江西、江東諸水，跨豫章、饒州、南康三州之地，所謂鄱陽湖者是也。彼彭蠡之澤，合江東、江西之諸水，跨南康、豫、饒之三州，澤之至大者也。向也洪水泛濫，何有于既豬乎？今禹既加疏鑿之功，由是衆流之來，由以鍾之；下流之去，有以泄之，始得而豬矣。詳此「豬」字復流，便是大江。蔡傳云：「衆流合大江而同出。」○饒州，今江西饒州府。南康，今本省南康府。豫章，即二府地，宋分爲三。今澤在饒州府鄱陽縣西，南康府星子縣東。闊四十里，長三百里，「星子」，即彭澤縣也。

陽鳥攸居。

陽鳥，遂陽之鳥，謂「雁」也。言澤水既豬，州渚既平，而禽鳥亦得其居止而遂其性也。

由是水泮北徂，木落南翔，隨陽往來，陽鳥也，何也？彭蠡未治，陽鳥安得以攸居乎？今彭蠡既豬，是鳥也，以飲以啄，于洲渚之間，自適自生也；載鳴載棲，于濱涯之上，自形自色也。獨于彭蠡言之者，陽鳥之所宜也。○止水得其治，動物遂其性。陽鳥，隨陽之鳥，謂「雁」也。今惟彭蠡洲渚之間，千百爲群，記陽鳥所居，猶夏小正記雁北鄉也。言澤水既豬，洲渚既平，而禽鳥亦得其居止而遂其性也。

三江既入，

松江下七十里分流，東北入海者爲婁江，東南流者爲東江，并松江爲「三江」。

彼松江下七十里分流，趨于東北者爲婁江，趨于東南者爲東江，并松江之江，「三江」也。向固泛濫橫流，洚洞無涯矣。今禹加濬導之功，則皆入于海焉。

庚仲初吴都賦註：「松江下七十里分流，東北入海者爲婁江，東南流者爲東江，併松江爲三江。其地今亦名『三江口』。」吴越春秋所謂「范蠡乘舟出三江之口」者，是也。○又按：蘇氏謂：「泯山之江爲中江，嶓冢之江爲北江，豫章之江爲南江。即導水所謂『東爲北江、東爲中江』者，既有中、北二江，則豫章之江爲南江可知。」今按：此爲三江，若可依據，然江、漢會於漢陽，合流數百里，至湖口而後與豫章江會，又合流千餘里，而後入海，不復可指爲三矣。蘇氏知其說不通，遂有味別之說。禹之治水，本爲民去害，豈如陸羽輩，辨味烹茶，爲口腹計耶？亦可見其說之窮矣。以其說易以惑人，故併及之。或曰：「江、漢之水，揚州巨浸，何以不書？」曰：「禹貢書法，費疏鑿者，雖小必記；無施勞者，雖大亦略。江、漢荆州而下，安於故道，無俟濬治，故在不書。況朝宗于海，荆州固備言之，是亦可以互見矣。此正禹貢之書法也。

三江發於蘇州府太湖，至松江府華亭縣分爲三，松江東注於海，婁江東北注於海，東江東南注於海。

震澤厎定。

「震澤」，太湖也，在吳縣。周職方：「揚州藪曰『具區』。」具區之水，多震而難定，故謂之「震澤」。「厎定」者，言厎於定而不震蕩也。

由是震澤之水，多震蕩而難定也，向也三江未入，何有于厎定乎？今三江既入矣，于是陂障益堅，堤防已固，厎于定而不震蕩也。

三江至此，以江湖立意，兩平亦可。○三註曰：「震澤下有三江，則震澤之定，由于三江之入也。○彭蠡至此，澤水治而物之動者得其所，流水治而水之動者得所止。蓋彭蠡豬而後陽鳥居，三江入而後震澤定，事皆相因也。

震澤，大湖也。周職方：「揚州藪曰『具區』。」地志：「在吳縣西南五十里。」今蘇州吳縣也，曾氏曰：「震如三川震之震，若今湖翻是也，具區之水多震而難定，故謂之「震澤」。厎定者，言厎於定而不震蕩也。

即太湖縱廣二百八十三里，三萬六千頃，跨蘇州府吳縣，常州府武進、無錫、宜興三縣，浙江湖州府烏程、長興二縣。

篠簜既敷，厥草惟夭，厥木惟喬。

「篠」，箭竹。「簜」，大竹。闊節曰「簜」。「敷」，布也。水去竹已布生也。少長曰「夭」，喬高也。衆水治矣，由是箭竹曰「篠」，大竹曰「簜」，皆布生矣。草則少長，木則長高矣。揚地下濕，草生爲難，故以夭言之。夭，少長矣。○「彭蠡」至此，主地平天成之意。水之流止者，得其治；物之動植者，遂其性。或云：「大水治而動物遂，衆水治而植物遂。」恐竹草木未必不由於彭蠡也。不如前破穩。或以三江、震澤，爲彭蠡之下流、上源。下四合皆原於彭蠡，更詳。○陽鳥止因彭蠡治，竹草木則因衆水止，爲三江、震澤治也，必須横破方可。

厥土惟塗泥。

「塗泥」，水泉濕也。下地多水，其土淖。

以其土而言之，地勢卑下，水泉淖濕，土皆塗泥，非如黄白之美色，亦非壤墳之美質。

六合。水患平，物性遂，而土性辨也。

厥田惟下下，厥賦下上上錯。

田第九等，賦第七等，雜出第六等也。言「下上上錯」者，以本設賦九等分爲三品，下上與中下異品，故變文言「下上上錯」也。

以言其田一，他州較之，下品之下，爲第九等。以土性惡也。以言其賦，下品之上爲第七等，雜出則中品之下，爲第六等，自下品而入中品焉，非上上錯乎？以地廣而人工修也。○因之下，以土性惡、賦稍高，以人工修也。田爲定等，而賦無定品，揚州然也。

彭蠡上錯。

揚州之水患平，斯物性遂，土性辨，而田賦定矣。○設賦三品，上、中、下；又分九等，上上、上中、上下爲上品，中上、中中、中下爲中品，下上、下中、下下爲下品。如豫州雖陞一等，仍在上品之中。梁州雖三錯，仍在下品之中。揚賦第七錯爲第六，雖止陞一等，然自下品入中品，故曰「上上錯」。

厥貢惟金三品，瑤、琨，篠、簜，齒、革、羽、毛惟木。島夷卉服。厥篚織貝。厥包橘柚，錫貢。

「三品」，金、銀、銅也。「瑤、琨」，玉石名。取之可以爲禮器。篠之材，中於矢之笴；簜之材，中於樂之管。簜亦可以爲符節。象有齒，犀兕有革，鳥有羽，獸有毛。木，楩梓豫章之屬。齒革可以成車甲，羽毛可以爲旌旄，木可以備棟宇器械之用也。「島夷」，東南海島之夷。「卉」，草也，葛越木綿之屬。「織貝」，錦名，織爲貝文。海島之夷，以卉服來貢，而織貝之精者，則入篚焉。「包」，裹也。小曰「橘」，大曰「柚」。「錫」者，必待錫命而後貢，非歲貢之常也。張氏曰：「必錫命乃貢者，供祭祀。燕賓客則詔之。口腹之欲，則難於出令也。」

以其貢而言之，有三品之金焉，金、銀、銅也，可以充國用；有瑤琨焉，石之似玉者也，可以爲禮器；有篠焉，可以爲矢之箭；有簜焉，可以爲樂之管，亦以爲符節。象有齒，犀兕有革，可以成車甲；鳥有羽，獸有毛，可以爲旌旄。有木焉，楩梓豫章之屬，可以備棟宇器械之用，皆制之爲貢也。島夷所產，有葛越木綿之屬，服用也，則制之以爲貢焉。而織爲五色之貝文者，則盛之于篚焉。以上常歲之貢也。若夫小曰「橘」，大曰「柚」，則包之以致其敬，供祭祀歟；燕賓客歟，則錫命而始貢，非命不得貢焉。此待命之貢也。

此節充器服者，爲常貢。充口腹者，非常貢。○揚州之貢，有常歲而入者，有待命而入者。○「厥貢」至「織貝」，器用貢於中國者，異其品；服用貢於外夷者，謹其精。○「瑤琨」至於「羽毛」，中於文事武備者也。○「厥篚」二句，服用致謹者，爲常貢；食用致謹者，非常貢。以「厥篚」、「厥包」立意。○見服用，無異物食用，待乎錫命。食，固非爲口腹也，不得不取義也。取惟服食，且有時仁也。○「厥包」一句，「包」見下敬君之義，「錫」見上愛民之仁。○「彭蠡」至此，八合。水患平也，物性遂而土性辨，田賦定而土賦興。○「厥土」至此，三合。惟土宜得其辨，故有以定田賦而定土賦也。卓躍言：「土性惡而田爲最低，賦稍高而貢爲獨厚。」揚以田低而賦高者，人功修也；土惡而貢美者，地利善也。此與「底慎財賦」四句固合，然終不好。蓋「厥土」兼「谷土」、「庶土」下二節。一則谷土定田賦，一則庶土定土賦，如前破，嘉要見田賦，止於中國，而上賦及於四夷。○「厥賦」至「錫貢」，賦有常則，而亦有非常之則。貢有常制，而亦有非常之制。○「厥賦」至「三品」，以「錯」字「惟」字作眼。賦出於人力所成，故異其等，而不敢常者，愛民之仁也；貢出于地利所生，故貢其美，而無或易者，尊告之義也。賦之等有二，貢之品有三。

「三品」，金、銀、銅也。「瑤琨」，玉石名。詩曰：「何以舟之，惟玉及瑤。」「琨」，說文云：「石之美似玉者，取之可以爲禮器。」篠之材，中於矢之笴；簜之材，中於樂之管。簜亦可爲符節，周官掌節有英簜。象有齒，犀兕有革，鳥有羽，獸有毛。木，楩梓豫章之屬。齒革可以成車甲，羽毛可以爲旌旄，木可以備棟宇器械之用也。「島夷」，東南海島之夷。「卉」，草也。「葛」，越木綿之屬。「織貝」，錦名，織爲貝文。詩曰「貝錦」是也。今南夷木綿之精好者，亦謂之「吉貝」。海島之夷，以卉服來貢，而織貝之精者，則入篚焉。「包」，裹也。小曰「橘」，大曰「柚」。「錫」者，必待錫命而後貢，非歲貢之常也。張氏曰：「必錫命乃貢者，供祭祀、燕賓客則詔之。口腹之欲，則難與出令也。」

沿于江、海，達于淮、泗。

順流而下曰「沿」。沿江入海，自海入淮、泗，不言達河者，因於徐也。

此節揚州貢賦之道，必順流而下，斯逆流而上也。○江自靜海縣入海，淮自淮浦入海，皆通于海，故貢道由江順流而入海，由海入于淮、泗，則逆流也。達河見徐州。○「厥賦」至此，貢賦之物有常變，貢賦之道有順逆。○全，同兗州。

荆及衡陽，惟荆州：

荆州之域，北距南條山，南盡衡山之陽。以衡陽言之者，見其地不止於此山，而猶包其南也。

此下禹經理荆州也。荆州之域，北有荆州也，荆則北距于荆山，雖未至于荆山也，此内無可書者矣。荆州之境，南有衡山也，荆州南盡乎衡山之南，雖不止于衡山也，此外無可紀者矣。

荆州之域，北距南條、荆山，南盡衡山之陽，荆、衡各見導山。唐孔氏曰：「荆州以衡山之陽爲至者，蓋南方惟衡山爲大，以衡陽言之，見其地不止此山，而猶包其南也。」

荆山，在今湖廣襄陽府南漳縣，即古臨沮縣也。衡山在今衡州府衡山縣，即古湘南縣也。其南即今郴州永州府之地。

荆州之域：

湖廣武昌府、漢陽府、荆州府、岳州府、襄陽府襄陽縣、宜城、南漳、房縣，德安府、黄州府、辰州府、永州府、長沙府、寶慶府、衡州府，常德府沔陽州，承天府舊安陸州、靖州、郴州、永順軍民宣尉使司、保靖軍民宣慰使司，施州衛所屬大田軍民千戶所、散毛宣慰司所屬。

江西袁州府所屬萍鄉縣，吉安府所屬龍泉縣、永寧縣，南康府所屬建昌縣地。

四川夔州府巫山縣、大昌縣、大寧縣。

江、漢朝宗于海。

江、漢，見導水。春見曰「朝」，夏見曰「宗」。「朝宗」，諸侯見天子之名也。江、漢合流于荆，去海尚遠，然水道已安，而無壅塞横決之患。雖未至海，而其勢已奔趨于海，猶諸侯朝宗於王也。

荆州之水，莫大於江、漢。彼出于岷山者，江也，至大别而會于漢。出於嶓冢山者，漢也，至大别而會于江。雖曰去海尚遠，然水道已安，而無壅塞横決之患，雖未至海，而其勢已奔趨于海，猶諸侯之朝宗于王，雖未覲王，而其心已懸於王也。重「合流于荆」四字。江、漢，一州之大水，下文皆所以志此也。其合流之處，在漢陽軍漢陽縣大别山。○此題只講水，略將諸侯朝天子講一二句。江、漢不可分講，史臣於荆州合流之水，必形容其趨海之勢也。

九江孔殷，

「九江」，即今之洞庭也。在長沙下雋西北，今岳州巴陵縣西北也。今沅水、漸水、元水、辰水、敘水、酉水、澧水、資水、湘水，皆合於洞庭，意以是名「九江」也。「孔」，甚。「殷」，正也。九江水道，甚得其正也。

此江、漢所經之水也。由是沅水、漸水、元水、辰水、敘水、酉水、澧水、資水、湘水，合于洞庭者，九江也。向也江、漢不得其治，安得其殷乎？今江、漢既治而九江水道各安其流，甚得其正也。

九江不可分講，只是一洞庭也。九江孔殷，由於江、漢朝宗，此則志江、漢所經之水也。○「江、漢」至此，惟合流之水勢有所歸，則經流之水道得其正。

九江，即今之洞庭也。水經言：「九江在長沙下雋西北。」楚地記曰：「巴陵，瀟湘之淵，在九江之間。」今岳州巴陵縣，即楚之巴陵、漢之下雋也。洞庭正在其西北，則洞庭之爲九江審矣。今沅水、漸水、元水、辰水、敘水、酉水、澧水、資水、湘水，皆合于洞庭，意以是名九江也。「孔」，甚。「殷」，正也。九江水道甚得其正也。○按漢志：「九江在廬江郡之尋陽縣。」尋陽記：「九江之名，一曰烏江，二曰蜯江，三曰烏白江，四曰嘉靡江，五曰畎江，六曰源江，七曰廩江，八曰提江，九曰箘江。」今詳漢九江郡之尋陽，乃禹貢揚州之境，而唐孔氏又以爲「九江之名，起於近代」，未足爲據。且九江派別取之耶？亦必首尾短長，大略均布，然後可目之爲九。然其一水之間，當有一洲，九江之間，沙水相間，乃爲十有七道。而今尋陽之地，將無所容。況沙洲出沒，其勢不常，果可以爲地理之定名乎？設使派別爲九，則當曰「九江既道」，不應曰「孔殷」。於導江，當曰「播九江」，不應曰「過九江」。反復參攷，則九江非尋陽明甚。本朝胡氏，以洞庭爲九江者，得之。曾氏亦謂：「導江曰『過九江』，至于東陵。」東陵，今之巴陵。今巴陵之上，即洞庭也。因九水所合，遂名「九江」。故下文導水曰過九江。經之例，大水合小水，謂之「過」，則洞庭之爲九江，益以明矣。

九江在越州府巴陵縣。

湘水，源出廣西興安縣海陽山，至來州合瀟水，歷衡陽沅州，達于洞庭，古今所謂「瀟湘」者。

資水，出長沙府益陽縣。二源：一出敘浦，一出新寧，至武岡合流，東至寶慶府，又五百餘里至益陽，過沅江縣，入洞庭。

酉水，出辰州府沅陵縣酉山之陽，合沅水，入洞庭。

沅水，出四川播州，經本府沅州，入常德府桃園縣，至龍陽縣，達于洞庭。

辰水，出沅陵縣三峿山，入沅水。

敘水，出敘浦縣大敘山，合沅水，入洞庭。

澧水，出岳州府慈利縣西歷山，至石門縣，會渫水，至澧州合涔、澹二水，入洞庭。

漸水，出本府臨湘縣相思山，至巴陵縣，由灌入洞庭。

元水，出江西南昌府寧縣，本府平江縣西北，入洞庭。

沱、潛既道，

水自江出爲「沱」，自漢出爲「潛」。凡水之出於江、漢者，皆有此名，此則荆州江、漢之所出也。此江、漢別流之水也。江之別流，沱也；漢之別流，潛也。向也江、漢未始，安得既道乎？今江、漢既治，而沱、潛之水，各順其道也。

自江出而在枝江縣者，沱水也。自漢出而在松滋縣者，潛水也。蓋沱、潛既道，亦由於江、漢朝宗來。此則志江、漢所出之水也。〇江、漢至此，三合。惟大水之勢有所歸，斯所經之水得其正，而所出之水順其道。

爾雅曰：「水自江出爲沱，自漢出爲潛。」凡水之出於江、漢者，皆有此名。此則荆州江、漢之出者也。今按南郡枝江縣由沱水，然其流入江而非出於江也。華容縣有夏水者，出于江尾，入于沔，亦謂之沱。若潛水，則未有見也。

沱水出荆州府當陽縣，至枝江縣，復入江。夏水即沱，首出于江，尾入于沔。沔者，以此名漢者尤爲的。〇潛水循源而下，至潛江縣入江。此入江之處，非出漢之處也。

雲土夢作乂。

「雲夢」，澤名。方八九百里，跨江南北。「雲土」者，雲之地，土見而已。「夢作乂」者，夢之地，已可耕治也。蓋雲夢之澤，地勢有高卑，故水落有先後，人工有早晚也。

此江、漢所過之地也。彼江比者，雲也。向也江、漢未治，何有于土見乎？今江、漢既治，雲之地卑，水落爲後，至是土見而已，未可耕治也。跨江南者，夢也。向也江、漢未治，何有于作乂乎？今江、漢既治，夢之地高，水落爲先，已可耕治，不特土見而已。

雲跨江北，夢跨江南。註云：「楚子田于江南之夢。」可見此亦由於江、漢，志江、漢所近之地也。○江、漢至此，惟大水之勢有所歸，斯衆水治而澤地平也。四節隨相因，然皆有功夫。○地之卑者，其害除；地之高者，其利興。

「雲夢」，澤名。周官職方：「荆州其澤藪曰『雲夢』」，方八九百里，跨江南北。華容、枝江、江夏、安陸，皆其地也。左傳「楚子濟江，入于雲中」，又「楚子以鄭伯田于江南之夢」，合而言之則爲一，别而言之則二澤也。「雲土」者，雲之地，土見而已。「夢作乂」者，夢之地，已可耕治也。蓋雲夢之澤，地勢有高卑，故水落有先後，人工有早晚也。

華容縣，今屬岳州府。枝江縣，今屬荆州府。江夏縣，今屬武昌府。安陸州，今改承天府，俱湖廣布政司。

厥土惟塗泥，厥田惟下中，厥賦上下。

荆州之土，與揚州同，故田比揚只加一等。而賦第三等者，地闊而人工修也。

水土平矣，由是以其土而言則塗泥，以其田而言之，下品之中爲第八等，以土性惡也。以其賦而言，上品之下爲第三等，以地闊而人工修也。「雲夢」至「厥田惟下中」，史臣記「荆州之土平，斯别其性之常，而定其田之等也。」此蓋以土爲主。於本文，亦不甚戾。或以土見而其性别，土乂而其田定。若如此，則土田但止於雲夢而已，未允。

厥貢羽、毛、齒、革，惟金三品，杶、榦、栝、栢，礪、砥、砮、丹。惟箘、簵、楛，三邦厎貢，厥名包匭、菁茅，厥篚玄纁、璣組，九江納錫大龜。

荆之貢，與揚大抵多同。然荆先言羽毛者，善者爲先也。杶、栝、栢，三木名。杶木似樗，而可爲弓榦；栝木，栢葉松身。礪、砥，皆磨石。砥以細密爲名，礪以粗糲爲稱。砮者，石砮，中矢鏃之用。丹，丹砂也。箘、簵，竹之堅者，其材中矢之笴。楛，木名，亦可以爲矢。三邦，未詳其地。厎，致也，致貢箘、簵、楛之有名者也。匭，匣也。菁茅，有刺，一茅而三脊，所以供祭祀縮酒之用，既包而又匣之，所以示敬也。玄纁，絳色幣也。璣，珠不圓者。組，綬類。大龜，國之守龜，尺有二寸，非可常得，故不爲常貢。若偶得之，則使之納錫於上也。謂之「納錫」者，下與上之辭，重其事也。

以其貢而言之，有羽毛焉，可以爲旌旄；有齒革焉，可以成車甲；有金、銀、銅三品之金焉，可以充國用；有杶木之弓榦焉，可以供武備；有栢葉松身之栝焉，有栢焉，可以備棟宇器械之用；有石之粗者曰「礪」焉，有石之細者曰「砥」焉，可以爲磨礱之用；有石砮焉，可以爲矢鏃之用；有丹砂焉，可以爲彩色之用。皆制以爲貢也。有竹之堅者曰「箘簵」，有木曰「楛」皆可以爲矢也。此三邦之所産，則令擇其有名者而貢焉。菁茅有刺，一茅毛而三脊，所以供祭祀縮酒之用，乃禮神之物也，包而又匣之以供焉，致敬也。玄纁也，絳色幣也，以爲衣服之用。璣，珠不圓者；組，綬類也。皆服飾之用，則盛之于篚而貢焉，致謹也。若夫九江所産，有大龜者，歲滿千齡，尺有二寸，可以紹天命之吉凶，決人事之趨避者也，非所常有，若偶得之，則使之納錫于上焉。○杶榦是成榦而貢。○此一節，在璣組截常産之物。爲常者，偶得之物非常貢。○荆州之貢，常有者列其品，偶得者重其事。○「厥貢」至「組」，荆州之貢，列諸國之品而供武用者，指其地敬祀神之物；而供服用者致其謹。○不曰「三邦」「箘、簵、楛」，而曰「箘、簵、楛」「三邦」，所以别菁茅等物非三邦之貢也。○「羽毛」至「砮丹」，泛指其地，而貢者惟箘。至厥名，專指其地而貢者。○「惟箘」二句，物之充矢用者，必專指其地而貢其良也。三邦不責有於無，厥名則不泛取其有也。○「惟箘」至「菁茅」三句，主國之大事在祀與戎之意。蓋箘、簵、楛中於戎事者，取其良三邦贡也。菁茅，茅中于祀事者，致其敬，非三邦貢也。○「包匭」至「璣組」二句，以「包篚」立意。蓋菁茅，供祭用者，包之致敬也。玄纁，璣組，供服用者，篚之致謹也。○「厥土」至「三品」，聖人辨荆州之土田，賦定其制，土賦先其善。○「江、漢」至「大龜」，六合。聖人致平城之功，必辨土田而定貢賦也。○「九江」一句，表衆水所合之處，敬貢偶得之物。

荆之貢，與揚州大抵多同。然荆先言羽毛者，漢孔氏所謂「善者爲先」也。按職方氏：「揚州其利金、錫，荆州其利丹、銀、齒、革。」則荆、揚所產，不無優劣矣。杶、栝、栢，三木名也。杶木似樗，而可为弓榦；栝木，栢葉松身。礪、砥，皆磨石。砥以細密爲名，礪以麤糲爲稱。砮者，中矢鏃之用。肅慎氏「貢石，砮者」是也。丹，丹砂也。箘、簵，竹名。楛，木名。皆可以爲矢。董安子之治晉陽也，公宫之垣，皆以荻蒿苫楚廧之，其高丈餘。趙襄子發而試之，其堅則箘、簵不能過也。則箘、簵，蓋竹之堅者，其材中矢之笴。楛，肅慎氏「貢楛，矢者」是也。三邦，未詳其地。厎，致也。致貢箘、簵、楛之有名者也。「匭」，匣也。菁茅，有刺而三脊，所以供祭祀縮酒之用，既包而又匣之，所以示敬也。齊桓公責楚貢包茅不入，王祭不供，無以縮酒。又管子云：「江、淮之間，一茅而三脊，名曰菁茅。」菁、茅，一物也。孔氏謂：「菁以爲菹」者，非是。今辰州麻陽縣苞茅山出苞茅，有刺而三脊。纁，周禮「染人夏纁」。玄纁，絳色幣也。璣，珠不圓者。組，綬類。大龜，尺有二寸，所謂國之守龜，非可常得，故不爲常貢。若偶得之，則使之納錫於上，謂之「納錫」者，下與上之辭，重其事也。

浮于江、沱、潛、漢，踰于洛，至于南河。

江、河、潛、漢，其水道之出入不可詳，而大勢則自江、沱而入潛、漢也。踰，越也。漢與洛不通，故舍舟而陸，以達於洛。自洛而至於南河。程子曰：「不逕浮江、漢而兼用沱、潛者，隨其貢物所出之便，或由經流，或循枝派，期於便事而已。」

貢賦何自而來乎？由江而入于沱，由沱而入于潛，由潛而入于漢。漢與洛不通，故必舍舟而陸，踰于洛，由洛而至于南河，達河則達帝都矣。

此謂河爲南河者，指冀州而言也。史臣記荆州之貢道，必兼水、陸而後通也。不用程註。○禹貢之記貢道者，如記「二水」曰「浮于淮、泗」，非謂近泗之地，必由淮入泗。蓋近於泗水者，則逕浮于泗；近於淮水者，則自淮而入泗也。此荆州近於漢者，則逕浮于漢，不必沿江而入漢也；近乎潛者，則逕浮于潛而入漢，不必自江而入漢也。

沱自華容縣出于江，入于沔。沔即漢也。由江入沱，由沱入漢，一路也。潛自漢出，至潛江縣入于江，由江入潛，由潛入漢，一路也。

荆河惟豫州：

豫州之域，西南至南條荆山，北距大河。

此下禹經理豫州也。此則別豫州之境。豫州之域，荆山峙其西南，豫之西南則至于荆山也。大河環于其北，豫之地，則距于大河也。

豫州之域：

河南開封府祥符縣；陳留杞縣、通許、太康、尉氏、洧川、鄢陵、扶溝、中牟、蘭陽，及六州所屬，河南府所屬，南陽府所屬，汝寧府所屬。

湖廣襄陽府均州、鄖縣、上津、竹山、光化、棗陽、穀城。

山東曹州西南地及定陶縣。據地勢則直隸之東明，當亦屬豫。

伊、洛、瀍、澗，既入于河，

伊水，出上洛縣熊耳山，至洛陽縣入洛。洛水，出上洛縣冢領山，至鞏縣入河。瀍水，出穀城縣替亭北，至偃師縣入洛。澗水，出澠池縣白石山，至新安縣入洛。伊、瀍、澗三水入于洛，而洛水入於河。此言伊、洛、瀍、澗既入于河。若四水不相合而各入河者，蓋四水并流，小大相敵故也。

豫州之水，有伊焉，出于熊耳山者也。出于冢領山者，非洛水乎？有瀍焉，出于替亭山也。出于白石山者，非澗水乎？是四水也，始雖異其派，終則合而一也，同入于大河焉。

三水入洛，而洛入河，但四水入均，故云會同而入河。凡禹貢州縣名，不可入講，蓋禹時未有此名也。山名則古今不易，可入講。○合。四水而歸于大水，豫州然也。

舊云：「出熊耳山者，伊水也。出冢領山者，非洛水乎？出替亭北者，瀍水也。出白石山者，非澗水乎？是四水也，或會于洛陽，或會于偃師，或會于新安，同至鞏縣而入河矣。」此題系出，須如此講。觀豫州之水，必先有所合而後有所歸也。○熊、冢、替、白、陽、鞏、師、安。

伊水，山海經曰：「熊耳之山，伊水出焉，東北至洛陽縣南，北入于洛。」郭璞云：「熊耳在上洛縣南，今商州上洛縣也。」地志言：「伊水，出弘農、盧氏之熊耳者，非是。」洛水，地志云：「出弘農郡上洛縣冢領山。水經謂之讙舉山，今商州洛南縣冢領山也，至鞏縣入河，今河南府鞏縣也。」瀍水，地志云：「出河南郡穀城縣替亭北，今河南府河南縣西北，有古穀城縣，其北山實瀍水所出也。至偃師縣入洛。今河南府偃師縣也。」澗水，地志云：「出弘農郡新安縣東，南入于洛。新安，在今河南府新安、澠池之間。今澠池縣東二十三里，新安城是也。城東北有白石山，即澗水所出。」酈道元云：「世謂之廣陽山，然則澗水出今之澠池，至新安入洛也。」伊、瀍、澗水入于洛，而洛水入于河。此言伊、洛、瀍、澗入于河，若四水不相合而各入河者，猶漢入江，江入海，而荆州言江、漢朝宗于海，意同。蓋四水并流，小大相敵故也。詳見下文。

上洛縣，今陝西西安府商州也。洛陽縣、鞏縣，今皆屬河南府。穀城縣，今河南府洛陽、宜陽二縣地。替亭山，今穀城山也，今在洛陽縣西北五十里，連孟津縣界。偃師縣、澠池縣、新安縣，今皆屬河南府。

滎、波既豬。

濟水，自孟州溫縣入河，潛行绝河，南□爲滎，此洛水所鍾也。

有滎焉，濟所出也。向也濟水未治，滎澤□□□□□□水既治，于是濟之□也。有以鍾之，濟之去也；有以洩之，而滎豬矣。有波焉，洛水之所出也。向也洛水未治，波澤安得而豬乎？今荥水既治，于是洛之來也，有以受之；

洛之去也，有以洩之，而波豬矣。○合上二節，流水有所歸，止水復其舊。豫州然也。○滎，所以志濟；波，所以志洛，與上自不相蒙也。

滎、波，二水名。濟水自今孟州溫縣入河，潛行絕河，南溢爲滎。在今鄭州滎澤縣西五里敖倉東南。敖倉者，古之敖山也。按：今濟水但入河，不復過河之南，滎瀆水受河水，有石門謂之「滎口石門」也。鄭康成謂：「滎今塞爲平地。滎陽，民猶謂其處爲『滎澤』。」酈道元曰：「禹塞淫水於滎陽，下引河，東南以通淮、泗。濟水分河東南流。漢明帝使王景即滎水故瀆東注浚儀，謂之『浚儀渠』。漢志謂：「滎陽縣有狼蕩、渠首，受濟者是也。南曰『狼蕩』，北曰『浚儀』，其實一也。」波水，周職方：「豫州，其川滎雒，其浸波溠。」爾雅云：「水自洛出爲波。」山海經曰：「婁涿之山，波水出其陰，北流注于穀。」二說不同，未詳孰是。孔氏以滎、波爲一水者，非也。

孟州，今懷慶府孟縣也。濟源縣，今徑屬懷慶府。溫縣，亦屬懷慶，在河北滎澤縣。縣今屬開封府，在河南。滎、波，皆澤。爾雅謂「是魏王池，洛水溢出者。」在洛陽縣。洛水，在河南府，再無支流，惟此池耳。

導菏澤，被孟豬。

菏澤，在濟陰郡定陶縣。蓋濟水所經。被，及也。孟豬，在梁國睢陽縣。

至于菏澤，濟水所經之水也。洪水橫流，菏澤不得爲澤矣。禹則導之，使陂障益堅焉。孟豬，水蓄而復流之水也。洪水無涯，孟豬不得爲豬矣。禹則導之，使隄防益固焉。○「澤」與「豬」不同。「澤」是水之聚，「豬」是蓄而復流。○「導」字意，自是導菏澤、導孟豬，非重濟也。曾氏說被字，非。○二合。史臣記豫州之澤，有自其成功而言者，有本其用功而言者。○三合。四水之流者，有所歸；四水之止者，得其治。各有所治，而不相因。

菏澤，地志：「在濟陰郡定陶縣東。今興仁府濟陰縣南三里，其地有菏山，故名其澤爲菏澤也。蓋濟水所經。」水經謂：「南濟東過冤句縣南，又東過定陶縣南，又東北菏水東出焉」，是也。被，及也。孟豬，爾雅作「孟諸」，地志：「在梁國睢陽縣東北。今南京虞城縣西北孟諸澤是也。」曾氏曰：「被，覆也。菏水衍溢，導其餘波，入于孟豬。」

不常入也，故曰『被』。」

城陽縣菏澤詳見兗州睢陽縣。今開封府歸德州虞城縣。

厥土惟壤，下土墳壚。

土不言色者，其色雜也。壚，疏也。其土有高下之不同，故別言之。

以其土而言之，其性則柔而無塊也，下土則墳起而疏也。色雜而難定，故不言也。顧氏曰：「高地則壤，下地則壚。」○此止言土之性，無色。顏註：「添一玄字，是言其色也。」不可用。○因其土之不同，辨其性之不同。○伊、洛至此，四合。水之流止者得其治，地之高下者辨其性。事相因也。

厥田惟中上，厥賦錯上中。

田第四等，賦第二等，雜出第一等也。

以其田而言之，則中品之上第四等也；以其賦而言之，上品之中第二等也；雜出，第一等也。「錯」字在上者，高一等；在下者，低一等。觀冀州及此可見。皆在本品之中，若出本品，則變文如揚州也。

厥貢漆、枲、絺、紵，厥篚纖纊，錫貢磬錯。

纊，細棉也。磬錯，治磬之錯也。非所常用之物，故不常貢，必待錫命而後納也。

以其貢而言之有漆焉，器用也。有枲焉，有絺焉，有紵焉，服用也。纖爲禫服之用，纊爲服用則盛之于篚而貢焉。若夫治磬之錯，非所常用之物也，故不爲常貢，必待當用之時而錫命使貢。○豫州之貢，有所常入者，有非常入者。「厥貢」二句，貢所產之物，謹所貢之精。○「厥篚」二句，供服用者致其謹，供樂用者待乎命。○「厥賦」至此，上之所取者，常暫異其制；下之所供者，常暫異其物。○「厥田」至此，二合。田有定等，而物之出於田者無定制；貢有定品，而物之非常貢者無定期。史臣記豫州然也。一見當時之賦，必隨其時而爲之等差，非責取於民也。愛民之仁可見。一見當時之貢，必因其物而爲之節制，非自循於己也。其處之義可見。

林氏曰：「周官載師：漆林之征，二十有五。周以爲征，而此乃貢者，蓋豫州在周爲畿內，故載師掌其征而不制貢。禹時豫在畿外，故有貢也。推此義，則冀不言貢者可知。」顏師古曰：「纖紵以爲布及練。」然經但言貢枲與紵，成布與未成布，不可詳也。纊，細棉也。磬錯，治磬之錯也。非所常用之物，故非常貢，必待錫命而後納也，與揚州橘柚同。然揚州先言橘柚而此先言錫貢者，橘柚言包，則於厥篚之文無嫌，故言錫貢在後。磬錯則與厥篚之文嫌於相屬，故言錫貢在先，蓋立言之法也。

浮于洛，達于河。

豫州去帝都最近。豫州之東境，徑自入河；豫之西境，則浮于洛而後至於河也。

豫州貢賦，何自而來乎？彼豫州，去帝都最近。豫之東境，徑自入河；自西境，必浮于洛而後達于河也。○聖人于豫州西境之貢道，必記其所由入也。○「厥賦」至此，史臣記豫之貢賦有不同，必記一邊貢賦之道焉。

華陽、黑水，惟梁州：

梁州之域，東距華山之南，西據黑水。華山，即太華。見導山。黑水見導水。

此以下，禹經理梁。此則別梁州之境也。彼梁州之域，太華峙其東，梁州之東則距于華陽，雖曰未至于華陽也，此內無可書者矣。黑水流其西，梁州之西，則據乎黑水。雖曰不止于黑水也，此外無可紀者矣。

華陽，是陝西商洛，湖廣襄陽府屬。四川夔州府所屬，巫山、大寧、大昌之地。○黑水，是壘溪黑水。自梁北境至安縣入江，與導黑水之黑水無干。志者止見黑水流南至西，極意即梁境，而不知實無相干，誤合爲一。

梁州之域

四川成都府、重慶府、順寧府、保寧府、敘州府、馬湖府、潼川州所屬、眉州所屬、嘉定州所屬、瀘州所屬、□州所屬、夔州府所屬奉節、雲陽、萬縣、開縣、達縣、新寧、梁山、建始。陝西鞏昌府成縣、西和、秦州，漢中府全州所屬，及沔縣、芒部軍民府、龍川宣撫司、平茶洞長官司、壘溪軍民千戶所、湖廣施州軍民指揮使司西境，其烏蒙等處，原不係域中者，不載。

岷、嶓既藝，

岷山，在蜀郡湔氐道西徼外，江水所出也。嶓冢山，在隴西郡氐道縣，漾水所出也。川源既滌，水去不滯，而無泛溢之患，其山已可種藝也。

此志江、漢之源也。嶓冢山，漢水之源也。向也江、漢之源，壅遏而不通，湯湯之水，包其四面矣，何有于既藝乎？今禹既加濬導之功，以源既滌，水去無滯，岷山之地，可耕而可耘也，江之源治矣；嶓冢之地，可芟而可柞也，漢之源治矣。

此志江、漢之源。重在江、漢，非重在岷、嶓也。○西徼外，今四川成都府茂州岷山，在州之列鵝村，直上高六十里。志註皆言「水行里數及過郡之數」。江，大水也，何以不言？○氐道縣，今陝西鞏昌府秦州。山在州西南六十里，山有名花異草，食之令無子。氐者，五湖之一。師古氐之所居，故曰「氐道」。過蜀郡七，行二千六百里。

嶓冢，二山名。岷山。地志：「在蜀郡湔氐道西徼外，在今茂州文山縣，江水所出也。」晁氏曰：「蜀以山近江源者，通爲岷山。連峯接岫，重疊險阻，不詳遠近。青城、天彭諸山之所環繞，皆石之岷山。青城乃其第一峯也。」嶓冢山，地志云：「在隴西郡氐道縣，漾水所出。」又云：「在西縣。今興元府西縣三泉縣也。」蓋嶓冢一山，跨于兩縣云。川原既滌，水去不滯，而無泛溢之患，其山已可種藝也。

沱、潛既道，

此江、漢別流之在梁州者。○又按：梁州乃江、漢之源，此不志者。岷之藝，導江也；嶓之藝，導漾也。導沱則江悉矣，導潛則漢悉矣。上志岷、嶓，下志沱、潛。江、漢源流，於是而見。

此志江、漢之流也。彼沱，乃江之別流也；潛，乃漢之別流也。向也泛濫橫流，何有于既導乎？今禹既加疏鑿之功，于是沱順其道，西入于江，而江之流治矣；潛安其道，西南入于江，而漢之流治矣。

此志江、漢。重在江、漢，非重沱、潛也。註中「導沱導潛」，亦不可缺。○沱，江之別流也，至蜀郡郫縣入江。潛，漢之別流也，至巴郡宕渠縣入江。○「岷嶓」至「既道」，大禹經理江、漢也。上源既興其利，下流亦得其平。○用二沱、二潛講，最好對待。但後之潛却在雍，與別流之在梁州者不合。恐業舉者不考，反以爲疏。用之亦可。

此江、漢別流之在梁州者。沱水，地志云：「蜀郡郫縣，江沱在東，西入大江。郫縣，今成都府郫縣也。」又地志云：「蜀郡汶江縣，江沱在西，南東入江。汶江縣，今永康軍導江縣也。」潛水也，地志云：「巴郡宕渠縣潛水，西南入江。宕渠，今渠州流江縣也。」酈道元謂：「宕渠縣有大穴，潛水入焉，通四罡山下西南潛山，南入于江。」又地志：「漢中郡安陽縣灊谷水，出西南入漢。灊，安陽縣。今洋州真符縣也。」○又按：梁州乃江、漢之原，此不志者，岷之藝，導江也；嶓之藝，導漾也。上志岷、嶓，下志沱、潛，江、漢源流，於是而見。

郫縣，即今成都府溫江縣，今沱却在新繁縣，豈漢之郫縣，實兼溫、新一縣之地歟？漢志所謂「江沱在東，西入大江」者。○宕渠縣，即今順慶府渠縣。潛水在縣東五十里。又，沱水在成都府灌縣。今灌縣，即漢之汶江，宋之導江縣也。今灌縣有導江廢縣。漢江所謂「江沱在西，南東入江」。○又，潛水在漢中府洋縣、西鄉二縣，今洋、西鄉，即漢之安陽也，但屬雍州。此二縣西南，俱臨四川保寧府。或古梁州境包此云。

蔡、蒙旅平，

蔡山，在雅州嚴道縣。蒙山，在雅州名山縣。山上合下開，沫水逕其間，溷崖水脉漂疾，則此二山，在禹爲用功多也。祭山曰「旅」。「旅」，平者。治功畢而旅祭也。

此志沫水也。蔡、蒙二山，上合下開，沫水逕其間，溷崖水脉漂疾，向固泛濫橫流矣。禹功既施，而沫水順其道，于是蔡、蒙二山得其平而可祭矣。告成事焉，報神賜焉，祈鴻休焉。

蔡、蒙，二山名。蔡山，輿地記：「在今雅州嚴道縣。」蒙山，地志：「蜀郡青衣縣。今雅州名山縣也。」酈道元謂：「山上合下開，沫水逕其間，溷崖水脉漂疾，歷代爲患，蜀郡太守李冰發卒鑿平溷崖，則此二山在禹，爲用功多也。祭山曰旅，旅，平者。治功畢而旅祭也。」

嚴道、青衣二縣，今屬雅州。二縣總爲名山一縣。蔡山，在雅州城東五里，蓋嚴道縣地。蒙山，在名山縣西一十五里，蓋青衣縣地。

沫水，在雅州。合青衣江水，經蔡、蒙而過。

和、夷厎績。

和、夷，地名。嚴道以西，有和川，近於和水者也。有夷道，近於□水者也，或其地也，地因水名者也。此志和、夷之水也。和、夷二地，近和、夷之水者也。向也和、夷之水未治，和、夷之地安得厎績乎？今禹功既加，和、夷二水得其治，由是和、夷之地厎于績矣。

和、夷之地厎績，志和、夷之水也。蓋和、夷之水得其治，而後和、夷之地得厎績也。故曰不相因。〇「蔡、蒙」至此，二合。高地可告其成功，平地已故其成功。〇「岷、嶓」以下四節，各有所志，而非相因。蓋「岷、嶓」至「既道」，水之源流，得其平也。「蔡、蒙」至「厎績」，地之高下，得其治也。

和、夷，地名。嚴道以西，有和川，有夷道，或其地也。又按：晁氏曰：「和、夷二水名。和水，今雅州滎經縣北和川，水自蠻界羅嵓州東，西來逕蒙山，所謂『青衣水而入岷江』者也。夷水，出巴郡魚復縣東，南過佷山縣南，又東過夷道縣北，東入于江。」今詳二說，皆未可必。但經言「厎績」者三，覃懷、原隰，既皆地名，則此恐爲地名。或地名因水，亦不可知也。

滎經縣，即今雅州□□□□衣水，即青衣江也。魚復縣，即今夔州府奉節縣。佷山縣，今湖廣荆州府長陽縣也。

夷道縣，今荆州府宜郡縣也。夷水，一名清江，出夔州府達縣萬頃池，經開縣入奉節，歷湖廣邵慶、施州衛，至長陽入大江。註云「夷道入江」者，豈在夷道兼今宜都、長陽二縣之地歟？凡今之州縣，比之先代之域，或過或不及，考者當細詳，此其例也。

厥土青黎，

黎，黑也。

以其土而言之，其青而黎也。不言性，性不一也。以其田而言之，下品之上第七等也。〇以其賦而言之，下品之中第八等也。或雜出第七等，則降揚于下中矣。或雜出第九等，則陞兗于下中矣。非三錯乎？

厥田惟下上，厥賦下中三錯。

田第七等，賦第八等，雜出第七等、九等也。按賦雜出他等者，地力有上下，年分有不同也。

吴氏曰：「三錯者，或時錯出第七，則降揚于下中，而梁爲下上；或時錯出第九，則陞兗于下中，而梁爲下下。通本等第八爲三，故曰三錯。〇地力有上下，年分有不同者，蓋薄田如一年可種，歇一年不可種；如二年可種，歇一年不可種。如今鄉中，亦有如此之田。

田第七等，賦第八等，雜出第七、第九等也。按賦雜出他等者，或以爲歲有豐凶，或以爲户有增減，皆非也。意者地力有上下、年分不同，如周官田一易再易之類，故賦之等第，亦有上下、年分。冀之正賦第一等，而間歲第二等也。揚之正賦第七等，而間歲第六等也。豫之正賦第二等，而間歲第一等也。梁之正賦第八等，而間歲出第七、第九等。當時必有條目詳具，今不存矣。書之所載，特凡例也。若謂歲之豐凶，户之增減，則九州皆然，何獨於冀、揚、豫、梁四州言哉？

厥貢璆、鐵、銀、鏤、砮、磬，熊、羆、狐、狸織皮。

璆，玉磬。鐵，柔鐵也。鏤，鋼鐵可以刻鏤者也。磬，石磬也。言鐵而先於銀者，鐵之利多於銀也。織皮者，梁州之地，山林爲多，獸之所走，熊、羆、狐、狸，四獸之皮，製之可以爲裘，其毳織之可以爲罽也。

以其貢而言之，有玉磬焉，供樂用也；有柔鐵焉，非供器用乎？有白金焉，供國用也；有鋼鐵焉，非供器用乎？石砮則供矢用者也，石磬則供樂用者也，皆制以爲貢焉。梁州之地，山林爲多，獸之所走也。熊、羆、狐、狸四獸，其毳織之，可以爲罽；其皮製之，可以爲裘，供服用也，皆制以爲貢焉。

銀、砮，解見前。□璆，嗚球也。璆、鐵、銀、鏤、砮、磬，器用之需也。熊、羆、狐、狸織皮，服用之需也。織以爲罽，皮以爲裘也。○銀，一物。國用、器用，皆類之。以器用統之，似未盡，只混破。○梁州之貢，皆貢器用、國用、服用者也。○「厥賦」至此，取地力而異其等供也，利而有其制。○「蔡、蒙」至此，五合。惟地之高下得其平，則地之高可興其利。璆、鐵之類生於山，織、皮皆產於山林也。田賦則由於土之厎績，此亦迎合主司，未安。○破一節，史臣記梁州之貢，所以充器用、國用、服用也。

璆，玉磬。鐵，柔鐵也。鏤，鋼鐵，可以刻鏤者也。磬，石磬也。言鐵而先於銀者，鐵之利多于銀也。後世蜀之卓氏、程氏以鐵治，富擬封君，則梁之利，尤在於鐵也。織皮者，梁州之地，山林爲多，獸之所走，熊、羆、狐、狸四獸之皮，製之可以爲裘，其毳毛織之可以爲罽也。○林氏曰：「徐州貢浮磬，此州既貢玉磬，又貢石磬。豫州又貢磬錯。以此觀之，則知當時樂器，磬最爲重要。豈非以其聲角，四在清濁小大之間，最難得其和者哉？」

西傾因桓是來。浮于潛，踰于沔，入于渭，亂于河。

西傾，山名。在隴西郡臨洮縣。西傾之南，桓水出焉，絕河而度，□亂。按：此經文有錯簡。今考傳意，當自隴西郡臨洮縣入桓水。桓水至葭萌合潛水，潛水至漢中之東合沔水，歷漢川至於褒水。褒水中高，不與南溪通，故必捨舟而陸于衙。蜀之南溪，灌於斜川，至武功入於渭，渭至司空縣入河。

梁州貢賦，何自而來乎？彼西傾之南，桓水出焉，而入於潛，潛出於沔，沔水接于褒，故貢道于西傾之山，因桓水而來。由桓而浮于潛，由潛而達于沔，由沔而達于褒，褒不與斜川通，故捨舟而陸焉。若夫斜之水入於渭，渭之水入于河也。故貢道由斜川而達于渭，由渭而亂于河焉。達河，則達帝都矣。

梁州貢賦之來，以桓而入于潛，由潛而入于沔，由沔而入于褒，由褒而踰于南溪，由南溪而入于斜川，由斜川而入于渭，入渭則入河矣。史臣於梁州之貢道，必詳其所自、所經、所至也。

葉氏曰：「四獸織皮，西傾之戎，因桓水而以此來貢也。自『熊出』至是來，依此意。」

西傾，山名。地志：「在隴西郡臨洮縣西。今洮州臨潭縣西南。」桓，水名。水經曰：「西傾之南，桓水出焉。」蘇氏曰：「漢始出爲漾，東南流爲沔。至漢中東行爲漢沔。」酈道元曰：「自西傾而至葭萌，浮于西漢。西漢，即潛水也。自西漢逆流，而届于晉壽界，阻漾枝津，南歷岡北，迤邐接漢沔。歷漢川，至于褒水，踰褒而暨于衙嶺之南溪，灌於斜川，届于武功而北，以入于渭。漢武帝時，人有上書，欲通褒斜道及漕。事下，張湯問之。云：『褒水通沔，斜水通渭，皆可以漕。從南陽上沔入褒，褒絕水至斜間百餘里，以車轉，從斜下渭。如此則漢中穀可致。』經言沔、渭而不言褒、斜者，因大以見小也。褒、斜之間，絕水百餘里，故曰『踰』。然於經文，則當曰『踰于渭』。今曰『踰于沔』，此又未可曉也。絕河而渡曰『亂』。」

臨洮縣，今臨洮府狄道縣。桓水，即洮水，出于西傾，流爲桓水，又名桓水。臨洮衛亦有西傾山，蓋亦大山，洮水亦經其地，流入岷州漢中今南鄭縣。褒，是今褒城，餘見導漾。○據此則桓水自臨洮府南流，過嶓冢之西入梁州境，東流入潛，貢道不自西傾，自桓而來，言西傾志桓水之源耳。○潛，是潛水，漢之別流在梁州者，不是漢水。沔水是沔水，不是漢水。然漢合沔後，呼爲「漢沔」，此沔蓋漢沔也。葭萌、晉壽，皆今係保寧府昭化、廣元之地。衙嶺，在鳳翔府郿縣。斜水出此，潛正是「沱、潛既道」之潛。漢宕渠甚闊，合順慶、保寧諸縣。保寧之通江，與葭萌、晉壽相去三百五十里，皆在府。此或東或西。潛在宕渠、葭萌，合潛正是其地。○梁州貢道，傳用蘇氏之說，謂「潛即西漢」，又云「桓水至葭萌，合西漢」，蘇止據水經、志、書考其水道之相接，是矣；而不考經流之地，則□也。與經文全不相合。彼既謂

「潛即西漢」，却謂「至葭萌浮于西漢」，葭萌乃「沱、潛既道」之潛，在四川保寧府巴縣、通江，順慶府蓬州，五州縣之地，去西漢尚遠，西漢何會至葭萌哉？若謂「潛即漢」，桓既入漢，自漢東而西，入沔皆逆流。自漢西而東，入沔皆順流。又河溯流而入沔哉？保寧，北去漢中沔縣六百里，去廣元、葭萌三百五十里，北即晉壽。東北五百五十里至宕渠地，而潛之入江，又在宕之西南，潛出於漢，面西南流，則知潛在沔之西矣，則貢道由桓至廣元入潛，□□□晉壽西北入漢沔。由漢沔至褒城入褒水，蓋褒水由褒谷入漢水也。褒水不通于斜川，故陸于郿縣入斜川，至武功入渭。入渭絕河而渡，即蒲州舜都也。

黑水、西河，惟雍州：

雍州之域，西據黑水，東距西河。謂之西河者，主帝都而言也。

此以下記禹經理雍州也。此則別雍州之境也。彼雍州之域，黑水流其西，雍之西境則據之，雖不止于黑水，此外無可書者矣。西河環其東，雍之東則距之，雖未至于西河也，此内無可紀者矣。黑水可見□西距。西河，今陝西西安府同州朝邑縣及臨河諸縣是也。據蔡傳及職方，豫州其山鎮口華山，則西安府東境華陰華州，當屬豫。而臨河諸邑，皆當爲冀州地□。一統志俱作雍州，未知何據。

雍州之域

陝西西安府、延安府、慶陽府、平涼府、鳳翔府、臨洮府、鞏昌府所屬隴西、安定、會寧、通渭、漳縣、寧遠、伏羌、階州、徽州、兩當，漢中府所屬□□、褒城、城固、洋縣、西鄉、鳳縣、畧陽，陝西行都司所屬及岷□□洮州□□□中禦千戶所古沙洲。○據「岷、嶓既藝」，則寧昌府大半□□梁州。據「西傾因桓」是來，則臨洮府州縣亦當有屬梁等。

雍之西境黑水，當是鎮夷黑水。與經導黑水者無干。且與註「據」字合。○關中之險，華山與長河，會處雖在潼關，然河之南須得河南府新安，此函谷。河之北，須得山西平陽府。平陽南有東烏嶺，北有冷全關，蓋河之南無新安，則由沙澗可渡河至蒲州；河之北無平陽，則由烏嶺、冷泉入平陽至蒲州。自蒲州至龍門，兩岸平廣可渡者百里，故在古□，秦有函關，陝西統平陽也。至今陝州以西及平陽，與陝西人之語音風俗相同。論關中之險者，當詳於是。○失河北者，當守平陽，當極力守陝西。無陝西，則河之南、江之南俱不可保矣。

弱水既西，

西海之山有水焉，散渙無力，不能負芥，投之則萎靡墊沒，及底而後卜。故名曰「弱」。既西者，導之西流也。

弱水，水之變者，因其勢而導之西也。○弱水出窮石山，在菟園水之西，涿邪山之東，至刪丹縣過合黎山，至沙洲入于流沙。既西者，非禹使之西也，因彼西流，故順其勢而導之西流也。要講合黎、流沙，詳見導弱水。○破一節。聖人于水之變者，因其勢而導之西流也。

柳宗元曰：「西海之山，有水焉，散渙無力，不能負芥，投之則萎靡墊沒，及底而後止。故名曰『弱』。」既西者，導之西流也。地志云：「在張掖郡刪丹縣。」薛氏曰：「弱水，出吐谷渾界窮石山，自刪丹西至合黎山，與張掖縣河合。」又按通鑑：「魏太武擊柔然，至栗水，西行至菟園水，分軍收討，又循弱水，西行至涿邪山。」則弱水在菟園水之西，涿邪山之東矣。北史載：「太武至菟園水，分軍搜討，東至瀚海，西接張掖水，北度燕然山。」與通鑑小異。豈瀚海、張掖水，於弱水爲近乎？程氏據西域傳，以弱水爲在條支，援引甚悉。然長安西行一萬二千二百里，又百餘日，方至條支，其去雍州如此之遠，禹豈應窮荒而導其流也哉？其說非是。

涇屬渭、汭，

涇水，出岍頭山，至陽陵縣入渭。渭水，出南谷山，至司空縣入河。汭水，出弦蒲藪西北，東入涇。屬，連屬也。涇水連屬渭、汭二水也。

岍頭之山，涇水出焉。出於南谷山者，渭水也。涇水注于渭之北，是涇水南連渭水矣。出于弦蒲藪者，汭水也，東入于涇，是涇水西連汭水矣。

涇水流其中，南連渭水，西連汭水，故曰「涇屬渭、汭」。○涇果何如而連渭水乎？蓋涇水之陽陵縣，注渭之北，是涇南連渭水矣。果何如而連汭水乎？蓋汭水自弦蒲藪，東入于涇，是涇西連汭水矣。

涇、渭、汭，三水名。涇水，地志：「出安定郡涇陽縣西，今原州百泉縣岍頭山也。東南至馮翊陽陵縣入渭，今永興軍高陵縣也。」渭水，地志：「出隴西郡首陽縣西南，今渭州渭源縣鳥鼠山西北南谷山也。東至京兆、船司空縣入河。今華州華陰縣也。」汭水，地志：「作芮。扶風汧縣弦蒲藪，芮水出其西北，東入涇。今隴州汧源縣弦蒲藪有汭水焉。」周職方：「雍州其川涇、汭。」詩曰「汭鞫之即」，皆謂是也。屬，連屬於也。涇水連屬也，渭、汭二水也。

涇陽縣，今陝西平涼府平涼縣。岍頭山，即笄頭山也。陽陵縣，今西安府高陵縣也。涇水出岍頭山，經本府涇州，歷西安府醴泉縣邠州，又東至高陵入渭。○首陽縣，即今臨洮府渭源縣。南谷山，去鳥鼠山五里。司空縣，即今西安府華陰縣也。渭水自南谷山出，經鞏昌府通渭縣、隴西縣，歷鳳翔□寶雞、扶風、岐山，入西安府盩厔、興平、咸陽、臨潼、渭南、南華州，至華陰縣入河。○汧縣，即今鳳翔府隴州。弦蒲藪，在州四十里，蔡傳不言入涇之地。汭水，弦蒲藪出，經平涼府崇信縣、華亭縣，至涇州入涇。

漆、沮既從，

漆水，自耀州同官縣來。沮水，出坊州昇平縣北子午嶺。二水至華源縣而合，至同州朝邑縣東南入渭。從者，從于渭也。

有漆焉，經華源而合于沮；有沮焉，至華源而合于漆，東南而從于渭焉。

漆、沮，二水名。漆水，寰宇記：「自耀州同官縣東北界來，經華原縣合沮水。」沮水，地志：「出北地郡直路縣東，今坊州宜君縣西北境也。」寰宇記：「沮水自坊州昇平縣北子午嶺出，俗號『子午水』，下合榆谷、慈馬等川，遂爲沮水。至耀州華原縣，合漆水。至同州朝邑縣東南入渭。二水相敵，故并言之。」既從者，從於渭也。又按：地志謂：「漆水出扶風縣。」晁氏曰：「此豳之漆水也。」水經：「漆水出扶風杜陽縣。」程氏曰：「杜陽，今岐山普閏縣之地，亦漢漆縣之境。其水入渭，在灃水之上，與經序渭水節次不合，非禹貢之漆水也。」

漆水，止據蔡傳云「自同官縣來」，他更無證。而鳳翔有漆，鞏昌有沮，皆自本境入渭。源派甚明，但其地在灃水入渭之上，與經文不合。惟考有洛水，源遠流長而派明，通詳註于後。

洛水，出慶陽府環縣，即古洛源縣也。經延安府甘泉縣，即古雕陰縣也，經鄜州宜君縣子午嶺，至中部縣入西安府界，經耀州及同官縣，至富平縣合沮水，歷蒲城、同州，至朝邑縣東南入渭。□河三府之人，至今皆呼爲「洛河」。漆、沮之名，亦不知也。古今鄜縣、慶陽縣有洛源縣，延安有洛川縣及三川，洛其一也。朝邑有洛苑鄉。水經言「延安形勝」，云洛水之交。漢志亦云「雍州其浸渭、洛，左馮翊。」註云：「洛水經北條、荆山而東南入渭。」此尤明證。漢志又曰：「洛都曰襄。」洛，皆延安道，洛之地略，無一字及漆者。獨漢上郡志有曰：「漆、垣者，又不知何所指也。」而顔師古曰：「洛水即漆、沮也。」此後世指洛爲漆、沮之由，豈洛亦名漆歟？作記者不知鳳、鞏自有漆、沮二水，以二漆爲一水而莫究其源，但云自同官縣界來，而不知自同官來者，洛也。一統志遂言「同官之漆，出自鳳翔」，而不知漆水爲涇、汭所間，其能飛度，經汭而來同官邪？秦士往往疑此，故詳考而著之焉。

沮水，出宜君縣，至子午嶺合子午水，歷中部縣東南，流入西安府界，至富平縣合漆水，即洛也。子午嶺乃子午山一支，其山歷延安、慶陽、西安三府，綿亘八百里。蔡傳合榆谷川，非也，詳見後。予嘗至同官縣，見一大潭，水湧出，三面皆青石，山如壁立，水流出東壑。問其居人，父老曰：「漆潭。」正所謂自同官縣界來者。然至富平不百里即入洛，豈洛自洛，漆、沮二水皆入洛歟？但其水甚小，禹何故捨洛而取漆，豈無施勞者雖大亦略歟？顔師古曰：「漆、沮，即馮翊之洛水也。」不知蔡傳何以不引此。

或者漆、沮實鳳、鞏之水，詩人詠之，亦名川也。而經文有錯簡，漆、沮既從，當在灃水攸同之前歟？如此則洛與沮會，禹未嘗書，而漆潭一溝水耳。故古志不載。○漆水出□□□隴州東入渭。漢志：「右扶風有漆在正西，指此也，亦名川。○沮水，出鞏昌府階州角弩谷，東南入渭。蔡傳謂「延安沮水合榆谷水」，榆谷在臨洮，去渭源近。正謂此沮水，延安沮水何由西行數百里至臨洮？既至臨洮，又何由至西安之耀州？

灃水攸同。

灃水，出扶風鄠縣終南山，至咸陽縣入渭。同者，同於渭也。渭自鳥鼠而東，灃水南注之，涇水北注之，漆、沮東北注之，曰「屬」、曰「同」、曰「從」，皆主渭而言也。

出于終南山者，灃水也，東北而同于渭焉。○上三階乃水之常者，順其性而導之東也。○水性之異者，導之西；水性之常者，導之東。○破，三合。衆水而歸于一水，雍州然也。

灃水，地志作酆，出扶風鄠縣終南山，今永興軍鄠縣山也。東至咸陽縣入渭。同者，同於渭也。渭水自鳥鼠而東，灃水南注之，涇水北注之，漆、沮東北注之。曰「屬」、曰「從」、曰「同」，皆主渭而言也。

鄠縣，即今西安府鄠縣也。咸陽，即今西安府咸陽縣也。

荆、岐既旅，終南、惇物，至於鳥鼠。

荆山，在馮翊懷德縣。岐山，在扶風美陽縣。終南，在永興軍萬年縣。惇物，在扶風武功縣。鳥鼠，在隴西郡首陽縣。舉三山而不言所治者，蒙上「既旅」之文也。

由是有荆山焉，有岐山焉，功成而可祭告也。不特荆、岐也，自終南、惇物以至于鳥鼠，皆可旅焉。「涇屬」至此四合。衆水既同於所歸，衆山斯同於致祭。荆山，漆、沮經其下也；岐山，涇、汭經其傍也；終南，灃水所出也；惇物，灃水所經也；鳥鼠，渭水所經也，如此照應亦可。○「涇屬」至「既旅」，東流之衆水治，北條之二山平。

荆、岐，二山名。荆山即北條之荆。地志：「在馮翊懷德縣南，今耀州富平縣掘陵原也。」岐山，地志：「在扶風美陽縣西北，今鳳翔府岐山縣東北十里也。」終南、惇物、鳥鼠，亦皆山名。終南，地志：「古文以太乙山爲終南山，在扶風武功縣。今永興軍萬年縣南五十里也。」惇物，地志：「古文以垂山爲惇物，在扶風武功縣。今永興軍武功縣也。」鳥鼠，地志：「在隴西郡首陽縣西南，今渭川渭源縣西也，俗呼爲青雀山。」舉三山而不言所治者，蒙上「既旅」之文也。

富平縣，見前。岐山縣，即今鳳翔府岐山縣也。武功縣，見前。首陽縣，見前。○終南山，在渭南，此雍之名山，多仙跡，歷藍田、咸寧、長安、盩厔四縣，經之終南，蓋指此。蔡傳謂爲：「武功之太乙山，即太白山」，在渭北。惇物山，在西安府武功縣。鳥鼠，在臨洮府渭源縣。

原隰底績，至于豬野。

廣平曰「原」，下濕曰「隰」，在邠州。豬野，在武威縣。治水成功，自高而下，故先言山，次原隰，次陂澤也。地勢有高卑，水落有先後。山既治矣，由其廣平之原，底于績焉；原既治矣，由是下濕之隰，底于績焉。隰既治矣，由是豬野之澤，底于績焉。治水成功，自高而下。

「弱水」至「攸同」，言水之常變者得其平也。「荆、岐」至「豬野」，言地之高下者得其平也。高下之地無所志，意相因也。○「荆、岐」至「豬野」，雍州之成功，自高而下也。

廣平曰「原」，下濕曰「隰」，詩曰「度其隰原」，即指此也。鄭氏曰：「其地在豳，今邠州也。」豬野，地志云：「武威縣東北有休屠澤，古今以爲豬野。今梁州姑臧縣也。」治水成功，自高而下，故先言山，次原隰，次陂澤也。

豳，今西安府邠州。武威，今陝西行都司涼州衛。

三危既宅，三苗丕敘。

三危，即舜竄三苗之地。三苗之竄，在洪水未平之先，及是三危已既可居，三苗於是大有功敘。

以其遠而言之，三危之地向固上巢而下窟矣。今則降立宅土爰居而爰處也。于是三苗雖至頑也，亦皆大有功敘，革而化矣。

三危既宅，地之遠者得其平也；三苗丕敘，人之頑者從其化也。有相因意。或平說歸重水土平上。「宅」是造廬舍、定疆埸。「敘」是遷善，改革其凶頑。○「弱水」至此，七合。水之得其治也，由外以至於內；地之興其功也，由內以及于外。或依講義，截至「豬野」，詳傳意。只言洪水未平，不言土還，當截至「攸同」。○觀於是字，則「丕敘」止承「既宅」來，不通承上文。

三危，即舜竄三苗之地。或以爲敦煌，未詳其地。三苗之竄，在洪水未平之前。及是三危已既可居，三苗於是大有功敘。今按：「舜竄三苗」，以其惡之尤甚者遷之，而立其次者於舊都。今既竄者已丕敘，而居於舊都者尚桀驁不服，蓋三苗舊都，山川險阻，氣習使然。今湖南猺洞，時猶竊發，俘而詢之，多爲貓姓，豈其遺種歟？張掖，今甘州敦煌。今肅州西八百里，詳細見導黑水。三危山，三峯峭絕，因名三苗。漢志謂：「分皆三處，故曰『三苗』。一在四川正西苗子，一在三危，一在湖廣諸洞故地也。」

厥土惟黃壤，

黃者，土之正色。林氏曰：「物得其常性者，最貴。雍州之土黃壤，故其田非他州可及。」

以其土而言之，土之色以黃爲正也。雍之土，其色則黃，色之美也；土之性，以壤爲正也，雍之土，其性則性之美也。

厥田惟上上，厥賦中下。

田第一等，而賦第六等者，地狹而人功少也。

以其田而言之，惟其土之黃壤得其色性之正，是以田爲上品之上，第一等也。以其賦而言之，中品之下，第六等也，地狹而人功少也。

厥土□上上，惟土爲最美，故由爲至高。

厥貢惟球琳、琅玕。

球琳，美玉也。瑯玕，石之似珠者。

以其貢而言之，有球琳焉，玉之美者也，制之爲貢，以爲珪璋瑁佩之用焉；有琅玕焉，石之美似珠者也，制之爲貢，以爲冠冕裳衣之飾焉。

講義云：「所謂『惟』者，雍州之內，豈皆無服食器用之物？蓋服食器用之物，必不多有。」亦未盡善。惟球琳、琅玕之類，至多至美，亦惟雍州之所產也。〇「厥土」至此，三合。聖人辨雍州之土，斯定田賦而謹財賦也。

球琳，美玉也。琅玕，石之似珠者。爾雅曰：「西北之美者，有崑崙虛之球琳、瑯玕。」今南海有青瑯玕，珊瑚屬也。

浮于積石，至於龍門、西河，會于渭、汭。

積石，在金城郡河關縣。龍門山，在馮翊夏陽縣。雍州貢道有二，其東北境則自積石至於西河，其西南境則會于渭、汭。不言達河者，蒙梁州之文也。他州貢賦之來，亦當不止一道，發此例以互見耳。

雍之貢賦，自何而來乎？以其東北境言之，河見于積石，經流與龍門而爲西河，故貢賦之來，由積石而浮于龍門，由龍門而達于西河焉，至西河則達帝都矣。以其西南境言之，渭入于河，漆、沮東注于渭，涇水北注于渭，灃水南注于渭，故貢賦之來，或由乎灃、涇，或由乎漆、沮，皆會于渭水之北焉。至渭北則達河矣。

此州東北貢賦之道，止于河中。曰「積石」「龍門」者，皆河中所經之地也。其西南境則會于渭、汭。汭自弦蒲藪入涇，涇自陽陵縣入渭，則貢賦之道由汭入涇，由涇入渭，入渭則入河矣。〇會于渭、汭。愚意水北曰「汭」，蓋渭之北也。貢賦之來，或由漆、沮，或由涇、灃，皆會于渭水之北，入西河。至渭北則□河濱而上。「汭」字下得甚當。今渭水舟楫入蒲州，必維渭北岸。蒲州，即冀州也。惟往陝州者，則南岸或中流耳。或曰：「渭水之舟楫，會于河西。」講義曰：「水會皆非。是字以浮字例之，斷是舟楫無疑也。」○有雍州東北貢賦之道，有雍州西南貢賦之道。

厥賦渭、汭。雍州貢賦有定品，而所入有異途也。

積石，地志：「在金城河關縣西南羌中，今鄯州龍支縣界也。」龍門山，地志：「在馮翊夏陽縣。今河中府龍門縣也。」西河，冀之西河也。雍州之貢道有二，其東北境則自積石至于西河，其西南境則會于渭、汭。言渭、汭不言河者，蒙梁州之文也。他州貢賦，亦富不止一道，發此例以互見耳。○按邢恕奏：「乞下熙河路打造船五百隻，於黃河順流放下，至會州西小河內藏放。」熙河路漕使李復奏：「竊知邢恕欲用此船載兵，順流而下，去取興州。契勘會州之西小河，鹹水，其闊不及一丈，深[illegible]於一二尺，豈能藏船？黃河過會州，入韋精山，石峽險窄，自上垂流直下，高數十丈，船豈可過？至西安州之東，大河分爲六七道，散流渭之南山，逆流數十里方再合逆溜。水淺灘磧，不勝載舟，此聲若出，必爲夏國侮笑。」事遂寢。邢恕之策，如李復之言，可謂謬矣。然此言貢賦之路，亦曰「浮於積石，至于龍門、西河」，則古來此處河道，固通舟楫矣。而復之言乃如此，何也？姑録之，以備參考云。

金城郡河關縣，今陝西河州衛、西寧衛兩界之地。積石山在其地，亦大山也。夏陽縣，今山西平陽府河津縣，西安府同州郃陽縣。西河，山西平陽府蒲州，舜都於此。渭水之北，今朝邑縣南境，渭水至此，東入河，折而北三十里，即蒲州。故舟楫皆會于渭北，曰「至於龍門、西河」。不徑達於西河者，龍門舟不能下，必盤撥易舟而行。

織皮崑崙、析支、渠搜，西戎即敘。

崑崙，在臨羌。析支，在河關縣西千餘里。渠搜，近朔方之地也。三國皆貢皮服，故以織皮冠之；皆西方戎落，故以西戎總之。雍州水土既平，而餘功及于西戎，故附于末。

不惟成功著于中國，抑止餘功及于外夷。獸有毳焉，製之爲裘，可以爲風寒之備。獸有毛焉，織之爲罽，可以爲溫煖之需。然孰貢此哉？崑崙也，析支也，渠搜也。地雖有異，均之爲西方戎落也。人雖不一，均之爲西方夷種也。即是三國之致貢也，則見夫三國之水土，無不平也。不然彼方居止之不能定矣，何暇于致貢乎？

此舉三國致貢之道，見三國就功之同。以此致貢觀之，則西戎必安居樂業，而無泛溢之患。使或不然，則救死之不暇，何暇於致貢哉？○「厥賦」至此，記一州之貢賦，别所入之道異；著三國之貢物，見所就之功同。○「荆、岐」至此，水土既平，而成功及于遠；經理有制，而餘功及于遠。○「三危」至此，遠地興其功，而成功也詳；遠人致其貢，而就功也同。○「三苗」至此，以二遠作眼對爲妙。○雍州，全破。史臣記聖人别雍州之境，既敘其成功之詳，因附其餘功之及。

崑崙，即河源所出，在臨羌。析支，在河關西千餘里。渠搜，水經曰：「河自朔方東轉，經渠搜縣故城北，蓋近朔方之地也。」三國皆貢皮衣，故以織皮冠之；皆西方戎落，故以西戎總之。即，就也。雍州水土既平，而餘功及於西戎，故附于末。蘇氏曰：「青、徐、揚三州，皆萊夷、淮夷、島夷所篚。此三國亦篚織皮，但古語有顛倒詳略爾，其文當在『厥貢惟球琳、琅玕』之下，『浮于積石』之上。簡編脱誤，不可不正。」愚謂：「梁州亦篚織皮，恐蘇氏之説爲然。」

崑崙，今在吐蕃界朶其衛東北，河經其南。蔡傳謂：「即河源所出。」非也。蓋宋以前儒者，皆未知河源。析支，亦在吐蕃界，有析支水。渠搜，在寧夏北。

（下缺）[二]

今華州華陰縣二十里也。熊耳，在商州上洛縣。詳見豫州。外方，地志：「在潁川郡崈高縣有崈高山，古文以爲外方，在今西京登封縣也。」桐柏，地志：「在南陽郡平氏縣東南，今唐州桐柏縣也。」陪尾，地志：「在江夏郡安陸縣東北，有横尾山，古文以爲陪尾。今安州安陸也。」西傾不言導者，蒙「導岍」之文也。此北條□河南境之山也。

西傾不是梁州，乃臨洮之西傾，在鞏昌府漳縣之西傾，渭水所經。據此則禹之序此三山，反自西而東，鳥鼠在最

[二] 經核查尚書禹貢原文，此處缺脱「導岍及岐，至于荆山，逾于河。壺口、雷首至于太岳。厎柱、析城至于王屋。太行、恒山至于碣石，入于海」一節及釋文。「西傾、朱圉、鳥鼠至于太華。熊耳、外方、桐柏至于陪尾」除下殘餘釋文外，亦缺失嚴重。故志于此。

西，西傾去鳥鼠一百餘里，朱圉去鳥鼠二百里。冀縣，今鞏昌府伏羌縣。華陰縣，今西安府上洛縣，今屬西安府商州。密高縣，今河南河南府登封縣。平氏縣，今河南河南府唐縣。安陸縣，今湖廣德安府安陸縣。餘見前。若以爲臨洮之西傾，則渭水未至其地。

導嶓冢至于荆山，内方至于大別。

嶓冢，見梁州。山形如冢，故謂之「嶓冢」。荆山，南條荆山。在襄陽府南章縣。内方山，在江夏郡竟陵縣。大別山，在漢陽軍漢陽縣。此南條江、漢北境之山也。

此南條江、漢北境之山也，爲漢水之經始也。彼嶓冢，漢水所出，梁州之山也。荆山、内方、大別，漢水所經，荆州之山也。則導嶓冢以至于荆山，導内方以至于大別焉，而治漢水之功，可施矣。

嶓冢，漢水所出也。荆山、内方、大別，漢水所經也。導之所以相漢水也。○聖人隨江、漢北境之山，所以爲導漢水之經始也。

嶓冢，即梁州之嶓冢山，形如冢，故謂之「嶓冢」，詳見梁州。荆山，南條荆山，地志：「在南郡臨沮縣北，今襄陽府南章縣也。」内方、大別，亦山名。内方，地志：「章山。故文以爲内方山，在江夏郡竟陵縣東北，今荆門軍長林縣也。左傳：「吴與楚戰，楚濟漢而陳。」自小別至于大別，蓋近漢之山，今漢陽軍漢陽縣北，大別山是也。地志、水經云：「在安豐者。」，非是。此南條江、漢北境之山也。

竟陵縣，今湖廣荆州府荆門州漢陽縣，今屬陝西漢中府。餘見前。

岷山之陽，至於衡山。過九江，至於敷淺原。

岷山，見梁州。衡山，南嶽也，在長沙國湘南縣。九江，見荆州。敷淺原，在豫章郡歷陵縣，今博易山是也。岷山不言導者，蒙「導嶓冢」之文也，此南條江、漢南境之山也。

此南條江、漢南境之山也，爲江水之經始也。彼岷山，江水所出，梁州之山也。衡山、敷淺原，江水所經，荆州之山也。衡山乃岷山所發，北一支也，則導岷山之陽，以至于衡山焉。敷淺原，乃岷山所發，南一支也，則過九江以至于敷淺原焉，而導江水之功可施矣。○岷山，江水所出也；衡山、敷淺原，江水所經也。導之，所以相江水也。岷山而謂之陽者，江水出於岷山之南也。過九江者，禹過之也。○「嶓冢」至「敷淺原」，二合。聖人隨南條江、漢之諸山，所以爲濬江、漢之經始也。○又按：自「岍岐」至「敷淺原」，四合。凡所謂「至」者，皆山至也，見其不止此數山，而猶包其餘也。大禹隨北條、南條之山，所以濬川之經始也。

岷山，見梁州。衡山，南嶽也，地志：「在長沙國湘南縣，今潭州衡山縣也。」九江，見荆州。敷淺原，地志云：「豫章郡歷陵縣南，有博易山。古文以爲敷淺原，今江州德安縣博陽山也。」晁氏以爲在鄱陽者，非是。今按：以鄱陽有博陽山，又有歷陵山，爲應地志歷陵縣之名。然鄱陽，漢舊縣地，不應又爲歷陵縣。山名偶同，不足據也。江州德安，雖爲近之，然所謂「敷淺原」者，其山甚小而庳，亦未見其爲在所表見者。惟盧阜在大江、彭蠡之交，最高且大，宜所當紀志者。而皆無考據，恐山川之名，古今或異，而傳者未必得其真也，姑俟知者。過，經過也。與「導岍踰于河」之義同。孔氏以爲衡山之脉，連延而爲敷淺原者，亦非是。蓋岷山之脉，其北一支爲衡山，而盡於洞庭之西；其南一支度桂嶺，北經袁筠之地，至德安。所謂「敷淺原」者，二支之間，湘水間斷，衡山在湘水西南，敷淺原在湘水東北，其非衡山之脉，連延過九江而爲敷淺原者，明甚。且其山川岡脊，源流具在眼前，而古今異說如此，況殘山斷港，歷數千百年者，尚何自取信哉？岷山不言導者，蒙「導嶓冢」之文也。此南條江、漢南境之山也。

歷陵縣，今江西九江府德安縣。

導弱水，至于合黎，餘波入于流沙。

此下濬川也。弱水，見雍州。合黎，山名，在張掖縣。流沙，在沙州西八十里。其沙隨水流行，故曰「流沙」。水之疏導者，已附于逐州之下，於此又派別而詳記之，而水之經緯皆可見矣。濬川之功，自隨山始，故導水次於導山也。

又按：　山水皆原於西北，故禹敘山敘水，皆自西北而東南，導山則先岍、岐，導水則先弱水也。

此下濬川也。　此則順弱水之性，而導之西也。　謂：「夫隨山之功既畢，濬川之功可施。」彼窮石之山，有弱水，萬水既載，而弱水獨弱且西流，水性之異常者也。　則因而導之，兩其正派，至于合黎，過此無事疏鑿也。　其餘波入于流沙，至聽其流衍也，弱水無不治矣。○合黎，志弱水正派有所歸也；　流沙，志弱水支流有所歸也。○聖人導性異之水，正流有所止，支流有所歸。○又按：　岷山、敷淺原，導山終于東南，尤要見中國之山也。　弱水至流沙，導水始于西北，尤要見外夷之水也。　先山而後水，其敘也。

此下濬川也。　弱水，見雍州。　合黎，山名。　隋地志：　在張掖縣西北，亦名羌谷。　流沙，杜佑云：「在沙州西八十里，其沙隨風流行，故曰『流沙』。」水之疏導者，已附于逐州之下，於此又派別而詳記之，而水之經緯皆可見矣。　濬川之功，自隨山始，故導水次於導山也。　又按：　山水皆原於西北，故禹敘山敘水，皆自西北而東南，導山則先岍、岐，導水則先弱水也。

弱水荒遠，雖不能見其真的，然尋其脈絡，亦有可指。　而諸家之說，皆有其據，亦不相背。　西域傳謂：「弱水在條支，西王母未嘗見也。　水行百餘日，至日所入之地，則條支乃極西之國也。　自條支東行百餘日，方到烏弋山，又一萬二千二百里，方到長安。　何害於雍而禹治之？」蔡傳非之，是矣，然未當也。　如江、漢之水，禹治於荊，而下揚州之域，禹固未嘗治之。　然謂揚之江、漢，非荊之江、漢，不可也。　禹之所治者，雍地之弱水也。　謂之既西，則源東而流西，然水之流，皆不直行，或南或北，或又折而東，是以或在中國，或在外夷，或遠而北，或近而南，皆無所定，然大勢則西行也。　弱水出自西海之山。　西海，今在陝西西寧衛城西三百里，其海方數百里，跨夏、夷之地，而窮石之山，當在海之左右。　自東而西一千五十里，至甘州，古張掖地。　過合黎山，又五百一十里，至蘭州，古酒泉地。　又八百餘里，至沙州，古燉煌地。　以上皆雍地也。　又二萬餘里，至條支以入西海。　今條支國臨西海，其地暑濕，有大鳥，卵如甕，但此西海非前弱水所出之西海也。　蔡傳以後西海爲弱水所出也，故非之。　禹之導者，雍地之弱水也。　荒遠之外，禹蓋未嘗至也，豈可以禹未至而遽疑其非一水哉？ 則夫菟源水、涿邪山，皆其所經過之地也。但遠之外夷，無可考其接續之所耳。

導黑水，至于三危，入于南海。

黑水，出犍爲郡南廣縣汾關山，南至敦煌，過三危山，南流入于南海。

此順黑水之性而導之南也。彼汾關之山名，有黑水焉。萬水皆清，而黑水獨黑且南流，水色之異常者也。則因而導之南，汪汪洋洋，南過于三危焉；浩浩蕩蕩，南入南海焉。黑水無不治矣。○三危，黑水所經也。南海，黑水所歸也。○「弱水」一節，水性之異者，道之西也；「黑水」一節，水色之異者，道之南也。陳氏曰：「萬水皆載而弱水獨弱且西流；萬水皆清而黑水獨黑且南流，天地之間，有常有變，難以一律齊也。○自「導嶓冢」至此，四合之意，同「岷山」二合意。○不言山者，九州之外，蓋略之也。

黑水，地志：「出犍爲郡南廣縣汾關山。」水經：「出張掖雞山南，至燉煌過三危山，南流入于南海。」唐樊綽云：「西夷之水，南流入于南海者，凡四，曰『區江』，曰『西珥河』，曰『麗水』，曰『瀰渃江』，皆入于南海。」其曰「麗水」者，即古之黑水也，三危山臨峙其上。按：梁、雍二州，西邊皆以黑水爲界，是黑水自雍之西北而直出梁之西南也。中國山勢，岡脊大抵皆自西北而來。積石、西傾、岷山，岡脊以東之水既入于河、漢、岷江，其岡脊以西之水即爲黑水而入于南海。地志、水經、樊氏之說，雖未詳的實，要是其地也。程氏曰：「樊綽以麗水爲黑水者，恐其狹小，不足爲界。其所稱西珥河者，却與漢志葉榆澤相貫。廣處可二十里，既足以界別二州，其流又正趨南海。又：漢滇池，即葉榆之地。武帝初開滇嶲時，其地古有黑水舊祠，夷人不知載籍，必不能附會。而綽及道元，皆謂此澤以榆葉所積得名，則其水之黑，似榆葉積漬所成。且其地乃在蜀之正西，又東北距宕昌不遠，宕昌即三苗種裔，與三苗之敘于三危者，又以相應，其證驗莫此之明也。」

黑水爲梁、雍二州之西界，據其文勢，當自雍之北境直抵梁之南境，乃一大水，橫過二州西界。今四川止疊溪千戶所有黑水，合汶江入成都府，經茂州。而安縣亦有黑水。安縣本汶縣地，蓋黑水合汶江入茂州安縣，入于羅江。漢地志云：「黑水出犍爲郡南廣縣汾關山符，即今之敘州府慶符縣。以志『山符』二字，故縣以『慶符』名。」今慶符有黑水，與蔡傳、漢志同。然蔡傳少一「符」字，而其水乃自西夷中來，北流入江。漢志亦謂黑水至棘道入江，且安縣黑水在成都北，而敘州在成都之南，一入羅江，一入大江，兩入江又不同於經文，至於三危入于南海者不合。雍之黑水五，亦各異源。一在平涼府開城縣，入黄河；一在寧夏衛東，亦入黄河；一出文縣守禦千戶所素嶺山，入于白水；一出鎮夷千戶所城西，經行都司城西北，入居延海。與經文、漢志、蔡傳皆不合。今屬蘭州衛城西一十五里，黑水所出，與漢志、顏師古註相近，而水經引之。志云：「黑水出張掖郡雞山，南至燉煌，過三危山。」燉煌，今蘭州西沙州東南，即其地也。志又云：「南流入于南海，則當遂入于梁。」梁全無考，豈梁、雍西界各自有黑水爲界不同歟？與導黑水之黑水，各爲黑水，不相涉歟？程氏又謂：「葉榆澤爲黑水之源，葉榆即西珥海，其地有黑水祠。西珥海出今雲南大理府鄧川州點蒼山，匯爲巨湖，周三百里，去雍之三危南北數千里，又不經流梁境，又不出於張掖。」顏師古亦謂：「滇池西北有黑水祠，豈黑水既入西域，故人莫得而知，又南至西珥海，復入中國，又流入于南海歟？然不可考矣。若牽合以爲相屬，則張掖在極北，西珥在極南，安得以相屬哉？」燉煌，在陝西肅州衛西，今屬胡虜，是國家極北境。葉榆，在雲南大理府，是國家極南境。梁境黑水，是疊溪黑水，斷非導黑水之黑水也。至謂「水黑謂榆葉之積」，尤爲不通。源頭之黑或可通，若流而數千里，其色尚不變，有是理哉？且梁、雍爲黑水者凡七，而漢中亦有黑水，未聞皆有榆葉落其下也。

導河、積石，至于龍門；南至于華陰，東至于厎柱，又東至于孟津。東過洛汭，至于大伾；北過洚水，至于大陸；又北播爲九河，同爲逆河，入于海。

積石、龍門，見雍州。華陰，華山之北也。厎柱，見導山。孟，地名。津，渡處也。在孟州河陽縣。洛汭，洛水交流之内，在河南府鞏縣之東山。再成曰「伾」，大伾在黎陽縣。洚水，在信都縣。大陸，見冀州。九河，見兖州，在平州。

逆河，意以海水逆潮而得名。九河既淪于海，則逆河在其下流，固不復有矣。河上播而爲九，下同爲一，其分播合同，皆水勢之自然，禹特順而導之耳。河自積石三千里，而後至于龍門，經但一書積石而不言方向，荒遠在所略也。龍門而下，因其所經，記其自北而南，則曰「南至于華陰」。記其自南而東，則曰「東至于厎柱」。又詳記其東向所經之地，則曰「孟津」、曰「洛汭」、曰「大伾」。又記其自東而北，則曰「北過洚水」，又詳記其北向所經之地，則曰「大陸」、曰「九河」，又記其入海之處，則曰「逆河」，自洛汭而上，河行於山，其地皆可考；自大伾而下，垠岸高於平地，故決齧流移，水陸變遷，而洚水、大陸、九河、逆河皆難指實，然上求大伾，下得碣石，因其方向，辨其故跡，則尤可考也。其詳悉見上文。

此治北條大河之水也。天下之水莫大于河，洪水爲患，惟河爲甚。河源多伏流，積石其見處。故禹于河、于積石而導之，又三千里而至龍門。自北而南，則至于華陰焉，自南而折之東，則至于厎柱，又東向所經之地，至于孟津，又東過洛汭，則至于大伾焉。自東而折之北，則過于洚水，北向所經之地，至于大陸，又北播爲九河焉，又同爲逆河而入于海焉。○聖人導河水，必自其所見而詳其所經及其所歸也。○「導河」至「龍門」，聖人導必自其見處，至于險處也。要見河源□□□□□□□□□□南至于華陰□□爲□河，詳河水所經之處，記河水所入之處。○「東至于厎柱」至「播爲九河」，聖人導河也，記其自南而東，詳其東向之所經；記其自東而北，詳其北向之所經。○「又北」三句，分流異其派，合流有所歸。○「導弱水」至「龍門」，水流於九州之外者，聖人治之既甚略；水流于荒遠之地者，聖人治之亦甚略。此題主下文，總註意。○「導弱水」至此，三合。聖人濬川也，出於外者，順其性之變；入于內者，順其性之常。

積石、龍門，見雍州。華陰，華山之北也。厎柱，見導山。孟，地名。津，渡處也。杜預云：「在河内郡河陽縣南，今孟州河陽縣也。武王師渡孟津者，即此。今亦名富平津。洛汭，洛水交流之內，在今河南府鞏縣之東，洛之入河，實在東南，河則自西而東過之，故曰「東過洛汭」。大伾，孔氏曰：「山再成曰『伾』。張揖以爲在成皋，鄭玄以爲在修武、武德，臣瓚以爲修武、武德無此山，成皋山又不再成。今通利軍黎陽縣臨河有山，蓋大伾也。按：黎陽山在大河垂欲趨北之地，故禹記之。若成皋之山，既非從東折北之地，又無險礙如龍門、厎柱之須疏鑿，西去洛汭，既已大近，東距洚水、大陸，又爲絶遠，當以黎陽者爲是。洚水，地志：「在信都縣。今冀州信都縣枯洚渠也。」程氏曰：「周時，河從砱礫，至漢，又改向頓丘，東南流。與禹河跡大相背戾。」地志：「魏郡業縣有故大河，在東北，直達于海，疑即禹之故河。孟康以爲王莽河，非也。古洚瀆自唐貝州，經城北入南宮，貫穿信都，大抵北向而入，故河於信都之北爲合。北過洚水之文，當以信都者爲是。」大陸，見冀州。九合，見兗州。逆河，意以海水逆潮而得名。九河既淪于海，則逆河在其下流，固不復有矣。河上播而爲九，下同而爲一，其分播合同，皆水勢之自然，禹特順而導之耳。今按：漢西域傳，張騫所窮河源，云：「河有兩源，一出葱嶺，一出于闐。于闐在南山下，其河北流，與葱嶺河合，東注蒲昌海。一名鹽澤，去玉門、陽關三百餘里，其水停居，冬夏不增減，潛行地中，南出積石。」又，唐長慶中，薛元鼎使吐蕃，自隴西成紀縣西南，出塞二千餘里，得河源於莫賀、延積尾，曰『悶磨黎山』。其山中高，四下所謂崑崙也。東北流與積石河相連，河源澄瑩，冬春可涉，下稍合流，色赤。益遠他水並注，遂濁。吐蕃亦自言崑崙在其國西南。二説恐薛氏爲是。河自積石三千里而後至于龍門，經但一書積石，不言方向，荒遠在所略也。龍門而下，因其所經，記其自北而南，則曰「南至華陰」；記其自南而東，則曰「東至厎柱」；又詳記其東向所經之地，則曰「孟津」、曰「洛汭」、曰「大伾」；又記其自東而北，則曰「北過洚水」，又詳記其北向所經之地，則曰「大陸」、曰「九河」，又記其入海之處，則曰「逆河」。自洛汭而上，河行於山，其地皆可考。自大伾而下，垠岸高於平地，故決齧流移，水陸變遷，而洚水、大陸、九河、逆河，皆難指實。然上求大伾，下得碣石，因其方向，辨其故跡，則尤可考也。其詳悉見上文。○又按，李復云：「同州韓城北。有安國嶺，東西四十餘里，東臨大河，瀕河有禹廟。在山斷河出處。禹鑿龍門，起於唐張仁愿所築東受降城之東，自北而南，至此山，盡兩岸石壁峭立，大河盤束於山峽間，千數百里。至此山開岸闊，豁然奔放，怒氣噴風，聲如萬雷。」今按，舊説禹鑿龍門，而不詳其所以鑿。誦説相傳，但謂「因舊修闢，去其齟齬，以決水勢」而已。今詳此説，則謂「受降以東，至於龍門」，皆是禹新開鑿。若果如此，則禹未鑿時，河之故道不知却在何處。而李氏之學極博，不知此說又何所考也。

河關縣，今陝西河州衛。連西寧衛一百七十里，積石在兩域中。洛汭，即洛水入河之地。餘並見前。宋以前未得河源，至元有天下，薄海内外，人跡所及，皆置驛傳，使者往來，如行國中。至元十七年，遣招討使都實求河源，四閱月方至。按河源在吐蕃朶甘思西鄙，有泉百餘泓，方八十里，沮洳散渙，不可逼視。登高望之，若列星然，名「火敦腦兒」，猶華言「星宿海」也。郡流奔輳，五六十里，匯爲二澤，名「呵喇腦兒」。自西而東，行一日，合而成川，名「赤賓河」。又三日，水西南來，名「亦里出」，入赤賓河。又四日，水南來，名「忽蘭」。又水東南來，名「也里木」，合忽蘭，入赤賓河。其流浸大始，名「黄河」，然水猶清可涉。又一日，歧爲八九股，名「也孫斡論」，猶華言「九渡」。通廣六七里，可度馬。又五日，水混濁，土人抱革囊騎過之，聚落糾木幹象舟，傳髦革以濟，僅容二人。自是兩山峽束，其深叵測。東北有大雪山，即崑崙也，雪冬夏不消。又十日，山益高，地益下，岸狹隘，狐一躍而過。又行六日，水西南來，乃細黄河也。又兩日，水南來，名乞兒馬；出二水，合流入河。河水北行，流過崑崙北，一向東北流。又半月，至貴德州。又五日，至積石。又五日，至河州，野龍河水入河。又一日，至蘭州，洮水、湟水、浩亹河入河。東至寧夏中衛，北流注寧夏衛。過湟中東勝州，至延安府綏德州，折而南，延西岸經延川、宜川二縣境，歷龍門、韓城、郃陽、朝邑，稍南折而東。綏德東岸則山西大同府境。經朔州西北四百里，東南流至老營堡，西南流入太原府。經娘娘灘、太子灘水寨，守天橋子、雪浪窑口、河曲縣保德州，水皆深緑。岢嵐州興縣至寧鄉縣，即梁山所在。岐山，傳以爲介休縣狐岐山，非也，見冀州。今石樓以南臨河，大山無數，不知岐山爲何山，然非狐岐山也。入平陽府石樓、永和、大寧，至吉州，則冀州之壺口。經河津、龍門、滎河、蒲州南華陰縣，折而東，經潼關，水門，河之北則山西，禹無施功。河之南則至陝州，有厎柱。又東至河南府孟津縣，至孟津，又東至鞏縣，過洛汭，自此河徙而南，禹時故道矣。今以故道言之，由鞏縣東北至北直隸大名府濬縣，漢黎陽也。又折而正北，至邢臺縣，漢信都也。過洚水，至真定府趙州、深州及古邢州，乃晉州之地，爲大陸。又至河間、永平二府，地播爲九河，古平州之南，滄州之北也。逆河，今永平府東境，大海發一洋，自東而西，古逆河也。轉曲之間，撫寧縣有碣石，古驪城也。今河徙而逆河尚存云。○大禹書法，互見導山。則敘河東之山，如壺口、雷首、太岳；導河則敘河西之山，如龍門、華陰。○古今治河之要不同。自元以前，治河是一法。我朝治河，又是一法。元以前順水之性而治之，不與河爭地，賈讓上策最可行。我朝逆水之性而障之，必與河爭地，最不可行者，賈讓之上策也。蓋前代國計，無仰於河，止治水患耳。故抬數百里之地，聽其自淮而入海，捐修河之工，費十之三四，以業遷徙之民，補賦稅已足矣。我朝國計，仰於運河，若聽其自然東流，則運道絶，南下則徐、呂二洪竭矣。必障其正派，使南入於淮，障其支流，使東入濟徐、呂二洪，丘文莊乃謂：「治河莫過於賈讓之三策。」非也。

嶓冢導漾，東流爲漢；又東爲滄浪之水；過三澨，至于大別，南入于江。東匯澤爲彭蠡，東爲北江，入于海。

漾水，出隴西郡氐道縣。嶓冢山，東至武都，爲「漢」，又東至武當，爲「滄浪之水」。蓋水之經理，隨地得名，謂之爲者，名非他水也。三澨，水名，在郢州長壽縣磨石山發源。大別，在漢陽軍漢陽縣，入江在漢陽縣東南。匯，迴也。彭蠡，見揚州。北江，未詳。入海在通州靜海縣。

此禹導漢也。南條之水，漢亦爲大。嶓冢之山，漾水出焉。禹則自嶓冢而導之，濬其源也。東流則爲漢焉，漢即漾也，而易其名，又東流，則爲滄浪之水焉。滄浪，即漢也。而易其稱，又東過三澨之水，至于大別之山，南入于江。會同東下，有朝宗之勢焉。東匯澤爲彭蠡，東爲北江，即漢也。而名爲北江，入于海焉。○聖人導漢水，必自其所出，詳其所經，而及其所歸也。○嶓冢導漾，究漢水之源也。東流爲漢以下，詳記其經流、歸宿之地也。東流至滄浪之水，所流異其名也。下至北江，所經異其處也。○東至于厎柱，至南入于江。聖人濬川也。有自東而北，導之入海者，有自東而南，導之入江者。○「導弱水」至此，四合。聖人導四海之水，無不各有所歸也。弱水，西海也。黑水，南海也。

河水，北海也。漾水，東海也。如出到下文「導江」一節，亦同此意。○東流至于江，史臣記聖人之導漢，必詳其東向之所經，而指其南向之所入也。○「導河」二節，聖人導河也，自必其所見而歷究其所歸。導漢也，必自其所出而歷究其所歸。

漾，水名。水經曰：「漾水，出隴西郡氐道縣嶓冢山。東至武都常璩音渠，曰『漢水』。有兩源，此東源也。即禹貢所謂『嶓冢導漾』者。其西源出隴西嶓冢山會泉。始源曰沔，逕葭萌入漢。東源在今西縣之西，西源在今三泉縣之東也。」酈道元謂「東、西兩川，俱出嶓冢，而同爲漢水」者，是也。水源發于嶓冢爲漾，至武都爲漢，又東流爲滄浪之水。酈道元云：「武當縣北四十里，漢水中有洲，曰『滄浪洲』，水曰『滄浪水』。」是也。蓋水之經歷，隨地得名，謂之爲者，明非他水也。三澨，水名。今郢州長壽縣磨石山發源，東南流者，名三澨水，至復州景陵縣界來。又名汊楚嫁反。水，疑即三澨之一。然據左傳，漳澨、蓬澨，則爲水際，未可曉也。大別，見導山。入江，在今漢陽軍漢陽縣。匯，迴也。彭蠡，見揚州。北江，未詳。入海，在今通州静海縣。○今按，彭蠡，古今記載皆謂今之番陽，然其澤在江之南，去漢水入江之處已七百餘里，所蓄之水，則合饒、信、徽、吉、贛音紺、南安、建昌、臨江、袁、筠、隆興、南康數州之流，非自漢入而爲匯者。又其入江之處，西則盧阜，東則湖口，皆石山峙立，水道狹甚，不應漢水入江之後七百餘里，乃横截而南入于番陽，又横截而北流爲北江。且番陽合數州之流，豬而爲澤，泛溢壅遏，初無仰於江、漢之匯而後成也。不惟無所仰於江、漢，而衆流之積，日遏月高，勢亦不復容江、漢之來入矣。今湖口横渡之處，其北則漢之濁流，其南則番陽之清漲，不見所謂「漢水匯澤而爲彭蠡」者。番陽之水，既出湖口，則依南岸與大江相持。以東又不見所謂「横截」而爲北江者，又以經文考之，則今之彭蠡。既在大江之南，於經則宜曰「南匯彭蠡」，不應曰「東匯」。於導江，則宜曰「南會于匯」，不應曰「北會于匯」。匯既在南，於經則宜曰「北爲北江」，不應曰「東爲北江」。以今地望參校，絶爲反戾。今盧江之北，有所謂「巢湖」者，湖大而源淺，每歲四五月間，蜀嶺雪消，大江泛溢之時，水淤入湖。至七八月，大江水落，湖水方洩，隨江以東，爲合東匯、北匯之文。然番陽之湖，方五六百里，不應捨此而録彼，記其小而遺其大也。蓋嘗以事理情勢考之，洪水之患，惟河爲甚。意當時龍門、九河等處，事急民困，勢重役煩，禹親蒞而身督之。若江、淮，則地偏水急，不待疏鑿，固已通行，或分遣官屬往視亦可。況洞庭、彭蠡之間，乃三苗所居，水澤山林，深昧不測。彼方負其險阻，頑不即工，則官屬之往者，亦未必遽敢深入。是以但知彭蠡之爲澤，而不知其非漢水所匯。但意如巢湖、江水之淤，而不知彭蠡之源爲甚衆也。以此致誤，謂之爲「匯」，謂之「北江」，無足怪者。然則番陽之爲彭蠡，信矣。

武都，漢時爲郡，所治甚遠。西北自陝西鞏昌府成縣，東南至漢中府沔縣，千八百餘里。沔縣有天池，故曰「都」，此武都之得名也。武當，今湖廣均縣、郢州，今安陸州京山縣二州縣地。三澨，在京山縣西八十里。漢澨、漳澨、薳澨，故曰「三澨」。靜海縣，今省入通州，屬南直揚州府。○漢水之源，論者不一。或以爲出於鞏昌。漢志曰：「東漢受氐道水，或以爲出於漢中。大抵鞏昌爲是，蓋嶓冢山在可證也。漢中無嶓冢山。」常氏謂：「鞏昌之漢，爲東源。三泉之漢，爲西源。」又曰：「西縣爲東源，是以西縣爲鞏昌矣。是不知鞏昌非西縣，去西縣千八百里。鞏昌在西，三泉在西縣之東，豈可以鞏漢爲東源，指通州等處？至此則爲中江，至今土人猶有上江、下江之稱。漢言北江，則江爲南江可知。此因漢以見江；江言中江，則漢亦爲中江可知，此因江以見漢，互言之也。曰「東匯」、曰「東爲」者，謂漢自西東流，而匯爲彭蠡，又東流而爲北江，非謂漢之東邊也。何足疑哉！

鞏昌止有，有以通可考。氐道之在鞏昌，別無所見，止憑漢志兩言之。然嶓冢山，則在鞏昌之秦州北，西漢原也。西縣、三泉之嶓冢，則在漢中府沔縣，即古金牛縣中峽也。志云：漢水所出，山無可考，但沔縣即魏嶓冢縣，或者後人誤以漢、沔爲一水，以沔水出金牛峽，遂以金牛峽爲嶓冢山，因取以名縣，實無是山也。後世以漢出於沔縣者，因此。沔、漢古今多以爲一水，非也，乃二水。以沔出於西縣之嶓冢，而漢又經西縣，而過合於沔。先儒又不考氐道之實，以爲漢水實出沔縣，故誤。以沔爲漢，武都爲漢，是漢水出隴西郡，流至鞏昌府成縣，則屬武都郡矣，非沔縣也。蓋鞏昌一府，兼漢隴西、武都、天水二郡之地。○漢水，出陝西鞏昌府秦州嶓冢山，爲漾水。東流至西和縣，即入武都 上□之地，名爲西漢水。又東流至成縣，即武都郡治，名六漢水。折而稍西，折而東南入漢中府鳳縣，過沔縣，西別爲潛。又東合沔水，東流經本府洋縣，流入湖廣襄陽府鄖縣，至均州，爲滄浪之水。歷光化、襄陽、宜城、荆州府荆門州潛江縣，至沔陽州，過三澨，至漢陽縣大別山，南流合岷江，東至江西南康府星子縣匯澤爲彭蠡，東爲北江，至南直隸通州入海。彭蠡、北江，蔡傳疑之。然此正禹貢書法好處，見江、漢二水，小大鈞敵，不可偏重一邊，故雖已合流，各導各水。漢，固江也；江，亦漢也。江、漢既經彭蠡，則彭蠡之水，言匯亦可。然此先言漢，則自當以爲漢匯；後言江，則自當以江爲會匯。江，淮、漢並流。漢水原在北，故曰「北江」。漢在北，既言彭蠡爲漢，匯則江之來。□當稱「北會」也。曰「中江」者，上指漢陽等處，下〔一〕

岷山導江，東別爲沱；又東至于澧，過九江，至于東陵；東迤北會于匯，東爲中江，入于海。

沱，江之別流於梁州者也。澧，山澤之名。九江，見荆州。東陵，岳州巴陵縣也。

此禹導江水也。南條之水，亦莫大于江。岷山之陽，江水出焉。禹則自岷山而導之，濬其源也。東流而別爲沱，江之支流也，又東流而至于澧焉。九江，荆州之水也，則流而過之東陵，荆州之地也。則流而至之，又東迤北會于匯焉，又東爲中江焉，而入于海矣。○聖人導江水，必自其源而詳其別流、經流及其所歸也。○「東別爲沱，至于中江。」「東別」一句，記江水別流之名也，「澧至中江」，詳江水所經之處也。匯，即彭蠡。中江，即北江也，聖人導江而東也。別流有其名，經流異其地。○「導河」至此，三合。「河」一節，導北條之水，自其見而究其歸也。○江、漢，二合。行文如導河例。自東而南，自南而東之意。○「導弱水」至此，五合。水不志其源者，各導之入于海。水之志其源者，同導之入于海。如自導河出，起亦同此破，但換各字。○聖人導南條之水，必自其所出而究其所歸也。

沱，江之別流於梁者也。澧，水名。水經：「出武陵充縣西，至長沙下雋縣西北入江。」鄭氏云：「經言過言會

〔一〕據上下文意，此處文字有脱落，原本上有前人蠅頭小楷眉批曰「少一頁，在後」，蓋有所以也，今觀其文，大抵與經文「潘家道漾，東流爲漢」一段內容相應，故移於此。

者，水也。言至者，或山或[一]澤也。澧，宜山澤之名。按下文九江、澧水既與音預其一，則非水明矣。九江，見荆州。東陵，巴陵也，今岳州巴陵縣也。地志：「在廬江西北者。」非是。會匯中江，見上章。

兗縣，今岳州府慈利縣，見九江。巴陵縣，今屬岳州府。○江水自四川成都府茂州岷山發源，西南至威州，過汶川，轉而東南至灌縣，過金口，至新津縣，合皂江水入敘州府宜賓縣。與馬湖江合，東北入瀘州合江縣，至瀘州東北入重慶府巴縣，經涪州、合州、黔江、忠州入夔州府萬縣，雲安、奉節，經瞿塘硤入湖廣荆州府歸州，出硤歷夷陵、宜都、枝江、公安、石首入沔陽州，過雲夢澤，入武昌府嘉魚縣，經江夏縣，東會漢水，南過武昌縣，入岳州府巴陵縣，過洞庭湖，東至武昌府咸寧縣，東入江西九江府德化縣，入南康府星子縣，過鄱陽湖，入南直隸安慶府懷寧縣，入池州府東流縣，北流又折而東，歷李陽河口、梅根口、銅陵縣，東入太平府當塗縣，入和州爲横江，入應天府上元、江寧，入揚州府經儀真縣，歷泰州，經常州府江陰縣、江南江陰、江北泰州，經蘇州府常熟縣，至揚州府通州入海。江南常熟，江北通州。

導沇水，東流爲濟，入于河，溢爲滎；東出于陶丘北，又東至于菏；又東北會于汶。又北東入于海。

始發源王屋山頂崖下，曰「沇水」。既見而伏，東出於孟州濟源縣。二源：周廻七百步，具深不測。西源周廻六百八十五步，具深一丈。至溫縣合流，爲濟水。至歷虢公臺入于河。潛行□河，復出河之南，溢而爲滎。既見又伏，東至于廣濟軍出于陶丘[三]。再成曰「陶」。又東至于菏澤，又東北至于壽張縣安民亭合汶水，至青州博興縣入海。按，經單立導沇條例，若斷若續，而實有源流，或見或伏，而脈絡可考。

此禹導沇水也。始發源王屋山頂崖下，曰「沇水」。禹則導之，去其壅塞，開其礙狹焉。既見而伏，出爲二源，東

[一] 此處文字有脱落，原本上有前人蠅頭小楷眉批曰「少一頁，在後」，蓋有所以也。今據蔡沈書集傳禹貢篇，文當接「或山或」之後，故移于此。

[三] 上注「澤也」而下至此，爲移入之内容。

源七百步，其深不測。西源六百八十五步，其深一丈。二源相合東流，而爲濟焉。既見又伏，入于河。潛行絶河，復出于河之南，溢而爲滎澤焉。既見又伏，東出于陶丘之北焉。菏，豫州之澤也。又東流則至于菏焉。汶，青州之水也。又東北流則會于汶焉。又北東則入于海矣。

聖人之導沇水，必詳其注流顯伏而及其所歸也。○「東流」至「陶丘北」，聖人於濟水見伏也。既即其流之得名，而指所入之處，復即其溢之得名，而指所出之地。此題可出。主三伏三見之意。○「岷山」至此，上南條，南境自其所出，而究其所歸。下北條，北境自其所見，而究其所歸。

沇水，濟水也。發源爲沇，既東爲濟。地志云：「濟水出河東郡垣曲縣王屋山東南，今絳州垣曲縣山也。始發源王屋山頂崖下，沇水既見而伏，東出於今孟州濟源縣。二源：東源周迴七百步，其深不測；西源周迴六百八十五步，其深一丈。合流至溫縣，是爲濟水。歷虢公臺西南，入于河。溢，滿也。復出河之南，溢而爲滎。滎即滎波之滎，見豫州。又東出於陶丘北。陶丘，地名。再成曰「陶」，在今廣濟軍西。又東至于菏。菏，即菏澤，亦見豫州。謂之「至」者，濟陰縣自有菏派，濟流至其地爾。汶，北汶也，見青州。又東北至于東平府壽張縣安民亭，合汶水。至今青州博興縣入海。唐李賢謂：「濟自鄭以東，貫滑、曹、鄆、濟、齊、青以入于海。」本朝樂史謂：「今東平、濟南、淄川、北海界中，有水流入海，謂之清河。」酈道元謂：「濟水當王莽之世，川瀆枯竭。其後水流逕通，津渠勢改。尋梁脈水，不與昔同。」然則滎澤、濟河雖枯，而濟水未嘗絶流也。」程氏曰：「滎水之謂濟，本無他義。濟之入河，適會河滿，溢出南岸。溢出者非濟水，因濟而溢，故禹還以元名命之。」按程氏言，「溢」之一字，故爲有理。然出於河南者，既非濟水，則禹不應以河枝流而冒稱爲濟。溢者，指滎而言，非指河也。且河濁而滎清，則滎之水非河之溢，明矣。況經所書，單立導沇條例，若斷若續，而實有源流，或見或伏，而脈絡可考。先儒皆以濟水性下勁急，故能入河穴地，流注顯伏。南豐曾氏齊二堂記云：泰山之北，與齊之東南諸谷之水，西北匯於黑水之灣，又西北匯于柏崖之灣，而至於渴馬之崖。蓋水之來也衆，其北折而西也，悍疾尤甚，及至于崖下，則泊然而止。而自涯以北至于歷城之西，蓋五十里，而有泉湧出，高或致數尺，其旁之人名之曰趵突之泉。齊人皆謂「嘗有棄糠於黑水之灣」者，而見之於此。蓋泉水自渴馬之崖，潛流地中，而至此□出也。其注而北則謂之濼水，達于清河以入于海。舟之達於濟者，皆以是于達也。齊多甘泉，其顯名者十數，而色味皆同。以余驗之，蓋皆濼水之旁出者也。然則水之伏流地中，固多有之，奚獨於滎澤疑哉？吴興沈氏亦言：「古説濟水，伏流地中，今歷下凡發地，皆是流水。世謂濟水經過其下。東阿亦濟所經，取其井水煮膠，謂之『阿膠』。用攪濁水則清，人服之，下膈疏痰。蓋其水性趨下，清而重故也。濟水伏流絶河，乃其物性之常，事理之著者。程氏非之，顧弗深考耳。

虢公臺，在河南懷慶府溫縣廣濟軍西，今山東兖州府定陶縣。○沇水，出山西澤州陽城縣王屋山。既見而伏，東出於懷慶府濟源縣。二源，東源周圍七百步，其深不測。西源周圍六百八十五步，其深一丈。合流至溫縣，是爲濟水。本縣西南虢公臺入於河，潛行絶河，復出於河之南，溢而爲滎。河南開封府滎澤縣地也。既見而伏，歷鄭州中牟、祥符、陳留、杞縣、睢州、歸德，至山東兖州府定陶縣，出於陶丘北，又東至山東兖州府曹州，過菏澤，又東北至本府東平州壽張縣安民亭，合汶水。又北東至青州府博興縣入海。東北者，由東而北也。北東者，由北而東也。○王屋山有三處。據蔡傳，在山西平陽府垣曲縣。今一見山西陽城縣，一見河南濟源縣。實一山也。綿亘數縣，然沇水正發源處，則在濟源西八十里。

導淮自桐柏，東會于泗、沂，東入于海。

會者，二水相敵也。

此禹導淮水也。淮水雖出於胎簪山，然自桐柏以上，其水尚微，而無泛溢之患，故禹只自桐柏導之耳。泗、沂者，淮水之所敵也，淮則東有以會之。海者，百川之所歸也，淮則東有以入之，而淮無不治也。○桐柏，淮所自也。泗、沂，淮所合也。海，淮所歸也。

水經云：「淮水出南陽平氏縣胎簪山。禹只自桐柏導之耳。」桐柏，見導山。泗、沂，見徐州。沂入于泗，泗入于淮。此言會者，以二水相敵故也。入海在今海州。

胎簪山極大，廣深秀綿，亘河南南陽府唐縣、泌陽，湖廣德安府隨州、襄陽府棗陽縣，四州縣之界有卧龍山、石女山、蓮花峯、銅山，皆其山也。而淮正出於泌陽之銅山下，餘見前。○淮水，出河南南陽府唐縣、泌陽，及湖廣德安府隨州、襄陽府棗縣，四界胎簪山，禹只自唐縣桐柏山導之。桐柏去胎簪不遠。沂水，至邳州會泗，同至南直隸淮安府清河縣入淮。故淮自桐柏東會于泗沂，至本府海州入海。

導渭自鳥鼠、同穴，東會于灃，又東會于涇，又東過漆、沮，入于河。

同穴，山名。鳥鼠山者，同穴之枝山也。

此禹導渭水也。渭水雖出南谷山，然鳥鼠而上，其水尚微，而無泛溢之患，故禹只自鳥鼠而導之耳。渭自鳥鼠而東，灃水南注之，東則會于灃水焉。涇水北注之，又東則會于涇水焉。漆、沮東北注之，又東則過于漆、沮焉。于是至華山之北，入于河矣。○渭水出南谷山，禹只自鳥鼠山導之耳。東至咸陽縣，會于灃；至陽陵縣，會于涇；至同州朝邑縣東南，過漆、沮，至司空縣入河。○鳥鼠，渭所自也。灃、涇、漆、沮，渭所經也。言「會」，嫌于灃、涇；言「過」，嫌于漆、沮，故曰「經」。○「東會于灃」三句，於灃水之折，經必隨其勢而異其詞也。此即是涇屬渭汭，漆、沮既從，灃水攸同。

同穴，山名。地志云：「鳥鼠山者，同穴之枝山也。」餘并見雍州。孔氏曰：「鳥鼠共爲雌雄，同穴而處。」其説怪誕不經，不足信也。酈道元云：「渭水出南谷山，在鳥鼠山西北，禹只自鳥鼠同穴導之耳。」

渭水出渭源縣南谷山，禹只自本縣鳥鼠山導之。東至咸陽縣，會于灃；又東至高陵縣，會于涇；又東至朝邑縣□□□

導洛自熊耳，東北會于澗、瀍，又東會于伊，又東北入于河。

熊耳，盧氏縣之熊耳也。

此禹導洛水也。洛水雖出于冢嶺山，然熊耳上，其水尚微，而無泛溢之患，故禹只自熊耳而導之耳。洛自熊耳而東北，澗、瀍北注之，東北則會于澗、瀍焉；伊水南注之，又東則會于伊水焉；于是又東北自洛口而入于河矣。○洛水出冢嶺山，禹只自熊耳導之耳。至新安縣，會于澗；至偃師縣，會于瀍；至洛陽縣，會于伊；至鞏縣入河。○聖人導洛水，有所自，有所會，有所歸也。

按經言，嶓冢導漾、岷山導江者，漾之源出於嶓，江之源出於岷，故先言山而後言水也。言導河自積石，導淮自桐柏，導渭自鳥鼠、同穴，導洛自熊耳，皆非出于其山，特自其山導之耳。故先言水而後言山也。河不言自者，河源多伏流，積石其見處，故言積石而不言自也。沇水不言山者，沇水伏流，其出非一，故不誌其源也。弱水、黑水不言山者，九州之外，蓋畧之也。小水合大水，謂之「入」；大水合小水，謂之「過」；二水勢均相入，謂之「會」。天下之水，莫大於河，故於河不言會，此禹貢立言之法也。

「導渭」至此，上是雍州之水，下是豫州之水。○「導沇水」至此，聖人於北條之水，有因其大而導之以入海者，有因其小而導之以入河者。淮、濟乃四瀆，水之大而入海者也。其西有渭，其東有洛，則次乎淮、濟而入河者也。□□此□○「導河」至「導淮」五節，導四瀆入于海也。「導渭」至「導洛」二節，導二川入于河也。

九州攸同：四隩既宅，九山刊旅，九川滌源，九澤既陂，四海會同。

隩，隈也。李氏曰：「涯內近水爲隩。」陂，障也。會同，與「灉、沮會同」同義。四海之隩，水涯之地，已可奠居。九州之山，槎木通道，已可祭告。九州之川，濬滌源泉而無壅遏；九州之澤，已有陂障而無決潰。四海之水，無不會同而各有所歸。此蓋總結上文，言九州四海水土無不平治也。

此總結上文之意也，此平水土也。九州之土，或地或山，高卑不一，而皆平治矣。九州之水，或川或澤，流止不一，而皆平治矣。其實如何？四海之隩，水涯之地，已可奠居，不特兖之降丘宅土，雍之三危既宅而已；九州之山，槎木通道，已可祭告，不特梁之蔡、蒙旅平，雍之荆、岐既旅而已；　九州之川，濬滌泉源，而無壅遏，不特青之濰、淄其道，徐之淮、沂其入而已；　九州之澤，已有陂障，而無決潰，不特徐之大野既豬，兗雷夏既澤而已；　四海之水，無不會同，而各有所歸。不特江、漢會同歸于海，涇、渭會同歸于河而已。○「四隩既宅」以下，即九州攸同之實也。既宅，若降丘宅土，三危既宅之類。刊旅，若蔡、蒙旅平、荆、岐既旅之類。滌源，若淮、沂其乂、九河既道之類。既陂，若雷夏既澤、彭蠡既豬之類。會同，若江、漢會同而歸於海，渭、涇會同而歸於河，淮、泗會同而歸于海，洛、伊會同而歸於河之類。○「四隩既宅」以下五句，地之高下者無不平，水之高下者無不治。○愚意「四海會同」者，江、漢會同而入東海，弱水則西海之是入焉。洛、渭從河而入北海，黑水則南海之是入焉。

六府孔修，庶土交正，厎慎財賦，咸則三壤，成賦中邦。

孔，大也。金、木、水、火、土、穀，皆大修治也。土者，財之自生，謂之「庶土」，則非穀土也。庶土有等，當以肥瘠高下，名物交相正焉，以任土事。厎，致也。因庶土所出之財，而致謹其財賦之入。如周大司徒以土宜之法，辨十有二土之名物，以任土事之類。咸，皆也。則，品節之也。九州穀土，又皆品節之以上、中、下三品，如周大司徒辨十有二土之名物，以致稼穡之類。中邦，中國也。蓋工賦或及于四夷，而田賦則止於中國而已。故曰「成賦中邦」。

此亦結上文之意也，定土賦也。水患既治，地利斯興，由是封畛有溝而水修矣，鑽燧有變而火修矣。三品之金，用之不窮，喬條之木，取之不竭矣。厎績、厎平，土復其常矣；　既作、既藝，穀得其成矣。六府孔修，地利興矣。苟不定取利之制，何以足國而富民哉！　庶土有等，則辨其何州高而肥爲最美、産爲何品，或塗泥，或廣斥，或黄壤，或黑墳，交相正焉，庶土正矣，因其土之所出以制貢，或厥篚，或厥包，或錫貢，或常貢，或中國，或外夷，固不責有于無，亦不取盈于寡焉。辨土而定土賦，如此穀土有肥瘠高下也，而品節之以爲三等，上上、上中、上下，上等也；　中上、中中、中下，中等也；　下上、下中、下下，下等也。田等定矣，由是因其田以征其賦，上上、上中以至于上下，中上、中中以至於中下，下上、下中以至于下下，有常歲而不易者焉，有間歲而或錯者焉。然其制則□于中國而已。辨田而定田賦，如此。

○洪水既平，則□□無泛濫之災，而水修矣。鑽燧有更變之美，而火修矣。三品之金，取之不竭，惟條、惟喬，用之不窮，而金木修矣。大陸、平原，無方割之患，既藝、既作，有粗食之美，而土穀修矣。句句要見由洪水之平，當利興之時，於是辨土以定土賦，土賦要見常與錫。辨田以定田賦，田賦要見常與錯。亦是總結上文也。當利興之時，盡取利之道。○「厎慎」至「三壤」，謹庶土之貢，定穀土之等，此聖人經理天下也。謂之「慎」者，以見不責有於無，不取盈於少也。○「四海」至「孔修」，既有以平天下之大患，斯有以興天下之大利。○二合。既有以平水土，又有以定土賦。

錫土、姓：

錫之土以立國，錫之姓以立宗。左傳所謂「天子建國，因生以賜姓，胙之土而命之氏」者也。

此建諸侯也。水土平矣，貢賦定矣，豈可不任人以治之乎？由是分茅胙土錫之土以定國，或百里，或七十里，或五十里之不同也。別族立氏，錫之姓以立宗，或子姓，或姬姓，或姒姓之不一也。此是建官分治，乃州十二師，咸建五長之事，不重賞功上。○此即州十而有二師，咸建五長等事。水土既平，建官以治民也。雖非主於報功，而所立之官，亦是治水之有功者也。然不重賞功。國或百里，或七十里，或五十里，宗或姬、或子、或嬴、或姒。○「九州」至此，三合。上除大患也，中興大利也，下行大賞也。只用註，亦可。上見不以天下奉一人，下見不以一人治天下。平水土，定土賦，建諸侯，聖人□理天下也。

祗台德先，不距朕行。

台，我。距，遠也。禹平水土，定土賦，建諸侯，治已定，功已成矣。當此之時，惟敬德以先天下，則天下自不能違越我之行也。

上平水土，定田賦，建諸侯，治已定，功已成矣。于此復何爲哉？惟敬我之德，以爲天下先。如父子則極其親，以爲天下父子先焉；如兄弟則極其愛，以爲天下兄弟先焉；如夫婦則極其別，以爲天下夫婦先焉。夫上者，下之表師也。吾能敬德以爲天下先，則天下自不能違越我之所行。天下之爲父子者，不能違我之親也；天下之爲兄弟者，不能違我之愛也；天下之爲夫婦者，不能違我之別也。〇德者，當泛講。用洪範「建極」意。聖人端天下之本，有以成天下之化。〇「錫土」至此，二合。分封以供天下之利，敬德以成天下之化。〇「九州」至此，四合。當功成之時，成天下之化。〇既成治功于天下，斯洽治化于天下。蓋規模次第，雖事乎法度之維持；綱領樞機，實關乎敬德以成化。

五百里甸服：百里賦納總，二百里納銍，三百里納秸服，四百里粟，五百里米。

甸服，畿內之地也。甸，田。服，事也。以皆田賦之事，故謂之「甸服」。五百里者，王城之外，四面皆五百里也。禾本全曰「總」，刈禾曰「銍」，半藁也。半藁去皮曰「秸」。謂之服者，三百里內，去王城爲近，非惟納總銍秸，而又使之服輸將之事也。獨於「秸」言之者，總前二者而言也。粟，谷也。內百里爲最近，故并禾本全賦之。外百里次之，只刈禾半藁納也。外百里爲又次之，去藁粗皮納也。外百里爲遠，去其穗而納穀。外百里爲尤遠，去其穀而納〔一〕米，蓋量其地之遠近，爲納賦之輕重精粗也。此分甸服五百里而爲五等也。

當治定功成之時，而敬德以先天下，教化固可行矣。苟不立法制以維持之，何以使教化行哉？故弼五服焉，此分甸服五百里而爲五等也。王城四面，東五百里，西亦五百里也，南五百里，北亦五百里也。出賦稅以供天子之用，皆田賦之事也。然其制果何如哉？因其地之遠近，以爲納賦之精粗耳。內百里爲最近，故併禾本全而納之。二百里次之，刈禾半藁而納之。三百里又次之，故去藁粗皮納之。三百里內，去王城爲近，非惟納銍秸，而又使之服輸將之事焉。四百里为遠，去其穗而納穀焉。五百里爲尤遠，去其穀而納米焉。〇聖人定王畿之制，因其地勢之宜，以爲賦役之等也。〇聖人于地之近者，有田賦之等，有力役之征。〇大禹定王畿之制，地近者賦重而兼乎役，地遠者納賦而漸

〔一〕 據上下文意，此處文字當有錯亂，原本上有前人蠅頭小楷眉批曰「此下少一頁，在前」，茲據文義，將文中「米」字以下至下文「大夫之受」一節移入於此。

以輕。○德教之及無所違，疆理之制有所先。

五百里侯服：百里采，二百里男邦，三百里諸侯。

侯服者，侯國之服。甸服外，四面又各五百里也。采者，卿大夫邑地。男邦，男爵小國也。諸侯，諸侯之爵，大國、次國也。先小國而後大國者，大可以禦外侮，小得以安內附也。此分侯服五百里，而爲三等也。

此分侯服五百里，以爲三等也。甸服之外，東五百里，西亦五百里也，南五百里，北亦五百里也。是五百里也，建邦□都，分茅胙土，皆諸侯之事也。其制如何？采、男、諸侯之三等耳。內百里爲近，則制爲采地，卿之受地視侯焉。大夫之受[一]地，視伯焉。元士之受地，視子男焉。中士、下士之受地，視附庸焉。二百里在內也，無敵國外患之擾，故建爲男邦之君焉。地方五十里，小國在內，得以安內附也。三百里，在外也。有敵國外患之擾，故建爲諸侯、公侯焉，而受地百里。或伯焉，而受地七十里。大國在外，大可以禦外侮也。

聖人經理侯服之制，必因其地之內外，而制其國之大小也。○分一服之地，爲三等之制。○二合。上大禹定王畿之制，因地之遠近，而納賦有精粗也。此大禹定侯國之制，因地之遠近而分封大小也。○六府至百里采，財賦興而定天下之制，政教行而定王畿之制。

五百里綏服：三百里揆文教，二百里奮武衛。

綏，安也。謂之綏者，漸遠王畿而取綏安之義。侯服外，四面又各五百里也。揆，度也。綏服內取王城千里，外取荒服千里，介於內外之間，故以內三百里揆文教，外二百里奮武衛。文以治內，武以治外，聖人所以嚴華夏之辨如此。此分綏服，五百里而爲二等也。

[一] 據上下文意，此處文字當有錯亂，原本上有前人蠅頭小楷眉批曰「此下省一頁，在前」，茲據文意，將前「米」字以下至此「大夫之受」一節移入于此。此注與上注呼應。

此分綏服，五百里以爲二等也。侯服之外，東五百里，西亦五百里也，南五百里，北亦五百里也。是五百里也，漸遠王畿，其制皆撫安之事，其制如何？綏服：內取王城千里，文以治內也，故以內三百里揆文教焉。立學校，明禮儀，使教化誕敷于內，固所以安之也。外取荒服千里，武以治外也，故以二百里奮武衛焉。修車馬，備器械，使威武奮揚於外，亦所以安之也。○文教以善其生，武衛以護其生，民斯安矣。陳氏、大全，可。○二合。侯服之制，先小而後大；綏服之制，內文而外武。○「咸則」至「文教」，聖人定土賦、建諸侯而興教化，必制服以行其事也，三節相對。

五百里要服：三百里夷，二百里蔡。

要服，去王畿已遠，皆夷狄之地，其文法畧于中國。謂之「要」者，取要約之意，特羈縻而已。綏服外，四面又各五百里也。「蔡」，放也，流放罪人於此也。此分要服，五百里而爲二等也。

此分要服，五百里而爲二等也。綏服之外，東五百里，西亦五百里也，南五百里，北亦五百里也。要服去王畿已遠，皆夷狄之地，其文法畧于中國。謂之「要」者，取要約之意，特羈縻之而已。然要服之制如何？自一至三而爲百里者，三則爲夷焉，皆夷狄之地也。自四至五而爲百里者，二則爲「蔡」焉，所以流放罪人於此也。

五百里荒服：三百里蠻，二百里流。

荒服，去王畿益遠，而經畧之者，視要服爲尤畧也。以其荒野，故謂之「荒服」。要服外四面，又各五百里也。「蔡」與「流」，皆所以處罪人，而罪有輕重，故地有遠近之別也。此分荒服，五百里而爲二等也。

此分荒服，五百里而爲二等也。要服之外，東五百里，西亦五百里也，南五百里，北亦五百里也。謂之「荒」者，荒服去王畿益遠，而經畧之者，視要服爲尤畧也。荒服之制如何？內自一至三而爲百里者，三則曰「蠻」焉，非衣冠禮樂之都也。外自四至五而爲百里者，二則曰「流」焉，乃流放罪人之地也。○五合。聖人弼成五服，必隨其地而異其制也。○「祗台」至此，六合。教化行而無違，法制詳而有限。

東漸于海，西被于流沙，朔南暨聲教，訖于四海。禹錫玄圭，告厥成功。

漸，漬。被，覆。暨，及也。地有遠近，故言有淺深也。聲，謂風聲。教，謂教化。林氏曰：「振舉於此而遠者聞焉，故謂之聲；軌範於此而遠者效焉，故謂之教。」上言五服之制，此言聲教所及，蓋法制有限，而教化無窮也。錫，與「師錫」同。水土既平，禹以玄圭爲贄，而告成功于舜也。水色黑，故圭以玄云。

此篇終總結一篇之意也。禹當治定功成之時，敬德以先天下，又制爲五服以維持之。而教化之及，果何如哉？彼東有海，西有流沙，自東而自西也，東漸于海，西則被于流沙，曰「漸」曰「被」者，蓋地之近而所入之甚深也。北有幽都，南有交趾，自南而自北也，南固及之，北亦及之。曰「暨」者，蓋地之遠而所入之尚淺也。夫如是，則是振舉于此，而遠者無不聞焉。軌範于此，而遠者無不效焉。東海聞之效之，西海亦如是也。南海聞之效之，北海亦如是也。治水之功既成，禹以玄圭爲贄，而告其成功于舜。水色黑，故圭以玄，欲其相稱也。四隩若何而既宅？九山若何而刊旅？九川若何而滌源？九澤四海若何而既陂？會同及夫諸侯之建，皆陳於冕旒之下焉。六府若何而孔修？庶土若何而交正？財賦若何而厎慎三壤？中邦若何而咸則成賦？及夫五服之制，皆陳于黼扆之前焉。○「聲教洽于四海」，即是上三句。「成功」，上一篇而言。教化大行於下，奉贄告成於上，敬德在其中，此即「三苗丕敘」。西戎即敘，各迪有功，迪朕德文，命敷于四海也。○東漸至四海，史臣既隨地而著聖化之所及，必總言聖化無所不及焉。○「聖教」至「功」，此題□禹貢一書言。○「禹錫」一句，告成功以平水土爲主，并兼田賦、封建、疆理之事。德化，在起處講。○「祗台」至此，聖人廣德化而立法以維持之，此德化所以無窮也。此題難。主張以荒度土功一書例之。則「制服」以上，皆時乃功惟敘之事。「東漸」以下，乃迪朕德之事，末節對截，似有理。且末節總禹貢一書言也。○「甸服」至「四海」，法制因天下之宜，教化極天下之遠。○「甸服」至此，法制有限而教化無窮，聖世然也。○「四海會同」至「四海」，聖人經理天下，有以成其化，疆理天下，有以廣其化。

九州賦歌

冀賦居先錯二名，四青六雍第三荆。
五徐二豫還錯一，十有三年兖賦貞。
梁八爲多錯七九，七揚上錯六爲平。
欲知禹貢九州賦，念得斯歌品自明。

九州田歌

雍田上上中徐，三品青州四豫居。
五冀中中通兖六，七梁荆八九揚畬。

九州土色性歌

冀白雍黄壤性齊，梁邦自古土青黎。
豫州色雜墳壚下，青地白墳廣斥低。
兖國黑墳徐赤埴，荆揚土淖共塗泥。
讀書君子能吟此，色性分明更不迷。

包篚歌

冀無貢篚爲王鄉，厥貢當知只八方。
青兖徐揚荆豫篚，厥包惟是在荆揚。

貢道歌

冀夾碣石來北方，兖浮濟漯歸帝鄉。

青浮汶水徐淮泗，揚達淮泗須沿江。
荆浮江沱潛漢水，豫之浮洛西境耳。
梁州西傾因桓來，雍州積石會渭汭。

九州疆域歌

冀州三面皆距河，兖西雍東豫河北。
兖州東南據其濟，西北距河是其域。
青州東北至海濱，西南距岱州域明。
徐州之東至于海，南至于淮北岱横。
揚州之北至淮水，東南至海爲疆境。
荆州北距南條荆，南盡衡山陽面正。
豫西南至南條荆，北距大河波沄沄。
梁州東距華山南，西據黑水州境分。
雍州之西據黑水，東距西河疆域是。
九州之域總在兹，讀書君子宜心記。

九州貢物歌

冀青揚貢缺鹽金，豫州漆枲羽毛生。
徐雍惟土球琳美，梁兖璆鐵篚織文。

附十二州山鎮歌

冀州曰霍兗曰岱，青州之鎮沂山在。
徐封蒙羽荊封衡，揚州會稽是封內。
豫鎮華兮梁岷嶓，雍鎮嶽山元不改。
幽醫無閭拜恒山，惟有營州平山在。

九州算田法

雍	豫	梁
徐	冀	荊
青	兗	揚

以左手自無名指下文算起，左轉至中指中文止，自左而右，分爲上、中、下三品，每品之中，又分三品，而爲九等也。

九州算賦法

□	月	易
□	余	刃
□	佳	兌

算法同前

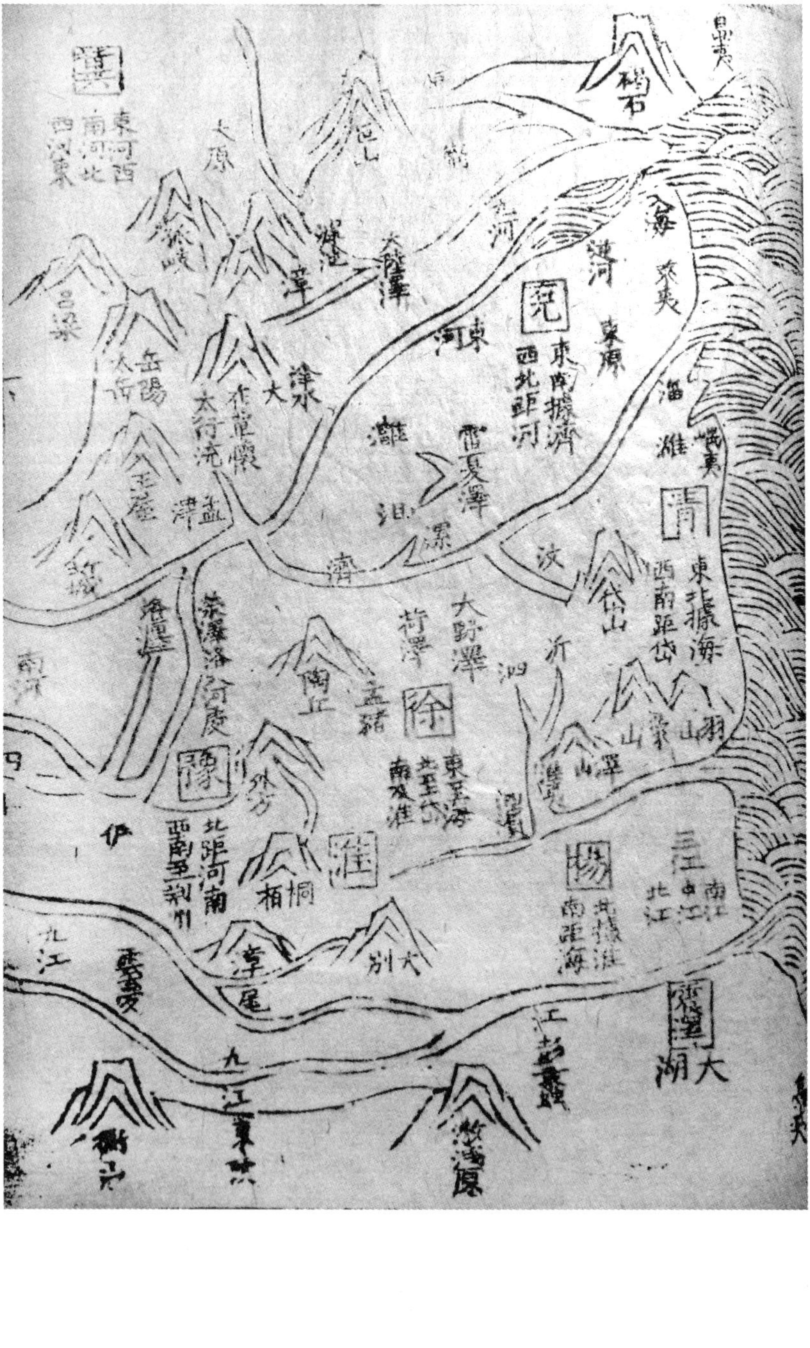

禹貢詳略之冀州　豫州　徐州　揚州　兖州　青州六州示意圖

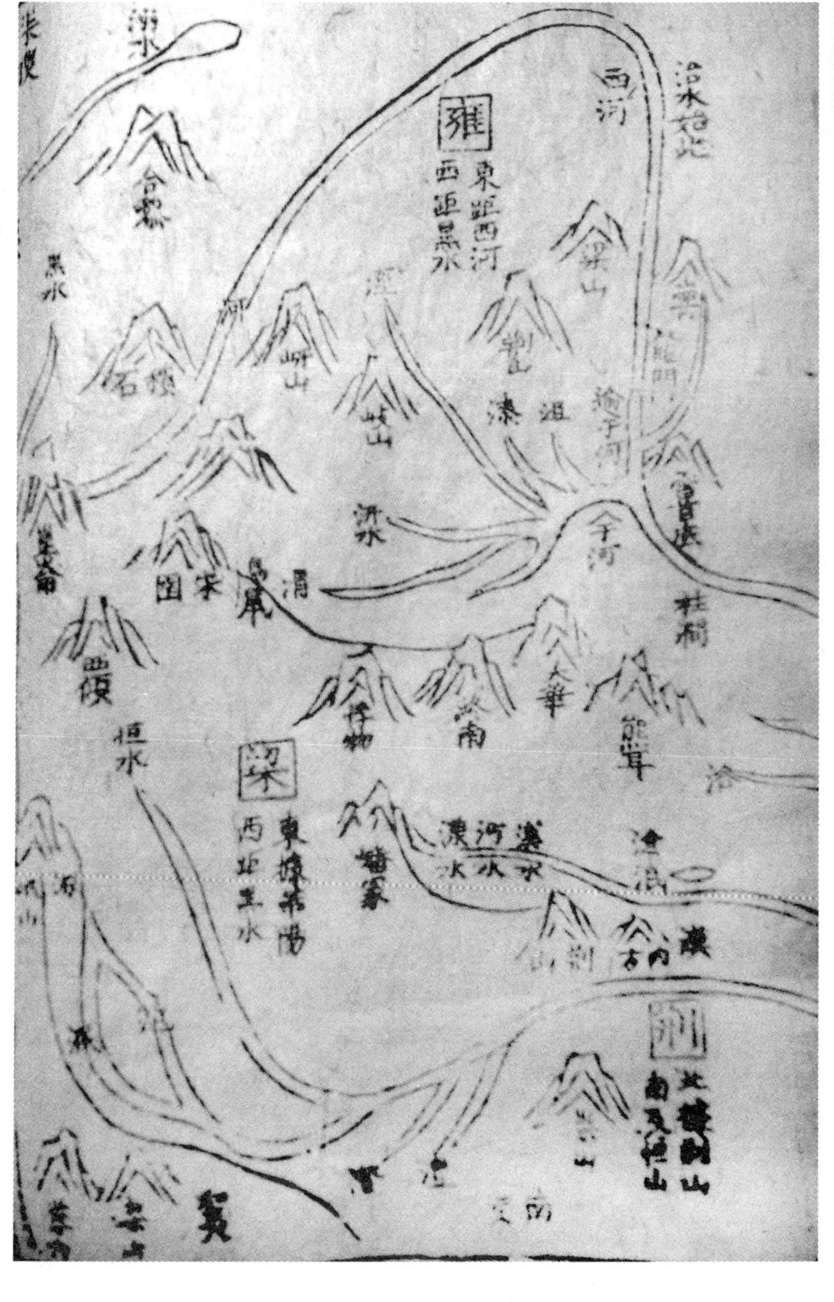

禹貢詳略之梁州 雍州 荊州三州示意圖

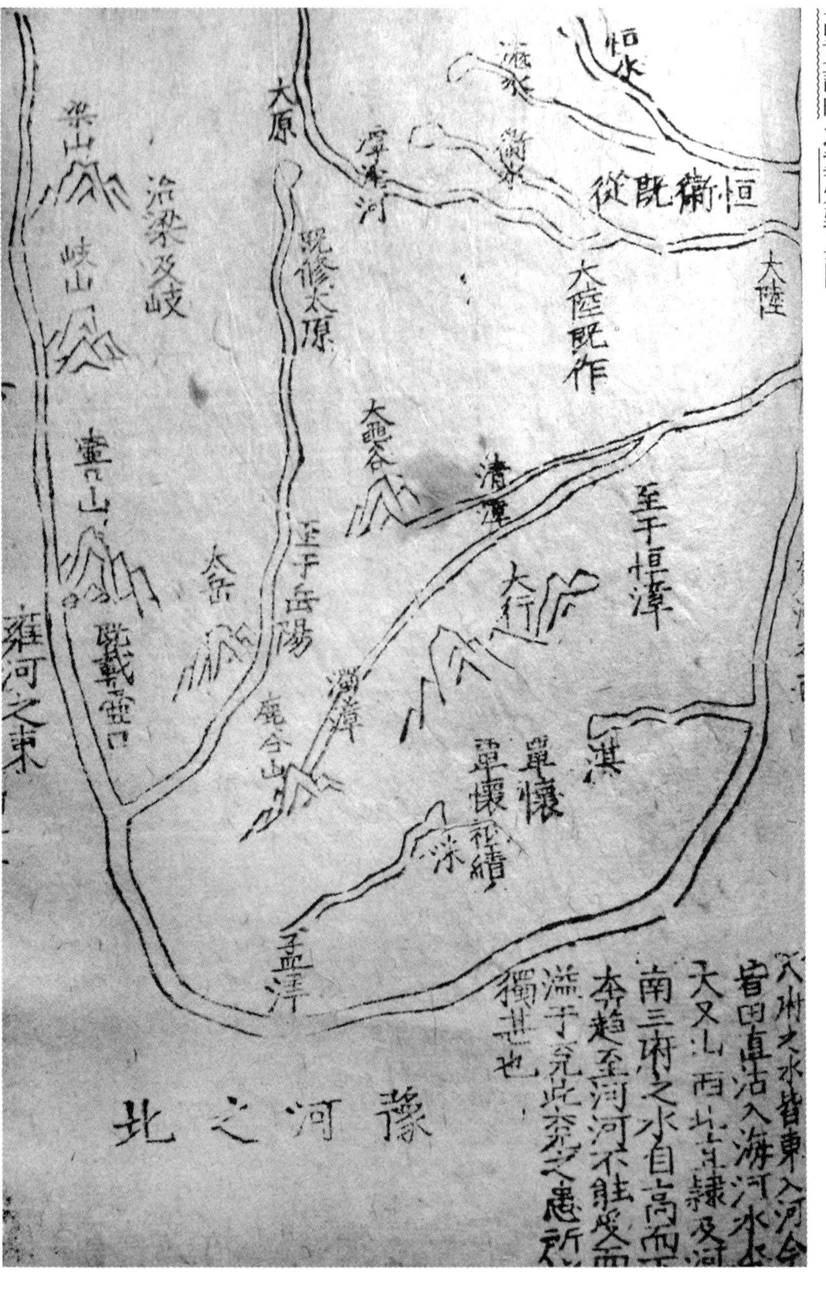
恒水
衛水
恒衛既從
大陸
大陸既作
大原
既修太原
治梁及岐
梁山
岐山
壺口山
既載壺口
太岳
至于岳陽
雍河之東
清漳
至于衡漳
大行
濁漳
覃懷
覃懷底績
淇
孟津
獨甚也
豫河之北

禹貢詳略之冀州疆界圖

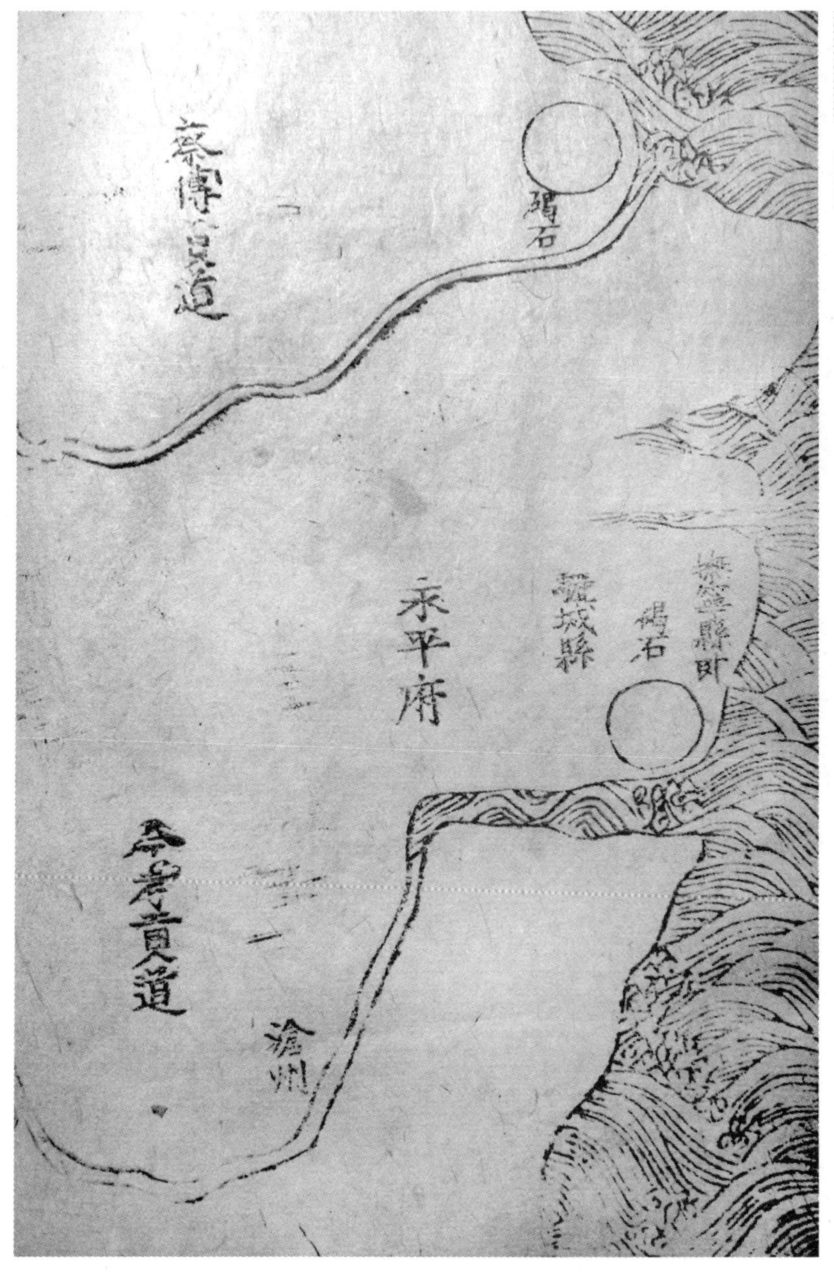

禹貢詳略之冀州北方貢賦之道圖

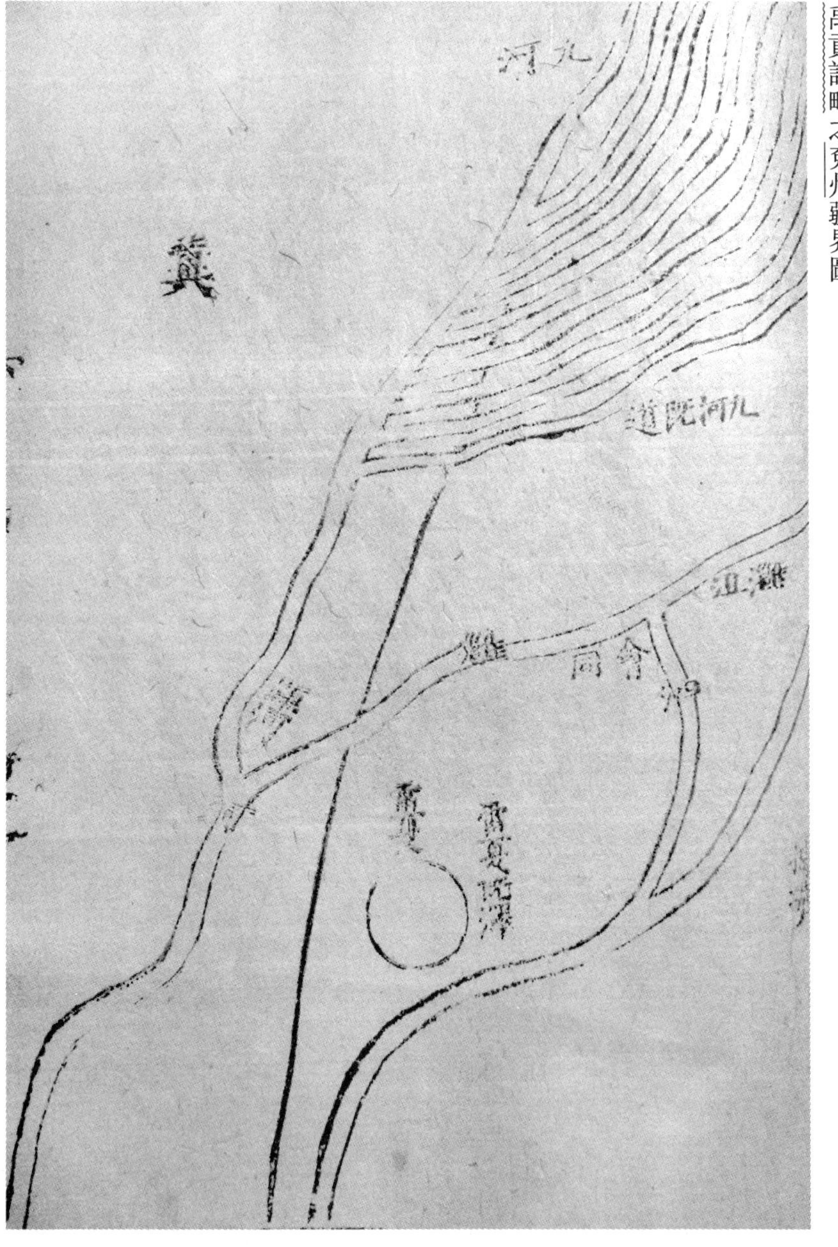

禹貢詳略之兗州疆界圖

禹貢詳略之兗州貢賦之道圖

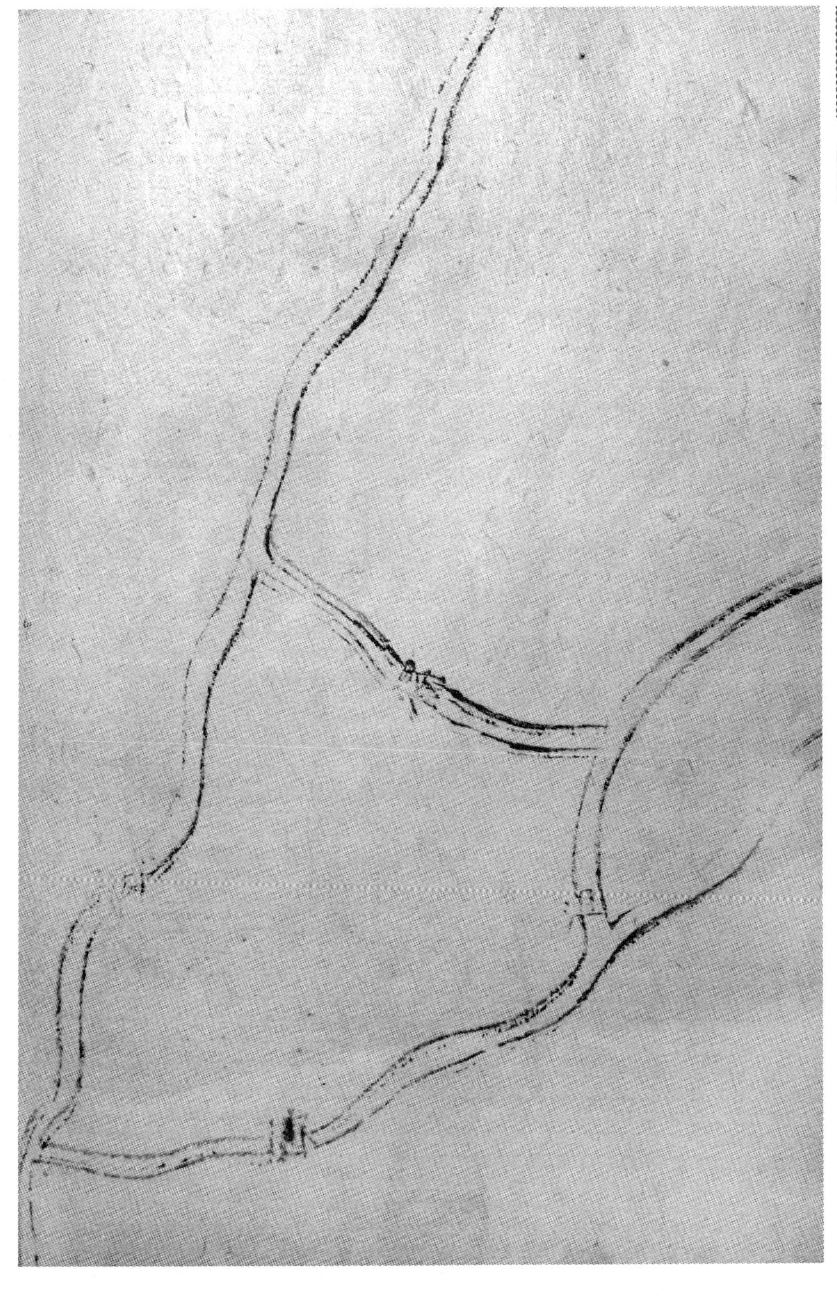

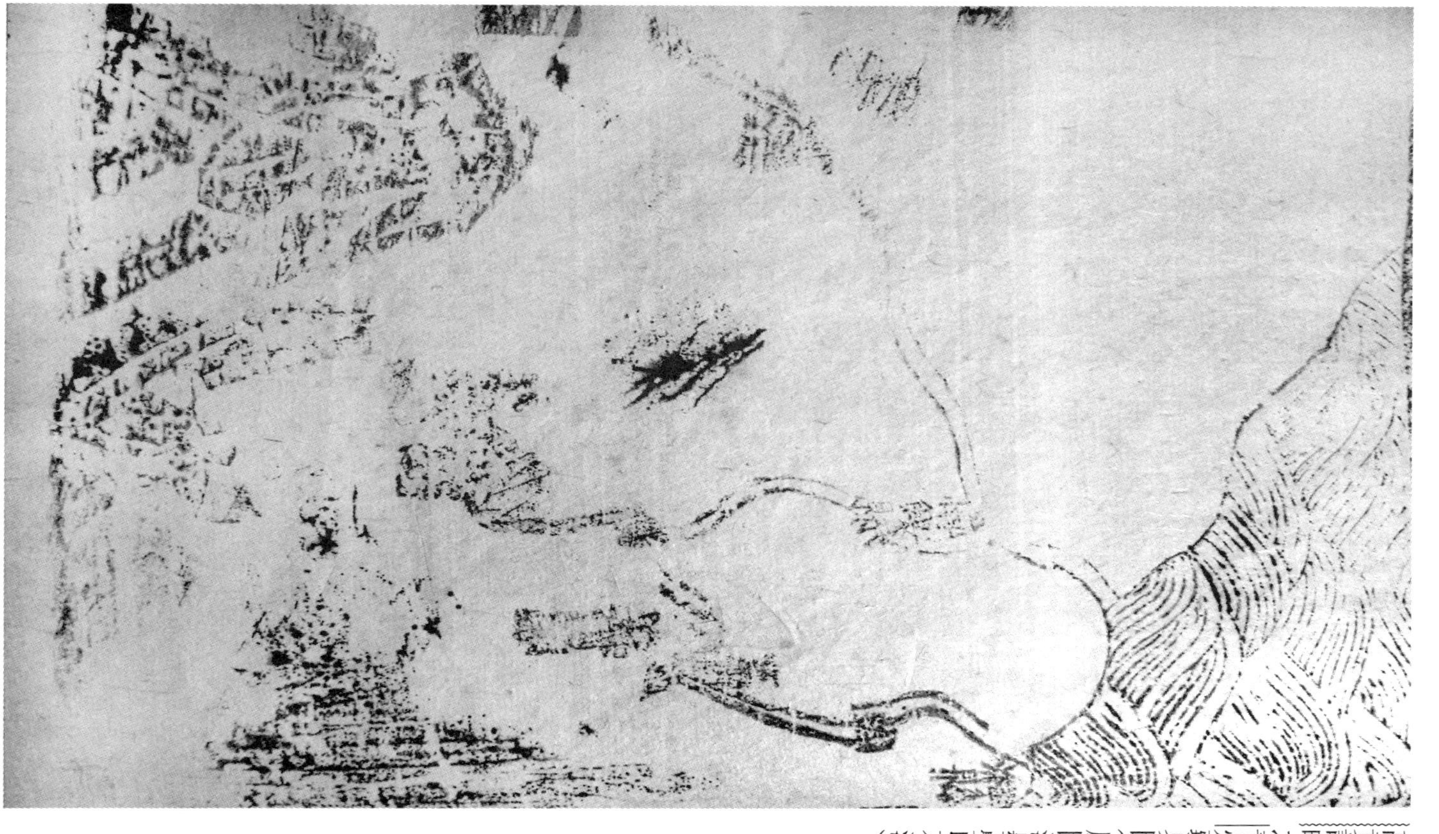

禹貢詳略之青州疆界圖（原圖油墨疊印不清）

禹貢詳略之泰山位置圖（原圖油墨疊印不清）

禹貢詳略之徐州疆境圖

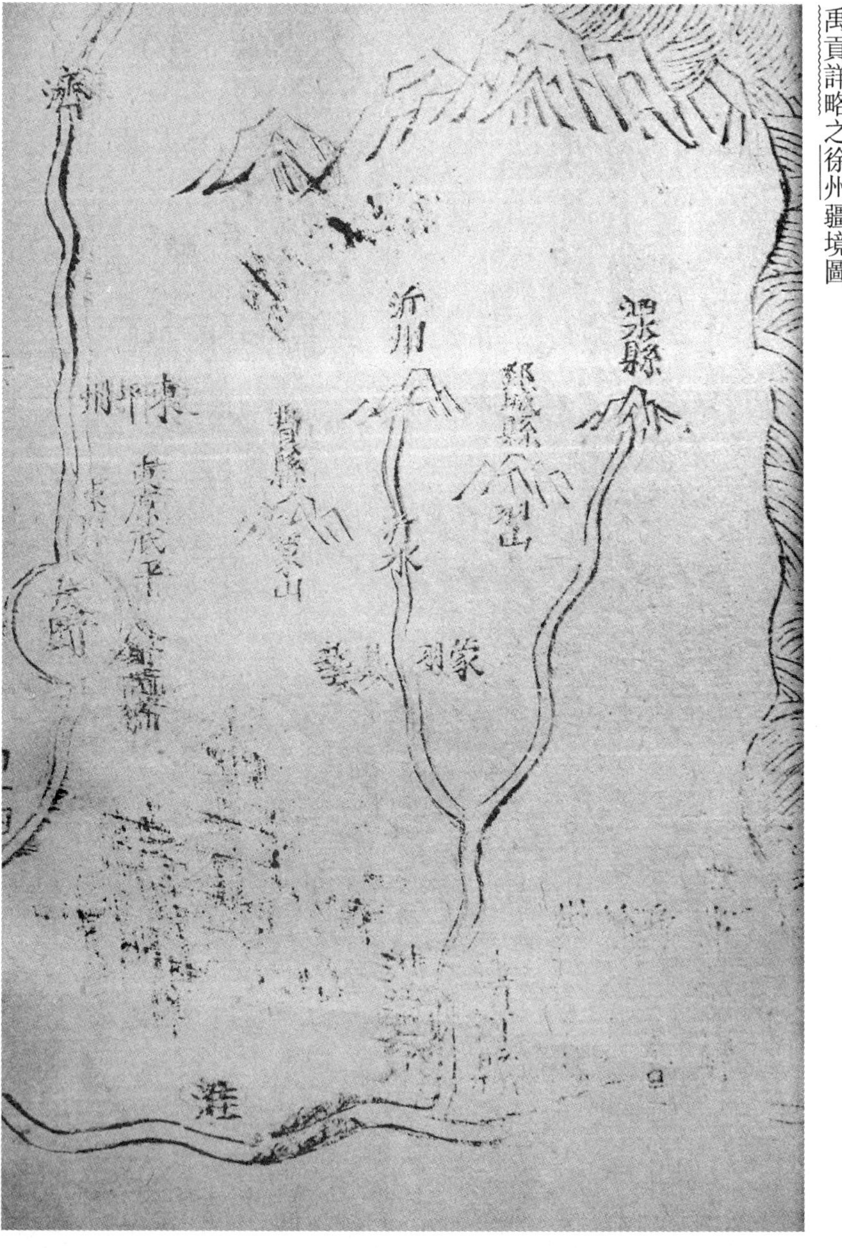

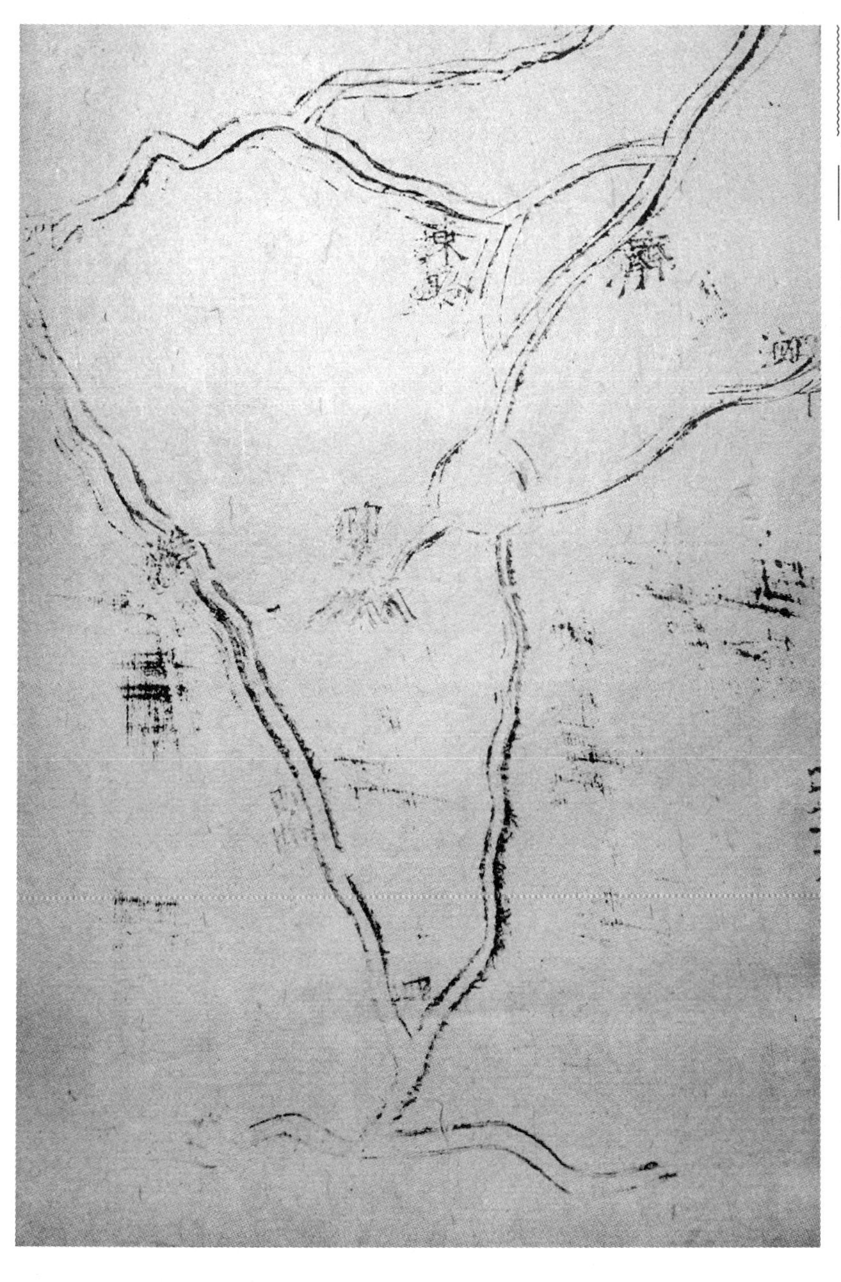

禹貢詳略之徐州貢賦之道圖

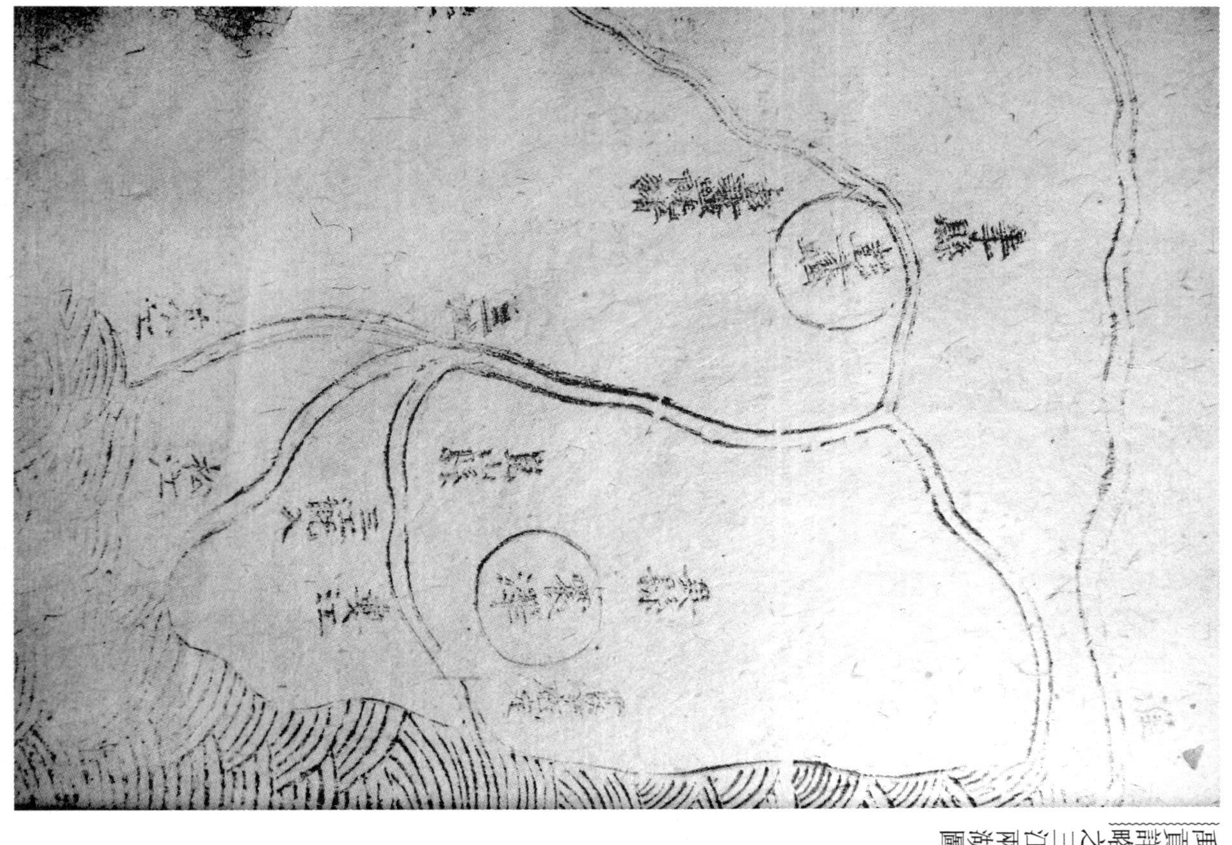

禹貢詳略之三江兩湖圖

禹貢詳略之揚州貢賦之道圖

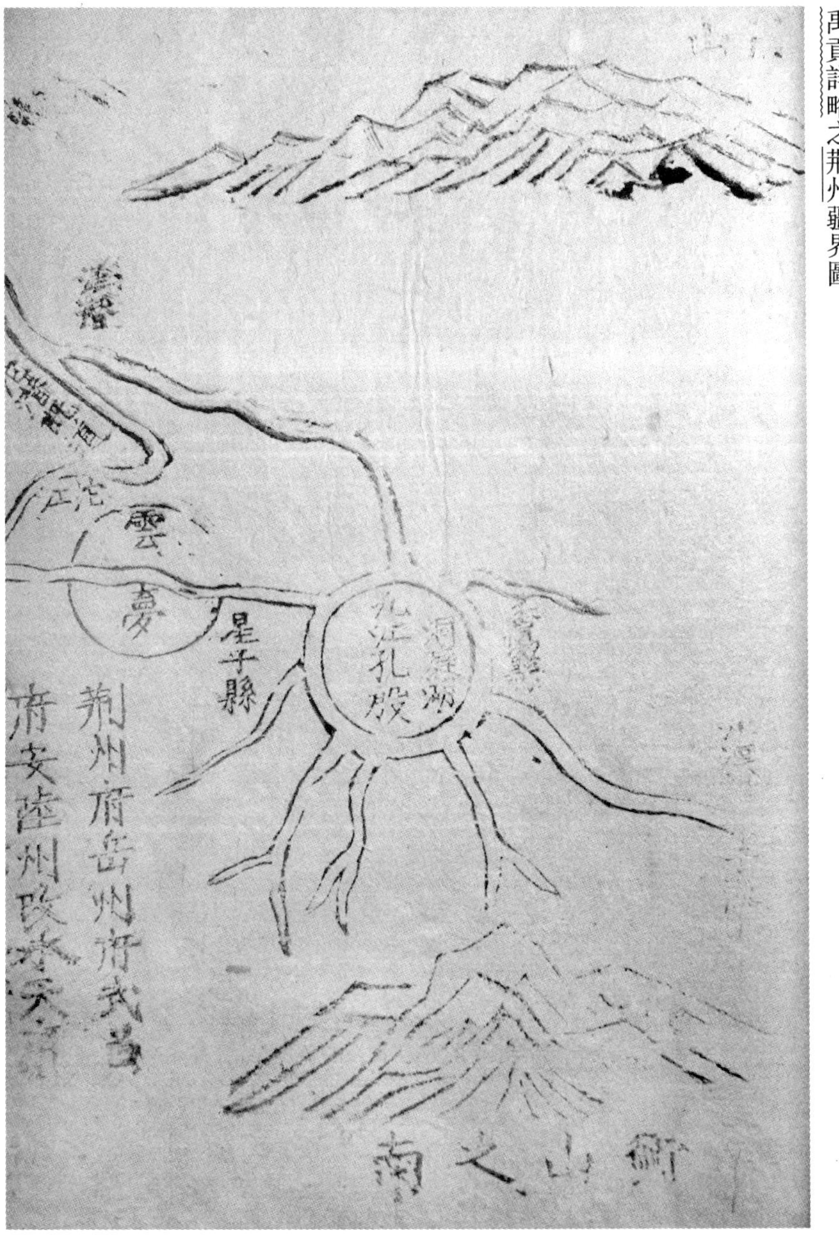

禹貢詳略之荊州疆界圖

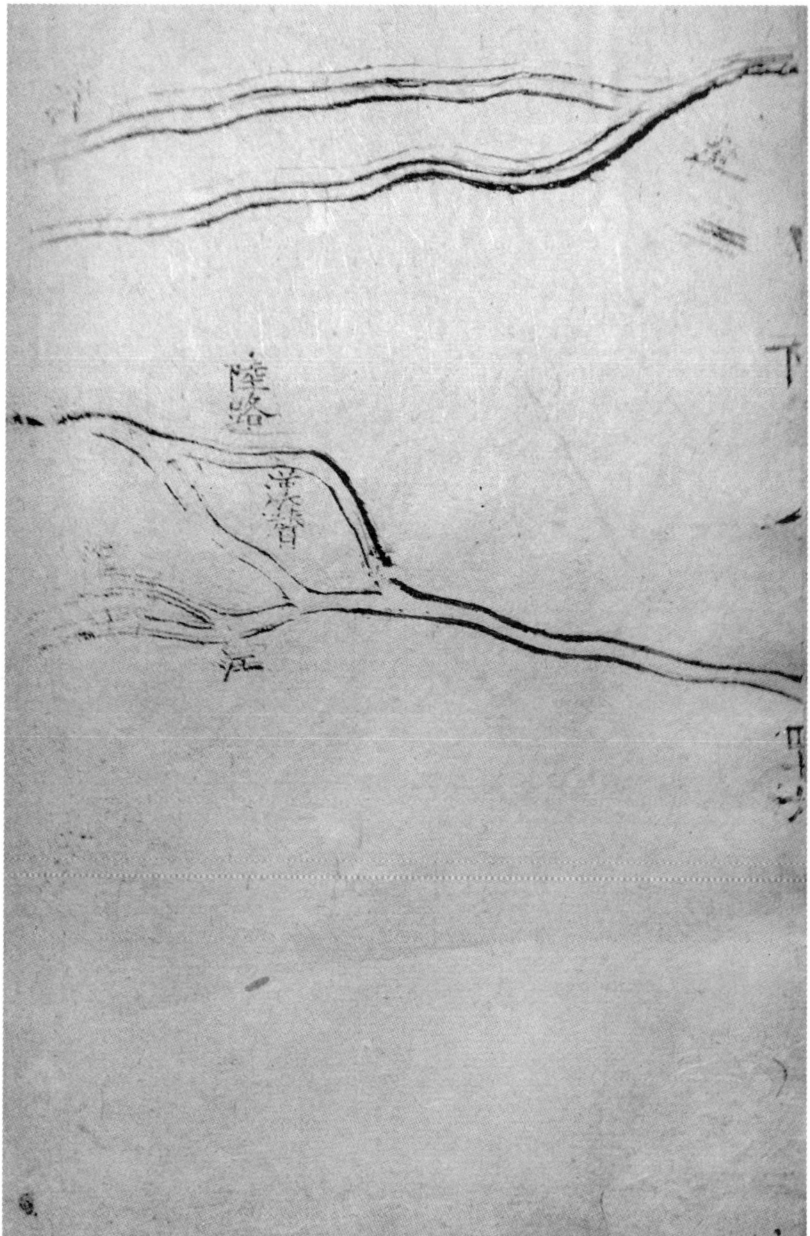

禹貢詳略之荆州貢賦之道圖

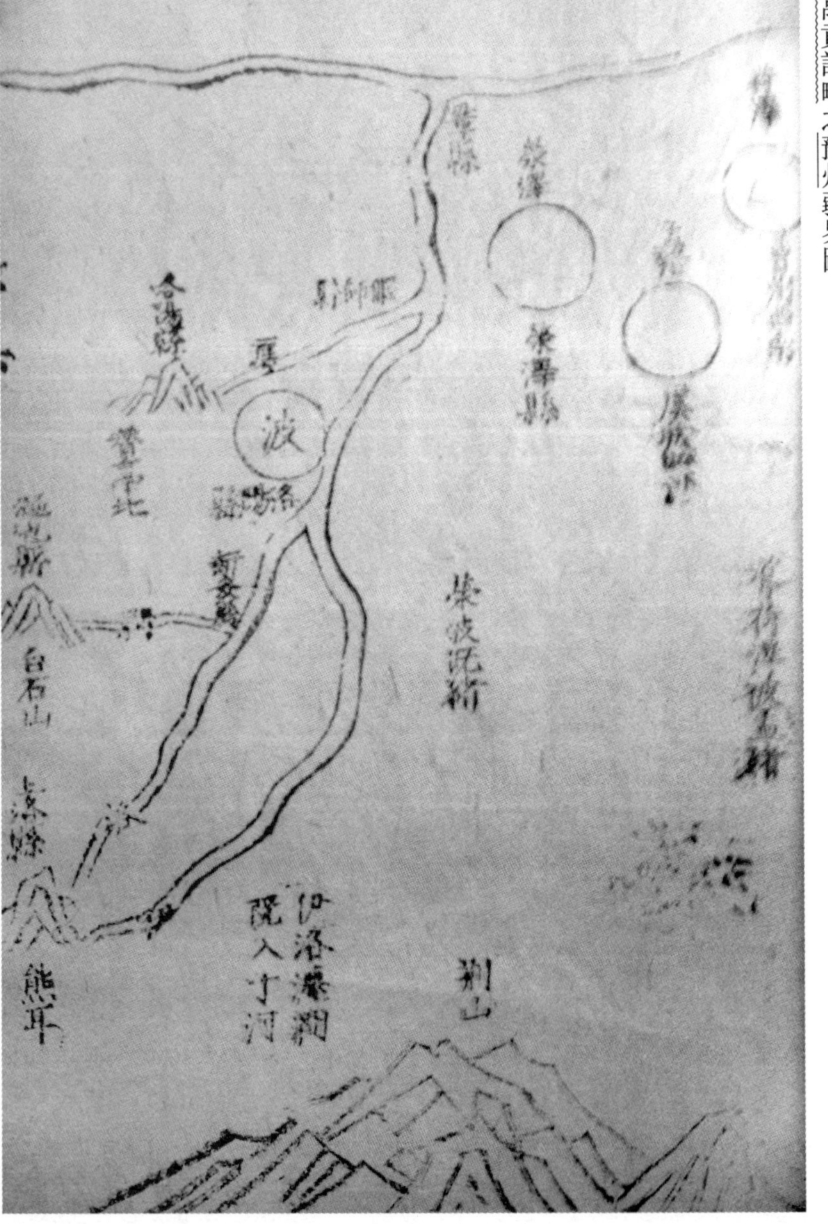

禹貢詳略之豫州疆界圖

禹貢詳略之豫州貢賦之道圖

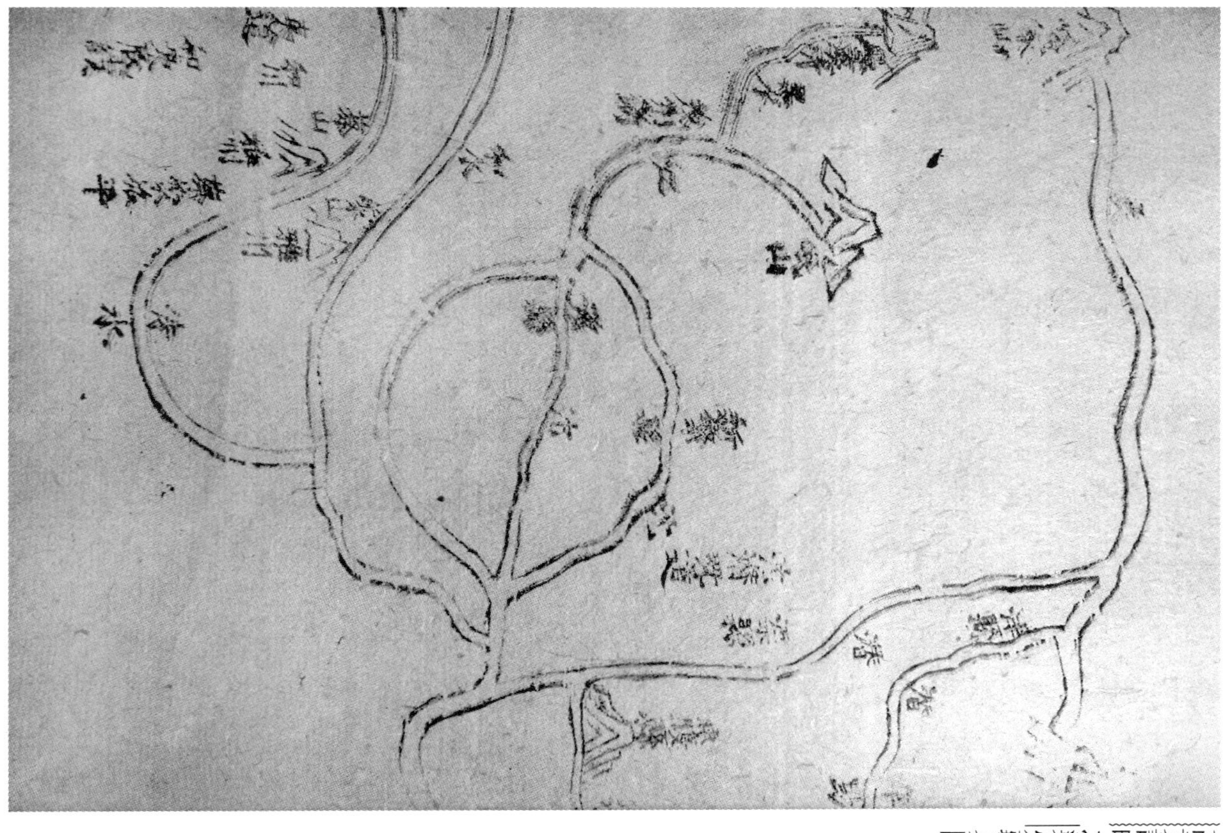

禹貢詳略之梁州疆界圖

禹貢詳略之梁州貢賦之道圖

禹貢詳略之雍州疆界圖

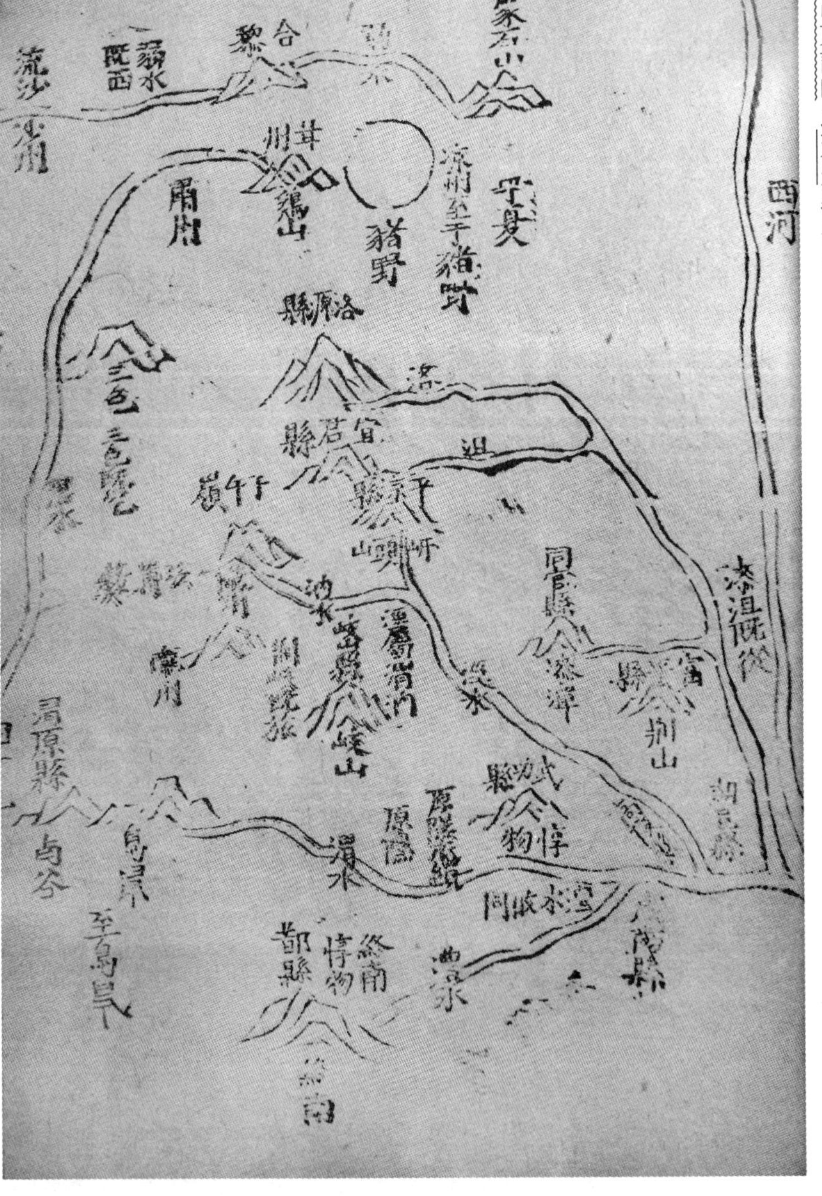
西河
冢石山
合黎
弱水
流沙
肅州
豬野
洛原縣
宜君縣
涇水
同官縣
漆沮既從
荊山
富平縣
三危
鳥鼠
終南
惇物
鄠縣
澧水攸同
渭水
原隰

禹貢詳略之雍州貢賦之道圖

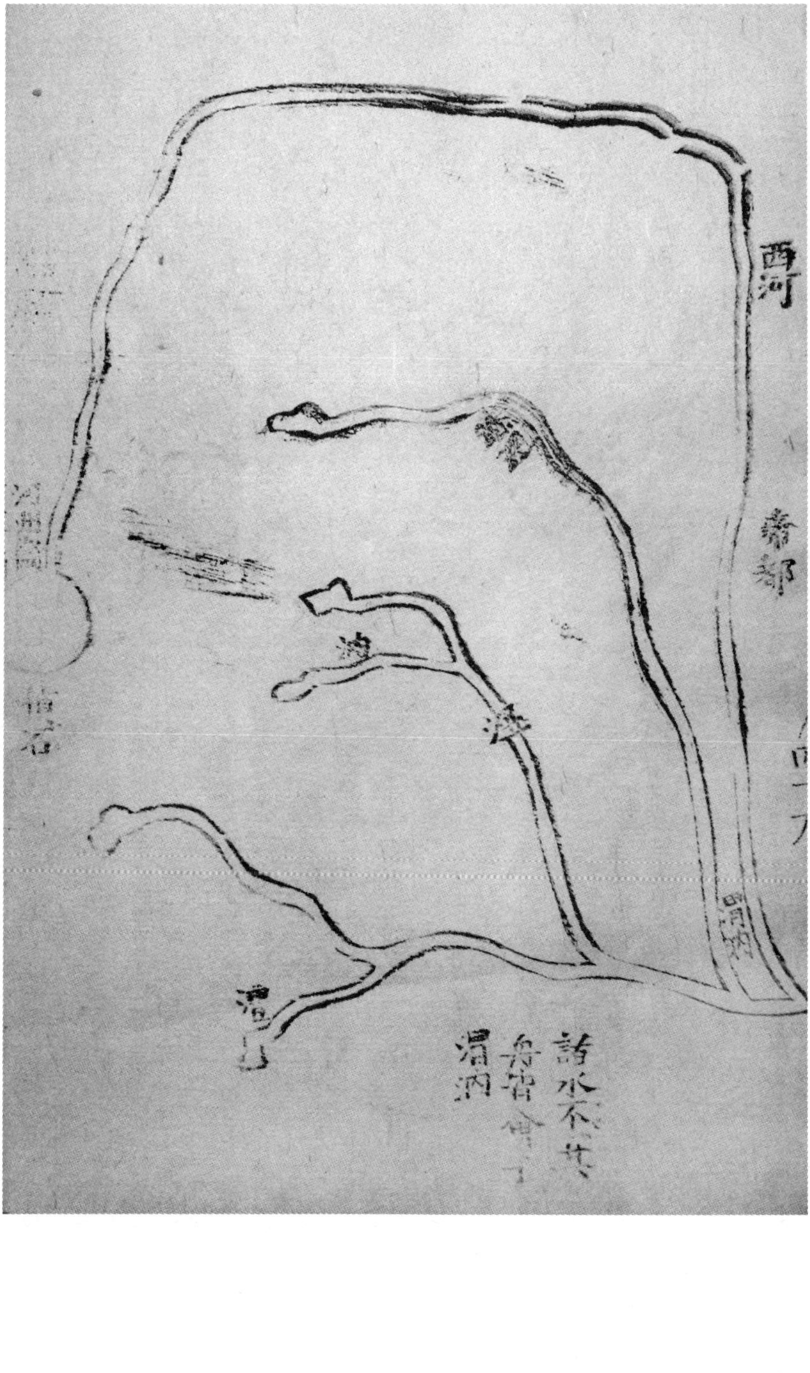

西河

諸水不共
舟皆會于
渭汭

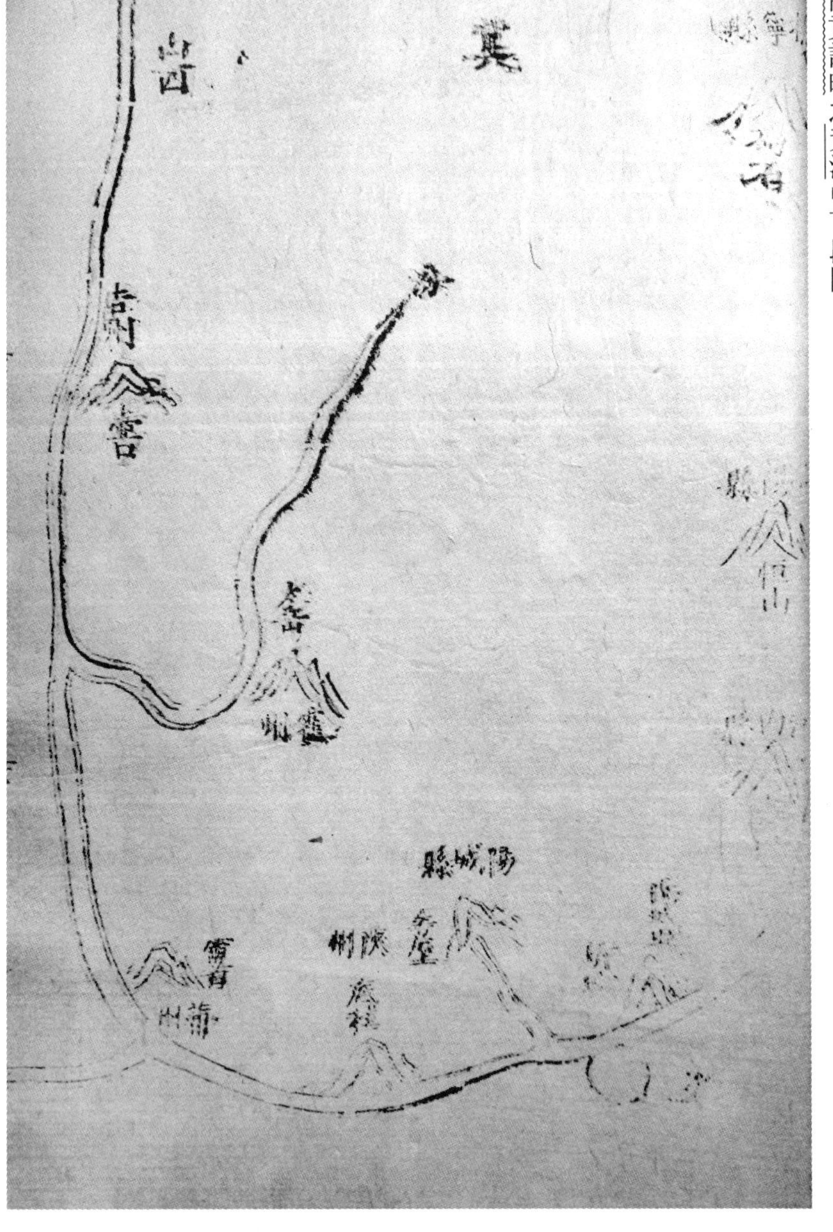

禹貢詳略之黃河中下段圖

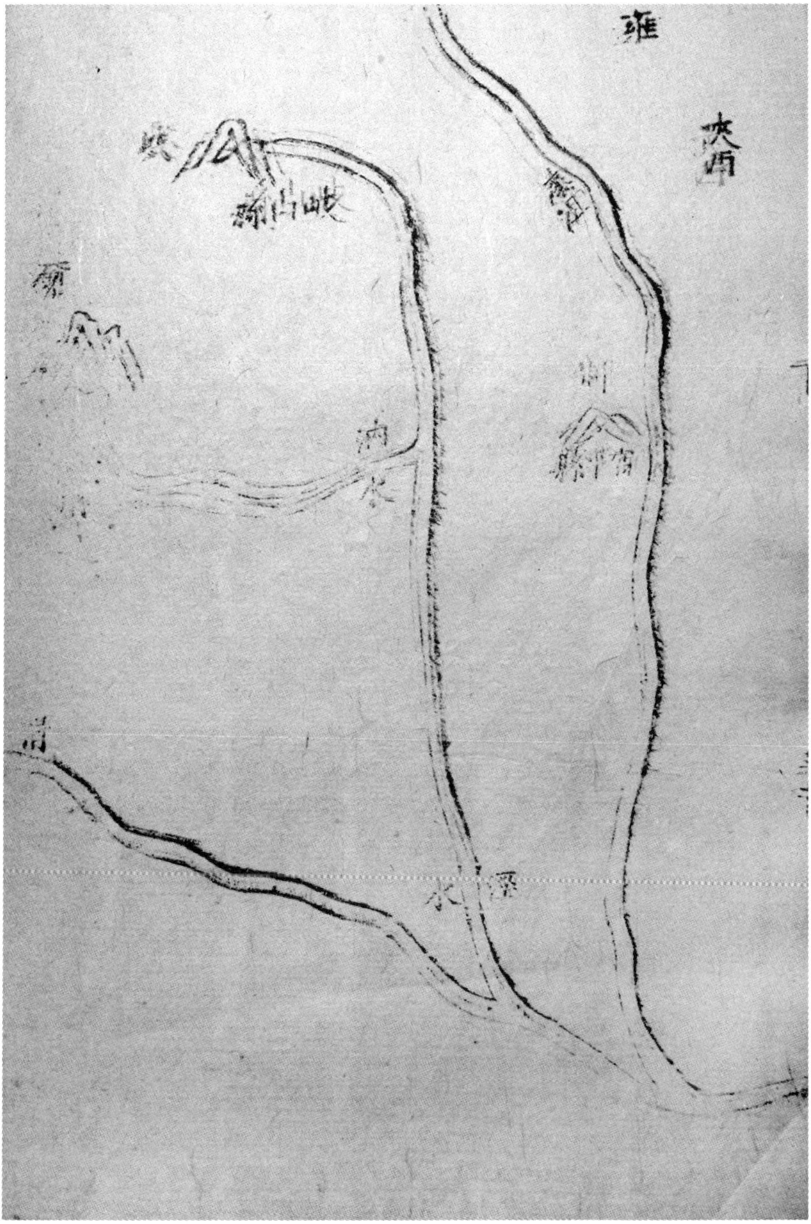

禹貢詳略之雍州水道圖

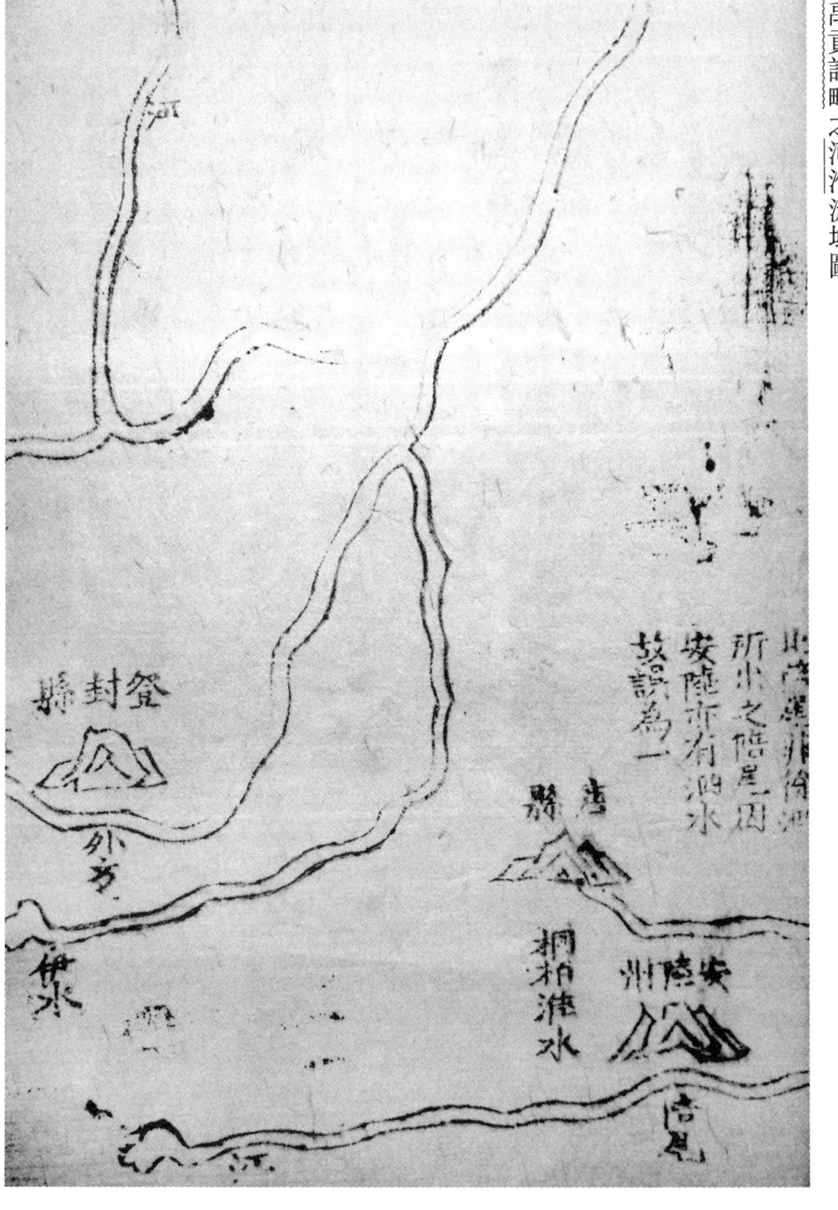

禹貢詳略之河淮流域圖

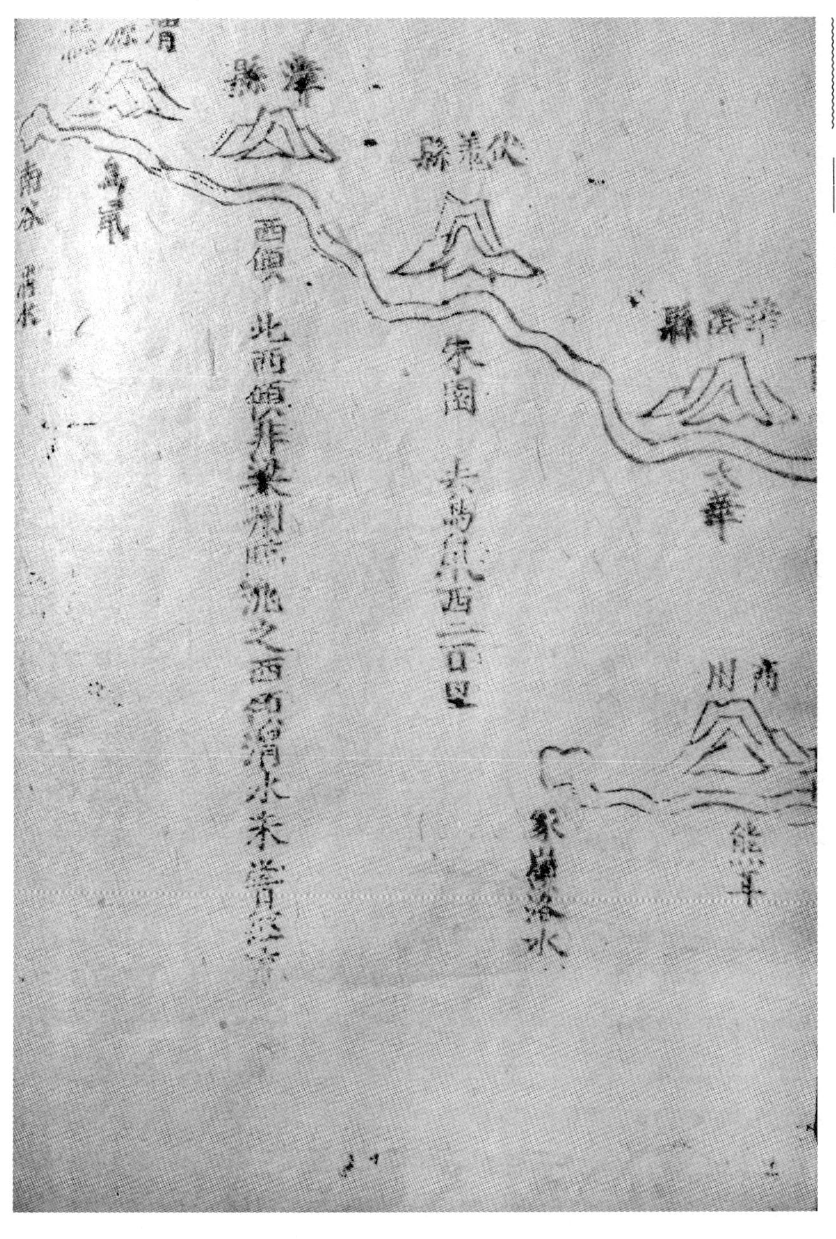

禹貢詳略之渭洛流域圖

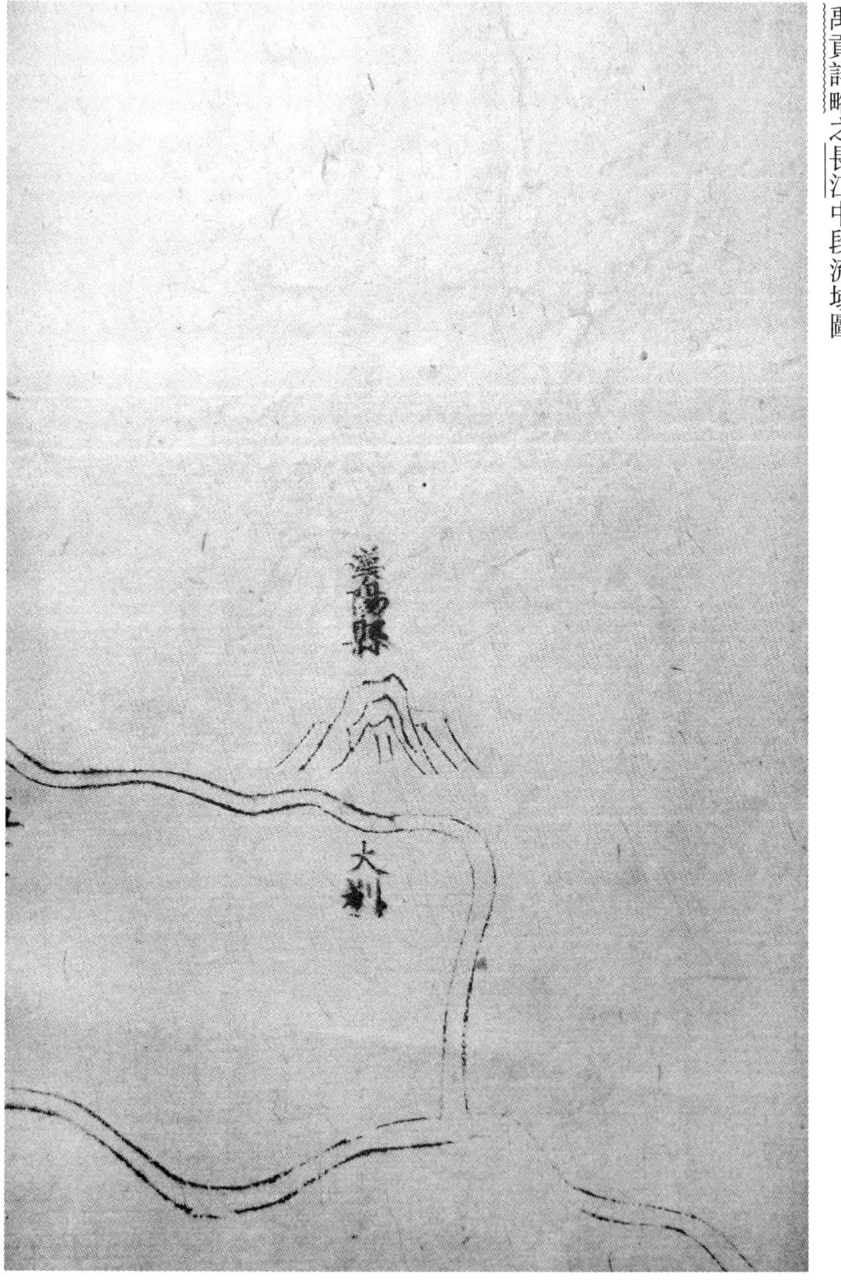

禹貢詳略之長江中段流域圖

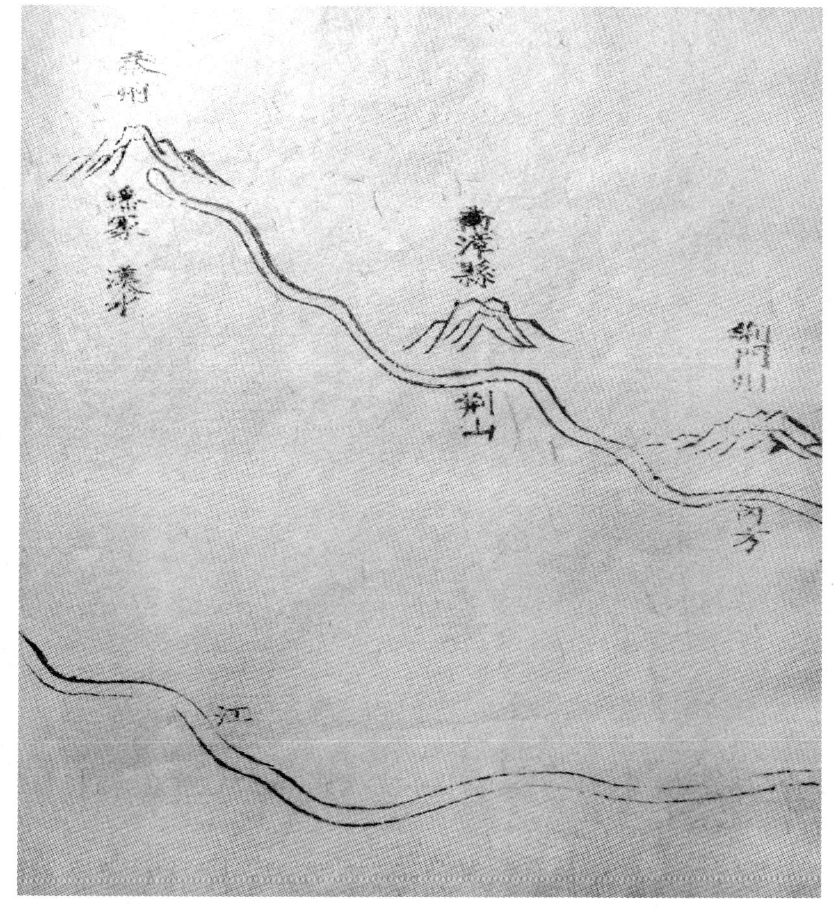

禹貢詳略之漢水長江示意圖

禹貢詳略之敷淺原圖

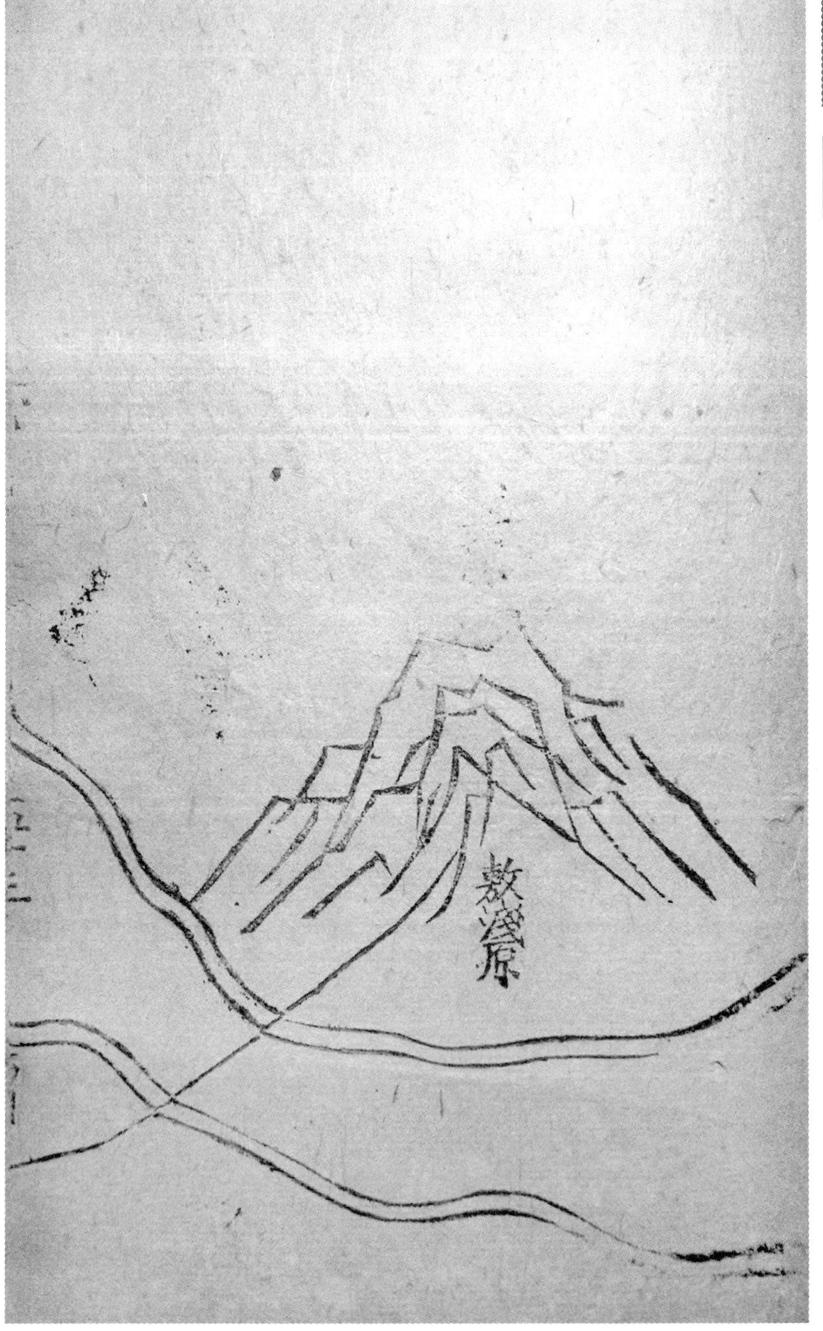

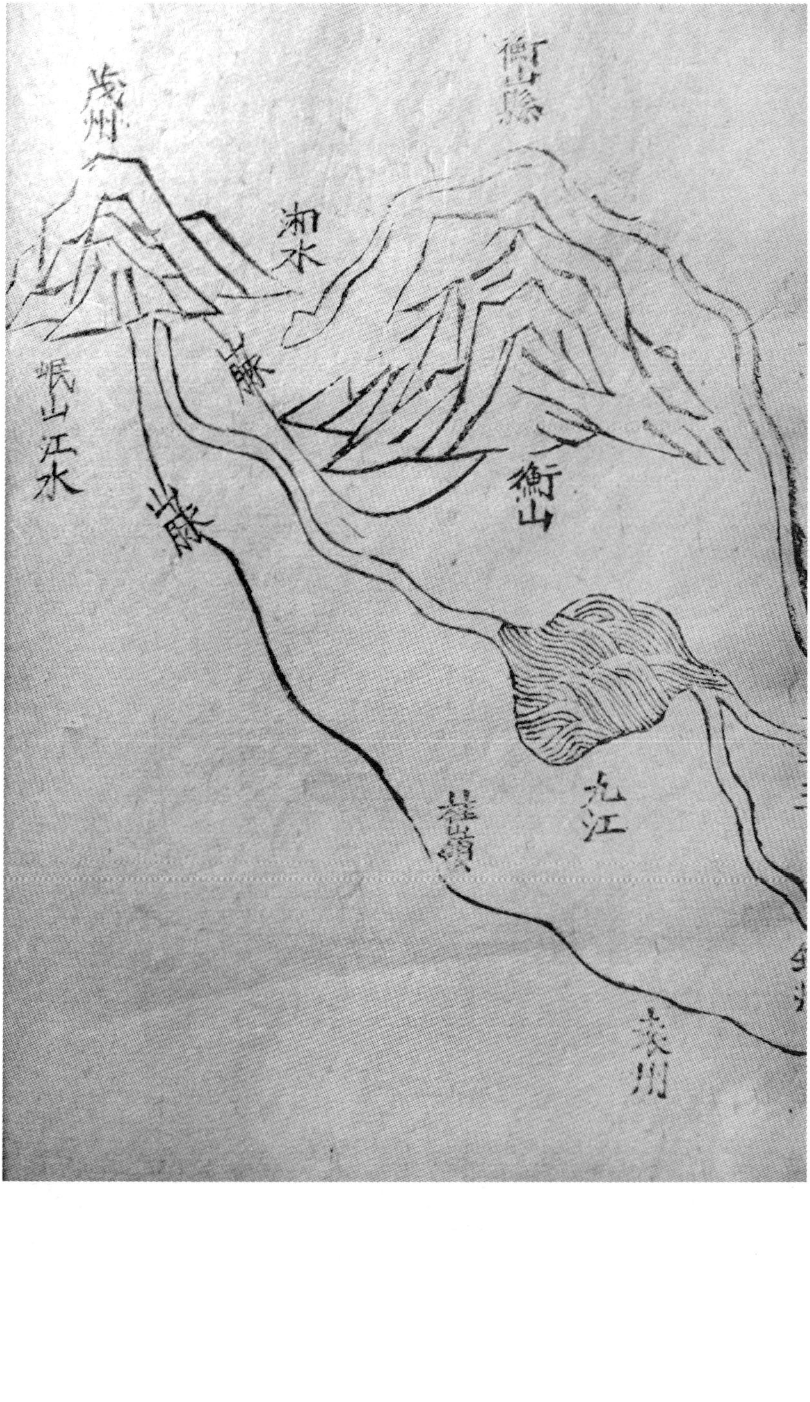

禹貢詳略之岷山湘水流域圖

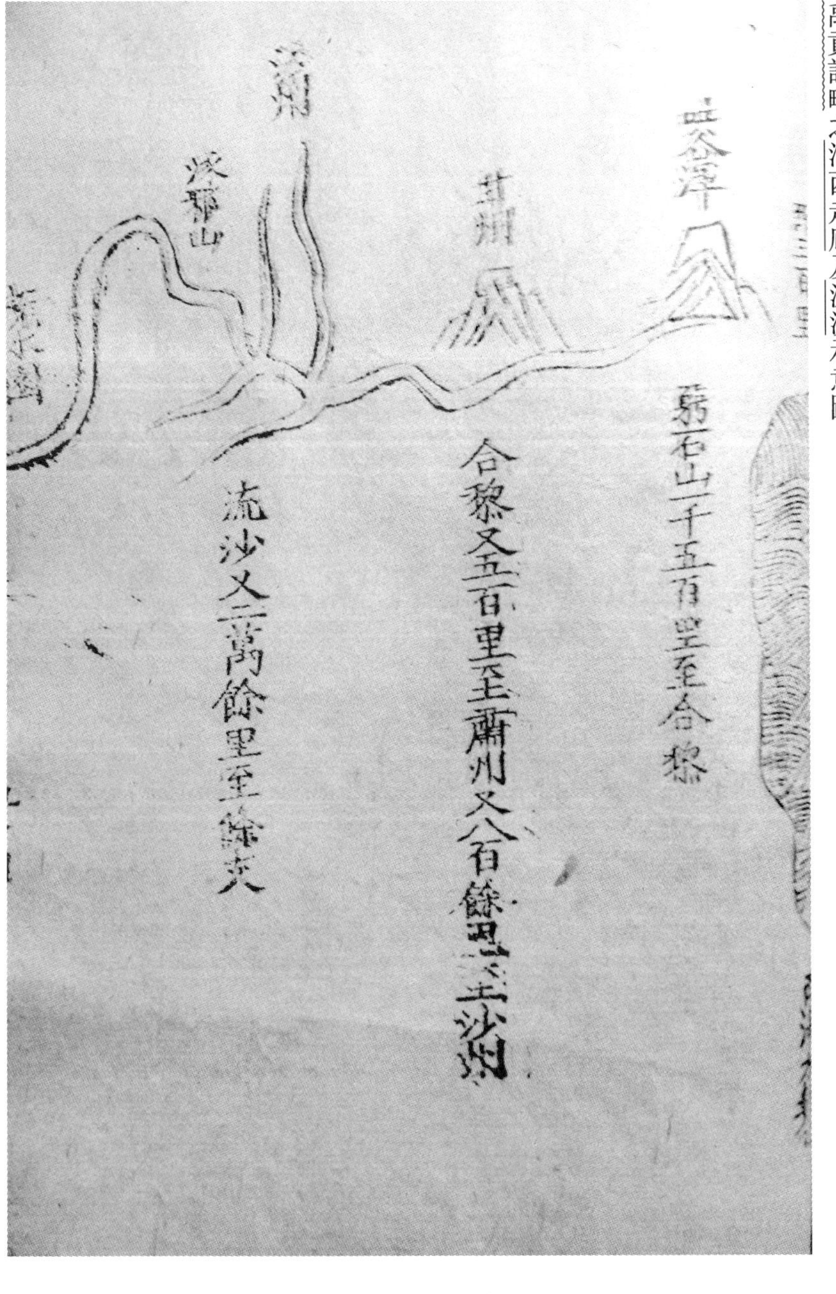

禹貢詳略之河西走廊及流沙示意圖

禹貢詳略之條支國圖

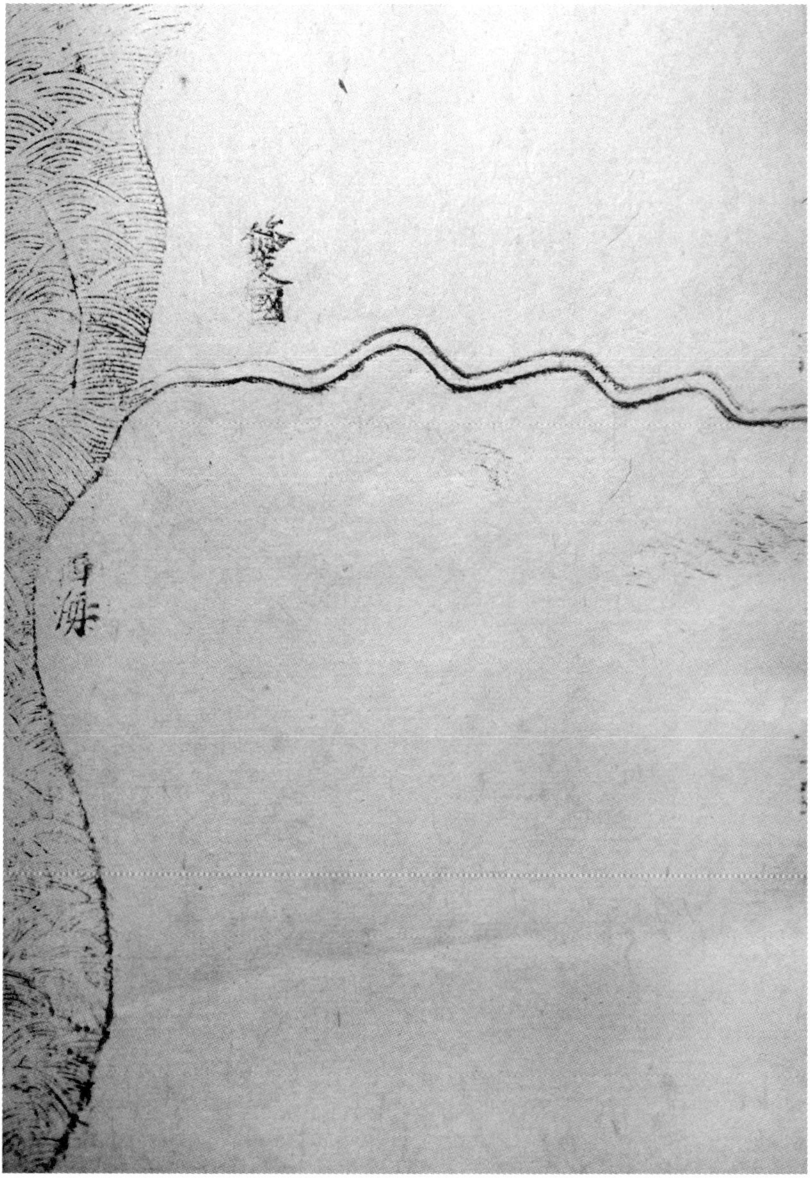

禹貢詳略之黑水流域圖

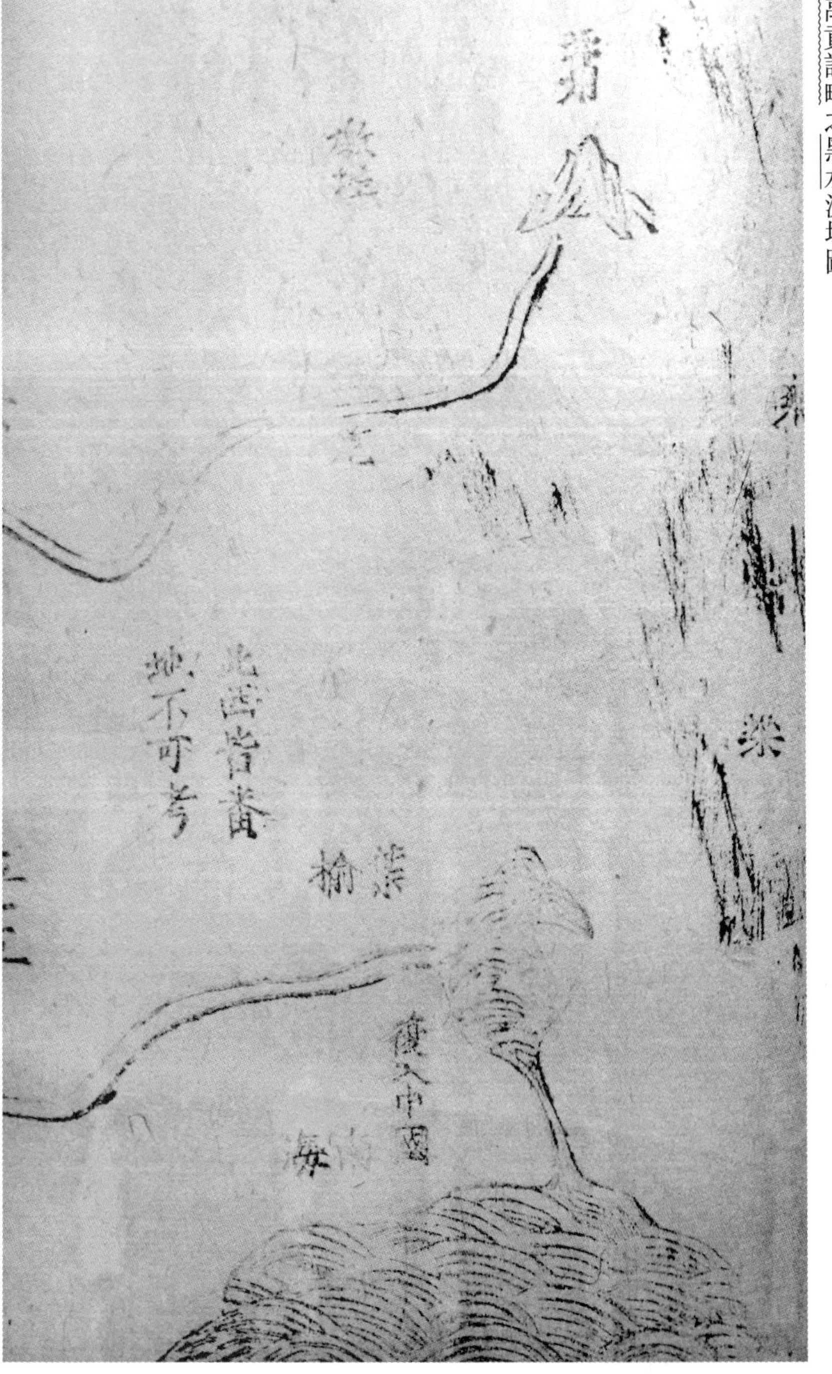

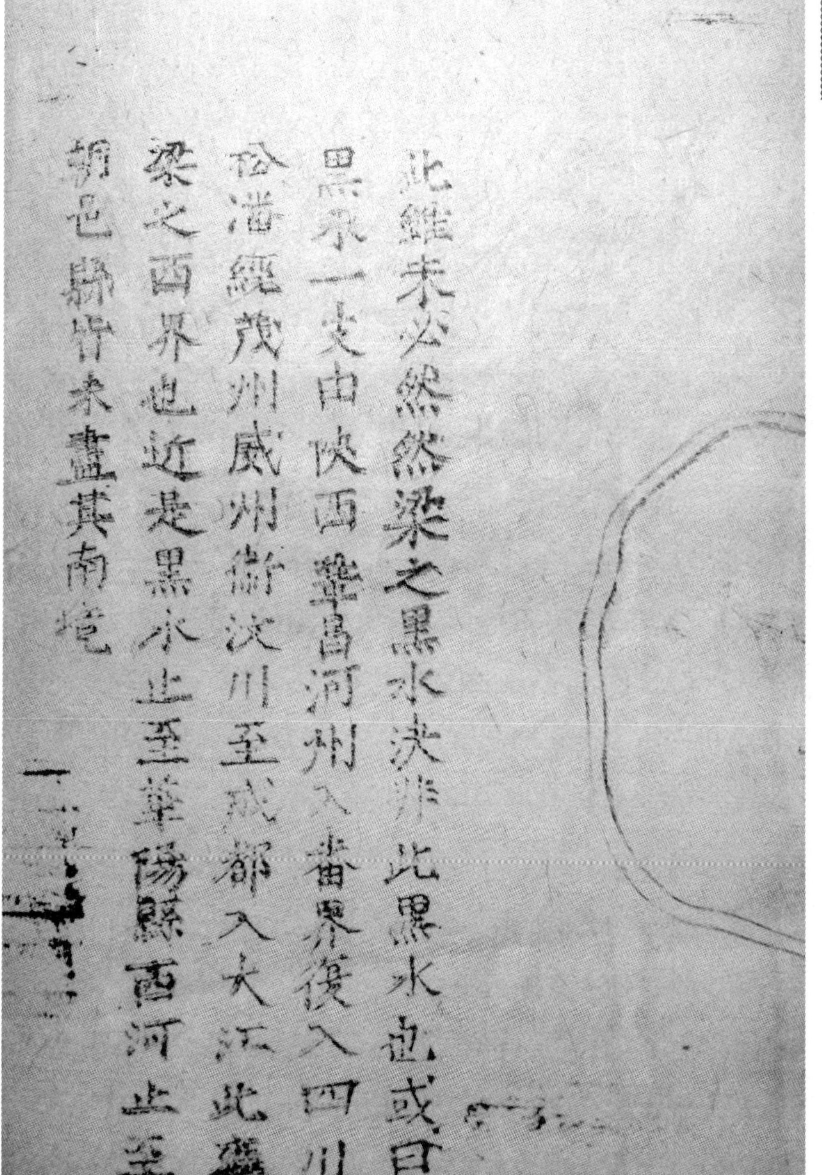
此經未必然然梁之黑水決非此黑水也或曰
黑水一支由陝西鞏昌河州入番界復入四川
松潘經茂州威州衛汶川至成都入大江此雍
梁之西界也近是黑水止至華陽縣西河止至
朝邑縣皆未盡其南境

禹貢詳略之文圖

禹貢詳略之黄河入海圖

禹貢詳略之黄河中段圖

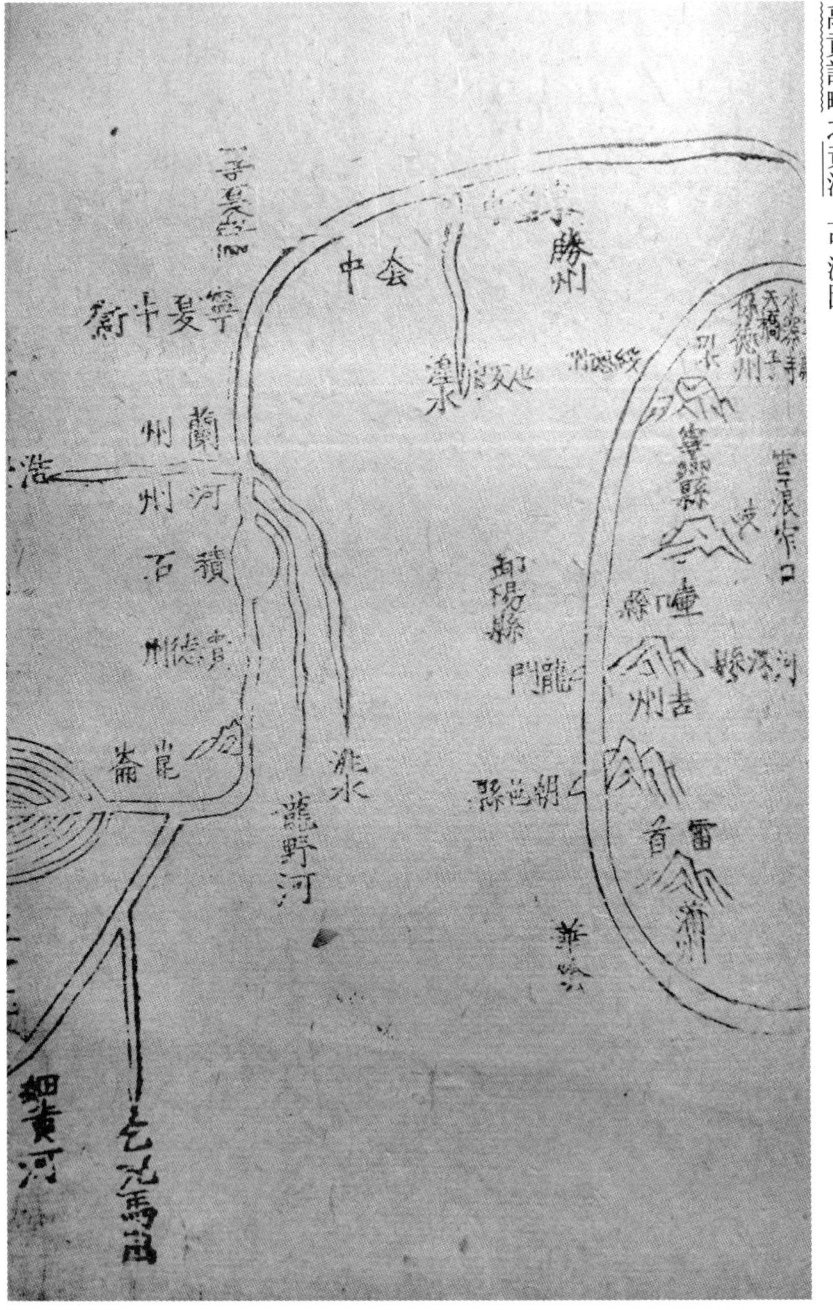

禹貢詳略之黃河上中游圖

禹貢詳略之黄河源圖

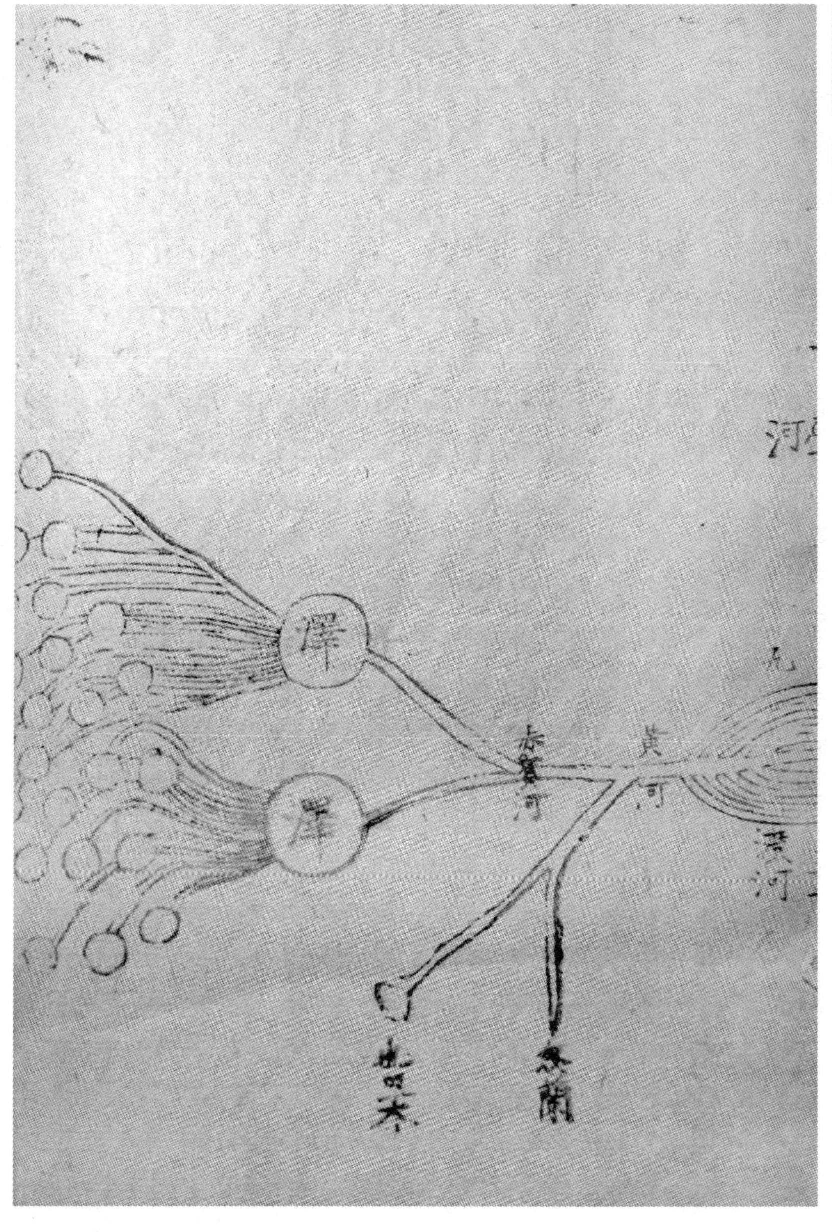

禹貢詳略之長江入海圖

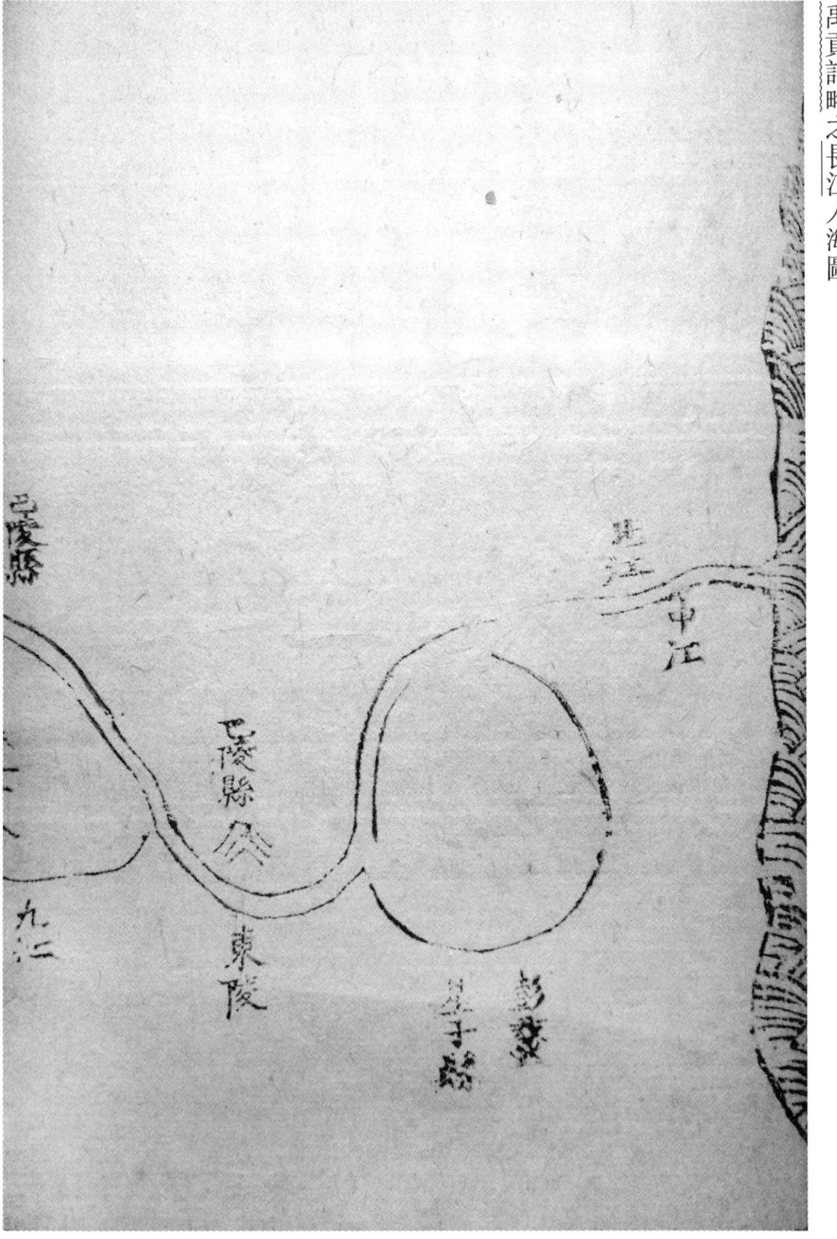

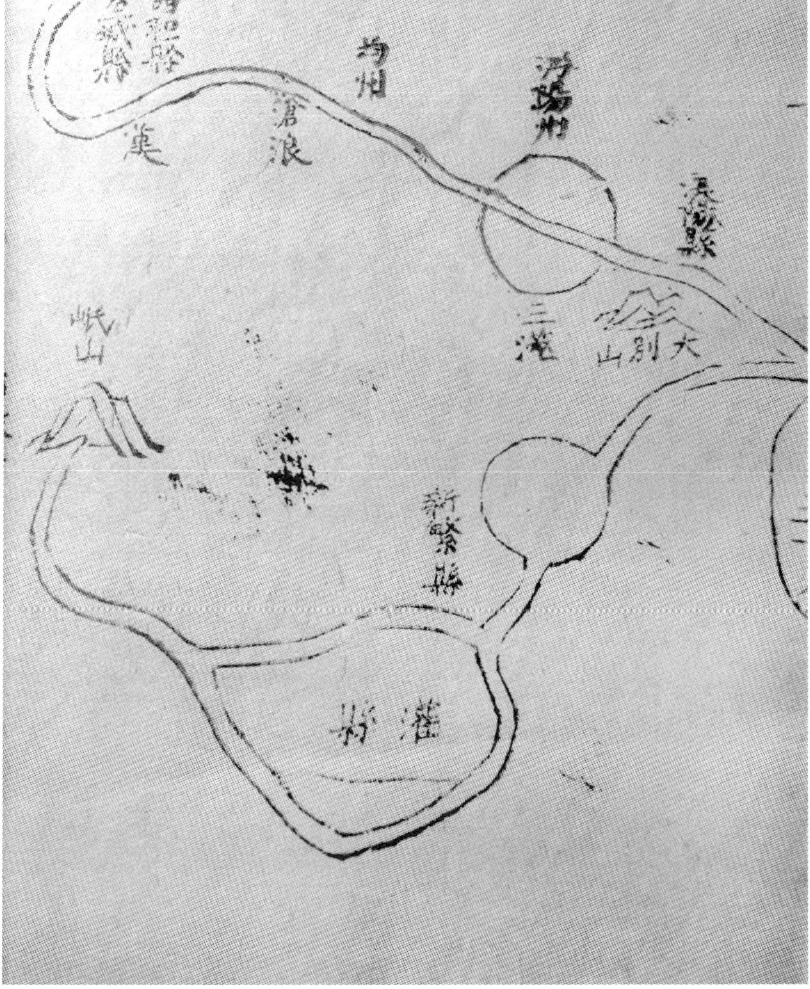

禹貢詳略之長江中游圖

禹貢詳略之汶泗水入海圖

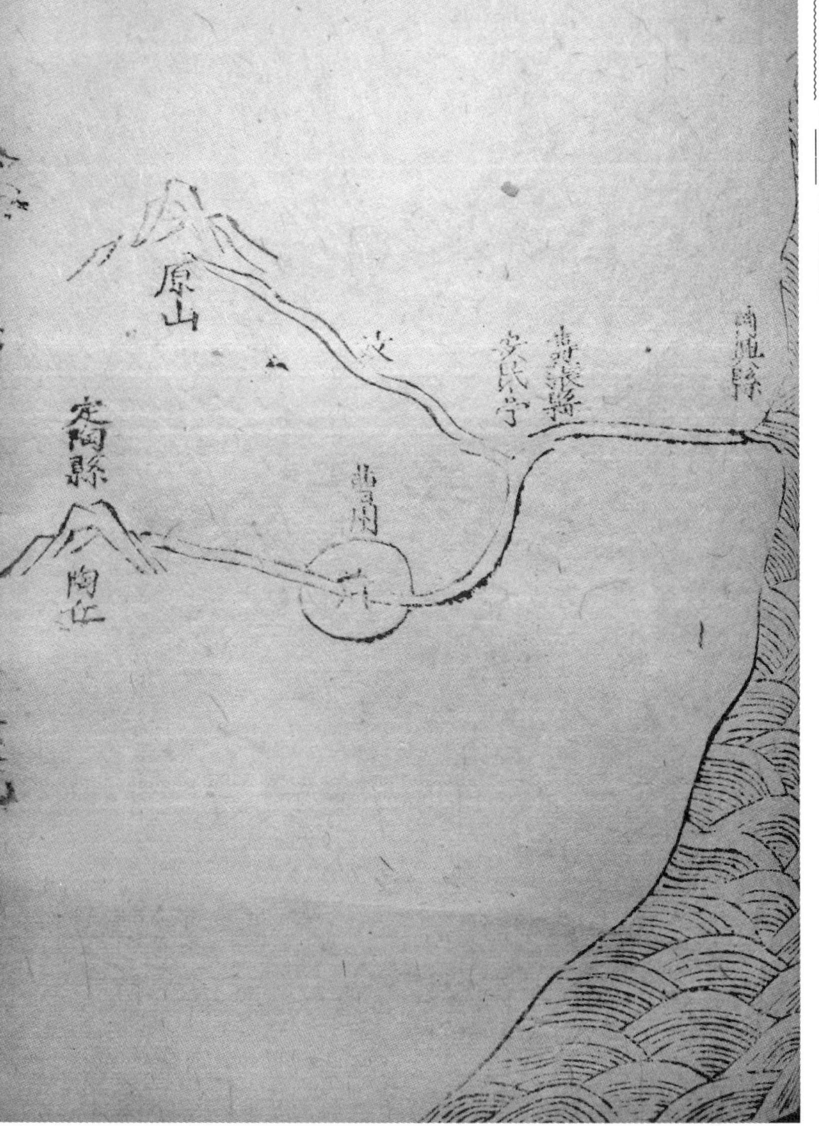

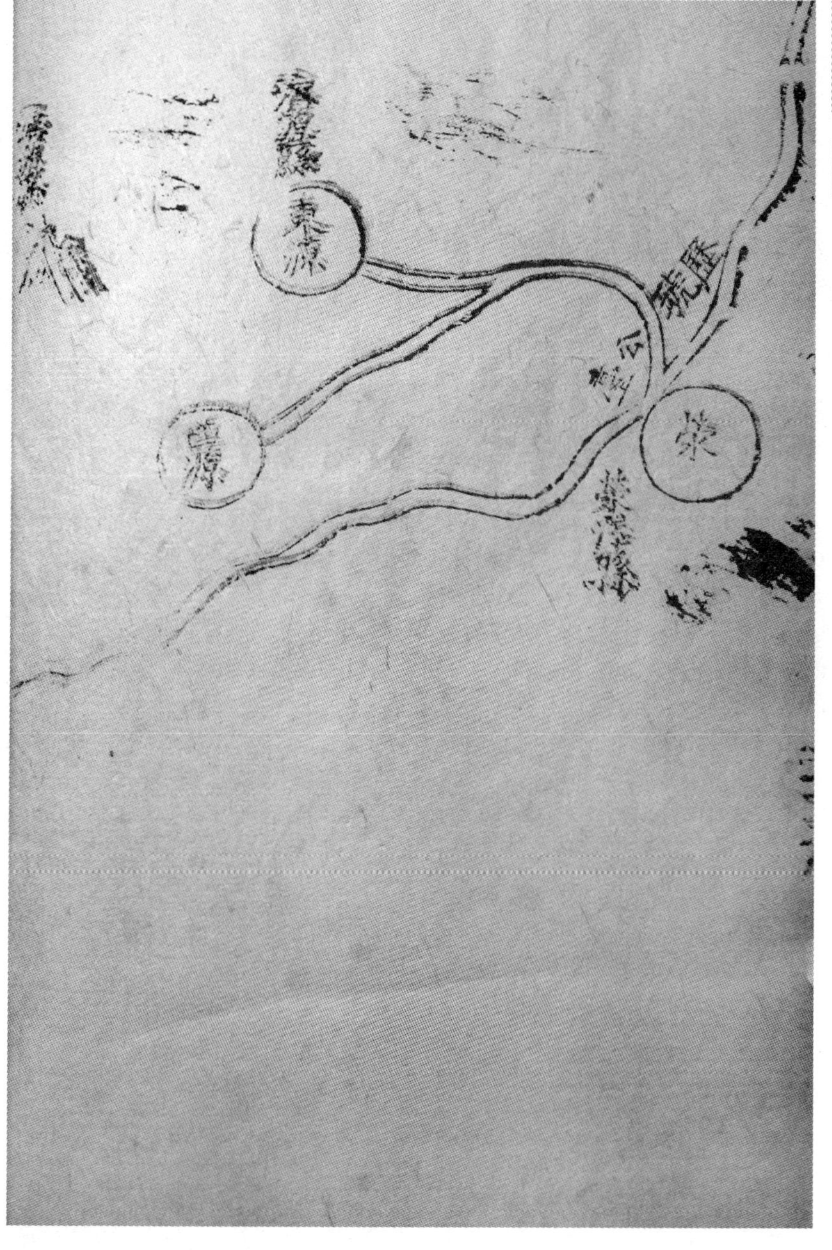

禹貢詳略之滎澤示意圖

禹貢詳略之黄河經淮入海圖

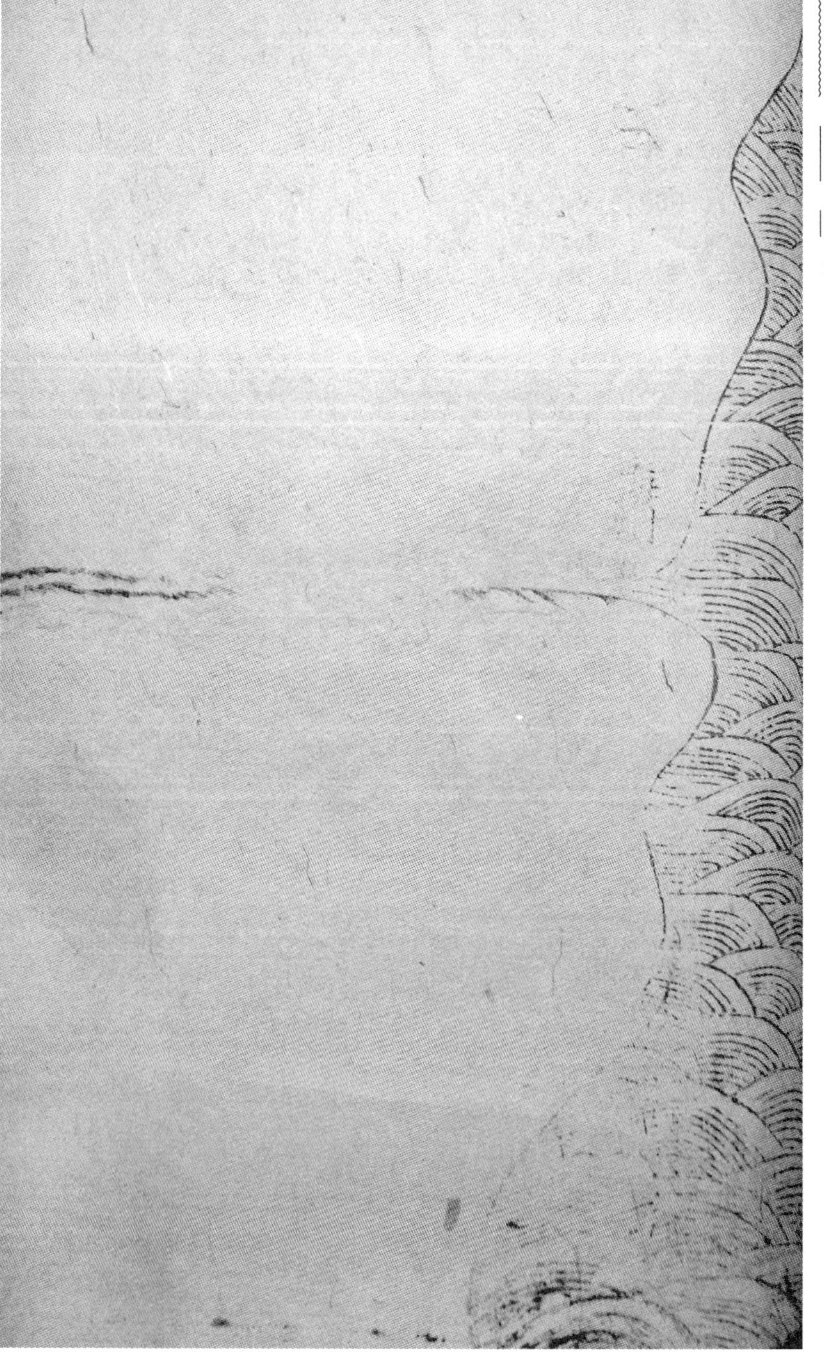

禹貢詳略之淮泗源頭圖

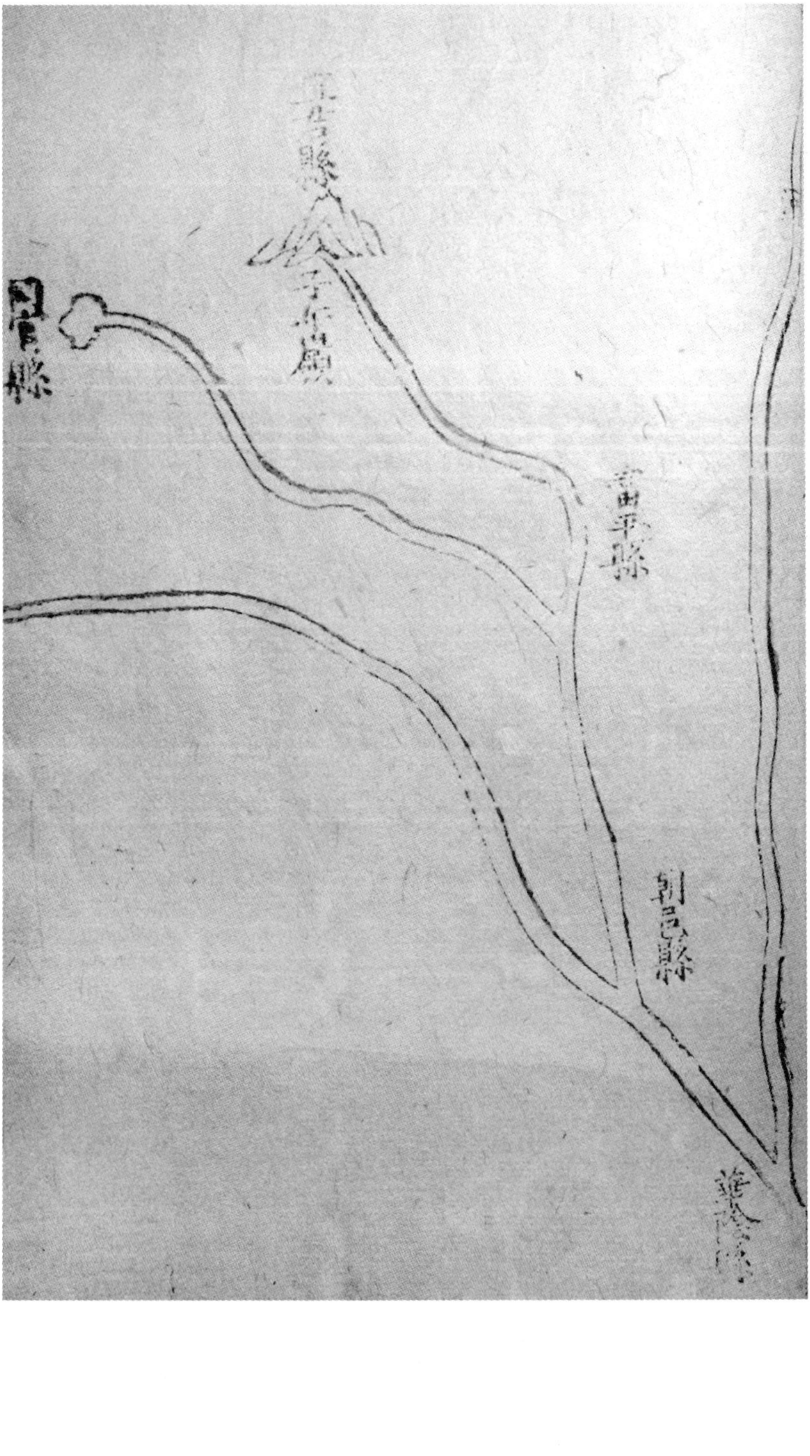

禹貢詳略之沮涇渭水入河圖

禹貢詳略之涇渭灃水發源圖

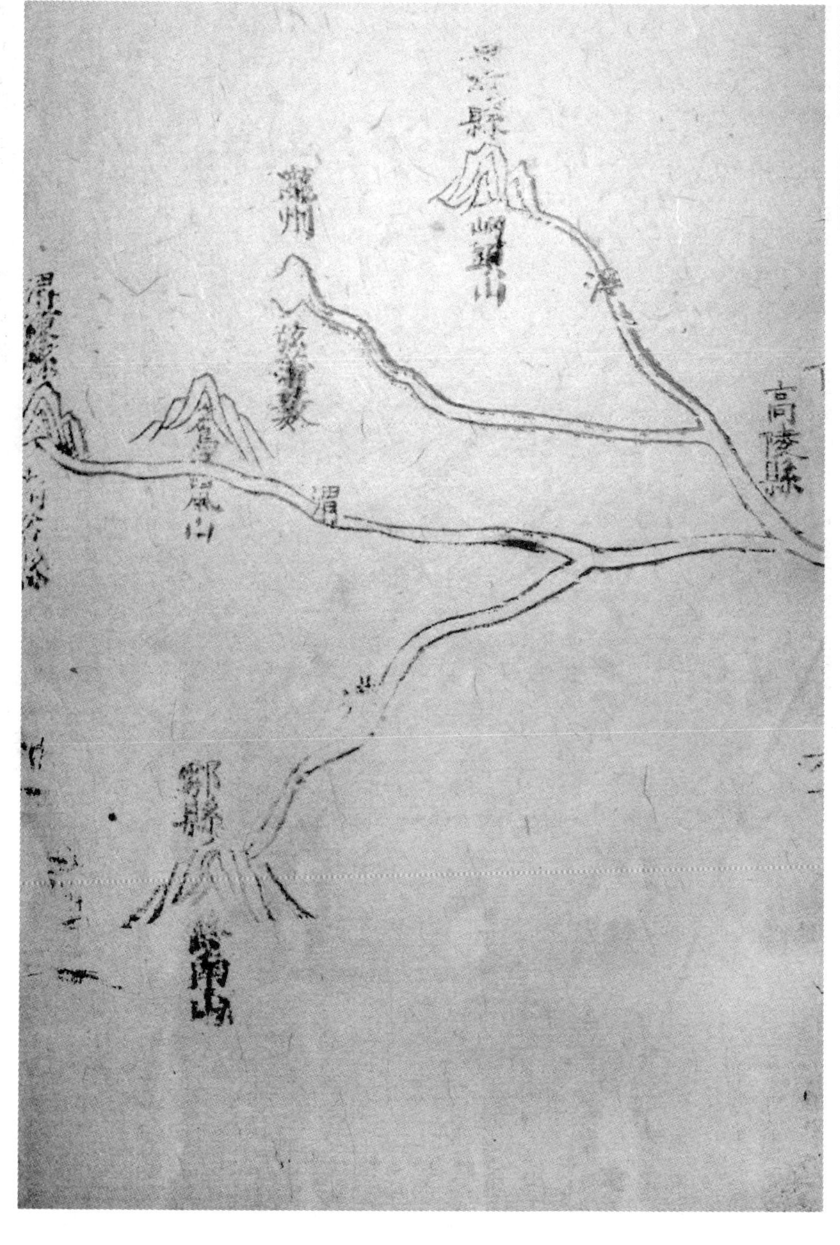

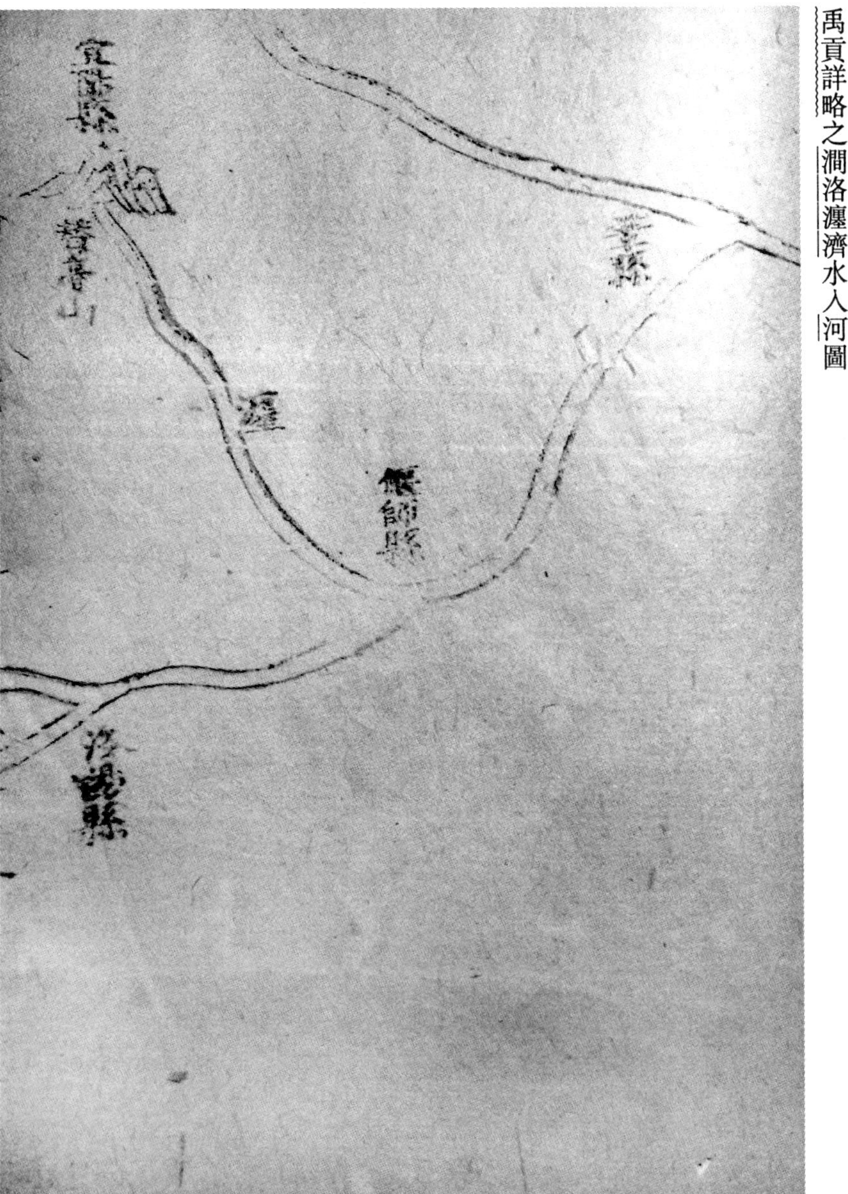

禹貢詳略之澗洛瀍濟水入河圖

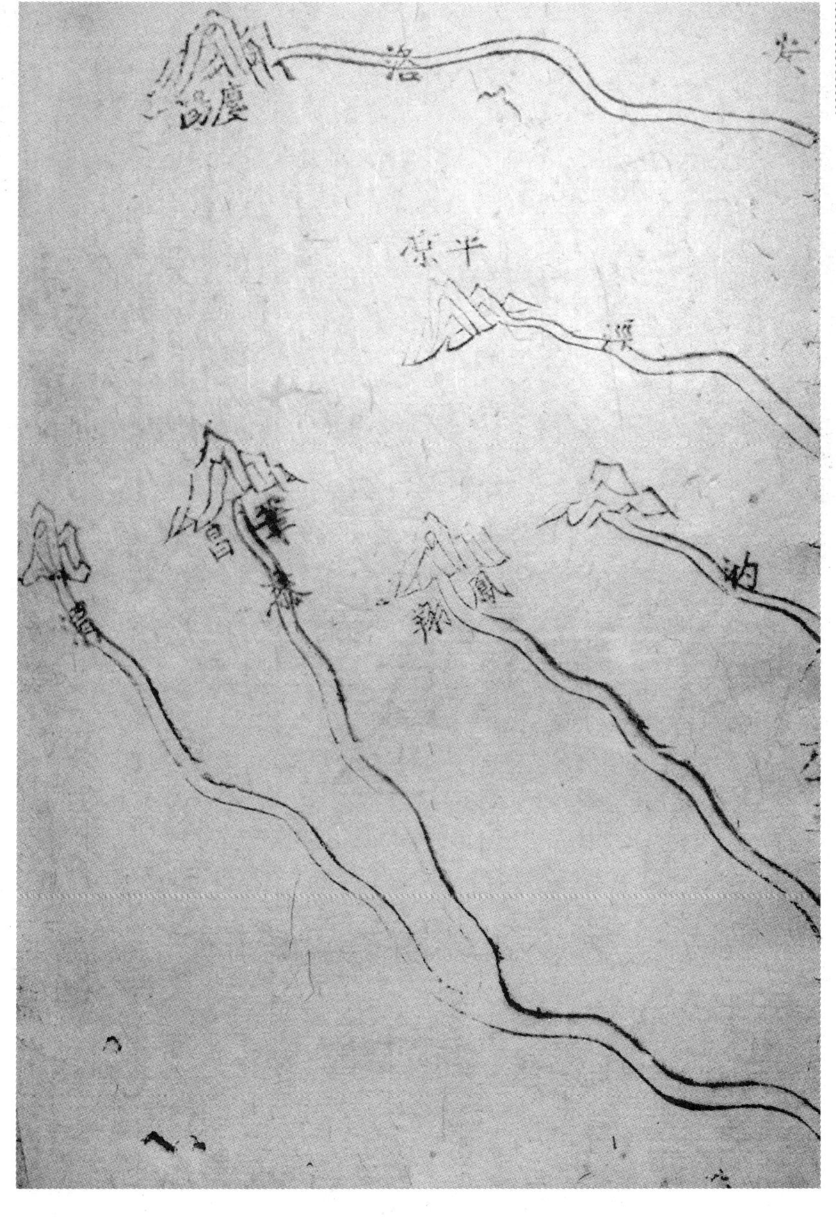

禹貢詳略之涇渭汭漆發源圖（一）

禹貢詳略之文圖

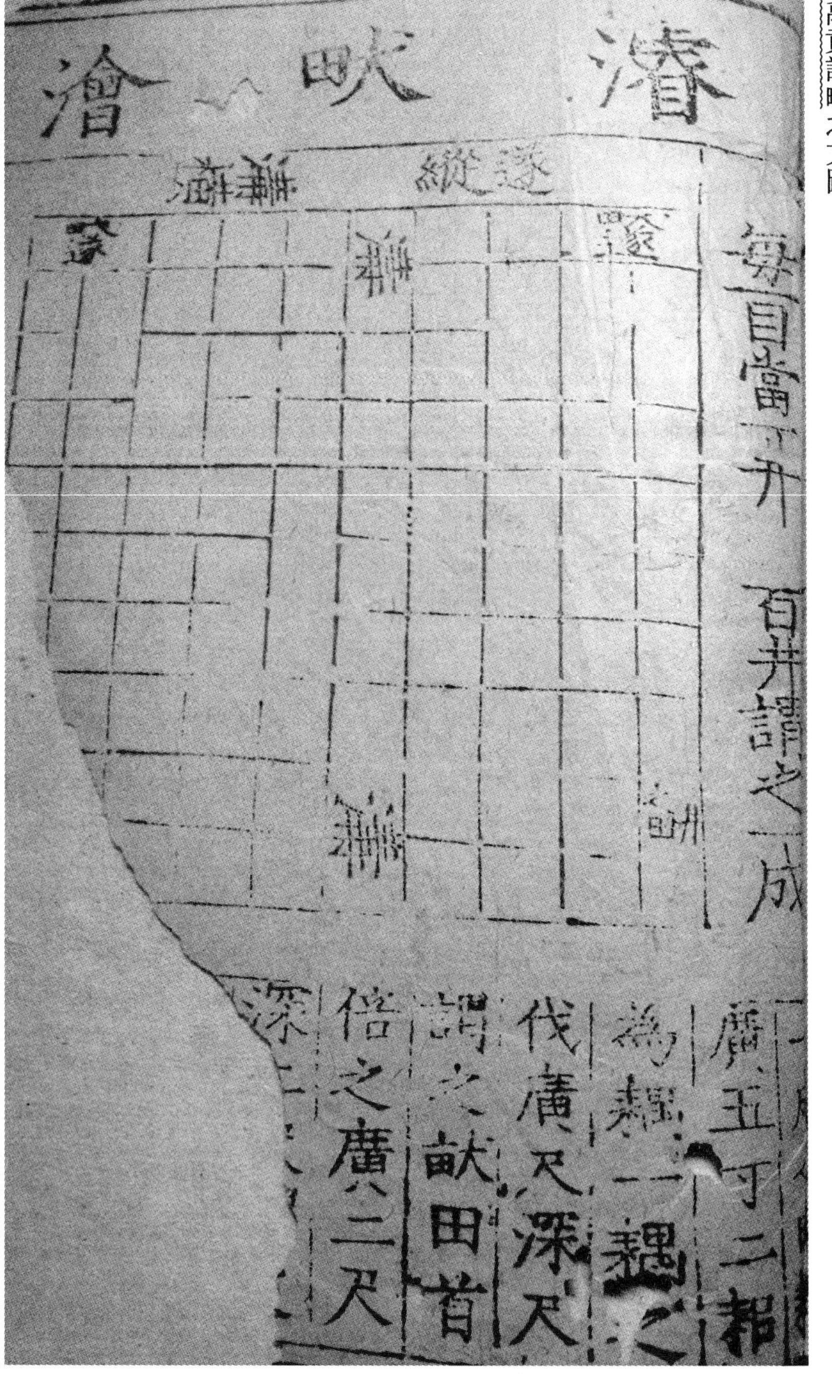

荒服

要制五服

甸服

荒服之限

要荒之限各五百里

當甸旬服為五百里

王自服限去九百里

新城里去王則里

海一結王于城為所

衞竹各物數千去沿

限五皖二一里王沿

大百當干共峽每

王里林里五分

貢服之

六千

方

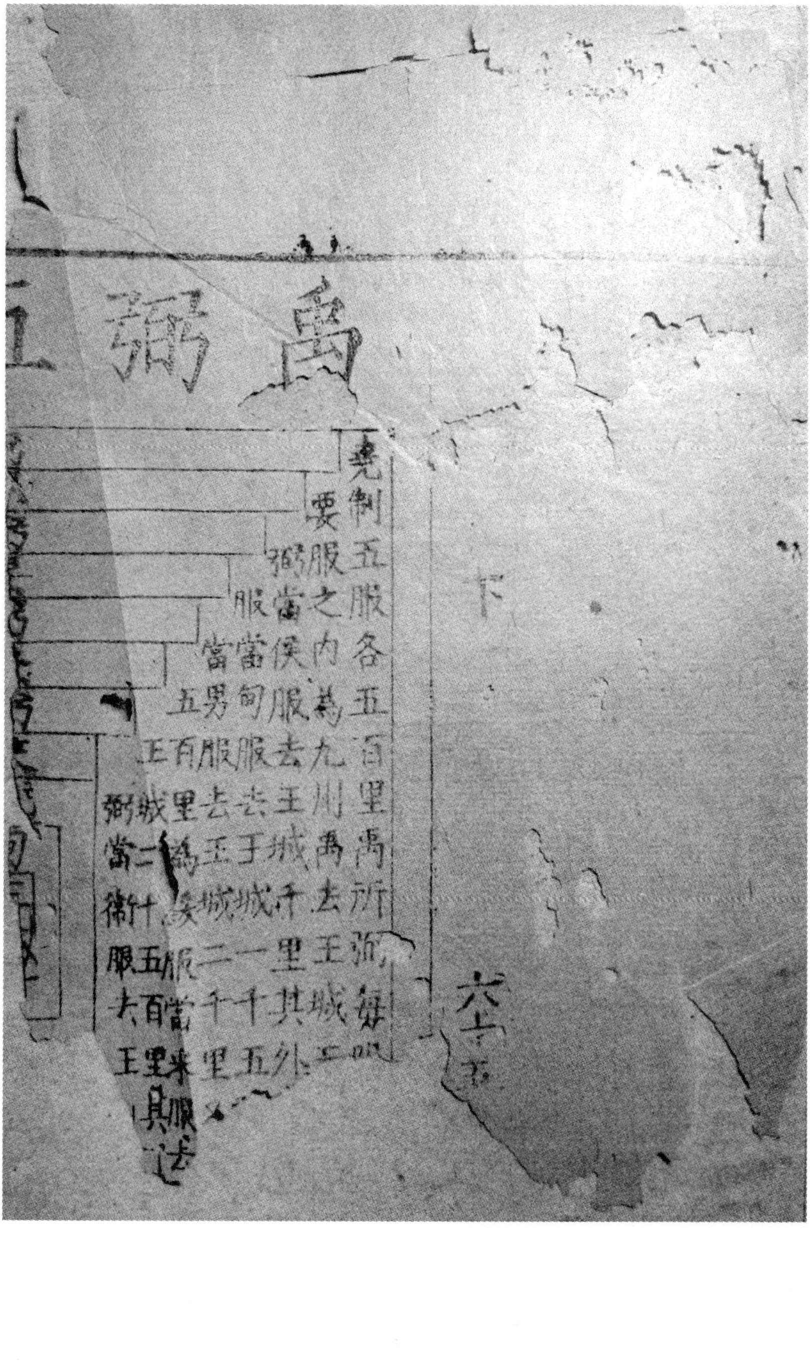

附録

經義考　禹貢詳略提要

朱彝尊

韓氏　邦奇　禹貢詳略

二卷。存。

邦奇自序曰：「略者，爲吾家初學子弟也。復講説者，舉業也。詳釋之者，俟其進而有所考也。弘治丁巳。」

歐思誠自序曰：「禹貢詳節，迺苑洛韓公心得之學傳之家塾者。往歲愚承乏朝邑，知而求傳之。公辭曰：『此特以教我子弟者，非敢傳之人人也。』嘉靖乙巳春，適公奉命總理河道於濟寧，愚復備屬東昌，獲伸前請，公諾。愚歸郡，壽諸梓，俾讀是經者，本其説以研經義，考其圖以窮源委，孰知公用心之動，析理之精，有裨後學，不爲小補云。」

（朱彝尊經義考卷九十四　書二十二）

四庫全書總目　禹貢詳略提要

禹貢詳畧（無卷數　浙江范懋柱家天一閣藏本）

明韓邦奇撰。邦奇有「易學啓蒙意見」已著録。邦奇學有原本，著作甚富。而此書訓釋淺近，惟言擬題揣摩之法，所附歌訣圖考，亦極鄙陋，乃類「兔園冊子」。前有邦奇自爲小引，云：「畧者爲吾家初學弟子也，復講説者舉業也。詳釋之者，使之進而有所考也。」後有薊門歐思誠跋述邦奇之言。亦曰：「特以教吾子弟，非敢傳之人人。」則是書本鄉塾私課之本。思誠無識而刻之，轉爲邦奇累矣。至於每州之下各加某州之域四字，參於經文之中，尤乖體例，邦奇必不如是之謬。殆亦思誠校刊之時，移其行款也。朱彝尊經義考載：「邦奇書説一卷。註曰『未見』。」，而不載此書。其卷數則相同，或即因此書而傳訛歟？

（四庫全書總目經部書類存目）

性理三解

重刊性理三解序

成邦彦

余讀苑洛文集，其中有正蒙拾遺、啓蒙意見、洪範圖解三序，循環玩味，竊歎先生識見高明，學問淵深，直達性天之奥，倘生聖人之門，端木氏不能過也。蓋性理一書，其太極圖、西銘，先儒注釋已極詳備，唯正蒙多所未解，學者惑焉。先生拾遺之作，殆以是與？至於啓蒙、洪範二解，皆本河圖、洛書之淵源，推理數象占之妙用，或闡先儒所已發，或補先儒所未備，大哉至矣！抑余嘗閲楊椒山先生文集，其中所載有「椒山先生嘗訪律吕之學于先生，輒經歲時，乃有所得」，今以是三解觀之，則先生當日所以傳椒山先生者，略可識其大凡矣。抑子貢曰：「夫子之文章，可得而聞也，夫子之言性與天道，不可得而聞也。」此三解者，即所謂性與天道，非初學所能領取，故並付之攻木氏，以俟有志之士，學既有得，乃可從而潛心焉，則庶乎其無所躐矣。是爲序。

時乾隆十六年歲次辛未陽月穀旦，文林郎知朝邑縣事丁卯科舉人山右成邦彦撰

重刊性理三解序

張坦

有明苑洛韓子所著性理三解，發宋儒之秘鑰，引後學以津梁，其爲功于士林不淺。但其集之在朝邑者，梨棗剥落，簡編又復散佚，久將漫滅，殊可惜也。竊見自漢遞唐，凡所謂雕龍繡虎之技，題花課鳥之章，往往汗牛充棟，縹緗連雲。而窮理研性之書，轉視爲故紙，殊略而不之問。今邑令成君，甫蒞朝邑歲餘，於簿書期會之餘，即搜羅古集。見此書殘隣朽蠹，遂倡率合邑人士，旁求善本，補其殘缺，校其亥豕，鏤金而將付之梓人，以重輯之。因持其稿本，以索序於余。余披閲之下，頓覺河經洛緯，焕然重新。荒煙蔓草，光吐石鼓，不亦快乎！然業虚雖設，鐘聲弗考，無庸也。成君其必力崇正學，培養士

風，以伊洛之名理，作關西之人才，將見學海揚波，士林振藻，不徒區區之事，帖括家言已也。余故深嘉而樂序之。

時乾隆十六年歲在辛未仲夏穀旦，分守潼、商兵備道滏陽張坦易菴氏題於潼園之四柳亭

性理三解序

福建道監察御史門人渭野樊得仁頓首拜書

三解者，苑洛先生所著正蒙拾遺、啓蒙意見、洪範圖解也。弘治中，先生著正蒙解結釋其難，闡江章先生著正蒙發微詳于易，先生欲合爲一書，繼見近山劉先生會稿，曰：「難易兼舉矣。」取解結而焚之。正德以來，世儒附注于正蒙者復數家，後先生乃以張子之大旨未白、一二策尚欠詳明，於是作拾遺。孔子贊易，於卦畫曰：「易有太極，是生兩儀，兩儀生四象，四象生八卦，八卦定吉凶。」「定吉凶」中已包四千九十六卦矣；於蓍策曰：「四營而成易，十有八變而成卦。引而伸之，觸類而長之。」「觸類」云者，直指四千九十六卦而言也。是謂孔易。傳之子夏，傳之商瞿，傳之孟禧，傳之焦氏，易林是也。東漢以下，無傳焉。至宋儒作啓蒙，取易林以爲卦變，削其詞而隱其名，孔易滅矣，而生卦考占，於孔子戾焉。先生以易林附之易爻之下，曰易占經緯，別立考變條例，於是作意見。蔡子衍洪範之數而作用之法不傳，龍峰氏推而著之而布棋之法未備，先生嘗曰：「正數者，天地之正氣也，而其吉凶也確；間數者，天地之間氣也，而其吉凶也雜。象以耦爲用者也，有應則吉；數以奇爲用者也，有對則凶。此蔡子之微言也。」於是作圖解。拾遺刻之于山東，意見刻之于宣府平陽，圖解刻之於朝邑。得仁合三書而刻之於真定。易林附爻則別爲一書。先是，有律呂新書一卷，今纂之樂書云。

嘉靖壬寅肆月吉日

刻性理三解序

樊得仁

三解者，啓蒙意見、律呂直解、洪範圖解也。苑洛先生爲諸生時，嘗以張子正蒙無注，邵子經世書雖有注非其本旨，朱子啓蒙意見稍有不同，蔡西山新書理奥而文隱，數著而意深，蔡九峰洪範皇極作用之法未備，乃爲正蒙解結、經世摘隱、啓蒙意見、律呂直解、洪範圖解。既見京兆劉先生正蒙會稿，渤東余先生經世釋義，曰：「明且備矣！」遂取解結、摘隱而焚之。雖門下士，弗及見也。蓋先生無我之心，視人之善，猶己之善，初無顧吝。然幸三解僅存，廣大精微，無不在是。余懼夫海内之士，有志於此學而未得其要領也，乃刻之木，與後賢共。若夫先生用心之勤，理學、數學之精，在讀斯集者自得焉。

時嘉靖十九年庚子中秋，門人渭野樊得仁書

補鐫性理三解序

謝正原

韓苑洛先生性理三解，其板帙昔散軼于山東平陽之間，明邑御史樊渭野合三書而刻之。迄國朝乾隆中，邑令成公重付剞劂。今垂五十餘載，又不無朽蠹，繼以河水漲溢，板片半淹没於泥沙之中，邑侯朱和齋先生委余以補刻之責。因延諸同志悉心校讎，命攻木氏屢閲。月工始竣，而三解遂成完璧矣。

時嘉慶七年歲次壬戌季冬穀旦，謝正原謹識

正蒙拾遺　一卷

讀正蒙拾遺篇

劉世綸

是編也，先生謂：「三代之下，獨橫渠識天道之實。」此千古卓越之見。今即造化與正蒙對觀之，了然矣。至於「周公狼跋」之説，「佛氏歸真」之論，「有道術以通」「過涉滅頂」諸篇，不過千言，而因時達變，撫世御物，易之妙用，在盈縮之中，先儒未之及也。學者詳玩熟察，而有得焉，則知世綸非阿私已爾。

正德戊寅，賜進士承德郎戶部主事門人岷山劉世綸拜書

性理三解卷之一　正蒙拾遺

橫渠正蒙多先後相互發明，熟讀詳玩，其義自見，不煩解説。且近來大全、三注及會稿注釋者頗多，但張子大旨似未全得，中間一二三策，尚欠詳明。故著此苑洛韓邦奇拾遺。

太和篇

太和所謂道。

「太和」，是陰陽迭運、絪緼交密者，乃化育流行天道也。孔子所謂「一陰一陽之謂道」者是也。自孔子而下，知

「道」者惟橫渠一人。

「道」字，解作「路」字，指流行發見者而言。春秋之時，世道衰微，天道人道，人皆不知，而以窈冥昏默者當之。故孔子明天道曰：「一陰一陽之謂道。」子思明人道曰：「率性之謂道。」皆指流行發見者而言。

學不足以合天人、一萬物，非學也。萬物者，天地之子。天下未有子不似父者，人之子必似人，牛之子必似牛，馬之子必似馬，杏之子必似杏，桃之子必似桃，天人萬物，豈有二哉！

性，道，一物也。存之於心謂之「性」，寂然不動者是也；發之於外之謂「道」，感而遂通者是也。人有人之性，人率人之性而行，發而見諸行事爲「道」，子思所謂「率性之謂道」是也。天有天之性，天率天之性而行，發而見諸化育流行爲「道」，孔子所謂「一陰一陽之謂道」是也。至於凡物，卵爲性，發而爲雞，知覺運動是道也。核爲性，發而爲樹，榮瘁開落是道也。孔子「逝者如斯」，子思「鳶飛魚躍」，皆謂是也。宋儒於中庸解人道則是，於易大傳解天道，乃謂「陰陽迭運者氣，其理則謂之道」則非。孔子本指矣，若然是以寂然不動者爲道矣。宋儒又謂「道爲太極」。「太極」是寂然不動時物；「道」是動而生陽以後物，安得以「道」爲「太極」哉！

宋儒於中庸解天道，以四時日月錯行代明爲天道亦是，而獨于解易則非者，蓋於「形而上謂之道」一句，未分曉耳。易謂「形而上」，非爲「氣而上」也。

且凡「之謂」字，是直指，且有曉示群非之義，若曰「衆論非道」，一陰一陽之謂道也，豈可解作二義！正蒙「所謂」字，不如孔子「之謂」字爲的確，此又聖賢之別。

一元未闢，渾渾沌沌，太極之未形也，是天之性也，如堯舜之心，至靜未感，萬理咸具，即太極也，是堯舜之性也。一元既動，二氣五行，化生萬物，無一息之間，河嶽奠，動植遂，無一物之欠，此天之事業也，是天之道也。堯舜之心，感物而動，發而爲言語應接，敦敘九族，平章百姓，協合萬邦，做出許多事業，是堯舜之道也。

天地萬物，本同一氣。其成也，皆小而大，未有陡然而大者。天開一萬八千年，而後天始成；地闢一萬八百年，而後地始成；又一萬八百年，而後萬物始成。子思於中庸著論曰：「今夫天，斯昭昭之多，及其無窮也，萬物覆焉。今夫地，一撮土之多，及其廣厚，萬物載焉。」正見天道流行不息之意。宋儒乃謂「天地非由積累而後大」，誤矣。如此則是木之一出，便有枝葉花果矣。且天地亦有老時，自子至午則漸長，自未至亥則漸消，天地渾沌，亦以漸而沒。若陡然如今世界，就一時渾沌了，亦可傷矣。萬物有死時，天地有渾沌時，即今已到未字上，以後漸漸一代不如一代，天地將老，乃欲挽而爲唐、虞、三代正午之治，難矣！

散殊而可象，爲氣；清通而不可象，爲神。

此皆是動後事。蓋化育流行中又有隱顯，如物之生，無一日不長，此是可象者。然其長之之漸，流行之妙，殆不可見，久則小而大矣。說個「神」字，所謂「形而上」者。

他書論隱顯，性爲隱，發而爲道則爲顯。獨正蒙及中庸鬼神章於顯中而又有隱顯。「鬼神」是天地之功用，陰陽之迭運者是也。是顯「弗見弗聞」。「體物」皆鬼神中事。「弗見弗聞」是顯中之隱，「體物」是顯中之顯。「誠之」不可揜。「誠」字是隱鬼神之體，實理也。對那發而爲道之「顯」字，「弗見弗聞」是「清通不可象」，「體物」是「散殊可象」。「中涵浮沉、升降、動靜、相感之性」，此又以「各正性命」者言。

客感客形。

此横渠灼見道體之妙。所謂生，寄也；死，歸也。以感爲客，則無感者爲主矣。以形爲客，則無形者爲主矣。

氣之爲物，散入無形，適得吾體，聚爲有象，不失吾常。

吾之體，本太和之氣所聚也。今死而散入無形，得吾本然之體也。氣之未聚，吾之常。今雖生而聚爲有象，似失其常矣。然吾之氣與形俱生，未離乎形也，未嘗失其常也。以死爲常，以生爲變，此横渠真見造化之實，先賢之所未發也。此即「客形」之意。

知死之不亡，可與言性矣。

吾生，本氣之聚。氣散而歸之太極，反吾之故物也，何曾亡乎？

知虚空即氣，則有無、隱顯、神化、性命通一無二。

此即「無極而太極」之説，而其語更確實。貫下節而通論之，即「太極之陰陽」至「化生萬物」。

愚嘗謂：周子「無極而太極」，當以「無」字、「太」字爲重、爲實字，謂至無而至有也。「極」字不過贊「無」「太」二字也。「太」字即是「固有」字，舉造化之大若渺茫，即一物之小爲易見。今觀一雞卵，方其未生也，何有於聲音運動？何有於皮毛血骨？所謂「至無」也。然而皮毛血骨、聲音運動，無一不俱，但未形耳。若少卻一件，即不成雞。所謂「太極」也，皆在卵中論，尚未有雞。造化方其混沌之時，何有夫人？何有於飛潛動植？何有於山川河海？所謂「無極」也。然人物皆具於中，不少一物，但未形耳，所謂「太極」也。此横渠所謂「有無、神化、性命通一無二」者也，朱子所謂「即陰陽而指其本體，不雜乎陰陽、不離乎陰陽而爲言耳」。語甚精當，曲盡造化之本體。持此説以照諸子、諸儒之論，是非得失，不勞心力矣。諸儒闢老氏，而其所言，卒歸於老氏，「無極」二字，看未分曉耳。須是見「無」底是何物、「太」底是何物。

氣坱然太虛。

此句朱子謂即「虛空即氣」也。「氣坱然太虛」，非横渠真見道體之實，不敢以一「氣」字貫之。此混沌之未闢，「無極而太極」也。動陽靜陰，浮清降濁，萬品之流，兩儀立，萬物生也。天地混沌後，若無是氣，則無開闢之時矣。人心既靜，若無是氣時，則死而再無動時矣。達乎此，則可以知老氏之非及諸子見道未真者也。

堯舜許多治平事業蓄之於心，但未發之時莫之見，非發而平章協和之後而後有也。所謂「無極而太極」也，即事業而指其本體，不雜乎事業、不離乎事業而爲言耳。「坱然太虛」，不是「太和所謂道」。

方其形也，有以知幽之因；方其不形也，有以知明之故。

發此二句，見得幽明聚散，如環無端，幽即是明，明即是幽，但形不形耳。所謂「通一無二」也。

知太虛即氣，則無無。

太虛無極，本非空寂，只有形不形之異耳。三五是十五，五三亦十五。雖不同，不過皆十五，但變易不同也。形不形雖不同，一氣也，但聚散不同也。一動一靜，一聚一散，是謂「參五變易」。

太虛爲清，清無礙，無礙故神。反清爲濁，濁則礙，礙則形。

此「清」「濁」，是輕清重濁、形神之異，非昏明強弱之謂也。太虛未動，本至靈之氣，所以能化生萬物，故謂「神」。物既成形，則自有礙，雖至聖，既有身形。心雖至靈至神，而形亦自拘於物，其能一息萬里而神乎？三注諸説皆非其載，張、程互言皆莫可考，未必然也。雖天地至大，拘於形，亦自有礙矣。兩儀未立之前，何有礙乎？

由氣化，有道之名。

氣未可以言道，由「氣化」可以言道矣。

兩不立則一不可見。

「兩」是陰陽，「一」是太極。言「兩」可以該萬。非平章協和之事業，何以見聖人之心之靈？非萬物之化生，何以見造化之心之神？然非靈何以出萬化，非神何以育萬物？

愛惡之情，同出於太虛。

此横渠灼見性命之真，故敢爲此言，自孟子言性善之後，諸儒不敢爲此言。孟子言「性善」，非謂性全無欲，只以當時人皆説「人性無善」，故孟子言人性固有欲，然萬善皆備於性，非謂「全無欲」也。孟子嘗曰：「孩提之童，無不知愛其親也。及其長也，無不敬其兄也。」以爲「性善」之驗。若果如此，則愛親猶待孩提，敬兄猶待長。若一生下時便要食乳，臥一汙濕則啼，雖母就汙濕不能顧，然則人之生，欲在先乎？善在先乎？只爲時人謂「性中無善」，故孟子曰「孩提知愛親，長知敬兄」，皆自然之良，無待于習，可見人性中本也有善。此孟子立言之旨也。若謂止有善，全無欲，則以告子之辯，豈不能以前理欲先後折？孟子遽肯默然而服哉？

游氣紛擾，合而成質者，生人物之萬殊。

此以造化言，故以游氣成質，爲生，爲變易；以萬物言，故以游魂爲變，爲死。游氣合，正是「精氣爲物」。

氣與志，天與人，有交勝之理。

以天爲氣，志爲聖人，民咨是聖人所不能。

參兩篇

地純陰凝聚於中，天浮陽運旋於外，此天地之常體也。

地陰故凝聚，静也，有形故有涯。天陽故運旋，動也，爲氣故無涯。地之下皆水，水之下及上下四方，皆氣也，皆謂之「天」。天包地外，如鳥卵清包其黄。地之中爲崑崙，形如饅頭。崑崙爲大，垂而四下，中國則東南一隅也。一隅何以爲文明之地？乃天下之中也。

天左旋，處其中者順之。

此天非無涯之天，乃天盤可測度者，二十八宿之環列者是也。處其中者，日月五星也，順之者，亦左旋也。天日月之行，詳見閏餘章。星甚多，不止二十八宿、五星。

角四十三　亢十八　氐五十

房二十一　心十二　尾十四

箕　三　斗　五十二　牛　五十八

女　四十六　虚　三十二　危　五十二

室　一百五　壁　十三　奎　二十七

婁　三十二　胃　三十五　昴　三十八

畢　八十三　觜　三十一　參　十八

井　六十三　鬼　二十五　柳　三

星　二十五　張　二十三　翼　五

軫　四十八　以上俱除本星

大薇垣　七十八　紫薇垣　一百六十一

天市垣　七十四

微星之數，一萬一千五百二十。庶物蠢蠢，咸得係命。與閏餘章參看。

五星行宿次舍，各有常準。

角中　亢南一度　氐中

房中　尾北三度　箕北一尺半

斗柄第三星南　牛南一度

女南二度　虚南二度　危南二度

室南二尺　壁南二尺半　奎南二度

婁南二尺半　胃南八尺　昴南一尺

畢北二尺　觜北二尺　參北三尺五

井中北五寸　鬼南二尺　柳北二尺

星北三尺　張北三尺半　翼北四尺

軫北三尺

木歲行一舍，十三年行一舍，金、水一年一周天，火二年一周天。

木近日則遲，遠日則速；　火近日則速，遠日則遲。　土平行，金、水附日而行。

大抵曆以紀之，器以象之，紀之不若象之爲準。　今並録王蕃四道、蔡子九行、張衡渾天儀，以便讀正蒙者之考驗制作。

王蕃曰：「黄道者日所行也，半在赤道内，半在赤道外。　與赤道東交於角五度少強，西交奎十四度少強。　其黄道外最遠者，井二十五度、斗二十一度是也。　是爲夏日之所在。　冬至日在南，斗二十一度，去極百一十五度少強，是日最近於南，去極最遠，故景最長。　黄道至斗二十一度，出辰入申，晝行地上一百四十六度少強，故日短。　夜行地下二百一十九度少強，故夜長。　自南至之後，漸漸而北，故其景漸漸而短。　日行地上，分數漸多，夜行地下，分數漸少，故日漸長而夜漸短也。　極北至於夏至，日在東井二十五度，去極六十五度少強，是日最近於北，去極最近，故景最短。　黄道至井二十四度，出寅入戌，晝行地上二百一十九度少弱，故晝長。　夜行地下一百四十六度少強，故夜短。　自北至之後，漸漸而南，故其景漸漸而長。　日行地上，分數漸少，夜行地下，分數漸多，故日漸短而夜漸長也。　極南至於冬至，又復如初。　斗二十一度，井二十五度，南北相竟四十八度。　春分日在奎十四度少強，秋分日在角五度少強，此黄、赤道二道之交中也，去極九十一度少強。　南北處斗二十一度、井二十五之中，故景居二至長短之中。　奎十四度，角五度，黄道出卯入酉，故日出卯入酉也。　晝行地上，夜行地下，俱一百八十二度半強，故日見之漏五十刻，不見之漏五十刻，謂之晝夜同。　天之晝夜，以日出爲分；　人之晝夜，以昏明爲限。　日未出二刻半而明，巳入二刻半而昏，故損夜五刻以益晝，是故春秋分晝漏五十五刻。」

蔡子洪範傳曰：「月有九行，黑道二出黄道北，赤道二出黄道南，白道二出黄道西，青道二出黄道東，並黄道爲九行。立春、春分從青道，立秋、秋分從白道，立冬、冬至從黑道，立夏、夏至從赤道。」

張衡渾天儀曰：「天半覆地上，半在地下。其天居地上見者，一百八十二度半强。地下亦然。北極出地上三十六度，南極入地下三十六度。而嵩高正當天之中極。南五十五度當嵩高之上，又其南十二度爲夏至之日道，又其南二十四度爲春秋分之日道，又其南二十四度爲冬至之日道。南下去地三十一度而已，是夏至日北去極六十七度，春秋分去極九十一度，冬至去極一百一十五度。其南北極，持其兩端，天與日月星宿斜而回轉。衡長八尺，孔徑一寸，璣徑八尺，圓周二丈五尺强。轉而望之，以知日月星辰之所在。爲儀三重，其在外者曰『六合儀』，平置。黑單環上刻十二辰、八干、四隅。在地之位，以準地面而定四方。側立黑雙環，背刻去極度數，以中分天脊，直跨地平。使其半入地下，而結於其子午，以爲天經。斜倚赤單環，背刻赤道度數，以平分天腹，横繞天經，亦使半出地上，半入地下，而結於其卯酉，以爲天緯。三環表裏相結不動，其天經之環則南、北二極，皆爲圓軸，虛中而内向，以挈三辰、四遊之環。以其上下四方，於是可考，故曰『六合』。次其内曰『三辰儀』，側立黑雙環，亦刻去極度數，外貫天經之軸，内挈黄、赤二道。其赤道則爲赤單環，外依天緯，亦刻宿度，而結於黑雙環之卯酉。其黄道則爲黄單環，亦刻宿度，而又斜倚於赤道之腹，以交結於卯酉，而半入其内，以爲春分後之日軌；半出其外，以爲秋分後之日軌。又爲白單環以承其交，使不傾。墊下設璣輪，以水激之，使其日夜隨天東西運轉，以象天行。以其日月星辰於是可考，故曰『三辰』。其最在内曰『四遊儀』，亦爲黑雙環，如三辰儀之制，以貫天經之軸。其環之中，面面當中各施直距，外指兩軸。而當其腰中之内面，又爲小孔，以受玉衡腰中之小軸，使衡既得隨環東西運轉，又可隨處南北低昂，以待占候者之仰窺焉。以其東西南北無不周徧，故曰『四遊』。舊法規環，一面刻周天度，一面加銀丁，蓋以夜候天晦，不可目察，而以手切之。今學者無力爲銅機，且以木爲之制度。既驗，他日用時以銅。」

閏餘生於朔，不盡周天之數。

傳曰：「天體至圓。」

天本無涯，何體之可測度？謂「天體」者，二十八宿之環列者，以次相挨，左旋地外，此天盤之內、地平之外可測度者也。

周圍：三百六十五度四分度之一。

九百四十分爲一度，四分度之一者，將九百四十分分爲四分去聲，每分去該二百三十五分，則天體周圓，共該三百六十五度零二百三十五分。

角十二度　亢九度　氐十六度

房六度　心六度　尾十九度

箕十一度　斗二十五度　牛七度

女十一度　虛九度　危十六度

室十七度　壁九度　奎十六度

婁十二度　胃十五度　昴十一度

畢十七度　觜二百三十五分　參十度

井三十四度　鬼三度　柳十四度

星七度　張十七度　翼十九度

軫十七度

天體度數之圖

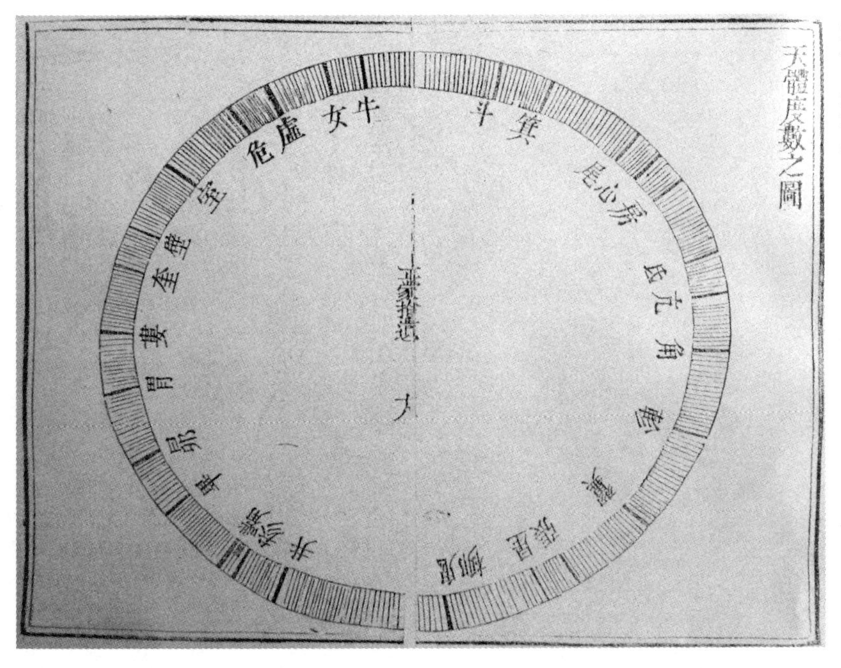

繞地左旋常一日，繞地一周而過一度。

如冬至初一日角起子字位，到第二日時則過子位一度，稍東矣。二十八宿天盤一定之次，如二十八宿釘在車輪，輪轉則丁轉，角行則二十七宿皆行，角易一度，則二十七星皆易一度，到那三百六十五日零三個時辰時，恰好天多行了一遭。

日麗天而少遲，故日行一日，亦繞地一周，而在天爲不及一度。積三百六十五日九百四十分日支二百三十五，而與天會，是一歲日行之數也。

此九百四十分，是説日；二百三十五分，是四分日之一。天以九百四十分爲一度，日以九百四十分爲一日，二百三十五分是三個時，把十二時分作四分也。九百四十分日之二百三十五者，是説九百四十分中的二百三十五分，蓋三百六十五日零那九百四十分中的二百三十五分。若只説三百六十五日零二百三十五分，爲尤明，渠卻帶其母而言之。

天與日，冬至初一日子時同在子一度上起，到初二日時，日只到舊位，天則過子位一度上了。

日與天會之圖

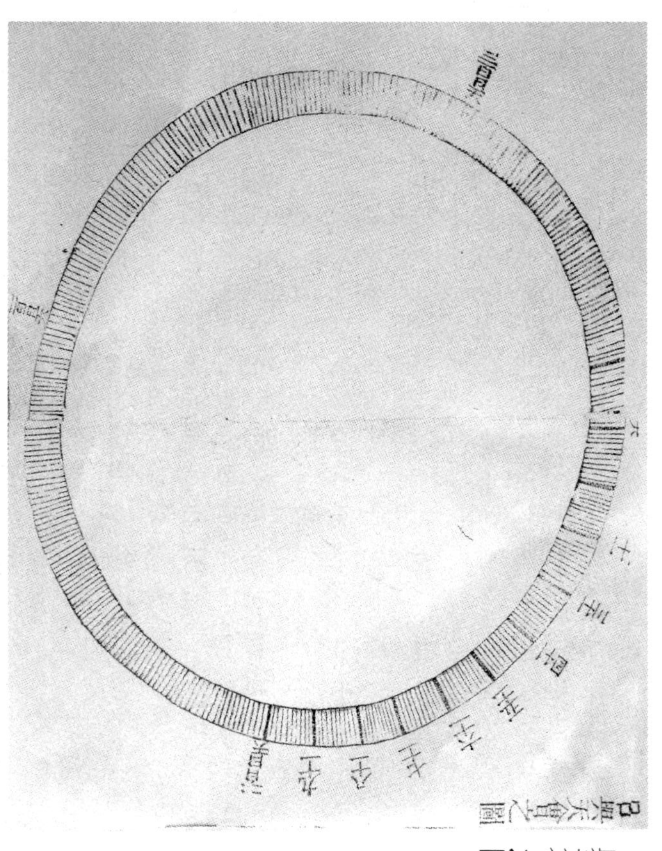

一月月與日會之圖

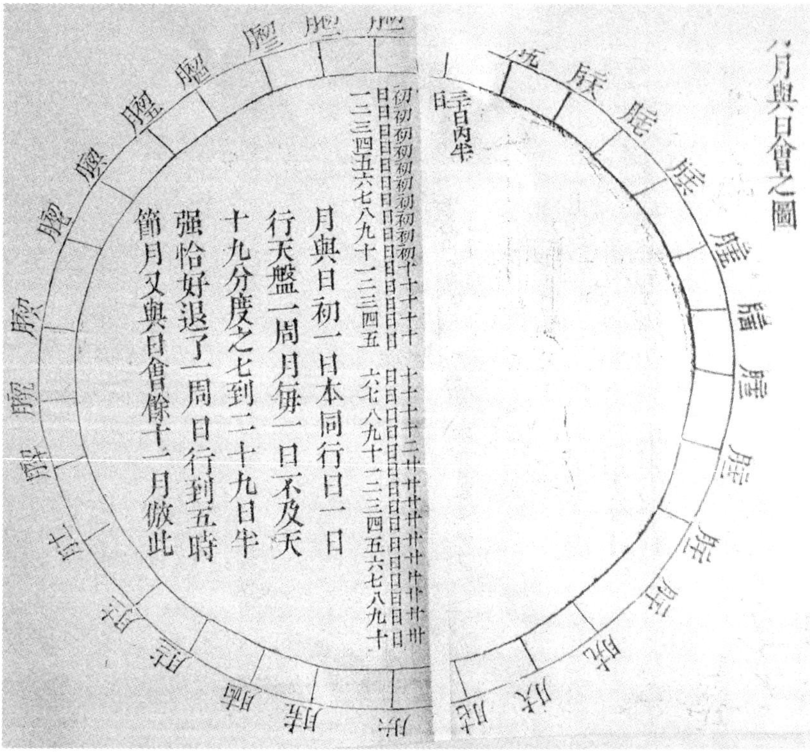

月與日會之圖

月與日初一日本同行日一日
行天盤一周月每一日不及天
十九分度之七到二十九日半
强恰好退了一周日行到五時
節月又與日會餘十一月倣此

一日過一度，十日過十度，一百日過一百度，三百日過三百度，又五十五日，則過三百五十五度。還有二百三十五分，又三個時辰，時又過二百三十五分，則與日到寅字上會。日與天會，是一年已畢，又起第二年矣。歲之有三百六十五日零四分日之一者，以天體有三百六十五度四分度之一也。

月麗天而尤遲，一日常不及天十二度十九分度之七。積二十九日，九百四十分日之四百九十九而與日會。

凡月與日會，自朔至晦，凡二十九日零六個時辰有奇。

十九分度之七，難算。若照常數以十計之，雖微秒不盡其餘。今釐以下通變其法，以四奇爲一釐，十九息爲一奇，則乘除始無奇零。

以九百四十分分爲十九分，每分該四十九分四釐二奇十八息，内取七分，該三百四十六分三釐十二息。

十二會得全日三百四十八。

此十二個二十九日。

餘分之積，又五千九百八十八。

此十二個四百九十九分。

如日法九百四十而一，得六不盡三百四十八。

日法：九百四十分爲一日。以九百四十分爲一日，約之前五千九百八十八該六日零三百四十八分。而一者，一日也。得六者，得六日也。

通計得日三百五十四，九百四十分之三百四十八。

以全日三百四十八及餘積六日，並不盡之數。通共三百五十四日零三百四十八分。

是一歲月行之數也。

一歲月與日會之圖

歲月與日會之圖

十一月會
子
日
十二月會
丑
日
正月會
寅
日
二月會
卯
日
三月會
辰
日
四月會
巳
日
五月會
午
日
六月會
未
日
七月會
申
日
八月會
酉
日
九月會
戌
日
十月會
亥
日

天日月運行總圖

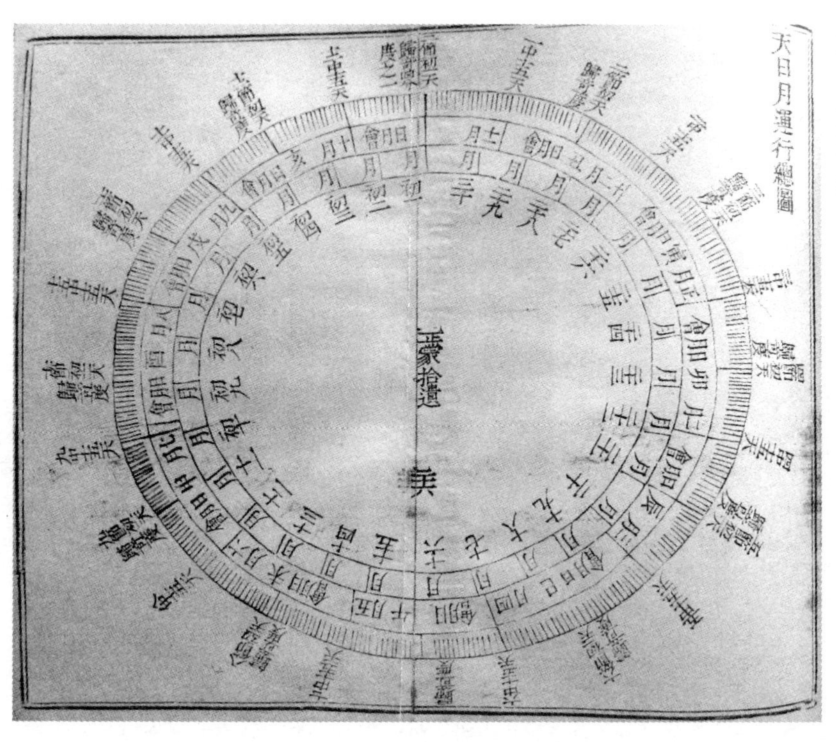

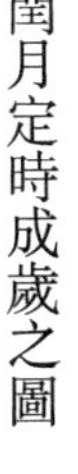

閏月定時成歲之圖

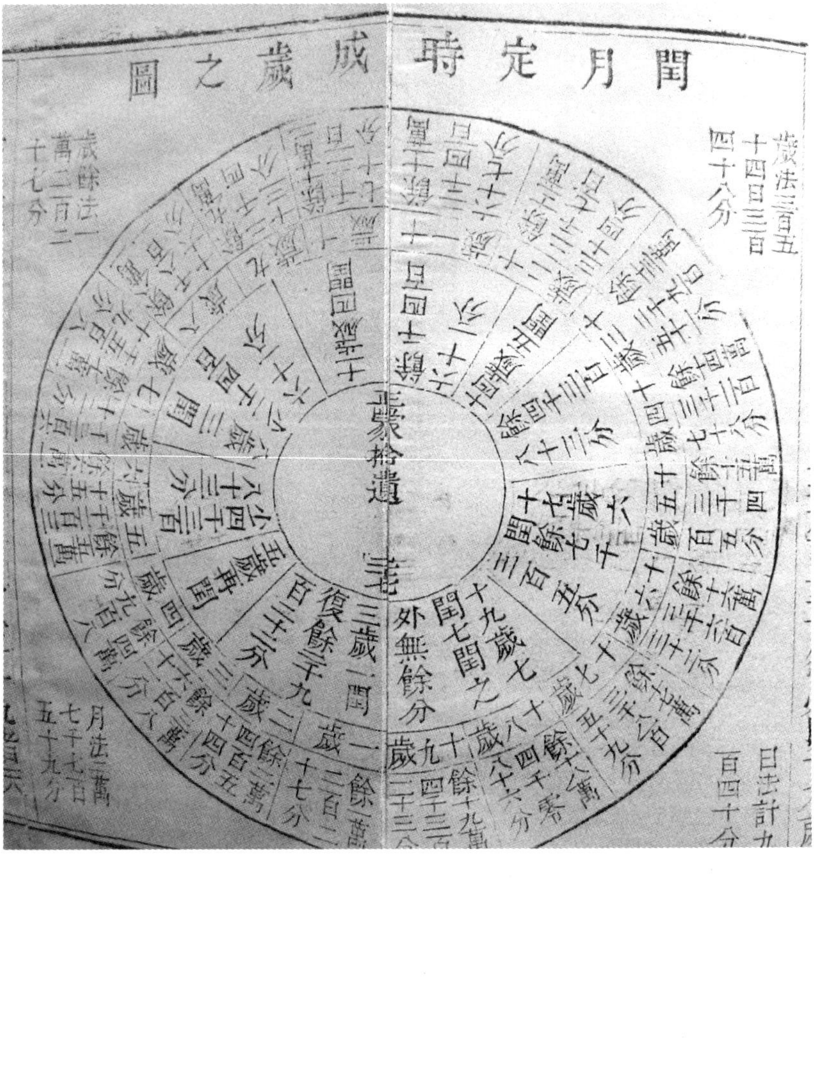

三歲一閏，五歲再閏，及十九年而餘一百九十日一萬五千七百十三分。以日法除之，共得二百六日百七十三分，爲七閏之數，是謂一章。然必以十九歲而無餘分者，蓋天數終於九，地數終於十。十、九者，天、地二終之數。積八十一章，則其盈虛之餘盡而復始。推此以定四時歲功，其有不成乎！

傳曰：歲有十二月，月有三十日。三百六十者，一歲之常數也。故日與天會而多五日九百四十分。日之二百三十五者，爲氣盈。月與日會而少五日，九百四十分日之五百九十二者，爲朔虛。合氣盈朔虛，而閏生焉。

天運有常，何嘗有有餘、不足之數？其不能齊者，曆不能齊也。所以置閏者，只爲月氣，不能與節氣相同。故反以節氣就朔氣，若不論朔，只一節一中排定，則節氣又正，曆亦省便。但初一月不與日會，十五月不圓耳。然不用朔氣，似與天時無害。夫有陽必有陰，月之氣亦自與萬物相關，豈可不論？

三百六十者，一歲之常。由前面所注，日與天會，爲三百六十五日零三時，是多五日強；月與日會，三百五十四日零七時強，爲少五日。日五日多，月五日少。相合來十日，然皆是月之不足者。故一歲閏率則十日九百四十分日之八百二十七。將及十一日。

三歲一閏，則三十二日九百四十分日之六日單一。五歲再閏，則五十四日九百四十分日之三百七十五。十有九歲七閏，則氣朔分齊，是爲一章也。十有九年，餘一百九十日一萬五千七百十三分。以日法除之，得二百六日六百七十三分，爲七閏之數，氣朔之分齊矣。

木曰曲直，金曰從革，水曰潤下，火曰炎上。

四句出洪範箕子衍。此節與蔡子說稍異。蔡子曰：「曲而又直，從而又革，潤而又下，炎而又上。」横渠謂：「曲而反直。」蓋以「自勾而拆」以上謂「一從革而不能自反」則止，以器使言。然木之本性，惟直而已，葉果之累墜，風樹之吹扇始曲。如人性善，而爲物欲累。金性或本革而可從，或本從而可革者，聖人修道之教使之也。潤下炎上，則其定性。蔡子之説較穩實。

天道篇

形而上者，得意斯得名，得名斯得象；不得名，非得象者也。故語道至於不能象，則名言忘矣。

此一節非論道，是論學者造道之妙。如得天之化育，則知天之所以名，而得天之象矣。然其化育流行之妙，視不見而聽不聞也，乃其妙用，何以能象？苟默而會之，則自得於心，何用名言！大凡古人此等語，是謂學者得其妙則不待言語形象。雖然此爲自學而言，若夫垂教於世，言象豈可已？孔子曰「予欲無言」，則兩篇論語，諄諄言之，至於刪詩書，定禮樂，贊周易，修春秋，自古立言之多者無如孔子。堯舜之曆象、樂器、衣裳，許多物象，學者亦當得意可也。世之儒者有默然寂然，謂簡策爲贅物，閉目高坐，以示生徒，殆佛氏之傳燈耳，殊可笑。無絃之琴，誤之也。

正明不爲日月所眩，正觀不爲天地所遷。

天下之事惟正爲難守，最易眩遷。世之君子不爲死生利害眩遷者易，而惟不爲名節道義眩遷者難。子路眩於忠死於衛，微子去國歸仇，正也。申生眩於孝死於譖而不訴，大舜不告而娶，正也。

神化篇

神，天德；化，天道。德，其體；道，其用，一於氣而已。

此節以德爲體，道爲用，古人所未言，則「太和所謂道」可識矣。德，天之性也；道，天率天之性行也，一於氣而已。橫渠洞見造化之實，異於世儒所見，爲無爲空，流於老氏、佛氏之說也。「德」字正如中庸所謂「大德」「小德」，道便是用，道再無用。

「神無方」，「易無體」，大且一而已。

惟大且一，故無方無體。「大」「一」總承二句，「大」是橫言，「一」是直言。「一」者，不息之謂，大而又不息也。使大而或息，不足謂之「無方無體」。

鬼神，往來、屈伸之義。

「往來」是循還，「屈伸」是對待。

所謂氣也者，非待其蒸鬱凝聚，接於目而後知之；苟健、順、動、止，浩然、湛然之得言，皆可名之象爾。

「蒸鬱凝聚」者，氣之發用也。「浩然湛然」者，氣之本體也，所謂「坱然」者也。

動物篇

氣於人，生而不離、死而游散者爲魂，聚成形質、死而不散者爲魄。

魂雖散而常存，魄不散而終滅。此又盈虛之數也。孝子祀魂於廟，藏魄於墓，爲不死矣。

形也，聲也，臭也，味也，温涼也，動靜也，莫不有五行之别。

相家論人有水形、木形、火形、金形、土形之異，地理家論山與地亦有金、木、水、火、土之形。凡物皆然，非是潤下炎上之類。

誠明篇

性與天道合一存乎誠。

此在造化上説，兼體用而言之。性是天之性，太極之理，體也；道是天之道，天率天之性，一陰一陽之迭運、化育、流行，用也。然皆實理也。

未嘗無之謂體。

所謂「氣坱然太虚」，自漢、唐、宋以來，儒者未有見到此者。是以不惟不能爲此言，亦不敢爲此言也。

上智下愚，與性相遠。

孔子之言平正的實，萬世無弊。宋儒謂「下愚可移」，直自誣耳。人之生，欲與善、氣與理同受，但曉悟則欲在先而善在後，雖孔子、堯、舜亦然，但不假修習耳。宋儒看不透孟子之意，故多強釋。於文義似矣，驗之人，其實非然也。

大心篇

耳目雖爲性累，然合内外之德，知其爲啓之之要也。

内是心，外是耳目。心之明，由耳目之聞見、講習、討論之類。

中正篇

洪鐘未嘗有聲，由扣之乃有聲；聖人未嘗有知，由問之乃有知。

洪鐘本有聲，聖人本有知。張子本意，謂聖人之教無偏主，無預定，隨人所問而答之。洪鐘則扣有輕重，聲有大小也。但其言抑揚太過。

至當篇

金和而玉節之則不過，智運而貞一之則不流。所以可久可大，肖天地而不離也。

金可從可革，無定體；玉清潔堅凝，一碎而不可再完。不金和則異物，不玉節則徇物。金和而玉節之，則不過矣。智不運則不能應變趨時，不貞一則爲權謀術數，貞一則行權時措皆合乎道，故不流。天覆地載，大也；悠久無疆，久也。

制行以己，非以同乎人。

獨立不懼，一家非之而不顧，一國非之而不顧。

義，仁之動也。流於義者，於仁或傷；仁，體之常也，過於仁，於義或害。

張子之意，在「流」字與「過」字上。義流則非義矣，仁過則非仁矣，非謂仁義並行也。

君子所以立多凶多懼之地。

幾與徙，善惡所由分也。三當離下而上之地，上下未定，勉則善，怠則惡。多凶多懼之地，故必終日乾乾，而凶懼可免。

作者篇

以知人爲難，故不輕去未彰之罪。

此千古大臣愛惜人才、養明養度之法。

舜之孝，湯、武之武，雖順逆不同，其爲不幸均矣。

舜不欲有孝之名，湯、武不欲有武之名。張子深知舜、湯、武之心哉！然舜之不幸不可免者，湯、武之不幸猶可免也，乃不幸中之不幸。此湯所以慚，而義士所以非也。文王，其至德也歟！

三十篇

伏羲、舜、文之德不至，則夫子之文章知其已矣。

鳳不至，圖不出，夫子之文章知其已。麟至而夫子之文顯於萬世矣。

有德篇

君子寧身被困辱，不徇人以非禮之恭。

致恭本爲遠恥辱，今寧身被困辱，不徇人以非禮之恭，反其意而言之。善解有子之言者，上下二句皆此意。本欲踐言則言不必踐，本欲依人而人不必依，則約信不可不謹，依人不可不擇。

言有教，動有法；晝有爲，宵有得；息有養，瞬有存。

此章兼言動、知行而言。「宵有得」一句，非用功至此者不能言，人於晝之所學，講論尋究之際，未得寧靜，至夜而思之，往往有自得處。指知而言，非謂「夜氣」也。「夜氣」是人之善原脉之未息者，晝多梏亡。至夜自生，蓋夜有而日梏之，非以晝養而夜存也，細味之自見。「瞬」是目一轉視，非一開閉也。

無徵而言取不信，啓妄詐之道也。

本有其實，但無徵亦不可言。雖言人不信，則人將效之爲妄詐。無徵是有其實，妄詐則無實者也。然則人之於言也，可苟乎哉！

言形則卜如響，以是知蔽固之私心，不能默然，以達於性與天道歟。

此以卜龜言。言卜龜之一言既形，吉凶之應如響，雖鬼神不能秘其幾。蔽固之私一生於心，必形於外，豈可欺天而罔人哉！君子知此則所以養性事天者，敢使私欲之念隱伏於胸中哉？卜法，性理大全、三注已載。

膚受，陽也；其行，陰也。有象必有效，故君子重夫剛者。

先發者爲陽，後受者爲陰，不特膚受，凡事皆然。如師之教是陽，弟子從教是陰。古之人如漢高，剛有未至，刻印之聽，幾敗事。昭帝聞上官桀之譖，言光忠臣，可謂剛矣。高帝非純陰者，故卒行子房之言。

歸罪爲尤。

因言不當而觸乎人，人歸罪於我焉。

谷神能象其聲而應之，非謂能報以律吕之變也。

谷神皆隨人之所呼而應，不能别有所應。律則一律爲君而倡之，則六聲應矣。此只是爲同聲相應言。

有司篇

「野九一而助」，郊之外助也。國中什一，使自賦。

助商法：「一夫七十畝。」貢夏法：「一夫五十畝。」周雖兼貢助而行，然助百畝，貢亦百畝。商之助，夏之貢，皆各收各畝。周之助，八家通收；貢，十夫通收，分粒不分畝，故謂之「徹」。蓋兼夏、商之法而又變通之。

小人私己，利於不治；君子公物，利於治。

治世賞罰明，當亂世賞罰顛倒。君子公於衆也，小人便於己也。

大易篇

看張子之易，當别著一眼看。若拘於平日之見聞，安能得其意！

大易不言「有無」，言「有無」諸子之陋也。

太極，未嘗無也。所謂「無」者，萬有之未發也；所謂「有」者，有是體而無形也。「未嘗無之謂體」，太極也。如此，則諸子之陋，不待言而自見矣。

易一物而三才。

「易」字，理與書皆然。

陰陽、剛柔、仁義之本立，而後知趨時應變，故「乾坤毁則無以見易」。

乾坤，止是個九、六二爻而已。分而言之，爲陰陽、仁義、剛柔。有此乾坤，則有此陰陽上二爻、仁義中二爻、剛柔下二爻。六爻具，則六十四卦三百八十二爻，四千九十六卦二萬餘爻，生天下之務，隨時應變，不出乎此。此以卜筮言，不特是也。君子之治天下，雖萬幾百責，亦不過用舍、刑宥、賞罰、育正、輕重、大小、緩急之類，二端而已。苟乾坤毁，易何自而主哉？

「乾坤毁無以見易」，一部易，此句盡之。若正言之，乾坤立而易道成。乾只是個九，坤只是個六，易道九變而八，六變而七，因變而占。天下之變應之不窮，然亦惟時焉而已。

六爻各盡利而動，所以順陰陽、剛柔、仁義、性命之理也，故曰：「六爻之動，三極之道也。」

「六爻各盡利而動」，則一卦可變六十四卦，四千九十六卦具，天下之能事畢矣。天地人之理，有外於此哉？如乾則一爻變者五，二爻變者十五，三爻變者二十，四爻變者十五，五爻變者五，六爻變者一，並本卦，六十四卦。餘六十三卦，此皆然。共四千九十六卦。凡看正蒙如此類者，須細玩易經及朱子啓蒙，方得通盡。當玩一「利」字。

二君共一民，一民事二君，上與下皆小人之道也；一君而體二民，二民而宗一君，上與下皆君子之道也。

乾、坤，大父母。震、坎、艮，一君二民。凡卦，陽多者六十一。巽、離、兑，二君一民。凡卦，陰多者六十一。既有天地則有陰陽，有陰陽必有治亂，理之不能無也。此自生民以來，所以一治一亂，反復相尋，雖聖人弗能使之長治也。

極數知來，前知也。

「數」是六、七、八、九，「極」是十有八變以盡而成卦。卦既成，有六爻不變者，占本卦彖辭；有一爻變者，占本卦本變爻；有二爻變者，占本卦變爻，以下爻爲主；有三爻變者，在前十卦占本卦變爻辭，在後十卦占之卦變爻辭，從其兩；有四爻變者，占之卦變爻辭，主上二爻。吉凶適，主上爻。有五爻變者，占之卦變爻辭，從其三。六爻變，乾、坤占二用，餘占之卦彖辭，則吉凶皆可前知矣。三變一爻，十八變一卦，四千九十六卦，七萬三千七百八十二變，故曰「極其數」。此數添一個，減一個，皆不成三才。

前知其變，有道術以通之。

「變」「通」二字，此君子立身撫世之大權，濟事成功之妙用。事雖可爲，卜不可爲，亦不爲；事雖不可爲，卜可爲，則爲之。如復國仇、討強逆，此事之可爲者，時力不能則宜止。越之於吳，其仇恥豈可忘之？勾踐既已返國，事吳甚謹，進西施、獻巨木，十年來無或怠，豈忘吳哉？俟時力既可，而吳亡矣。如高貴鄉公忿司馬昭之逆，奮然率衆討之。昭豈不當討？時力不可也，遂至身亡國滅。弟之殺兄，事之不可爲，路人知之。周公誅管叔，蓋不如此，管叔亦且死而周之社稷滅矣。使殺周公而周可安，周公寧死而管叔不可誅也。不獨如此。大事雖日用之間，固有可爲而不可爲、不可爲而可爲者，君子當精於義，處事每如此，安有敗事。是以可以措諸民也。他書惟以義行之，而成敗非所計。易則圖萬全，何以能之，幾在事前也。如殺身成仁，此大好事。而過涉滅頂，以凶字與之。凶者，不順理也。如文天祥之死宋，可謂殺身成仁，不順理在何處？非死之時不順理。度宗以前，是何時也？天祥不爲儉德之避，乃出而顯名，此時已不順理矣。到那爲相時，只得死。此而不死，愛身負國，揚雄之徒耳。使天祥於理宗之末，知禍亂之必至，埋名而處，宋室既亡，豈無十畝種瓜田哉！而萬全可保矣。故曰「有道術以通之」。「道術」二字，下得極好。

六爻擬議，各正性命，故乾德旁通，不失太和而利且貞也。

彖傳以造化言，又一意也。張子以六爻言。六爻各隨分而盡，初之勿用，雖未用，理亦當。六則亢，然本龍德，非爲惡者，乃爲善而不能遜出。君子而圭角太露者，故止得悔而已。雖曰未善，然當乾之時，大治之時也，故得元亨，而利且貞。可見凡事雖善，而當出之遜。若行，行自得徑直而行，事雖善而有悔。夫惟乾之時，故且有悔。若非乾之時，則海嶺刑誅所不免矣。豈止悔而已乎！

成性則躋聖而位天德，乾九二，正位於内卦之中，有君德矣，而非上治也。九五言上治者，言乎天之德，聖人之性，故捨曰「君」而謂之「天」，見大人德與位之，皆造也。

九二雖未得位，君德已備。如孟子所謂「大人之事備矣」。九五則居上臨下矣，與本義不同。不曰「君德」而曰「天德」，見有是德，又能是天子之位也。不曰「天位」而曰「天德」，見居是位者而又有君民之德也。「位天德」一句，横渠之意亦與本義不同，而横渠爲密。

大而得易簡之理，當成位乎天地之中，時捨而不受命，乾九二有焉。及夫化而聖矣，造而位天德矣，則富貴不足以言之。

横渠之意，言二之德與位皆未至。德則大而已，位則時捨也。五之德與位皆至，德則聖矣，位則天位矣。「富貴不足以言之」，又發明夫子「位天德」之意。「天德」即「天位」，但聖人不以位爲樂，故曰「天德」。此節論二、五與本義不同，然本義爲「當大」字，從「可大」來。

九四以陽居陰，故曰「在淵」，能不忘於「躍」，乃可免於咎，「非爲邪也」，終其義也。

横渠之意，以陽爲剛明之資，以陰爲氣欲之累。言九四雖爲氣欲之累，然資本剛明，必欲躍而出，不爲氣欲所拘。所以「無咎」亦說得好。龍本非池中物，何嘗忘飛？一得雲雨則飛，出於淵，向於天矣。「終於義」解「非爲邪」一句。

至健而易，至順而簡，故其險不可階而升、勉而至。仲尼猶天，「九五，飛龍在天」，其致一也。

他險皆可階而升，天之至險至阻，不可階而升，必如龍之飛而後能升。仲尼至健而易，至簡而順，德備乾坤，大而化之，猶天之不可階而升也。夫子其龍乎！子貢曰：「夫子之不可及也，猶天之不可階而升也。」張子解易，正如夫子之彖傳、文言，各爲一義。

「坤至柔而動也剛」，乃積大勢成而然也。

先至柔而後動可剛。若直以剛動如何？何必先柔？蓋爲坤也，力有所不足。若五伯之盛，直以乾道臨之，何必先柔？當玩二「坤」字。漢高可以當之，時未可也，力未能也，鴻門之謝，漢中之往，垂首而行；及其可爲也，定三秦、平燕齊、滅楚於垓下，何剛如之！用易君子，幸勿輕率，以禍人之家國也哉！故曰「積大勢成」。

艮爲小石，堅難入也；爲徑路，通或寡也。

「堅難入」，當見幾知止。漢儒所謂「使桓生行死，歸於諸君，何有哉」。晉儒所謂「余嘗恐其溺於深淵而餘波及我，況可褰裳而就之」？可謂得艮之旨矣。旁蹊曲徑，躁進患得者之爲，稍知學者，必不肯由，故通或寡也。舉此一節，以該萬應。

坤先迷不知所從，故失道，後能聽順，則得其常矣。

坤亦不是小物，上配乎天。坤以陰柔而握乾符，故先迷而失道，後能聽言納諫，信任元臣，乃得其常。此節商之太甲可以當之。

六二以陰居陰，獨無累於四。

張子之意，蓋無取於四爻，與本義不同。四，居大臣之位，其志大行，故無所疑畏，而群陰附之，淫朋邪黨，逸豫縱恣。二，才美，獨此一人未附四之牢籠，欲收之爲門下屨矣，而二獨不染，故曰「介於石，不終日，貞吉」。

外雖積險，苟處之心亨不疑，則雖難必濟。

人處險中，方寸先自亂，處之無道，難何以濟？ 心亨不動，無所疑懼，則所以謀脱其難者，周悉萬全，有不濟乎！

上巽施之，下悦從之，其中必有感化而出者焉。 孚者，覆乳之象，有必生之理。

上巽以施下，即悦而從者，何也？ 其中必有感化之道。 其道何也？ 覆育之恩而已。 以恩感人，人豈不從？ 與本義不同。本義以爲信，横渠以爲恩惠。

靜之動也，無休息之期，故地雷爲卦，言反又言復，終則有始，循環無窮。 人指其化而裁之爾。 深，其反也；幾，其復也。 故曰「反復其道」，又曰「出入無疾」。

靜之動也，言靜而復動，動而復靜，猶言一動一靜也。 深者，陽之藏，靜之極，仲月之中也。 幾者，陽之復，動之初至日也，蓋「貞下起元」之義。 反復其道，蓋如此。

「井渫而不食」，強施行惻且不售，作易者之嘆歟！

此節止釋「井渫不食」一句。「強施行惻且不售」，正是釋「井渫不食」之意。「強施」是汲汲欲濟時，若「井渫」可汲也。行人皆傷其拯世之志未用，而尚不得用，若「不食」也。作易者嘆之，慨賢人之在野也。「強施」一句，從夫子小象一「求」字來。雖求不用，未遇其主也。下文求王，明則用矣。

辭各指其所之，聖人之情也。指之以趨時盡利，順性命之理，臻三極之道也。能從之則不陷於凶悔矣，所謂「變動」，以利言者也。

辭是卦爻辭，各指其所之，如乾初九之辭則示人以「勿用」，此聖人之情見乎辭者也。是示人以若遇初九而勿用，則可不至於凶悔，所謂趨時盡利也。如此則所行皆合乎義，故曰「順性命之理，臻三極之道也」。人能依卦爻所示之占辭而行之，則合乎性命三極，何凶悔之有？「從之」，即趨時意。「不至於凶悔」，即盡利意。但上自聖人示人言，下自人從聖人所示言也。變動以蓍卦言，如十有八變而成卦，卦爻有動而占其辭，辭各指其所之，至不陷於凶悔矣。是解「變動以利言」一句。

然爻有攻取愛惡，本情素動，因生吉凶悔吝而不可變者，乃所謂「吉凶以情遷」者也。

繫辭「愛惡相攻而吉凶生，遠近相攻而悔吝生」，橫渠雜取四字而互言之。爻之情，本有攻取愛惡而寓夫吉凶悔吝，聖人本情繫辭，因蓍求卦，以生吉凶悔吝之占。夫有是爻，則有是占，一定而不可易者也。然可易者，人也。故曰「以情遷也」。

又有義命，當吉當凶、當否當亨者，聖人不使避凶趨吉，一以貞勝而不顧，如「大人否亨」「有隕自天」「過涉滅頂，凶，无咎」「損益，龜不克違」及「其命亂也」之類。三者情異，不可不察。

此節非易之本旨。夫易者，見幾趨時，審力合道，以求萬全，乃聖人之妙用，義命不足言也。横渠以「吉」「凶」二字，恐學者既不見幾矣，及當其時，乃爲偷生脱死、趨利避害之謀，故示之以此，以爲未盡易者之防。易近老子，稍走作了便是奸邪。隋承南北朝之亂，至隋季則坤陰已極，時當來復，險難甚矣。唐太宗有黄裳之德，振而起之，成太平一統之業。李密、王世充輩何人，而紛紛若此？徒自殺其身而已。然則當如之何？不有六四乎？括囊如四皓，可也。學者察此，則於易也，思過半矣。

「過涉滅頂，凶」，此殺身成仁之事，「凶」，不順理也。漢之龔遂、宋之文天祥，足以當之。方王氏、賈似道擅權之時，成、哀、理、度衰亂之際，便當見幾審力，斂其德操，以見堅冰，使人視之如傭夫僕類，如此莽又安能以禄位加之？宋之傾危，亦無與於已也。既不能，然遂之聲名已著，天祥名位俱隆，及莽僭宋亡，此時而不死，豈儒者哉！天祥當時不屢圖興復，隱處林泉，如何不可也。位登宰輔，國滅而全身，無是理也。爲二子者，當如薰膏之翁，可也。庶僚百官，國滅而全身，可乎？不當爲興復之圖乎？若有昭烈孔明之才，不斂其德可也，圖興復亦可也。執一而論，又非易矣。

顯，其聚也；隱，其散也。顯且隱，幽明所以存乎象；聚且散，推蕩所以妙乎神。

陰陽之氣，聚而爲顯，萬有之生也；陰陽之氣，散而爲隱，萬有之死也。一幽一明，形而可見，故曰「象」。一推一蕩，是造化之妙，爲萬有之所以聚散者，孰得而見之？故曰「神」。隱顯在物上，聚散在造化上言。

「變化者，進退之象」云者，進退之動也微，必驗之於變化之著，故察進退之理爲難，察變化之象爲易。

此與本義不同。本義變化在蓍上説，進退在造化上説。張子則皆在造化上説。云造化消長之幾，泛而論之實難於言，即其變化之象而言，則節序之一寒一暑，動物之一死一生，植物之一開一落，而進退之妙，呈象於變化之中矣。

本義言揲蓍求卦，老陰變爲陽，是柔變而趨於剛，老陽化爲陰，是剛變而趨於柔。柔變而剛，是十月陰極而陽生也；剛化爲柔，是五月陽極而陰生也。

禮器篇

蓼蕭、裳華「有譽處兮」，皆謂君接己溫厚，而下情可伸。

人主之尊如天，威嚴之下誰敢盡其情？惟人主降辭色以誘之，則下情始得伸。上下之情既通，則讒毀不敢入。彼奸人雖好傾擠讒譖，然交情密篤，彼亦不敢進其邪。惟其情意遠絶，誣不能明，彼方得乘機而入。故下情通則讒毀不得入，讒毀不行，君臣孚信，上下交而德業成，令聞廣譽，施及萬世矣。

狼跋，美周公不失其聖。

君臣之際，其可畏哉！大臣之責，危疑之際，其難處哉！夫以周公之聖，遭讒而退。召公、太公，身居宰輔，責寄安危，又與周公皆開國功臣。所遭如此，而二年之間，曾無一言爲之營救伸明，必待成王自悟而後迎周公歸，有若權位相軋，危而不扶者，何也？此其所以爲召公、太公，此周公所以得迎歸，此周家所以八百年之靈長也。當成王之疑未釋，苟輕率言之，言未必從，王若疑其朋比，則周公之身或不可保，並二公不安其位矣。二公豈爲己位之不安哉？二公又去，則周之社稷何倚焉？況以成王之賢，得二公之佐，天下亦可安寧，故持久以需之。易「需於穴，出於血」，此之謂也。其淺識狹度，一有爲名潔己避嫌之意，國家之事去矣。

周公之居東，亦二公之志也。使周公不去而周可安，公亦不避擅權貪位之嫌，苟焉爲肥遯之謀？惟其不去也，内既主疑臣危，外則流言易入，不終朝而禍亂作矣。此周公所以引而去也。蔡子曰：「公豈自爲身計哉？亦盡其忠誠而已矣。」得周公之心矣。

衍忒未分，有悔吝之防。

尚書洪範衍曰：「卜五：曰雨，曰霽，曰蒙，曰驛，曰克。占用二：曰貞，曰悔。」自夫子贊易之後，卜書不傳。占法：貞悔乃四千九十六卦之凡例，六爻無動，内卦爲貞，外卦爲悔，六爻有動，遇卦爲貞，之卦爲悔。詳見啓蒙。

王禘篇

「禮不王不禘」，則知諸侯歲闕一祭，不禘明矣。周以祠爲春，禴爲夏，宗廟歲六享，則二享四祭明矣。諸侯不禘，其四享與。夏特一祫，王制謂「礿則不禘，禘則不嘗」，以見時祭之數耳。

五年一禘，王者追祭太祖之所自出於太廟，而以太祖配之也。三年大祫，合七廟祧廟之主於太祖之廟而祀之。歲一時祫，合七廟之主於太祖之廟而祀之。四時各祭於七廟而各祀之，皆天子之制也。

「庶子不祭祖，明其宗也」，「不祭禰，明其宗也」。

禮書經秦火之後，漢儒集成，已未可盡信。況三代之時，與今時異，宜三代之禮，嫡庶之分甚嚴者，當時諸侯、卿大夫皆世官，不得不嚴。正如今之武職，豈敢分毫違越？若通天下而論，庶子不祭祖、不祭禰，設使禰無嫡子，又無叔伯，則二世皆絶不祭，仁人孝子何以自處？仁人君子之爲政，亦何忍如此？安可泥古而不酌之今哉？

「鋪筵設同几」，疑左右几一云。交鬼神異於人，故夫婦而同几求之，或於室，或於祊也。

此二段事，「同几」言神位，「室」「祊」言祀神之所。書「成王歿，設五席，兼設平生之坐」，先儒謂「知神之在此乎，在彼乎」？故兼設。亦或「室」或「祊」之意也。

尊統上，卑統下。

天子尊，故統乎上者；諸侯卑，故統乎下者。上謂諸侯，下謂大夫，生是一方，謚是一人。

乾稱篇

氣之性本虛而神。

「虛」字爲「無極」字，「神」字爲「太極」字。「虛而神」，正是「無極而太極」。

至誠，天性也；不息，天命也。

「性」是太極，寂然不動者也；「不息」是造化，發育流行、感而遂通者也。但凡說「命」字，便是流行。此節與中庸不同。中庸之「不息」，在存之中者言，「至徵」則始言發之外。此二句在造化上說，中庸在聖人上說。此節下二句，亦以學言。

指游魂爲變，爲輪回。

釋氏亦窺見些子造化。夫造化，氣聚於形則生，氣離於形則復歸於造化。釋氏乃謂「今散之氣有善惡，則復聚之氣爲人物」，故有輪回之説。釋氏亦豈不知無是理哉？彼見聖人謂「爲善得福，爲惡得禍」，然有不盡然者，故人率怠於爲善。釋氏乃謂：「生雖不得報，死後亦須報」，將驅天下之人，使之爲善，然欺之也。聖人之教以誠，釋氏之教以僞。夫感人以誠，猶懼人之不從，況僞乎？古今之人，忠臣、孝子、義士、烈女，比比皆然。或得其一肢，得其一事，或得其全體，皆入聖人之教者也。遵釋氏之教者，不過誦經、食素、削髮、捨施，以求免於禍，甚者殺人爲盜，乃修齋誦經以求免。有一人慈悲遺累，如釋氏者哉？古今未見講學會友者之爲亂。假白蓮之教聚而爲巨盜，以亂天下、賊生民者，古今多矣。何也？釋氏以僞立教，故其徒亦以僞應之也。其學之是非，又烏足辯哉。

釋氏語實際，乃知「道」者，所謂誠也，天德也。其語到實際，則以人生爲幻妄。

佛氏以死爲歸，具生爲幻妄，亦只是主客之意。但「幻妄」字便有個無用的意思，須是不用此形骸，氣性方無累，所以彼必絶男女之配。絶男女，不百年人消物盡，方是真誠的道理。殊不知天所以爲天，以其用之不息也。若只混沌一塊氣，要他何用？然此亦自然之理，天與聖人非有意安排。張子所謂「是皆不得已而然者也」，豈佛氏所能挽而回之？今天下之人比比趨於佛氏而遵佛氏之教者，天下無一人也。人之靈，佛氏可以誘而教之，至於物之雌雄牝牡，佛氏亦無若之何？此真終不可返也，佛氏之教亦窮矣。

語其推行之謂「道」，語其不測之謂「神」，語其生生之謂「易」。

三句皆指發育流行者言。造化發育，自其流行而言爲「道」，自其流行之妙而言爲「神」，自其流行之代謝循環不已者而言爲「易」，其實皆一而已。「語其推行爲『道』」，正乃「太和所謂道」。古人未有如此説者，故多妄意於空寂之中。「不測」，正中庸所謂「不見不聞」，非寂然不動者也。「生生」，正是一動一靜，互爲其根，命之流行而不已者也。

形聚爲物，形潰反原。

此意張子屢發之。曰「潰」曰「聚」，指氣之附形者言。古人謂「減一尺地，則有一尺氣」，非也。地中亦有氣。天地間，惟氣爲交密，雖山川河海，草木人物，皆氣之充塞，無毫髮無者。張子此說，先儒多議之，是乃在册子中窺造化，不曾回首看眼前造化之實。故邵子有「觀物」之說，而大易「仰觀俯察」，以得造化之實。

益物必誠，如天之生物，日進日息；自益必誠，如川之方至，日增日得。施之妄，學之不勤，欲自益且益人難矣哉！易曰「益長裕而不設」，信夫！

「長裕不設」，正如孟子所謂「心勿忘、勿助長也」。言「自益益人」，固貴不已其功，然須優柔有漸。間斷固不可，急迫亦不可。此爲學之要法。

戲言出於思也，戲動作於謀也。發乎聲，見乎四肢，謂非己心，不明也；欲人無己疑，不能也。

言雖戲謔，必出於思；動雖戲謔，必出於謀。夫聲者，心之發；四肢者，心之用。思與謀，皆心之籌度。今既發於聲，見於四肢，出於思而謀，是皆本於心者也。而謂「非己之心」，愚也，非「不明」而何？則人必疑之，謂非端人正士也。謂「非己心」，若曰「吾直戲耳，非實心如此也」。

過言非心也，過動非誠也。失於聲，繆迷其四體，謂己當然，自誣也；欲他人從己，誣人也。

上言有心之非，此言無心之失。「誠」，實也。「過言」「過動」，出於一時之倉卒，未暇斟量，皆失於思謀者也。故「過言」非其本心，「過動」非其實意，是一時失於聲、繆迷於四體耳。雖然，是皆不當於理，所當改者，若文其過，謂「當如此言」「當如此動」，則其過遂成而爲惡矣，非誣而何？謂「己當然」，如云「不是我差了，我心要如此」。「當」，是如此言，如此動也。

或者以出於心者，歸咎爲己戲；失於思者，自誣爲己誠。不知戒其出汝者，歸咎其不出汝者，長傲且遂非，不知孰甚焉！

此承上文而言。本「出於心」也，或者以「出於心」者，曰「吾直戲耳，非有心欲若此也」；本非思也，或者以「失於思」者，曰「理當若是，吾實欲若是也」。以「出於心」者，「歸咎爲己戲」，是不知戒其出汝者，長傲孰甚焉！以「失於思」，「自誣爲己誠」，是不知歸咎其不出於汝者，遂非孰甚焉！

此章言惡雖小而不可爲，過無損而所當改，兼言行而言也。朱子以故誤言之，其警學者深矣。西銘是規模之闊大處言天道也，東銘是工夫之謹密處言人道也。先東後西，由人道而天道，可造矣。朱子獨取西銘，失橫渠之旨矣。聖賢之學，言其小極於戲言戲動、過言過動之際，無不曲致其謹，推而大之，則乾坤父母而子處其中，蓋與天地一般大也。此西銘、東銘之旨。

啓蒙意見　五卷

刻啓蒙意見序

巡按直隸監察御史濮陽蘇祐撰

盈天地間，唯氣而理寓焉，乃備諸易矣。是故洩精呈秘，莫大乎圖書；制器尚象，莫大乎卦畫；成能利用，莫大乎蓍策；趨時通志，莫大乎變占。圖書不本，則玄虛淆矣；卦畫不原，則讖緯亂矣；蓍策不明，則功化滯矣；變占不考，則趨避疑矣。淆焉亂焉，滯焉疑焉，易之道窮，聖人之志衰，民生何利焉？造化之用，不幾息乎！是君子之憂也。明興教洽，苑洛先生早承家學，茂惇素履，極研易道，乃著是編。首本圖書，以遡其源；次原卦畫，以崇其象；次明蓍策，以極其數；次考變占，以達其用。蓋循引姬周之軌轍，而造設觀玩之梯航也，易之用廣矣。昔者孔子作十翼以贊易，韋編三絕。是書也，非翼之翼耶？屢加更定，勞與勤至，匪徒憂焉爾矣，是繼志之大者也。舊嘗刻諸河東，原卦畫缺焉，它多初定。兹獲授讀今本，始終條理大備矣，乃遂刻諸上谷，尚克博流逖布，與同志者共焉，無使季札聘魯，始興易象之嘆。非先生之志乎？

嘉靖十三年歲次甲午冬十月辰日

啓蒙意見序

榮禄大夫太子太保戶部尚書忠定公韓文撰

予郡韓君在弘治間，著易學本原一編，藏於家。邇者，侍御昆山周公伯明按臨河東，見而奇之，如獲珙璧。乃命貳守李君鋟梓，推守東君校正，仍囑予序諸篇端，以傳不朽。顧予寡學陋識，且衰頽之年，久疏筆硯，豈敢加喙於其間哉！第侍御公用心之仁，通守君理學之邃，皆予所欣慕而樂道者，安可以不文辭耶？竊惟易之爲書，潔淨精微，歷羲、文、周、孔四聖而成，其間卦爻彖象之辭，河圖洛書之數，先天後天之學，揲蓍求卦之法，性命道德之微，隱顯幽明之故，變化無窮，生生不已，雖老師宿儒，呻吟占畢，皓首龐眉，尚莫能窺其涯涘，而通守君適當妙齡之際，留心是書，凡四聖垂世立教之言，及周、邵、程、朱注釋之意，罔不研精，覃思沉潛，體察積之既久，然後玩心高明，默契其妙，已見萬物各具一理，萬理同出一原，衍爲圖說，釋以己意，明白簡切，悉有指歸，學者一開卷間，瞭然在目，不啻升階者之有梯，入道者之有門也。由是率辭以揆其方，因言以究其旨，引伸觸類，由粗及精，自易及難，而聖人之能事，亦庶幾可少窺于萬一矣。然則是書之著，其於斯文，固非少補，而侍御公嘉惠來學之意，亦豈淺淺也哉？君名邦奇，字汝節，別號苑洛子，關輔朝邑人。由進士先任銓部員外郎，今改前職云。若夫老成之行，冰蘗之操，該博之學，明敏之才，循良之治，皆君素所優爲者耳，茲不贅。

正德八年歲次癸酉季冬之吉

啓蒙意見序

夫易，理、數、辭、象而已矣。理者，主乎此者也；數者，計乎此者也；辭者，述乎此者也；象者，狀乎此者也。圖書者，理之輿也，辭之方也，數之備也，象之顯也。是故聖人觀象以畫卦，因數以命爻，修辭以達義，極深以窮理，易以立焉。自夫子稱相盪而先天之義微，微之者，後儒失之也。夫相盪者，自八而六十四者也；先天者，加一倍者也。其本同，其末異；其生異，其成同，而漢以下莫能一焉。宋邵康節氏自八而十六，自十六而三十二，自三十二而六十四，朱晦菴氏爲之本圖書，爲之原卦畫，爲之明蓍策，爲之考占變，於是乎易之先後，始有其序，而理數辭象之功懋矣。奇也，魯而善忘，誦而習之，有所得焉，則識之於冊，將以備温故焉。奇也，愚而少達，思而辨之，有弗悟焉，則自爲之説，將以就有道焉。是故爲之備其象、盡其數、增釋其辭矣，理則吾莫如之何也。

弘治十六年仲春苑洛人韓邦奇書

性理三解　卷之二　啓蒙意見　一　　韓邦奇圖解

本圖書第一

易大傳曰：「河出圖，洛出書，聖人則之。」

劉歆曰：「河圖、洛書，相爲經緯，九章、八卦，相爲表裏。」

邵子曰：「圓者，星也，歷紀之數，其肇於此乎？方者，土也，畫州井地之法，其放於此乎？蓋圓者，河圖之數；方者，洛書之文。故羲、文因之而造易，禹、箕叙之而作範也」。

右總論圖書

河圖圖解

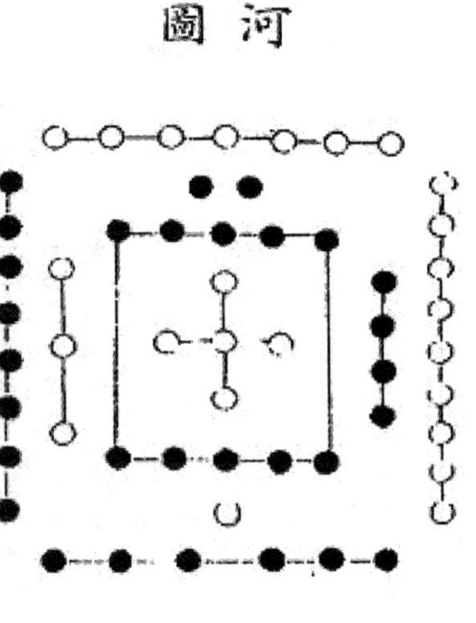

孔安國云：「河圖者，伏羲氏王天下，龍馬出河，遂則其文，以畫八卦。」

劉歆云：「伏羲氏繼天而王，受河圖而畫之，八卦是也。」

關子明云：「河圖之文，七前六後，八左九右。」

天一、地二、天三、地四、天五、地六、天七、地八、天九、地十。天數五，地數五，五位相得而各有合。天數二十有五，地數三十，凡天地之數五十有五。此所以成變化而行鬼神也。

此一節，夫子所以發明河圖之數也。天地之間，一氣而已，分而爲二，則爲陰陽。而五行造化，萬物始終，無不管於是焉。故河圖之位，一與六共宗而居北，二與七爲朋居南，三與八同道居東，四與九爲友居西，五與十相守居中。蓋其所以爲數者，不過一陰一陽、一奇一偶，以兩其五行而已。所謂「天」者，陽之輕清而位乎上者也；所謂「地」者，陰之重濁而位乎下者也。陽數奇，故一、三、五、七、九皆屬天，所謂「天數五」也。陰數偶，故二、四、六、八、十皆屬地，所謂「地數五」也。「相得」謂一與二、三與四、五與六、七與八、九與十，各以奇偶爲類而自相得。「有合」謂一與六、二與七、三與八、四與九、五與十，皆兩相合。「二十有五」者，五奇之積也；「三十」者，五偶之積也。「變化」謂一變生水而六化成之，二化生火而七變成之，三變生木而八化成之，四化生金而九變成之，五變生土而十化成之。「鬼神」謂凡奇偶生成之屈伸往來者。

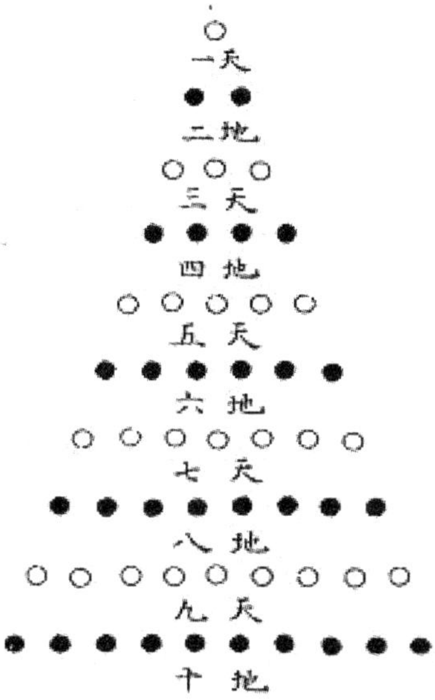

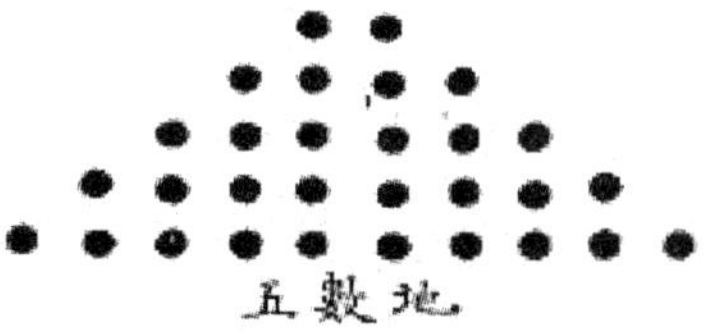

一天
二地
三天
四地
五天
六地
七天
八地
九天
十地

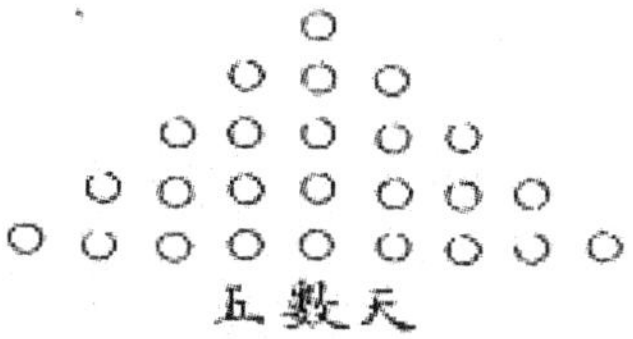

五數天

五數地

五位相得

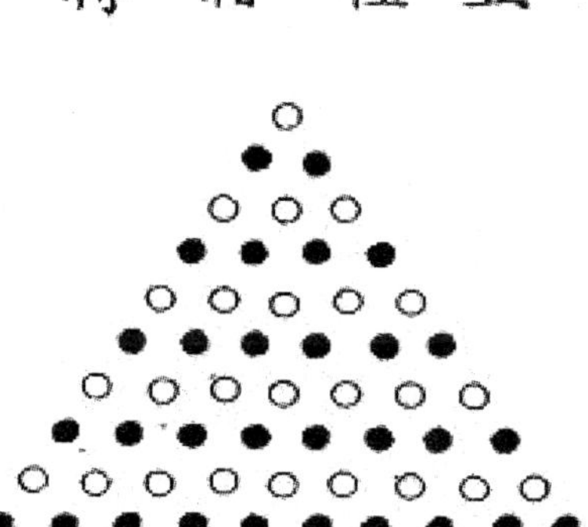

「相得」者，順其生序之自然，一奇一偶，從先至後，不紊其序，如兄弟之相得。一二、三四、五六、七八、九十也。

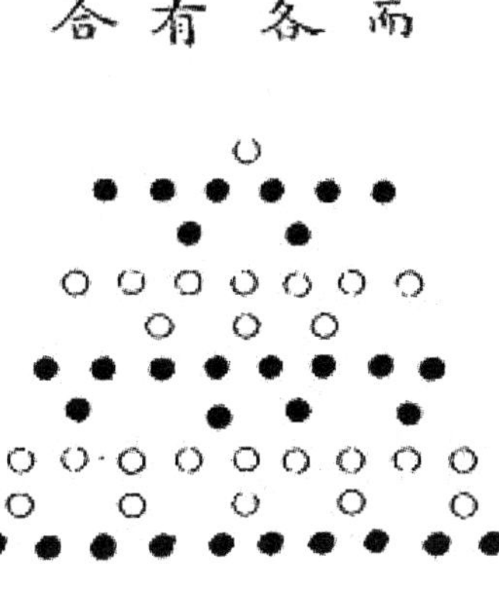

「有合」者，一生一成，同處其方。或陽生而陰成，或陰生而陽成，如夫婦之相合。一六、二七、三八、四九、五十也。

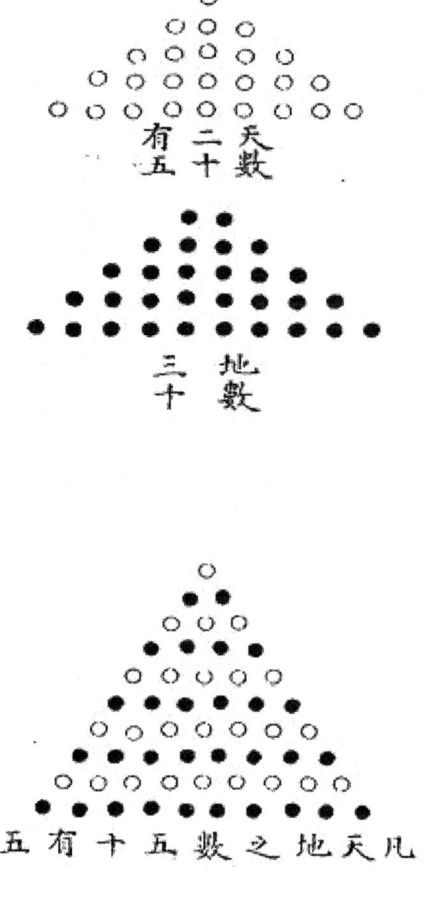

以上八圖，天地自然之數也。故析言之，以明河圖之數即天地之數也，然皆不外乎五行而已。

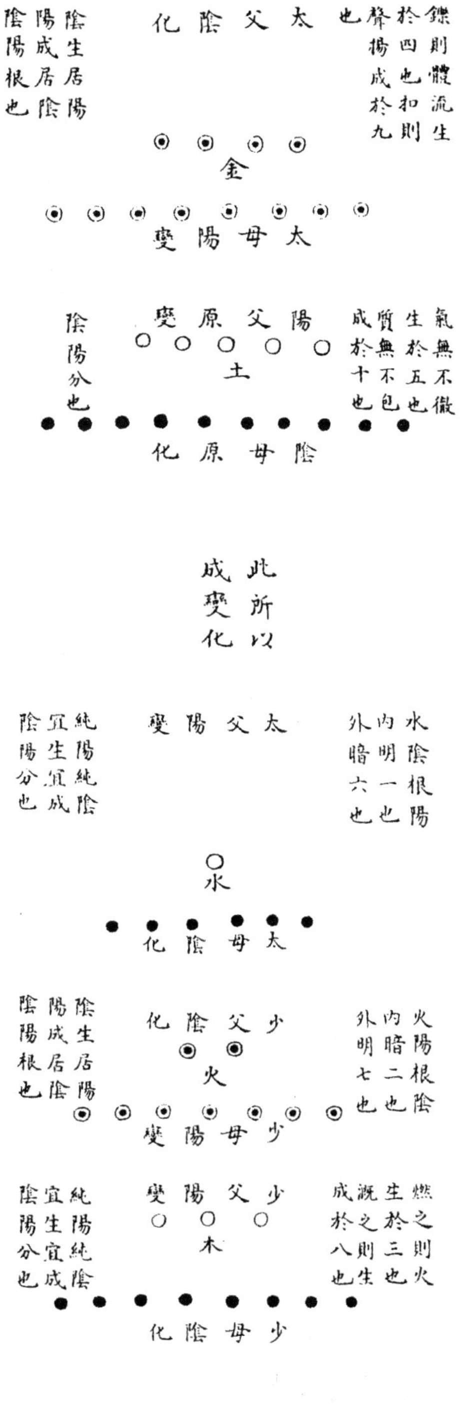

水火金木土，其猶父母乎！一三五七九，其猶男乎！二四六八十，其猶女乎！生爲父，成爲母。

厥初太極判而陰陽立，水氣始生，次火氣，次木氣，次金氣，次土氣，又次而水成，又次而火，又次而木，又次而金，又次而土，此一二三四五六七八九十之數所由生。數者，造化之自然宜乎！萬物不能逃也。所謂以質而語其生之序者。

春

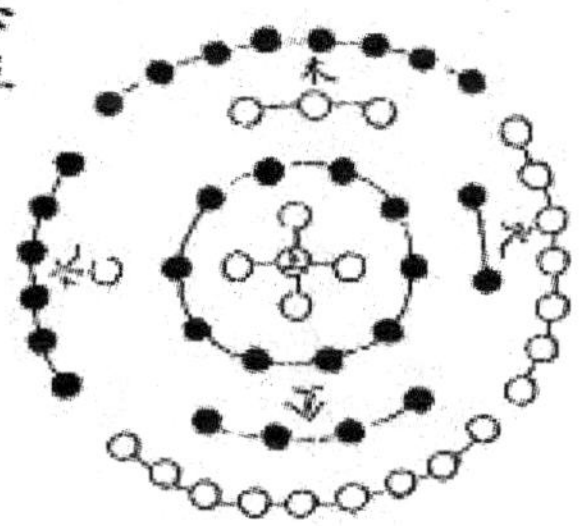

土旺於春

水屈木伸各得其位

水往木來其運不窮

夏

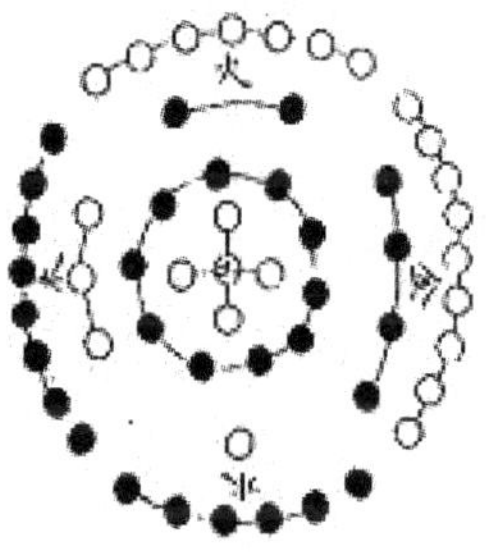

土旺於夏

木屈火伸各得其位而行鬼

木往火來其運不窮神也

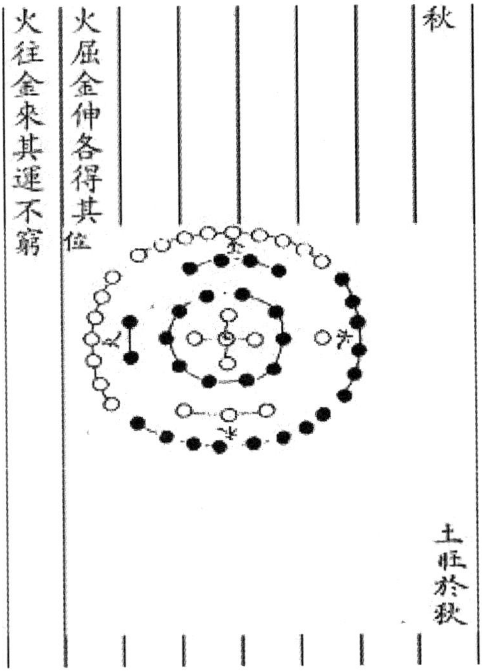

秋

火屈金伸各得其位

火往金來其運不窮

土旺於秋

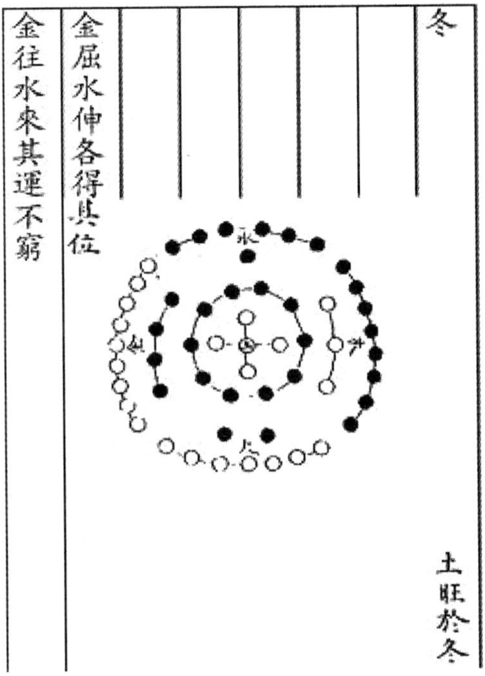

冬

金屈水伸各得其位

金往水來其運不窮

土旺於冬

夫屈伸者，進退知時之幾也。往來者，循環迭至之運也。

時乎春也，木進則水退； 時乎夏也，火進則木退； 時乎秋也，金進則火退； 時乎冬也，水進則金退，而土則寄旺於四時之間。此言五行之時進時退，各司其事，不容所先，不容所後也。水往而木來，木往而火來，火往而金來，金往而水來，水又往而木又來，土則運行於四時之季，此言五行進退之一往一來，無有窮已。莫知其始，莫知其終也。所謂以氣而語其行之序者。

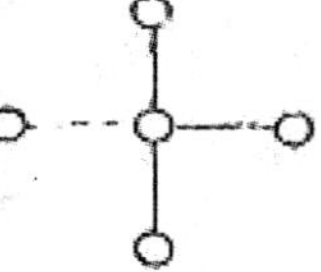

此陰陽之總會，居中包四方者也。數之始，一陰一陽而已。陽之象圓，圓者，徑一而圍三。陰之象方，方者，徑一而圍四。圍三者，以一爲一，故三。其一陽而爲三。圍四者，以二爲一，故兩。其一陰而爲二。是所謂「參天兩地」者也。二三之合，此以五言之。

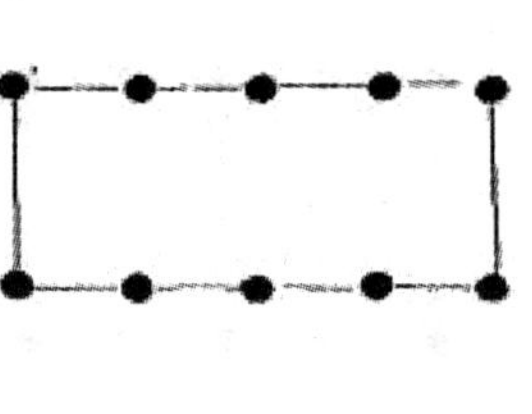

此陰陽之原也。此十中，除一爲太陽之位，餘九則爲太陽之數；除二爲少陰之位，餘八則爲少陰之數；除三爲少陽之位，餘七則爲少陽之數；除四爲太陰之位，餘六則爲太陰之數。蓋九者，一之餘；八者，二之餘；七者，三之餘；六者，四之餘也。四方之數，皆括於此圖中。

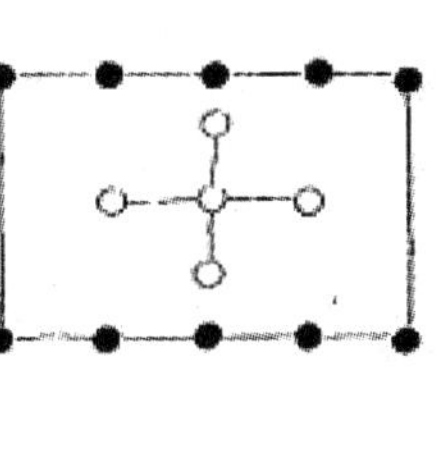

此陰陽之合也。以太陽之九合太陰之六，十五。以少陽之七合少陰之八，十五。亦包四方之數者也。

上三圖分言之，五具乎四象，十亦具乎四象。合五與十，亦具乎四象。此十五所以象太極。

此太陽之位也。

此少陰之位也。

此少陽之位也。

此太陰之位也。

陽儀具矣，上加一奇爲太陽，太陽先得之，故居一。上加一偶爲少陰，少陰次得之，故居二。陰儀具矣，上加一奇爲少陽，少陽三得之，故居三。上加一偶爲太陰，太陰四得之，故居四。一、二、三、四，爲太陽、少陰、少陽、太陰之位者，以所得之先後爲次耳。

太陽之數

太陰之數

少陽之數

少陰之數

數十而已，五爲衍母，十爲衍子，以象太極。一、二、三、四，又四象之位，止有六、七、八、九耳。七、九，陽也。陽主進，自七進至九，九爲太陽，七則少矣。六、八，陰也。陰主退，自八退至六，八爲太陰，六則少矣。且一位太陽，所餘則九，二位少陰，所餘則八，三位少陽，所餘則七，四位太陰，所餘則六，蓋數之自然，得所適之妙，夫豈聖人以義而進退之哉！

一三五積為九反退為七

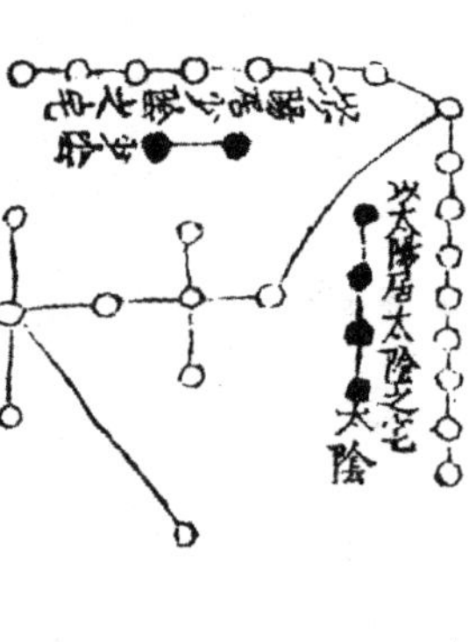

二四積為六反進為八

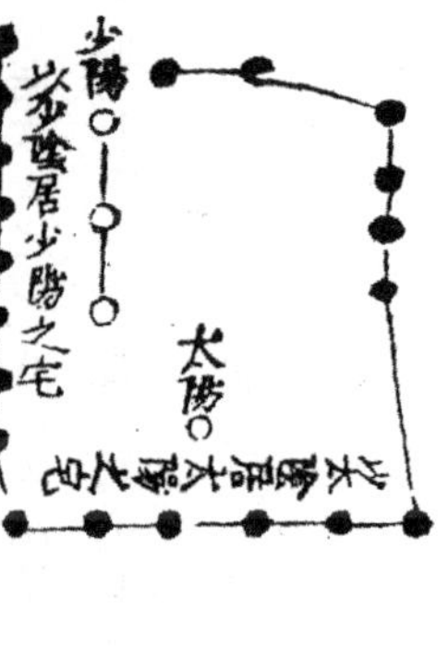

九，太陽之數，居西。四，太陰之位，亦居西。一北，三東。五三之西，五之西，則九也；一自北而東，三自東而西，五

又西，積一、三、五爲九。九自西退至南，則七也。二亦在南，此爲九以太陽居太陰之位，七以少陽居少陰之位也。六，太陰之數，居北。一，太陽之位，亦居北。二南，四西。四之北，則六也。二自南而西，四自西而北，二、四積爲六，六自北進至東，則八也。三亦居東，此爲六以太陰居太陽之位，八以少陰居少陽之位也。九至七爲退，六至八爲進者，何也？凡數之數，先少後多，陽主進，自七進九爲太陽，七則少矣，故由九至七爲逆也。陰主退，自八退六爲太陰，八則少矣，故由六至八爲順也。

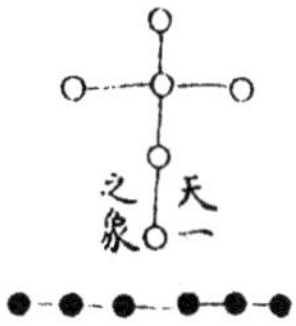

天一之象

五之下一點，天一之象，合中五爲六。下一合上五爲六，然則下之六即上一五之積也。

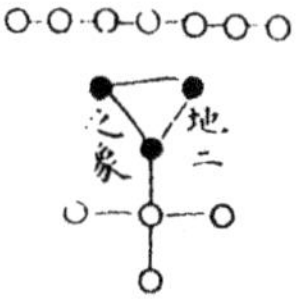

地二之象

五之上二點，地二之象，合中五爲七。上二合下五爲七，然則上之七即下二五之積也。

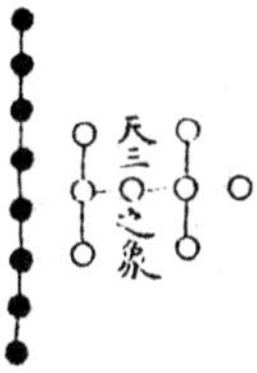

天三之象

五之左一點，天三之象，合中五爲八。左三合右五爲八，然則左之八即右三五之積也。

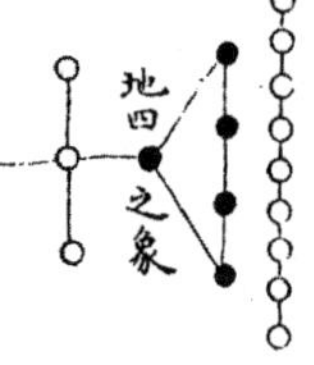

五之右一点，地四之象，合中五爲九。右四合左五爲九，然則右之九即左四五之積也。

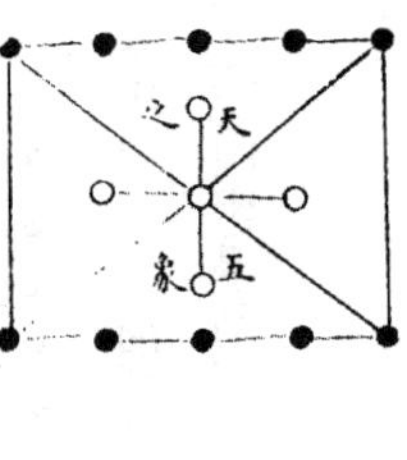

五之中一點，天五之象，合中五爲十。外五合中五爲十，然則外之十即中五五之積也。

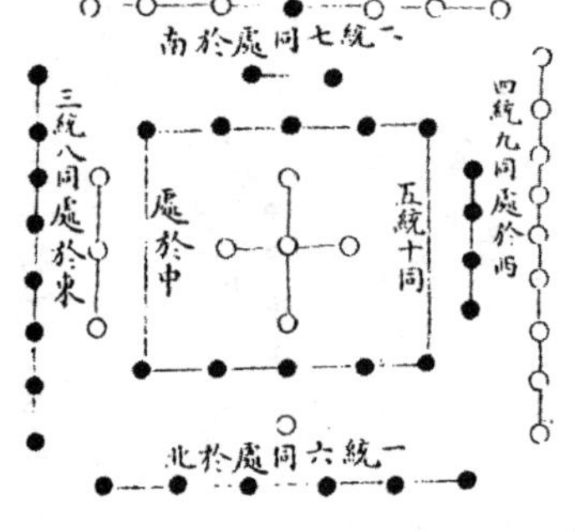

所謂以五生數統五成數，而同處其方，蓋揭其全以示人，而道其常數之體也。常是静物，有對待的便，方不能彎轉流行，便是體。

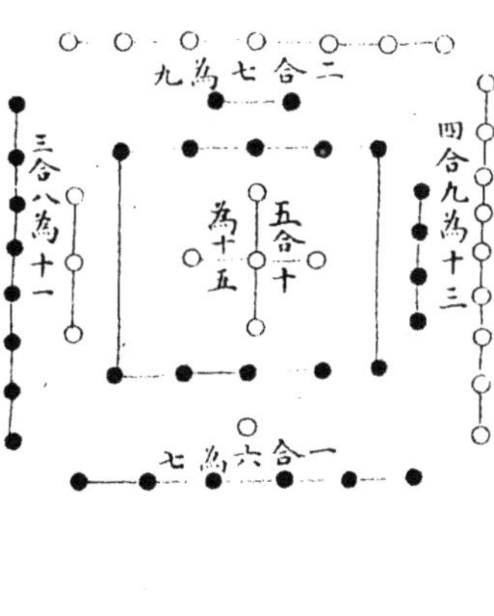

蔡氏曰：「河圖數偶。偶者静，静以動爲用，故河圖之行合皆奇，一合六、二合七、三合八、四合九、五合十，皆奇。是故易之吉凶生乎動，蓋静者，必動而後生也。

一三五七九奇位五

一三五七九積二十五故奇乏

二四六八十偶位五

二四六八十積三十故偶羸

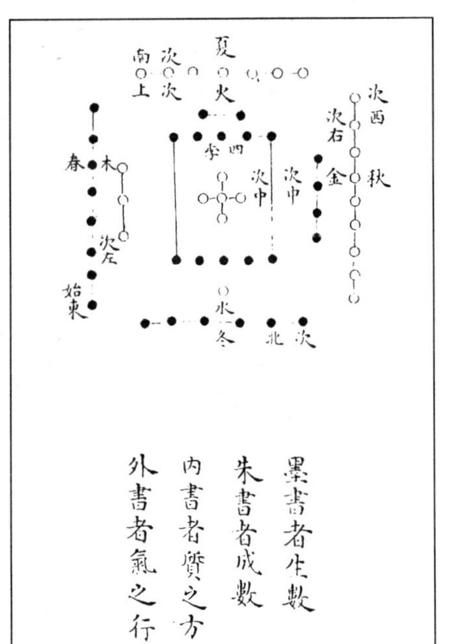

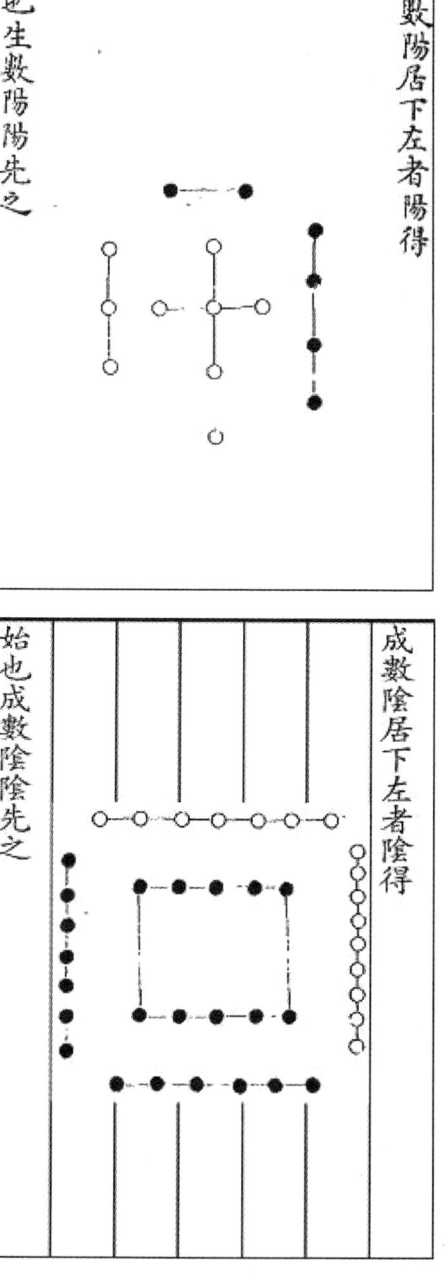
生數陽居下左者陽得
始也生數陽陽先之
成數陰居下左者陰得
始也成數陰陰先之

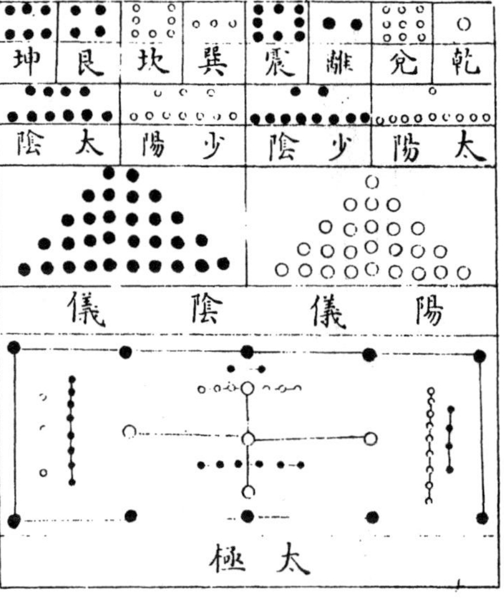

昔者聖人觀象以立卦，見天地之間一本萬殊，雖昆蟲草木之微，自身而肢，自本而枝，莫不皆然。是太極、兩儀、四象、八卦未登方冊之先，已布於萬物之上矣。然呈象之顯者，莫過於河圖之數。即其圖而觀之，冲漠無朕之際，五十有五之數，已具於十五之中矣。蓋以五而言之，下一點含天一而合地六，上一點含地二而合天七，左一點含天三而合地八，右一點含地四而合天九，中一點合天五而合地十。以十而言之，順序而數，即天一、地二、天三、地四、天五、地六、天七、地八、天九、地十之象也，是所謂「太極」也，及其五十有五之數，形布互錯於十五之外，於是陰陽之象，燦然黑白之分明，一三七九爲陽，二四六八爲陰，所謂「兩儀」也。蓋兩儀，太極之所生者也。由是分之，一、九爲太陽，二、八爲少陰，三、七爲少陽，四、六爲太陰，所謂「四象」也。蓋太陽、少陰，陽儀之所生，少陽、太陰，陰儀之所生者也。由是分之，一爲乾、九爲兌、二爲離、八爲震、三爲巽、七爲坎、四爲艮、六爲坤，蓋坤、兑者，太陽之所生，一、九乃太陽之數也；離、震者，少陰之所生，二、八乃少陰之數也；巽、坎者，少陽之所生，三、七乃少陽之數也；艮、坤者，太陰之所生，四、六乃太陰之數也。其配合分支，莫非自然之妙，夫豈人爲私智安排布置以成之哉？今乃以一、六爲老陰，二、七爲少陽，三、八爲少陰，四、九爲太陽，六、七、八、九是矣；一、二、三、四，何爲者哉？夫一六、二七、三八、四九，乃五行生成之數，非陰陽老少之數也。至於乾兑，一九老陽之所生而係之二、七；巽、坎，二、七少陽之所生而係之一九。乾何取義於九，兑何取義於一，巽何取義於四，坎何取義於九哉？大抵昔者伏羲則圖以畫卦也，見河圖之數，陰陽具備，有太極之象焉。分其奇偶，以爲兩儀，又分之爲四象，又分之爲八卦，自本而末，由榦而枝，脈絡分明，各有統屬，皆自然也。若謂離、震、艮、坤，陰之老少主静而守其常；乾、兑、巽、坎，陽之老少主動而通其變。斯乃以卦義而配圖，非則圖以畫卦也。至於規横爲圓，不能合其本生之數，易數以就位，斯爲後天之圖，而豈聖人則圖畫卦之本然哉？

洛書圖解

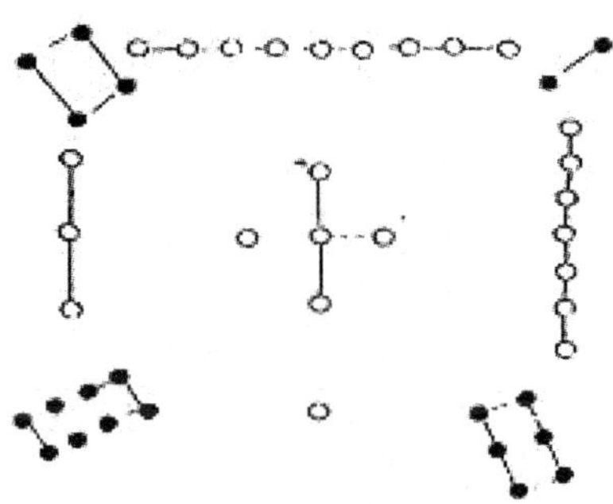

孔安國云：「洛書者，禹治水時，神龜負文而列於背有數至九，禹遂因而第之，以成九類。」

劉歆云：「禹治洪水，錫洛書。法而陳之，九疇是也。」

關子明云：「九前一後，左三右七，四前左，二前右，八後左，六後右。」

初一曰「五行」，次二曰「敬用五事」，次三曰「農用八政」，次四曰「協用五紀」，次五曰「建用皇極」，次六曰「乂用三德」，次七曰「明用稽疑」，次八曰「念用庶徵」，次九曰「嚮用五福、威用六極」。

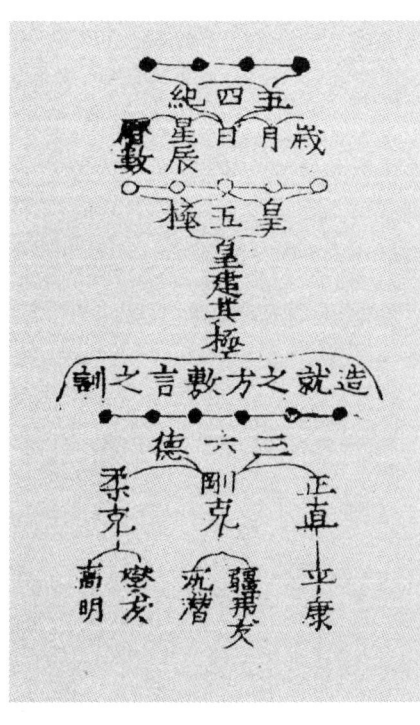

此九疇之綱也。在天惟五行，在人惟五事，以五事參五行，天人合矣。八政者，人之所以因乎天；五紀者，天之所以示乎人；皇極者，君之所以建極也；三德者，治之所以應變也；稽疑者，以人而聽於天也；庶徵者，推天而徵之人也；福極者，人感而天應也。五事曰敬，所以誠身也；八政曰農，所以厚生也；五紀曰協，所以合天也；皇極曰建，所以立極也；三德曰乂，所以治民也；稽疑曰明，所以辨惑也；庶徵者，念所以省驗也；五福曰嚮，所以勸也；六極曰威，所以懲也。五行不言用，無適而非用也；皇極不言數，非可以數名也。本之以五行，敬之以五事，厚之以八政，協之以五紀，皇極之所以建也，乂之以三德，明之以稽疑，驗之以庶徵，勸懲之以福極，皇極之所以行也。人君治天下之法，是孰有加於此哉！

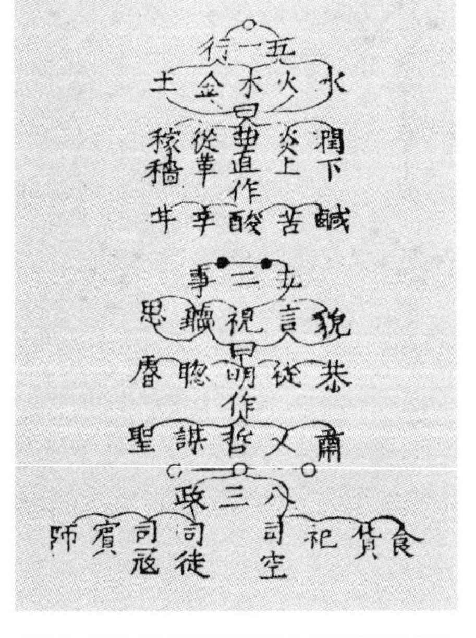

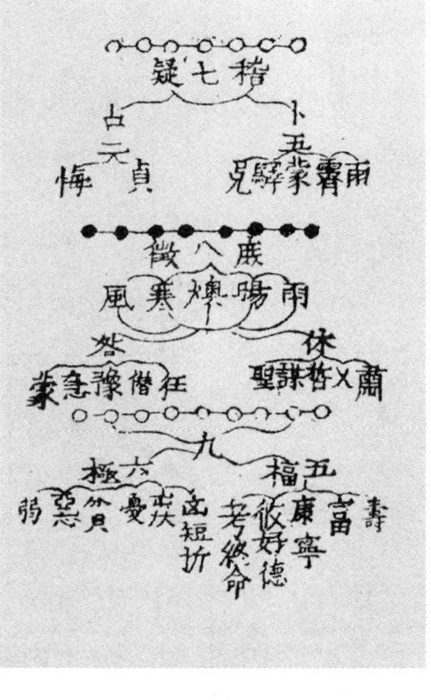
稽七疑
卜
占
五兆
二貞
雨霽蒙驛克
貞
悔
庶八徵
雨
暘
燠
寒
風
休
咎
肅乂哲謀聖
狂僭豫急蒙
九
五福
六極
壽
富
康寧
攸好德
考終命
凶短折
疾
憂
貧
惡
弱

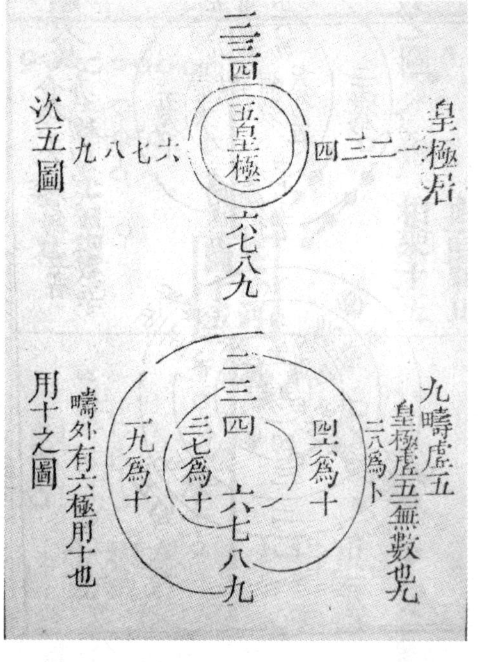
皇極君
次五圖
五皇極
一二三四
六七八九
九疇虛五
皇極虛五無數也
用十之圖
疇外有六極用十也
一九爲十
二八爲十
三七爲十
四六爲十

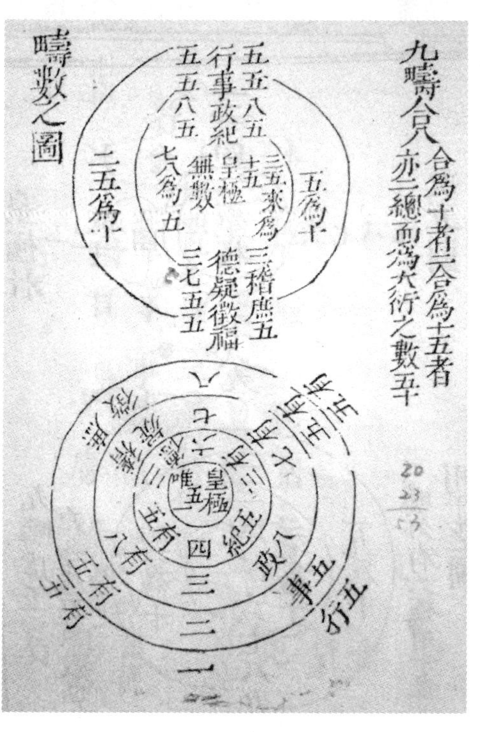
九疇合八合爲十者二合爲十五者
亦二總而爲大衍之數五十
疇數之圖
五行
五事
八政
五紀
皇極
三德
稽疑
庶徵
五福
六極
二五爲十
五爲十
三五爲十五
七八爲十五
無數

「大衍之數五十」者，一與九爲十，二與八爲十，三與七爲十，四與六爲十，五與五爲十，共五十也。其用四十有九者，一用五行，其數五；二用五事，其數五；三用八政，其數八；四用五紀，其數五；五用皇極，其數一；六用三德，其數三；七用稽疑，其數七；八用庶徵，其數五；九用五福六極，其數共十有一，積算至四十九也。又曰一而曰極，大衍所虛之太極也。

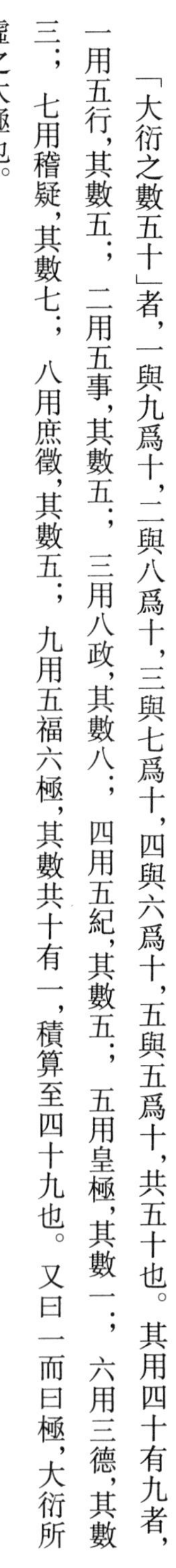

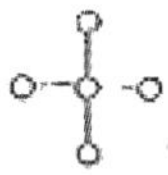

解見河圖。

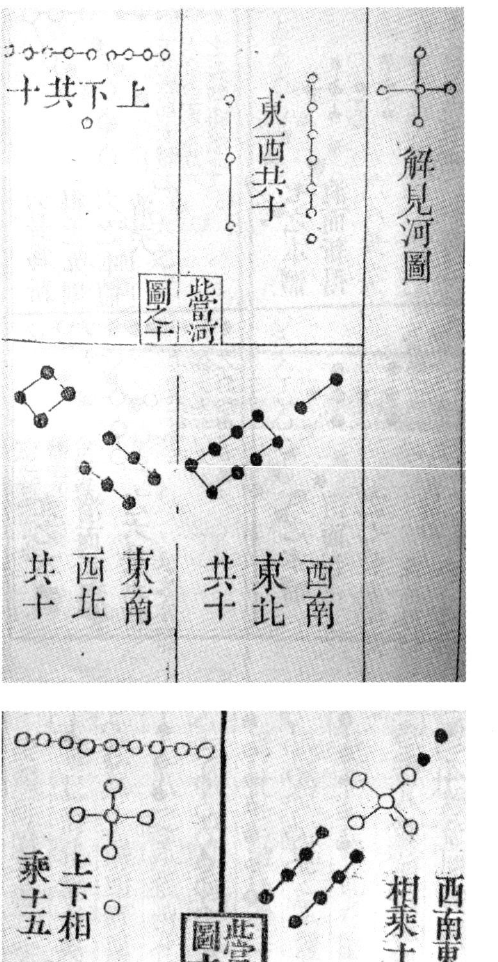

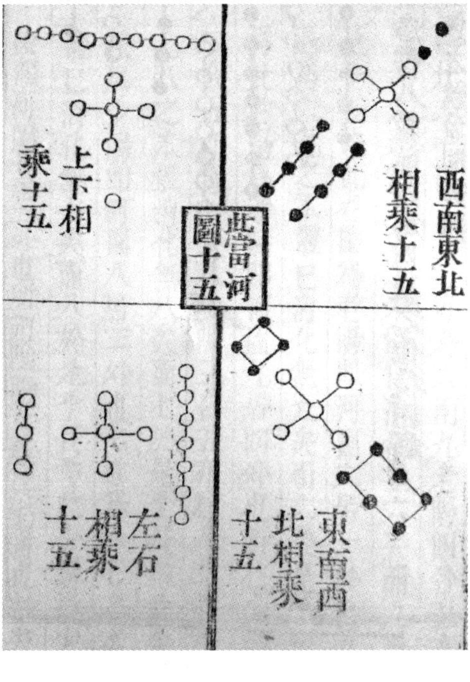

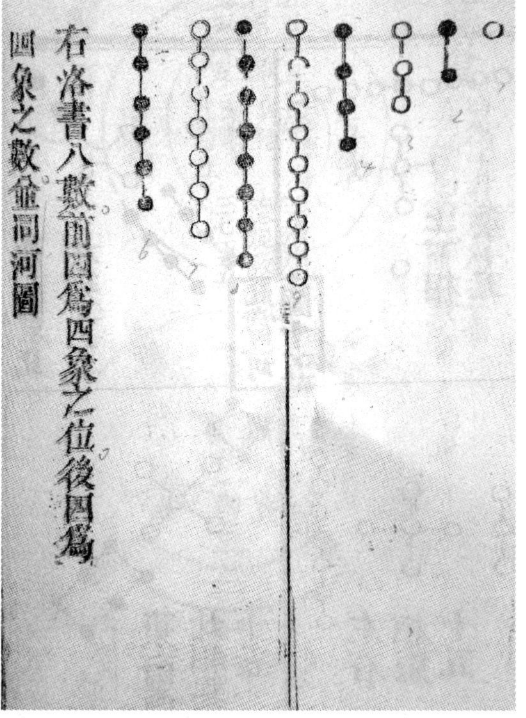
右洛書八數而圖爲四象之位後圖爲
四象之數並同河圖

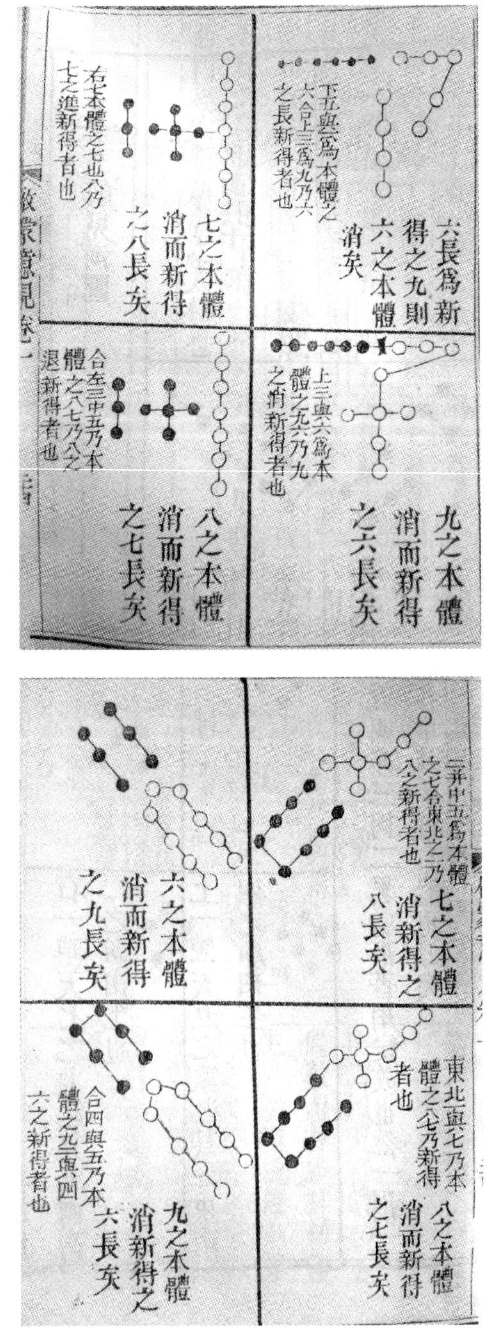

西北六，老陰。一合五，亦爲六。南九，老陽。四合五，亦爲九。六進爲九，六之本體已消化，無六矣，而九於是乎長焉，此老陰爲老陽，即河圖六居一外也。九退爲六，九之本體已消化，無九矣，而六於是乎長焉，此老陽爲老陰，即河圖九居四外也。西七，少陽。二合五亦爲七。東八，少陰。三合五亦爲八。八退爲七，八之本體消化，無八矣，而七於是乎長焉，此少陰爲少陽，即河圖八居三外也。七進爲八，七之本體已消化，無七矣，而八於是乎長焉，此少陽爲少陰，即河圖七居二外也。所謂「陰陽互藏其宅」者也，妙矣！

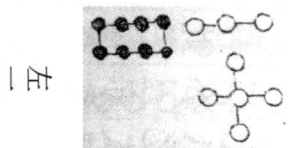

下一點，天一之象，合中五，西北六之所由生也。

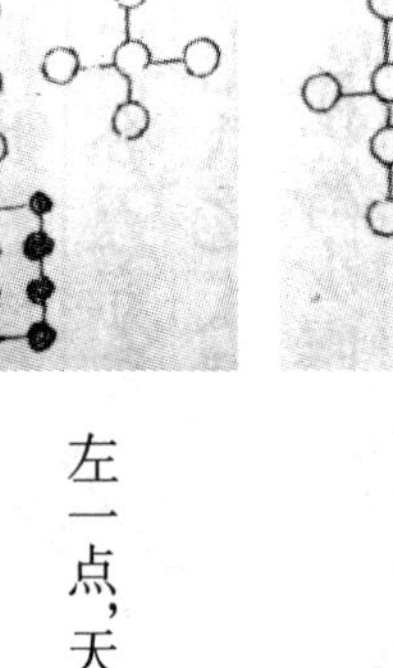

左一点，天三之象。合中五，東北八之所由生也。

中一點，天五之象。合中五，四方十之所由生也。

右一点，天七之象。退其五，西南二之所由生也。

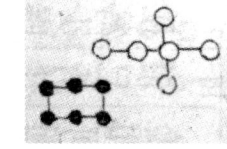

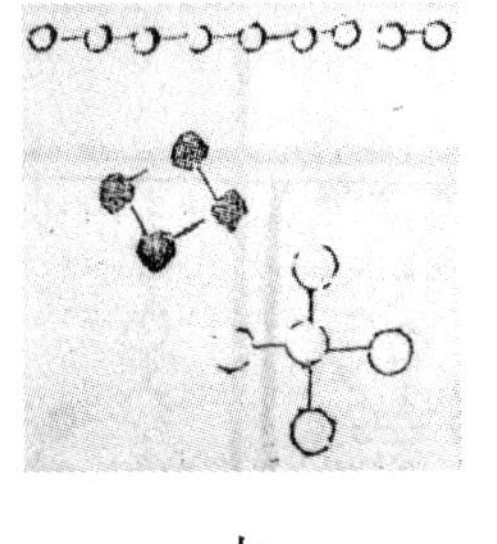

上一点，天九之象。退其五，東南四之所由生也。

上五圖，亦三同二異者，洛書用變故也。然一損一益，各中其的，皆自然也，妙矣！

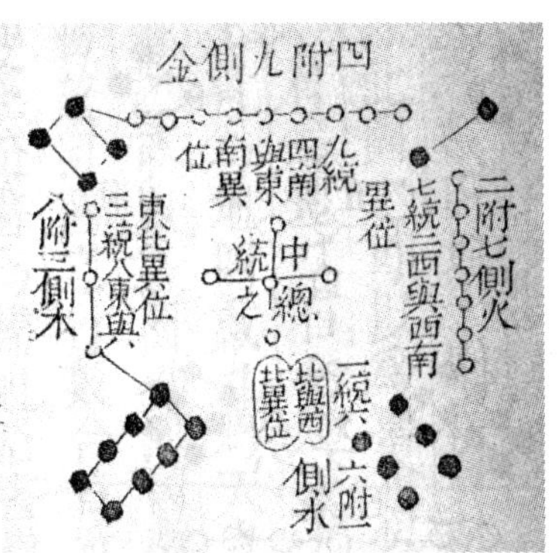

所謂以五奇數統五偶數而各居其所，蓋主於陽以統陰，而肇其變數之用也。變只是動，凡物有奇零的便員，而能流行，便是用。

蔡氏曰：「洛書數奇。」奇者動，動以静爲用，故洛書之數合皆偶。一合九、二合八、三合七、四合六。是故範之吉凶，見乎静。蓋動者必静而後成也。

奇 多

偶 少

一三五
七九積
二十五

二四六
八積二
十

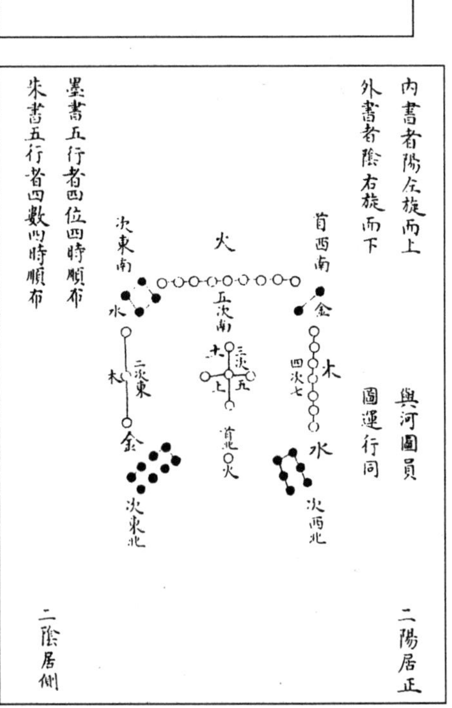

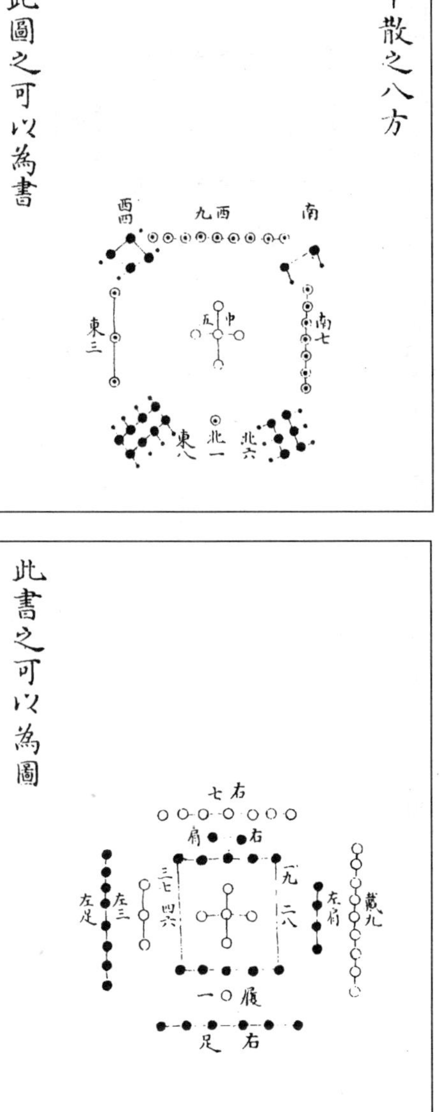

十散之八方

此圖之可以為書

此書之可以為圖

以天一爲履，地二爲右肩，天三爲左三，地四爲左肩，天五爲中，地六爲右足，天七爲右七，地八爲左足，天九爲戴，而地十則散見於一九、二八、三七、四六之對待，此圖之可以爲書也。

以履一爲天一，右足爲地六，右肩爲地二，右七爲天七，左三爲天三，左足爲地八，左肩爲地四，戴九爲天九，八方對待之數爲地十，此書之可以爲圖也。「河圖」數偶而主静，静爲體，其用則動，故河圖之行數合皆奇，而易之吉凶生乎動，此圖爲經而書爲緯也。「洛書」數奇而主動，動爲體，其用則静，故洛書之位數合皆偶，而範之吉凶見乎静，此書爲經而圖爲緯也。

天一可以係五行，地二可以係五事，天三可以係八政，地四可以係五紀，天五可以係皇極，地六可以係三德，天七可以係稽疑，地八可以係庶徵，天九可以係福極，此河圖表爲八卦而裏寓九章也，中爲太極，四奇爲陽，四偶爲陰，一九爲老陽而生乾兌，二八爲少陰而生離震，三七爲少陽而生巽坎，四六爲太陰而生艮坤，此洛書表爲九章而裏寓八卦也。

河圖數九而用十，九章有六極是也。洛書數十而用九，八卦止於坤是也。易有變爻，故動；範無變數，故靜。

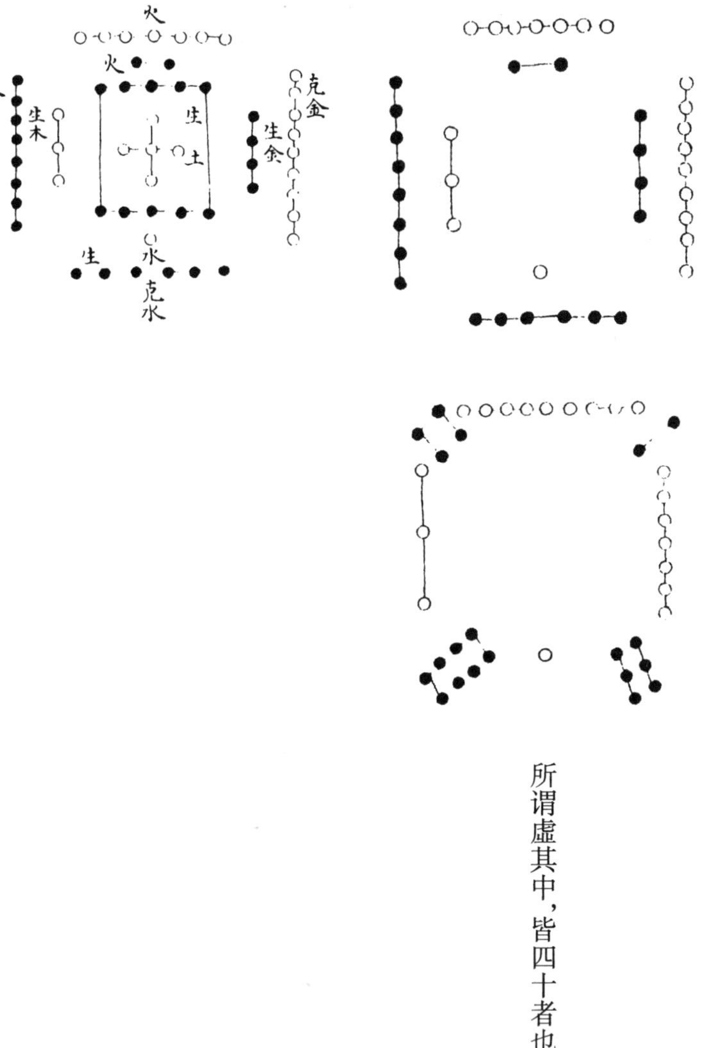

所謂虛其中，皆四十者也。

河圖以運行之序言之，自左而旋，水生木，木生火，火生土，土生金，金復生水。以對待言之，北方一六水克南方二七火，西方四九金克東方三八木，是相克者，寓於相生之中矣。

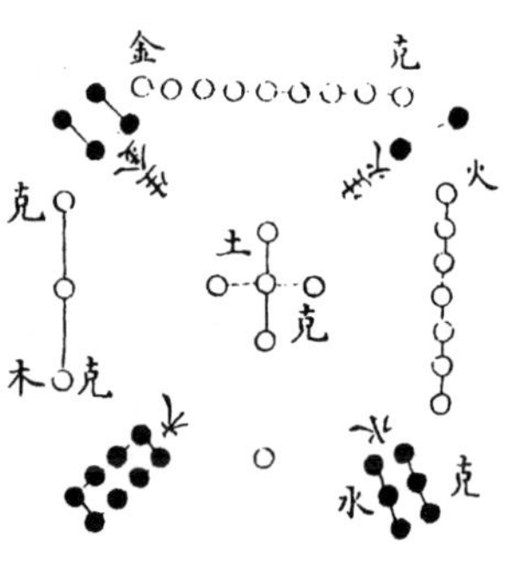

洛書以運行之序言之，自右而旋，水克火，火克金，金克木，木克土，土復克水。以對待言之，東南四九金生西北一六水，東北三八木生西南二七火，是相生者，寓於相克之中矣。

河圖洛書十與十五常相連圖

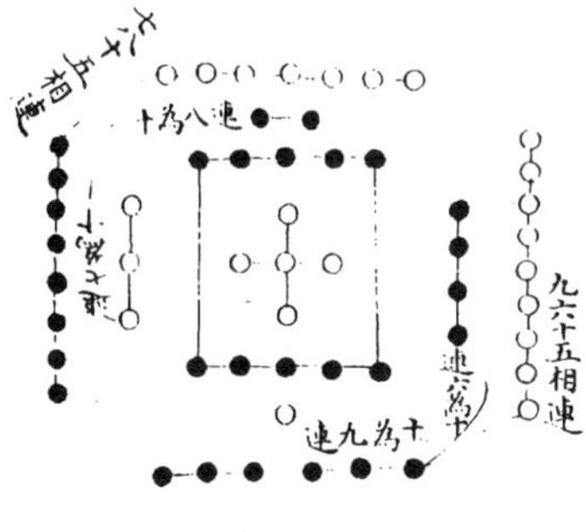

員奇方偶爲五，而一二三四六七八九，衆奇偶圍於外。十居中。一連九爲十，二連八爲十，三連七爲十，四連六爲十圍於外。十五居中，六連九十五，七連八十五，圍於外。

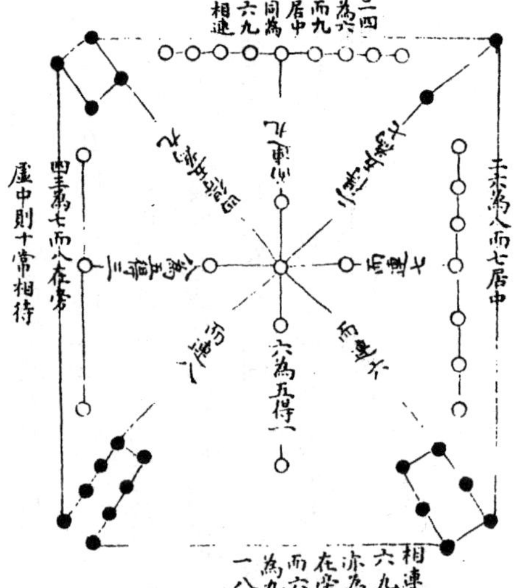

性理三解　卷之三　啓蒙意見　二　韓邦奇圖解

原卦畫第二

古者包羲氏之王天下也，仰則觀象於天，俯則觀法於地，觀鳥獸之文與地之宜，近取諸身，遠取諸物，於是始作八卦，以通神明之德，以類萬物之情。

易有太極，是生兩儀，兩儀生四象，四象生八卦，八卦相盪。

邵子曰：「一分而爲二，二分而爲四，四分而爲八，八分而爲六十四。」

朱子曰：「太極者，象數未形而其理已具之稱，形器具含而其理無朕兆之目。在圖書，皆虚中之象也。兩儀，陽一而陰二，在圖書則奇偶是也。

意見曰：「四象在圖書，一九爲太陽，二八爲少陰，三七爲少陽，四六爲太陰。八卦在圖書，一爲乾，九爲兑，二爲離，八爲震，三爲巽，七爲坎，四爲艮，六爲坤。詳見本圖書成卦之次。伏羲與邵子同，加一倍也，孔子則相盪也。其本同，其末異；其生異，其成同。孔子稱相盪者，伏羲加一，成卦時皆知之，畫止於六，蓋不知也。使知八八相乘三才者，兩陰陽剛柔仁義，三才具矣。否則七八九十何所極邪？

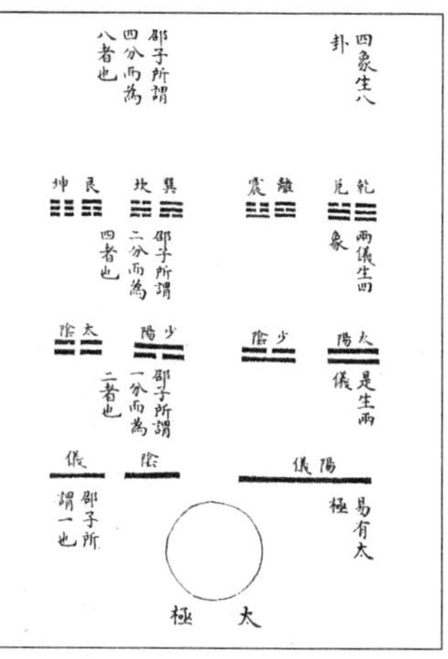

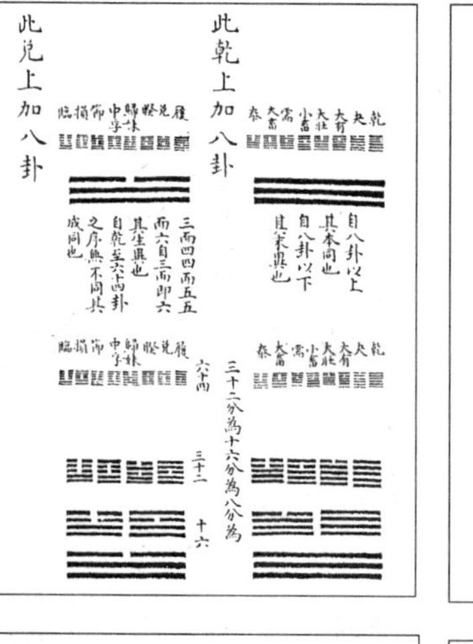

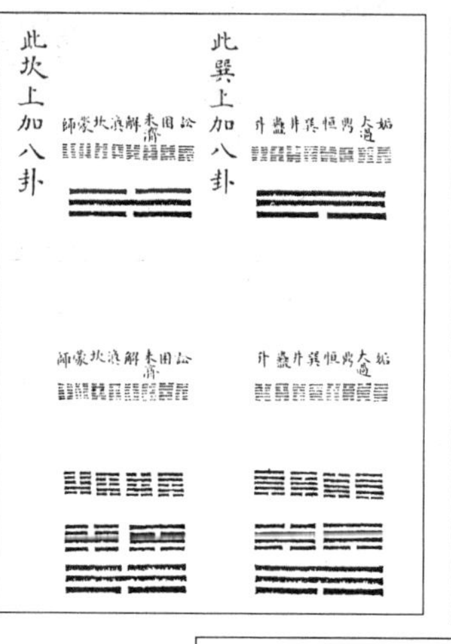

此離上加八卦
同人 革 離 豐 家人 既濟 賁 明夷

此震上加八卦
無妄 隨 噬嗑 震 益 屯 頤 復

此艮上加八卦
遯 咸 旅 小過 漸 蹇 艮 謙

此坤上加八卦
否 萃 晉 豫 觀 比 剝 坤

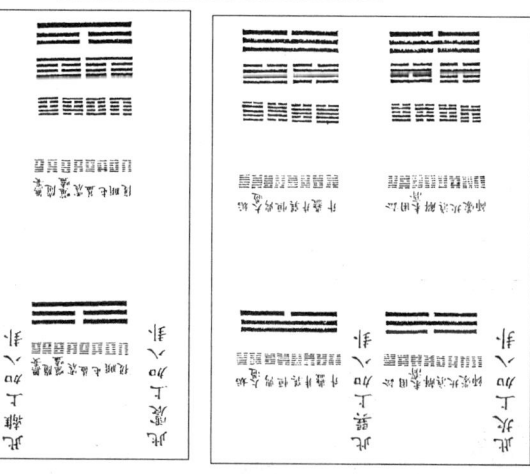

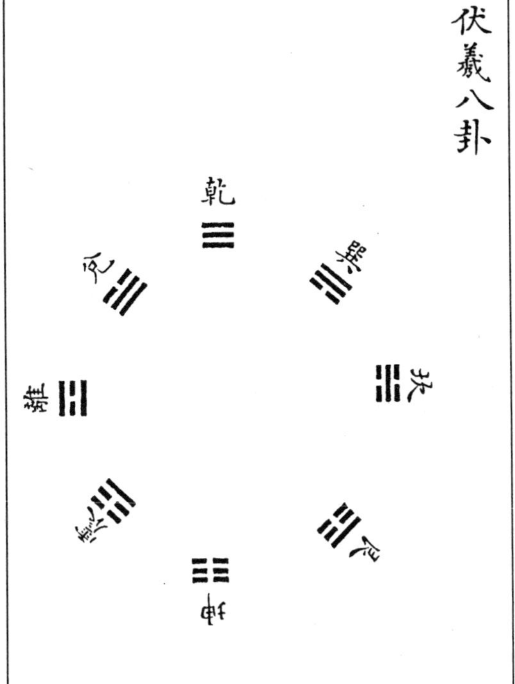

天地定位，山澤通氣，雷風相薄，水火不相射。

此明伏羲八卦圓圖，對待之意也。

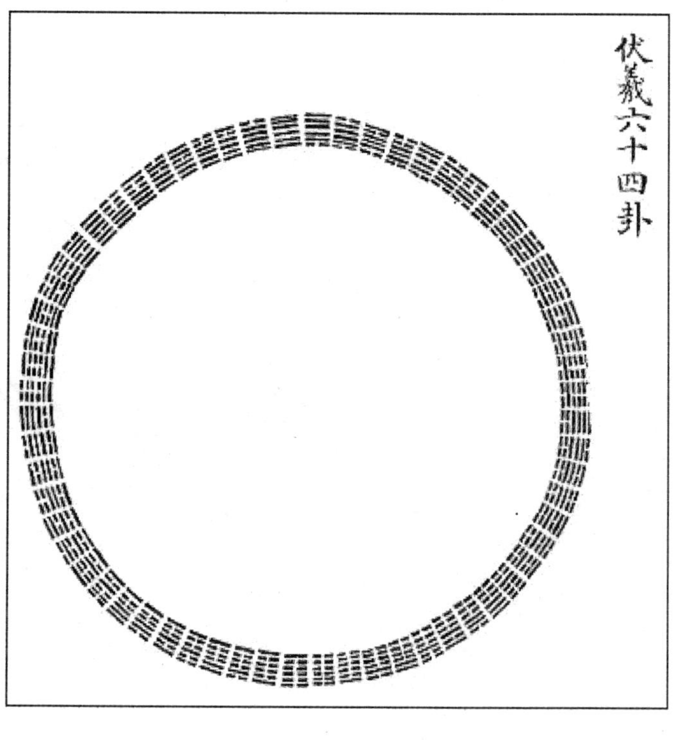

八卦相錯，數往者順，知來者逆，是故易逆數也。

「數往知來」，明伏羲六十四卦圓圖之運行也。「易逆數」，明六十四卦横圖之生序也。何以知之？以其列於八卦相錯之後也。自復一陽，歷臨二陽，泰三陽，壯四陽，夬五陽，至乾六陽，皆得其已生之卦，猶自今日追數昨日也。自姤一陰，歷遯二陰，否三陰，觀四陰，剥五陰，至坤六陰，皆得其未生之卦，猶自今日逆數來日也。横圖則自乾而夬，歷剥至坤，生數之自然，皆逆數也。六陽六陰盡而一歲週，此畫所以止於六也。自七而加之，可爲二十四之說，亦將何爲哉！

文王八卦

帝出乎震，齊乎巽，相見乎離，致役乎坤，說言乎兌，戰乎乾，勞乎坎，成言乎艮。萬物出乎震，震，東方也。齊乎巽，巽，東南也。齊也者，言萬物之絜齊也。離也者，明也，萬物皆相見南方之卦也。聖人南面而聽，天下嚮明而治，蓋取諸此也。坤也者，地也。萬物皆致養焉，故曰「致役乎坤」。兌，正秋也，萬物之所說也，故曰「說言乎兌」。「戰乎乾」，乾，西北之卦也，言陰陽相薄也。坎者，水也，正北方之卦也，勞卦也，萬物之所歸也，故曰「勞乎坎」。艮，東北之卦也，萬物之所成終而所成始也，故曰「成言乎艮」。

此明文王改先天爲後天之意。夫子以萬物始終，自卦位已成而言，然改卦之意，已寓於內。或以卦義，或以卦德，或以卦象。東，發生之方，震爲長子，生之主也，故震居東。東南，長養之方，巽，長女，有母道焉，養之主也，故巽居東南。南，明方，離之德爲明，故離居南。西南，成養之地，坤，母也，當成養之任，故坤居西南。西，利物所說也，兑之德爲説，故兑居西。西北，陰方也，乾以陽極，則父道成而子代之，退居於無用之地。北，水方也，坎之象爲水，故坎居北。東北，貞元之間，物之止也，止則復生，艮之德爲止，故艮居東北。此文王之本意，而夫子之説也。邵子曰：「乾坤交而爲泰，坎離交而爲既濟也。」乾生於子，坤生於午，坎終於寅，離終於申，以應天之時也。置乾於西北，退坤於西南，長子用事而長女代母，坎離得位而兑艮爲耦，以應地之方也。

朱子曰：「自乾南坤北而交，則乾北坤南而爲泰矣。自離東坎西而交，則離西坎東而爲既濟矣。乾坤之交者，自其所已成而反其所由生也，故再變則乾退乎西北，坤退乎西南也。坎離之變者，東自上而西，西自下而東也。故乾坤既退，則離得乾位而坎得坤位也。震，用事發生於東方；巽，代母者，長養於東南也。

文王六十四卦

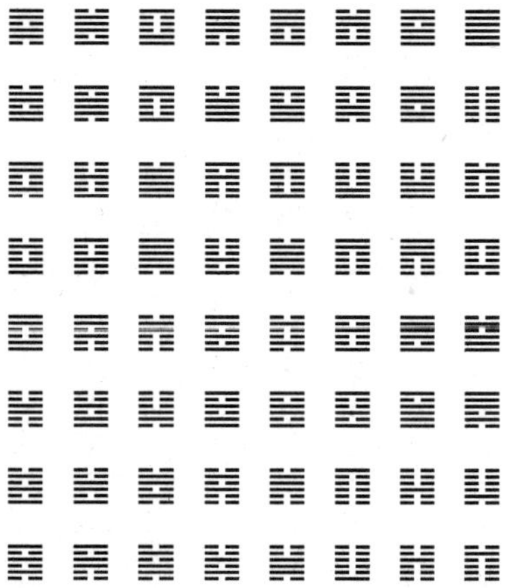

有天地，然後萬物生焉。盈天地之間者，惟萬物，故受之以屯。屯者，盈也。屯者，物之始生也，物生必蒙，故受之以蒙，蒙者，蒙也，物之稺也，物稺不可不養也，故受之以需。需者，飲食之道也。飲食必有訟，故受之以訟。訟必有衆，故受之以師，師者，衆也。衆必有所比，故受之以比。比者，比也。比必有所畜，故受之以小畜。物畜然後有禮，故受之以履。履而泰然後安，故受之以泰。泰者，通也。物不可以終通，故受之以否。物不可以終否，故受之以同人。與人同者，物必歸焉。故受之以大有。有大者，不可以盈，故受之以謙。有大而能謙，必豫，故受之以豫。豫必有隨，故受之以隨。以喜隨人者，必有事，故受之以蠱。蠱者，事也。有事而後可大，故受之以臨。臨者，大也。物大然後可觀，故受之以觀。可觀而後有所合，故受之以噬嗑，嗑者，合也。物不可以苟合而已，故受之以賁。賁者，飾也。致飾然後亨則盡矣，故受之以剥。剥者，剥也。物不可以終盡，剥窮上反下，故受之以復。復則不妄矣，故受之以无妄。有无妄然後可畜，故受之以大畜。物畜然後可養，故受之以頤。頤者，養也。不養則不可動，故受之以大過。物不可以終過，故受之以坎。坎者，陷也。陷必有所麗，故受之以離。離者，麗也。有天地然後有萬物，有萬物然後有男女，有男女然後有夫婦，有夫婦然後有父子，有父子然後有君臣，有君臣然後有上下，有上下然後禮義有所錯。夫婦之道，不可以不久也，故受之以恒。恒者，久也。物不可以久居其所，故受之以遯。遯者，退也。物不可以終遯，故受之以大壯。物不可以終壯，故受之以晉。晉者，進也。進必有所傷，故受之以明夷。夷者，傷也。傷於外者必反其家，故受之以家人。家道窮必乖，故受之以睽。睽者，乖也。乖必有難，故受之以蹇。蹇者，難也。物不可以終難，故受之以解。解者，緩也。緩必有所失，故受之以損。損而不已，必益，故受之以益。益而不已，必決，故受之以夬。夬者，決也。決必有所遇，故受之以姤。姤者，遇也。物相遇而後聚，故受之以萃。萃者，聚也。聚而上者謂之升，故受之以升。升而不已必困，故受之以困。困乎上者必反下，故受之以井。井道不可不革，故受之以革。革物者莫若鼎，故受之以鼎。主器者莫若長子，故受之以震。震者，動也。物不可以終動，止之，故受之以艮。艮者，止也。物不可以終止，故受之以漸。漸者，進也。進必有所歸，故受之以歸妹。得其所歸者必大，故受之以豐。豐者，大也。窮其大者，必失其居，故受之以旅。旅而無所容，故受之以巽。巽者，入也。入而後説之，故受以兑。兑者，説也。説而後散之，故受之以渙。渙者，離也。物不可以終離，故受之以節。節而信之，故受之以中孚。有其信者必行之，故受之以小過。有過物者必濟，故受之以既濟。物不可窮也，故受之以未濟，終焉。

此明文王改易伏羲六十四卦之次也。

性理三解　卷之四　啓蒙意見　三　　韓邦奇圖解

明蓍策第三

大衍之數五十，

河圖、洛書之中，數皆五，行之而各極其數，以至於十則合爲五十矣。「河圖」積數五十五，其五十者，皆因五而後得，獨五爲五十所因而自無所因，故虛之，則但爲五十。又五十五之中，其四十者分爲陰陽老少之數，而其五與十者無所爲，則又以五乘十，以十乘五，而亦皆爲五十矣。「洛書」積數四十五，而其四十者散布於外，而分陰陽老少之數。惟五居中而無所爲，則亦自含五數，并爲五十矣。

其用四十有九。

大衍之數五十，而蓍一根百莖，可當大衍之數者二，故揲蓍之法，取五十莖爲一握，置其一不用，以象太極，而其當用之策，凡四十有九。蓋兩儀體具而未分之象也。

分而爲二以象兩，掛一以象三，揲之以四以象四時，歸奇於扐以象閏，五歲再閏，故再扐而後掛。

掛者，懸於小指之間。揲者，以大指食指間而別之。「奇」，謂餘數。扐者，扐於中三指之兩間也。蓍凡四十有九，信手中分，各置一手，以象兩儀。而掛右手一策於左手小指之間，以象三才。遂以四揲左手之策，以象四時，而歸其餘數於左手第四指間，以象閏。又以四揲右手之策，而再歸其餘數於左手第三指間，以象再閏。五歲之象掛一，一也。揲左，二也。扐左，三也。揲右，四也。扐右，五也。

易筮序畧

一握而四營，四營而一變，三變而一爻，十有八變而一卦。乃啓筮書，以觀其卦之動静，以察其爻象，用以斷其事之吉凶。凡六十四卦以爲綱，四千九十六卦以爲目，三十二圖以象之，互以首尾爲先後也。

以十乘五則為十箇五

以五乘十則為五箇十

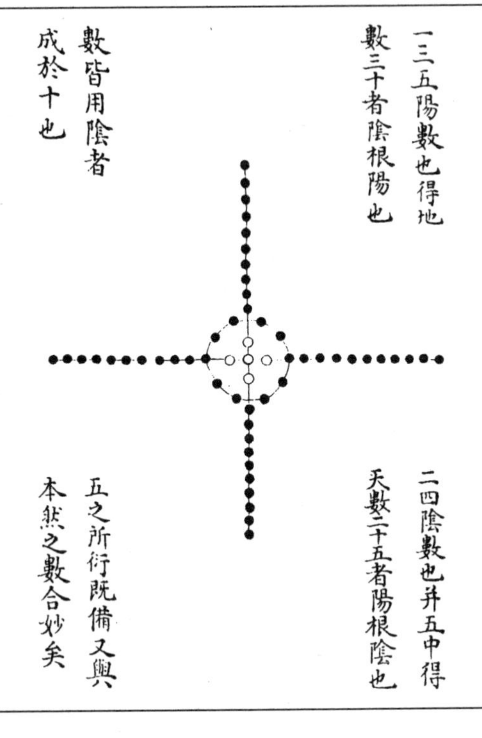

一三五陽數也得地
數三十者陰根陽也
數皆用陰者
成於十也
二四陰數也并五中得
天數二十五者陽根陰也
五之所衍既備又與
本然之數合妙矣

筮儀

擇地潔處爲蓍室，南户置牀於中央，牀大約長五尺，廣三尺，毋大，近壁。

蓍五十莖，韜以纁帛，貯以皂囊，納之櫝中，置於牀北。

櫝以竹桐，或堅木，或布漆爲之，圓徑三寸。如蓍之長，半爲底，半爲蓋，下别爲臺函之，使不偃仆。

設木格於櫝南，居牀二分之北。格以横木板爲之，高一尺，長竟牀。當中爲兩大刻，相距一尺。大刻之西爲三小刻，相距各五寸許。下施横足，側立案上。

置香爐一於格南，香合一於爐南，日炷香致敬。將筮，則灑掃拂拭，滌硯一注水，及筆一墨一黄，漆板一，於爐東東上。筮者齊潔衣冠，北面盥手，焚香致敬。

筮者北面見儀禮，若使人筮，則主人焚香，畢，少退，北面立。筮者進，立於牀前，少西南向受命。主人直述所占之事，筮者許諾。主人右還，西向立。筮者右還，北向立。

兩手奉櫝蓋，置於格南爐北，出蓍於櫝，去囊解韜，置於櫝東，合五十策，兩手執之，熏於爐上，命之曰：「假爾泰筮有常，假爾泰筮有常，某官姓名今以某事云云，未知可否，爰質所疑，於神於靈，吉凶得失，悔吝憂虞，惟爾有神，尚明告之。」乃以右手取其一策，反於櫝中。

以象太極之無爲也。

而以左右手中分四十九策，置格之左右兩大刻。

此第一營，所謂分而爲二以象兩者也。

次以左手取左大刻之策執之，而以右手取右大刻之一策，掛於左手之小指間。

此第二營，所謂掛一以象三者也。

次以右手四揲左手之策。

此第三營之半，所謂揲之以四，以象四時者也。

次歸其所餘之策，或一或二或三或四，而扐之左手無名指間。

此第四營之半，所謂歸奇於扐以象閏者也。

次以左手反過揲之策於左大刻，遂取右大刻之策執之，而以左手四揲之。

此第三營之半。

次歸所餘之策如前，而扐之左手中指之間。

此第四營之半，所謂再扐以象再閏者也。

次以右手反過揲之策於右大刻，而合左手一掛二扐之策，置於格上第一小刻。

以東爲上，後倣此。

是爲一變。其掛扐之數，不五即九。

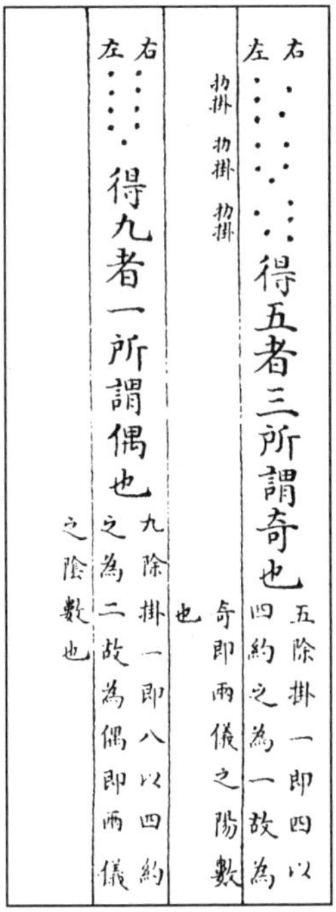

右 左 扐掛 扐掛 扐掛 得五者三所謂奇也（五除掛一即四以四約之爲一故爲奇即兩儀之陽數也）
右 左 得九者一所謂偶也（九除掛一即八以四約之爲二故爲偶即兩儀之陰數也）

一變所餘之策，左一則右必三，左二則右亦二，左三則右必一，左四則右亦四。通掛一之策，不五則九。五以一其四而爲奇，九以兩其四而爲偶，奇者三而偶者一也。

一變之後，除前餘數。

或五或九，謂掛扐之策。

復合其見存之策。

以兩手取左右大刻之蓍合之。

或四十四。

以初變得五也。

或四十。

以初變得九也。

分掛揲歸如前法。

「分」，謂分而爲二；「掛」，謂掛一；「揲」，謂揲之以四；「歸」，謂歸奇，其儀同一變。但置掛扐之策於格上第二小刻。

是爲二變。其掛扐之數，不四即八。

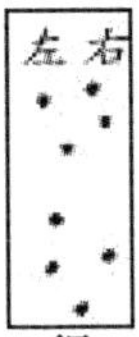

左 右

得四者二，所謂奇也。不去掛一，餘同前義。

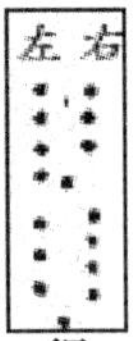

左 右

得八者二，所謂偶也。不去掛一，餘同前義。

二變所餘之策，左一則右必二，左二則右必一，左三則右必四，左四則右必三。通掛一之策，不四則八。四以一其四而爲奇，八以兩其四而爲偶，奇偶各得二焉。

再變之後，除前兩次餘數。

初得五，再得四。除九，初得九，再得八。除十七，初得五，再得八。初得九，再得四。皆除十三。

復合其見存之策。

又以兩手取左右大格之蓍合之。

或四十策。

以初變得五，再變得四也。

或三十六。

以初變得五或九，再變得四或八也。

或三十二。

以初變得九，再變得八也。

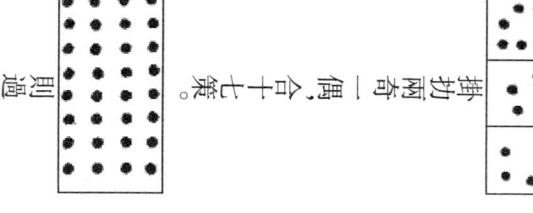

分掛揲歸如前法。

但置其掛扐之策於格上第三小刻。

是爲三變，其掛扐者，如再變例。

謂得四者二，得八者二也。

三變既畢，乃視其三變所得過扐過揲之策，而畫其爻於版。

掛扐之數，五四爲奇，九八爲偶。

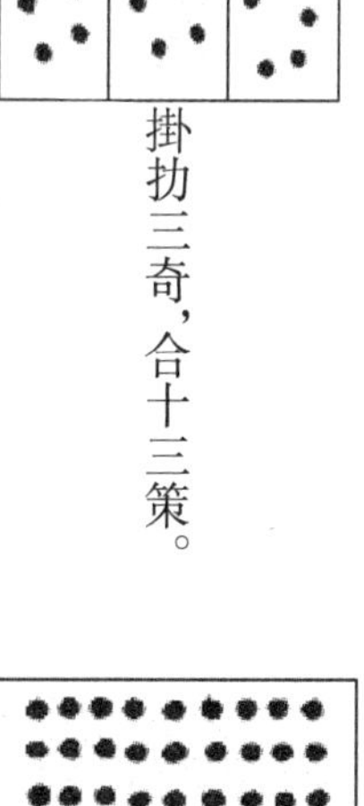

掛扐三奇，合十三策。

則過揲三十六策。

是爲老陽，其畫爲- -，所謂重也。- -者，奇之欲分，中已虛，而未離乎一也。

掛扐兩奇一偶，合十七策。

則過揲三十二策。

是爲少陰，其畫爲⚋，所謂拆也。⚋者，偶自爲偶，而無事於合也。

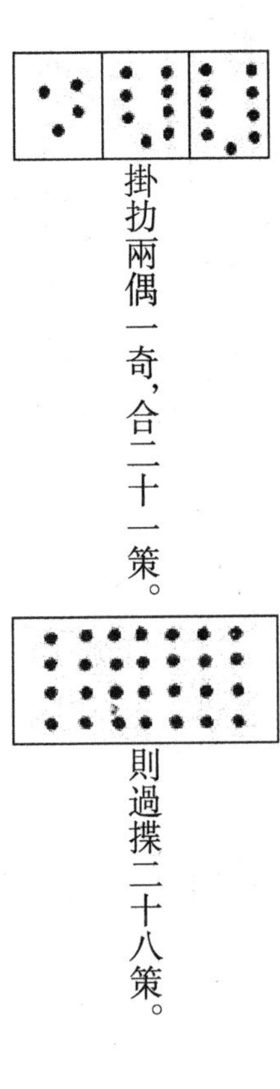

掛扐兩偶一奇，合二十一策。則過揲二十八策。

是爲少陽，其畫爲⚊，所謂單也。⚊者，奇自爲奇，而無事於分也。

掛扐三偶，合二十五策。則過揲二十四策。

是爲老陰，其畫爲×，所謂交也。×者，偶之欲合中，已實而未絶乎一也。

■⚋，遇陽而之陰也。　⚋，陰也。

⚊，陽也。　×⚊，遇陰而之陽也。

是爲四象，所謂老變而少不變也。

如是每三變而成爻

第一、第四、第七、第十、第十三、第十六，凡六變，並同。但三變以下，不命而但用四十九蓍耳。第二、第五、第八、第十一、第十四、第十七，凡六變，亦同。第三、第六、第九、第十二、第十五、第十八，凡六變，亦同。

凡十有八變而成卦，乃考其卦之變而占其事之吉凶。禮畢韜蓍，襲之以囊，入櫝加蓋，斂筆硯墨版，再焚香致敬而退。

如使人筮，則主人焚香揖筮者而退。

三奇爲老陽者，凡十有二。

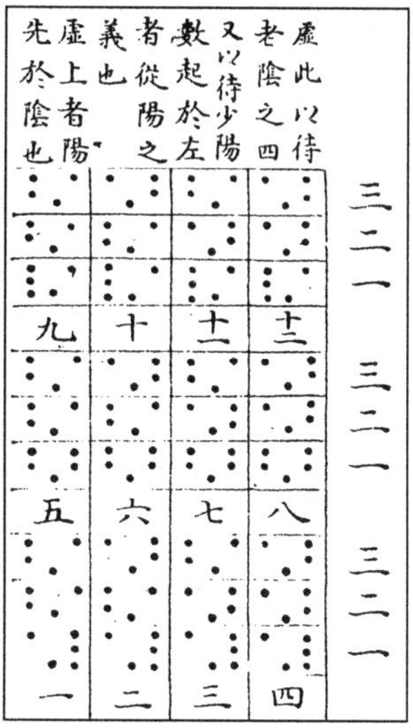

三二一	三二一	三二一
一	五	九
二	六	十
三	七	十一
四	八	十二

虛此以待老陰之四，又以待少陽數起於左者，從陽之義也。虛上者，陽先於陰也。

一、二、三，以變言。自一至十二，以老陽所得之數言。然一、二、三奇，皆能爲六奇而成六爻。

掛扐之數十有三。

扐掛扐掛扐掛

除初掛之一，爲十有二。

扐掛 扐掛 扐掛

以四約而三分之，爲一者三。

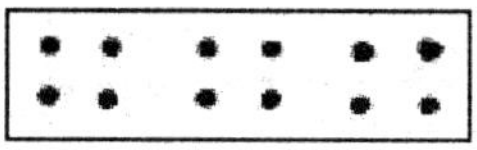

一，指四而言，四奇也，一亦奇也。故謂四爲一，言爲四者，凡三也。一爲奇有二義：一以四策爲一揲，一以圍三徑一。

一奇象員而圍三，故三一之中，各復有三。

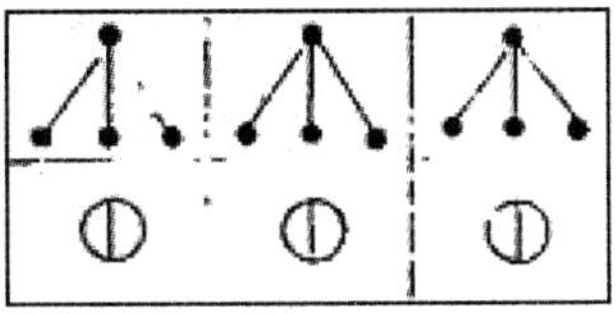

一者，一二之一，指策數也。於前每四策中取一策爲圍之徑，而以三策爲圍，所謂三分爲規者也。一個徑一而有一個圍三，三個徑一而有三個圍三。

而積三三之數，則爲九。

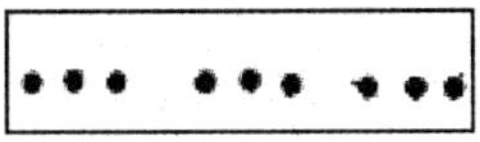

去其徑一，止有三個圍三，積三三爲九，四九之母也。

過揲之數三十有六，

以四約之，亦得九焉。

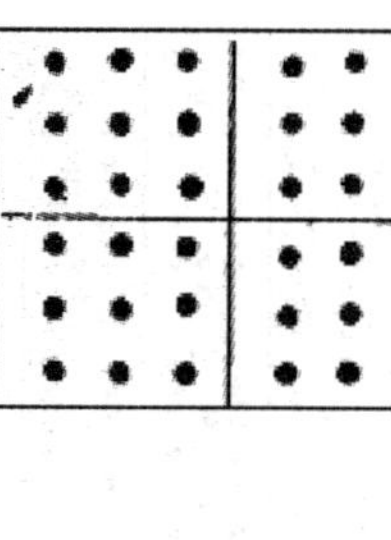

上是掛扐之九，四九之母。此是過揲之九，一九之子。上是三個四，此是九個四，亦積三三爲九之意也。妙矣哉！

即四象，太陽居一，含九之數也。

一，太陽之位，即圖一六之一。九，太陽之數，即圖四九之九。

掛扐除一，四分四十有八，而得其一也。一其十二而三其四也，九之母也。過揲之數，四分四十八而得其三也，三其十二，而九其四也，九之子也，皆徑一而圍三也。

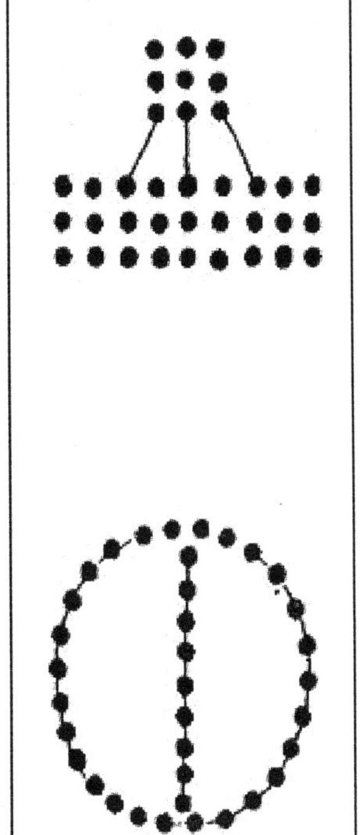

兩奇一偶，以偶爲主，爲少陰者，凡二十有八。

一　二　三　四　五　六　七　八
九　十　十一　十二　十三　十四　十五　十六
十七　十八　十九　二十　二十一　二十二　二十三　二十四
二十五　二十六　二十七　二十八

蓋此以待少陽四又以待老陰

掛扐之數，十有七。

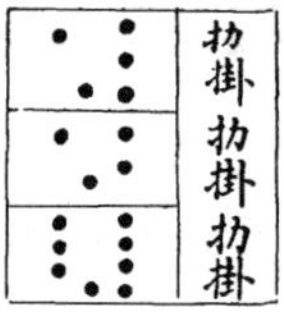

扐掛 扐掛 扐掛

除初掛之一，爲十有六。

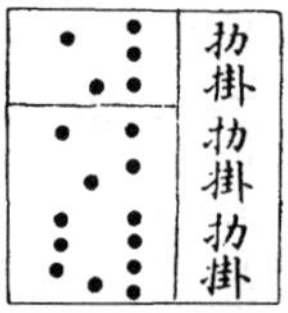

扐掛 扐掛 扐掛

以四約而三分之，爲一者二，爲二者一。

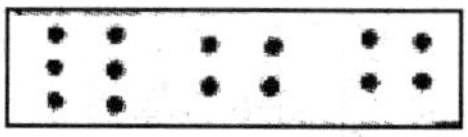

下二字，指八而言。八，偶也。二，亦偶也。故謂八爲二。二爲偶有二義：一以八策爲二揲，一以圍四用半。爲一者二，兩個四也。爲二者一，一個八也。

一奇象員而用其全，故三一之中，各復有三。

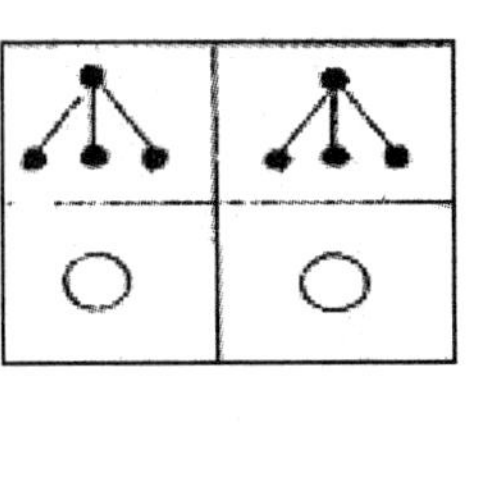

天周而無缺，故用全。兩個一下各有三，兩個三爲六。

二偶象方而用其半，故一二之中，復有二焉。

地空而隙，故用半。於前八策中取四策，又以二策爲方之象，故一個二中又有二也。

而積二、三、一、二之數，則爲八。

三去象一，四去象二，是二個三。而一個二合二、三、一、二，爲八。四，八之母也。

過揲之數，三十有二。

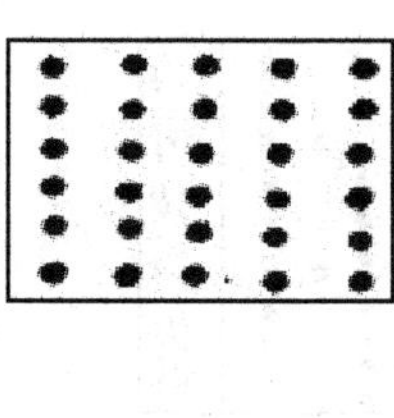

以四約之，亦得八焉。

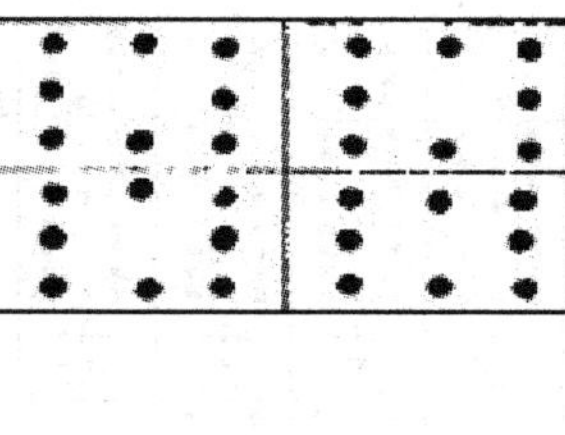

上是掛扐之八，四八之母。此是過揲之八，一八之子。上二四一八，下八四。上每一四爲三四，二四爲六，四并一八爲二四，是積下八四也。四，進者，陽，能變也。八用本數者，陰主靜也。

即四象，少陰居二，含八之數也。

二，少陰之位，即圖二七之二。八，少陰之數，即圖三八之八。

掛扐除一，四其四也。自一其十二者，而進四也，八之母也。過揲之數，八其四也，自三其十二者而退四也，八之子也。

兩偶一奇，以奇爲主，爲少陽者，凡二十。

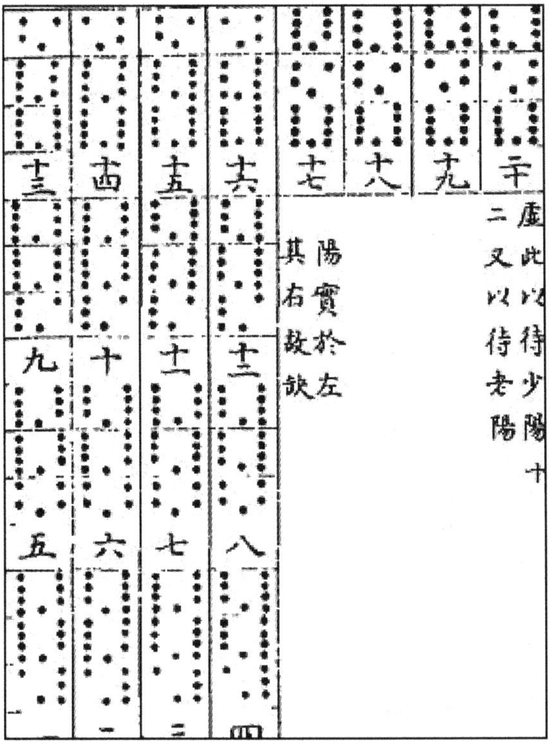

一　二　三　四　五　六　七　八　九　十　十一　十二　十三　十四　十五　十六　十七　十八　十九　二十

虛此以待少陽十二，又以待老陽。陽實於左，其右故缺。

掛扐之數，二十有一。

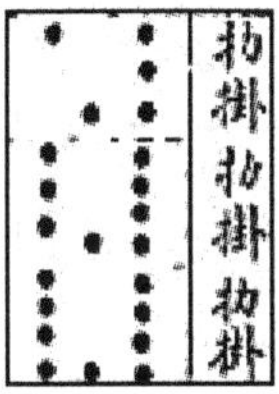

扐掛　扐掛　扐掛

除初掛之一，爲二十。

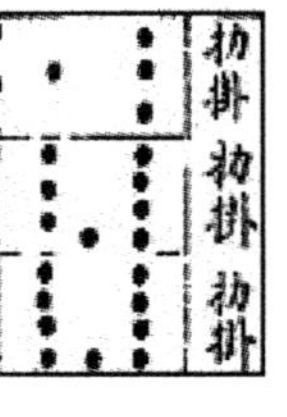

以四約而三分之，爲二者二，爲一者一。

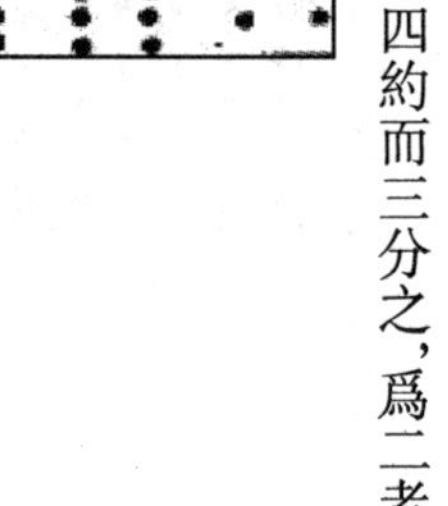

上一字指四下一字一二之一，上二字指八下二字一二之二。爲一者一，一個一也。爲二者二，兩個八也。

一偶象方，而用其半，故二。二之中各復有二。

次二字指上兩策，下二字指下兩策。上兩個二下又各有二。

一奇象員而用其全，故一。一之中復有三焉。

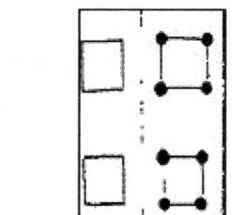

上一策下又有三策。

而積二、二、一、三之數，則爲七。

奇去象一，偶去象二，是一個二，兩個二。合二、二、一、三爲七，四七之母也。

過揲之數，二十有八。

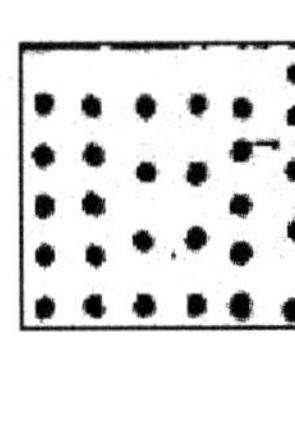

以四約之，亦得七焉。

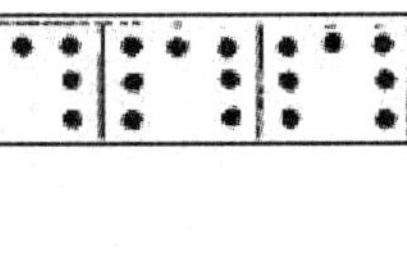

上是掛扐之七，四七之母。此是過揲之七，一七之子。上一四二八，此七四。上一四爲三四，二八爲四，四是積下七四也。四，進者，陽變也。八，用本數者，陰静也，半之二也。

即四象，少陽居三，含七之數也。

三，少陽之位，即圖三八之三。七，少陽之數，即圖二七之七。掛扐除一，五其四也。自兩其十二者，而退四也，七之母也。過揲之數，七其四也。自兩其十二者，而進四也，七之子也。

三偶爲老陰，四。

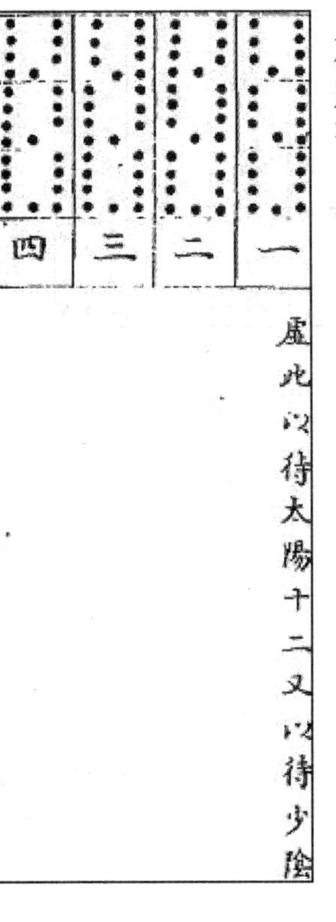

掛扐之數，二十有五。

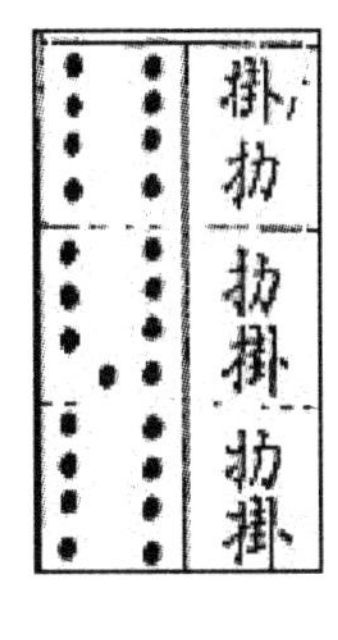

除初掛之一，爲二十有四。

以四約而三分之，爲二者三。

二指八，每二四爲一八，六四，三八，爲三個八也。

二偶象方，而用其半，故三二之中，各復有二。

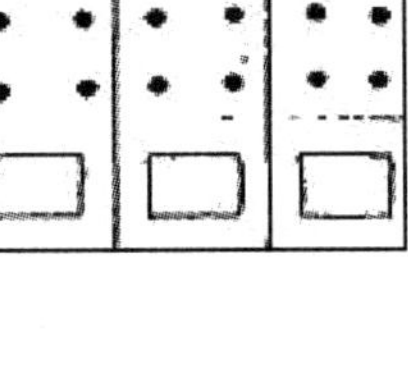

首次二字，指上二策。下二字，指下二策。三是一二三之三。上三個二下，又各有二也。

而積三二之數，則爲六。

去三個，象二。止用下二個二，三二合爲六，四六之母也。

過揲之數，亦二十有四。

以四約之，亦得六焉。

上是掛扐之六，四六之母。此是過揲之六，一六之子。上是三八，用半爲三四。下是六四，亦積三二爲六也。

即四象，太陰居四，含六之數也。

四，太陰之位，即圖四九之四。六，太陰之數，即圖一六之六。

掛扐除一，六之母也。過揲之數，六之子也。四分四十有八，而各得其二也。兩其十二，而六其四也，皆圍四而用半也。徑一圍四者，一言徑四分之一耳，非謂一徑蓍也，其實四用二徑，始不傾斜。

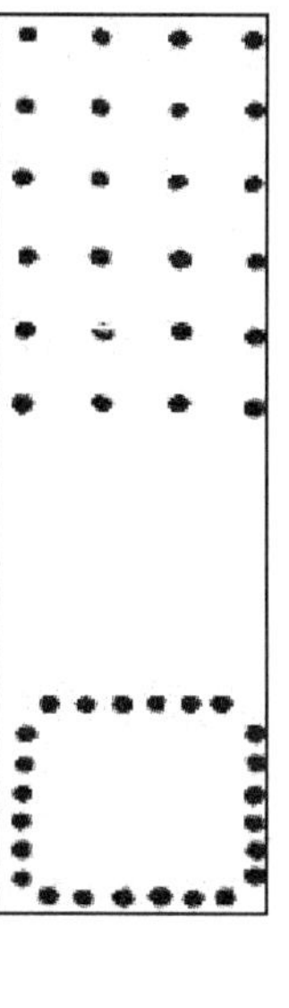

二老者，乾坤之交也。二少者，男女之合也。

一	十二	八	四
二	十一	七	三
三	十	六	二
四	九	五	一
二十四	十七	九	一
二十三	十八	十	二
二十二	十九	十一	三
二十一	二十	十二	四
二十	二十一	十三	五
十九	二十二	十四	六
十八	二十三	十五	七
十七	二十四	十六	八
十六	十二	八	四
十五	十一	七	三
十四	十	六	二
十三	九	五	一

太陽虛上以待太陰之四，太陰虛下以待太陽之十二，所謂六九相合，十五者是也。少陽虛右以待少陰之二十八，少陰虛左以待少陽之二十，所謂七八相合，十五者是也。方其各爲一圖也，若無統紀，及其太陰之四補太陽之上，太陽十二補太陰之下，少陽之四補少陰之左，少陰之十二補少陽之右，如牝牡之相合，充足飽滿，無毫釐之虧欠，參同契合，無毫釐之乖戾。太陰虛四，太陽以四合之；太陰虛十二，太陽以十二合之，固陽多而陰少矣。然少陰虛四，少陽以四合之；少陽虛十二，少陰以十二合之，則陰陽之數又各適均矣。

二陽者，天之位乎上也；二陰者，地之位乎下也。

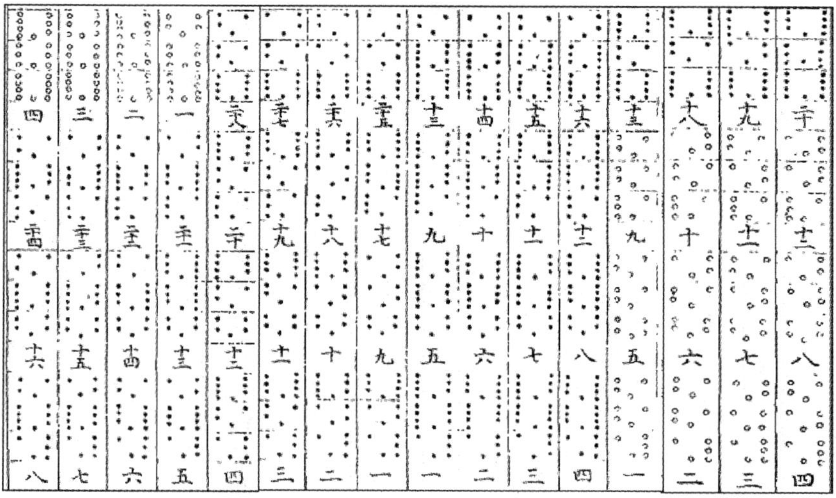

太陽虛四以待少陽之四，少陽虛十二以待太陽之十二。以太陽之十二合少陽之十二，所謂陽數三十二，天之一、三、五、七、九者也。太陰虛十二以待少陰之十二，少陰虛四以待太陰之四，以太陰之四合少陰之二十八，所謂陰數三十二，地之二、四、六、八、十者也。

易者，蓍之所爲乎！太極者，其本體也。兩儀者，其陰陽各三十有二也。四象者，六、七、八、九之數也。乾坤者，二老之象也。六子者，二少之變也。六十四卦者，掛扐之全數也。易者，蓍之所爲乎！

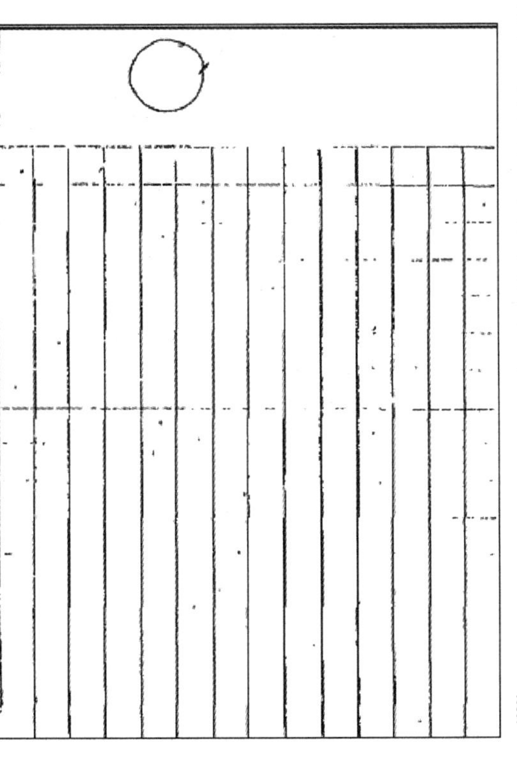

廿八	廿七	廿六	廿五				
二十	十九	十八	十七	九	十	十一	十二
十二	十一	十	九	五	六	七	八
四	三	二	一	一	二	三	四

十三	十四	十五	十六	十七	十八	十九	二十
九	十	十一	十二	九	十	十一	十二
五	六	七	八	五	六	七	八
一	二	三	四	一	二	三	四

十七	十八	十九	二十				
				廿四	廿三	廿二	廿一
				十六	十五	十四	十三
				八	七	六	五

四	三	二	一	廿八	廿七	廿六	廿五
廿四	廿三	廿二	廿一	二十	十九	十八	十七
十六	十五	十四	十三	十二	十一	十	九
八	七	六	五	四	三	二	一

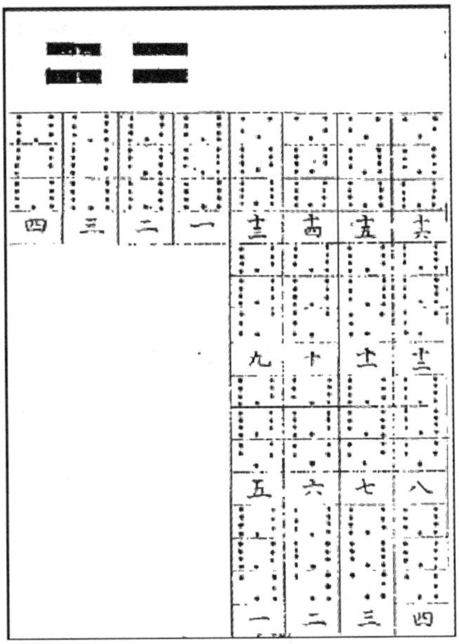

十六 十五 十四 十三

十二 十一 十 九

八 七 六 五

四 三 二 一

四 三 二 一

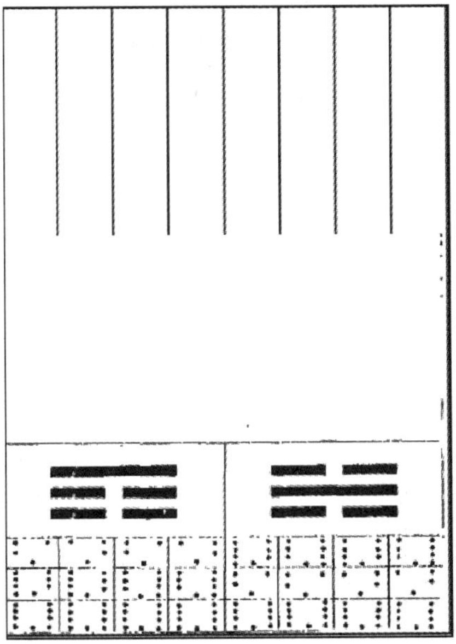

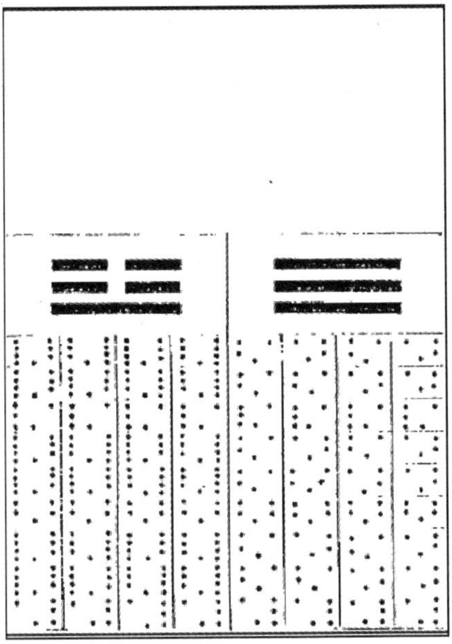

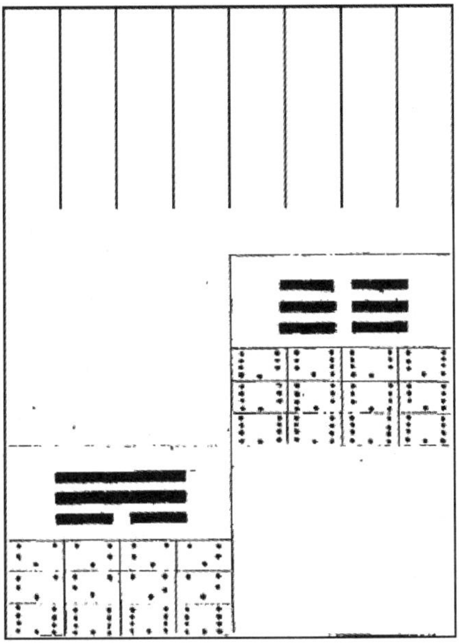

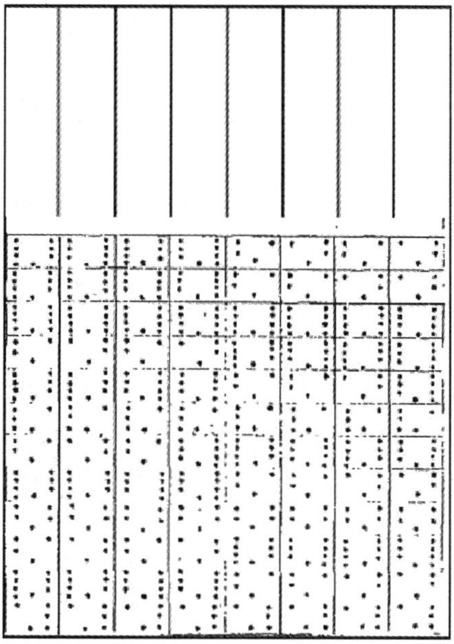

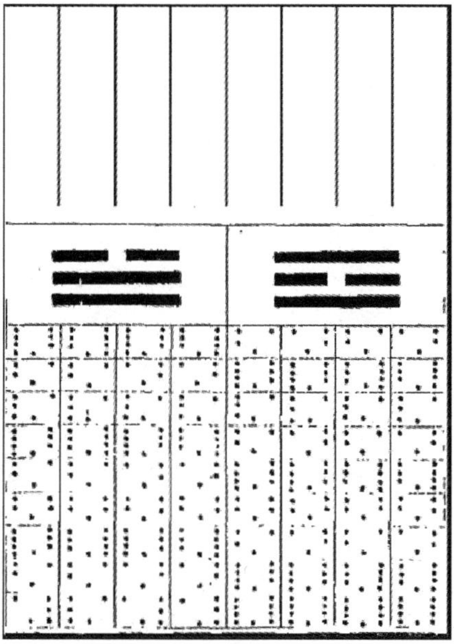

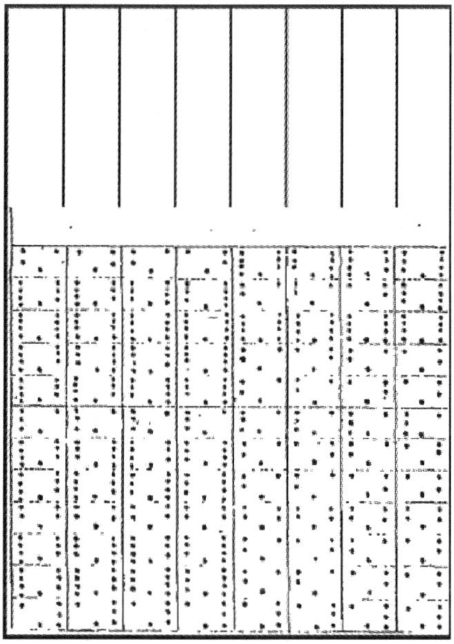

乾　夬　大有　大壯　小畜　需　大畜　泰　履　兌　睽　歸妹

中孚　節　損　臨　同人　革　離　豐　家人　既濟　賁　明夷

无妄　隨　噬嗑　震　益　屯　頤　復　姤　大過　鼎　恒

巽　井　蠱　升　訟　困　未濟　解　渙　坎　蒙　師

遯　咸　旅　小過　漸　蹇　艮　謙　否　萃　晉　豫

觀　比　剥　坤

夫掛扐者，揲之所餘也。故其數也，視揲二者互爲子母者也。至妙至妙者也。

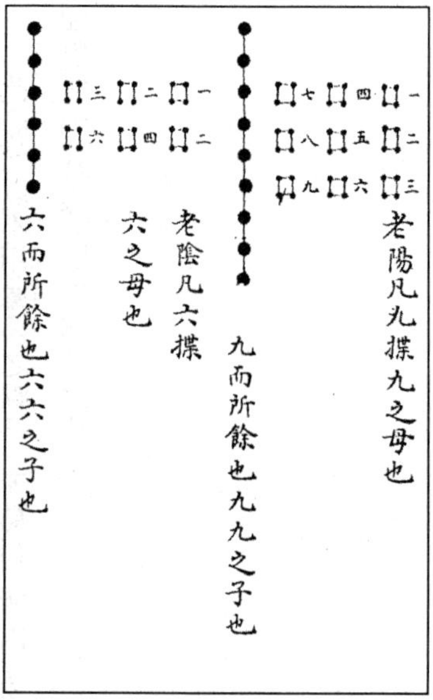

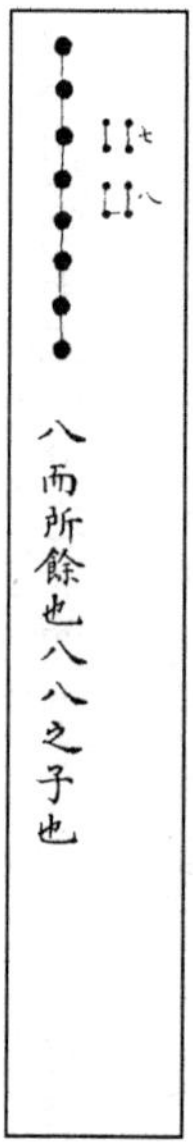

老陽凡九揲九之母也
九而所餘也九九之子也

老陰凡六揲
六之母也
六而所餘也六六之子也

少陽凡七揲
七之母也
七而所餘也七七之子也

少陰凡八揲
八之母也
八而所餘也八八之子也

以前言用掛扐，故掛扐爲母，過揲爲子。以此言過揲生掛扐，故過揲爲母，掛扐爲子。夫掛扐者，十二三分之一而進之者也。過揲者，十二三分之一而退之者也。二極之相去，二少之進退，其自然之序乎！

老陽掛扐十二，進一四，則少陰之十六，又進一四，則少陽之二十，又進一四，則老陰之二十四。老陽過揲三十六，退一四，則少陰之三十二，又退一四，則少陽之二十八，又退一四，則老陰之二十四。故老陽去少陰四，去少陽八，去老陰十二。少陰掛扐十六比老陽十二爲進四，少陽掛扐二十比老陰二十四爲退四，少陰過揲三十二比老陽三十六爲退四，少陽過揲二十八比老陰二十四爲進四，故皆曰「一退一進，而交於中」。

夫造化者，數而已矣。五十者，造化之體也。四十有九者，造化之用也。四十九者，萬物之體也。四十有八者，萬物之用也。是故五十而去一，維天之命，於穆不已者也。四十九而去一，萬物各正性命者也。用九用八之不同，其神化之謂乎！　造化爲神，生萬物爲化。

此節何以不用濂溪之圖？夫爲圖，所以立象也。陰陽、五行、萬物，不在天地之外，陰陽有漸，無遽寒遽熱之理。知覺運動，榮瘁開落，卵荄之化也。

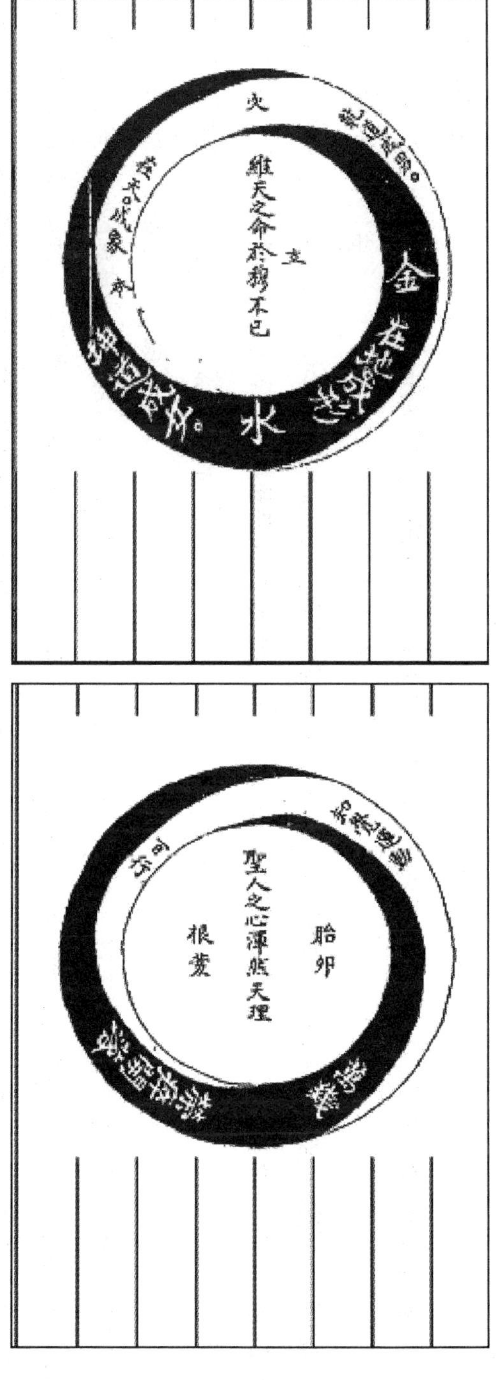

乾之策，二百一十有六；坤之策，百四十有四。凡三百有六十，當期之日。

「乾之策，二百一十有六」者，積六爻之策，各三十六而得之也。「坤之策，百四十有四」者，積六爻之策，各二十有四而得之也。「凡三百六十」者，合二百一十有六、百四十有四而得之也。「當期之日」者，每月三十日，合十二月爲三百六十也。蓋以氣言之，則有三百六十六日；以朔言之，則有三百五十四日。今舉氣盈朔虚之中數而言，故曰「三百有六十」也。然少陽之策二十八，積乾六爻之策則一百六十八；少陰之策三十二，積坤六爻之策則一百九十二。此獨以老陰、老陽之策爲言，以易用九六而不用七八也。然二少之合，亦三百有六十。

二篇之策，萬有一千五百二十，當萬物之數也。

「二篇」者，上、下經，六十四卦也。其陽爻百九十二，每爻合三十六策，積之得六千九百一十二。陰爻百九十二，每爻二十四策，積之得四千六百八。又合二者，爲萬有一千五百二十也。若爲少陽，則每爻二十八策，凡五千三百七十六；少陰則每爻三十二策，凡六千一百四十四。合之亦爲萬一千五百二十也。

是故四營而成易，十有八變而成卦。八卦而小成，引而伸之，觸類而長之，天下之能事畢矣。

「四營」者，四次經營也。分二者，第一營也；掛一者，第二營也；揲四者，第三營也；歸奇者，第四營也。易，變易也，謂揲之一變也。四營成變，三變成爻，一變而得兩儀之象，再變而得四象之象，三變而得八卦之象。一爻而得兩儀之畫，二爻而得四象之畫，三爻而得八卦之畫，四爻成而得十六者之一，五爻成而得其三十二者之一，至於積七十二營，而成十有八變，則六爻見而得乎六十四卦之一矣。然方其三十六營而九變也，已得三畫，而八卦之名可見，則内卦之爲貞者，立矣。此所謂「八卦而小成」者也。自是而往，引而伸之，又三十六營，九變以成三畫，而再得小成之卦者，一則外卦之爲悔者亦備矣。六爻成，内外卦備，六十四卦之别可見矣。後視其爻之變與不變，而觸類以長焉。天下之事，其吉凶悔吝，皆不越乎此矣。

顯道神德行，是故可與酬酢，可與祐神矣。

道因辭顯，行以數神。「酬酢」者，言幽明之相應，如賓主之相交也。「祐神」者，言有以祐助神化之功也。卷内蔡氏説「爲奇者三，爲偶者二」，蓋凡初揲，左手餘一、餘二、餘三，皆爲奇；餘四爲偶。至再揲、三揲，則餘三者亦爲偶。故曰「奇三而偶二」也。

五、九、四、八者，奇偶也。前奇後偶，一定而不可移者也。奇偶者，陰陽也。少陽多陰，變化而莫測者也。奇偶有小大，陰陽無多寡。

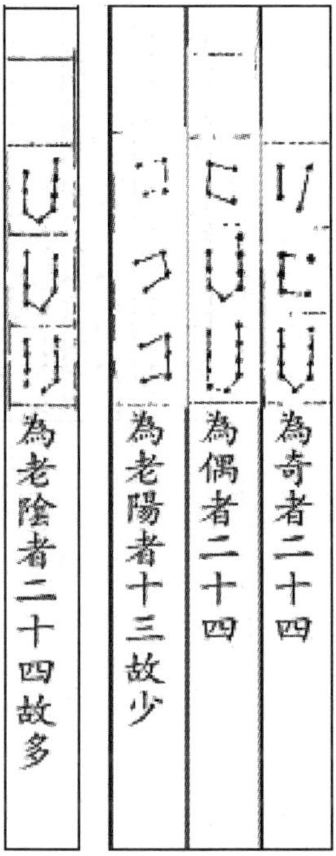

爲奇者二十四

爲偶者二十四

爲老陽者十三故少

爲老陰者二十四故多

此舊法也。以初變三、五、一、九爲奇，二變、三變二四、二八爲偶也。三、五、一、九，兩其十二，徑一圍三，用全，爲老陽者二。二四、二八爲二十四者，徑一圍四，用半，爲老陰者一。兩其十二，爲二十四也。二其二十四，爲十二也。二而陰陽之數皆二十四，此特論奇偶陰陽之數耳。至爲於三變成爻，一小奇、二小偶爲老陽，一大奇、二大偶爲老陰，二少例此，與今法同。小偶，四也；大偶，八也；小奇，五也；大奇，九也。

近世後二變不掛之圖

三變之後爲老陽少陰者，皆二十七。

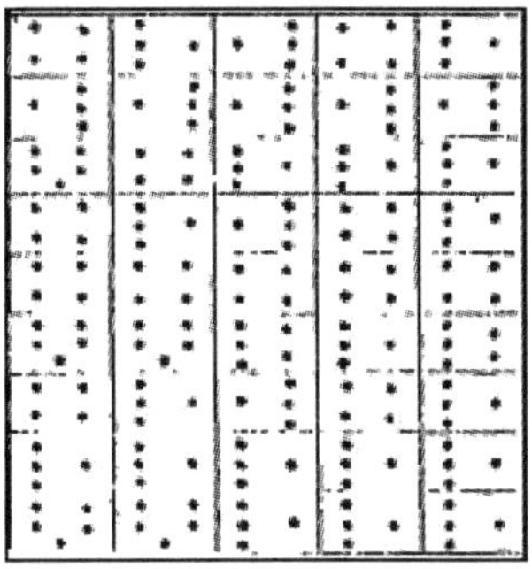

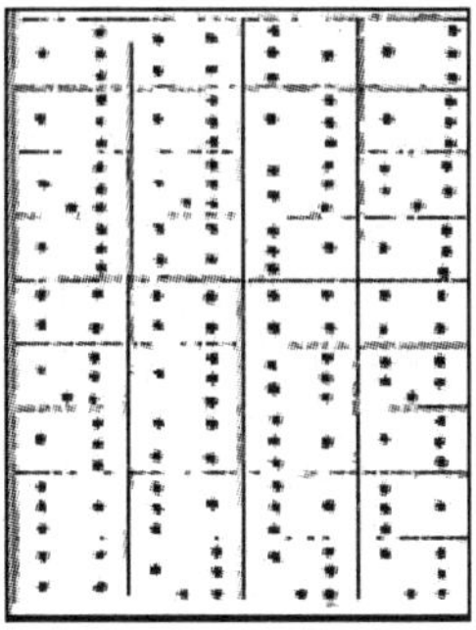

爲少陰者，二十七。右老陽。

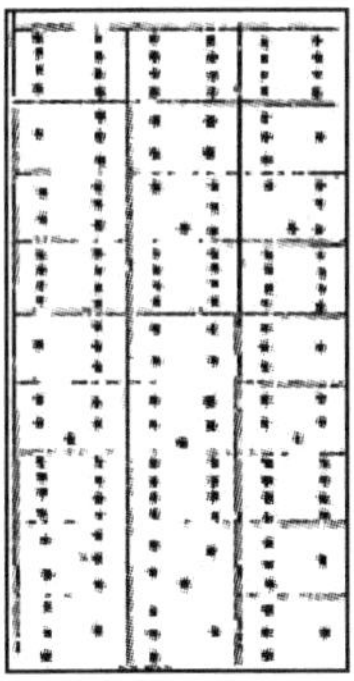

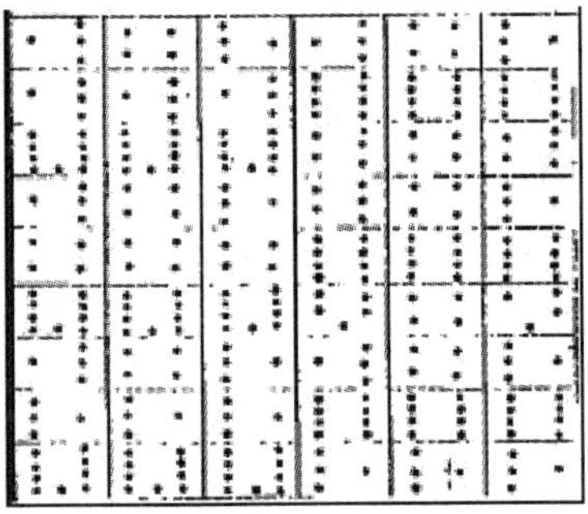

爲少陽者，九。右少陰。

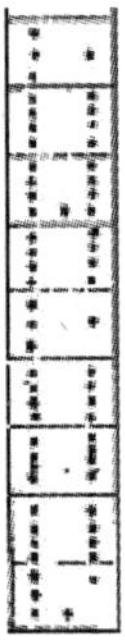

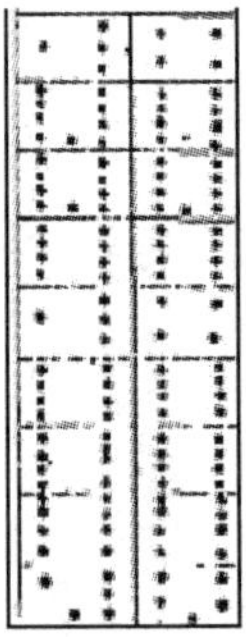

爲老陰者，一。右少陽。

右老陰。

經曰「再扐而後掛」，又曰「四營而成易」，其旨甚明，注疏雖不詳説，然劉禹錫所記僧一行、畢中和顧彖之説，亦已備矣。近世諸儒，乃有「前一變獨掛」之説，「後二變不掛」之説，考之於經，乃爲六扐而後掛，不應五歲再閏之義。且後二變又止三營，蓋已誤矣。

且用舊法，則三變之中，又以前一變爲奇，後二變爲偶。奇故其餘五、九，偶故其餘四、八。餘五、九者，五三而九一，亦圍三徑一之義也。餘四八者，四八皆二，亦圍四用半之義也。三變之後，老者陽饒而陰乏，少者陽少而陰多，亦皆有自然之法象焉。

若用近世之法，則三變之餘，皆爲圍三徑一之義，而無復奇偶之分。三變之後爲老陽、少陰者，皆二十七；爲少陽者，九；爲老陰者，一。又皆參差不齊，而無復自然之法象，此足以見其説之誤矣。

至於陰陽老少之所以然者，則請復得而通論之，下詳其實。

蓋四十九策，除初掛之一而爲四十八，以四約之爲十二，以十二約之爲四，故其揲之一變也。掛扐之數，一其四者爲奇，兩其四者爲偶。

此論奇偶之所以然。

其三變也，掛扐之數三其四、一其十二，而過揲之數九其四、三其十二者，爲老陽。

此論太陽。

掛扐過揲之數，皆六其四、兩其十二者，爲老陰。

此論太陰。

自老陽之掛扐而增一四，則是四其四也。一其十二，而又進一四也。自其過揲者而損一四，則是八其四也，三其十二而損一四也。此所謂少陰者也。

此論少陰。

自老陰之掛扐，而損一四，則是五其四也，兩其十二而去四也。自其過揲而增其一四，則是七其四也，兩其十二而進一四也。此所謂少陽者也。

此論少陽。

老者，陰陽之極也。二極之間，相距之數，凡十有二，而三分之。自陽之極，而進其掛扐，退其過揲，各至於三之一，則爲少陰。自陰之極，而退其掛扐，進其過揲，各至於三之一，則爲少陽。

老陽居一而含九，故其掛扐十二，爲最少。而過揲三十六，爲最多。少陰居二而含八，故其掛扐十六，爲次少，而過揲三十二，爲次多。少陽居三而含七，故其掛扐二十，爲稍多，而過揲二十八，爲稍少。老陰居四而含六，故其掛扐二十四，爲極多，而過揲亦二十四，爲極少。蓋陽奇而陰偶，是以掛扐之數，老陽極少，老陰極多，而二少者，一進一退，而交於中焉。此其以少爲貴者也。陽實而陰虚，是以過揲之數，老陽極多，老陰極少，而二少者，亦一進一退，而交於中焉。此其以多爲貴者也。

凡此不惟陰之與陽，既爲二物，而迭爲消長，而其一物之中，此二端者又各自爲一物，而迭爲消長，其相與低昂如權衡，其相與判合如符契，固有非人之私智所能取捨而有無者。

而况掛扐之數，乃七、八、九、六之原，而過揲之數，乃七、八、九、六之委，其勢又有輕重之不同，而或者乃欲廢置掛扐，而獨以過揲之數爲斷，則是捨本而取末，去約以就繁，而不知其不可也。豈不誤哉！

性理三解　卷之五　啓蒙意見　四　韓邦奇圖解

考占變第四

乾用九：「見羣龍无首，吉。」象曰：「用九，天德不可爲首也。」

六陽皆變剛而能柔，吉之道也，故爲羣龍無首之象，而其占爲如是，則吉也。陽剛不可爲物先，故六陽皆變而吉。

坤用六：「利永貞。」象曰：「用六，永貞，以大終也。」

陰柔而不能固守，變而爲陽，則能永貞矣，故戒占者利永貞也。初陰後陽，故曰「大終」。

用九、用六者，變卦之凡例也。言凡陽爻皆用九而不用七，陰爻皆用六而不用八。九、六老而變，七、八少而不變也。獨於乾、坤言之者，以其爲純陽、純陰之卦也。聖人因繫以辭，使遇乾而六爻皆九，遇坤而六爻皆六者，即此而占之。蓋「羣龍无首」，則陽皆變陰之象；「利永貞」，則陰皆變陽之義也。餘見六爻變例。

凡卦，六爻皆不變，則占本卦彖辭，而以内卦爲貞，外卦爲悔。

爻皆七、八，少不變也。占本卦，無所之也。主彖辭，無爻附也。下内上外，卦之成自下而上也。内爲貞，事之始，主乎静也。外爲悔，事之終，主乎動也。

乾 ䷀ 元亨，利貞。

夬 ䷪ 揚于王庭，孚號。有厲，告自邑。不利即戎。利有攸往。

大有 ䷍ 元亨。

大壯䷡　利貞。

小畜䷈　亨。密雲不雨，自我西郊。

需䷄　有孚。光亨，貞吉。利涉大川。

大畜䷙　利貞。不家食吉。利涉大川。

泰䷊　小往大來，吉，亨。

履䷉　虎尾，不咥人。亨。

兌䷹　亨，利貞。

睽䷥　小事吉。

歸妹䷵　征凶，无攸利。

中孚䷼　豚魚，吉。利涉大川。利貞。

節䷻　亨。苦節，不可貞。

損䷨　有孚。元吉。无咎。可貞。利有攸往。

臨䷒　元亨，利貞。至於八月有凶。

同人䷌　於野。亨。利涉大川。利君子貞。

革䷰　巳日乃孚。元亨，利貞。悔亡。

離䷝　利貞，亨。畜牝牛吉。

豐䷶　亨。王假之，勿憂。宜日中。

家人䷤　利女貞。

既濟䷾　亨，小利貞。初吉終亂。

賁 ䷕ 亨，小利有攸往。

明夷 ䷣ 利艱貞。

无妄 ䷘ 元亨，利貞。其匪正有眚。不利有攸往。

隨 ䷐ 元亨，利貞。无咎。

噬嗑 ䷔ 亨。利用獄。

震 ䷲ 亨。震來虩虩，笑言啞啞，震驚百里，不喪匕鬯。

益 ䷩ 利有攸往，利涉大川。

屯 ䷂ 元亨，利貞。勿用有攸往。利建侯。

頤 ䷚ 貞吉。觀頤，自求口實。

復 ䷗ 亨。出入无疾，朋來无咎。反復其道，七日來復。利有攸往。

姤 ䷫ 女壯，勿用取女。

大過 ䷛ 棟撓。利有攸往。亨。

鼎 ䷱ 元吉，亨。

恒 ䷟ 亨。无咎。利貞。利有攸往。

巽 ䷸ 小亨。利有攸往。利見大人。

井 ䷯ 改邑不改井。无喪无得。往來井，井汔至，亦未繘井，羸其瓶。凶。

蠱 ䷑ 元亨。利涉大川，先甲三日，後甲三日。

升 ䷭ 元亨。用見大人，勿恤。南征吉。

訟 ䷅ 有孚。窒惕，中吉，終凶。利見大人。不利涉大川。

困 ䷮ 亨。貞大人吉，无咎。有言不信。

未濟 ䷿ 亨。小狐汔濟，濡其尾。无攸利。

解 ䷧ 利西南。无所往，其來復，吉。有攸往，夙吉。

渙 ䷺ 亨。王假有廟。利涉大川。利貞。

坎 ䷜ 有孚維心，亨。行有尚。

蒙 ䷃ 亨。匪我求童蒙，童蒙求我。初筮告，再三瀆，瀆則不告。利貞。

師 ䷆ 貞。丈人吉，无咎。

遯 ䷠ 亨，小利貞。

咸 ䷞ 亨，利貞。取女吉。

旅 ䷷ 小亨。旅貞吉。

小過 ䷽ 亨，利貞。可小事，不可大事。飛鳥遺之音。不宜上，宜下。大吉。

漸 ䷴ 女歸吉。利貞。

蹇 ䷦ 利西南，不利東北。利見大人。貞吉。

艮 ䷳ 艮其背，不獲其身，行其庭，不見其人。无咎。

謙 ䷎ 亨。君子有終。

否 ䷋ 否之匪人。不利君子貞，大往小來。

萃 ䷬ 亨。王假有廟。利見大人。亨，利貞。用大牲吉。利有攸往。

晉 ䷢ 康侯用錫馬蕃庶，晝日三接。

豫 ䷏ 利建侯行師。

觀䷓ 盥而不薦，有孚顒若。

比䷇ 吉。原筮，元，永貞，无咎。不寧方來，後夫凶。

剥䷖ 不利有攸往。

坤䷁ 元亨，利牝馬之貞。君子有攸往，先迷，後得，主利。西南得朋，東北喪朋。安貞吉。

孔成子筮立衛公子元，遇也。

左昭七年，衛卿孔成子欲立公子元，筮之，遇屯，史朝曰：「元亨，利建侯。子其建之。」

此一節，引以證遇六爻不變者，皆占本卦彖辭也。

無動之貞悔

乾䷀ 下三爻爲内卦，貞也；上三爻爲外卦，悔也。

六十四卦皆然。

一爻變，則以本卦變爻辭占。

五爻皆少静，無所爲也。一爻獨老，陰陽互變也，主乎本卦貞，以從貞也，占變爻辭，老用事也，以少統衆，一君二民也。

乾䷀ 姤䷫ 主潛龍勿用 同人䷌ 主見龍在田 履䷉ 主終日乾乾 小畜䷈ 主或躍在淵 大有䷍ 主飛龍在天 夬䷪ 主亢龍有悔

姤䷫ ䷀乾 ䷠遯 ䷅訟 ䷸巽 ䷱鼎 ䷛大過

同人 遯 乾 无妄 家人 離 革

履 訟 无妄 乾 中孚 睽 兌

小畜 巽 家人 中孚 乾 大畜 需

大有 鼎 離 睽 大畜 乾 大壯

夬 大過 革 兌 需 大壯 乾

遯 同人 姤 否 漸 旅 咸

訟 履 否 姤 渙 睽 困

巽 小畜 漸 渙 姤 蠱 井

鼎 大有 旅 未濟 蠱 姤 恒

大過 夬 咸 困 井 恒 姤

无妄 否 履 同人 益 噬嗑 隨

家人 漸 小畜 益 同人 賁 既濟

離 旅 大有 噬嗑 賁 同人 豐

革 咸 夬 隨 既濟 豐 同人

中孚 渙 益 小畜 履 損 節

睽 未濟 噬嗑 大有 損 履 歸妹

兌 困 隨 夬 節 歸妹 履

大畜 蠱 賁 損 大有 小畜 泰

需 井 既濟 節 夬 泰 小畜

大壯　恒　豐　歸妹　泰　夬　大有

否　无妄　訟　遯　觀　晉　萃

漸　家人　巽　觀　遯　艮　蹇

旅　離　鼎　晉　艮　遯　小過

咸　革　大過　萃　蹇　小過　遯

渙　中孚　觀　巽　訟　蒙　坎

未濟　睽　晉　鼎　蒙　訟　解

困　兌　萃　大過　坎　解　訟

蠱　大畜　艮　蒙　鼎　巽　升

井　需　蹇　坎　大過　升　巽

恒　大壯　小過　解　升　大過　坎

益　觀　中孚　家人　无妄　頤　屯

噬嗑　晉　睽　離　頤　无妄　震

隨　萃　兌　革　屯　震　无妄

賁　艮　大畜　頤　離　家人　明夷

既濟　蹇　需　屯　革　明夷　家人

豐　小過　大壯　震　明夷　革　離

損　蒙　頤　大畜　睽　中孚　臨

節　坎　屯　需　兌　臨　中孚

泰　升　明夷　臨　大壯　需　大畜
觀　益　渙　漸　否　剝　比
晉　噬嗑　未濟　旅　剝　否　豫
萃　隨　困　咸　比　豫　否
艮　賁　蠱　剝　旅　漸　謙
蹇　既濟　井　比　咸　謙　漸
小過　豐　恒　豫　謙　咸　旅
蒙　損　剝　蠱　未濟　渙　師
坎　節　比　井　困　師　渙
解　歸妹　豫　恒　師　困　未濟
升　泰　謙　師　恒　井　蠱
頤　剝　損　賁　噬嗑　益　復
屯　比　節　既濟　隨　復　益
震　豫　歸妹　豐　復　隨　噬嗑
明夷　謙　泰　復　豐　既濟　賁
臨　師　復　泰　歸妹　節　損
剝　頤　蒙　艮　晉　觀　坤
比　屯　坎　蹇　萃　坤　觀
豫　震　解　小過　坤　萃　晉

謙 ䷎ ䷣明夷 ䷭升 ䷁坤 ䷽小過 ䷦蹇 ䷳艮

師 ䷆ ䷒臨 ䷁坤 ䷭升 ䷧解 ䷜坎 ䷃蒙

復 ䷗ ䷁坤 ䷒臨 ䷣明夷 ䷲震 ䷂屯 ䷚頤

沙隨程氏曰：「畢萬遇屯之比，初九變也。」

左閔元年，畢萬筮仕於晉，遇屯之比。辛廖占之，曰：「吉孰大焉，其必蕃昌！公侯之卦也。」

蔡墨遇乾之同人，九二變也。

昭二十九年秋，龍見於絳郊，魏獻子問於蔡墨，對曰：「乾之同人。」九二變也。

晉文公遇大有之睽，九三變也。

僖二十五年，晉文公將納王，使卜偃筮之，遇大有之睽，曰：「公用享於天子。戰克而王享，吉孰大焉。」

陳敬仲遇觀之否，六四變也。

莊二十二年，陳厲公生敬仲，使周史筮之，遇觀之否，曰：「觀國之光，利用賓於王。此其代陳有國乎！」

南蒯遇坤之比，六五變也。

昭十一年，南蒯將叛，筮，遇坤之比，曰：「黄裳元吉。」子服、惠伯曰：「忠信之事則可，不然必敗。」後蒯果敗。

晉獻公遇歸妹之睽，上六變也。

僖十五年，晉獻公筮嫁伯姬於秦，遇歸妹之睽。史蘇占之曰：「士刲羊無血，女承筐亦無貺也。不吉。」

此六條，引以證「一爻變主本卦變爻辭」之意。如坤之比之屬，引斷仍用坤變爻辭之屬也。如乾初一爻變之卦爲姤，乾曰「潛龍勿用」，姤曰「繫於金柅，貞吉。」然猶以「潛龍勿用」爲主。

有動之貞悔

貞

乾䷀ 初之所得者此卦，貞也。

遇

悔

姤䷫ 後之所變者此卦，悔也。

之

四千九十六卦皆然。

二爻變，則以本卦二變爻辭占，仍以上爻爲主。

吉凶兩告，適莫無從也。占主上爻，動從其外也。悔生乎動，各以類從也。

乾

䷀

䷠ 遯 占「潛龍勿用」「見龍在田」，主「見龍」。

䷅ 訟 占「潛龍勿用」「終日乾乾」，主「乾乾」。

䷸ 巽 占「潛龍勿用」「或躍在淵」，主「在淵」。

䷱ 鼎 占「潛龍勿用」「飛龍在天」，主「飛龍」。

䷛ 大過 占「潛龍勿用」「亢龍有悔」，主「亢龍」。

初二變二、初三變二、初四變二、初五變二、初六變二，凡五。

䷘ 无妄　占「見龍在田」「終日乾乾」，主「乾乾」。

䷤ 家人　占「見龍在田」「或躍在淵」，主「在淵」。

䷝ 離　占「見龍在田」「飛龍在天」，主「飛龍」。

䷰ 革　占「見龍在田」「亢龍有悔」，主「亢龍」。

二三變二、二四變二、二五變二、二六變二，凡四。

䷼ 中孚　占「終日乾乾」「或躍在淵」，主「在淵」。

䷥ 睽　占「終日乾乾」「飛龍在天」，主「飛龍」。

䷹ 兌　占「終日乾乾」「亢龍有悔」，主「亢龍」。

三四變二、三五變二、三六變二，凡三。

䷙ 大畜　占「或躍在淵」「飛龍在天」，主「飛龍」。

䷄ 需　占「或躍在淵」「亢龍有悔」，主「亢龍」。

四五變二、四六變二，凡二。

䷡ 大壯　占「飛龍在天」「亢龍有悔」，主「亢龍」。

五六變二，凡一。

姤 同人 履 小畜 大有 夬 否 漸

旅 咸 渙 未濟 困 蠱 井 恒

同人 姤 否 漸 旅 咸 履 小畜

大有 夬 益 噬嗑 隨 賁 既濟 豐

履 否 姤 渙 未濟 困 同人 益

噬嗑 隨 小畜 大有 夬 損 節 歸妹

小畜 漸 渙 姤 蠱 井 益 同人

賁 既濟 履 損 節 大有 夬 泰

大有 旅 未濟 蠱 姤 恒 噬嗑 賁

同人 豐 損 履 歸妹 小畜 泰 夬

夬 咸 困 井 恒 姤 隨 既濟

豐 同人 節 歸妹 履 泰 小畜 大有

遯 乾 无妄 家人 離 革 訟 巽

鼎 大過 觀 晉 萃 艮 蹇 小過

訟 无妄 乾 中孚 睽 兌 遯 觀

晉 萃 巽 鼎 大過[二] 蒙 坎 歸妹

巽 家人 中孚 乾 大畜 需 觀 遯

[二] 此處原卦爲萃，依韓邦奇卦變規律，訟三六二爻變當爲大過，徑改。

艮　蹇　訟　蒙　坎　鼎　大過　升

鼎

離　睽　大畜　乾　大壯　晉　艮

遯　小過　蒙　訟　解　巽　升　大過

大過

革〔一〕　兌　需　大壯　乾　萃　蹇

小過〔二〕　遯〔三〕　坎〔四〕　解　訟　升　巽　鼎

无妄

訟　遯　觀　晉　萃　乾　中孚

睽　兌　家人　離　革　頤　屯　震

家人

巽　觀　遯　艮　蹇〔五〕　中孚　乾

大畜　需　无妄　頤　屯　離　革　明夷

離

鼎　晉　艮　遯　小過　睽　大畜

乾　大壯　頤　无妄　震　家人　明夷　革

革

大過　萃　蹇　小過　遯　兌　需

大壯　乾　屯　震　无妄　明夷　家人　離

中孚

觀　巽　訟　蒙　坎　家人　无妄

〔一〕此處原卦爲无妄，依韓邦奇卦變規律，大過初二三爻變當爲革，徑改。

〔二〕此處原卦爲解，依韓邦奇卦變規律，大過二五爻變當爲小過，徑改。

〔三〕此處原卦爲革，依韓邦奇卦變規律，大過二六爻變當爲遯，徑改。

〔四〕此處原卦爲升，依韓邦奇卦變規律，大過三四爻變當爲坎，徑改。

〔五〕此處原卦爲需，依韓邦奇卦變規律，家人二六爻變當爲蹇，徑改。

頤　屯　乾　大畜　需　睽　兌　臨

睽　晉　鼎　蒙　訟　解　離　頤

無妄　震　大畜　乾　大壯[一]　中孚　臨　兌

兌　萃　大過　坎　解　訟　革　屯

震　无妄　需　大壯　乾　臨　中孚　睽

大畜　艮　蒙　鼎　巽　升　頤　離

家人　明夷　睽　中孚　臨　乾　大壯　需

需　蹇　坎　大過　升　巽　屯　革

明夷　家人　兌　臨　中孚　大壯　乾　大畜

大壯　小過　解　升　大過　鼎　震　明夷

革　離　臨　兌　睽　需　大畜　乾

否　履　同人　益　噬嗑　隨　姤　渙

未濟　困　漸　旅　咸　剥　比　豫

漸　小畜　解　同人　賁　既濟　渙　姤

革　井　否　剥　比　旅　大畜　謙

旅　大有　噬嗑　賁　同人　豐　未濟　无妄

姤　恒　剥　家人　豫　漸　蠱　咸

[一] 此處原卦爲无妄，依韓邦奇卦變規律，睽三六二爻變當爲大壯，徑改。

咸　夬　隨　既濟　豐　未濟　困　井
恒　姤　比　豫　否　謙　漸　旅
渙　益　小畜　履　損　節　漸　否
剥　比　姤　蠱　井　未濟　困　師
未濟　噬嗑　大有　損　履　歸妹　旅　剥
否　豫　蠱　姤　恒　渙　師　困
困　隨　夬　節　歸妹　履　咸　比
豫　否　井　恒　姤　師　渙　未濟
蠱　賁　損　大有　小畜　泰　剥　旅
漸　謙　未濟　渙　師　姤　恒　井
井　既濟　節　夬　泰　小畜　比　咸
謙　漸　困　師　渙　恒　姤　蠱
恒　豐　歸妹　泰　夬　大有　豫　謙
咸　旅　師　困　未濟　井　蠱　姤
益　渙　漸　否　剥　比　小畜　履
損　節　同人　賁　既濟　噬嗑　隨　復
噬嗑　未濟　旅　剥　否　豫　大有　損
履　歸妹　賁　同人　豐　益　復　隨
隨　困　咸　比　豫　否　夬　節

歸妹 履 既濟 豐 同人 復 益 噬嗑
賁 蠱 剥 旅 漸 謙 損 大有
小畜 泰 噬嗑 益 復 同人 豐 既濟
既濟 井 比 咸 謙 漸 節 夬
泰 小畜 隨 履 益 豐 同人 賁
豐 恒 豫 謙 咸 旅 歸妹 泰
夬 大有 復 隨 噬嗑 既濟 賁 同人
損 剥 蠱 未濟 渙 師 賁 噬嗑
益 復 大有 小畜 泰 履 歸妹 節
節 比 井 困 師 渙 既濟 隨
復 益 夬 泰 小畜 歸妹 履 損
歸妹 豫 恒 師 臨 既濟 豐 復
隨 噬嗑 泰 夬 大有 節 損 履
泰 謙 師 恒 井 蠱 復 豐
既濟 賁 歸妹 節 損 夬 大有 小畜
觀 中孚 家人 无妄 頤 屯 巽 訟
蒙 坎 遯 艮 蹇 晉 萃 坤
晉 睽 離 頤 无妄 震 鼎 蒙
訟 解 艮 遯 小過 觀 坤 萃

萃
解　訟　蹇　小過　遯　坤　觀　晉
兌　革　屯　震　无妄　大過　坎

艮
巽　升　晉　觀　坤　遯　小過　蹇
大畜　頤　離　家人　明夷　蒙　鼎

蹇
升　巽　萃　坤　觀　小過　遯　艮
需　屯　革　明夷　家人　坎　大過

小過
大過　鼎　坤　萃　晉　蹇　艮　遯
大壯　震　明夷　革　離　解　升

蒙
觀　坤　鼎　巽　升　訟　解　坎
頤　大畜　睽　中孚　臨　艮　晉

坎
坤　觀　大過　升　巽　解　訟　蒙
屯　需　兌　臨　中孚　蹇　萃

解
萃　晉　升　大過　鼎　坎　蒙　訟
震　大壯　臨　兌　睽　小過　坤

升
蹇　艮　解　坎　蒙　大過　鼎　巽
明夷　臨　大壯　需　大畜　坤　小過

頤
中孚　臨　離　家人　明夷　无妄　震　屯
蒙　艮　晉　觀　坤　大畜　睽

屯
坎　蹇　萃　坤　觀　需　兌

臨　中孚　革　明夷　家人　震　无妄　頤

震
解　小過　坤　萃　晉　大壯　臨
兑　睽　明夷　革〔一〕　離　屯　頤　无妄

明夷
升　坤　小過　蹇　艮　臨　大壯
需　大畜　震　屯　頤　革　離　家人

臨
坤　升　解　坎　蒙　明夷　震
屯　頤　大壯　需　大畜　兑　睽　中孚

剥
損　賁　噬嗑　益　復　蠱　未濟
渙　師　旅　漸　謙　否　豫　比

比
節　既濟　隨　復　益　井　困
師　渙　咸　謙　漸　豫　否　剥

豫
歸妹　豐　復　隨　噬嗑　恒　師
困　未濟　謙　咸　旅　比　剥　否

謙
泰　復　豐　既濟　賁　師　恒
井　蠱　豫　比　剥　咸　旅　漸

師
復　泰　歸妹　節　損　謙　豫
比　剥　恒　井　蠱　困　未濟　渙

〔一〕此處原卦爲䷣明夷，依韓邦奇卦變規律，震䷲三五二爻變當爲䷰革，徑改。

復 ䷗ 師 ䷆ 謙 ䷎ 豫 ䷏ 比 ䷇ 剥 ䷖ 泰 ䷊ 歸妹 ䷵
節 ䷻ 損 ䷨ 豐 ䷶ 既濟 ䷾ 賁 ䷕ 隨 ䷐ 噬嗑 ䷔ 益 ䷩
坤 ䷁ 臨 ䷒ 明夷 ䷣ 震 ䷲ 屯 ䷂ 頤 ䷚ 升 ䷭ 解 ䷧
坎 ䷜ 蒙 ䷃ 小過 ䷽ 蹇 ䷦ 艮 ䷳ 萃 ䷬ 晉 ䷢ 觀 ䷓

凡始而内爲貞，終而外爲悔，爻雖六而占有七。六爻不變、一爻變、二爻、三爻、四爻、五爻、六爻變是也。卦有六十，不變、六爻變各二，一爻、五爻變各六，二爻、四爻變各十五，三爻變二十，亦六十四也。不變、一爻、二爻、三爻變之半三十二卦，在前爲貞，而本卦亦貞也；六爻、五爻、四爻、三爻變之半三十二卦，在後爲悔，而之卦亦悔也。占法：貞從貞，悔從悔，觀上一爻變及下三爻變十卦占卦，則此二爻變雖無經傳可證，而亦當占本卦之變爻辭也。經傳無文，以例推之當如此。三爻變，則占本卦及之卦之彖辭，而以本卦爲貞，之卦爲悔。前十卦主貞，後十卦主悔。静本前，皆貞也；動之後，皆悔也。本之皆占静動，適均也。前本後之，貞悔相從也。

乾 ䷀ 否以下十卦主乾卦辭。

否 ䷋ 占「元亨，利貞」，「否之非人，不利君子貞。大往小來。」

漸 ䷴ 占「元亨，利貞」，「女歸吉，利貞。」

旅 ䷷ 占「元亨，利貞」，「小亨，旅。」

咸 ䷞ 占「元亨，利貞」，「亨利貞，取女吉。」

初二三三變、[一]初二四三變、初二五三變、初二六三變，凡四。

䷺ 渙　占「元亨，利貞」，「亨。王假有廟，利涉大川，利貞。」

䷿ 未濟　占「元亨，利貞」，「亨。小狐[二]汔濟，濡其尾。无攸利。」

䷮ 困　占「元亨，利貞」，「亨。貞大人吉，无咎。有言不信。」

初三四三變、初三五三變、初三六三變，凡三。

䷑ 蠱　占「元亨，利貞」，「元亨。利涉大川，先甲三日，後甲三日。」

䷯ 井　占「元亨，利貞」，「改邑不改井」至「羸其瓶。凶。」

䷟ 恒　占「元亨，利貞」，「亨。无咎。利貞。利有攸往。」

初四五三變、初四六三變，凡二。[三]

益以下十卦主諸卦卦辭。

䷩ 益　占「利有攸往，利涉大川。」「元亨，利貞」。

䷔ 噬嗑　占「亨。利用獄。」「元亨，利貞」。

[一] 原文作「初二三二變」，誤。據韓邦奇卦變規律，當爲「初二三三變」，徑改。

[二] 原文「小狐」作「小利」，「濡」作「需」，據未濟卦卦辭，改。

[三] 原文「凡二」作「凡一」，據文意，徑改。

䷐隨　占「元亨，利貞。无咎。」「元亨，利貞」。

二三四三變、二三五三變、二三六三變，凡三。

䷕賁　占「亨，小利有攸往。」「元亨，利貞」。

䷾既濟　占「亨，小利貞。初吉終亂。」「元亨，利貞」。

䷶豐　占「亨。王假之，勿憂。宜日中。」「元亨，利貞」。

二四五三變、二四六三變，凡二。二五六三變，凡一。〔二〕

䷨損　占「有孚。元吉。无咎。可貞。利有攸往。」「元亨，利貞」。

䷻節　占「亨。苦節，不可貞。」「元亨，利貞」。

䷵歸妹　占「征〔三〕凶，无攸利。」「元亨，利貞」。

䷊泰　占「小往大來，吉，亨。」「元亨，利貞」。

三四五三變、三四六三變、三五六三變，凡三。四五六三變，凡一。

姤　䷘无妄　䷤家人　䷝離　䷰革　䷼中孚　䷥睽　䷹兑

䷙大畜　䷄需　䷡大壯　䷓觀　䷢晉　䷬萃　䷳艮

〔二〕原文作「二四六三變，凡一。」據韓邦奇卦變原則，此處「二四六」當做「二五六」，徑改。

〔三〕「征」此處原文作「正」，據歸妹卦卦辭，誤，徑改。

蹇　小過　蒙　坎　解　升

同人　訟　巽　鼎　大過　觀　晉　萃

艮　蹇　小過　中孚　睽　兌　大畜

需　大壯　頤　屯　震　明夷

履　遯　觀　晉　萃　巽　鼎　大過

蒙　坎　解　家人　離　革　頤

屯　震　大畜　需　豫　謙

訟　同人　益　噬嗑　隨　小畜　大有　夬

損　節　歸妹　漸　旅　咸　剥

比　豫　蠱　升　恒　師

巽　益　同人　賁　既濟　履　損　節

大有　夬　泰　否　比　咸　謙

未濟　困　師　恒　无妄　頤

鼎　噬嗑　賁　同人　豐　損　履　歸妹

小畜　泰　夬　剥　否　豫　漸

謙　渙　師　困　頤　无妄

大過　隨　既濟　豐　同人　節　歸妹　履

泰　小畜　大有　比　豫　否　謙

漸　旅　師　渙　未濟　蠱

无妄 姤 渙 未濟 困 漸 旅 咸
剝 比 豫 小畜 大有 夬 損
節 歸妹 賁 既濟 豐 復
家人 渙 姤 蠱 井 否 剝 比
旅 咸 謙 履 損 節 大有
夬 泰 噬嗑 隨 復 豐
離 未濟 蠱 姤 恒 剝 否 豫
漸 謙 咸 損 履 歸妹 小畜
泰 夬 益 復 隨 既濟
革 困 井 恒 姤 比 豫 否
謙 漸 旅 節 歸妹 履 泰
小畜 大有 復 益 噬嗑 賁
中孚 漸 否 剝 比 姤 益 井
未濟 困 師 同人 賁 既濟 噬嗑
隨 復 大有 夬 泰 歸妹
睽 旅 剝 否 豫 蠱 姤 恒
渙 師 困 賁 同人 豐 益
復 隨 小畜 泰 夬 節
兌 咸 比 豫 否 井 恒 姤

師　渙　未濟　既濟　豐　同人　復

益　噬嗑　泰　小畜　大有　損

大有

剥　旅　漸　謙　未濟　渙　師

姤　恒　井　噬嗑　益　復　同人

豐　既濟　履　歸妹　節　夬

小畜

觀　遯　艮　蹇　訟　蒙　坎

鼎　大過　升　无妄　頤　屯　離

革　明夷　睽　兑　臨　大壯

大有

晉　艮　遯　小過　蒙　訟　解

巽　升　大過　頤　无妄　震　家人

明夷　革　中孚　臨　兑　需

夬

萃　蹇　小過　遯　坎　解　訟

升　巽　鼎　屯　震　无妄　明夷

家人　離　臨　中孚　睽　大畜

遯

履　小畜　大有　夬　益　噬嗑　隨

賁　既濟　豐　渙　未濟　困　蠱

井　恒　剥　比　豫　謙

需

比　咸　謙　漸　困　師　渙

恒　姤　蠱　隨　復　益　豐

同人 賁 歸妹 履 損 大有

大壯
豫 謙 咸 旅 師 困 未濟
井 蠱 姤 復 隨 噬嗑 既濟

否
賁 同人 節 損 履 小畜
乾 中孚 睽 兌 家人 離 革
頤 屯 震 巽 鼎 大過 蒙

漸
坎 解 艮 蹇 小過 坤
中孚 乾 大畜 需 无妄 頤 屯
離 革 明夷 訟 蒙 坤 鼎
小過 升 晉 萃 坤 小過

旅
睽 大畜 否 大壯 頤 謙 震
乾 明夷 革 蒙 訟 解 巽
升 大過 觀 坤 萃 蹇

咸
兌 需 大壯 乾 屯 震 无妄
明夷 家人 離 坎 解 訟 升
巽 鼎 坤 觀 晉 艮

渙
家人 无妄 頤 屯 乾 大畜 需
睽 兌 臨 遯 艮 蹇 晉
萃 坤 鼎 大過 升 解

未濟　離　頤　无妄　震　大畜　乾　大壯
中孚　臨　兌　艮　遯　小過　觀
坤　萃　巽　升　大過　坎

困　革　屯　震　无妄　需　乾　大壯
中孚　臨　睽　蹇　小過　遯　坤
觀　晉　升　巽　鼎　蒙

蠱　頤　離　家人　明夷　睽　中孚　臨
乾　大壯　需　晉　觀　坤　遯
小過　蹇　訟　解　坎　大過

井　屯　革　明夷　家人　兌　臨　中孚
大壯　乾　大畜　萃　坤　觀　小過
遯　艮　解　訟　蒙　鼎

恒　震　明夷　革　離　臨　兌　睽
需　大畜　乾　坤　萃　晉　蹇
艮　遯　坎　蒙　訟　巽

益　巽　訟　蒙　坎　遯　艮　蹇
晉　萃　坤　乾　大畜　需　睽
兌　臨　離　革　明夷　震

噬嗑　鼎　蒙　訟　解　艮　遯　小過

觀 坤 萃 大畜 乾 大壯 中孚
臨 兌 家人 明夷 革 屯
隨 大過 坎 解 訟 蹇 小過 遯
坤 觀 晉 需 大壯 乾 臨
中孚 睽 明夷 家人 離 頤
賁 蒙 鼎 巽 升 晉 觀 坤
遯 小過 蹇 睽 臨 中孚 大壯
乾 需 无妄 震 屯 革
既濟 坎 大過 升 巽 萃 坤 觀
小過 遯 艮 兌 臨 中孚 大壯
乾 大畜 震 无妄 頤 離
豐 解 升 大過 鼎 坤 萃 晉
蹇 艮 遯 臨 兌 睽 需
大畜 乾 屯 頤 无妄 兌
損 艮 晉 觀 坤 鼎 巽 升
訟 解 坎 離 家人 明夷 无妄
震 屯 乾 大壯 需 兌
節 蹇 萃 坤 觀 大過 升 巽
解 訟 蒙 革 明夷 乾 震

謙　頤　大壯　否　大畜　睽

歸妹　小過　坤　萃　晉　升　大過　鼎

坎　蒙　訟　明夷　革　離　屯

頤　无妄　需　大畜　乾　中孚

泰　坤　小過　蹇　艮　解　坎　蒙

大過　鼎　巽　震　屯　頤　革

離　家人　兌　睽　中孚　乾

觀　小畜　履　損　節　同人　賁　既濟

噬嗑　隨　復　姤　蠱　井　未濟

困　師　旅　咸　謙　豫

晉　大有　隨　履　歸妹　賁　同人　豐

益　復　隨　蠱　姤　恒　渙

師　困　漸　謙　咸　比

萃　夬　節　歸妹　履　既濟　豐　同人

復　益　噬嗑　井　恒　姤　師

渙　未濟　謙　漸　旅　剝

艮　損　大有　小畜　泰　噬嗑　益　復

同人　豐　既濟　未濟　渙　師　姤

恒　井　否　豫　比　咸

蹇 節 夬 泰 小畜 隨 復 益
豐 同人 賁 困 師 渙 恒
姤 蠱 豫 否 剥 旅
小過 歸妹 泰 夬 大有 復 隨 噬嗑
既濟 賁 同人 師 困 未濟 井
蠱 姤 比 剥 否 漸
蒙 賁 噬嗑 益 復 大有 小畜 泰
履 歸妹 節 旅 漸 謙 否
豫 比 姤 恒 井 困
坎 既濟 隨 復 益 夬 泰 小畜
歸妹 履 損 咸 謙 漸 豫
否 剥 恒 姤 蠱 未濟
解 豐 復 隨 噬嗑 泰 夬 大有
節 損 履 謙 咸 旅 比
剥 否 井 蠱 姤 渙
升 復 豐 既濟 賁 歸妹 節 損
夬 大有 小畜 豫 比 剥 咸
旅 漸 困 未濟 渙 姤
頤 蠱 未濟 渙 師 旅 漸 謙

屯

否 豫 比 大有 小畜 泰 履

歸妹 節 同人 豐 既濟 隨

井 困 師 渙 咸 謙 漸

豫 否 剥 夬 泰 小畜 歸妹

履 損 豐 同人 賁 噬嗑

震

恒 師 困 未濟 謙 咸 旅

比 剥 否 泰 夬 大有 節

損 履 既濟 賁 同人 益

明夷

師 恒 井 蠱 豫 比 剥

咸 旅 漸 歸妹 節 損 夬

大有 小畜 隨 噬嗑 益 同人

臨

謙 豫 比 剥 恒 井 蠱

困 未濟 渙 豐 既濟 賁 隨

噬嗑 益 夬 大有 小畜 履

剥

大畜 睽 中孚 臨 離 家人 明夷

无妄 震 屯 鼎 巽 升 訟

解 坎 遯 小過 蹇 萃

比

需 兑 臨 中孚 革 明夷 家人

震 无妄 頤 大過 升 巽 解

訟　蒙　小過　遯　艮　晉

豫 ䷏　大壯　臨　兌　睽　明夷　革　離

屯　頤　无妄　升　大過　鼎　坎

蒙　訟　蹇　艮　遯　觀

謙 ䷎　臨　大壯　需　大畜　震　屯　頤

革　離　家人　解　坎　蒙　大過

鼎　巽　萃　晉　觀　遯

師 ䷆　明夷　震　屯　頤　大壯　需　大畜

兌　睽　中孚　小過　蹇　艮　萃

晉　觀　大過　鼎　巽　訟

復 ䷗　升　解　坎　蒙　小過　蹇　艮

萃　晉　觀　大壯　需　大畜　兌

睽　中孚　革　離　家人　无妄

坤 ䷁　泰　歸妹　節　損　豐　既濟　賁

隨　噬嗑　益　恒　井　蠱　困

未濟　渙　咸　旅　漸　否

沙隨程氏曰：「晉公子重耳筮得國，遇貞屯悔豫，皆八。」蓋初與四、五，凡三爻變也。初、五用九變，四用六變，其不變者三、二、上，在兩卦皆爲八。故云「皆八」。而司空季子占之，曰：「皆利建侯」。

春秋時，占多不拘於定法，因占者之意而言。故此三爻變乃以兩彖辭對，以占者主於立君也。如穆姜得艮之隨，五爻變也，史亦曰：「隨，其出也。」「元亨利貞」亦是彖辭，且卦之所變者初、四、五，乃以不變爻對。又混曰「皆八」，不知「八」者何爻也。此或當時告占之例，今不可曉。當時占者皆君相，史者多以兩卦相近之辭迎合之，或在爻，或在卦，初不拘於一定，此史氏之失職也，而援以爲證，過矣。

四爻變，則以之卦二不變爻占，仍以下爻爲主。

老多少少，專用事也。占之卦，悔相從也。主下爻，從其初也。

乾 ䷀

䷓ 觀　占「觀我生。君子无咎。」「觀其生。君子无咎。」，主「觀我生」。

䷢ 晉　占「晉如鼫鼠。貞厲。」「上九：維用伐邑。厲吉，无咎。」，主「貞厲」。

䷬ 萃　占「大吉，无咎。」「萃有位。无咎。匪孚。元永貞。悔亡。」，主「大吉」。

初二三四四變、初二三五四變、初二三六四變，凡三。

䷳ 艮　占「艮其限，列其夤。厲。薰心。」「敦艮，吉。」，主「艮其限」。

䷦ 蹇　占「往蹇來反。」、「大蹇朋來。」，主「來反」。

䷽ 小過　占「弗過防之，從或戕之。凶。」「无咎。弗過遇之。往厲必戒。勿用永貞。」。主凶。〔二〕

初二四五四變、初二四六四變，凡二。初二五六四變，凡一。

䷃ 蒙　占「包蒙。吉。納婦吉，子克家。」「擊蒙。不利爲寇，利禦寇。」，主「包蒙」。

䷜ 坎　占「坎有險。求小得。」「坎不盈，祇既平。无咎。」，主「求小得」。

䷧ 解　占「田獲三狐，得黄矢。貞吉。」「解而拇，朋至斯。孚。」，主「貞吉」。

初三四五四變、初三四六四變，凡二。初三五六四變，凡一。

䷭ 升　占「孚乃利用禴。无咎。」「升虚邑。」，主「无咎」。

䷚ 頤　占「舍爾靈龜，觀我朵頤。凶。」「由頤。厲，吉。利涉大川。」，主「凶」。

䷂ 屯　占「磐桓。利居貞。利建侯。」「屯其膏。小貞吉，大貞凶。」，主「建侯」。

初四五六四變，凡一。二三四五四變、二三四六四變，凡二。

䷲ 震　占「震來虩虩，後笑言啞啞。吉。」「震遂泥。」，主「笑言啞啞」。

䷣ 明夷　占「明夷于飛，垂其翼。君子于行，三日不食。有攸往，主人有言。」「明夷于南狩。」，主「主人有言」。

〔二〕 原文爲：「占『飛鳥以凶』『弗過防之，從或戕之。』主『以凶。』」，此是取小過卦初、三爻爻辭爲占。根據韓邦奇所定占斷原則，此卦應以二不變爻即三、四爻占，而以三爻爲主。故應取小過卦三、四爻爻辭，即「弗過防之，從或戕之。凶。」「无咎。弗過遇之。往厲必戒。勿用永貞。」。主凶。根據卦辭徑改。

臨[一]　占「咸臨。貞吉。」「咸臨。吉,无不利。」,主「咸臨。貞吉」。

二三五六四變,凡一。二四五六四變,凡一。三四五六四變,凡一。

姤　益　噬嗑　隨　賁　既濟　豐　損
　節　歸妹　泰　剥　比　豫　謙　師

同人　渙　未濟　困　蠱　井　恒　剥
　比　豫　謙　損　節　歸妹　泰　復

履　漸　旅　咸　剥　比　豫　蠱
　井　恒　師　賁　既濟　豐　復　泰

小畜　否　剥　比　旅　咸　謙　未濟
　困　師　恒　噬嗑　隨　復　豐　歸妹

大有　剥　否　豫　漸　謙　咸　渙
　師　困　井　益　復　隨　既濟　節

夬　比　豫　否　謙　漸　旅　師
　渙　未濟　蠱　復　益　噬嗑　賁　損

遯　中孚　睽　兌　大畜　需　大壯　艮
　蹇　小過　坤　大畜　需　大壯　臨　明夷

[一] 此處原卦爲「咸」,根據韓邦奇卦變原則及卦下相應卦辭,當爲「臨」,徑改。

家人 訟 蒙 坎 鼎 大過 升 晉
萃 坤 小過 睽 兌 臨 大壯 震
離 蒙 訟 解 巽 升 大過 觀
坤 萃 蹇 中孚 臨 兌 需 屯
革 坎 解 訟 升 巽 鼎 坤
觀 晉 艮 臨 中孚 睽 大畜 頤
中孚 遯 艮 蹇 晉 萃 坤 鼎
大過 升 解 離 革 明夷 震 大壯
睽 艮 遯 小畜 觀 坤 萃 頤
屯 震 明夷 蒙 坎 解 升 坤
訟 家人 離 革 頤 屯 震 大畜
需 大壯 臨 艮 蹇 小過 坤 升
巽 无妄 頤 屯 離 革 明夷 睽
兌 臨 大壯 晉 萃 坤 小過 解
鼎 頤 无妄 震 家人 明夷 革 中孚
臨 兌 需 觀 坤 萃 蹇 坎
大過 屯 震 无妄 明夷 家人 離 臨
中孚 睽 大畜 坤 觀 晉 艮 蒙
无妄 巽 鼎 大過 蒙 坎 解 艮

蹇　小過　坤　大畜　需　大壯　臨　明夷

兌　蹇　小過　遯　坤　觀　晉　升

巽　鼎　蒙　明夷　家人　離　頤　大畜

大畜　晉　觀　坤　遯　小過　蹇　訟

解　坎　大過　无妄　震　屯　革　兌

需　萃　坤　觀　小過　遯　艮　解

訟　蒙　鼎　震　无妄　頤　離　睽

大壯　坤　萃　晉　蹇　艮　遯　坎

蒙　訟　巽　屯　頤　无妄　家人　中孚

否　小畜　大有　夬　損　節　歸妹　賁

既濟　豐　復　蠱　井　恒　師　謙

漸　履　損　節　大有　夬　泰　噬嗑

隨　復　豐　既濟　困　師　恒　豫

旅　損　履　歸妹　小畜　泰　夬　益

復　隨　既濟　渙　師　困　井　比

咸　節　歸妹　履　泰　小畜　大有　復

益　噬嗑　賁　師　渙　未濟　蠱　剥

渙　同人　賁　既濟　噬嗑　隨　復　大有

夬　泰　歸妹　旅　咸　謙　豫　恒

未濟 賁 同人 豐 益 復 隨 小畜
泰 夬 節 漸 謙 咸 比 井
困 既濟 豐 同人 復 益 噬嗑 泰
小畜 大有 損 謙 漸 旅 剥 蠱
蠱 噬嗑 益 復 同人 豐 既濟 履
歸妹 節 夬 否 豫 比 咸 困
井 隨 復 益 豐 同人 賁 歸妹
履 損 大有 豫 否 剥 旅 未濟
恒 復 隨 噬嗑 既濟 賁 同人 節
損 履 小畜 比 剥 否 漸 渙
益 姤 蠱 井 未濟 困 師 旅
咸 謙 豫 大有 夬 泰 歸妹 豐
噬嗑 蠱 姤 恒 渙 師 困 漸
謙 咸 比 小畜 泰 夬 節 既濟
隨 井 恒 姤 師 渙 未濟 謙
漸 旅 剥 泰 小畜 大有 損 賁
賁 未濟 渙 師 姤 恒 井 否
豫 比 咸 履 歸妹 節 夬 隨
既濟 困 師 渙 恒 姤 蠱 豫

否 剥 旅 歸妹 履 損 大有 噬嗑

豐 師 困 未濟 井 蠱 姤 比

剥 否 漸 節 損 履 小畜 益

損 旅 漸 謙 否 豫 比 姤

恒 井 困 同人 豐 既濟 隨 夬

節 咸 蠱 漸 豫 家人 剥 恒

姤 无妄 未濟 豐 同人 賁 噬嗑 大有

歸妹 謙 咸 旅 比 剥 否 井

蠱 姤 渙 既濟 賁 同人 益 小畜

泰 豫 比 剥 咸 旅 漸 困

未濟 渙 姤 隨 噬嗑 益 同人 履

觀 乾 大畜 需 睽 兌 臨 離

革 明夷 震 鼎 大過 升 解 小過

晉 大畜 乾 大壯 中孚 臨 兌 家人

明夷 革 屯 巽 升 大過 坎 蹇

萃 需 大壯 乾 臨 中孚 睽 明夷

家人 離 頤 升 巽 鼎 蒙 艮

艮 睽 中孚 臨 乾 大壯 需 无妄

震 屯 革 訟 解 坎 大過 萃

蹇　兌　臨　中孚　大壯　乾　大畜　震

无妄　頤　離　解　訟　蒙　鼎　震

小過　臨　兌　睽　需　大畜　乾　屯

頤　无妄　家人　坎　蒙　訟　巽　觀

蒙　離　家人　明夷　无妄　震　屯　乾

大壯　需　兌　遯　小過　蹇　萃　大過

坎　革　明夷　家人　震　无妄　頤　大壯

乾　大畜　睽　小過　遯　艮　震　鼎

解　明夷　革　離　屯　頤　无妄　需

大畜　乾　中孚　蹇　艮　遯　觀　巽

升　震　屯　頤　革　離　家人　兌

睽　中孚　乾　萃　晉　觀　遯　訟

頤　鼎　巽　升　訟　解　坎　遯

小過　蹇　萃　乾　大壯　需　兌　革

屯　大過　升　巽　解　訟　蒙　小過

遯　艮　晉　大壯　乾　大畜　睽　離

震　升　大過　鼎　坎　蒙　訟　蹇

艮　遯　觀　需　大畜　乾　中孚　家人

明夷　解　坎　蒙　大過　鼎　巽　萃

䷢晉 ䷓觀 ䷠遯 ䷹兌 ䷥睽 ䷼中孚 ䷀乾 ䷘无妄

臨 ䷒ ䷽小過 ䷦蹇 ䷳艮 ䷬萃 ䷢晉 ䷓觀 ䷛大過
䷱鼎 ䷸巽 ䷅訟 ䷰革 ䷝離 ䷤家人 ䷘无妄 ䷀乾

剝 ䷖ ䷍大有 ䷈小畜 ䷊泰 ䷉履 ䷵歸妹 ䷻節 ䷌同人
䷶豐 ䷾既濟 ䷐隨 ䷫姤 ䷟恒 ䷯井 ䷮困 ䷞咸

比 ䷇ ䷪夬 ䷊泰 ䷈小畜 ䷵歸妹 ䷉履 ䷨損 ䷶豐
䷌同人 ䷕賁 ䷔噬嗑 ䷟恒 ䷫姤 ䷑蠱 ䷿未濟 ䷷旅

豫 ䷏ ䷊泰 ䷪夬 ䷍大有 ䷻節 ䷨損 ䷉履 ䷾既濟
䷕賁 ䷌同人 ䷩益 ䷯井 ䷑蠱 ䷫姤 ䷺渙 ䷴漸

謙 ䷎ ䷵歸妹 ䷻節 ䷨損 ䷪夬 ䷍大有 ䷈小畜 ䷐隨
䷔噬嗑 ䷩益 ䷌同人 ䷮困 ䷿未濟 ䷺渙 ䷫姤 ䷋否

師 ䷆ ䷶豐 ䷾既濟 ䷕賁 ䷐隨 ䷔噬嗑 ䷩益 ䷪夬
䷍大有 ䷙大畜 ䷉履 ䷞咸 ䷷旅 ䷴漸 ䷋否 ䷫姤

復 ䷗ ䷟恒 ䷯井 ䷑蠱 ䷮困 ䷿未濟 ䷺渙 ䷞咸
䷷旅 ䷴漸 ䷋否 ䷪夬 ䷍大有 ䷈小畜 ䷉履 ䷌同人

坤 ䷁ ䷡大壯 ䷄需 ䷙大畜 ䷹兌 ䷥睽 ䷼中孚 ䷰革
䷝離 ䷤家人 ䷘无妄 ䷛大過 ䷱鼎 ䷸巽 ䷅訟 ䷠遯

五爻變，則以之卦不變爻占。

少專用事也。

乾

剥　主「碩果不食，君子得輿，小人剥廬。」

比　主「顯比。王用三驅，失前禽，邑人不誡。吉。」

豫　主「由豫。大有得，勿疑朋盍簪。」

謙　主「勞謙。君子有終。吉。」

師　主「在師中。吉，无咎。王三錫命。」

復　主「不遠復。无祇悔。元吉。」

姤	頤	屯	震	明夷	臨	坤
同人	蒙	坎	解	升	坤	臨
履	艮	蹇	小過	坤	升	明夷
小畜	晉	萃	坤	小過	解	震
大有	觀	坤	萃	蹇	坎	屯
夬	坤	觀	晉	艮	蒙	頤
遯	損	節	歸妹	泰	復	師
訟	賁	既濟	豐	復	泰	謙
巽	噬嗑	隨	復	豐	歸妹	豫

鼎　益　復　隨　既濟　節　比
大過　復　益　噬嗑　賁　損　剥
无妄　蠱　井　恒　師　謙　泰
家人　未濟　困　師　恒　豫　歸妹
離　渙　師　困　井　比　節
革　師　渙　未濟　蠱　剥　損
中孚　旅　咸　謙　豫　恒　豐
睽　漸　謙　咸　比　井　既濟
兑　謙　漸　旅　剥　蠱　賁
大畜　否　豫　比　咸　困　隨
需　豫　否　剥　旅　未濟　噬嗑
大壯　比　剥　否　漸　渙　益
否　大畜　需　大壯　臨　明夷　升
漸　睽　兑　臨　大壯　震　解
旅　中孚　臨　兑　需　屯　坎
咸　臨　中孚　睽　大有　頤　蒙
渙　離　革　明夷　震　大壯　小過
未濟　家人　明夷　革　屯　需　蹇
困　明夷　家人　離　頤　大畜　艮

蠱　无妄　震　屯　革　兑　萃
井　震　无妄　頤　離　睽　晉
恒　屯　頤　无妄　家人　中孚　觀
益　鼎　大過　升　解　小過　大壯
噬嗑　巽　升　大過　坎　蹇　需
隨　升　巽　鼎　蒙　艮　大畜
賁　訟　解　坎　大過　萃　兑
既濟　解　訟　蒙　鼎　晉　睽
豐　坎　蒙　訟　巽　觀　中孚
損　遯　小過　蹇　萃　大過　革
節　小過　遯　艮　晉　鼎　離
歸妹　蹇　艮　遯　觀　巽　家人
泰　萃　晉　觀　遯　訟　无妄
觀　大有　夬　泰　歸妹　豐　恒
晉　小畜　泰　夬　節　既濟　井
萃　泰　小畜　大有　損　賁　蠱
艮　履　歸妹　節　夬　隨　困
蹇　歸妹　履　損　大有　噬嗑　未濟
小過　節　損　履　小畜　益　渙

蒙 同人 豐 既濟 隨 夬 咸
坎 豐 同人 賁 噬嗑 大有 旅
解 既濟 賁 同人 益 小畜 漸
升 隨 噬嗑 益 同人 履 否
頤 姤 恒 井 困 咸 夬
屯 恒 姤 蠱 未濟 旅 大有
震 井 蠱 姤 渙 漸 小畜
明夷 困 睽 渙 姤 否 履
臨 咸 旅 漸 否 姤 同人
剥 乾 大壯 需 兌 革 大過
比 大壯 乾 大畜 睽 離 鼎
豫 需 大畜 乾 中孚 家人 巽
謙 兌 睽 中孚 乾 无妄 訟
師 革 離 家人 无妄 乾 遯
復 大過 鼎 巽 訟 遯 乾
坤 夬 大有 小畜 履 同人 姤

穆姜往東宫，筮，遇艮之八。艮之八者，五爻皆變，唯六二少陰八不變。不云「之隨」而云「之八」者，指隨之六二言也，以之卦不變爻占，則重在六二，故云「之八」。史氏妄引彖辭以對，曰：「是謂艮之隨。」

艮之「八」者，艮之之卦，惟六二爻不變，乃隨卦也。「之八」「之隨」，一意也。此蓋當時告占之例。若以「之八」爲用爻，故特言之，則前「貞屯悔豫」皆八，亦用不變三爻邪？ 詳見三爻變。

左襄九年，穆姜筮，遇艮之八。史曰：「艮之隨，隨，其出也。君必速出。」姜曰：「『隨，元亨利貞。』有四德者，隨而無咎。我皆無之，豈隨也哉！ 必死於此。」

六爻變，則乾坤占二用，餘占之卦彖辭。

乾坤，有用之可占也；餘卦，無用之可占也。

乾雖佔用九，其實是占坤卦彖辭，坤亦然。蓋乾之「群龍無首」，即坤之「牝馬後得」也，坤之「利永貞」，即乾之「利貞」也。

乾 ䷀　見群龍无首。吉。　坤 ䷁

姤 ䷫　復 ䷗　亨。出入无疾，朋來无咎。反復其道，七日來復。利有攸往。

同人 ䷌　師 ䷆　貞。丈人吉，无咎。

履 ䷉　謙 ䷎　亨。君子有終。

小畜 ䷈　豫 ䷏　利建侯行師。

大有 ䷍　比 ䷇　吉。原筮，元，永貞，无咎。不寧方來，後夫凶。

夬 ䷪　剥 ䷖　不利有攸往。

遯 ䷠　臨 ䷒　元亨，利貞。至於八月有凶。

訟 ䷅　明夷 ䷣　利艱貞。

巽䷸　震䷲　亨。震來虩虩，笑言啞啞，震驚百里，不喪匕鬯。

鼎䷱　屯䷂　元亨，利貞。勿用有攸往。利建侯。

大過䷛　頤䷚　貞吉。觀頤，自求口實。

无妄䷘　升䷭　元亨。用見大人，勿恤。南征吉。

家人䷤　解䷧　利西南。无所往，其來復，吉。有攸往，夙吉。

離䷝　坎䷜　有孚維心，亨。行有尚。

革䷰　蒙䷃　亨。匪我求童蒙，童蒙求我。初筮告，再三瀆，瀆則不告。利貞。

中孚䷼　小過䷽　亨，利貞。可小事，不可大事。飛鳥遺之音。不宜上，宜下。大吉。

睽䷥　蹇䷦　利西南，不利東北。利見大人。貞吉。

兌䷹　艮䷳　艮其背，不獲其身，行其庭，不見其人。无咎。

大畜䷙　萃䷬　亨。王假有廟。利見大人。亨，利貞。用大牲吉。利有攸往。

需䷄　晉䷢　康侯用錫馬蕃庶，晝日三接。

大壯䷡　觀䷓　盥而不薦，有孚顒若。

否䷋　泰䷊　小往大來，吉，亨。

漸䷴　歸妹䷵　征凶，无攸利。

旅䷷　節䷻　亨。苦節，不可貞。

咸䷞　損䷨　有孚。元吉。无咎。可貞。利有攸往。曷之，用二簋。可用亨。

渙䷺　豐䷶　亨。王假之，勿憂。宜日中。

未濟䷿　既濟䷾　亨，小利貞。初吉終亂。

困䷮ 賁䷕ 亨，小利有攸往。

蠱䷑ 隨䷐ 元亨，利貞。无咎。

井䷯ 噬嗑䷔ 亨。利用獄。

恒䷟ 益䷩ 利有攸往，利涉大川。

益䷩ 恒䷟ 亨。无咎。利貞。利有攸往。

噬嗑䷔ 井䷯ 改邑不改井。无喪无得。往來井，井汔至，亦未繘井，羸其瓶。凶。

隨䷐ 蠱䷑ 元亨。利涉大川，先甲三日，後甲三日。

賁䷕ 困䷮ 亨。貞大人吉，无咎。有言不信。

既濟䷾ 未濟䷿ 亨。小狐汔濟，濡其尾。无攸利。

豐䷶ 渙䷺ 亨。王假有廟。利涉大川。利貞。

損䷨ 咸䷞ 亨，利貞。取女吉。

節䷻ 旅䷷ 小亨。旅貞吉。

歸妹䷵ 漸䷴ 女歸吉。利貞。

泰䷊ 否䷋ 否之匪人。不利君子貞，大往小來。

觀䷓ 大壯䷡ 利貞。

晉䷢ 需䷄ 有孚。光亨，貞吉。利涉大川。

萃䷬ 大畜䷙ 利貞。不家食吉。利涉大川。

艮䷳ 兌䷹ 亨，利貞。

蹇䷦ 睽䷥ 小事吉。

小過　中孚　豚魚，吉。利涉大川。利貞。

蒙　革　巳日乃孚。元亨，利貞。悔亡。

坎　離　利貞，亨。畜牝牛吉。

解　家人　利女貞。

升　无妄　元亨，利貞。其匪正有眚。不利有攸往。

頤　大過　棟撓。利有攸往。亨。

屯　鼎　元吉，亨。

震　巽　小亨。利有攸往。利見大人。

明夷　訟　有孚。窒惕，中吉，終凶。利見大人。不利涉大川。

臨　遯　亨，小利貞。

剥　夬　揚于王庭，孚號。有厲，告自邑。不利即戎。利有攸往。

比　大有　元亨。

豫　小畜　亨。密雲不雨，自我西郊。

謙　履　虎尾，不咥人。亨。

師　同人於野。亨。利涉大川。利君子貞。

復　姤　女壯，勿用取女。

坤　利永貞。　乾

蔡墨曰：「乾之坤，曰：『見群龍無首，吉。』」

左昭二十九年，蔡墨答魏獻子，曰：「乾之坤，曰：『見群龍無首，吉。』」蓋言六爻皆變之占也。

性理三解　卷之六　啓蒙意見　五　韓邦奇圖解

七占

七占古法，不傳久矣。朱子以事理推之如前，然猶有可疑者。如一、二爻主變爻，四五爻變主不變爻，三爻變主本之彖辭，且占主乎變，一爻、二爻變，占變爻是矣。至於四爻、五爻變而占不變爻辭，變爻反無所爲，不惟不見用九、用六之意，以七陽之爻而附潛龍之九，八陰之爻而附履霜之六，切恐吉凶之應，自不孚矣。又五爻之變所争者，上一爻耳，尚不許以彖辭，至於三爻之變，反用彖辭。夫彖辭斷一卦之吉凶者也。三爻，才小成耳，豈可遽以彖辭當之哉？况前十卦嫌於六爻不變，後十卦嫌於六爻皆變，前後三、四、五咸用爻辭而三爻獨用彖辭，亦有未安。余意除六爻變者用彖辭，餘皆用爻，除六爻不變者占乎彖，餘皆占變，庶九、六之占，各以類附，不違占變之説矣。又二爻變主上爻，四爻變主下爻，且貞悔初無定在，以六爻言，則下三爻爲貞，上三爻爲悔；以四爻言，則下二爻爲貞，上二爻爲悔。本卦爲貞，之卦爲悔，當以類相從，變在前三十二圖占本卦，在後三十二圖占之卦是矣。如二爻變主上爻，是爲貞變而占悔；四爻變主下爻，是爲悔變而占貞。愚意二爻變主下爻，四爻變主上爻，庶貞、悔各得以類從矣。

今以占法，列之於後。

凡卦，六爻皆不變，則占本卦彖辭；而以内卦爲貞，外卦爲悔。

一爻變，則以本卦變爻辭占。

此二條仍舊。

二爻變，則以本卦二變爻辭占，仍以下爻爲主。

三爻變，前十卦占本卦變爻辭，後十卦占之卦變爻辭，從其兩。

四爻變，占之卦變爻辭，主上二爻。吉凶適仍以上一爻爲主。

五爻變，則以之卦變爻辭占，從其三。

此四條新定。

六爻變，乾坤占二用，餘占之卦之彖辭。

此亦仍舊。

今以六十四卦之變，列爲三十二圖，得初卦者，自初而終、自上而下；得末卦者，自終而初、自下而上。變在第三十二卦以前者，占本卦爻之辭；變在第三十二卦以後者，占變卦爻之辭。

凡言初終、上下者，據圖而言。言第幾卦前後者，從本卦起。

乾

姤　同人　履　小畜　大有　夬

遯　訟　巽　鼎　大過

无妄　家人　離　革

中孚　睽　兌

大畜　需　大壯

否　漸　旅　咸

渙　未濟　困

蠱　井　恒

益　噬嗑　隨

賁　既濟　豐

損　節　歸妹　泰

觀　晉　萃

艮　蹇　小過

蒙　坎　解　升

頤　屯　震　明夷　臨

剥　比　豫　謙　師　復

坤

元亨利貞	乾	元亨利貞									
潛龍勿用○繫於金柅	姤	見龍在田利見大人○同人於宗吝	同人	君子終日乾乾夕惕厲无咎○眇能視	履	或躍在淵无咎○有孚血去	小畜	飛龍在天利見大人○厥孚交如威如吉	大有	亢龍有悔○无號終有凶	夬
見龍在田利見大人○遯尾厲勿用有攸往〔一〕	遯	君子終日乾乾○不永所事	訟	或躍在淵○進退利武人之貞	巽	飛龍在天○鼎顛趾	鼎	亢龍有悔○藉用白茅	大過		
		君子終日乾乾○不耕獲不菑畬利有攸往	无妄	或躍在淵○无攸遂在中饋貞吉	家人	飛龍在天○黃離元吉	離	亢龍有悔○巳日乃革之征吉无咎	革		
		或躍在淵○得敵或鼓	中孚	飛龍在天○見輿曳其牛掣	睽	亢龍有悔○來兌凶	兌				
		飛龍在天○童牛之牿	大畜	亢龍有悔○需于血	需	亢龍有悔○喪羊於易	大壯				
元亨利貞○否之匪人	否	同上○女歸吉利貞	漸	同上○小亨貞吉	旅	同上○亨利貞取女吉	咸				
		同右○王假有廟	渙	同上○小狐汔濟	未濟	同右○亨貞大人吉	困				

〔一〕 原圖缺「見龍在田，利見大人」數字，依據卦占原則補入。

				同右○元亨利涉大川	蠱	同右○改邑不改井	井	同右○亨无咎利貞	恒		
		利有攸往利涉大川○同左	益	亨利用獄○同左	噬嗑	元亨利貞无咎○同左	隨				
				亨小利有攸往○同左	賁	亨小利貞○同左	既濟	亨王假之勿憂○同左	豐		
		有孚元吉无咎○同下	損	亨苦節不可貞○同下	節	征凶无攸利○同下	歸妹	小往大來吉亨○元亨利牝馬之貞	泰		
觀我生○君子无咎〔二〕龍戰於野	觀	晉如鼫鼠貞厲○龍戰於野	晉	大吉无咎○黃裳元吉	萃						
		艮其限○龍戰於野	艮	往蹇來反○黃裳元吉	蹇	弗過防之○括囊无咎	小過				
		包蒙吉○龍戰於野	蒙	坎有險求小得○黃裳元吉	坎	田獲三狐○括囊无咎	解	孚乃利用禴○含章可貞	升		
		舍爾靈龜○龍戰於野	頤	盤桓利居貞○黃裳元吉	屯	震來虩虩○括囊无咎	震	明夷于飛○含章可貞	明夷	咸臨貞吉○直方大不習	臨

〔二〕 原圖缺「龍戰於野」四字，依據卦占原則補入。

碩果不食○龍戰於野	剝	顯比王用三驅○黃裳元吉	比	由豫大有得○括囊无咎	豫	勞謙君子有終吉○含章可貞	謙	在師中吉○直方大不習	師	不遠復○履霜堅冰至	復
										元亨牝馬之貞○元亨利牝馬之貞	坤
女壯勿用取女	姤	女壯勿用取女									
繫於金柅○潛龍勿用	乾	包有魚无咎○執之用黃牛	遯	臀无膚无大咎○食舊德貞	訟	包无魚起凶○悔亡田獲三品	巽	以杞包瓜○黃耳金鉉	鼎	姤其角无咎○過涉滅頂凶	大過
包有魚无咎○同人於門无咎	同人	臀无膚无大咎○素履往无咎	履	包无魚起凶○復自道何其咎	小畜	以杞包瓜○无交害	大有	姤其角吝无咎○壯於前趾	夬		
		同右○包承小人吉	否	包无魚起凶○鴻漸於磐	漸	以杞包瓜○旅即次	旅	姤其角吝○咸其腓凶	咸		
		包无魚起凶○渙其躬无悔	渙	以杞包瓜○未濟征凶	未濟	姤其角吝无咎○困於石	困				
		以杞包瓜○裕父之蠱	蠱	姤其角云云○井甃无咎	井	姤其角云云○恒其德貞	恒				

女壯勿用取女○元亨利貞	无妄	同上○利女貞	家人	同上○利貞亨	離	同上○巳日乃孚	革				
		同右○豚魚吉	中孚	同右○小事吉	睽	同右○亨利貞	兌				
				同右○利貞不家食	大畜	同右○有孚光亨	需	同右○利貞	大壯		
		盥而不薦有孚顒若○同左	觀	康侯云云三接○同左	晉	亨王假有廟○同左	萃				
				艮其背云云○同左	艮	利西南不利東北○同左	蹇	亨利貞○同左	小過		
		亨匪我求蒙童○同下	蒙	有孚維心亨○同下	坎	利西南无所往○同下	解	元亨用見大人○亨出入无疾	升		
有孚惠心○迷復凶	益	噬乾胏得金矢○迷復凶	噬嗑	隨有穫貞凶○敦復无悔	隨						
		賁如濡如貞吉○迷復凶	賁	高宗伐鬼方○同右	既濟	豐其沛○中行獨復	豐				

		利貞征凶○迷復凶	損	不出門庭○同右	節	眇能視○中行獨復	歸妹	包荒用馮河○同左	泰		
		剥牀以足○迷復凶	剥	有孚比之无咎○敦復无悔	比	鳴豫凶○同右	豫	謙謙君子○頻復厲无咎	謙	師出以律○休復吉	師
碩果不食○迷復凶	頤	屯其膏貞吉○敦復无悔	屯	震遂泥○中行獨復	震	明夷於南狩○頻復厲无咎	明夷	咸臨无不利○休復吉	臨	履霜堅冰至○不遠復	坤
										亨出入无疾○亨出入无疾	復
同人於野亨利涉大川利君子貞	同人	同人於野亨利涉大川利君子貞									
同人於門无咎○遯尾厲	遯	同人於宗吝○見龍在田	乾	伏戎於莽○无妄之災	无妄	乘其墉○富家大吉	家人	先號咷而後笑○出涕沱若	離	同人於郊无悔○君子豹變	革
同人於宗吝○繫於金柅貞	姤	伏戎於莽○拔茅茹	否	乘其墉○鴻漸於干	漸	先號咷而後笑○旅瑣瑣	旅	同人於郊无悔○咸其拇	咸		
		伏戎於莽○履道坦坦	履	乘其墉○輿脫輹	大畜	同右○大車以載	大有	同人於郊无悔○惕號莫夜有戎	夬		

		同人於野云云子貞○有孚窒惕中吉					
		訟					
乘其墉○益之用凶事	先號咷而後笑○繻有衣袽	同上○小亨利有攸往	同右○盥而不薦		豚魚吉利涉大川○同左		貞吉觀頤○同下
益	賁	巽	觀		中孚		頤
先號咷而後笑○噬腊肉遇毒	同人於郊无悔○賁如皤如	同上○元吉亨	同右○康侯用云云	同右○艮其背不獲其身	小事吉○同左	利貞不家吉○同左	勿用有攸往○同下
噬嗑	既濟	鼎	晉	艮	睽	大畜	屯
同人於郊无悔○係小子失丈夫	同人於郊无悔○來章有慶	同上○棟撓利有攸往	同右○王假有廟	同右○利西南不利東北	亨利貞○同左	有孚光亨○同左	亨震來○同下
隨	豐	大過	萃	蹇	兌	需	震
				同右○亨利貞		利貞○同左	利艱貞○貞丈人吉
				小過		大壯	明夷

素履往无咎○不永所事	履虎尾不咥人亨		擊蒙不利○大君有命				渙汗其大號○大君有命
訟	履		蒙				渙
履道坦坦○不耕獲	履虎尾不咥人亨		坎不盈祇○田有禽	已事遄往○大君有命	剥牀以辨○大君有命	幹父之蠱○大君有命	繻有衣袽○大君有命
无妄			坎	損	剥	蠱	未濟
眇能視○君子終日乾			解而拇○師左次无咎	不出戶庭无咎○田有禽	比之自內○田有禽	井渫不食○田有禽	來徐徐○田有禽
乾			解	節	比	井	困
履虎尾○月幾望			升虛邑師或輿尸凶	歸妹以娣○師左次	介于石○師左次无咎	不恒其德○師左无咎	
中孚			升	歸妹	豫	恒	
夬履貞厲○悔亡			直方大不習○在師中吉	拔茅茹○師或輿尸	鳴謙貞吉○師或輿尸		
睽			坤	泰	謙		
視履考祥○引兌		貞丈人吉无咎○貞丈人吉无咎	咸臨貞吉○師出以律	不遠復○在師中吉			
兌		師	臨	復			

履道坦坦○拔茅茹	否	眇能視○擊於金柅	姤	履虎尾○用拯馬壯吉	渙	夬履貞厲○濡其尾吝	未濟	視履考祥○臀困於株木	困		
		眇能視○同人於宗吝[二]	同人	履虎尾○或益之十朋之龜	益	夬履貞厲○噬膚滅鼻	噬嗑	視履考祥○係小子失丈夫	隨		
		履虎尾○輿脫輹	小畜	夬履貞厲○公用享于天子	大有	視履考祥○壯於頄有凶	夬				
		夬履貞厲○三人行則損一人	損	視履考祥○不節若	節	視履考祥○歸妹以須	歸妹				
履虎尾不咥人亨○亨小利貞	遯	同上○盥而不薦	觀	同上○康侯用錫	晉	同上○亨王假有廟	萃				
		同右○小亨利有攸往	巽	同右○元吉亨	鼎	同右○棟橈利攸往	大過				
				同右○匪我求童蒙	蒙	同右○有孚維心	坎	同右○利西南	解		
		利女貞○同左	家人	亨畜牝牛吉○同左	離	巳日乃孚○同左	革				

〔二〕原圖此處二爻辭先後倒置，依據卦占原則調整先後。

				貞吉觀頤自求口實○同左[一]	頤	元亨利貞○同左	屯	震來虩虩○同上	震		
		不家食吉○同下	大畜	有孚光亨貞吉○同下[三]	需	利貞○同下	大壯	元亨利貞○亨君子有終	臨		
鴻漸于陵○鳴謙利用行	漸	旅于處得資斧○鳴謙利用行師	旅	貞吉悔亡○不富以其	咸						
		剥之无咎○鳴謙利行師	剥	比之匪人○不富以其	比	盱豫悔○无不利撝謙	豫				
		幹母之蠱○同右	蠱	井谷射鮒○不富以其	井	悔亡○同右	恒	在師中吉○勞謙君子有終	師		
		賁其趾○同右	賁	曳其輪濡其尾○不富以其	既濟	遇其配主○同右	蠱	不遠復○勞謙君子有終	復	拔茅茹○鳴謙貞吉	泰
敦艮吉○鳴謙利行師	艮	大蹇朋來○不富以其間	蹇	无咎弗過遇○无不利撝謙	小過	含章可貞○勞謙君子有終吉	坤	孚乃利用禴○鳴謙貞吉	升	明夷于飛○謙君子	明夷
										亨君子有終 亨君子有終	謙

[一] 原圖此處缺「同左」二字，依據卦占原則補入。

[三] 原圖此處缺「同下」二字，依據卦占原則補入。

密雲不雨自我西郊	小畜	密雲不雨自我西郊									
復自道○進退利武人之貞	巽	牽復吉○无攸遂	家人	輿脱輹○得敵或鼓或罷	中孚	有孚血去惕出○或躍在淵	乾	有孚攣如○豶豕之牙吉	大畜	既雨既處○入於穴	需
牽復吉	漸	輿脱輹○用拯馬壯吉	渙	有孚血去惕出○繫於金柅	姤	有孚攣如○幹父之蠱	蠱	既雨既處○井渫不食	井		
		輿脱輹○或益之十朋之龜[一]	益	有孚血去惕出○同人於宗吝	同人	有孚攣如○賁其趾	賁	既雨既處○歸喪其茀	既濟		
		有孚血去惕出○履道坦坦	履	有孚攣如○三人行	損	既雨既處○不節若	節				
		有孚攣如○匪其彭无咎	大有	既雨既處○臀无膚	夬	既雨既處○翩翩不富	泰				
密雲不雨○盥而不薦	觀	同上○亨小利貞	遯	同上○艮其背	艮	同上○利西南	蹇	[二]			
		同上○有孚窒惕	訟	同上○匪我求童蒙	蒙	同上○有孚維心	坎	[三]			

[一] 原圖此處二爻辭先後倒置，依據卦占原則調整先後。

[二] 原圖此處衍「同上」二字，删去。

[三] 原圖此處衍「同上」二字，删去。

			休否大人吉〇冥豫成有渝				
			否				
履校滅趾〇冥豫	曳其輪貞〇冥豫	旅焚其次〇冥豫	剥牀以膚〇冥豫成有渝	小事吉〇同下		元亨利貞其匪正有眚〇同左	
噬嗑	未濟	旅	剥	睽		无妄	
官有渝貞吉〇貞疾	困於酒食〇貞疾	咸其股〇貞疾	外比之貞吉〇貞疾恒不死	亨利貞〇同下	利貞亨畜牝牛吉〇同左	貞吉觀頤自求口實〇同左	同上〇元吉亨
隨	困	咸	比	兌	離	頤	鼎
不遠復〇由豫	在師中吉〇由豫大有得	勞謙君子〇由豫大有得		元亨利貞至於八月有凶〇同下	巳日乃孚〇同左	元亨利貞勿用有攸往〇同左	同上〇棟橈利有攸往亨
復	師	謙		臨	革	屯	大過
遇其配主〇盱豫悔	悔亡〇盱豫悔			利貞〇利建侯行師	利艱貞〇同左		同上〇元亨
豐	恒			大壯	明夷		升
歸妹以娣〇介於石							
歸妹							

晉其角○冥豫		元亨	无交害匪咎○顛趾	大車以載○旅瑣瑣			
晉		大有	鼎	旅			
萃有位○貞疾恒不死		元亨	大車以載○黃離元吉	公用亨於天子○曳其輪	公用亨於天子○噬膚滅鼻	匪其彭无咎○三人行	厥孚交如威如○外比之貞吉
萃			離	未濟	噬嗑	渙	小畜
括囊无咎○由豫大有得			公用亨於天子○見輿曳	匪其彭无咎○幹父之蠱	匪其彭无咎○賁其須	厥孚交如○眇能視	自天祐之○翩翩不富
坤			睽	蠱	賁	履	泰
弗過防之○盱豫悔			匪其彭无咎○童牛之牿	厥孚交如威如○繫於金柅	厥孚交如○同人於宗吝	自天祐之○歸妹以須	自天祐之○有孚攣如
小過			大畜	姤	同人	歸妹	夬
田獲三狐○介於石			厥孚交如○飛龍在天	自天祐之○浚恒貞	自天祐之○豐其蔀		
解			乾	恒	豐		
震來虩虩○鳴豫凶	利建侯行師○利建侯行師		自天祐之○羝羊觸藩				
震	豫		大壯				

元亨○用錫馬蕃庶	晉	同上○艮其背	艮	同上○亨小利貞	遯	同上○亨利貞	小過				
		同右○亨匪我求童蒙	蒙	同右○有孚窒惕中吉	訟	同右○利西南无所往	解				
				同右○小亨利有攸往	巽	同右○元亨用見大人	升	同右○棟橈利攸往	大過		
		貞吉觀頤自求口實○同下〔二〕	頤	元亨利貞○同左	无妄	震來虩虩○同左	震				
				利女貞○同左	家人	利艱貞○同左	明夷	巳日乃孚○同左	革		
		豚魚吉○同下〔三〕	中孚	至於八月有凶○同下	臨	亨利貞○同下	兑	有孚光亨貞○原筮元永貞	需		
貫魚以宮人寵○比之无首凶	剥	有命无咎○比之无首凶	否	由豫大有得○顯比王用三驅	豫						
		鴻漸於陸○比之无首凶	漸	勞謙君子○顯比王用三驅	謙	咸其股○外比之貞吉	咸				

〔二〕原圖此處爲「同上」，依據卦變原則，當爲「同下」，逕改。

〔三〕原圖此處缺「同下」二字，依據卦占原則補入。

1	2	3	4	5	6	7	8	9	10	11	12
		渙奔其機○比之无首凶	渙	在師中吉○同右	師	困於酒食○外比之貞吉	困	井谷射鮒○比之匪人	井		
		利用爲大作○比之无首凶	益	不遠復○同右	復	官有渝貞吉○外比之貞吉	隨	曳其輪濡尾○比之匪人	既濟	不出門庭无咎○比之自內貞吉	節
觀我生君子○比之无首凶	觀	黃裳元吉○顯比王用三驅	坤	大吉无咎○顯比王用三驅	萃	往蹇來反○比之匪人	蹇	坎有險求小得○比之自內貞吉	坎	盤桓利居貞○有孚比之无咎	屯
										吉原筮元永貞○吉原筮无永貞	比
揚於王庭孚號有厲	夬	揚於王庭孚號有厲									
壯於前趾○藉用白茅	大過	惕號莫夜有戎○巳日乃革之征吉	革	壯於頄有凶○來兌凶	兌	臀无膚○需于血出自穴	需	莧陸夬夬○喪羊於易	大壯		
惕號莫夜○咸其拇	咸	壯於頄有凶○臀困於株木	困	臀无膚○井泥不食	井	莧陸夬夬○浚恒貞凶	恒	无號終有凶○繫於金柅	姤		
		壯於頄有凶○係小子失丈夫	隨	臀无膚○婦喪其茀	既濟	莧陸夬夬○豐其蔀	豐	无號終有凶○同人於宗吝	同人		

		臀无膚○不節若則嗟若	節	莧陸夬夬○歸妹以須	歸妹	无號終有凶○眇能視	履				
		莧陸夬夬○翩翩不富	泰	无號終有凶○有孚血去惕出	小畜	无號終有凶○厥孚交如威如	大有				
揚於王庭○王假有廟	萃	同上○利西南不利東北	蹇	同上○亨利貞	小過	同上○亨小利貞	遯				
		同右○有孚維心亨	坎	同右○利西南无所往	解	同右○有孚窒惕中吉	訟				
				同右○元亨用見大人	升	同右○小亨	巽	同上〔二〕○元吉亨	鼎		
		元亨利貞勿用有攸往○同左	屯	震來虩虩○同左	震	元亨利貞○同左	无妄				
				利艱貞○同左	明夷	利女貞○同左	家人	利貞亨畜牝牛吉○同左	離		
		元亨利貞至於八月有凶○同下	臨	豚魚吉○同下	中孚	小事吉○同下	睽	不家食吉○不利有攸往	大畜		

〔二〕原圖此處爲「同左」，依據卦變原則，當爲「同上」，徑改。

顯比○碩果不食	比	由豫大有得○碩果不食	豫	有命无咎○貫魚以宮人寵	否						
		勞謙君子○碩果不食	謙	鴻漸於木○貫魚以宮人	漸	旅焚其次○剥牀以膚	旅				
		在師中吉无咎○碩果不食	師	渙其躬无悔○貫魚以宮人	渙	曳其輪○剥牀以膚	未濟	幹父之蠱○剥之无咎	蠱		
		不遠復○碩果不食	復	利用爲大作○貫魚以宮人	益	屨校滅趾○剥牀以膚	噬嗑	賁其趾○剥之无咎	賁	巳事遄往○剥牀以辨	損
龍戰于野○碩果不食	坤	觀我生君子○貫魚以宮人	觀	晉如鼫鼠○剥牀以膚	晉	艮其限○剥之无咎	艮	包蒙吉○剥牀以	蒙	舍爾靈龜○剥牀以足	頤
										不利有攸往○不利有攸往	剥
亨小利貞	遯	亨小利貞									
遯尾厲○同人於門无咎	同人	執之用黃牛之革○包有魚	姤	係遯有疾厲○包羞	否	好遯君子吉○鴻漸於木	漸	嘉遯貞吉○射雉一矢亡	旅	肥遯无不利○咸其輔頰舌	咸

執之用黃牛之革○潛龍勿用	乾	係遯有疾○无妄往吉	无妄	好遯○閑有家悔亡	家人	嘉遯貞吉○履錯然敬之	離	肥遯无不利○鞏用黃牛之革	革		
		係遯○不克訟歸	訟	好遯君子吉○衆允悔亡	巽	嘉遯貞吉○萃如嗟如	鼎	肥遯无不利○枯楊生稊	大過		
		好遯君子吉○觀我生進退	觀	嘉遯貞吉○衆允悔亡	晉	肥遯无不利○萃如嗟如	萃				
		嘉遯貞吉○艮其身无咎	艮	肥遯无不利○往蹇來連	蹇	肥遯无不利○密雲不雨	小過				
亨小利貞○履虎尾	履	同上○亨密雲不雨	小畜	同上○大有元亨	大有	同上○揚於王庭	夬				
		同右○利有攸往	益	同右○亨利用獄	噬嗑	同右○元亨利貞无咎	隨				
				同右○亨小利有攸往	賁	同右○亨小利貞	既濟	同右○王假之勿憂	豐		
		亨王假有廟○同左	渙	亨小狐汔濟○同左	未濟	亨貞大人○同左〔一〕	困				

〔一〕原圖此處「同」字下缺「左」字，依據卦占原則補入。

	弗損益之○敦臨				有孚攣如○敦臨吉		
	損				中孚		
	甘節吉往有尚○知臨大君之宜	發蒙利用刑○敦臨吉	顛頤拂經○敦臨吉	良馬逐利艱貞○敦臨吉无咎	睽孤○敦臨吉无咎	不利有攸往○同左	
	節	蒙	頤	大畜	睽	剥	
	歸妹愆期○至臨无咎	習坎入於坎○知臨大君之宜	屯如邅如○知臨大君之宜	需於泥致寇至○知臨大君之宜	商兑未寧○知臨大君之宜	吉原筮元永貞○同下	元亨利涉大川○同左
	歸妹	坎	屯	需	兑	比	蠱
	拔茅茹○甘臨无攸利	无咎○至臨无咎	震來厲○至臨无咎	小人用壯○至臨无咎		利建侯行師○同下	改邑不改井○同左
	泰	解	震	大壯		豫	井
	不遠復○咸臨吉无不利	允升大吉○甘臨无攸利	明夷於左股○甘臨无攸利			亨君子有終○元亨利貞	亨无咎利貞○同左
	復	升	明夷			謙	恒
元亨利貞○元亨利貞	師出以律○咸臨貞吉	履霜堅冰至○咸臨吉无不利					
臨	師	坤					

有孚窒惕中吉終凶利見大人不利涉大川	訟	有孚窒惕中吉終凶利見大人不利涉大川							
不永所事○素履往无咎	履	不克訟歸○包承小人	否	食舊德貞○臀无膚	姤	不克訟○渙其羣	渙	訟元吉○悔亡	睽
不克訟歸○无妄往吉	无妄	食舊德貞○潛龍勿用	乾	不克訟歸○虞吉有他不燕	中孚	訟元吉○悔亡喪馬	睽	或錫之鞶帶○和兌吉	兌
		食舊德貞○執之用黃牛革	遯	不克訟○闚觀利女貞	觀	訟元吉○晉如愁如	晉	或錫之鞶帶○引吉无咎	萃
		不克訟云云○頻巽吝	巽	訟元吉○鼎耳革	鼎	或錫之鞶帶○良馬逐	大過		
		訟元吉○困蒙吝	蒙	或錫之鞶帶○樽酒簋	坎	或錫之鞶帶○君子維有解	解		
有孚窒惕○同於野亨	同人	同上○利有攸往	益	同上○亨利用獄	噬嗑	同上○元亨利貞无咎	隨		
		同右○亨密雲不雨	小畜	同右○元亨	大有	同右○揚於王庭	夬		

或錫之鞶帶○困於葛藟	困

				同右○有孚元吉	損	同右○亨苦節不可貞	節	同右○征凶无攸利	歸妹		
		女歸吉○同左	漸	小亨旅貞吉○同左	旅	利貞取女吉○同左[二]	咸				
				不利有攸往○同左	剝	吉原筮元永貞○同左	比	利建侯行師○同左	豫		
		元亨利涉大川○同下	蠱	改邑不改井○同下	井	亨无咎利貞○同下	恒	貞丈人吉○利艱貞	師		
王假有廟○不明晦初	家人	突如其來○不明晦初	離	悔亡有孚改命吉○箕子之明夷	革						
		拂頤貞凶○不明晦初	頤	即鹿无虞○箕子之明夷	屯	震蘇蘇○入於左腹	震				
		輿脫輹○不明晦初	大畜	需於沙○箕子之明夷	需	貞吉○入於左腹	大壯	咸臨吉无不利○明夷於南狩	臨		
		艮其趾○不明晦初	艮	往蹇來譽○箕子之明夷	蹇	飛鳥以凶○入於左腹	小過	履霜堅冰至○明夷於南狩	坤	允升大吉○夷于左股	升

[二] 原圖此處缺「同左」二字，依據卦占原則補入。

白賁无咎○不明晦初		小亨利有攸往	進退利武人貞○復自道	巽在牀下○閑有家悔亡			
賁		巽	小畜	家人			
東隣殺牛○箕子之明夷		小亨利有攸往	巽在牀下○鴻漸於磐	頻巽吝○虞吉有他不燕	頻巽吝○利女貞	悔亡田獲三品○食舊德貞	貞吉悔亡○鼎折足
既濟			漸	中孚	觀	訟	鼎
豐其蔀○入於左腹			頻巽吝○渙其躬	悔亡田獲三品○潛龍勿用	悔亡田獲三品○執之用黃牛	貞吉悔亡○勿用取女	巽在牀下喪○棟隆吉
豐			渙	乾	遯	蒙	大過
頻復厲无咎○明夷於南狩			悔亡田獲三品○包无魚起凶	貞吉悔亡○有厲利已	貞吉悔亡○无不利艮其腓	巽在牀下喪○來之坎坎	巽在牀下喪○貞吉升階
復			姤	大畜	艮	坎	升
包荒用馮河○明夷夷於左股			貞吉悔亡○幹父之蠱	巽在牀下○喪需於郊	巽在牀下○王臣蹇蹇		
泰			蠱	需	蹇		
謙謙君子○明夷于飛	利艱貞○利艱貞		巽在牀下○井收勿幕				
謙	明夷		井				

利有攸往○利涉大川	益	同上○同人於野亨	同人	同上○亨小	賁	同上○亨小利貞	既濟				
		同右○履虎尾不咥人亨	履	同右○有孚元吉	損	同右○亨苦節不可貞	節				
				同右○元亨	大有	同右○揚於王庭	夬	同右○小往大來吉	泰		
		否之匪人○同左	否	不利有攸往○同左	剥	吉原筮元永貞○同左	比				
				小亨貞吉○同左	旅	亨利貞○同左	咸	亨君子有終○同左	謙		
		亨小狐汔濟○同下	未濟	亨貞大人吉○同下	困	貞丈人吉无咎○同下	師	亨无咎利貞○震來虩虩	恒		
无妄之疾○震遂泥	无妄	顛頤吉○震索索	頤	乘馬班如○震往來厲	屯						
		日昃之離○震索索	離	征凶貞厲○震往來厲	革	明夷於南狩○震遂泥	明夷				

		何校滅耳凶○震索索		元吉亨	鼎顛趾○无交害	鼎有實○履錯然敬之	
		噬嗑		鼎	大有	離	
遇主於巷○震索索	晉如摧如○震索索	孚於嘉吉○震往來厲		元吉亨	鼎有實○旅即次云云	鼎耳革○悔亡喪馬	鼎耳革○晉如愁如
睽	晉	隨			旅	睽	晉
孚兌吉○震往來厲	有孚不終○震往來厲	中行獨復○震遂泥			鼎耳革○未濟征凶	鼎折足○有厲利已	鼎折足○艮其腓
兌	萃	復			未濟	大畜	艮
咸臨吉无不利○震遂泥	履霜堅冰至○震遂泥	豐其沛○震蘇蘇			鼎折足○裕父之蠱	鼎黃耳○潛龍勿用	鼎黃耳金鉉○執之用黃牛之革
臨	坤	豐			蠱	乾	遯
貞吉○震蘇蘇	飛鳥以凶○震蘇蘇	眇能視○震來厲			鼎黃耳金鉉○以杞包瓜	鼎玉鉉○壯於趾	鼎玉鉉○過其祖云云
大壯	小過	歸妹			姤	大壯	小過
	无咎○震來厲	鳴豫凶○震來虩虩	亨震來虩虩○亨震來虩虩		鼎玉鉉○振恒凶		
	解	豫	震		恒		

		鼎折足○勿用取女	蒙	鼎黃耳○食舊德貞厲	訟	鼎玉鉉○負且乘	解				
		鼎黃耳○田獲三品	巽	鼎玉鉉○王用亨於岐山	升	鼎玉鉉○枯楊生華	大過				
元吉亨○亨利用獄	噬嗑	同上○亨小利有攸往	賁	同上○同人於野亨	同人	同上○亨王假之勿憂	豐				
		同右○有孚元吉	損	同右○履虎尾不咥人	履	同右○征凶无攸往	歸妹				
				同右○密雲不雨	小畜	同右○小往大來吉	泰	同右○揚於王庭	夬		
		不利有攸往○同下[一]	剝	否之匪人○同下	否	利建侯行師○同下	豫				
				女歸吉○同上	漸	亨君子有終○同下	謙				
		亨王假有廟○同下	渙	貞大人吉○同下	師	亨貞大人吉○元亨利貞	困				

[一] 原圖此處爲「同上」，依據卦變原則，當爲「同下」，徑改。

觀我生君子○泣血漣如	頤	可貞无咎○泣血漣如	无妄	震遂泥○屯其膏	震						
		家人嗃嗃○泣血漣如	家人	明夷於南○屯其膏	明夷	征凶貞厲○乘馬班如	革				
		鶴鳴在陰○泣血漣如	中孚	咸臨吉无不利○屯其膏	臨	孚兌吉○乘馬班如	兌	需於沙○即鹿无虞	需		
		童觀小人无咎○泣血漣如	觀	履霜堅冰至○屯其膏	坤	有孚不終○乘馬班如	萃	往蹇來譽○即鹿无虞	蹇	習坎入於坎○屯如邅如	坎
莫益之或擊○泣血漣如	益	益敦復无悔○屯其膏小貞吉	復	隨有獲貞凶○乘馬班如	隨	高宗伐鬼方○即鹿无虞	既濟	不出門庭凶○屯如邅如	節	有孚比之无咎○盤桓利居貞	比
										元亨利貞○元亨利貞	屯
棟橈利有攸往亨	大過	棟橈利有攸往亨									
藉用白茅○壯於前趾	夬	枯楊生稊○咸其腓	咸	棟橈凶○據於蒺藜	困	棟隆吉○井甃无咎	井	枯楊生華○悔亡	恒	過涉滅頂○姤其角	姤

枯楊生稊○鞏用黃牛之革	革	棟橈凶○和兌吉	兌	棟隆吉○需於郊	需	枯楊生華○壯於趾	大壯	過涉滅頂○潛龍勿用	乾		
		棟橈凶○引吉无咎	萃	棟隆吉○王臣蹇蹇	蹇	枯楊生華○過其祖	小過	過涉滅頂○執之用黃牛革	遯		
		棟隆吉○來之坎坎	坎	枯楊生華○負且乘	解	過涉滅頂凶○食舊德	訟				
		枯楊生華○王用亨於岐山	升	過涉滅頂○鼎黃耳金鉉	鼎						
棟橈利○元亨利貞无咎	隨	同上○亨小利貞	既濟	同上○亨王假之勿	豐	同上○同人於野亨	同人				
		同右○亨苦節不可貞	節	同右○征凶无攸利	歸妹	同右○履虎尾	履				
				同右○小往大來吉	泰	同右○密雲不雨	小畜	同右○元亨	大有		
		比吉筮元永貞○同左	比	利建侯行師○同左	豫	否之匪人[二]○同左	否				

[二] 原圖此處爲「利建侯行師」五字，誤。依據卦變原則，當爲「否之匪人」，徑改。

				亨君子有終○同左	謙	女歸吉利貞○同左	漸	小亨旅貞吉○同左	旅		
		貞文人吉无咎○同下〔二〕	師	亨王假有廟○同下	渙	亨小狐汔濟○同下	未濟	元亨利涉大川○貞吉觀頤	蠱		
屯其膏小貞吉○由頤厲吉	屯	震遂泥○由頤厲吉	震	可貞无咎○拂經居貞	无妄						
		明夷於南狩○由頤厲吉	明夷	家人嗃嗃○拂經居貞	家人	日昃之離○顛頤吉	離				
		咸臨吉无不利○由頤厲吉	臨	鶴鳴在陰○拂經居貞	中孚	遇主於巷○顛頤吉	睽	輿脫輹○拂頤貞凶	大畜		
		履霜堅冰至○由頤厲吉	坤	童觀小人无咎○拂經居貞	觀	晉如摧如○顛頤吉	晉	艮其趾无咎○拂頤貞吉	艮	發蒙利用刑○顛頤拂經	蒙
迷復凶○由頤厲吉	復	有孚惠心○拂經居貞	益	噬乾胏○顛頤吉	噬嗑	賁如濡如○拂頤貞凶	賁	利貞征凶○顛頤拂經		剥牀以足○舍爾靈龜	剥
										貞吉觀頤○貞吉觀頤〔三〕	頤

〔二〕 原圖此處與下均爲「同左」，依據卦變原則，當爲「同下」，徑改。

〔三〕 原圖此處缺「貞吉觀頤○貞吉觀頤」數字，依據卦占原則補入。

元亨利貞其匪正有不利有攸往	无妄	元亨利貞其匪正有不利有攸往									
无妄往吉○拔茅茹	否	不耕獲○履道坦坦	履	无妄之災○伏戎於莽	同人	可貞无咎○中行告公從	益	无妄之疾○噬乾肉得黃	噬嗑		
不耕獲○不永所事	訟	无妄之災○遯尾厲	遯	可貞无咎○童觀小人无咎	觀	无妄之疾○晉如摧如	晉	无妄行有眚○有孚不終	萃		
		无妄之災○見龍在田	乾	可貞无咎○鶴鳴在陰	中孚	无妄之疾○遇主於巷	睽	无妄行有眚○孚兌吉	兌		
		可貞无咎○家人嗃嗃	家人	无妄之疾○日昃之離	離	无妄行有眚○征凶貞厲	革				
		无妄之疾○顛頤吉	頤	无妄行○屯如邅如	屯	无妄行○震往來厲	震				
元亨利貞○女壯勿用取女	姤	同上○亨王假有廟	渙	同上○亨小狐汔濟	未濟	同上○亨貞大人吉	困				
		同上○女歸吉利貞	漸	同上○小亨旅貞吉	旅	同上○亨利貞取女	咸				

				貞吉悔亡○冥升			
				巽			
	亨密雲不雨○同左		亨小利有攸往○同下	鼎折足○冥升	勿用娶女○冥升	艮其腓○冥升	有厲利已○冥升利不息之貞
	小畜		賁	鼎	蒙	艮	大畜
同上○不利有攸往	元亨○同左	有孚元吉无咎○同左	亨小利貞○同下	棟橈吉○貞吉升階	來之坎坎○貞吉升階	王臣蹇蹇○貞吉升階	需於郊○貞吉升階
剥	大有	損	既濟	大過	坎	蹇	需
同上○吉原筮元永貞	揚於王庭○同左	亨苦節不可○同左	亨王假之勿憂○同下		負且乘○王用亨於岐山	過其祖○王用亨於岐山	壯於趾○王用亨於岐山
比	夬	節	豐		解	小過	大壯
同上○利建侯行師		征凶无攸利○同左	亨出入无疾○元亨用見大人			見龍在田○升虛邑	咸臨貞○升虛邑
豫		歸妹	復			坤	臨
							明夷于飛○孚乃利用禴
							明夷

不事王侯○冥升利於不息之貞	蠱	井洌寒泉食○貞吉升階	井	田无禽○王用亨於岐山	恒	師或輿尸凶○升虚邑	師	鳴謙貞吉○孚乃利用禴	謙	拔茅茹○允升大吉	泰
										元亨用見大人勿恤南征吉○元亨用見大人勿恤南征吉	升
利女貞	家人	利女貞									
閑有家悔亡○鴻漸於干	漸	无攸遂在中饋○牽復吉	小畜	家人嗃嗃○伏戎於莽	益	富家大吉○乘其墉	同人	王假有家○賁於丘園	賁	有孚威如終吉○濡其首	既濟
无攸遂在中饋○進退利武人	巽	家人嗃嗃○童觀[二]	觀	富家大吉○遯尾厲	遯	王假有家○艮其趾无咎	艮	有孚威如終吉○往蹇來譽	蹇		
		家人嗃嗃○鶴鳴在陰[三]	中孚	富家大吉○見龍在田	乾	王假有家○輿脱輹	大畜	有孚威如終吉○需於沙	需		
		富家大吉○无妄之災	无妄	王假有家○拂頤貞凶	頤	有孚威如終吉○即鹿無虞	屯				
		王假有家○突如其來	離	有孚威如終吉○悔亡有孚改命	革	有孚威如終吉○箕子之明夷	明夷				

〔二〕 原圖此處爲「鶴鳴在陰」四字，誤。依據卦變原則，當爲「童觀」，徑改。

〔三〕 原圖此處爲「童觀」二字，誤。依據卦變原則，當爲「鶴鳴在陰」，徑改。

利女貞○亨王假有廟	渙	同上○女壯勿用取女	姤	同上○元亨利貞无咎	蠱	同上○改邑不改井	井			
		同右○否之匪人	否	同右○不利有攸往	剥	同右○吉原筮元永貞	比			
				同右○小亨旅貞吉	旅	同右○亨利貞取女吉	咸	同右○亨君子有終	謙	
		履虎尾不咥人亨○同左	履	有孚元吉无咎○同左	損	亨苦節不可貞○同左	節			
				元亨○同左	大有	揚於王庭○同左	夬	小往大來吉亨○同左	泰	
		亨利用獄○同下	噬嗑	元亨利貞无咎○同下	隨	亨出入无疾○同下	復	亨王假之勿憂○解利西南	豐	
訟元吉○公用射隼	訟	困蒙吝○公用射隼	蒙	樽酒簋○君子維有解	坎					
		鼎有實○公用射隼	鼎	棟橈凶○君子維有解	大過	升虛邑○解而拇	升			

		有孚於飲酒○公用射隼		利貞亨畜牝牛吉	履錯然敬之○旅瑣瑣	黃離元吉○鼎顛趾	
		未濟		離	旅	鼎	
晉如愁如○公用射隼	悔亡喪馬勿逐○公用射隼	劓刖用於赤紱○君子維有解		利貞亨畜牝牛吉	黃離元吉○大車以載	日昃之離○晉如摧如	日昃之離○遇主於巷无咎
晉	睽	困			大有	晉	睽
引吉无咎○君子維有解	和兌吉○君子維有解	師左次无咎○解而拇			日昃之離○噬腊肉	突如其來○艮其趾无咎	突如其來○輿脫輹
萃	兌	師			噬嗑	艮	大畜
直方大○解而拇	咸臨貞吉○解而拇	不恒其德○負且乘			突如其來○賁如皤如	出涕沱若○遯尾厲	出涕沱若○見龍在田
坤	臨	恒			賁	遯	乾
過其祖○負且乘	壯於趾○負且乘	介於石○田獲三狐			出涕沱若○先號咷	王用出征○飛鳥以凶	王用出征○貞吉
小過	大壯	豫			同人	小過	大壯
	震來虩虩○田獲三狐	歸妹以娣○无咎	解利西南无所往○解利西南无所往		王用出征○豐其屋		
	震	歸妹	解		豐		

		利貞亨○亨小狐汔濟					
		未濟					
突如其來○拂頤貞凶	出涕沱若○富家大吉	同上○元亨利涉大川	同上○不利有攸往		有孚元吉无咎○同左		利有攸往○同下
頤	家人	蠱	剝		損		益
出涕沱若○无妄之災	王用出征○入於左腹	同上○女壯勿用取女	同上○否之匪人	同上○女歸吉利貞	履虎尾咥人亨○同左	亨密雲不雨○同左[一]	亨出入无疾○同下
无妄	明夷	姤	否	漸	履	小畜	復
王用出征○震蘇蘇	王用出征○君子豹變	同上○亨无咎利貞	同上○利建侯	同上○亨君子有終	征凶无攸利○同左	小往大來吉亨○同左	元亨利貞○同下
震	革	恒	豫	謙	歸妹	泰	隨
				同上○亨利貞		揚於王庭○同左	既濟小利貞○有孚維心亨
				咸		夬	既濟

[一] 原圖此處缺「同左」二字，依據卦占原則補入。

童蒙吉○係用徽纆	蒙	不克訟歸○係用徽纆	訟	解而拇○坎不盈祗	解						
		頻巽吝○係用徽纆	巽	升虛邑○坎不盈祗	升	棟橈凶○樽酒簋	大過				
		闚觀利女貞○係用徽纆	觀	直方大不習○坎不盈祗	坤	引吉无咎孚○樽酒簋	萃	王臣蹇蹇○來之坎坎	蹇		
		虞吉○係用徽纆	中孚	咸臨貞吉○坎不盈祗	臨	和兌吉○樽酒簋	兌	需於郊○來之坎坎	需	盤桓利貞○坎有險求小得	屯
渙其血○係用徽纆	渙	田有禽○坎不盈祗	師	來徐徐○樽酒簋	困	井渫不食○來之坎坎	井	比之自內貞吉○坎有險求小得	比	不出戶庭无咎○習坎入於坎窞	節
										有孚維心亨○有孚維心亨	坎
巳日乃孚元亨	革	巳日乃孚元亨									
鞏用黃牛之革○咸其拇	咸	巳日乃革之○惕號莫夜有戎	夬	征凶貞厲○係丈夫失小子	隨	悔亡有孚改命○繻有衣袽	既濟	大人虎變○豐其蔀	豐	君子豹變○同人於郊无悔	同人

巳日乃革之○藉用白茅无咎	大過	征凶貞厲○有孚不終	萃	悔亡有孚改命○往蹇來譽	蹇	大人虎變○飛鳥以凶	小過	君子豹變○遯尾厲	遯		
		征凶貞厲○孚兌吉悔亡	兌	悔亡有孚改命○需於沙	需	大人虎變○貞吉	大壯	君子豹變○見龍在田	乾		
		悔亡有孚改命○即鹿无虞	屯	大人虎變○震蘇蘇	震	君子豹變○无妄之災	无妄				
		大人虎變○入於左腹	明夷	君子豹變○富家大吉	家人	君子豹變○出涕沱若	離				
巳日乃孚○亨貞大人吉	困	同上○改邑不改井	井	同上○亨无咎利貞	恒	同上○女壯勿用取女	姤				
		同右○吉原筮元永貞	比	同右○利建侯行師	豫	同上○否之匪人	否				
				同右○亨君子有終	謙	同上○女歸吉利貞	漸	同右○小亨旅貞吉	旅		
		亨苦節不可貞○同左	節	征凶无攸利[一]○同左	歸妹	履虎尾不咥人○同左	履				

[一] 原圖此處缺「征凶无攸利」五字，依據卦占原則補入。

				小往大來吉亨○同左	泰	密雲不雨○同左	小畜	元亨○同左	大有		
		亨出入无疾○同下	復	利有攸往○同下	益	亨利用獄○同下	噬嗑	亨小利有攸往○亨匪我求童蒙	賁		
坎不盈○擊蒙	坎	解而拇○不利爲寇	解	不克訟歸○童蒙吉	訟						
		升虛邑○不利爲寇	升	頻巽吝○童蒙吉	巽	鼎耳革○困蒙吝	鼎				
		直方大○不利爲寇	坤	闚觀利女貞○童蒙吉	觀	晉如愁如○困蒙吝	晉	艮其輔○勿用取女	艮	舍爾靈龜○包蒙吉	頤
		咸臨貞吉○不利爲寇	臨	虞吉有他○童蒙吉	中孚	悔亡喪馬○困蒙吝	睽	有利厲已○勿用取女	大畜	已事遄往○發蒙利用刑	損
大君有命○繫蒙	師	渙汗其大號○童蒙吉	渙	貞吉悔亡○困蒙吝	未濟	幹父之蠱○勿用取女	蠱	剥牀以辨○包蒙吉	剥		
										亨匪我求童蒙○亨匪我求童蒙	蒙

豚魚吉	中孚	豚魚吉									
虞吉有他不燕○用拯馬壯吉	渙	鳴鶴在陰○或益之十朋之龜	益	得敵或鼓或罷○輿脫輹	小畜	月幾望馬匹亡○履虎尾	履	有孚亨如○或益之十朋之龜	損	翰音登於天○苦節貞凶悔亡	節
鳴鶴在陰○童觀小人无咎	觀	得敵○進退武人之貞	巽	月幾望○不永所事	訟	有孚攣如○發蒙利用刑	蒙	翰音登於天○習坎入於坎窞	坎		
		得敵○无攸遂	家人	月幾望○不耕穫	无妄	有孚攣如○顛頤拂經	頤	翰音登於天○屯如邅如	屯		
		月幾望○君子終日乾乾	乾	有孚攣如○良馬逐	大畜	翰音登於天○需於泥	需				
		有孚攣如○睽孤遇元夫	睽	翰音登於天○商兌未寧	兑	翰音登於天○知臨大君之宜	臨				
豚魚吉○女歸吉利貞	漸	同上○否之匪人	否	同上○不利有攸往	剥	同上○吉原筮元永貞	比				
		同上○女壯勿用取女	姤	同上○元亨利涉大川	蠱	同上○改邑不改井	井				

				嘉遯貞吉○弗遇過之			
				遯			
	同人於野亨○同左		元亨○同下	艮其身无咎○弗遇過之	衆允悔亡○弗遇過之	鼎有實○弗遇過之	履錯然敬之○弗遇過之
	同人		大有	艮	晉	鼎	離
同上○亨小狐汔濟	亨小利有攸往○同左	亨利用獄○同左	揚於王庭○同下	往蹇來連○公弋股彼在穴	萃如嗟如○公弋股彼在穴	枯楊生稊○公弋取彼在穴	鞏用黃牛之革○公弋取彼在穴
未濟	賁	噬嗑	夬	蹇	萃	大過	革
同上○亨貞大人吉	亨小利貞○同左	元亨利貞○同左	小往大來吉○同下		含章可負○无咎弗過遇之	孚乃利用禴○无咎弗過遇之	明夷于飛○无咎弗過遇之
困	既濟	隨	泰		坤	升	明夷
同上○貞丈人吉无咎		亨出入无疾○同左	征凶无攸利○亨利貞			田獲三狐○弗過防之	震來虩虩○弗過防之
師		復	歸妹			解	震
							壯於趾○過其祖
							大壯

鳥焚其巢○弗遇過之	旅	咸其脢无悔○公戈取彼在穴	咸	无不利撝謙无咎○弗過遇之	謙	盱豫悔遲有悔○弗過防之	豫	悔亡○過其祖	恒	遇其配主○飛鳥以凶	豐
										亨利貞○亨利貞	小過
小事吉	睽	小事吉									
悔亡喪馬勿逐○濡其尾吝	未濟	遇主於巷○噬膚滅鼻	噬嗑	見輿曳○公用亨於天子	大有	睽孤遇元夫○損其疾	損	悔亡往何咎○夬履貞厲	履	見豕負塗○女承筐	歸妹
遇主於巷○晉如摧如	晉	見輿曳○鼎顛趾	鼎	睽孤遇元夫○發蒙利用刑	蒙	悔亡往何咎○不永所事	訟	見豕負塗○无咎	解		
		見輿曳○黃離元吉	離	睽孤遇元夫○顛頤拂經	頤	悔亡往何咎○不耕穫	无妄	見豕負塗○震來厲	震		
		遇元夫○良馬逐	大畜	悔亡往何咎○君子終日乾乾	乾	見豕負塗○小人用壯	大壯				
		悔亡往何咎○月幾望	中孚	見豕負塗○至臨无咎	臨	見豕負塗○孚於剥有厲	兌				

小事吉○小亨旅貞吉						艮其輔○往蹇來碩	
旅						艮	
同上○不利有攸往	同上○元亨利涉大川		亨小利有攸往○同下		密雲不雨○同下	好遯君子吉○往蹇來碩	觀我生進退○往蹇來碩
剥	蠱		賁		小畜	遯	觀
同上○否之匪人	同右○女壯勿用取女	同右○亨王假有廟	同人於野亨○同下	利有攸往○同下	小往大來吉○同下	无咎弗過遇之○大蹇朋來	含章可貞○大蹇朋來
否	姤	渙	同人	益	泰	小過	坤
同上○利建侯行師	同右○亨无咎利貞	同右○貞大人吉	亨王假之勿憂○同下	亨出入无疾○同下	揚於王庭○同下		萃如嗟如○往蹇來連
豫	恒	師	豐	復	夬		萃
		同右○亨貞大人吉		元亨利貞无咎○同下	苦節不可貞○利西南		
		困		隨	節		

		鴻漸于陸○往蹇來碩		亨利貞	和兌吉○臀困於株	孚兌吉○有孚不終	
		漸		兌	困	萃	
巽在牀下○往蹇來碩	閑有家悔亡○往蹇來碩	不富○大蹇朋來		亨利貞	孚兌吉○係小子失丈夫	來兌凶○藉用白茅	來兌凶○巳日乃革之
巽	家人	謙			隨	大過	革
孚乃利用禴○大蹇朋來	明夷于飛○大蹇朋來	貞吉悔亡○往蹇來連			來兌凶○壯於碩	商兌未寧○習坎入於坎窞凶	商兌未寧○屯如邅如
升	明夷	咸			夬	坎	屯
枯楊生稊○往蹇來連	鞏用黃牛之革○往蹇來連	有孚比之无咎○往蹇來反			商兌未寧○安節亨	孚于剥○无咎	孚于剥○震來厲
大過	革	比			節	解	震
坎有險求小得○往蹇來反	盤桓利居貞○往蹇來反	井谷射鮒○王臣蹇蹇			孚于剥○帝乙歸妹	引兌○不永所事	引兌○不耕穫
坎	屯	井			歸妹	訟	无妄
	需於郊○王臣蹇	曳其輪○往蹇來譽	利西南不利東北○同左		引兌○視履考祥		
	需	既濟	蹇		履		

		亨利貞○取女吉					
		咸					
商兌未寧○需於泥	孚於剥○至臨无咎	同上○吉原筮元永貞	同右○改邑不改井		亨小利貞○同左		小往大來吉○同下
需	臨	比	井		既濟		泰
孚於剥○小人用壯	引兌○月幾望	同上○利建侯行師	同右○亨无咎利貞	同右○貞丈人吉无咎	亨王假之○同左	亨出入无疾○同左	亨密雲不雨○同下
大壯	中孚	豫	恒	師	豐	復	小畜
引兌○君子終日乾	引兌○悔亡	同上○否之匪人	同右○女壯勿用取女	同右○亨王假有廟	同人於野亨○同左	利有攸往○同左	元亨○同下
乾	睽	否	姤	渙	同人	益	大有
				同右○亨小狐汔濟		亨利用獄○同左	有孚元吉无咎○艮其背
				未濟		噬嗑	損

大蹇朋來○敦艮吉				鳴謙利用行師○敦艮吉		利貞不家食吉利涉大川	有厲利已○幹父之蠱
蹇				謙		大畜	蠱
无咎弗過遇○敦艮吉	含章可貞○敦艮吉	孚乃利用禴○敦艮吉	明夷于飛○敦艮吉	鴻漸於陵○艮其輔		利貞不家食吉利涉大川	輿脱輹○賁其須
小過	坤	升	明夷	漸			賁
好遯君子吉○艮其輔	觀我生進退○艮其輔	巽在牀下○艮其輔	閑有家悔○艮其輔	旅於處○艮其身			良馬逐○三人行
遯	觀	巽	家人	旅			損
	衆允悔亡○艮其身	鼎有實○艮其身	履錯然敬之○艮其輔	剥之无咎○艮其身			童牛之牿元吉○匪其彭无咎
	晉	鼎	離	剥			大有
		包蒙吉○艮其限	舍爾靈龜○艮其限	幹母之蠱○艮其腓			豶豕之牙吉○有孚攣如
		蒙	頤	蠱			小畜
			有厲利已○艮其腓	賁其趾○艮其趾	艮其背○艮其背		何天之衢亨○城復於隍
			大畜	賁	艮		泰

興脫輹○艮其趾	艮	良馬逐○發蒙利用刑	蒙	童牛之牿元吉○鼎顛趾	鼎	豶豕之牙吉○利武人之貞	巽	何天之衢○允升大吉	升
		良馬逐○顛頤拂經	頤	童牛之牿元吉○黃離元吉	離	豶豕之牙吉○无攸逐	家人	何天之衢○明夷於左股	明夷
		良馬逐○見輿曳	睽	豶豕之牙吉○得敵或鼓	中孚	何天之衢亨○甘臨无咎	臨		
		豶豕之牙吉○或躍在淵	乾	何天之衢○貞吉悔亡	大壯	何天之衢亨○需於酒食	需		
利貞不家食○不利有攸往	剥	同上○亨旅貞吉	旅	同上○女歸吉利貞	漸	同上○亨君子有終	謙		
		同右○亨小狐汔濟	未濟	同上○亨王假有廟	渙	同上○貞丈人吉	師		
				同上○女壯勿用取女	姤	同上○亨无咎利貞	恒	同上[一]○改邑不改井	井
		亨利用獄○同左	噬嗑	利有攸往○同左	益	亨出入无疾○同左	復		

[一] 原圖此處缺「同上」二字，依據卦占原則補入。

	傾否先否後喜○賁咨涕洟				悔亡失得勿恤○賁咨涕洟		
	否				晉		
	貞疾恒不死○萃有位	无妄往吉○賁咨涕洟	不克訟歸○賁咨涕洟	係遯有疾○賁咨涕洟	觀國之光○賁咨涕洟	履虎尾不咥人○同下	
	豫	无妄	訟	遯	觀	履	
	比之貞吉○大吉无咎	鼎顛趾○萃有位	田獲三狐○萃有位	弗過防之○萃有位	括囊无咎○萃有位	征凶无攸利○同下	同人於野亨○同左
	比	震	解	小過	坤	歸妹	同人
	咸其股○萃如嗟如	磐桓利居貞○大吉无咎	坎有險○大吉无咎	往蹇來反○大吉无咎		苦節不可貞○同下	亨王假之勿憂○同左
	咸	屯	坎	蹇		節	豐
	困於酒食○引吉无咎	鞏用黃牛之革○萃如嗟如	枯楊生稊○萃如嗟如			揚於王庭○亨王假有廟	亨小利貞○同左
	困	革	大過			夬	既濟
亨王假有廟○亨王假有廟	有渝貞吉○有孚不終	和兌吉○引吉无咎					
萃	隨	兌					

有孚光亨貞吉利涉大川	需於郊○井泥不食	需於沙○往蹇來譽				有孚光亨貞○吉原筮元永貞	
需	井	蹇				比	
同上	需於沙○婦喪其茀	需於泥○習坎入於坎窞	需於泥○屯如邅如	需於血○來兌凶	需於酒食○貞吉悔亡	同上○亨利貞	同上○亨貞大人吉
	既濟	坎	屯	兌	大壯	咸	困
	需於泥○不節若	需於血○藉用白茅	需於血○巳日乃革之	需於酒食○甘臨无攸利	入於穴○或躍在淵	同上○亨君子有終	同上○貞丈人吉
	節	大過	革	臨	乾	謙	師
	需於血○臀无膚	需於酒食○允升大吉	需於酒食○明夷於左股	入於穴○得敵	入於穴○豶豕之牙吉	同上○女歸吉利貞	同上○亨王假有廟
	夬	升	明夷	中孚	大畜	漸	渙
	需於酒食○帝乙歸妹	入於穴○利武人之貞	入於穴○无攸遂				
	泰	巽	家人				
	入於穴○既雨既處						
	小畜						

			有位无咎○晉其角				
			萃				
震來虩虩○晉其角	田獲三狐○晉其角	无咎弗過遇之○晉其角	括囊无咎○晉其角	征凶无攸利○同下		元亨利貞○同左	
震	解	小過	坤	歸妹		隨	
无妄往吉○失得勿恤	不克訟歸○失得勿恤	係遯有疾○失得勿恤	觀國之光○失得勿恤	履虎尾○同下	亨王假之勿憂○同左	亨出入无疾○同左	同上○亨无咎利貞
无妄	訟	遯	觀	履	豐	復	恒
履錯然敬之○失得勿恤	包蒙吉○失得勿恤	艮其限○失得勿恤		亨王假有○同下	同人於野亨○同左	利有攸往○同左	同上○女壯勿用取女
頤	蒙	艮		渙	同人	益	姤
履錯然敬之○失得勿恤	鼎有實○失得勿恤			元亨○康侯	亨小利有攸往○同左		同右○元亨利涉大川
離	鼎			大有	賁		蠱
悔亡喪馬勿逐○失得勿恤							
睽							

冥豫成有渝○晉其角		利貞	壯於趾○浚恒貞凶	貞吉○飛鳥以凶			
豫		大壯	恒	小過			
休否大人吉○失得勿恤		利貞	貞吉○豐其蔀	小人用壯○无咎	小人用壯○震來厲	貞吉悔亡○甘臨无攸利	喪羊於易○需於血
否			豐	解	震	臨	需
剥牀以膚○晉如鼫鼠			小人用壯○歸妹以須	貞吉悔亡○允升大吉	貞吉悔亡○明夷於左股	喪羊於易○來兌凶	羝羊觸藩○童牛之牿
剥			歸妹	升	明夷	兌	大畜
旅焚其次○衆允悔亡			貞吉悔亡○翩翩不富	喪羊於易○藉用白茅	喪羊於易○巳日乃革之	羝羊觸藩○見輿曳	羝羊觸藩○飛龍在天
旅			泰	大過	革	睽	乾
曳其輪貞○晉如愁如			喪羊於易○莧陸夬夬	羝羊觸藩○鼎顛趾	羝羊觸藩○黄離元吉		
未濟			夬	鼎	離		
履校滅趾○晉如摧如	康侯用錫馬○康侯用錫馬		羝羊觸藩○自天祐之				
噬嗑	晉		大有				

利貞○利建侯行師	豫	同上○亨君子有終	謙	同上○利貞取女吉	咸	同上○小亨旅貞吉	旅				
		同右○貞丈人吉	師	同右○亨貞大人吉	困	同右○亨小狐汔濟	未濟				
				同右○改邑不改井	井	同右○元亨利涉大川	蠱	同右○女壯勿用取女	姤		
		亨出入无疾○同左	復	元亨利貞○同左	隨	亨利用獄○同左	噬嗑				
				亨小利貞○同左	既濟	亨小利有攸往○同左	賁	同人於野亨○同左	同人		
		苦節不可貞○同下	節	有孚元吉○同下	損	履虎尾○同下	履	密雲不雨○盥而不薦	小畜		
黃裳元吉○觀其生君子	坤	大吉无咎○觀其生君子	萃	晉如鼫鼠○觀我生君子	晉						
		往蹇來反○觀其生君子	蹇	艮其限○觀我生君子	艮	係遯有疾○	遯				

		比之无首凶○觀其生君子		否之匪人不利君子貞大往小來	拔茅茹○无妄往吉	包承○素履往无咎	
		比		否	无妄	履	
坎有險○觀其生君子	盤桓利居貞○觀其生君子	貫魚以宮人○觀我生君子		否之匪人不利君子貞大往小來	包承小人吉○不克訟歸	包羞○同人於門	包羞○包有魚
坎	屯	剥			訟	同人	姤
包蒙吉○	舍爾靈龜○	有命无咎○觀國之光			包羞○係遯有疾	有命无咎○利用爲大作	有命无咎○渙奔其機
蒙	頤	否			遯	益	渙
不克訟歸○	无妄往吉○	鴻漸於陸○觀我生進退			有命无咎○觀國之光	休否大人吉○履校滅趾	休否大人吉○曳其輪
訟	无妄	漸			觀	噬嗑	未濟
巽在牀下○	閑有家○	渙奔其機○闚觀利女貞			休否大人吉○悔亡失得勿恤	傾否○官有渝	傾否○困於酒食
巽	家人	渙			晉	隨	困
	虞吉有他不燕○	利用爲大作○童觀小人	盥而不薦○盥而不薦		傾否○賁咨涕洟		
中孚	益	觀			萃		

		有命无咎○鴻漸於陸	漸	休否大人吉○旅焚其次	旅	傾否○咸其股	咸				
		休否大人吉○剥牀以膚	剥	傾否○外比之貞吉	比	傾否○貞疾恒不死	豫				
否之匪人○元亨利貞	乾	同上○豚魚吉	中孚	同上○小事吉	睽	同上○亨利貞	兌				
		同右○利女貞	家人	同右○利貞亨	離	同右○巳日乃孚	革				
				同右○貞吉觀頤	頤	同右○元亨利貞	屯	同右○震來虩虩	震		
		小亨利有攸往○同下	巽	元吉亨○同下	鼎	棟橈利有攸往○同下	大過				
				亨匪我求童蒙○同下	蒙	有孚維心亨○同下	坎	利西南○同下	解		
		艮其背○同下	艮	利西南不利東北○同下	蹇	亨利貞○同下	小過	元亨利牝○小往大來	坤		

鴻漸於干○閑有家	女歸吉利貞		何天之衢○城復於隍				有孚攣如○城復於隍
家人	漸		大畜				小畜
鴻漸於磐○巽在牀下	女歸吉利貞		需於酒食○帝乙歸妹	幹父之蠱○城復於隍	賁其須○城復於隍	三人行則損一人○城復於隍	匪其彭无咎○城復於隍
巽			需	蠱	賁	損	大有
鴻漸於陸○觀我生進退			貞吉悔亡○翩翩不富	井泥不食○帝乙歸妹	歸喪其茀○帝乙歸妹	不節若則嗟若○帝乙歸妹	臀无膚○帝乙歸妹
觀			大壯	井	既濟	節	夬
鴻漸於木○好遯君子			甘臨无攸利○无平不陂	浚恒貞凶○翩翩不富	豐其蔀○翩翩不富	歸妹以須○翩翩不富	
遯			臨	恒	豐	歸妹	
鴻漸於陵○艮其輔			明夷於左股○包荒用馮河	師出以律○无平不陂	休復吉○无平不陂		
艮			明夷	師	復		
鴻漸於陸○往蹇來碩		小往大來吉○小往大來吉	允升大吉○拔茅茹	謙謙君子○包荒用馮河			
蹇		泰	升	謙			

鴻漸於干○復自道				女歸吉利貞○豚魚吉			
小畜				中孚			
鴻漸於陸○已事遄往	鴻漸於陸○渙奔其機	鴻漸於木○包羞	鴻漸於陵○旅於處	同上○元亨利貞	同右○元亨利貞		有孚窒惕○同左
益	渙	否	旅	乾	无妄		訟
鴻漸於干○同人於門	鴻漸於木○包有魚	鴻漸於陵○剝之无咎	鴻漸於陸○貞吉悔亡	同上○利貞不家食	同右○貞吉觀頤	同右○利貞亨	亨匪我求○同左
同人	姤	剝	咸	大畜	頤	離	蒙
鴻漸於陵○賁其趾	鴻漸於陵○幹母之蠱	鴻漸於陸○比之自內	鴻漸於陸○不富以其	同上○有孚光亨	同右○有孚光亨	同右○巳日乃革	有孚維心亨○同左
賁	蠱	比	謙	需	屯	革	坎
鴻漸於陸○曳其輪	鴻漸於陸○井谷射鮒					同右○利艱貞	
既濟	井					明夷	

	見豕負塗○女承筐无實				夬履貞厲○女承筐无實		
	睽				履		
	孚於剥有厲○帝乙歸妹	曳其輪○女承筐无實	噬膚滅鼻○女承筐无實	公用亨於天子○女承筐无實	損其疾○女承筐无實	康侯用錫馬○同下	
	兌	既濟	噬嗑	大有	損	晉	
	至臨无咎○歸妹愆期	臀困於株木○帝乙歸妹	係小子失丈夫○帝乙歸妹	壯於頄有凶○帝乙歸妹	安節亨○帝乙歸妹	亨王假有廟○同下	元吉亨○同左
	臨	困	隨	夬	節	萃	鼎
	小人用壯○歸妹以須	師出以律○歸妹愆期	休復吉○歸妹愆期	无平不陂○歸妹愆期		元亨利牝○同下	棟橈利有攸往○同左
	大壯	師	復	泰		坤	大過
	震來厲○眇能視	浚恒貞凶○歸妹以須	豐其蔀○歸妹以須			亨利貞○征凶无攸利	元亨用見大人○同左
	震	恒	豐			小過	升
征凶无攸利○征凶无攸利	无咎○歸妹以娣	鳴豫凶○眇能視					
歸妹	解	豫					

小亨旅貞吉	旅	小亨旅貞吉									
旅瑣瑣○履錯然	離	旅即次○鼎顛趾	鼎	旅焚其次○眾允悔亡	晉	旅於處○艮其身	艮	射雉一矢亡○嘉遯貞吉	遯	鳥焚其巢○弗過遇之	小過
旅即次○无交害	大有	旅焚其次○履校滅趾	噬嗑	旅於處○賁其趾	賁	射雉一矢亡○同人於門	同人	鳥焚其巢○遇其配主	豐		
		旅焚其次○曳其輪	未濟	旅於處○不耕獲	无妄	射雉一矢亡○包有魚	姤	鳥焚其巢○悔亡	恒		
		旅於處○剥之无咎	剥	射雉一矢亡○家人嗃嗃	家人	鳥焚其巢○盱豫悔	豫				
		射雉一矢亡○鴻漸於木	漸	鳥焚其巢○裕父之蠱	蠱	鳥焚其巢○咸其脢	咸				
小亨旅貞吉○小事吉	睽	同上○利貞不家食	大畜	同上○否之匪人	否	同上○利貞	大壯				
		同右○貞吉觀頤	頤	同右○亨君子有終	謙	同右○亨震來虩虩	震				

卦	占	卦	占	卦	占	卦	占	卦	占	卦	占
				乾	同右○元亨利貞	明夷	同右○利艱貞	革	同右〔二〕○巳日乃孚		
		蒙	亨匪我求○同左	訟	有孚窒○同左	解	利西南无所往○同左				
				巽	小亨利有攸往○同左	升	元亨用見大人○同左	大過	棟橈利有攸往○同左		
		觀	盥而不薦○同下	坤	元亨利牝馬○同下	萃	亨王假有廟○同下	蹇	利西南不利東北○亨苦節		
損	弗克違元吉○苦節貞凶	履	愬愬終吉○苦節貞凶	歸妹	歸妹愆期○甘節吉						
		小畜	夫妻反目○苦節貞凶	泰	无平不陂○甘節吉往有尚	夬	壯於頄○安節亨				
		益	弗克違元吉○苦節貞凶	復	休復吉○甘節吉	隨	係小子失丈夫○安節亨	既濟	歸喪其茀○不節若		
		渙	用拯馬壯吉○苦節貞凶	師	師出以律○甘節吉	困	臂困於株○安節亨	井	井泥不食○不節若	比	比之自內○不出門庭

〔二〕 原圖此處缺「同右」二字，依據卦占原則補入。

翰音登於天○苦節貞凶	中孚	知臨大君○甘節吉	臨	商兌未寧○安節亨	兌	需於泥○不節若	需	屯如邅如○不出門庭	屯	習坎入於○不出戶庭	坎
										亨苦節不可貞○亨苦節不可貞	節
亨利貞取女吉	咸	亨利貞取女吉									
咸其拇○鞏用黃牛	革	咸其腓○枯楊生稊	大過	咸其股○萃如嗟如	萃	貞吉悔亡○往蹇來朋	蹇	咸其脢○公弋取彼在穴	小過	咸其輔○肥遯无不利	遯
咸其腓○壯於前趾	夬	咸其股○官有渝	隨	貞吉悔亡○曳其輪	既濟	咸其脢○遇其配主	豐	咸其輔○同人于門	同人		
		咸其股○困於酒食	困	貞吉悔亡○井谷射鮒	井	咸其脢○悔亡	恒	咸其脢○包有魚	姤		
		貞言悔亡○比之匪人	比	咸其脢○盱豫悔	豫	咸其輔○包羞	否				
		咸其脢○无不利撝謙	謙	咸其輔○鴻漸於木	漸	咸其輔○射雉一矢亡	旅				

亨利貞取女吉○亨利貞	兌	同上○有孚光亨	需	同上○利貞	大壯	同上○元亨利貞	乾				
		同右○元亨利貞	屯	同右○亨震來虩虩	震	同右○元亨利貞	无妄				
				同右○利艱貞	明夷	同右○利女貞	家人	同右○利貞亨畜	離		
		有孚維心亨○同左	坎	利西南无所往○同左	解	有孚窒惕○同左	訟				
				元亨用見大人○同左	升	小亨利有攸往○同左	巽	元吉亨○同左	鼎		
		元亨利牝馬○同下	坤	盥而不薦○同下	觀	康侯用錫○同下	晉	艮其身○有孚元吉	艮		
甘節吉○弗損益之	節	歸妹愆期○弗損益之	歸妹	愬愬終吉○弗克違元吉	履						
		无平不陂○弗損益之	泰	夫妻反目○弗克違元吉	小畜	公用亨於天子○損其疾	大有				

		敦臨吉○弗損益之		亨王假有廟利涉大川	用拯馬壯吉○飛鳥以凶	渙奔其機○利用爲大作	
		臨		渙	中孚	益	
休復吉○弗損益之	師出以律○弗損益之	有孚攣如○弗克違元吉		亨王假有廟利涉大川	渙奔其機○闕觀利女貞	渙其躬无悔○復自道	渙其躬无悔○鴻漸於磐
復	師	中孚			觀	小畜	漸
王用亨於帝○弗克違元吉	用拯馬壯吉○弗克違元吉	睽孤遇元夫○損其疾			渙其躬无悔○頻巽吝	渙其羣○素履往无咎	渙其羣○包承小人
益	渙	睽			巽	履	否
噬膚滅鼻○損其疾	濡其尾吝○損其疾	良馬逐○三人行則損			渙其羣○不克訟歸	渙汗其大號○已事遄往	渙汗其大號○剥牀以辨
噬嗑	未濟	大畜			訟	損	剥
賁其須○三人行	幹父之蠱○三人行則損	顛頤拂經○利貞征凶			渙汗其大號○童蒙吉	渙其血○不出戶庭	渙其血○比之自內貞吉
賁	蠱	頤			蒙	節	比
	剥牀以足○利貞征凶	發蒙利用刑人○已事遄往	有孚元吉无咎○有孚元吉无咎		渙其血○係於徽纆		
	剥	蒙	損		坎		

		渙其羣○臀无膚	姤	渙汗其大號○幹父之蠱	蠱	渙其血○井渫不食	井			
		渙汗其大號○貞吉悔亡	未濟	渙其血○來徐徐	困	渙其血○田有禽	師			
亨王假有廟○利女貞	家人	同上○元亨利貞	无妄	同上○貞吉觀頤	頤	同上○元亨利貞	屯			
		同右○元亨利貞	乾	同右○利貞不家食	大畜	同右○有孚光亨	需			
				同右○小事吉	睽	同右○亨利貞	兌	同右○元亨利貞	臨		
		亨小利貞○同左	遯	艮其背○同左	艮	利西南○同左	蹇			
				康侯用錫○同左	晉	亨王假有廟○同左	萃	元亨利貞牝馬○同左	坤		
		元吉亨○同下	鼎	棟橈利有攸往○同下	大過	元亨用見大人○同下	升	利西南无所往○亨王假之	解		

先號咷而後笑○豐其屋	同人	賁如皤如○豐其屋	賁	濡有衣袽○來章有慶	既濟						
		噬腊肉遇毒○豐其屋	噬嗑	係丈夫失小子○來章有慶	隨	頻復厲○遇其夷主	復				
		大車以載○豐其屋	大有	惕號莫復有戎○來章有慶	夬	包荒用馮河○遇其夷主	泰	眇能視○豐其沛	歸妹		
		旅瑣瑣○豐其屋	旅	咸其脢○來章有慶	咸	謙謙君子○遇其夷主	謙	鳴豫凶○豐其沛	豫	悔亡○豐其蔀	恒
王用出征○豐其屋	離	大人虎變○來章有慶	革	入於左腹○遇其夷主	明夷	震蘇蘇○豐其沛	震	貞吉○豐其蔀	大壯	飛鳥以凶○遇其配主	小過
										亨王假○亨王假	豐
亨小狐汔濟濡其尾无攸利	未濟	亨小狐汔濟濡其尾无攸利									
濡其尾吝○悔亡喪馬勿逐	睽	曳其輪貞吉○晉如愁如	晉	未濟貞凶○鼎耳革	鼎	貞吉悔亡○困蒙吝	蒙	貞吉无悔○訟元吉	訟	有孚於飲酒○公用射隼	解

曳其輪貞吉○履校滅趾	噬嗑	未濟征凶○无交害	大有	貞吉悔亡○已事遄往	損	貞吉无悔○素履往	履	有孚於飲酒○歸妹以娣	歸妹	
		未濟征凶○旅即次	旅	貞吉悔亡○剝牀以辨	剝	貞吉无悔○包承小人	否	有孚於飲酒○介於石	豫	
		貞吉悔亡○幹父之蠱	蠱	貞吉无悔○臀无膚	姤	有孚於飲○不恒其德	恒			
		貞吉悔亡○渙其羣	渙	貞吉○師左次无咎	師	有孚於飲酒○劓刖困於	困			
亨小狐汔濟○利貞亨	離	同上○貞吉觀頤	頤	同上○元亨利貞	无妄	同上○亨震來虩虩	震			
		同右○利貞不家食	大畜	同右○元亨利貞	乾	同右○利貞	大壯			
				豚魚吉○同右	中孚	元亨利貞○同右	臨	亨利貞○同右	兌	
		艮其背○同左	艮	亨小利貞○同左	遯	亨利貞○同左	小過			

	有孚威如○濡其首厲				賁於丘園○濡其首厲		
	家人				賁		
	箕子之明夷○東鄰殺牛	鴻漸於干○濡其首厲	牽復吉○濡其首厲	益之用凶事○濡其首厲	乘其墉○濡其首厲	小亨利有攸往○同下	
	明夷	漸	小畜	益	同人	巽	
	有孚改命○繻有衣袽	謙謙君子○東鄰殺牛	包荒用馮河○東鄰殺牛	頻復厲无咎○東鄰殺牛	遇其夷主○東隣殺牛	元亨用見大人○同下	盥而不薦○同左
	革	謙	泰	復	豐	升	觀
	即鹿无虞○高宗伐鬼方	咸其拇○繻有衣袽	惕號莫夜○繻有衣袽	係丈人失小子○繻有衣袽		棟橈利有攸往○同下	元亨利牝馬○同左
	屯	咸	夬	隨		大過	坤
	需於沙○婦喪其茀	有孚比之无咎○高宗伐鬼方	不出門庭○高宗伐鬼方			有孚維心亨○亨小利貞	亨王假有廟○同左
	需	比	節			坎	萃
亨小利貞○亨小利貞	往蹇來譽○曳其輪	井泥不食○婦喪其茀					
既濟	蹇	井					

亨貞大人吉无咎有言不信	臀困於株木○和兌吉	困於酒食○官有渝貞吉				亨貞大人吉○巳日乃孚	
困	兌	隨				革	
亨貞大人吉无咎有言不信	困於酒食○引吉无咎	困於石○壯於前趾	困於石○咸其腓	來徐徐○井渫不食	劓刖困於○師左次无咎	同上○元亨利貞	同右○有孚光亨
	萃	夬	咸	井	師	屯	需
	困於石○棟橈凶	來徐徐○不出戶庭	來徐徐○比之自內	劓刖困於○不恒其德	困於葛藟○渙其羣元吉	同上○震來虩虩	同右○元亨利貞
	大過	節	比	恒	渙	震	乾
	來徐徐○樽酒簋	劓刖困於○歸妹以娣	劓刖困於○介於石	困於葛藟○臀无膚	困於葛藟○貞吉无悔	同上○元亨利貞	同右○利貞
	坎	既濟	豫	姤	未濟	无妄	大壯
	劓刖困於○君子維有解	困於葛藟○素履往无咎	困於葛藟○包承小人				
	解	履	否				
	困於葛藟○或錫之鞶帶						
	訟						

			東鄰殺牛○白賁无咎				
			既濟				
謙謙君子○白賁无咎	包荒用馮河○白賁无咎	頻復厲○白賁无咎	遇其夷主○白賁无咎	元亨用見大人○同下		利西南不利東北○同左	
謙	泰	復	豐	升		蹇	
鴻漸於干○賁於丘園	牽復吉○賁於丘園	益之用凶事○賁於丘園	乘其墉○賁於丘園	小亨利有攸往○同下	元亨利牝馬○同左	亨利貞可小事○同左	同右○豚魚吉
漸	小畜	益	同人	巽	坤	小過	中孚
旅瑣瑣○賁如皤如	大車以載○賁如皤如	噬腊肉遇毒○賁如皤如		元吉亨○同下	盥而不薦○同左	亨小利貞○同左	同右○元亨利貞
旅	大有	噬嗑		鼎	觀	遯	臨
剥牀以足○賁如濡如	利貞征凶○賁如濡如			亨匪我求○亨小利有攸往	康侯用錫○同左		同右○小事吉
剥	損			蒙	晉		睽
幹父之蠱○賁其須							
蠱							

不明晦○白賁无咎		元亨利涉大川先甲三日後甲三日	幹父之蠱有子○有厲利已	幹母之蠱不可○賁其趾			
明夷		蠱	大畜	賁			
王假有家○賁於丘園		元亨利涉大川先甲三日後甲三日	幹母之蠱不可貞○艮其腓	小有悔无大咎○已事遄往	小有悔无大咎○剥之无咎	裕父之蠱○未濟貞凶	幹父之蠱用譽○包无魚起凶
家人			艮	損	剥	未濟	姤
突如其來○賁如皤如			小有悔无大咎○勿用取女	裕父之蠱○无交害	裕父之蠱○旅焚其次	幹父之蠱用譽○渙其躬无悔	不事王侯○田无禽
離			蒙	大有	旅	渙	恒
拂頤貞凶○賁如濡如			裕父之蠱○鼎折足	幹父之蠱用譽○復自道	幹父之蠱用譽○鴻漸於陸	不事王侯○師或輿師	不事王侯○井冽寒泉
頤			鼎	小畜	漸	師	井
輿脱輹○賁其須			幹父之蠱用譽○貞吉悔亡	不事王侯○拔茅茹	不事王侯○鳴謙貞吉		
大畜			巽	泰	謙		
艮其趾○賁其趾	亨小利有攸往○亨小利有攸往		不事王侯○冥升				
艮	賁		升				

元亨利涉大川○貞吉觀頤	頤	同上○利貞畜牝牛	離	同上○利女貞	家人	同上○利艱貞	明夷		
		同上○小事吉	睽	同上○豚魚吉	中孚	同上○元亨利貞	臨		
				同上○元亨利貞	乾	同上○利貞	大壯	同上[二]○有孚光亨	需
		康侯用錫○同左	晉	盥而不薦○同左	觀	元亨利牝馬○同左	坤		
				亨小利貞○同左	遯	亨利貞○同左	小過	利西南不利○同左	蹇
		有孚窒惕○同下	訟	利西南无所往○同下	解	有孚維心亨○同下	坎	棟橈利有攸往○元亨利貞无咎	大過
噬乾肉得黃金○王用亨於西山	噬嗑	中行告公後○王用亨於西山	益	中行獨復○孚於嘉吉	復				
		伐戎於莽○王用亨於西山	同人	日中見沬○孚於嘉吉	豐	高宗伐鬼方○隨有獲貞凶	既濟		

〔二〕 原圖此處缺「同上」二字，依據卦占原則補入。

		履道坦坦○王用亨於西山	履	眇能視○孚於嘉吉	歸妹	不出門庭凶○隨有獲貞凶	節	愓號莫夜○係丈夫	夬		
		拔茅茹○王用亨於西山	否	鳴豫凶○孚於嘉吉	豫	有孚比之无咎○隨有獲	比	咸其拇○係丈夫	咸	臀困於株木○係小子	困
无妄行有眚○王用亨於西山	无妄	震往來厲○孚於嘉吉	震	乘馬班如○隨有獲貞凶	屯	征凶貞厲○係丈夫	革	孚兌吉悔亡○係小子	兌	有孚不終○官有渝	萃
										元亨利貞无咎○元亨利貞无咎	隨
改邑不改井	井	改邑不改井									
井泥不食○需於郊	需	井谷射鮒○王臣蹇蹇	蹇	井渫不食○來之坎坎	坎	井甃无咎○棟隆吉	大過	井冽寒泉食○貞吉升階	升	井收勿幕○巽在牀下	巽
井谷射鮒○曳其輪	既濟	井渫不食○不出門庭	節	井甃无咎○壯於前趾	夬	井冽寒泉○拔茅茹	泰	井取勿幕○復自道	小畜		
		井渫不食○比之自內	比	井甃无咎○咸其拇	咸	井冽寒泉○鳴謙貞吉	謙	井收勿幕○鳴漸於磐	漸		

		井甃无咎○困於石	困	井洌寒泉○師或輿師	師	井收勿幕○渙其躬	渙				
		井洌寒泉○田无禽	恒	井收勿幕○包无魚	姤	井收勿幕○幹父之蠱用譽	蠱				
改邑不改井○元亨利貞	屯	同上○巳日乃孚	革	同上○利艱貞	明夷	同上○利女貞	家人				
		同右○亨利貞	兌	同右○元亨利貞	臨	同右○豚魚吉	中孚				
				同右○利貞	大壯	同右○元亨利貞	乾	同右○利貞不家食	大畜		
		亨王假有廟○同左	萃	元亨利牝馬之貞○同左	坤	盥而不薦○同左	觀				
				亨利貞○同左	小過	亨小利貞○同左	遯	艮其背○同左	艮		
		利西南无所往○同下	解	有孚窒惕○同下	訟	亨匪我求童蒙○同下	蒙	元吉亨○亨利用獄	鼎		

孚於嘉吉○何校滅耳				震索索○何校滅耳		亨无咎利貞有攸往	浚恒貞凶○壯於前趾
隨				震		恒	大壯
中行獨復○何校滅耳	日中見沬○何校滅耳	眇能視○何校滅耳	鳴豫凶○何校滅耳	无妄之疾○噬乾肉		亨无咎利貞有攸往	悔亡○遇其祖
復	豐	歸妹	豫	无妄			小過
中行告公從○噬乾肉	伏戎於莽○同左	履道坦坦○噬乾肉	拔茅茹○噬乾肉	顛頤吉○噬乾胏			不恒其德○負且乘
益	同人	履	否	頤			解
	賁如濡如○得金矢	利貞征凶○得金矢	剥牀以足○得金矢	日昃之離○噬腊肉			田无禽○王用亨於岐山
	賁	損	剥	離			升
		大車以載○噬乾肉	旅瑣瑣○噬腊肉	遇主於巷○噬膚滅鼻			恒其德○枯楊生華
		大有	旅	睽			大過
			濡其尾○噬膚滅鼻	晉如摧如○何校滅耳	亨利用獄○亨利用獄		振恒凶○鼎玉鉉大吉
			未濟	晉	噬嗑		鼎

悔亡○遇其配主	豐	不恒其德○歸妹以娣	歸妹	田无禽○拔茅茹	泰	恒其德○壯於前趾	夬	振恒凶○无交害	大有		
		不恒其德○介於石	豫	田无禽○鳴謙貞吉	謙	恒其德○咸其拇	咸	振恒凶○旅即次	旅		
		田无禽○師或輿師凶	師	恒其德○困於石	困	振恒凶○未濟征凶	未濟				
		恒其德○井甃无咎	井	振恒凶○裕父之蠱	蠱	振恒凶○以杞包瓜	姤				
亨无咎○震來虩虩	震	同上○利艱貞	明夷	同下○巳日乃孚	革	同上○畜牝牛吉	離				
		同右○元亨利貞	臨	同右○亨利貞	兌	同右○小事吉	睽				
				同右○有孚光亨	需	同右○利貞不家食	大畜	同右○元亨利貞	乾		
		元亨利牝馬之貞○同下	坤	亨王假有廟○同下	萃	康侯用錫馬○同下	晉				

	乘馬班如○立心勿恒				敦復无悔○立心勿恒		
	屯				復		
	拂經居貞○有孚惠心	有孚比之无咎○立心勿恒	不出門庭凶○立心勿恒	高宗伐鬼方○立心勿恒	隨有獲貞凶○立心勿恒	有孚維心亨○同下	
	頤	比	節	既濟	隨	坎	
	可貞无咎○中行告公從	剥牀以足○有孚惠心	利貞征凶○有孚惠心	賁如濡如○有孚惠心	噬乾胏○有孚惠心	亨匪我求童蒙○同下	利西南不利東北○同下
	无妄	剥	損	賁	噬嗑	蒙	蹇
	家人嗃嗃○益之用凶事	拔茅茹○中行告公從	履道坦坦○中行告公從	伏戎於莽○中行告公從		有孚窒惕中吉○同下	艮其背○同下
	家人	否	復	同人		訟	艮
	鶴鳴在陰○王用亨於帝	鴻漸於干○益之用凶事	牽復吉○益之用凶事			小亨利有攸往利見大人○利有攸往〔一〕	亨小利貞○同下
	中孚	漸	小畜			巽	遯
利有攸往○利有攸往	童觀小人无咎○利用爲大作	用拯馬壯吉○王用亨於					
益	觀	渙					

〔一〕原圖此處缺「利有攸往」四字，依據卦占原則補入。

以上三十二圖，反復之則爲六十四圖，圖以一卦爲主，而各具六十四卦。凡四千九十六卦，與焦贛易林合，然其條理精密，則有先儒所未發者，覽者詳之。

跋啓蒙意見後

李滄

夫易，廣大悉備者也。朱子易學啓蒙發前人之未發者，多矣。今觀苑洛了之所著，亦有以發朱子之未發者。是書也，命梓行之者，大巡周公；序之者，大司徒韓公；校正之者，節推東公；而梓之者，滄也。滄世傳其易，亦嘗藉是以成名矣。熟讀之餘，不能不欣動而有所愛慕焉，故樂爲之梓，且述其意，以識歲月云。

正德甲戌孟春既望，平陽府同知古檀李滄書

附録

經義考　易學啓蒙意見提要

朱彝尊

韓氏　邦奇　易學啓蒙意見　一名「易學疏原」。

四卷。存。

邦奇自序曰：「夫易，理、數、辭、象而已矣。易以理爲本，數者計乎此者也，象者狀乎此者也，辭者述乎此者也。圖、書者，理之興也，辭之方也，數之備也，象之顯也。是故聖人觀象以畫卦，因數以命爻，修辭以達義，極深以窮理，易以立焉。自夫子稱相盪，而先天之義微，微之者，後儒失之也。夫相盪者，自八而六十四者也；先天者，加一倍者也，其本同，其末異；其生異，其成同，而漢以下莫能一焉。宋邵康節氏自八而十六，自十六而三十二，自三十二而六十四；朱晦菴氏爲之本圖書，爲之原卦畫，爲之明著蓍策，爲之考占變，於是乎易之先後始有其序，而理、數、辭、象之功懋矣。奇也魯而善忘，誦而習之，有所得焉，則識之於冊，將以備遺故焉；奇也愚而少達，思而辨之，有弗悟焉，則自爲之說，將以就有道焉。是故爲之備其象、盡其數、增釋其辭矣，理則吾莫如之何也。」

蘇祐跋曰：「盈天地惟氣，而理寓焉，乃備諸易矣。是故洩精呈秘，莫大乎圖、書；制器尚象，莫大乎卦畫；成能利用，莫大乎蓍策；趨時通志，莫大乎變占。圖、書不本，則玄虚淆矣；卦畫不原，則讖緯亂矣；蓍策不明，則功化滯矣；變占不考，則趨避疑矣。淆焉、亂焉、滯焉、疑焉，易之道窮，聖人之志衰，民生何利焉？造化之用，不幾息乎！是君子之夔也。苑洛先生早承家學，極研易道，乃著是編。首本圖書以遡其源，次原卦畫以崇其象，次明蓍策以極其數，次考占變以達其用，易之用廣矣！舊嘗刻諸河東，原卦畫缺焉，茲乃大備，刻諸上谷，與同志者共焉。」

（朱彝尊經義考卷五十二　易五十一）

四庫全書總目　啓蒙意見提要

易學啓蒙意見五卷　浙江汪啓淑家藏本

明韓邦奇撰。邦奇字汝節，朝邑人，正德戊辰進士。官至南京兵部尚書，謚恭簡。事跡具明史本傳。是編因朱子易學啓蒙而闡明其說。一卷曰「本圖書」，二卷曰「原卦畫」，皆推演邵氏之學，詳爲圖解；三卷曰「明蓍策」，亦發明古法，而附論近世後二變不掛之誤；四卷曰「考占變」，述六爻不變及六爻遞變之舊例；五卷曰「七占」，凡六爻不變、六爻俱變及一爻變者，皆仍其舊；其二爻、三爻、四爻、五爻變者，則别立新法。以占之所列卦圖，皆以一卦變六十四卦，與焦延壽易林同，然其宗旨則宋儒之易，非漢儒之易也。

四庫全書總目經部易類

洪範圖解　一卷

洪範圖解序

鄧鏜

洛書洪範，疇衍於箕子，由漢以來而九九之數不傳；數衍於蔡氏，由宋以來而作用之法以晦。龍峰氏有作矣，析於理而疏於數，鏜也蓄疑久矣。延嘉靖戊子，鏜入試京闈，維時苑洛先生以庶子主試事，適發圖、書策諸生。鏜惟以臆對曰：「夫圖、書，理數而已矣。圖出於河，而羲、文、周、孔因之以成易；書出於洛，而禹、箕因之以作範。然卦之數八，範之數九，而圖、書之秘已洩，至朱子作啓蒙以盡乎筮之變，而其揲也以四，三變而一爻具，九變而小成，十有八變而大成；蔡子作皇極以盡乎數之變，而其揲也以三，一揲而綱立，再揲而目以具。引伸觸類而四千九十六卦、六千五百六十一之數於是乎備。然易之揲四而變三，其體方而用圓；範之揲三而變二，其體圓而用方，雖奇偶不同，而實涵合一之妙。何也？數載乎理，理寓乎數，不滯於跡，而達於理，天下之能事畢矣。」先生與之進，遂舉於鄉。延謁先生而請曰：「先生之名滿朝野，而倡理學於關中，仰範何啻千里！今辱爲門下士，願聞其詳焉。」先生遂出是書以示，且語鏜曰：「易之揲以四，範之揲以三，蓍皆五十。及有成也，參同契合，無少戾焉，非聖人不能作也，必古有是法而蔡氏獲其秘。不然，蔡氏其聖矣乎！」又曰：「龍峰詳於理，吾獨詳於數，其得於言意之表矣。」鏜也恍然而悟，出而歎曰：「是何學也？鏜得與聞焉！生斯世也，不爲不幸矣！」延即歸而志諸簡端，俾後之讀是書者，知斯理不可以口耳記誦得，而先生理學之邃，又焉可以易而及哉！

時七年冬月上吉也，古燕門人鄧鏜頓首謹識

洪範圖解序

昔者上天式教，出書於洛，神禹因書以第疇，箕子因疇以衍義，九以綱之，五十以紀之，治天下之大經大法，燦然明備，古今所謂洪範者也。有宋蔡九峰氏，因律呂之變，悟洛書之旨，乃推數而贊之辭，由占以致其用，始于一，參于三，究於九，成於八十一，而六千五百六十一之數備矣。然禹、箕分九疇而稽疑自爲一事，蔡子統八籌而並用之稽疑，何也？昔者，文王、周公繫卦爻之辭，孔子作兩傳以翼之，雖未逐卦逐爻以釋其義，其所以定天下之業，先天下之用，蓋與文、周而同功。是謂「孔子非明八卦」，不可也；謂「蔡氏非明九章」，亦不可也。同者，理也；不同者，用也。君子豈可語用而遺理哉！

正德乙亥六月中旬苑洛子韓邦奇書

性理三解　卷之七

洪範圖解

韓邦奇圖解

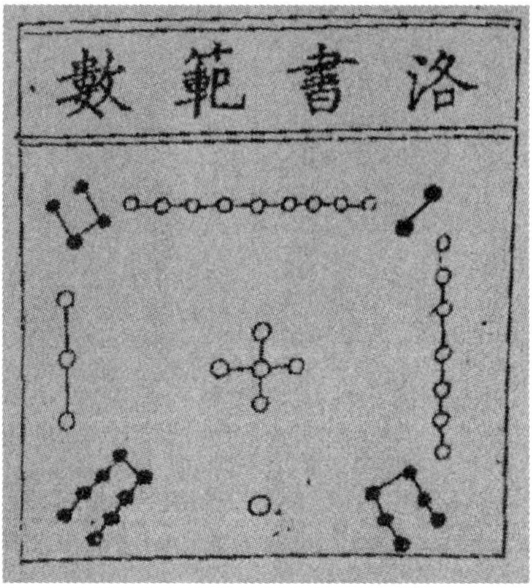

洛書範數

洛書之文，戴九履一，左三右七，二四爲肩，六八爲足，五居中央。

初一曰「五行」，次二曰「敬用五事」，次三曰「農用八政」，次四曰「協用五紀」，次五曰「建用皇極」，次六曰「乂用三德」，次七曰「明用稽疑」，次八曰「念用庶徵」，次九曰「嚮用五福、威用六極」。

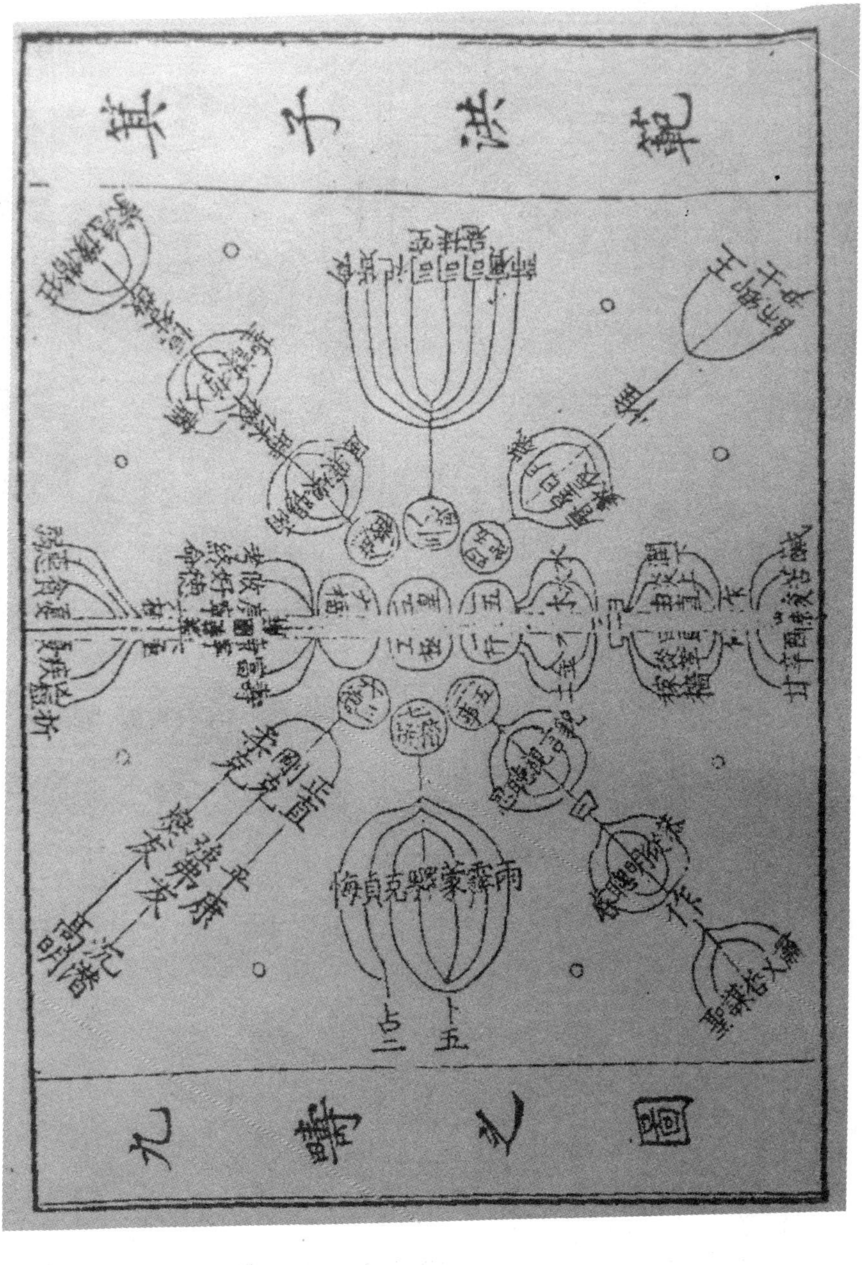

箕子洪範九疇之圖

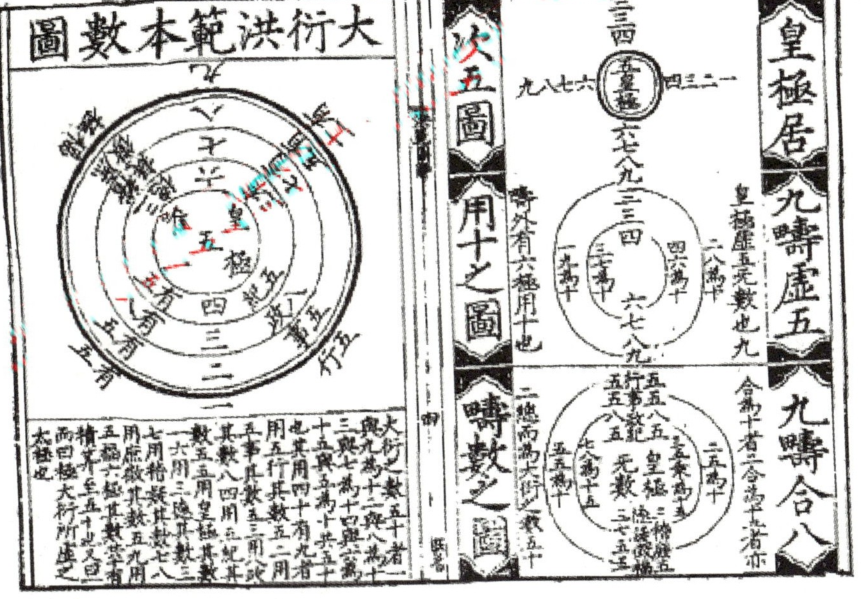

大衍洪範本數圖
皇極居次五圖
九疇虛五用十之圖
九疇合八疇數之圖
皇極虛五无數也九
疇外有六極用十也

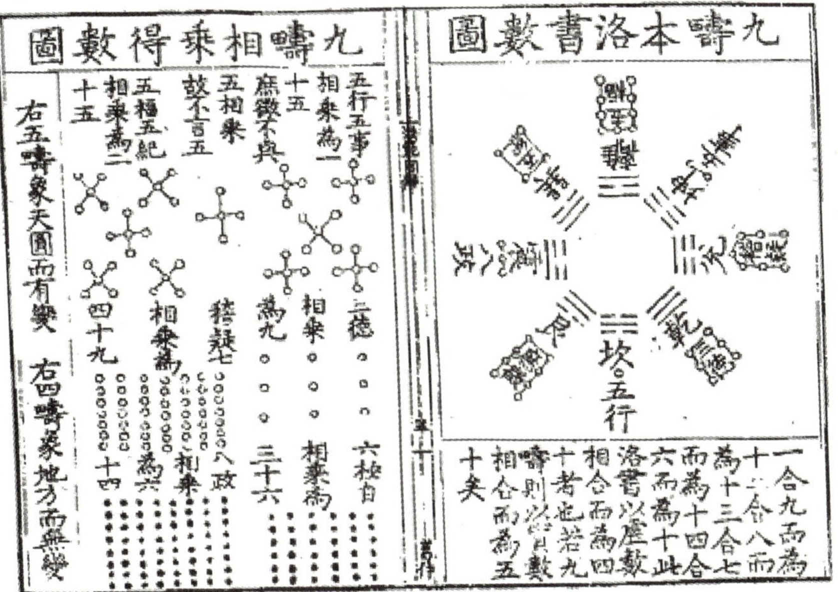

九疇洛書本數圖
一合九而為十二合八而為十三合七而為十四合六而為十此洛書以虛數相合而為四十者也若九疇則以實數相合而為五十矣
九疇相乘得數圖
右五疇象天圓而有變
右四疇象地方而無變

洪範九疇名數行成之圖

	一疇								二疇						
名	原	潛	守	信	直	蒙	閑	須	厲	成	沖	振	祈	常	柔
行	一一	一二	一三	一四	一五	一六	一七	一八	一九	二一	二二	二三	二四	二五	二六

			三疇									四疇						
名	易	親	華	見	獲	從	交	育	壯	興	欣	舒	比	開	晉	公	益	章
行	二七	二八	二九	三一	三二	三三	三四	三五	三六	三七	三八	三九	四一	四二	四三	四四	四五	四六

名	盈
行	四七

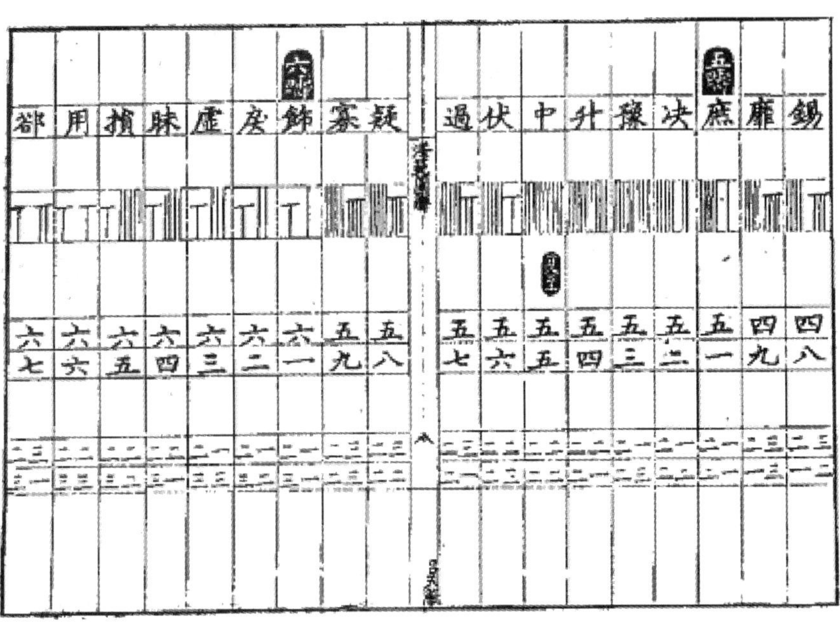

洪範圖解　八

錫	靡	庶	决	豫	升	中	伏	過
四八	四九	五一	五二	五三	五四	五五	五六	五七

疑	寡	飾	戾	虚	昧	損	用	都
五八	五九	六一	六二	六三	六四	六五	六六	六七

洪範圖解　九

俞	遠	迅	懼	除	蒨	疾	競	分
六八	六九	七一	七二	七三	七四	七五	七六	七七

訟	狀	賓	宥	危	堅	華	報	止
七八	七九	八一	八二	八三	八四	八五	八六	八七

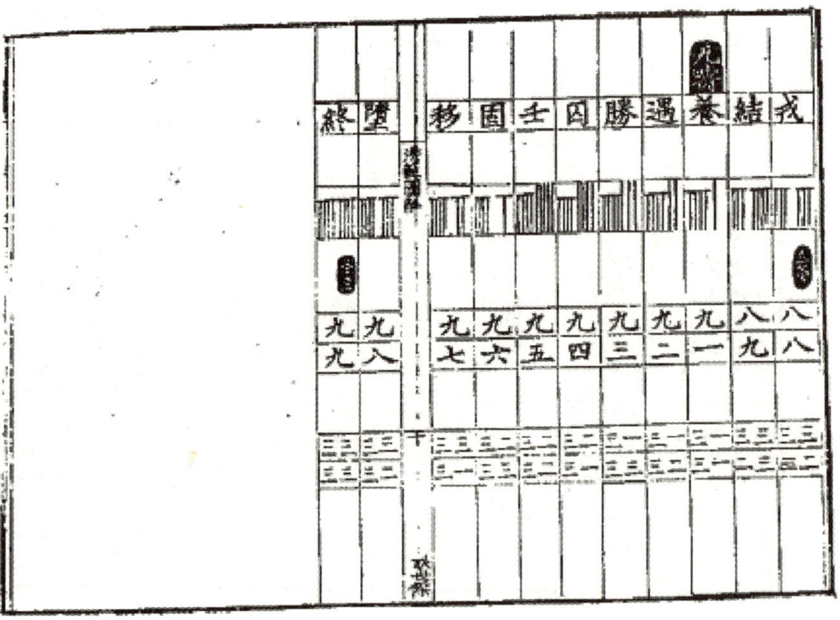

戍	結	養	遇	勝	囚	壬	固	移	墮	終
八八	八九	九一	九二	九三	九四	九五	九六	九七	九八	九九

九九圓數

循環之圖

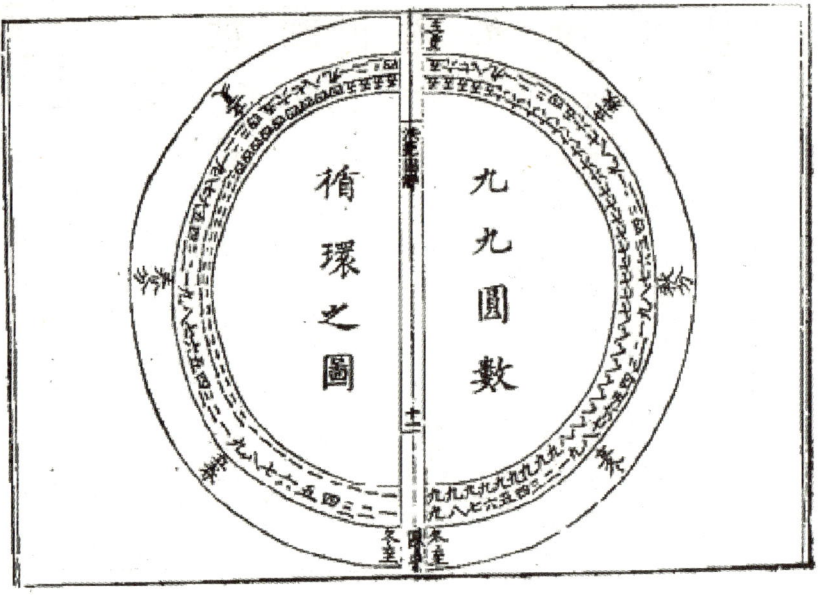

範數之圖

昔者天錫禹洪範九疇彝倫攸敘一者九之祖也九者八十一之宗也圓之而天方之而地行之而四時天所以覆物也地所以載物也四時所以成物也散之無外卷之無內體諸造化而不可遺者乎

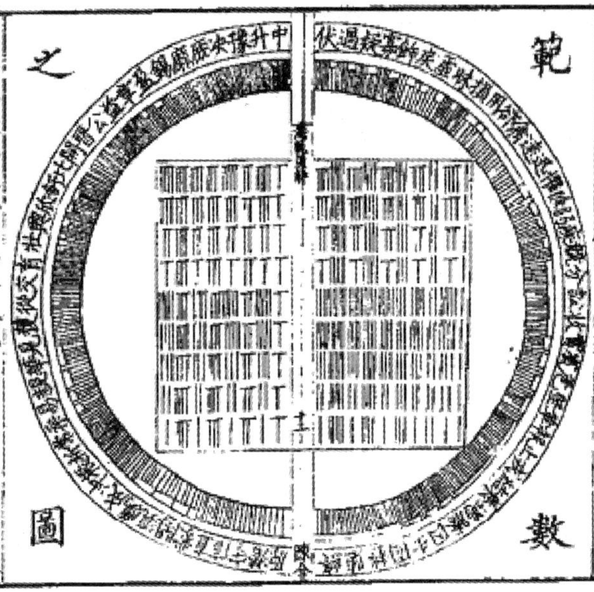

沖漠無朕萬象具矣動靜無端後則先矣器根於道道著器矣一實萬分萬復一矣混兮闢兮其無窮矣是故數者計乎此者也疇者等乎此者也行者運乎此者也微而顯費而幽神應不測所以妙乎此者也

九九方數圖

九一	八一	七一	六一	五一	四一	三一	二一	一一
九二	八二	七二	六二	五二	四二	三二	二二	一二
九三	八三	七三	六三	五三	四三	三三	二三	一三
九四	八四	七四	六四	五四	四四	三四	二四	一四
九五	八五	七五	六五	五五	四五	三五	二五	一五
九六	八六	七六	六六	五六	四六	三六	二六	一六
九七	八七	七七	六七	五七	四七	三七	二七	一七
九八	八八	七八	六八	五八	四八	三八	二八	一八
九九	八九	七九	六九	五九	四九	三九	二九	一九

九九積數圖

一	九	八十一	七百二十九
二	十八	百六十二	一千四百五十八
三	二十七	二百四十三	二千一百八十七
四	三十六	三百二十四	二千九百一十六
五	四十五	四百〇五	三千六百四十五
六	五十四	四百八十六	四千三百七十四
七	六十三	五百六十七	五千一百〇三
八	七十二	六百四十八	五千八百三十二
九	八十一	七百二十九	六千五百六十一

筮者，神之所爲乎！

蓍曰「筮」。筮，無思也，無爲也，無心也，而能備天下之數，極天下之變，決定天下之吉凶，故曰「神」。

其蓍五十，

蓍，靈草也。千年松樹，上有兔絲，下有茯苓，新雨已，天晴，夜靜無風，以篝燭此地自滅，以新布四丈圜置之，明即決取之，五尺、四尺，可得，過七尺不可得矣。叢生滿百者，其高一丈六尺者，其高六尺，上有青雲覆之，下有靈龜守之。傳云「天下和平王道得」，而蓍長一丈，叢生滿百五十者，以大衍之數而得之也。洛書之中數五，衍之而各極其數，以至於十則合爲五十矣。洛書積數四十五，而四十者散布於外而分陰陽老少之數，惟五居中而無所爲，則亦自含五數爲十五，相乘而並爲五十矣。詳見啓蒙意見。

虛一，

取一策反於櫝中，虛而不用也。

分二，

以四十九策，信手平分爲二，分置左右刻也。

掛一，

以左手取左刻之策，執之。以右手取右刻之一策，掛於左手之小指間也。

以三揲之，視左右手歸餘於扐。

揲者，間而別之之謂。每三策，則揲一過也。以右手三揲左手之策，歸其所餘，或一、或二、或三，而扐之左手無名指間。次以右手取右刻之策，執之以左手，三揲之，歸其所餘之策如前數，而扐之左手中指之間。

是爲一揲爲綱。

其掛扐之數，左四則右必三，左三則右必一，左二則右必二。

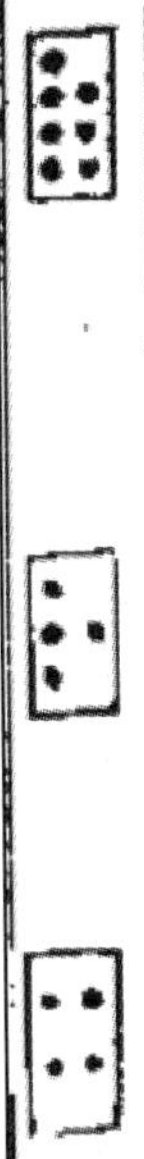

初揲四三，何以無四二、四一也？策四十九，左揲得四，止餘四十五，揲以三約，共過揲爲十四，揲爲四十二，所餘止有三，更無二、一也。三一何以無三三、三二也？策四十九，左揲得三，止餘四十六，揲以三約，共過揲爲十五，揲爲四十五，所餘止有一，更無三、二也。策四十九，左揲得二，止餘四十七，揲以三約，共過揲爲十五，揲爲四十五，所餘止有二，更無三、一也。初扐何以有四無一？並掛一而論也。

復合其見存之策，

或四十二，以初揲得四三，爲七也。或四十五，以初揲得三一、二二，爲四也。

分掛揲歸，

謂分二、掛一、揲三、歸餘也。

如前法，

並如初揲。

是爲在揲爲目。

其掛扐之數，左四則右必二，左三則右必三，左二則右必一。

再揲何以止有四二、三三、二一之數也？初揲得七，餘四十二策；左揲得四，餘三十八。除十二揲，爲三十六，止餘二也。左揲得三，則餘三十九，除十二揲，爲三十六，止餘三也。左揲得二，則餘四十，除十三揲，爲三十九，止餘一也。初揲得四，餘四十五策； 左揲得四，則餘四十一，除十三揲，爲三十九，止餘一也。左揲得三，則餘四十二，除十三揲，爲三十九，止餘三也。左揲得二，則餘四十三，除十四揲，爲四十二，止餘一也。

兩奇爲一，

兩奇，左揲、右揲皆奇也。初揲三一爲奇，再揲三三爲奇。

一初 一再

兩偶爲二，

兩偶，左揲、右揲皆偶也。初揲二二爲偶，再揲四二爲偶。

二初 二再

奇偶爲三，

奇偶者，一揲之中，左偶右奇也。初揲四三爲奇偶，再揲二一爲奇偶。

三初 三再

初揲，綱也； 再揲，目也。

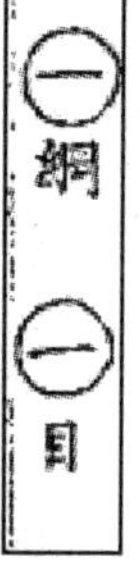

九數具矣。九數者，一二三四五六七八九也。 詳見下文。

綱一函三，以虛待目。目一爲一，以實從綱。

綱之數，每一數爲三數。以虛待目者，必虛其一二不用也。目之數，有一數，止爲一數。以實從綱者，皆用之不除也。

如綱，一目一綱，則虛其綱不用，止爲一數也。綱一目二，則虛其綱不用，止爲二數也。綱一目三，則虛其綱不用，止爲三數也。綱二目一，則虛其綱之一不用，用其一爲三，並目之一爲四也。綱二目二，則虛其綱之一不用，用其一爲三，並目之二爲五也。綱二目三，則虛其綱之一不用，用其一爲三，並目之三爲六也。綱三目一，則虛其綱之一不用，用其二爲六，並目之一爲七也。綱三目二，則虛其綱之一不用，用其二爲六，並目之二爲八也。綱三目三，則虛其綱之一不用，用其二爲六，並目之三爲九也。

兩揲而九數具。

兩揲既備，以綱之三合目之三，爲六。以綱之三乘目之三，爲九。

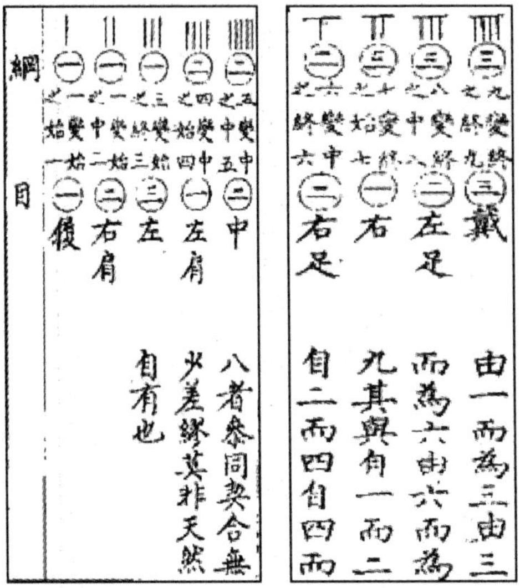

亖	三	丅丅	丅
㊂	㊂	㊁	㊁
九變終之終九	八變中之中八	七變始之終七	六變終之中六
㊂	㊁	㊀	㊁
戴	左足	右	右足

由一而爲三，由三而爲六，由六而爲九，其與有一而二，自二而四，自四而

綱	|||||	||||	|||	||		
	㊁	㊁	㊀	㊀	㊀
	五變中之中五	四變始之中四	三變終之始三	二變中之始二	一變始之始一
目	㊁	㊀	㊂	㊁	㊀
	中	左肩	左	右肩	後

八者參同契合無少差繆，莫非天然自有也。

以綱乘目，爲九。所謂「兩揲而九數備」者，是乃洪範之九章八十一之母，而六千五百六十一之祖也。

如是每兩揲而爲一會，以成一綱目。

第二會大數具矣。大數者，八十一也，所謂「四揲」也。

是爲一之一
是爲一之二
是爲一之三
是爲一之四
是爲一之五
是爲一之六
是爲一之七
是爲一之八
是爲一之九
是爲二之一
是爲二之二
是爲二之三
是爲二之四
是爲二之五
是爲二之六
是爲二之七
是爲二之八
是爲二之九
是爲三之一
是爲三之二
是爲三之三
是爲三之四
是爲三之五
是爲三之六

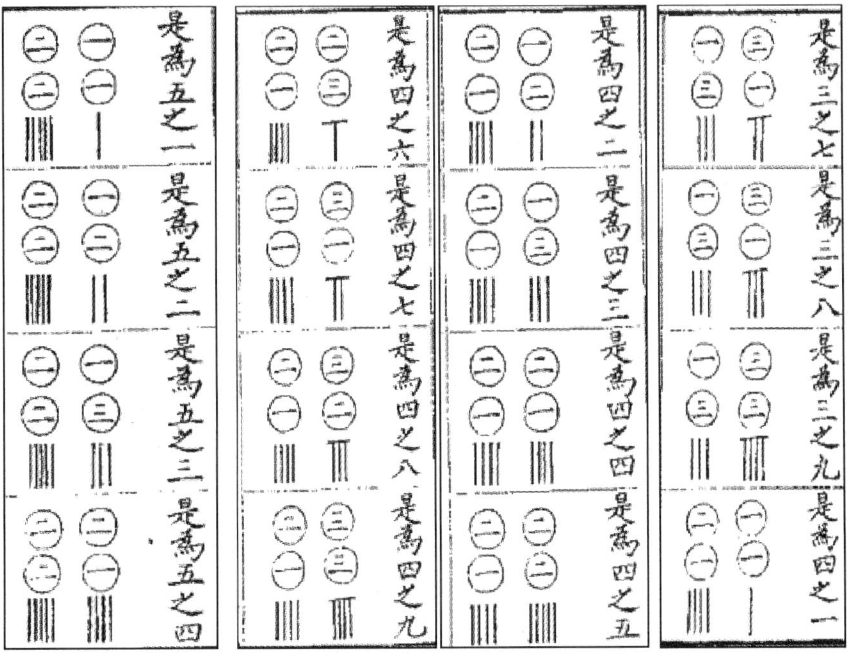

是爲三之七

是爲三之八

是爲三之九

是爲四之一

是爲四之二

是爲四之三

是爲四之四

是爲四之五

是爲四之六

是爲四之七

是爲四之八

是爲四之九

是爲五之一

是爲五之二

是爲五之三

是爲五之四

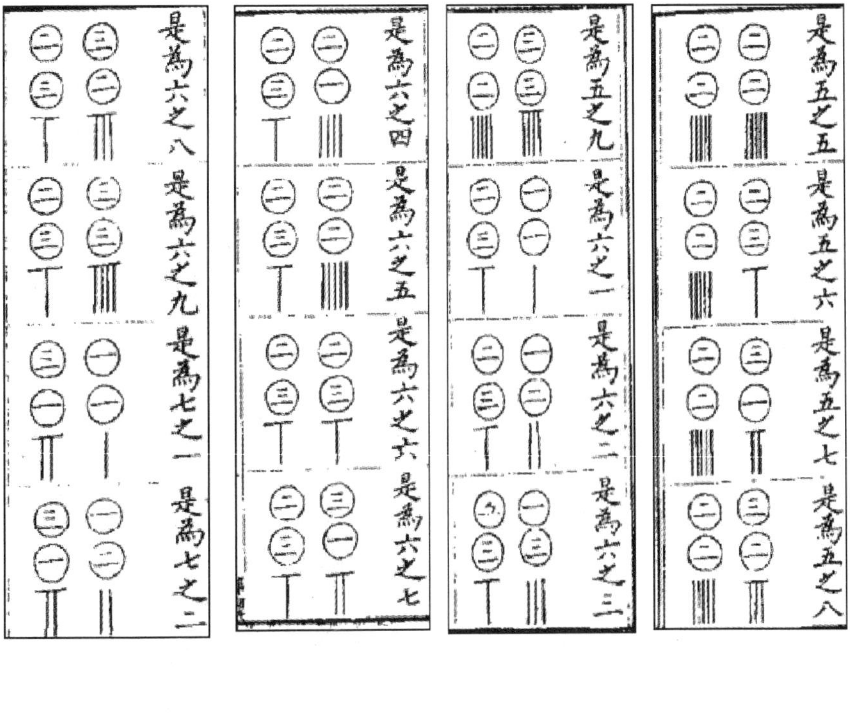

是爲五之五

是爲五之六

是爲五之七

是爲五之八

是爲五之九

是爲六之一

是爲六之二

是爲六之三

是爲六之四

是爲六之五

是爲六之六

是爲六之七

是爲六之八

是爲六之九

是爲七之一

是爲七之二

是爲七之三

是爲七之四

是爲七之五

是爲七之六

是爲七之七

是爲七之八

是爲七之九

是爲八之一

是爲八之二

是爲八之三

是爲八之四

是爲八之五

是爲八之六

是爲八之七

是爲八之八

是爲八之九

是爲九之一

是爲九之二

是爲九之三

是爲九之四

是爲九之五

是爲九之六

是爲九之七

是爲九之八

是爲九之九

第三會尚未成局，所謂「六揲」也。

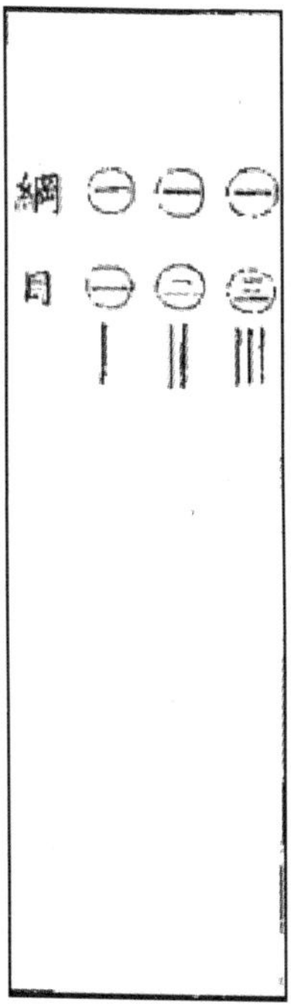

綱目

(一)(三)|||
(一)(二)||
(一)(一)|

八揲而六千五百六十一之數備矣。

此第四會大數，小局具矣。

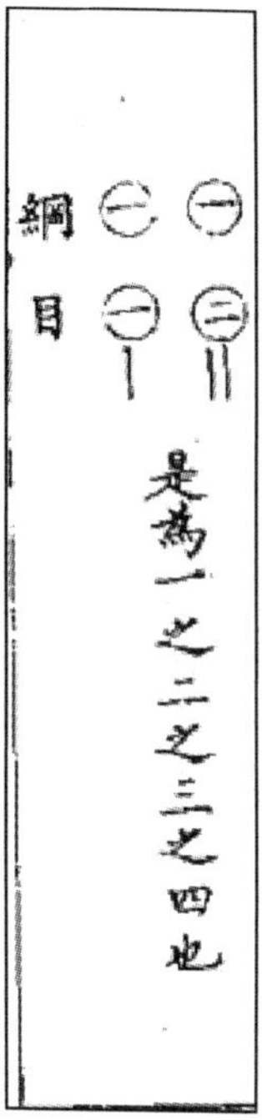

(三)(一)||| 第一數之第三局舉此例之六
(一)(三)||| 十五百六十一倣此

(一)(三)|| 是爲一之二之三之四也
(一)(一)|
綱目

分合變化，如環無端。

此指筮而言。分而六千五百六十一，合而爲八十一；分而八十一，合而爲九，九復合而爲一，是之謂分合。或爲一之一忽爲一之二，或爲一之一之一之一忽爲一之二之二之二。大數小局，莫不皆然。方於此爲變，成於彼爲化，是之謂「變化」。

天命人事，由是較焉。吉凶禍福，由是彰焉。大人得之而申福，小人得之而避禍。

君子曰：「筮者，神之所爲乎！」

大事用年，其次用月，其次用日，其次用時。

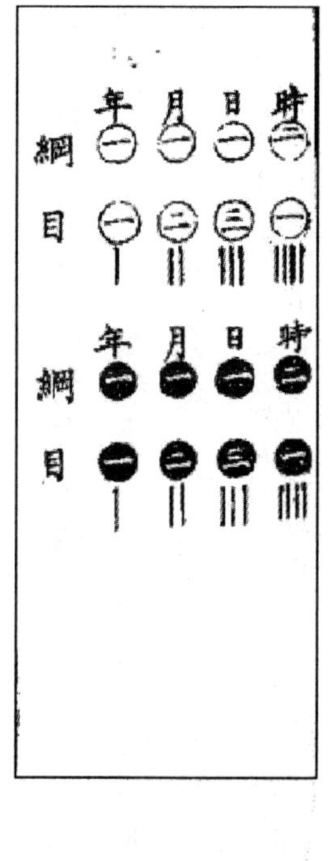

年占一之二，月占二之一，皆用大綱目； 日占一之二、局內三之四、時占一之二、局內四之三，皆用小綱目。如筮得棋畫內得陽，則於陽圖內占之； 是陰，則於陰圖內占之。而水、火、木、金、土，各從其類。甲子反對者，以正應者吉； 雜對、雜應者吉凶半之。舉此二圖以爲例，餘仿此。○或曰：「年月日時之占，是用占時之甲子於列下棋畫內求之，且如當年甲子是三陽，便於列下棋畫三陽數局內占，不論大小綱目。月日時仿此。」愚謂：「如此或列下棋畫內如上圖，則當年甲子是三陽，將何所占？ 列下棋畫如下圖，則當年甲子是三陰，將何所占？ 今故不取，而列占法如前。」

十二木，徑九分，厚一分。

以柏木色黃者爲之。

陽刻一、陰刻二者四。

陽以朱，陰以墨。

此陽面
此陰面

陽刻二，陰刻三者四。

此陽面
此陰面

陽刻三、陰刻二者四。

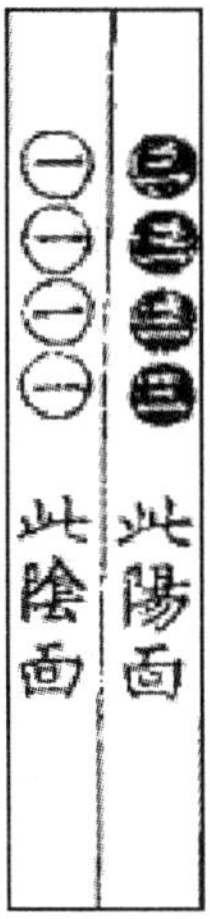

此陽面
此陰面

共十二棋子。

雜取其八，自上而下，自左而右，縱一横四。

縱爲綱，横爲目；　上爲綱，下爲目；　初揲綱，再揲目，是縱爲綱，横爲目也。假如一揲得一，二揲得三，合成三數。一者，綱也；　三者，目也。綱則虚一以待，目之三爲實，是爲三數。三揲得二，四揲得三，綱之一函三，一虚待目之三實，是爲六數。已上四揲得三之六，謂之「大綱目」。|||丅壯字數辭斷。又五揲三，六揲一，爲七數，七揲三，八揲三合九數，是七之九，此名「小綱目」，當在壯字數内小綱目圖局第七行直下横在九位丅||||凶咎斷之。

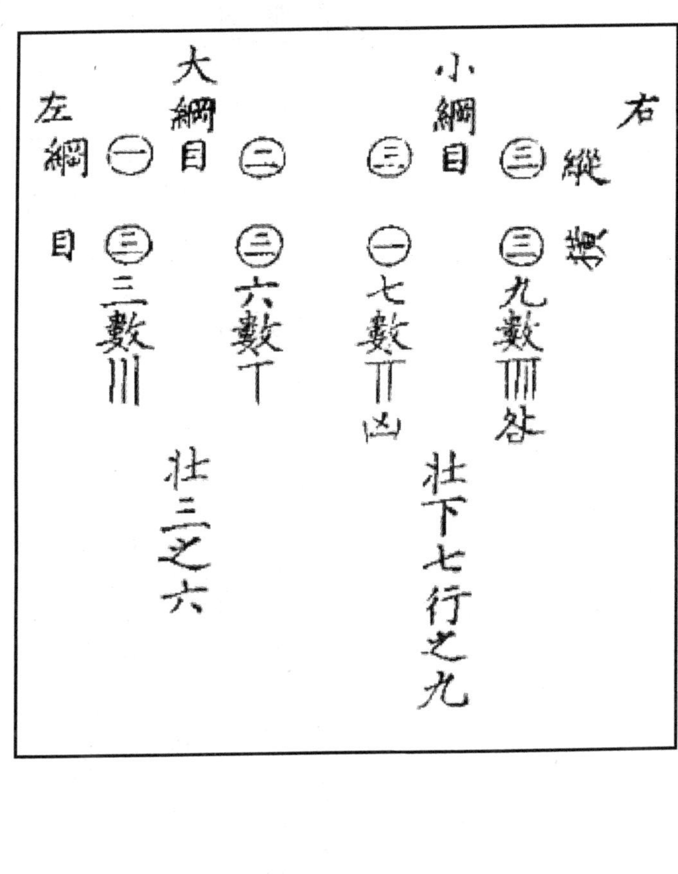

縱者，九也； 橫者，一、十、百、千也。

或一之一、一之二、一之三，或二之一、二之二、二之三，或三之一、三之二、三之三而九數具； 由一而十、十而百、百而千，而六千五百六十一之數備矣。

餘四不用者，不用之用也。 前後相乘而數備矣。

四雖不用，若無此四，則不能備其數。

數者，理之時也；辭者，數之義也；吉凶者，辭之斷也，惠迪從逆者，吉凶之決也。氣有醇漓，故數有失得，一成於數，天地不能易之，能易之者，人也。

數者，理之常也。辭者，猶易之有象也。惠，順也。迪，道也。逆，反道者也。「惠迪從逆」，猶言順善從惡也。善惡之應，有如影響，是吉凶之決然也。「醇漓」者，如酒味有厚薄也。「不能易」，一定之謂也。惟君子能遷善改過，則避凶趨吉，豈非「能易之者，人也」？

一吉而九凶，三祥而七災，八休而二咎，四吝而六悔。八數周流，推類而求，五中則平，四害不親。厥或是攖，雜而不純。承平之世，視主廢置，凶咎災吝，有命不摯。攖，於盈反。龍峰以「純」作「絕」。摯，音至。

「一吉九凶」者，禍福相對；「三祥七災」，安危相對；「八休二咎」，好惡相對；「四吝六悔」，憂虞相對。「悔」者，自凶而趨吉；「吝」者，自吉而向凶。一對九、二對八、三對七、四對六，皆合十數，惟五居中，常得其平，則凶咎災吝四者，不能相親相害也。五雖平，雜之他占，吉凶類從，又不純平也。「承平之世，視主廢置」，謂極建則大本立，極明則大用著，在乎人主之建與不建也。「摯」，至也。書曰：「大命不摯在人民」，能盡天命之性，則凶咎災吝，皆不至矣。

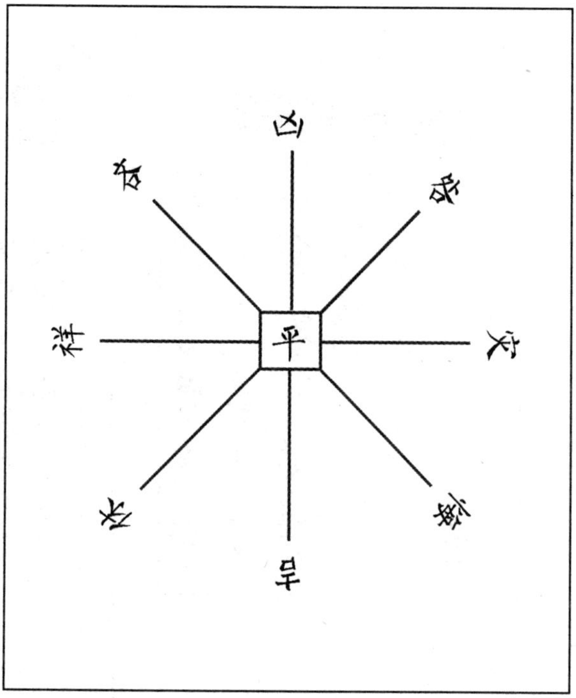

凶
吝
咎
祥
平
災
休
悔
吉

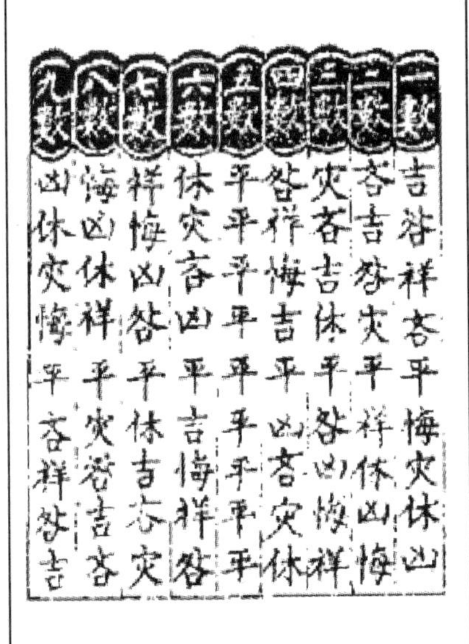

一數	二數	三數	四數	五數	六數	七數	八數	九數
吉	吝	災	咎	平	休	祥	悔	凶
咎	吉	吝	祥	平	災	悔	凶	休
祥	咎	吉	悔	平	吝	凶	休	災
吝	災	休	吉	平	凶	咎	祥	悔
平	平	平	平	平	平	平	平	平
悔	祥	咎	凶	平	吉	休	災	吝
災	休	凶	吝	平	悔	吉	咎	祥
休	凶	悔	災	平	祥	吝	吉	咎
凶	悔	祥	休	平	咎	災	吝	吉

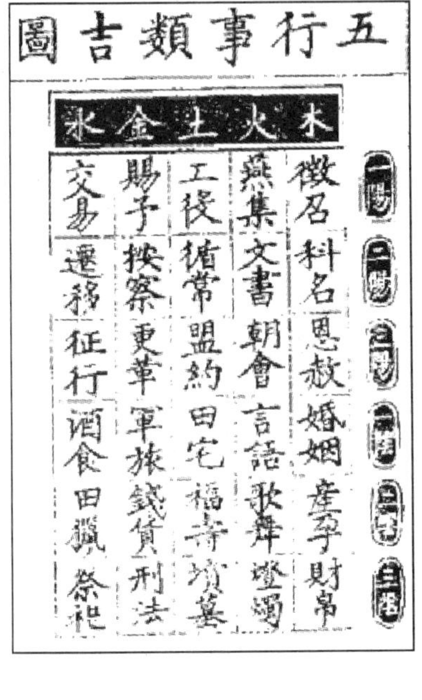

五行事類吉圖

木	火	土	金	水
徵召	燕集	工役	賜予	交易
科名	文書	循常	按察	遷移
恩赦	朝會	盟約	更革	征行
婚姻	言語	田宅	軍旅	酒食
産孕	歌舞	福壽	錢貨	田獵
財帛	燈燭	墳墓	刑法	祭祀

洛書之數，一六爲水，二七爲火，三八爲木，四九爲火，中五爲土。如筮得一之一、一之六，棋首目一畫是陽，謂之「一陽屬水」，是吉，其占爲交易；如一之二、一之七，亦謂之「一陽」，屬金，是吉，其占爲賜予；如一之三、一之八，亦謂之「一陽」，屬木，是吉，其占爲徵召；如一之四、一之九，亦謂之「一陽」，屬火，是吉，其占爲燕集；如一之五，亦謂之「一陽」，屬土，是吉，其占爲工役，餘仿此。陰陽主棋畫而言。

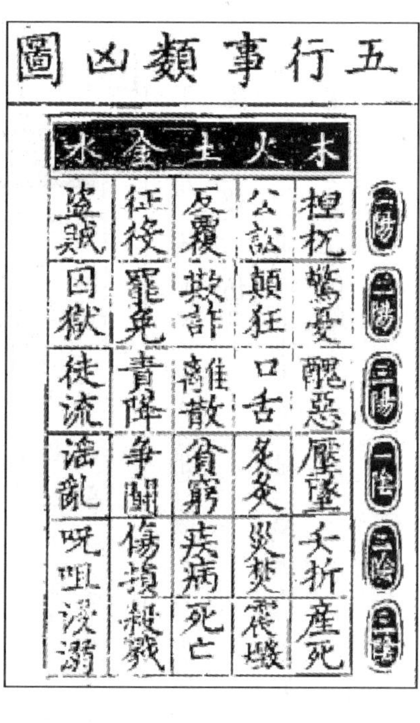

五行事類凶圖

	木	火	土	金	水
一陽	揑杌	公訟	反覆	征役	盜賊
二陽	驚憂	顛狂	欺詐	罷免	囚獄
三陽	醜惡	口舌	離散	責降	徒流
一陰	壓墜	炎炎	貧窮	爭鬬	淫亂
二陰	夭折	災焚	疾病	傷損	呪咀
三陰	產死	震燬	死亡	殺戮	浸溺

如筮得三之一、三之六，棋畫是陰，謂之「三陰」，屬水，是凶，其占爲浸溺；如三之二、三之七，亦謂之「三陰」，屬金，是凶，其占爲殺戮；如三之三、三之八，亦謂之「三陰」，屬木，是凶，其占爲產死；如三之四、三之九，亦謂之「三陰」，屬火，是凶，其占爲震燬；如三之五，亦謂之「三陰」，屬土，是凶，其占爲死亡。餘仿此。

吉凶萬變，二圖者，特舉例以示人耳。筮者豈可拘論哉！

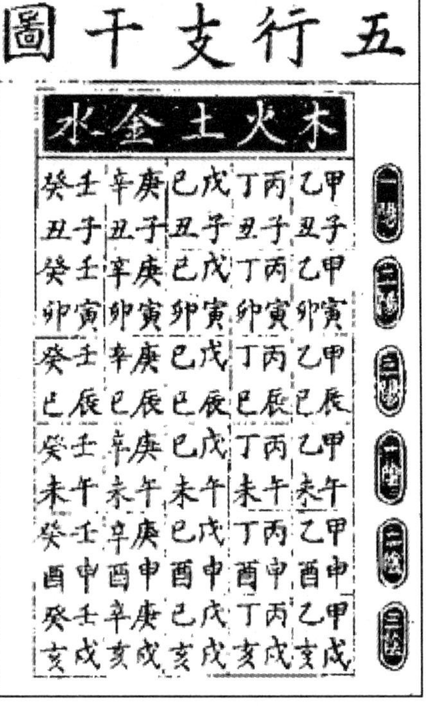

如列下棋畫是一陽，而當年甲子亦是一陽，大吉。即於一陽吉圖内占之。甲子是二陽、三陽，次吉。亦於一陽吉圖内占之。二陽、三陽並三陰仿此。

如列下棋畫是一陽，而當年甲子乃是一陰，大凶。即於一陽凶圖内占之。甲子是二陰、三陰，次凶。亦於一陽凶圖内占之。二陽、三陽並三陰仿此。

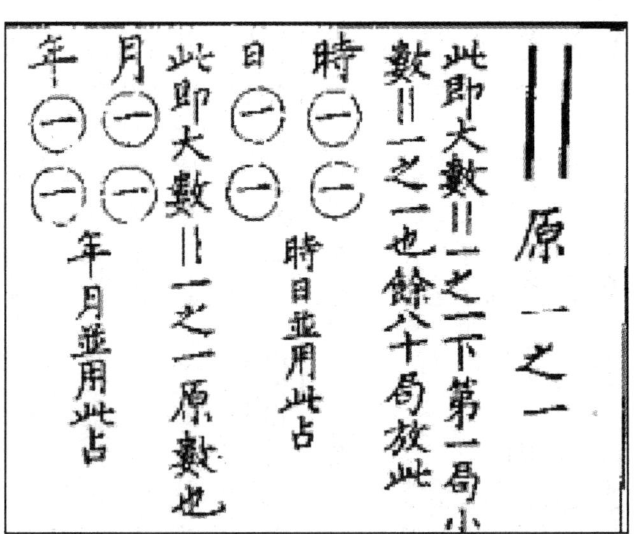

||

原一之一

此即大數||一之二下第一局小數||一之一也餘八十局放此

時 ㊀ ㊀ 時日並用此占

日 ㊀ ㊀

此即大數||一之一原數也

月 ㊀ ㊀

年 ㊀ ㊀ 年月並用此占

洪範圖解

	一	二	三	四	五	六	七	八	九
一	[illegible]元	吉咎	吉祥	吉吝	吉平	吉悔	吉災	吉休	吉凶
二	咎吉	咎咎	咎祥	咎吝	咎平	咎悔	咎災	咎休	咎凶
三	祥吉	祥咎	祥祥	祥吝	祥平	祥悔	祥災	祥休	祥凶
四	吝吉	吝咎	吝祥	吝吝	吝平	吝悔	吝災	吝休	吝凶
五	平吉	平咎	平祥	平吝	平平	平悔	平災	平休	平凶
六	悔吉	悔咎	悔祥	悔吝	悔平	悔悔	悔災	悔休	悔凶
七	災吉	災咎	災祥	災吝	災平	災悔	災災	災休	災凶
八	休吉	休咎	休祥	休吝	休平	休悔	休災	休休	休凶
九	凶吉	凶咎	凶祥	凶吝	凶平	凶悔	凶災	凶休	凶凶

三十五

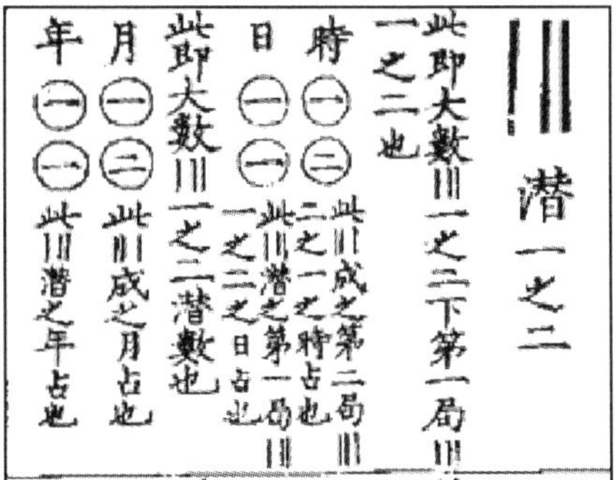

𝍡

潜一之二

此即大數𝍡一之二下第一局𝍡一之二也

時 ㊀㊁ 此𝍡咸之第二局𝍡二之一之時占也

日 ㊀㊀ 此𝍡潜之第一局𝍡一之二之日占也

此即大數𝍡一之二潜數也

月 ㊀㊂ 此𝍡咸之月占也

年 ㊀㊀ 此𝍡潜之年占也

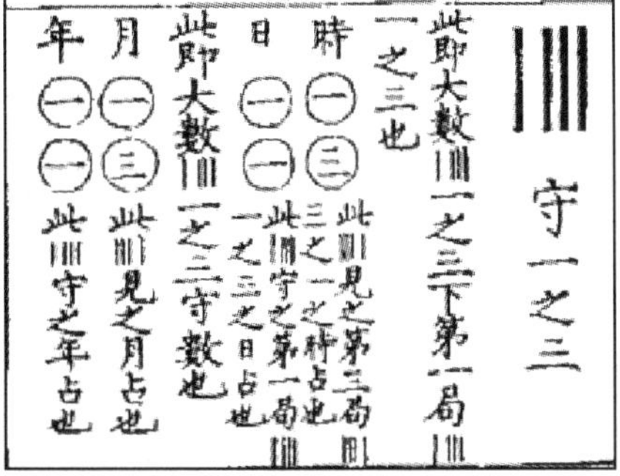

𝍢

守一之三

此即大數𝍢一之三下第一局𝍢一之三也

時 ㊀㊂ 此𝍢見之第三局𝍢三之一之時占也

日 ㊀㊀ 此𝍢守之第一局𝍢一之三之日占也

此即大數𝍢一之三守數也

月 ㊀㊂ 此𝍢見之月占也

年 ㊀㊀ 此𝍢守之年占也

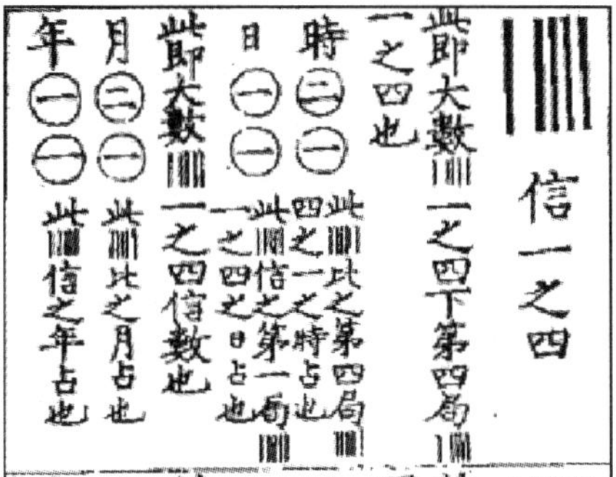

𝍣

信一之四

此即大數𝍣一之四下第四局𝍣一之四也

時 ㊁㊀ 此𝍣比之第四局𝍣四之一之時占也

日 ㊀㊀ 此𝍣信之第一局𝍣一之四之日占也

此即大數𝍣一之四信數也

月 ㊁㊀ 此𝍣比之月占也

年 ㊀㊀ 此𝍣信之年占也

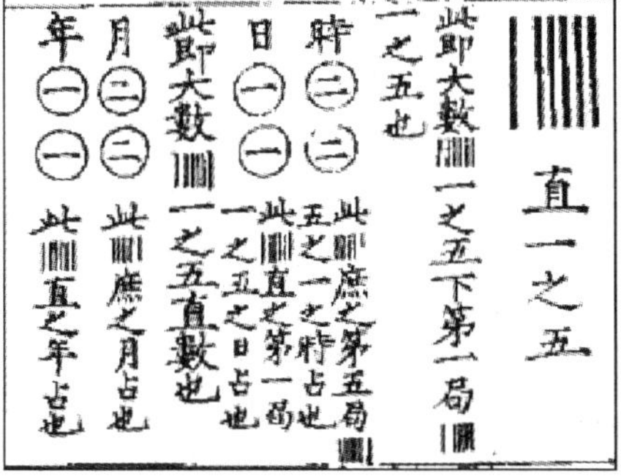

𝍤

直一之五

此即大數𝍤一之五下第一局𝍤一之五也

時 ㊁㊁ 此𝍤庶之第五局𝍤五之一之時占也

日 ㊀㊀ 此𝍤直之第一局𝍤一之五之日占也

此即大數𝍤一之五直數也

月 ㊁㊁ 此𝍤庶之月占也

年 ㊀㊀ 此𝍤直之年占也

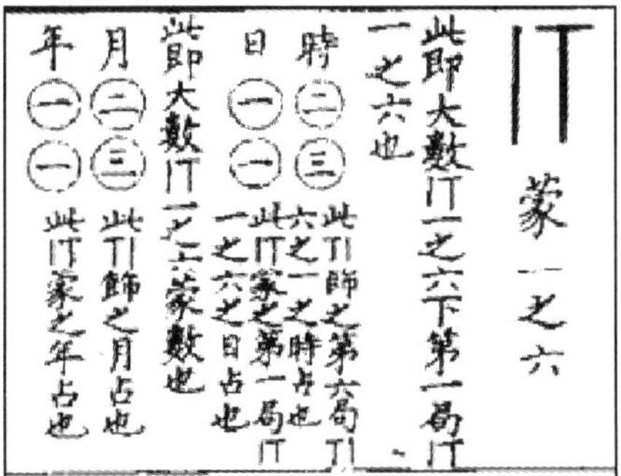

𝍥

蒙一之六

此即大數𝍥一之六下第一局𝍥一之六也

時 ㊁㊂ 此𝍥師之第六局𝍥六之一之時占也

日 ㊀㊀ 此𝍥蒙之第一局𝍥一之六之日占也

此即大數𝍥一之六蒙數也

月 ㊁㊂ 此𝍥師之月占也

年 ㊀㊀ 此𝍥蒙之年占也

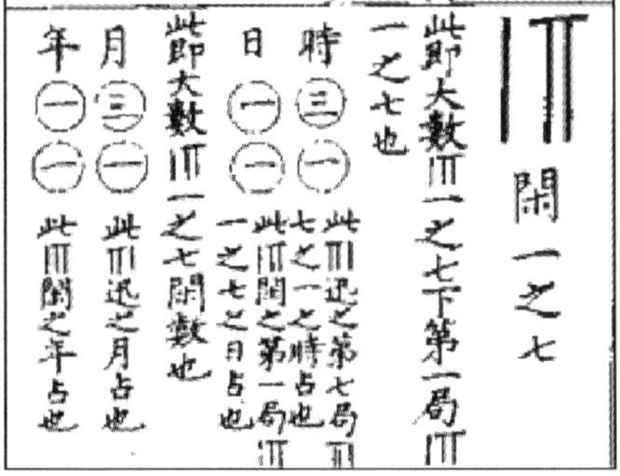

𝍦

閑一之七

此即大數𝍦一之七下第一局𝍦一之七也

時 ㊂㊀ 此𝍦迅之第七局𝍦七之一之時占也

日 ㊀㊀ 此𝍦閑之第一局𝍦一之七之日占也

此即大數𝍦一之七閑數也

月 ㊂㊀ 此𝍦迅之月占也

年 ㊀㊀ 此𝍦閑之年占也

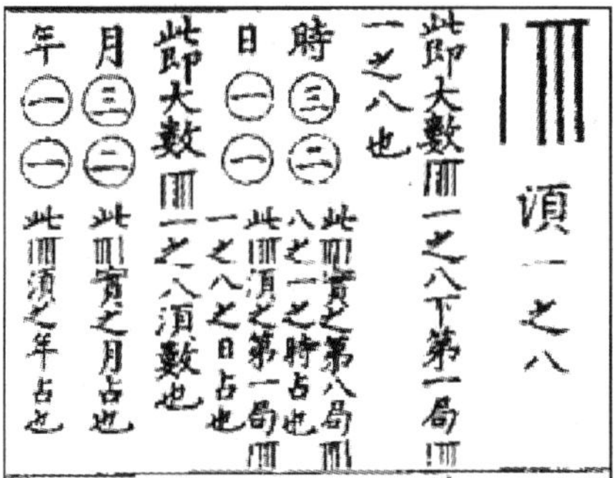

𝍧

須一之八

此即大數𝍧一之八下第一局𝍧一之八也

時 ㊂㊁ 此𝍧實之第八局𝍧八之一之時占也

日 ㊀㊀ 此𝍧須之第一局𝍧一之八之日占也

此即大數𝍧一之八須數也

月 ㊂㊁ 此𝍧實之月占也

年 ㊀㊀ 此𝍧須之年占也

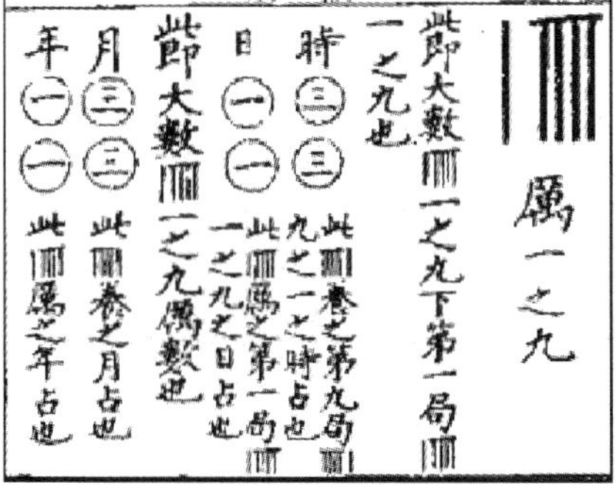

𝍨

厲一之九

此即大數𝍨一之九下第一局𝍨一之九也

時 ㊂㊂ 此𝍨養之第九局𝍨九之一之時占也

日 ㊀㊀ 此𝍨厲之第一局𝍨一之九之日占也

此即大數𝍨一之九厲數也

月 ㊂㊂ 此𝍨養之月占也

年 ㊀㊀ 此𝍨厲之年占也

成二之一

此即大數二之一下第二局二之一也
時（一）（一）此潛之第一局一之二之時占也
日（一）（一）此成之第二局二之一之日占也
此節大數二之一成數也
月（一）（一）此潛之月占也
年（一）（二）此成之年占也

冲二之二

此即大數二之二下第二局二之二也
時（一）（二）
日（一）（二）日時並用此占
此節大數二之二冲數也
月（一）（二）
年（一）（二）年月並用此占

振二之三

此即大數二之三下第二局二之三也
時（一）（三）此獲之第三局三之二之時占也
日（一）（二）此振之第三局二之三之日占也
此節大數二之三振數也
月（一）（三）此獲之月占也
年（一）（二）此振之年占也

祈二之四

此即大數二之四下第二局二之四也
時（二）（一）此開之第四局四之二之時占也
日（一）（二）此祈之第二局二之四之日占也
此節大數二之四祈數也
月（二）（一）此開之月占也
年（一）（二）此祈之年占也

常二之五

此即大數二之五下第二局二之五也
時（二）（二）此決之第五局五之二之時占也
日（一）（二）此常之第二局二之五之日占也
此節大數二之五常數也
月（二）（二）此決之月占也
年（一）（二）此常之年占也

柔二之六

此即大數二之六下第二局二之六也
時（二）（三）此庚之第六局六之二之時占也
日（一）（三）此柔之第二局二之六之日占也
此節大數二之六柔數也
月（二）（三）此庚之月占也
年（一）（二）此柔之年占也

易二之七

此即大數二之七下第二局二之七也
時（三）（一）此懼之第七局七之二之時占也
日（一）（二）此易之第二局二之七之日占也
此節大數二之七易數也
月（三）（一）此懼之月占也
年（一）（二）此易之年占也

親二之八

此即大數二之八下第二局二之八也
時（三）（二）此賓之第八局八之二之時占也
日（一）（二）此親之第二局二之八之日占也
此節大數二之八親數也
月（三）（二）此賓之月占也
年（一）（二）此親之年占也

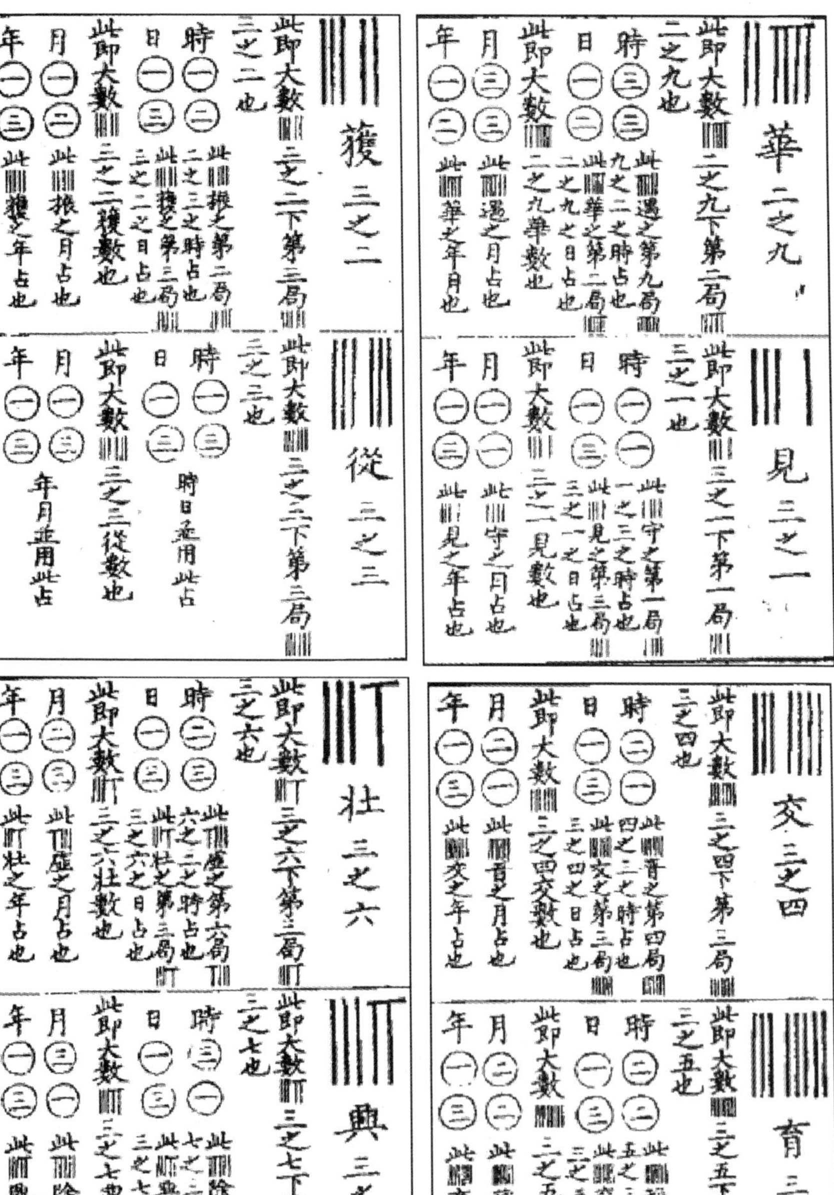

華 二之九

此即大數二之九下第二局

二之九也

時 （三）（三） 此遇之第九局 九之二之時占也

日 （一）（二） 此華之第二局 二之九之日占也

此即大數二之九華數也

月 （三）（三） 此遇之月占也

年 （一）（二） 此華之年月也

見 三之一

此即大數三之一下第一局

三之一也

時 （一）（一） 此守之第一局 一之三之時占也

日 （一）（三） 此見之第三局 三之一之日占也

此即大數三之一見數也

月 （一）（一） 此守之日占也

年 （一）（三） 此見之年占也

獲 三之二

此即大數二之二下第二局

三之二也

時 （一）（二） 此振之第二局 二之三之時占也

日 （一）（三） 此獲之第三局 三之二之日占也

此即大數三之二獲數也

月 （一）（二） 此振之月占也

年 （一）（三） 此獲之年占也

從 三之三

此即大數三之三下第三局

三之三也

時 （一）（三） 時日並用此占

日 （一）（三）

此即大數三之三從數也

月 （一）（三） 年月並用此占

年 （一）（三）

交 三之四

此即大數三之四下第三局

三之四也

時 （三）（一） 此晉之第四局 四之三之時占也

日 （一）（三） 此交之第三局 三之四之日占也

此即大數三之四交數也

月 （二）（一） 此晉之月占也

年 （一）（三） 此交之年占也

育 三之五

此即大數三之五下第三局

三之五也

時 （二）（二） 此豫之第五局 五之三之時占也

日 （一）（三） 此育之第三局 三之五之日占也

此即大數三之五育數也

月 （二）（二） 此豫之月占也

年 （一）（三） 此育之年占也

壯 三之六

此即大數三之六下第三局

三之六也

時 （二）（三） 此歷之第六局 六之三之時占也

日 （一）（三） 此壯之第三局 三之六之日占也

此即大數三之六壯數也

月 （二）（三） 此歷之月占也

年 （一）（三） 此壯之年占也

典 三之七

此即大數三之七下第三局

三之七也

時 （三）（一） 此除之第七局 七之三之時占也

日 （一）（三） 此典之第三局 三之七之日占也

此即大數三之七典數也

月 （三）（一） 此除之月占也

年 （一）（三） 此典之年占也

欣 三之八

此即大數三之八下第三局

三之八也

時 ㊂㊁ 此危之第八局 八之三之時占也

日 ㊀㊂ 此欣之第三局 三之八之日占也

此即大數三之八欣數也

月 ㊂㊁ 此危之月占也

年 ㊀㊂ 此欣之年占也

舒 三之九

此即大數三之九下第三局

三之九也

時 ㊂㊂ 此滕之第九局 九之三之時占也

日 ㊀㊂ 此舒之第三局 三之九之日占也

此即大數三之九舒數也

月 ㊂㊂ 此滕之月占也

年 ㊀㊂ 此舒之年占也

比 四之一

此即大數四之一下第四局

四之一也

時 ㊀㊀ 此信之第一局 一之四之時占也

日 ㊁㊀ 此比之第四局 四之一之日占也

此即大數四之一比數也

月 ㊀㊀ 此信之月占也

年 ㊁㊀ 此比之年占也

開 四之二

此即大數四之二下第四局

四之二也

時 ㊀㊁ 此祈之第二局 二之四之時占也

日 ㊁㊀ 此開之第四局 四之二之日占也

此即大數四之二開數也

月 ㊀㊁ 此祈之月占也

年 ㊁㊀ 此開之年占也

晉 四之三

此即大數四之三下第四局

四之三也

時 ㊀㊂ 此交之第三局 三之四之時占也

日 ㊁㊀ 此晉之第四局 四之三之日占也

此即大數四之三晉數也

月 ㊀㊂ 此交之月占也

年 ㊁㊀ 此晉之年占也

公 四之四

此即大數四之四下第四局

四之四也

時 ㊁㊀ 時日並用此占

日 ㊁㊀

此即大數四之四公數也

月 ㊁㊀ 年月並用此占

年 ㊁㊀

益 四之五

此即大數四之五下第四局

四之五也

時 ㊁㊂ 此升之第五局 五之四之時占也

日 ㊁㊀ 此益之第四局 四之五之日占也

此即大數四之五益數也

月 ㊁㊂ 此升之月占也

年 ㊁㊀ 此益之年占也

章 四之六

此即大數四之六下第四局

四之六也

時 ㊁㊂ 此昧之第六局 六之四之時占也

日 ㊁㊀ 此章之第四局 四之六之日占也

此即大數四之六章數也

月 ㊁㊂ 此昧之月占也

年 ㊁㊀ 此章之年占也

盈 四之七

此節大數四之七下第四局

四之七也

時 ㊂ ㊀ 此訪之第七局 七之四之時占也

日 ㊁ ㊀ 此盈之第四局 四之七之日占也

此節大數四之七盈數也

月 ㊂ ㊀ 此務之月占也

年 ㊁ ㊀ 此盈之年占也

錫 四之八

此節大數四之八下第四局

四之八也

時 ㊂ ㊁ 此堅之第八局 八之四之時占也

日 ㊁ ㊀ 此錫之第四局 四之八之日占也

此節大數四之八錫數也

月 ㊂ ㊁ 此堅之月占也

年 ㊁ ㊀ 此錫之年占也

靡 四之九

此節大數四之九下第四局

四之九也

時 ㊂ ㊂ 此因之第九局 九之四之時占也

日 ㊁ ㊀ 此靡之第四局 四之九之日占也

此節大數四之九靡數也

月 ㊂ ㊂ 此因之月占也

年 ㊁ ㊀ 此靡之年占也

庶 五之一

此節大數五之一下第五局

五之一也

時 ㊀ ㊀ 此直之第一局 一之五之時占也

日 ㊁ ㊁ 此庶之第五局 五之一之日占也

此節大數五之一庶數也

月 ㊀ ㊀ 此直之月占也

年 ㊁ ㊂ 此庶之年占也

決 五之二

此節大數五之二下第五局

五之二也

時 ㊀ ㊁ 此常之第二局 二之五之時占也

日 ㊁ ㊁ 此決之第五局 五之二之日占也

此節大數五之二決數也

月 ㊀ ㊁ 此常之月占也

年 ㊁ ㊁ 此決之年占也

豫 五之三

此節大數五之三下第五局

五之三也

時 ㊀ ㊂ 此育之第三局 三之五之時占也

日 ㊁ ㊁ 此豫之第五局 五之三之日占也

此節大數五之三豫數也

月 ㊀ ㊂ 此育之月占也

年 ㊁ ㊁ 此豫之年占也

升 五之四

此節大數五之四下第五局

五之四也

時 ㊁ ㊀ 此益之第四局 四之五之時占也

日 ㊁ ㊁ 此升之第五局 五之四之日占也

此節大數五之四升數也

月 ㊁ ㊀ 此益之月占也

年 ㊁ ㊁ 此升之年占也

中 五之五

此節大數五之五下第五局

五之五也

時 ㊁ ㊁ 時日並用此占

日 ㊁ ㊁

此節大數五之五中數也

月 ㊁ ㊁ 年月並用此占

年 ㊁ ㊁

伏　五之六

此即大數五之六下第五局五之六也

時 (三)(三) 此損之第六局　六之五之時占也

日 (二)(二) 此伏之第五局　五之六之日占也

此即大數五之六伏數也

月 (二)(三) 此損之月占也

年 (二)(二) 此伏之年占也

過　五之七

此即大數五之七下第五局五之七也

時 (三)(一) 此庚之第七局　七之五之時占也

日 (二)(二) 此過之第五局　五之七之日占也

此即大數五之七過數也

月 (三)(一) 此庚之月占也

年 (二)(二) 此過之年占也

疑　五之八

此即大數五之八下第五局五之八也

時 (三)(二) 此華之第八局　八之五之時占也

日 (二)(二) 此疑之第五局　五之八之日占也

此即大數五之八疑數也

月 (三)(二) 此華之月占也

年 (二)(二) 此疑之年占也

寡　五之九

此即大數五之九下第五局五之九也

時 (三)(三) 此壬之第九局　九之五之時占也

日 (二)(二) 此寡之第五局　五之九之日占也

此即大數五之九寡數也

月 (三)(三) 此壬之月占也

年 (二)(二) 此寡之年占也

飾　六之一

此即大數六之一下第六局六之一也

時 (一)(一) 此蒙之第一局　一之六之時占也

日 (二)(三) 此飾之第六局　六之一之日占也

此即大數六之一飾數也

月 (一)(一) 此蒙之月占也

年 (二)(三) 此飾之年占也

戾　六之二

此即大數六之二下第六局六之二也

時 (一)(一) 此柔之第二局　二之六之時占也

日 (二)(三) 此戾之第六局　六之二之日占也

此即大數六之二戾數也

月 (一)(二) 此柔之月占也

年 (二)(三) 此戾之年占也

虛　六之三

此即大數六之三下第六局六之三也

時 (一)(三) 此壯之第三局　三之六之時占也

日 (二)(三) 此虛之第六局　六之三之日占也

此即大數六之三虛數也

月 (一)(三) 此壯之月占也

年 (二)(三) 此虛之年占也

昧　六之四

此即大數六之四下第六局六之四也

時 (一)(三) 此革之第四局　四之六之時占也

日 (二)(三) 此昧之第六局　六之四之日占也

此即大數六之四昧數也

月 (一)(三) 此革之月占也

年 (二)(三) 此昧之年占也

損 六之五

此即大數 六之五下第六局
六之五也
時 ㊁㊁ 此 伏之第五局 五之六之時占也
日 ㊁㊂ 此 損之第六局 六之五之日占也
此即大數 六之五損數也
月 ㊁㊁ 此 伏之月占也
年 ㊁㊂ 此 損之年占也

用 六之六

此即大數 六之六下第六局
六之六也
時 ㊁㊂
日 ㊁㊂ 時日並用此占
此即大數 六之六用數也
月 ㊁㊂
年 ㊁㊂ 年月並用此占

郤 六之七

此即大數 六之七下第六局
六之七也
時 ㊂㊀ 此 睽之第七局 七之六之時占也
日 ㊁㊂ 此 郤之第六局 六之七之日占也
此即大數 六之七郤數也
月 ㊂㊀ 此 睽之月占也
年 ㊁㊂ 此 郤之年占也

翕 六之八

此即大數 六之八下第六局
六之八也
時 ㊂㊁ 此 郛之第八局 八之六之時占也
日 ㊁㊂ 此 翕之第六局 六之八之日占也
此即大數 六之八翕數也
月 ㊂㊁ 此 郛之月占也
年 ㊁㊂ 此 翕之年占也

遠 六之九

此即大數 六之九下第六局
六之九也
時 ㊂㊂ 此 固之第九局 九之六之時占也
日 ㊁㊂ 此 遠之第六局 六之九之日占也
此即大數 六之九遠數也
月 ㊂㊂ 此 固之月占也
年 ㊁㊂ 此 遠之年占也

迅 七之一

此即大數 七之一下第七局
七之一也
時 ㊀㊀ 此 鬪之第一局 一之七之時占也
日 ㊂㊀ 此 迅之第七局 七之一之日占也
此即大數 七之一迅數也
月 ㊀㊀ 此 鬪之月占也
年 ㊂㊀ 此 迅之年占也

懼 七之二

此即大數 七之二下第七局
七之二也
時 ㊀㊁ 此 易之第二局 二之七之時占也
日 ㊂㊀ 此 懼之第七局 七之二之日占也
此即大數 七之二懼數也
月 ㊀㊁ 此 易之月占也
年 ㊂㊀ 此 懼之年占也

除 七之三

此即大數 七之三下第七局
七之三也
時 ㊀㊂ 此 與之第三局 三之七之時占也
日 ㊂㊀ 此 除之第七局 七之三之日占也
此即大數 七之三除數也
月 ㊀㊂ 此 與之月占也
年 ㊂㊀ 此 除之年占也

弱 七之四

此即大數七之四下第七局七之四也

時 ㊁㊀ 此蠱之第四局四之七之時占也

日 ㊂㊀ 此弱之第七局七之四之日占也

此即大數七之四弱數也

月 ㊁㊀ 此蠱之月占也

年 ㊂㊀ 此弱之年占也

疾 七之五

此即大數七之五下第五局七之五也

時 ㊁㊁ 此過之第五局五之七之時占也

日 ㊂㊀ 此疾之第七局七之五之日占也

此即大數七之五疾數也

月 ㊁㊁ 此過之月占也

年 ㊂㊀ 此疾之年占也

競 七之六

此即大數七之六下第七局七之六也

時 ㊁㊂ 此郤之第六局六之七之時占也

日 ㊂㊀ 此競之第七局七之六之日占也

此即大數七之六競數也

月 ㊁㊂ 此郤之月占也

年 ㊂㊀ 此競之年占也

分 七之七

此即大數七之七下第七局七之七也

時 ㊂㊀

日 ㊂㊀ 時日並用此占

此即大數七之七分數也

月 ㊂㊀

年 ㊂㊀ 年月並用此占

訟 七之八

此即大數七之八下第七局七之八也

時 ㊂㊁ 此止之第八局八之七之時占也

日 ㊂㊀ 此訟之第七局七之八之日占也

此即大數七之八訟數也

月 ㊂㊁ 此止之月占也

年 ㊂㊀ 此訟之年占也

妆 七之九

此即大數七之九下第七局七之九也

時 ㊂㊂ 此移之第九局九之七之時占也

日 ㊂㊀ 此妆之第七局七之九之日占也

此即大數七之九妆數也

月 ㊂㊂ 此移之月占也

年 ㊂㊀ 此妆之年占也

實 八之一

此即大數八之一下第八局八之一也

時 ㊀㊀ 此須之第一局一之八之時占也

日 ㊂㊁ 此實之第八局八之一之日占也

此即大數八之一實數也

月 ㊀㊀ 此須之月占也

年 ㊂㊁ 此實之年占也

賓 八之二

此即大數八之二下第八局八之二也

時 ㊀㊁ 此覩之第二局二之八之時占也

日 ㊂㊁ 此賓之第八局八之二之日占也

此即大數八之二賓數也

月 ㊀㊂ 此覩之月占也

年 ㊂㊁ 此賓之年占也

危 八之三

此即大數 八之三下第八局 八之三也

時 ㊀ ㊂ 此 欣之第三局 三之八之時占也

日 ㊂ ㊁ 此 危之第八局 八之三之日占也

此即大數 八之三危數也

月 ㊀ ㊂ 此 欣之月占也

年 ㊂ ㊁ 此 危之年占也

堅 八之四

此即大數 八之四下第八局 八之四也

時 ㊀ ㊂ 此 錫之第四局 四之八之時占也

日 ㊂ ㊁ 此 堅之第八局 八之四之日占也

此即大數 八之四堅數也

月 ㊀ ㊂ 此 錫之月占也

年 ㊂ ㊁ 此 堅之年占也

革 八之五

此即大數 八之五下第八局 八之五也

時 ㊁ ㊁ 此 疑之第五局 五之八之時占也

日 ㊂ ㊁ 此 革之第八局 八之五之日占也

此即大數 八之五革數也

月 ㊁ ㊁ 此 疑之月占也

年 ㊂ ㊁ 此 革之年占也

報 八之六

此即大數 八之六下第八局 八之六也

時 ㊁ ㊂ 此 翁之第六局 六之八之時占也

日 ㊂ ㊁ 此 報之第八局 八之六之日占也

此即大數 八之六報數也

月 ㊁ ㊂ 此 翁之月占也

年 ㊂ ㊁ 此 報之年占也

止 八之七

此即大數 八之七下第八局 八之七也

時 ㊂ ㊀ 此 訟之第七局 七之八之時占也

日 ㊂ ㊁ 此 止之第八局 八之七之日占也

此即大數 八之七止數也

月 ㊂ ㊀ 此 訟之月占也

年 ㊂ ㊁ 此 止之年占也

戎 八之八

此即大數 八之八下第八局 八之八也

時 ㊂ ㊁ 時日並用此占

日 ㊂ ㊁

此即大數 八之八戎數也

月 ㊂ ㊁ 年月並用此占

年 ㊂ ㊁

結 八之九

此即大數 八之九下第八局 八之九也

時 ㊂ ㊂ 此 墮之第九局 九之八之時占也

日 ㊂ ㊁ 此 結之第八局 八之九之日占也

此即大數 八之九結數也

月 ㊂ ㊂ 此 墮之月占也

年 ㊂ ㊁ 此 結之年占也

養 九之一

此即大數 九之一下第九局 九之一也

時 ㊀ ㊀ 此 厲之第一局 一之九之時占也

日 ㊂ ㊂ 此 養之第九局 九之一之日占也

此即大數 九之一養數也

月 ㊀ ㊀ 此 厲之月占也

年 ㊂ ㊂ 此 養之年占也

遇 九之二

此即大數九之二下第九局九之二也

時 一 二　此華之第二局二之九之時占也

日 三 三　此遇之第九局九之二之日占也

此即大數九之二遇數也

月 一 二　此華之月占也

年 三 三　此遇之年占也

勝 九之三

此即大數九之三下第九局九之三也

時 一 三　此舒之第三局三之九之時占也

日 三 三　此勝之第九局九之三之日占也

此即大數九之三勝數也

月 一 三　此舒之月占也

年 三 三　此勝之年占也

因 九之四

此即大數九之四下第九局九之四也

時 二 一　此庸之第四局四之九之時占也

日 三 三　此因之第九局九之四之日占也

此即大數九之四因數也

月 二 一　此庸之月占也

年 三 三　此因之年占也

壬 九之五

此即大數九之五下第九局九之五也

時 二 二　此寡之第五局五之九之時占也

日 三 三　此壬之第九局九之五之日占也

此即大數九之五壬數也

月 二 二　此寡之月占也

年 三 三　此壬之年占也

固 九之六

此即大數九之六下第九局九之六也

時 二 三　此遠之第六局六之九之時占也

日 三 三　此固之第九局九之六之日占也

此即大數九之六固數也

月 二 三　此遠之月占也

年 三 三　此固之年占也

移 九之七

此即大數九之七下第九局九之七也

時 三 一　此收之第七局七之九之時占也

日 三 三　此移之第九局九之七之日占也

此即大數九之七移數也

月 三 一　此收之月占也

年 三 三　此移之年占也

隨 九之八

此即大數九之八下第九局九之八也

時 三 二　此結之第八局八之九之時占也

日 三 三　此隨之第九局九之八之日占也

此即大數九之八隨數也

月 三 二　此結之月占也

年 三 三　此隨之年占也

終 九之九

此即大數九之九下第九局九之九也

時 三 三　時日並用此占

日 三 三

此即大數九之九終數也

月 三 三　年月並用此占

年 三 三

解終

洪範圖解後序

王道

予既刻苑洛先生洪範圖解，乃序曰：「夫天下之事，理與數二者而已。稱者謂『漢儒精數，宋儒明理』，然天下未有外理以爲數者，明理，斯數在其中矣。故宋儒之言曰：『本朝學問，漢氏以還未之及也。』是誠然矣。然宋之數學，如二蔡之律呂、洪範，皆其邃者，而朱子之易，則又有漢、宋諸儒所未及。吾苑洛先生，於律呂、洪範，皆有圖解，於易，則有啓蒙意見，無不闡明三先生之奥，而推論極至，是誠命世奇作也。士苟餘明理而習數，烏可不宗苑洛先生哉！啓蒙意見，大卿周先生伯明刻之於平陽；律呂直解，方伯方先生壽卿刻之於杭州，然則斯集也，道烏可以不任其事哉！」

正德辛巳夏六月之吉，知朝邑縣事陵川王道序

附録

四庫全書總目　洪範圖解提要

洪範圖解二卷　浙江吴玉墀家藏本

明韓邦奇撰。邦奇有易學啓蒙意見，已著録。是編因蔡沈洪範皇極内外篇復爲圖解，於每疇所分之九字繫以斷語，俾占者易明其揲蓍之法，與易之蓍卦相同。所言休咎，皆本於洪範，亦與易象相表裏。蓋萬物不離乎數，而數不離乎奇偶，故隨意牽合，無不相通云。

四庫全書總目子部術數類存目

易占經緯

刻易占經緯敘

金城

余讀左氏春秋，喜其占筮其驗，疑其辭之不出於易也。及玩朱子啓蒙，卦畫變占，悉有源委，與易符合，乃知夫理之無二致矣。既得焦贛易林，讀之其辭沖雅，絕類左氏，作用亦同。豈古有其法而朱子祖述之耶？按漢去古未遠，而贛之學，出於商瞿，其殆有所本耶？聖遠言湮，連山、歸藏已不並存矣，尚奚從考之？苑洛先生作意見，以發啓蒙，殆無餘藴。茲復取焦語與易彖爻，錯綜而經緯之，其意之未盡者，爲圖爲說，淵乎邃矣。夫辭也者，所以明象數也；象數也者，所以明理也。得夫理，象數不足言矣；得象數，辭亦不足言矣。滯糟粕而遺性真，此斷輪所以興歎也。噫！是書也，獨筮云乎哉？刻之閩庠，用示來學。

嘉靖戊申夏四月丙午，後學濟南金城書

易占經緯序

王賜紱

先生自入仕歷四十年，罷免里居者四，故士多從之遊。嘉靖己亥春，先生自撫晉歸，紱以易往就學焉。甲辰，先生起總河道，紱南宮不第，歸，卒業門下。先生以占變語紱，且命以三百八十四變爲經，四千九十六變爲緯。經者，易爻辭；緯取易林以附之，占則一以孔子占變爲主。且曰：「易用變爻皆九六，不變則七八也。易無七八之爻，何自而占？且與孔子之旨違焉。」紱乃與窗友張子士榮次第成編。士榮者，先生外孫，隨侍先生，且以蔡沈書卒業云。

嘉靖乙巳春三月朔旦，門人王賜紱頓首拜書

卦變圖

乾卦變自上而下，由姤以至於坤；坤卦變自下而上，由復以至於乾，六十四卦皆然。發此一圖以見例。

乾

一爻變者六卦，二爻變者十五卦，三爻變者二十卦，四爻變者十五卦，五爻變者六卦，六爻變者一卦。

一爻變	姤 初爻	同人 二爻	履 三爻	小畜 四爻	大有 五爻	夬 六爻
二爻變	遯 初二爻	訟 初三爻	巽 初四爻	鼎 初五爻	大過 初上爻	
		无妄 二三爻	家人 二四爻	離 二五爻	革 二上爻	
		中孚 三四爻	睽 三五爻	兑 三上爻		
		大畜 四五爻	需 四上爻		大壯 五上爻	
三爻變	否 初二三爻	漸 初二四爻	旅 初二五爻	咸 初二上爻		
		渙 初三四爻	未濟 初三五爻	困 初三上爻		
		蠱 初四五爻	井 初四上爻	恒 初五上爻		

		益 二三四爻	噬嗑 二三五爻	隨 二三上爻		
		賁 二四五爻	既濟 二四上爻	豐 二五上爻		
		損 三四五爻	節 三四上爻	歸妹 三五上爻		泰 四五上爻
四爻變	觀 初二三四爻	晉 初二三五爻	萃 初二三上爻			
		艮 初二四五爻	蹇 初二四上爻	小過 初二五上爻		
		蒙 初三四五爻	坎 初三四上爻	解 初三五上爻	升 初四五上爻	
		頤 二三四五爻	屯 二三四上爻	震 二三五上爻	明夷 二四五上爻	
		臨 三四五上爻				
五爻變	剝 初二三四五爻	比 初二三四上爻	豫 初二三五上爻	謙 初二四五上爻	師 初三四五上爻	復 二三四五上爻
六爻變					坤	

易占圖

乾 占本卦彖辭					
姤 占姤初爻辭	同人 占同人二爻辭	履 占履三爻辭	小畜 占小畜四爻辭	大有 占大有五爻辭	夬 占夬六爻辭
遯 占遯初二爻辭	訟 占訟初三爻辭	巽 占巽初四爻辭	鼎 占鼎初五爻辭	大過 占大過初上爻辭	
	无妄 占无妄二三爻辭	家人 占家人二四爻辭	離 占離二五爻辭	革 占革二上爻辭	
	中孚 占中孚三四爻辭	睽 占睽三五爻辭	兌 占兌三上爻辭		
	大畜 占大畜四五爻辭	需 占需四上爻辭		大壯 占大壯五上爻辭	
否 占初二三爻辭	漸 占漸初二四爻辭	旅 占旅初二五爻辭	咸 占咸初二上爻辭		
	渙 占渙初三四爻辭	未濟 占未濟初三五爻辭	困 占困初三上爻辭		
	蠱 占蠱初四五爻辭	井 占井初四上爻辭	恒 占恒初五上爻辭		

	益 占益二三四爻辭	噬嗑 占噬嗑二三五爻辭	隨 占隨二三上爻辭		
	賁 占賁二四五爻辭	既濟 占既濟二四上爻辭	豐 占豐二五上爻辭		
	損 占損三四五爻辭	節 占節三四上爻辭	歸妹 占歸妹三五上爻辭		泰 占泰四五上爻辭
觀 占觀初二三四爻辭	晉 占晉初二三五爻辭	萃 占萃初二三上爻辭			
	艮 占艮初二四五爻辭	蹇 占蹇初二四上爻辭	小過 占小過初二五上爻辭		
	蒙 占蒙初三四五爻辭	坎 占坎初三四上爻辭	解 占解初三五上爻辭	升 占升初四五上爻辭	
	頤 占頤二三四五爻辭	屯 占屯二三四上爻辭	震 占震二三五上爻辭	明夷 占明夷二四五上爻辭	
	臨 占臨三四五上爻辭				
剥 占剥初二三四五爻辭	比 占比初三四五上爻辭	豫 占豫初二三五上爻辭	謙 占謙初四五上爻辭	師 占師初三四五上爻辭	復 占復二三四五上爻辭
					坤 占乾封用九見群龍无首

焦氏易林占圖

乾占道徙多阪云云

乾之姤占仁政不暴云云	乾之同人占子號索哺云云	乾之履占空拳握手云云	乾之小畜占據門運樞云云	乾之大有占上帝之生云云	乾之夬占孤竹之墟云云
乾之遯占弱離无距云云	乾之訟占龍馬上山云云	乾之巽占出門逢惡云云	乾之鼎占弱足鉞跟云云	乾之大過占桀跖並處云云	
	乾之无妄占傳言相誤云云	乾之家人占出門逢惡云云	乾之離占胎生孚乳云云	乾之革占玄黄虺隤云云	
	乾之中孚占舜升大禹云云	乾之睽占隅旱炎炎云云	乾之兑占鵲飛中途云云		
	乾之大畜占三羊爭雌云云	乾之需占目瞤足動云云		乾之大壯占隙大牆壞云云	
乾之否占載日晶光云云	乾之漸占陽低頭云云	乾之旅占蘭栗犧牲云云	乾之咸占三人求桔云云		
	乾之渙占跛踦相隨云云	乾之未濟占長面大鼻云云	乾之困占噂噂所言云云		
	乾之蠱占彭祖九子云云	乾之井占鶩鳴岐山云云	乾之恒占東山西嶽云云		

	乾之益占公孫駕驪云云	乾之噬嗑占堅冰黄鳥云云	乾之隨占乘龍上天云云		
	乾之賁占室如懸磬云云	乾之既濟占梗生荆山云云	乾之豐占太微帝室云云		
	乾之損占姬薑祥淑云云	乾之節占龍角博穎云云	乾之歸妹占背北相憎云云		乾之泰占不風不雨云云
乾之觀占江河淮海云云	乾之晉占三癡俱走云云	乾之萃占任劣力薄云云			
	乾之艮占民怯城惡云云	乾之蹇占騎豚逐羊云云	乾之小過占從風放火云云		
	乾之蒙占　鳲鳩云云	乾之坎占黄鳥采綠云云	乾之解占暗昧冥語云云	乾之升占衛侯東遊云云	
	乾之頤占純服黄裳云云	乾之屯占陽孤亢極云云	乾之震占懸　素餐云云	乾之明夷占弓矢俱張云云	
	乾之臨占南山昊天云云				
乾之剥占大禹戒路云云	乾之比占中夜犬吠云云	乾之豫占禹鑿龍門云云	乾之謙占山陰難登云云	乾之師占倉盈庾億云云	乾之復占三人爲旅云云
					乾之坤占招殃來螯云云

易學啓蒙四千九十六變，是本焦氏易林。蓋自上古相傳之筮法也。成卦、考占、筮儀與啓蒙同，但占變不同耳。序以卦變爲先後，自然之數也。

易彖爻辭

乾：元亨，利貞。

初九：潛龍，勿用。

九二：見龍在田，利見大人。

九三：君子終日乾乾，夕惕若，厲无咎。

九四：或躍在淵，无咎。

九五：飛龍在天，利見大人。

上九：亢龍有悔。

用九：見群龍无首。吉。

姤：女壯，勿用取女。

初六：繫于金柅。貞吉。有攸往，見凶。羸豕孚蹢躅。

九二：包有魚。无咎。不利賓。

九三：臀无膚，其行次且。厲，无大咎。

九四：包无魚。起凶。

九五：以杞包瓜。含章，有隕自天。

上九：姤其角。吝，无咎。

同人：於野。亨。利涉大川。利君子貞。

初九：同人於門。无咎。

六二：同人于宗。吝。

九三：伏戎於莽，升其高陵，三歲不興。

九四：乘其墉，弗克攻。吉。

九五：同人先號咷，而後笑，大師克相遇。

上九：同人於郊。无悔。

履：虎尾，不咥人。亨。

初九：素履。往无咎。

九二：履道坦坦。幽人貞吉。

六三：眇能視，跛能履。履虎尾，咥人。凶。武人爲于大君。

九四：履虎尾，愬愬。終吉。

九五：夬履。貞厲。

上九：視履，考祥，其旋。元吉。

小畜：亨。密雲不雨，自我西郊。

初九：復自道，何其咎。吉。

九二：牽復。吉。

九三：輿說輻，夫妻反目。

六四：有孚。血去，惕出。无咎。

九五：有孚孿如。富以其鄰。
上九：既雨，既處。尚德載。婦貞厲。月幾望，君子征凶。

大有：元亨。

初九：无交害。匪咎，艱則无咎。
九二：大車以載。有攸往，无咎。
九三：公用亨于天子，小人弗克。
九四：匪其彭。无咎。
六五：厥孚交如威如，吉。
上九：自天祐之。吉，无不利。

夬：揚于王庭，孚號。有厲，告自邑。不利即戎。利有攸往。

初九：壯於前趾。往不勝爲咎。
九二：惕號。莫夜有戎，勿恤。
九三：壯於頄。有凶。君子夬夬獨行，遇雨若濡。有慍无咎。
九四：臀无膚，其行次且。牽羊悔亡。聞言不信。
九五：莧陸，夬夬中行。无咎。
上六：无號。終有凶。

遯：亨，小利貞。

初六：遯尾。厲，勿用有攸往。
六二：執之，用黃牛之革，莫之勝說。

九三：繫遯。有疾厲。畜臣妾吉。

九四：好遯。君子吉，小人否。

九五：嘉遯。貞吉。

上九：肥遯。无不利。

訟：有孚。窒惕，中吉，終凶。利見大人。不利涉大川。

初六：不永所事。小有言，終吉。

九二：不克訟，歸而逋，其邑人，三百戶。无眚。

六三：食舊德。貞厲，終吉。或從王事，无成。

九四：不克訟，復即命。渝。安貞吉。

九五：訟，元吉。

上九：或錫之鞶帶，終朝三褫之。

巽：小亨。利有攸往。利見大人。

初六：進退。利武人之貞。

九二：巽在床下。用史巫紛若，吉，无咎。

九三：頻巽。吝。

六四：悔亡。田獲三品。

九五：貞吉，悔亡，无不利。无初有終。先庚三日，後庚三日，吉。

上九：巽在床下。喪其資斧。貞凶。

鼎：元吉，亨。

初六：鼎顛趾，利出否，得妾以其子。无咎。

九二：鼎有實，我仇有疾，不我能即。吉。

九三：鼎耳革，其行塞，雉膏不食。方雨，虧悔，終吉。

九四：鼎折足，覆公餗，其形渥。凶。

六五：鼎黄耳，金鉉。利貞。

上九：鼎玉鉉。大吉，无不利。

大過：棟撓。利有攸往。亨。

初六：藉用白茅。无咎。

九二：枯楊生稊，老夫得其女妻。无不利。

九三：棟橈。凶。

九四：棟隆。吉。有它，吝。

九五：枯楊生華，老婦得其士夫。无咎无譽。

上六：過涉滅頂，凶。无咎。

无妄：元亨，利貞。其匪正有眚。不利有攸往。

初九：无妄，往吉。

六二：不耕獲，不菑畬。則利用攸往。

六三：无妄之災，或繫之牛。行人之得，邑人之災。

九四：可貞，无咎。

九五：无妄之疾，勿藥有喜。

上九：无妄，行有眚，无攸利。

家人：利女貞。

初九：閑有家，悔亡。

六二：无攸遂，在中饋。貞吉。

九三：家人嗃嗃。悔厲吉。婦子嘻嘻。終吝。

九四：富家，大吉。

九五：王假有家，勿恤。吉。

上九：有孚威如，終吉。

離：利貞，亨。畜牝牛吉。

初九：履錯然。敬之，无咎。

六二：黄離。元吉。

九三：日昃之離。不鼓缶而歌，則大耋之嗟。凶。

九四：突如其來如，焚如，死如，棄如。

六五：出涕沱若，戚嗟若。吉。

上九：王用出征，有嘉折首，獲匪其醜。无咎。

革：巳日乃孚。元亨，利貞。悔亡。

初九：鞏用黄牛之革。

六二：巳日乃革之。征吉，无咎。

九三：征凶。貞厲。革言三就。有孚。

九四：悔亡。有孚。改命吉。

九五：大人虎變。未占有孚。

上六：君子豹變，小人革面。征凶。居貞吉。

中孚：豚魚，吉。利涉大川。利貞。

初九：虞吉。有它，不燕。

九二：鳴鶴在陰，其子和之，我有好爵，吾與爾靡之。

六三：得敵，或鼓或罷，或泣或歌。

六四：月幾望，馬匹亡。无咎。

九五：有孚攣如，无咎。

上九：翰音登於天。貞凶。

睽：小事吉。

初九：悔亡。喪馬勿逐，自復。見惡人无咎。

九二：遇主於巷。无咎。

六三：見輿曳，其牛掣，其人天且劓。无初有終。

九四：睽孤，遇元夫。交孚，厲无咎。

六五：悔亡。厥宗噬膚。往何咎。

上九：睽孤，見豕負塗，載鬼一車。先張之弧，後說之弧。匪寇，婚媾。往遇雨則吉。

兑：亨，利貞。

初九：和兑。吉。

九二：孚兌。吉，悔亡。

六三：來兌。凶。

九四：商兌未寧，介疾有喜。

九五：孚於剥。有厲。

上六：引兌。

大畜：利貞。不家食吉。利涉大川。

初九：有厲。利已。

九二：輿説輹。

九三：良馬逐。利艱貞。曰閑輿衛。利有攸往。

六四：童牛之牿。元吉。

六五：豶豕之牙。吉。

上九：何天之衢。亨。

需：有孚。光亨，貞吉。利涉大川。

初九：需於郊。利用恒，无咎。

九二：需于沙。小有言，終吉。

九三：需於泥，致寇至。

六四：需於血，出自穴。

九五：需於酒食。貞吉。

上六：入於穴。有不速之客三人來。敬之，終吉。

大壯：　利貞。

初九：　壯於趾。　征凶。　有孚。

九二：　貞吉。

九三：　小人用壯，君子用罔。　貞厲。　羝羊觸藩，羸其角。

九四：　貞吉，悔亡。　藩決不羸，壯於大輿之輹。

六五：　喪羊于易。　无悔。

上六：　羝羊觸藩，不能退，不能遂。　无攸利，艱則吉。

否：　否之匪人。　不利君子貞，大往小來。

初六：　拔茅茹，以其彙。　貞吉。　亨。

六二：　包承。　小人吉，大人否，亨。

六三：　包羞。

九四：　有命。　无咎。　疇離祉。

九五：　休否。　大人吉。　其亡其亡，繫于苞桑。

上九：　傾否。　先否後喜。

漸：　女歸吉。　利貞。

初六：　鴻漸於幹。　小子厲，有言，无咎。

六二：　鴻漸於磐，飲食衎衎。　吉。

九三：　鴻漸于陸，夫征不復，婦孕不育。　凶。　利禦寇。

六四：　鴻漸於木，或得其桷。　无咎。

九五： 鴻漸於陵。婦三歲不孕，終莫之勝。吉。

上九： 鴻漸于陸，其羽可用爲儀。吉。

旅： 小亨。旅貞吉。

初六： 旅瑣瑣，斯其所。取災。

六二： 旅即次，懷其資，得童僕。貞。

九三： 旅焚其次，喪其童僕。貞厲。

九四： 旅於處，得其資斧。我心不快。

六五： 射雉，一矢亡。終以譽命。

上九： 鳥焚其巢，旅人先笑後號咷。喪牛于易。凶。

咸： 亨，利貞。取女吉。

初六： 咸其拇。

六二： 咸其腓。凶。居吉。

九三： 咸其股，執其隨。往吝。

九四： 貞吉，悔亡。憧憧往來，朋從爾思。

九五： 咸其脢。无悔。

上六： 咸其輔頰舌。

渙： 亨。王假有廟。利涉大川。利貞。

初六： 用拯馬壯，吉。

九二： 渙奔其機。悔亡。

六三：渙其躬。无悔。

六四：渙其群。元吉。渙有丘，匪夷所思。

九五：渙汗其大號，渙王居。无咎。

上九：渙其血，去逖出。无咎。

未濟：亨。小狐汔濟，濡其尾。无攸利。

初六：濡其尾。吝。

九二：曳其輪。貞吉。

六三：未濟。征凶。利涉大川。

九四：貞吉，悔亡。震用伐鬼方，三年，有賞於大國。

六五：貞吉，无悔。君子之光，有孚，吉。

上九：有孚。於飲酒，无咎。濡其首。有孚。失是。

困：亨。貞大人吉，无咎。有言不信。

初六：臀困於株木，入于幽谷，三歲不覿。

九二：困于酒食，朱紱方來。利用享祀。征凶。无咎。

六三：困于石，據於蒺藜。入于其宫，不見其妻。凶。

九四：來徐徐，困于金車。吝有終。

九五：劓刖，困於赤紱，乃徐有說。利用祭祀。

上六：困于葛藟，于臲卼。曰動悔有悔。征吉。

蠱：元亨。利涉大川，先甲三日，後甲三日。

初六：幹父之蠱。有子，考无咎。厲終吉。

九二：幹母之蠱。不可貞。

九三：幹父之蠱。小有悔，无大咎。

六四：裕父之蠱。往見吝。

六五：幹父之蠱，用譽。

上九：不事王侯，高尚其事。

井：改邑不改井。无喪无得。往來井，井汔至，亦未繘井，羸其瓶。凶。

初六：井泥不食，舊井无禽。

九二：井穀，射鮒，甕敝漏。

九三：井渫不食，爲我心惻。可用汲。王明，並受其福。

六四：井甃。无咎。

九五：井洌，寒泉食。

上六：井收，勿幕。有孚。元吉。

恒：亨。无咎。利貞。利有攸往。

初六：浚恒。貞凶，无攸利。

九二：悔亡。

九三：不恒其德，或承之羞。貞吝。

九四：田无禽。

六五：恒其德。貞婦人吉，夫子凶。

上六：振恒。凶。

益：利有攸往，利涉大川。

初九：利用爲大作。元吉，无咎。

六二：或益之十朋之龜，弗克違。永貞吉。王用享於帝。吉。

六三：益之。用凶事，无咎。有孚。中行告公用圭。

六四：中行告公從。利用爲依遷國。

九五：有孚。惠心，勿問。元吉。有孚。惠我德。

上九：莫益之，或擊之。立心勿恒，凶。

噬嗑：亨。利用獄。

初九：屨校滅趾。无咎。

六二：噬膚滅鼻。无咎。

六三：噬腊肉，遇毒。小吝，无咎。

九四：噬乾胏，得金矢。利艱貞，吉。

六五：噬乾肉，得黄金。貞厲，无咎。

上九：何校滅耳。凶。

隨：元亨，利貞。无咎。

初九：官有渝。貞吉。出門交有功。

六二：係小子，失丈夫。

六三：係丈夫，失小子。隨有求，得。利居貞。

九四：　隨有獲。貞凶。有孚，在道，以明。何咎。

九五：　孚於嘉。吉。

上六：　拘係之，乃從維之。王用亨於西山。

賁：　亨，小利有攸往。

初九：　賁其趾，捨車而徒。

六二：　賁其須。

九三：　賁如，濡如。永貞吉。

六四：　賁如皤如，白馬翰如。匪寇，婚媾。

六五：　賁於丘園，束帛戔戔。吝，終吉。

上九：　白賁，无咎。

既濟：　亨，小利貞。初吉終亂。

初九：　曳其輪，濡其尾。无咎。

六二：　婦喪其茀，勿逐，七日得。

九三：　高宗伐鬼方，三年克之。小人勿用。

六四：　繻有衣袽，終日戒。

九五：　東鄰殺牛，不如西鄰之禴祭，實受其福。

上六：　濡其首。厲。

豐：　亨。王假之，勿憂。宜日中。

初九：　遇其配主。雖旬无咎。往有尚。

六二：豐其蔀，日中見鬥。往得疑疾。有孚發若，吉。

九三：豐其沛，日中見沬，折其右肱。无咎。

九四：豐其蔀，日中見鬥。遇其夷主。吉。

六五：來章，有慶譽。吉。

上六：豐其屋，蔀其家，闚其戶，闃其无人，三歲不覿。凶。

損：有孚。元吉。无咎。可貞。利有攸往。曷之，用二簋。可用享。

初九：已事遄往。无咎。酌損之。

九二：利貞。征凶。弗損，益之。

六三：三人行則損一人，一人行則得其友。

六四：損其疾，使遄有喜。无咎。

六五：或益之十朋之龜，弗克違。元吉。

上九：弗損，益之。无咎，貞吉。利有攸往。得臣无家。

節：亨。苦節，不可貞。

初九：不出戶庭。无咎。

九二：不出門庭。凶。

六三：不節若，則嗟若。无咎。

六四：安節。亨。

九五：甘節。吉，往有尚。

上六：苦節，貞凶。悔亡。

歸妹：征凶，无攸利。

初九：歸妹以娣。跛能履。征吉。

九二：眇能視。利幽人之貞。

六三：歸妹以須，反歸以娣。

九四：歸妹愆期，遲歸有時。

六五：帝乙歸妹，其君之袂，不如其娣之袂良。月幾望，吉。

上六：女承筐，无實，士刲羊，无血。无攸利。

泰：小往大來，吉，亨。

初九：拔茅茹，以其彙。征吉。

九二：包荒，用馮河，不遐遺。朋亡，得尚於中行。

九三：无平不陂，无往不復。艱貞无咎。勿恤其孚，於食有福。

六四：翩翩。不富以其鄰。不戒以孚。

六五：帝乙歸妹，以祉。元吉。

上六：城復於隍。勿用師。自邑告命。貞吝。

觀：盥而不薦，有孚顒若。

初六：童觀。小人无咎，君子吝。

六二：闚觀。利女貞。

六三：觀我生進退。

六四：觀國之光。利用賓于王。

九五：觀我生。君子无咎。

上九：觀其生。君子无咎。

晉：康侯用錫馬蕃庶，晝日三接。

初六：晉如，摧如。貞吉。罔孚，裕无咎。

六二：晉如，愁如。貞吉。受茲介福，于其王母。

六三：衆允。悔亡。

九四：晉如鼫鼠。貞厲。

六五：悔亡。失得勿恤。往吉，无不利。

上九：晉其角。維用伐邑。厲吉，无咎。貞吝。

萃：亨。王假有廟。利見大人。亨，利貞。用大牲吉。利有攸往。

初六：有孚不終，乃亂乃萃。若號，一握爲笑。勿恤。往无咎。

六二：引吉。无咎。孚乃利用禴。

六三：萃如嗟如。无攸利。往无咎。小吝。

九四：大吉，无咎。

九五：萃有位。无咎。匪孚。元永貞。悔亡。

上六：齎咨涕洟。无咎。

艮：艮其背，不獲其身，行其庭，不見其人。无咎。

初六：艮其趾。无咎，利永貞。

六二：艮其腓。不拯其隨，其心不快。

九三：艮其限，列其夤。厲。薰心。

六四：艮其身。无咎。

六五：艮其輔，言有序。悔亡。

上九：敦艮，吉。

蹇：利西南，不利東北。利見大人。貞吉。

初六：往蹇來譽。

六二：王臣蹇蹇，匪躬之故。

九三：往蹇來反。

六四：往蹇來連。

九五：大蹇朋來。

上六：往蹇來碩。吉，利見大人。

小過：亨，利貞。可小事，不可大事。飛鳥遺之音。不宜上，宜下。大吉。

初六：飛鳥以凶。

六二：過其祖，遇其妣，不及其君，遇其臣。无咎。

九三：弗過防之，從或戕之。凶。

九四：无咎。弗過遇之。往厲必戒。勿用永貞。

六五：密雲不雨，自我西郊。公弋，取彼在穴。

上六：弗遇過之，飛鳥離之。凶，是謂災眚。

蒙：亨。匪我求童蒙，童蒙求我。初筮告，再三瀆，瀆則不告。利貞。

初六：發蒙。利用刑人，用說桎梏。以往吝。

九二：包蒙。吉。納婦吉，子克家。

六三：勿用取女，見金夫，不有躬。无攸利。

六四：困蒙。吝。

六五：童蒙。吉。

上九：擊蒙。不利爲寇，利禦寇。

習坎：有孚維心，亨。行有尚。

初六：習坎，入於坎窞。凶。

九二：坎有險。求小得。

六三：來之坎，坎險且枕，入於坎窞。勿用。

六四：樽酒，簋貳，用缶，納約自牖。終无咎。

九五：坎不盈，祇既平。无咎。

上六：係用徽纆，寘于叢棘，三歲不得。凶。

解：利西南。无所往，其來復，吉。有攸往，夙吉。

初六：无咎。

九二：田獲三狐，得黃矢。貞吉。

六三：負且乘，致寇至。貞吝。

九四：解而拇，朋至斯。孚。

六五：君子維有解。吉。有孚於小人。

上六：公用射隼于高墉之上，獲之。无不利。

升：元亨。用見大人，勿恤。南征吉。

初六：允升。大吉。

九二：孚乃利用禴。无咎。

九三：升虛邑。

六四：王用亨於岐山。吉，无咎。

六五：貞吉。升階。

上六：冥升。利於不息之貞。

頤：貞吉。觀頤，自求口實。

初九：舍爾靈龜，觀我朵頤。凶。

六二：顛頤，拂經於丘。頤征凶。

六三：拂頤。貞凶，十年勿用，无攸利。

六四：顛頤。吉。虎視眈眈，其欲逐逐。无咎。

六五：拂經。居貞吉。不可涉大川。

上九：由頤。厲，吉。利涉大川。

屯：元亨，利貞。勿用有攸往。利建侯。

初九：磐桓。利居貞。利建侯。

六二：屯如邅如，乘馬班如。匪寇，婚媾。女子貞不字，十年乃字。

六三：即鹿无虞，惟入于林中，君子幾不如舍。往吝。

六四：乘馬班如，求婚媾。往吉，无不利。

九五：屯其膏。小貞吉，大貞凶。

上六：乘馬班如，泣血漣如。

震：亨。震來虩虩，笑言啞啞，震驚百里，不喪匕鬯。

初九：震來虩虩，後笑言啞啞。吉。

六二：震來厲，億喪貝。躋於九陵，勿逐，七日得。

六三：震蘇蘇。震行无眚。

九四：震遂泥。

六五：震往來厲，意无喪，有事。

上六：震索索，視矍矍。征凶。震不于其躬，于其鄰。无咎。婚媾有言。

明夷：利艱貞。

初九：明夷于飛，垂其翼。君子于行，三日不食。有攸往，主人有言。

六二：明夷，夷于左股。用拯馬壯，吉。

九三：明夷于南狩，得其大首。不可疾貞。

六四：入于左腹，獲明夷之心，於出門庭。

六五：箕子之明夷。利貞。

上六：不明，晦。初登於天，後入於地。

臨：元亨，利貞。至於八月有凶。

初九：咸臨。貞吉。

九二：咸臨。吉，无不利。

六三：甘臨。无攸利。既憂之，无咎。

六四：至臨。无咎。

六五：知臨。大君之宜，吉。

上六：敦臨。吉，无咎。

剥：不利有攸往。

初六：剥床以足。蔑貞，凶。

六二：剥床以辨。蔑貞，凶。

六三：剥之，无咎。

六四：剥床以膚。凶。

六五：貫魚，以宫人寵。无不利。

上九：碩果不食，君子得輿，小人剥廬。

比：吉。原筮，元，永貞，无咎。不寧方來，後夫凶。

初六：有孚。比之，无咎。有孚盈缶，終來有它。吉。

六二：比之自内。貞吉。

六三：比之匪人。

六四：外比之。貞吉。

九五：顯比。王用三驅，失前禽，邑人不誡。吉。

上六：比之无首。凶。

豫：利建侯行師。

初六：鳴豫。凶。

六二：介於石，不終日。貞吉。

六三：盱豫。悔，遲有悔。

九四：由豫。大有得，勿疑朋盍簪。

六五：貞疾，恒不死。

上六：冥豫。成有渝。无咎。

謙：亨。君子有終。

初六：謙謙君子，用涉大川，吉。

六二：鳴謙。貞吉。

九三：勞謙。君子有終。吉。

六四：无不利。撝謙。

六五：不富以其鄰。利用侵伐。无不利。

上六：鳴謙。利用行師征邑國。

師：貞丈人吉，无咎。

初六：師出以律。否臧，凶。

九二：在師中。吉，无咎。王三錫命。

六三：師或輿尸。凶。

六四：師左次。无咎。

六五∶ 田有禽。利執言，无咎。長子帥師，弟子輿尸。貞凶。

上六∶ 大君有命，開國承家。小人勿用。

復∶ 亨。出入无疾，朋來无咎。反復其道，七日來復。利有攸往。

初九∶ 不遠復。无祇悔。元吉。

六二∶ 休復。吉。

六三∶ 頻復。厲无咎。

六四∶ 中行獨復。

六五∶ 敦復。无悔。

上六∶ 迷復。凶，有災眚。用行師，終有大敗，以其國君凶，至於十年不克征。

坤∶ 元亨，利牝馬之貞。君子有攸往，先迷，後得，主利。西南得朋，東北喪朋。安貞吉。

初六∶ 履霜，堅冰至。

六二∶ 直方。大，不習。无不利。

六三∶ 含章。可貞。或從王事，无成，有終。

六四∶ 括囊。无咎无譽。

六五∶ 黃裳。元吉。

上六∶ 龍戰於野，其血玄黃。

用六∶ 利永貞。

易占經緯卷之一

苑洛韓邦奇輯

乾

䷀【經】占本卦彖辭

【緯】道陟多阪，胡言連蹇。譯喑且聾，莫使道通。請遏不行，求事無功。

乾之姤　䷫【經】占姤初爻

【緯】仁政不暴，鳳凰來舍。四時順節，民安其處。

乾之同人　䷌【經】占同人二爻

【緯】子號索哺，母行求食。反見空巢，訾我長息。

乾之履　䷉【經】占履三爻

【緯】空拳握手，委地更起。富饒豐衍，快樂無已。

乾之小畜　䷈【經】占小畜四爻

【緯】據斗運樞，順天無憂。所行造德，與樂並居。

乾之大有　䷍【經】占大有五爻

【緯】上帝之生，福祐日成。修德行惠，樂且安寧。

乾之夬　䷪【經】占夬上爻

【緯】孤竹之墟，失婦亡夫。傷於蒺藜，不見少妻，東郭堂姜，武氏以亡。

乾之遯　䷠【經】占遯初二爻

【緯】眄雞無距，與鵲交鬥。翅折目盲，爲鳩所傷。

乾之訟　䷅【經】占訟初三爻

【緯】龍馬上山，絕無水泉，喉焦唇乾，舌不能言。

乾之巽　䷸【經】占巽初四爻

【緯】出門逢惡，與禍爲怨。更相擊刺，傷我手端。

乾之鼎　䷱【經】占鼎初五爻

【緯】弱足刖跟，不利出門。市賈無贏，折亡爲患。

乾之大過　䷛【經】占大過初上爻

【緯】桀跖並處，人民愁苦。擁兵荷糧，戰於齊魯。

乾之无妄　䷘【經】占无妄二三爻

【緯】傳言相誤，非干徑路。鳴鼓逐狐，不知跡處。

乾之家人　䷤【經】占家人二四爻

【緯】三女求夫，不見復關，伺候山隅，長思憂嘆。

乾之離　䷝【經】占離二五爻

【緯】胎生孚乳，長息成就。充滿帝室，家國昌富。

乾之革　䷰【經】占革二上爻

【緯】玄黄虺隤，行者勞疲，役夫憔悴，踰時不歸。

乾之中孚

䷼【經】占中孚三四爻

【緯】舜升大禹，石夷之野。徵詣王庭，拜治水土。

乾之睽

䷥【經】占睽三五爻

【緯】陽旱炎炎，傷害禾穀。穡人無食，耕夫嘆息。

乾之兑

䷹【經】占兑三上爻

【緯】鵠飛中途，舉事不進，衆人亂潰。

乾之大畜

䷙【經】占大畜四五爻

【緯】三羊爭雌，相逐奔馳。終日不食，精氣勞疲。

乾之需

䷄【經】占需四上爻

【緯】目瞤足動，喜如其願，舉家蒙寵。

乾之大壯

䷡【經】占大壯五上爻

【緯】隙大牆壞，蠹衆木折。狼虎爲政，天降罪罰。高弒望夷，胡亥以斃。

乾之否

䷋【經】占否初二三爻

【緯】載日晶光，驂駕六龍。禄命徹天，封爲燕王。

乾之漸

䷴【經】占漸初二四爻

【緯】陽低頭，陰仰首，水爲凶，傷我足。進不利，生其子。

乾之旅

䷷【經】占旅初二五爻

【緯】繭栗犧牲，敬享鬼神。神嗜飲食，受福多孫。

乾之咸

䷞【經】占咸初二上爻

【緯】三人求橘，反得大粟。女貴以富，黄金百鎰。

乾之渙

䷺【經】占渙初三四爻

【緯】跛踦相隨，日暮牛罷。陵遲後旅，失利亡雌。

乾之未濟

䷿【經】占未濟初三五爻

【緯】長面大鼻，來解己憂。遺吾福子，惠我嘉喜。

乾之困

䷮【經】占困初三上爻

【緯】噂噂所言，莫如我垣。歡喜堅固，可以長安。

乾之蠱

䷑【經】占蠱初四五爻

【緯】彭祖九子，據德不殆。南山松柏，長受嘉福。

乾之井

䷯【經】占井初四上爻

【緯】鸑鳴岐山，鷩應山淵。男女構精，萬物化生。文王以成，爲開周庭。

乾之恒

䷟【經】占恒初五上爻

【緯】東山西嶽，會合俱食。百家送從，以成恩福。

乾之益

䷩【經】占益二三四爻

【緯】公孫駕驪，載聘東齊。延陵説產，遺季紵衣。

乾之噬嗑

䷔【經】占噬嗑二三五爻

【緯】堅冰黄鳥，啼哀悲愁。不見白粒，但見藜蒿。數驚鷙鳥，爲我心憂。

乾之隨

䷐【經】占隨二三上爻

【緯】乘龍上天，兩蛇爲輔。踴躍雲中，遊觀滄海，民樂安處。

乾之賁 【經】占賁二四五爻 【緯】室如懸磬，既危且殆。早見之士，依山谷處。

乾之既濟 【經】占既濟二四上爻 【緯】梗生荆山，命制輪班。袍衣剥脱，夏熱冬寒。飢餓枯槁，衆人莫憐。

乾之豐 【經】占豐二五上爻 【緯】太微帝室，黄帝所值。藩屏周衛，不可得入，常安無患。

乾之損 【經】占損三四五爻 【緯】姬姜祥淑，二人偶食。論仁議福，以安王室。

乾之節 【經】占節三四上爻 【緯】龍角博顙，位至公卿。世禄長久，起動安寧。

乾之歸妹 【經】占歸妹三五上爻 【緯】背北相憎，心意不同，如火與金。

乾之泰 【經】占泰四五上爻 【緯】不風不雨，白日皎皎，宜出驅馳，通利大道。

乾之觀 【經】占觀初二三四爻 【緯】江河淮海，天之奧府。衆利所聚，可以饒有，樂我君子。

乾之晉 【經】占晉初二三五爻 【緯】三癡俱走，迷路失道，惑不知歸，反入患口。

乾之萃 【經】占萃初二三上爻 【緯】任劣力薄，孱駑恐怯。如蝟見鵲，不敢拒格。

乾之艮 【經】占艮初二四五爻 【緯】民怯伐惡，奸人所伏。寇賊大至，入我邦郭，妻子俘獲。

乾之蹇 【經】占蹇初二四上爻 【緯】騎豚逐羊，不見所望。徑涉虎廬，亡羝失羔。

乾之小過 【經】占小過初二五上爻 【緯】從風放火，荻芝俱死。三害集房，叔子中傷。

乾之蒙 【經】占蒙初三四五爻 【緯】鳲鵴鳲鳩，專一無憂。君子是則，長受嘉福。

乾之坎 【經】占坎初三四上爻 【緯】黄鳥采綠，既嫁不答。念我父兄，思復邦國。

乾之解 【經】占解初三五上爻 【緯】暗昧冥語，相傳詿誤。鬼魅所舍，誰知卧處。

乾之升 【經】占升初四五上爻 【緯】衛侯東遊，惑于少姬。亡我考妣，久逝不來。

乾之頤 【經】占頤二三四五爻 【緯】純服黄裳，戴上以興。德義既生，天下歸仁。

乾之屯 【經】占屯二三四上爻 【緯】陽孤亢極，多所恨惑。車傾蓋亡，身常憂惶。乃得其願，雌雄相從。

乾之震　【經】占震二三五上爻　【緯】懸貆素餐，居非其安。失輿剥廬，休坐徒居。

乾之明夷　【經】占明夷二四五上爻　【緯】弓矢俱張，把彈折弦。丸發不至，道遇害患。

乾之臨　【經】占臨三四五上爻　【緯】南山昊天，刺政閔身。疾悲無辜，皆憎爲仇。

乾之剥　【經】占剥初二三四五爻　【緯】大禹戒路，蚩尤除道。周匝萬里，不危不殆，見其所使，無所不在。

乾之比　【經】占比初二三四上爻　【緯】中夜犬吠，盜在牆外。神明祐助，消散皆去。

乾之豫　【經】占豫初二三五上爻　【緯】禹鑿龍門，通利水源。東注滄海，民得安存。

乾之謙　【經】占謙初二四五上爻　【緯】山險難登，澗中多石。車馳轊擊，載重傷軸，擔載差躓，踠跌右足。

乾之師　【經】占師初三四五上爻　【緯】倉盈庾億，宜稼黍稷。年歲豐熟，民人安息。

乾之復　【經】占復二三四五上爻　【緯】三人爲旅，俱歸北海。入門上堂，拜謁主母，飲勞我酒。

乾之坤　【經】占坤用九　【緯】招殃來螯，害我邦國。病傷手足，不得安息。

姤

【經】占本卦彖辭　【緯】河伯大呼，津不可渡。往復示故，乃無大悔。

姤之乾　【經】占乾初爻　【緯】蒙被恩澤，長大成就。柔順利貞，君臣合好。

姤之遯　【經】占遯二爻　【緯】伯去我東，髮如飛蓬。寤寐長嘆，展轉空床。内懷悵恨，心摧肝腸。

姤之訟　【經】占訟三爻　【緯】雞鳴失時，民作勞苦。犬吠不休，行者稽留。

姤之巽　【經】占巽四爻　【緯】逐狐東山，水遏我前。深不可涉，失利後便。

姤之鼎　【經】占鼎五爻　【緯】武庫軍府，甲兵所聚。非邑里居，不可舍止。

姤之大過　【經】占大過上爻　【緯】鑿諸攻玉，無不宜鑿。麟鳳成形，得象君子。三人翼事，所求必喜。

姤之同人　【經】占同人初二爻　【緯】陰爲陽賊，君不能克。舉動失常，利無所得。

姤之履　【經】占履初三爻　【緯】鼓瑟歌舞，懽悅於酒。龍喜張口，大悅在後。

姤之小畜　䷈【經】占小畜初四爻　【緯】言無約結，不成券契。殷叔季姬，公孫爭之。强入委禽，不悦於心，乃適子南。

姤之大有　䷍【經】占大有初五爻　【緯】離床失案，黿喪其顧。都市無會，叔季懷恨。

姤之夬　䷪【經】占夬初上爻　【緯】兩人俱醉，相與悖戾。心乖不同，爭訟恟恟。

姤之否　䷋【經】占否二三爻　【緯】水流趍下，遂成東海。求我所有，貿鱣與鯉。

姤之漸　䷴【經】占漸二四爻　【緯】不改柯葉，和氣沖適。君子所在，安無怵惕。

姤之旅　䷷【經】占旅二五爻　【緯】左手把水，如光與鬼，不可得從。

姤之咸　䷞【經】占咸二上爻　【緯】喜笑且語，不能掩口。官爵並至，慶賀盈門。

姤之渙　䷺【經】占渙三四爻　【緯】山險難登，澗中多石。車馳轊繫，重載傷軸。擔負差躓，跌踒右足。

姤之未濟　䷿【經】占未濟三五爻　【緯】克身潔己，逢禹巡狩。錫我元圭，拜受福祉。

姤之困　䷮【經】占困三上爻　【緯】進士爲官，不若復田，獲壽保年。

姤之蠱　䷑【經】占蠱四五爻　【緯】金泉黄寶，宜與我市。娶嫁有息，利過後母。

姤之井　䷯【經】占井四上爻　【緯】先易後否，失我所市。騷蘇自苦，思吾故事。

姤之恒　䷟【經】占恒五上爻　【緯】霧露雪霜，日暗不明。陰孽爲疾，年穀大傷。

姤之无妄　䷘【經】占无妄初二三爻　【緯】關睢淑女，賢妃聖偶。宜家壽母，福禄長久。

姤之家人　䷤【經】占家人初二四爻　【緯】秋風生哀，花落心悲。公室多難，羊舌氏衰。

姤之離　䷝【經】占離初二五爻　【緯】吾有黍稷，委積外場。有角服箱，運致我藏，富於嘉糧。

姤之革　䷰【經】占革初二上爻　【緯】蘇秦發言，韓魏無患。張子馳說，燕齊以安。

姤之中孚　䷼【經】占中孚初三四爻　【緯】執熱爛手，大爲災咎。公孫無賴，敗我王室。

姤之睽　䷥【經】占睽初三五爻【緯】持福厭患，去除大殘。日長夜盡，嘉世蒙恩。

姤之兌　䷹【經】占兌初三上爻【緯】水潰魚室，來灌吾邑。衝破我家，與狗俱遊。

姤之大畜　䷙【經】占大畜初四五爻【緯】雛驥脫乳，不知子處。旋踵悲鳴，痛傷我心。

姤之需　䷄【經】占需初四上爻【緯】結珠懷履，卓斯以思，爲君奴婢。

姤之大壯　䷡【經】占大壯初五上爻【緯】亡羊補牢，張氏失牛。駻駟奔走，鵠盜我魚。

姤之觀　䷓【經】占觀二三四爻【緯】三蟲作蠱，踐跡無與。「勝母」「盜泉」，君子不處。巽之剥

姤之晉　䷢【經】占晉二三五爻【緯】販鼠賣蛙，利少無謀，難以得家。

姤之萃　䷬【經】占萃二三上爻【緯】身無頭足，超跖庶乖。不能遠中，之道疲休，失利後市。

姤之艮　䷳【經】占艮二四五爻【緯】西山東山，各自止安。雖相登望，竟不同堂。

姤之蹇　䷦【經】占蹇二四上爻【緯】新受大喜，福履重來。樂且日富，足用豐財。

姤之小過　䷽【經】占小過二五上爻【緯】三虎上山，更相噬囓。心志不親，如仇如怨。

姤之蒙　䷃【經】占蒙三四五爻【緯】躓跌未起，失利後市，不得鹿子。

姤之坎　䷜【經】占坎三四上爻【緯】昧暮乘車，以至伯家。踰梁渡河，濟脫無他。

姤之解　䷧【經】占解三五上爻【緯】前頓卻躓，左跌右逆。登高安梯，復反來歸。

姤之升　䷭【經】占升四五上爻【緯】三人俱行，六目光明。道逢淑女，與我驥子。

姤之益　䷩【經】占益初二三四爻【緯】大都王市，稠人多寶。公孫宜買，資貨萬倍。

姤之噬嗑　䷔【經】占噬嗑初二三五爻【緯】花葉隕落，公歸樞宅。夷子失民，潔己不食。

姤之隨　䷐【經】占隨初二三上爻【緯】實沈參伐，以義斷割。次陸服刑，成我霸功。

姤之賁　䷕【經】占賁初二四五爻【緯】履機懼毀，身王子廢。終得所欲，無有凶害。

姤之既濟　䷾【經】占既濟初二四上爻　【緯】西家嫁女，借鄰送女。嘉我淑姬，賓主俱喜。

姤之豐　䷶【經】占豐初二五上爻　【緯】天官列宿，五神舍室。宫闕完堅，君安其居。

姤之損　䷨【經】占損初三四五爻　【緯】夢飯不飽，酒來入口。嬰女難好，媒應不許。

姤之節　䷻【經】占節初三四上爻　【緯】槽空無實，豚彘不食。庶民屈竭，離其居室。

姤之歸妹　䷵【經】占歸妹初三五上爻　【緯】將戌繫亥，陽藏不起。君子散亂，大上危殆。

姤之泰　䷊【經】占泰初四五上爻　【緯】凶憂災殃，日益明章。禍不可救，王卻夷傷。

姤之剥　䷖【經】占剥二三四五爻　【緯】道理和得，仁不相賊。君子攸往，我有利福。

姤之比　䷇【經】占比二三四上爻　【緯】鹿畏人匿，俱入深谷。短命不長，爲虎所得，死於牙腹。

姤之豫　䷏【經】占豫二三五上爻　【緯】躄屈腹伸，東乘浮雲，貴寵母前。

姤之謙　䷎【經】占謙二四五上爻　【緯】壅遏隄防，水不得行。大慎陽光，陰霓伏藏，走歸其鄉。

姤之師　䷆【經】占師三四五上爻　【緯】陳媯敬仲，逃興齊姜。營丘立適，八世大昌。

姤之頤　䷚【經】占頤初二三四五爻　【緯】知嚴絕理，陰孽謀主。十日不食，困於申亥。

姤之屯　䷂【經】占屯初二三四上爻　【緯】登山上谷，與虎相觸。猬爲功曹，班叔奔北，脱之嘉同。

姤之震　䷲【經】占震初二三五上爻　【緯】三桃三口，莫適所與。爲孺子牛，西氏生咎。

姤之明夷　䷣【經】占明夷初二四五上爻　【緯】西戎爲秩，幽君去室。陳子發難，項伯成亂。

姤之臨　䷒【經】占臨初三四五上爻　【緯】禹召諸神，會稽南山。執玉萬國，天下安寧。

姤之坤　䷁【經】占坤二三四五上爻　【緯】東山西土，各自止安。雖欲登望，竟不同堂。

姤之復　䷗【經】占復卦彖辭　【緯】合匏同牢，姬姜並居，壽考長久。

同人

同人之遯　【經】占本卦彖辭　【緯】槖置山顛，銷鋒鑄刃。示不復用，天下大歡。

同人之乾　【經】占遯初爻　【緯】安如泰山，福禄屢臻。雖有豺虎，不能危身。

同人之无妄　【經】占乾二爻　【緯】一臂六手，不使堵口。莫肯爲用，利棄我走。

同人之家人　【經】占无妄三爻　【緯】負車上山，力盡行難。烈風雨雪，遮過我前。中道復還，憂者得歡。

同人之離　【經】占家人四爻　【緯】訟爭相悖，和氣不處。陰陽俱否，穀風母子。

同人之革　【經】占離五爻　【緯】甌脱康居，慕人入朝。湛露之歡，三爵畢恩。復歸窮廬，以安其居。

同人之姤　【經】占革上爻　【緯】山陵四塞，遏我徑路。欲前不得，復還故處。

同人之否　【經】占姤初二爻　【緯】宜昌娶婦，東家歌舞。長樂歡喜。

同人之漸　【經】占否初三爻　【緯】齎貝狐狸，不聽我辭。繫於虎須，牽不得來。

同人之旅　【經】占漸初四爻　【緯】魁行搖尾，逐雲吹水。淤泥爲陸，下田爲稷。

同人之咸　【經】占旅初五爻　【緯】鳳凰在左，麒麟在右。仁聖相遇，伊呂集聚。傷害不至，時無殃咎，福爲我母。

同人之履　【經】占咸初上爻　【緯】秋冬夜行，照覽星辰。道理利通，終身無患。

同人之小畜　【經】占履二三爻　【緯】周德既成，行軸不傾。中西跌墓，耋老衰去，箴石不祐。

同人之大有　【經】占小畜二四爻　【緯】載石上山，步跌不前。顰眉之憂，不得所歡。

同人之夬　【經】占大有二五爻　【緯】三翼飛來，字我逢時。俱行先至，多得大利。

同人之益　【經】占夬二上爻　【緯】牡飛門啓，憂患大解，不爲身禍。

【經】占益三四爻　【緯】府藏之富，王以賑貸。捕魚河海，笱網多得，巨蛇大鰍。戰於國郊，君遂走逃。

同人之噬嗑䷔【經】占噬嗑三五爻【緯】兩金相擊，勇武敢敵。終日大戰，不破不缺。

同人之隨䷐【經】占隨三上爻【緯】季姬踟躕，望我城隅。終日至暮，不見齊侯，君上無憂。

同人之賁䷕【經】占賁四五爻【緯】大車難駕，兩引如繩，馬奔山後，輪脫不行，中道遇害。

同人之既濟䷾【經】占既濟四上爻【緯】湧泉滑滑，流行不絕。汙爲江海，敗壞邑里，家無所處。聞虎不悸，向我笑喜。

同人之豐䷶【經】占豐五上爻【緯】三人俱行，北求大祥。長子病足，請季負囊。柳下之責，不失驪黃。

同人之訟䷅【經】占訟初二三爻【緯】履危不安，心欲東西。步走逐鹿，空無所得。

同人之巽䷸【經】占巽初二四爻【緯】乘筏渡海，雖深不殆。曾孫皇祖，累累俱在，受其大福。

同人之鼎䷱【經】占鼎初二五爻【緯】兩虎爭鬥，血流浮杵。城郭空虛，蒿藜塞道。

同人之大過䷛【經】占大過初二上爻【緯】春日載陽，福履齊長。四時不忒，與樂爲昌。

同人之觀䷓【經】占觀初三四爻【緯】播衣樂天，神明所命，安樂無咎。

同人之晉䷢【經】占晉初三五爻【緯】載璧秉珪，請命於河。周公克敏，沖人瘳愈。

同人之萃䷬【經】占萃初三上爻【緯】正陽之央，申氏以亡。禍及留籲，湮滅爲墟。

同人之艮䷳【經】占艮初四五爻【緯】龍生無常，或托空桑。憑乘風雲，爲堯立功。

同人之蹇䷦【經】占蹇初四上爻【緯】鹿得美草，鳴呼其友。九族和睦，不離邦域。

同人之小過䷽【經】占小過初五上爻【緯】王孫季子，相與爲友。明允篤誠，升擢薦舉。

同人之中孚䷼【經】占中孚二三四爻【緯】衣裳顛倒，爲王來呼。成就東周，邦國大休。

同人之睽䷥【經】占睽二三五爻【緯】齊魯爭言，戰於龍門。構怨結禍，三世不安。

同人之兌䷹【經】占兌二三上爻【緯】比目四翼，來安吾國。賞福上堂，與我同床。

同人之大畜䷙【經】占大畜二四五爻

【緯】陶朱白珪，善賈息資。三致千金，德放上仁。

同人之需䷄【經】占需二四上爻

【緯】黃帝出遊，駕龍乘馬。東上泰山，南過齊魯，邦國咸喜。

同人之大壯䷡【經】占大壯二五上爻

【緯】耆蒙瞢眠，不知東西。歲君失理，命直爲曲，王稱爲寶。

同人之頤䷚【經】占頤三四五爻

【緯】子鉏執麟，春秋作陰。元聖將終，尼父悲心。

同人之屯䷂【經】占屯三四上爻

【緯】鴻魚逆流，至人潛處。蓬蒿代柱，大屋顛倒。

同人之震䷲【經】占震三五上爻

【緯】依叔牆隅，志下心勞。楚亭晨食，韓子低頭。

同人之明夷䷣【經】占明夷四五上爻

【緯】大王執政，歲熟民富。國家豐有，王者有喜。

同人之渙䷺【經】占渙初二三四爻

【緯】娶于姜呂，駕迎新婦。少妻在門，夫子悅喜。

同人之未濟䷿【經】占未濟初二三五爻

【緯】桑鵲竊脂，啄粟不宜。亂政無當，使我孔明。

同人之困䷮【經】占困初二三上爻

【緯】跛踦俱行，日暮車傷，失旅乏從。

同人之蠱䷑【經】占蠱初二四五爻

【緯】龍渴求飲，黑雲影從。河伯捧觴，跪進酒漿，流潦滂滂。

同人之井䷯【經】占井初二四上爻

【緯】龍門水穴，流行不害。民安其土，君臣相保。

同人之恒䷟【經】占恒初二五上爻

【緯】如鵠抱子，見蛇何咎。室家俱在，不失其所。

同人之剥䷖【經】占剥初三四五爻

【緯】文山紫芝，雍梁朱草。長生和氣，王以爲寶。公尸侑食，神福來處。

同人之比䷇【經】占比初三四上爻

【緯】白龍黑虎，起伏俱怒，戰於阪兆，蚩尤走敗，死與魚首。

同人之豫䷏【經】占豫初三五上爻

【緯】案民湖池，玉貝文案。魚如白雲，一國獲願。

同人之謙䷎【經】占謙初四五上爻

【緯】兩足四翼，飛入我國。甯我伯姊，與母相得。

同人之損䷨【經】占損二三四五爻

【緯】梅李冬實，國多寇賊，擾亂並作，王不能制。

同人之節䷻【經】占節二三四上爻

【緯】螟蟲爲賊，害我稼穡。盡禾殘麥，秋無所得。

同人之歸妹 ䷵【經】占歸妹二三五上爻

【緯】跛踦相隨，日暮牛罷。陵遲後旅，失利亡雌。

同人之泰 ䷊【經】占泰二四五上爻

【緯】乘雲帶雨，與飛鳥俱。舉動千里，見我慈母。

同人之復 ䷗【經】占復三四五上爻

【緯】把珠入口，爲我畜寶。得吾所有，欣然嘉喜。

同人之蒙 ䷃【經】占蒙初二三四五爻

【緯】三羖五牂，相隨俱行。迷入空澤，經涉六駮，爲賊所傷。

同人之坎 ䷜【經】占坎初二三四上爻

【緯】孔懷如玉，出於幽谷。飛上喬木，鼓其羽翼，耀光照日。

同人之解 ䷧【經】占解初二三五上爻

【緯】百里難行，雖微復明。去虞適秦，爲穆國卿。

同人之升 ䷭【經】占升初二四五上爻

【緯】梟過稻廬，甘樂麥鰍。雖驅不去，田畯懷憂。

同人之坤 ䷁【經】占坤初三四五上爻

【緯】獐鹿逐牧，飽歸其居，安息無悔。

同人之臨 ䷒【經】占臨二三四五上爻

【緯】出門逢患，與怒爲怨。更相擊刺，傷我手端。

同人之師 ䷆【經】占師卦彖辭

【緯】望尚阿衡，大半周公，藩屏湯武，立爲侯王。

履

䷉【經】占本卦彖辭

【緯】十鳥俱飛，羿射九雌。雄得獨全，雖驚不危。

履之訟 ䷅【經】占訟初爻

【緯】游居石門，禄祉安全。受福西鄰，歸飲玉泉。

履之无妄 ䷘【經】占无妄二爻

【緯】涉伯殉名，棄禮誅身。不得其道，成子奔燕。

履之乾 ䷀【經】占乾三爻

【緯】東向藩垣，相與笑言。子般執鞭，圉人作患。

履之中孚 ䷼【經】占中孚四爻

【緯】大頭目明，載受嘉福。三雀飛來，與禄相得。

履之睽 ䷥【經】占睽五爻

【緯】雀行求食，暮歸屋宿。反其室舍，安寧如故。

履之兑 ䷹【經】占兑上爻

【緯】玄鬣黑顙，東歸高鄉。朱鳥道引，靈龜載莊。遂抵天門，見我貞君，人馬安全。

履之否 ䷋【經】占否初二爻【緯】怒非其願，因物有遷。貪妒腐鼠，而呼鴟鳶。自合失餌，到掖困患。

履之姤 ䷫【經】占姤初三爻【緯】金帛貴寶，宜與我市。嫁娶有恩，得利過倍。

履之渙 ䷺【經】占渙初四爻【緯】探巢得雛，鳩鵲俱來，使我欣娛。

履之未濟 ䷿【經】占未濟初五爻【緯】日辰不良，強弱相振，一鳥兩離，客勝主人。

履之困 ䷮【經】占困初上爻【緯】日出溫谷，照臨萬國。高明淑人，虞夏配德。

履之同人 ䷌【經】占同人二三爻【緯】嬰孩求乳，母歸其子。黄麑悅喜。

履之益 ䷩【經】占益二四爻【緯】銜命上車，合和兩家。峨眉皓齒，二國不殆。

履之噬嗑 ䷔【經】占噬嗑二五爻【緯】桑之將落，殞其黄葉。失勢傾側，而無所立。

履之隨 ䷐【經】占隨二上爻【緯】三奸相擾，桀跖爲友。上下騷離，隔絕天道。

履之小畜 ䷈【經】占小畜三四爻【緯】郭叔矩頤，爲棘所拘。龍額重顙，禍不成殃，復歸其鄉。

履之大有 ䷍【經】占大有三五爻【緯】鹹縷勝腹，錦繡不成。鷹逐雉兔，爪折不得。

履之夬 ䷪【經】占夬三上爻【緯】吉日車攻，田弋獲禽。宣王飲酒，以告家功。

履之損 ䷨【經】占損四五爻【緯】履危蹈顛，墜入泉淵。蹇不能前，足踒不便。

履之節 ䷻【經】占節四上爻【緯】安上宜官，一日九遷，升擢超等，牧養常山。

履之歸妹 ䷵【經】占歸妹五上爻【緯】五利四福，俱田高邑。黍稷盛茂，多獲槁稻。

履之遯 ䷠【經】占遯初二三爻【緯】路多枳棘，步刺我足。不利旅客，爲心作毒。

履之觀 ䷓【經】占觀初二四爻【緯】請伯行賈，岱山之野，夜歷險阻，不逢危殆，利如澆酒。

履之晉 ䷢【經】占晉初二五爻【緯】麟鳳相隨，觀察安危。東國聖人，后稷周公。君子攸同。利以居止，長無災凶。

履之萃　【經】占萃初二上爻【緯】延頸望酒，不入我口。深以自喜，利得無有。

履之巽　【經】占巽初三四爻【緯】蹇驢不材，駿驥失時。筋老力盡，疲於沙丘。

履之鼎　【經】占鼎初三五爻【緯】履虎躡尾，貶損我威。君子失否，去其國家。

履之大過　【經】占大過初三上爻【緯】踰江求橘，並得大栗。烹羊食肉，飲酒歌笑。

履之蒙　【經】占蒙初四五爻【緯】兩人俱醉，相與悖戾。心乖不同，爭訟凶凶。

履之坎　【經】占坎初四上爻【緯】山險難升，澗中多石。車馳轊擊，重傷載軸，擔負差躓，跌踒右足。

履之解　【經】占解初五上爻【緯】干旄旌旗，執幟在郊。雖有寶珠，無路致之。

履之家人　【經】占家人二三四爻【緯】黄帝所生，伏羲之宇。兵刃不至，利以居止。

履之離　【經】占離二三五爻【緯】允利孔福，神所子畜。般樂無苦，得其歡欲。

履之革　【經】占革二三上爻【緯】訛言妄語，傳相註誤。道左失跡，不知戶處。

履之頤　【經】占頤二四五爻【緯】雎鳩淑女，賢聖配偶。宜家受福，吉善長久。

履之屯　【經】占屯二四上爻【緯】轅折輪破，馬倚仆臥。後旅失宿，右足跌踒。

履之震　【經】占震二五上爻【緯】本根不固，新花落去。更爲孤嫗，不得相視。

履之大畜　【經】占大畜三四五爻【緯】兩人俱爭，莫能有定。心乖不同，訟言起凶。

履之需　【經】占需三四上爻【緯】北辰紫宮，衣冠立中。含和建德，常受天福。

履之大壯　【經】占大壯三五上爻【緯】虺蛇所聚，難以居處。毒螫痛甚，瘡不可愈。

履之臨　【經】占臨四五上爻【緯】三羊俱亡，走奔南行。會暮失跡，不知其藏。

履之漸　【經】占漸初二三四爻【緯】黄帝紫雲，聖哲且神，光明見祥，告我無殃。

履之旅　【經】占旅初二三五爻【緯】烏子鵲雛，常與母居。願慕群旅，不離其巢。

履之咸　【經】占咸初二三上爻
【緯】烏鵲食穀，張口受哺。蒙被恩福，長大成就。柔順利貞，君臣合德。

履之剥　【經】占剥初二四五爻
【緯】名成德就，項領不試。景公耋老，尼父逝去。

履之比　【經】占比初二四上爻
【緯】爭訟相倍，和氣不處。陰陽俱否，谷風母子。

履之豫　【經】占豫初二五上爻
【緯】封豕溝瀆，水潦空谷。客止舍宿，泥塗至腹，處無黍稷。

履之蠱　【經】占蠱初三四五爻
【緯】齊景惑疑，爲孺子牛。嫡庶不明，賊孽爲患。

履之井　【經】占井初三四上爻
【緯】逐兔索烏，破我弓車。日暮不及，失利後時。

履之恒　【經】占恒初三五上爻
【緯】潼滃蔚薈，膚寸來會。津液下降，流潦滂沛。

履之師　【經】占師初四五上爻
【緯】羊腸九縈，相推並前。止須王孫，乃能上天。

履之賁　【經】占賁二三四五爻
【緯】上山求魚，入水捕兔。市非其歸，自令久圖。

履之既濟　【經】占既濟二三四上爻
【緯】三女成姦，背夫夜行，與伯笑言，不忍主母，爲失醴酒，寃天誰告。

履之豐　【經】占豐二三五上爻
【緯】群虎入邑，求索肉食。大人衛守，君不失國。

履之復　【經】占復二四五上爻
【緯】天之奥隅，堯舜所居。可以存身，保我邦國。

履之泰　【經】占泰三四五上爻
【緯】蠆室蜂戶，螫我手足。不得進止，爲吾害咎。

履之艮　【經】占艮初二三四五爻
【緯】五軶四國，優得饒有。陳力就列，騶虞悅喜。

履之蹇　【經】占蹇初二三四上爻
【緯】太倉積谷，天下饒食。陰陽調和，年歲時熟。

履之小過　【經】占小過初二三五上爻
【緯】遠視千里，不見墨子。離妻之明，無益於光。

履之坤　【經】占坤初二四五上爻
【緯】循河楠舟，傍淮東遊。漁夫舉網，先得大魚。

履之升　【經】占升初三四五上爻
【緯】牧爲代守，饗食甘賜。德利士意，戰大破胡，長安國家。

履之明夷　【經】占明夷二三四五上爻
【緯】桀亂不時，使民恨憂。立祉爲笑，君危臣羞。

履之謙　䷎【經】占謙卦彖辭　【緯】雨潦集降，河渠不通。齊魯閉塞，破費市空。

小畜

小畜　䷈【經】占本卦彖辭　【緯】白鳥銜餌，鳴呼其子。施捘張翅，來從其母。伯仲叔季，元賀舉手。

小畜之巽　䷸【經】占巽初爻　【緯】燕雀銜茅，以生孚乳。兄弟六人，姣好孝悌。各得其願，和悅相樂。

小畜之家人　䷤【經】占家人二爻　【緯】兩輪自轉，南上大阪。四馬共轅，無有重難，與禹笑言。

小畜之中孚　䷼【經】占中孚三爻　【緯】魃爲災虐，風吹雲卻。欲止不得，反歸其宅。

小畜之乾　䷀【經】占乾四爻　【緯】東遇虎蛇，牛馬奔驚。道絕不通，商困無功。

小畜之大畜　䷙【經】占大畜五爻　【緯】辰次降婁，王駕巡時。廣祐施惠，安國無憂。

小畜之需　䷄【經】占需上爻　【緯】故室舊廬，稍弊紱沮。不如新巢，可治樂居。

小畜之漸　䷴【經】占漸初二爻　【緯】學靈三年，仁聖且神。明見善祥，吉喜福慶。嗚鳩飛來，告我無憂。

小畜之渙　䷺【經】占渙初三爻　【緯】鶉尾奔奔，火中成軍。虢叔出奔，下失其君。

小畜之姤　䷫【經】占姤初四爻　【緯】蒼龍隱伏，麟鳳遠匿。寇來同處，未得安息。

小畜之蠱　䷑【經】占蠱初五爻　【緯】寄生無根，如過浮雲。本立不固，斯須落去，更爲枯樹。

小畜之井　䷯【經】占井初上爻　【緯】憂患解除，喜至慶來。坐立歡忻，與樂爲鄰。

小畜之益　䷩【經】占益二三爻　【緯】禹作神鼎，伯益銜指。斧斤高閣，憧位獨坐。賣庸不售，苦困爲害。

小畜之同人　䷌【經】占同人二四爻　【緯】日走月步，趣不同舍。夫妻反目，主君失居。

小畜之賁　䷕【經】占賁二五爻　【緯】駕福乘喜，來至嘉國。戴慶南行，移居安宅。

小畜之既濟　䷾【經】占既濟二上爻　【緯】慈母赤子，饗賜得士。夷狄服降，以安王家。

小畜之履　䷉【經】占履三四爻　【緯】五舌啄難，各自有言。異國殊俗，使心迷惑，所求不得。

小畜之損 ䷨【經】占損三五爻
【緯】身載百里，功加四海。文爲開基，武立大柱。

小畜之節 ䷻【經】占節三上爻
【緯】兩人相距，止不同舍。夫妻立散，衛侯失居。

小畜之大有 ䷍【經】占大有四五爻
【緯】金牙鐵齒，西王母子。無有患殃。候舍陟道，别來不久。

小畜之夬 ䷪【經】占夬四上爻
【緯】福祚之聚，喜至憂除。如魚逢水，長樂受庇。

小畜之泰 ䷊【經】占泰五上爻
【緯】天門開闢，牢戶寥闊。桎梏解脱，拘囚縱釋。

小畜之觀 ䷓【經】占觀初二三爻
【緯】駕駟逐狐，輪掛荆棘。車不結轍，公子無得。

小畜之遯 ䷠【經】占遯初二四爻
【緯】天之所予，福禄常在，不憂危殆。

小畜之艮 ䷳【經】占艮初二五爻
【緯】折臂踒足，不能進酒。祠祀闊曠，神怒不喜。

小畜之蹇 ䷦【經】占蹇初二上爻
【緯】秋花冬萼，數被嚴霜。甲兵當庭，萬物不生。雄犬夜鳴，民擾大驚。

小畜之訟 ䷅【經】占訟初三四爻
【緯】蝼蛇循流，東求大魚。預且舉網，庖人歌謳。

小畜之蒙 ䷃【經】占蒙初三五爻
【緯】機關不便，不能出言。精誠不通，爲人所冤。

小畜之坎 ䷜【經】占坎初三上爻
【緯】亂茅縮酒，靈巫拜禱。神怒不許，瘁愁憂苦。

小畜之鼎 ䷱【經】占鼎初四五爻
【緯】下田稷黍，芳花當齒。大雨淋集，紛滂滿甕。

小畜之大過 ䷛【經】占大過初四上爻
【緯】中原有菽，以待饔食。飲御諸友，所求大得。

小畜之升 ䷭【經】占升初五上爻
【緯】朝生夕死，名曰嬰鬼，不可得祀。

小畜之无妄 ䷘【經】占无妄二三四爻
【緯】來牝龍身，日越三千，南止蒼梧，與福爲婚。道里夷易，安全無忌。

小畜之頤 ䷚【經】占頤二三五爻
【緯】望車不到，王子逐走，馬騎銜傷。失跡不得，曷其有常。

小畜之屯 ䷂【經】占屯二三上爻
【緯】灼火泉源，釣魚山顛。魚不可得，火不肯燃。

小畜之離 ䷝【經】占離二四五爻
【緯】李華再實，鴻卵降集。仁哲以幸，蔭國受福。

小畜之革 ䷰【經】占革二四上爻

【緯】晨風文翰，大舉就溫，昧過我邑，羿無所得。

小畜之明夷 ䷣【經】占明夷二五上爻

【緯】狗無前足，陰謀其比。爲身戕害，何以安息。

小畜之睽 ䷥【經】占睽三四五爻

【緯】芽糵生達，陽昌於外。左手執籥，公言錫爵。

小畜之兌 ䷹【經】占兌三四上爻

【緯】陽明不息，君無恩德。伯氏失利，農喪其力。

小畜之臨 ䷒【經】占臨三五上爻

【緯】子啼索哺，母行求食。反見空巢，訾我長息。

小畜之大壯 ䷡【經】占大壯四五上爻

【緯】蝗食我稻，驅不可去。實穗無有，但見空槁。

小畜之否 ䷋【經】占否初二三四爻

【緯】堅冰黃鳥，啼哀悲愁。數鷩鷙鳥，雛爲我憂。

小畜之剝 ䷖【經】占剝初二三五爻

【緯】孔鯉伯魚，北至高奴，木馬金車，駕游大都，王母送我，來牝字駒。

小畜之比 ䷇【經】占比初二三上爻

【緯】鵲足卻縮，不見頭目。日以困急，不能自復。

小畜之旅 ䷷【經】占旅初二四五爻

【緯】陽火不憂，喜至慶來。降福送喜，鼓琴歌謳。

小畜之咸 ䷞【經】占咸初二四上爻

【緯】原出陵足，行於山趾。不爲暴害，民得安居。

小畜之謙 ䷎【經】占謙初二五上爻

【緯】式微式微，憂禍相絆。隔以巖山，室家分散。

小畜之未濟 ䷿【經】占未濟初三四五爻

【緯】三足孤烏，靈鳴督卸。思過罰惡，自賊其家。

小畜之困 ䷮【經】占困初三四上爻

【緯】行役未已，新事復起。姬姜勞苦，不得安息。

小畜之師 ䷆【經】占師初三五上爻

【緯】鑿山通道，南至嘉國。周公所祝，襄適荆楚。

小畜之恒 ䷟【經】占恒初四五上爻

【緯】客人其門，奔走東西。童女不織，士衰耕畝。暴骨千里，歲饑民苦。

小畜之噬嗑 ䷔【經】占噬嗑二三四五爻

【緯】方喙廣口，仁智聖厚。釋解倒懸，唐國太安。

小畜之隨 ䷐【經】占隨二三四上爻

【緯】狼虎爭食，禮讓不能。兼吞其國，齊魯無主。

小畜之復 ䷗【經】占復二三五上爻

【緯】三足無頭，不知所之。心狂精傷，莫使爲明，不見日光。

小畜之豐 ䷶【經】占豐二四五上爻

【緯】中田高黍，以享王母。受福千億，所求大得。

小畜之歸妹 ䷵【經】占歸妹三四五上爻

【緯】三婦同夫，志不相思。心懷不平，志常愁悲。

小畜之晉 ䷢【經】占晉初二三四五爻

【緯】牛驥同堂，郭氏已亡。國破空虚，君奔走逃。

小畜之萃 ䷬【經】占萃初二三四上爻

【緯】白鶴銜珠，夜食爲明。懷安德音，身受光榮。

小畜之坤 ䷁【經】占坤初二三五上爻

【緯】子鉏獲麟，庶士開元。豪雄爭名，都邑倍遊。

小畜之小過 ䷽【經】占小過初二四五上爻

【緯】關雎淑女，佩我君子。少姜在門，君子嘉喜。

小畜之解 ䷧【經】占解初三四五上爻

【緯】霜降閉戶，蟄蟲隱處。不見日月，與死爲伍。

小畜之震 ䷲【經】占震二三四五上爻

【緯】鳥庇茂木，君子祿祿。心勞願得，見者有穀。

小畜之豫 ䷏【經】占豫卦彖辭

【緯】衆神集聚，相與議語。南國虐亂，百姓勞苦。興師征伐，別立賢主。

大有

䷍【經】占本卦彖辭

【緯】白虎張牙，征伐東華。朱雀前驅，贊道說辭。敵人請服，銜璧前驅。

大有之鼎 ䷱【經】占鼎初爻

【緯】履泥汙足，名困身辱。兩仇相得，身其爲虚。

大有之離 ䷝【經】占離二爻

【緯】梟鷙游涇，君子以甯。履德不愆，福祿來成。

大有之睽 ䷥【經】占睽三爻

【緯】四亂不安，東西爲恨，身止無功。不出國城，乃得完全，賴其生福。

大有之大畜 ䷙【經】占大畜四爻

【緯】繭栗犧牲，敬事鬼神。神者飲食，受福多孫。望季不來，孔聖厄陳。

大有之乾 ䷀【經】占乾五爻

【緯】南山大行，困于空桑。老沙爲石，牛馬無食。

大有之大壯 ䷡【經】占大壯上爻

【緯】瘻瘤瘍疥，爲身瘡害。疾病癃痢，常不危殆。

大有之旅 ䷷【經】占旅初二爻

【緯】麒麟鳳凰，善政得祥。陰陽和調，國無災殃。

大有之未濟 ䷿【經】占未濟初三爻

【緯】梗生荆山，命屬輸班。袍衣剥脱，夏熱冬寒。立成枯槁，衆人莫憐。

大有之蠱 ䷑【經】占蠱初四爻

【緯】大口宣脣，神使伸言。黄龍景星，出應德門。與福上堂，天下安昌。

大有之姤 ䷫【經】占姤初五爻

【緯】殊類異路，心不相慕。牝豕無猳，鰥無室家。

大有之恒 ䷟【經】占恒初上爻

【緯】典冊法書，藏在蘭臺。雖遭潰亂，獨不遇災。

大有之噬嗑 ䷔【經】占噬嗑二三爻

【緯】年歲豐熟，政仁民樂。利以居止，旅人獲福。

大有之賁 ䷕【經】占賁二四爻

【緯】楚烏逢矢，不可久放。離居無辜，意昧精喪。作此哀詩，以告孔憂。

大有之同人 ䷌【經】占同人二五爻

【緯】南國茂盛，黍稷釀酒。可以享老，樂我嘉友。

大有之豐 ䷶【經】占豐二上爻

【緯】長生無極，子孫千億。柏柱載梁，堅固不傾。

大有之損 ䷨【經】占損三四爻

【緯】昊天白日，照臨我國。萬民康寧，咸賴壽福。

大有之履 ䷉【經】占履三五爻

【緯】商人行旅，資無所有。貪貝利珠，留連王市。還以内顧，公子何咎。

大有之歸妹 ䷵【經】占歸妹三上爻

【緯】鳧雁啞啞，以水爲宅。雌雄相和，常共娱樂。得其所欲。

大有之小畜 ䷈【經】占小畜四五爻

【緯】一室十子，同心異母。以義防患，禍災不起。

大有之泰 ䷊【經】占泰四上爻

【緯】禹將爲君，北入昆侖。稍進陽光，登入溫湯，功德昭明。

大有之夬 ䷪【經】占夬五上爻

【緯】吾有黍粱，委積道旁。有架服箱，運我到鄉，藏於嘉倉。

大有之晉 ䷢【經】占晉初二三爻

【緯】三豕俱走，鬥于谷口。白豕不勝，死於阪下。

大有之艮 ䷳【經】占艮初二四爻

【緯】天災所游，凶不可居。轉徙獲福，留止危憂。

大有之遯 ䷠【經】占遯初二五爻

【緯】三癡俱狂，欲之平鄉。迷惑失道，不知昏明。

大有之小過 ䷽【經】占小過初二上爻

【緯】視日再光，與天相望。長生歡悦，與福爲兄。

大有之蒙 ䷃【經】占蒙初三四爻

【緯】李梅零墜，心思精憒。歡憂小愧，亂我魂氣。

大有之訟 ䷅【經】占訟初三五爻

【緯】虎臥山隅，鹿過後朐。弓矢設張，猬爲功曹。伏不敢起，遂至平野，得我美草。

大有之解 ䷧【經】占解初三上爻

【緯】賀喜從福，日利蓄息，歡樂有得。

大有之巽 ䷸【經】占巽初四五爻

【緯】天之奧隅，堯舜所居。可以存身，保我家室。

大有之升 ䷭【經】占升初四上爻

【緯】野有積庾，穡人駕取，不逢虎狼，暮歸其宅。

大有之大過 ䷛【經】占大過初五上爻

【緯】枯樹無枝，與子分離。饑寒莫養，獨立哀悲。

大有之頤 ䷚【經】占頤二三四爻

【緯】大澤治妝，南敗羖羊。長伯爲我，多得馬牛，利於徙居。

大有之无妄 ䷘【經】占无妄二三五爻

【緯】牧羊逢狼，雖憂不傷。畏怖惕息，終無禍殃。

大有之震 ䷲【經】占震二三上爻

【緯】安居重遷，不去其廛。禾米相聞，樂得常產。

大有之家人 ䷤【經】占家人二四五爻

【緯】尚義崇德，以建大福。吉宜誥旦，周武功立。

大有之明夷 ䷣【經】占明夷二四上爻

【緯】賴主之光，受德之祐。遂造顛沛，獨不凶咎。

大有之革 ䷰【經】占革二五上爻

【緯】左抱金玉，右得熊足。常盈不亡，獲心所欲。

大有之中孚 ䷼【經】占中孚三四五爻

【緯】晨昏潛處，候時煦煦。卒逢白日，爲世榮主。

大有之臨 ䷒【經】占臨三四上爻

【緯】陰衰老極，陽建其德。離陽載光，天下昭明。

大有之兌 ䷹【經】占兌三五上爻

【緯】配合相迎，利之四鄰。昏以爲期，與福笑喜。

大有之需 ䷄【經】占需四五上爻

【緯】火雖熾，在吾後。寇雖多，在吾右。身安吉，不危殆。

大有之剥 ䷖【經】占剥初二三四爻

【緯】出門大步，與兇惡忤。詈公詈母，爲我憂恥。

大有之否 ䷋【經】占否初二三五爻

【緯】乾行天德，覆幬無極。嘔呼烹熟，使各自得。

大有之豫 ䷏【經】占豫初二三上爻

【緯】雷行相逐，無有休息。戰于平陸，爲夷所覆。

大有之漸 ䷴【經】占漸初二四五爻

【緯】眛眛默默，不知白黑。景雲亂擾，光明隱伏，幽王失國。

大有之謙 ䷎【經】占謙初二四上爻

【緯】方舡備水，旁河燃火。終身無禍，與夫吉昌，永得安康。

大有之咸 ䷞【經】占咸初二五上爻

【緯】裸裎逐狐，爲人所笑，牝雞司晨，主作亂根。

大有之渙 ䷺【經】占渙初三四五爻

【緯】砥德礪材，果當成周。拜受大命，封爲齊侯。

大有之師 ䷆【經】占師初三四上爻

【緯】三火起明，雨滅齊光。高位疾顛，驕恣深傷。

大有之困 ䷮【經】占困初三五上爻

【緯】膚敏之德，發憤忘食。虜豹擒越，爲王求福。

大有之井 ䷯【經】占井初四五上爻

【緯】光禮春成，陳寶雞鳴。陽明失道，不能自守，消亡爲咎。

大有之益 ䷩【經】占益二三四五爻

【緯】左眇右盲，視暗不明。下民多孽，君失其常。

大有之復 ䷗【經】占復二三四上爻

【緯】火之井谷，楊芒生角。犯曆天市，窺觀太極。登上玉牀，家易六公。

大有之隨 ䷐【經】占隨二三五上爻

【緯】躑躅踟躕，拊心搔頭。五晝四夜，睹我齊侯。

大有之既濟 ䷾【經】占既濟二四五上爻

【緯】大頭明目，載受喜福。三雀飛來，與祿相觸。

大有之節 ䷻【經】占節三四五上爻

【緯】與福俱坐，畜水備火，終無灾禍。

大有之觀 ䷓【經】占觀初二三四五爻

【緯】三塗五嶽，陽城大室。神明所伏，獨無兵革，下有保國。

大有之坤 ䷁【經】占坤初二三四上爻

【緯】蟠枝失歧，與母別離，絕不相知。

大有之萃 ䷬【經】占萃初二三五上爻

【緯】雀行求食，出門見鷂。顛蹶上下，幾無所處。

大有之蹇 ䷦【經】占蹇初二四五上爻

【緯】金牙鐵齒，西母王子。無有患殆，滅害大利。

大有之坎 ䷜【經】占坎初三四五上爻

【緯】天地九重，堯舜治中。正冠衣裳，宇宙平康。

大有之屯 ䷂【經】占屯二三四五上爻

【緯】噂噂所言，莫如我垣。歡樂堅固，可以長安。

大有之比 ䷇【經】占比卦彖辭

【緯】疋居楚烏，遇饑無辜，久散離憂。

夬

夬　䷪【經】占本卦彖辭【緯】戴堯扶禹，松喬彭祖。西遊王母，道路夷易，無敢難者。

夬之大過　䷛【經】占大過初爻【緯】久陰霖雨，塗行泥潦。商人休止，市空無有。

夬之革　䷰【經】占革二爻【緯】江南多蝮，螫我手足。冤煩詰屈，痛徹心腹。

夬之兑　䷹【經】占兑三爻【緯】以緡易絲，抱布自媒。棄禮怠情，卒罹悔憂。

夬之需　䷄【經】占需四爻【緯】薄爲蕃皮，勁風吹卻。欲上不得，復歸其宅。

夬之大壯　䷡【經】占大壯五爻【緯】四足俱走，駑疲任後。兩戰不勝，敗於東楚。

夬之乾　䷀【經】占乾上爻【緯】狼戾美謀，無言不殊。允厭帝心，悦以獲祐。

夬之咸　䷞【經】占咸初二爻【緯】憂在心腹，内崩爲疾。禍起蕭牆，意如制國。

夬之困　䷮【經】占困初三爻【緯】五龍俱起，強者敗走。露我苗稼，年歲大有。

夬之井　䷯【經】占井初四爻【緯】雷除善猛，雖爲功醫。驥疲鹽車，出於御箠。

夬之恒　䷟【經】占恒初五爻【緯】朽根刖樹，花葉落去。卒逢大焱，隨風僵仆。

夬之姤　䷫【經】占姤初上爻【緯】山石朽破，消崩墜墮。上下離心，君受其祟。

夬之隨　䷐【經】占隨二三爻【緯】天孫帝子，與日月處。光榮於世，福禄祺祉。

夬之既濟　䷾【經】占既濟二四爻【緯】傳言相誤，非奸徑路。鳴鼓逐狼，不知跡處。

夬之豐　䷶【經】占豐二五爻【緯】醉臥道傍，迷且失明，不合我生。

夬之同人　䷌【經】占同人二上爻【緯】坐爭立訟，紛紛啕啕。卒成禍亂，災及家公。

夬之節　䷻【經】占節三四爻【緯】天麓魚池，陸爲海涯。君子失行，小人相攜。

夬之歸妹　䷵【經】占歸妹三五爻【緯】不狂嫗盲，相牽北行。欲歸高邑，迷惑公得。

夬之履　䷉【經】占履三上爻【緯】飢蟲作害，多亂纏綿，不可得秋。

夬之泰

䷊【經】占泰四五爻

【緯】清冷如雲，爲兵導先。民人寃急，不知東西。

夬之小畜

䷈【經】占小畜四上爻

【緯】陰陽精液，高熟脫拆。治卵成鬼，肇生頭目。日有大喜。

夬之大有

䷍【經】占大有五上爻

【緯】鹿食美草，逍遙求飽。日暮後門，過期乃還。肥澤且厭。

夬之萃

䷬【經】占萃初二三爻

【緯】文母聖子，無疆壽考，爲天下主。

夬之蹇

䷦【經】占蹇初二四爻

【緯】首足易處，頭尾顛倒。公爲雌嫗，亂其蠶織。

夬之小過

䷽【經】占小過初二五爻

【緯】十里望煙，散渙四方。形體滅亡，可入深淵，終不見君。

夬之遯

䷠【經】占遯初二上爻

【緯】樹表爲壇，相與期言。午中不會，寵榮棄紱。

夬之坎

䷜【經】占坎初三四爻

【緯】城壞厭境，數爲齊病。侵伐不休，君臣擾憂。上下屈竭，士民乏財。

夬之解

䷧【經】占解初三五爻

【緯】登高望家，役事未休。王事靡盬，不得逍遙。

夬之訟

䷅【經】占訟初三上爻

【緯】東行破車，步入危家。衡門垂倒，無以爲主。賣袍續食，糟糠不飽。

夬之升

䷭【經】占升初四五爻

【緯】倔傀如儀，前後相違。言如鱉咳，語不可知。

夬之巽

䷸【經】占巽初四上爻

【緯】恬淡無患，遊戲道門。與神來往，長出以安。

夬之鼎

䷱【經】占鼎初五上爻

【緯】心無可據，射鹿不得。多言少實，語無成事。

夬之屯

䷂【經】占屯二三四爻

【緯】雞鳴失時，君騷於憂。犬吠不休，行者稽留。

夬之震

䷲【經】占震二三五爻

【緯】君明臣賢，鳴求其友。顯德之政，可以履土。

夬之无妄

䷘【經】占无妄二三上爻

【緯】戴笠獨宿，晝不見日。勤勞無妄，長勞悲思。

夬之明夷

䷣【經】占明夷二四五爻

【緯】夜長日短，陰爲陽賊。萬物空枯，藏於北陸。

夬之家人

䷤【經】占家人二四上爻

【緯】鳴鳩七子，均而不殆。長大成就，棄合於好。

夬之離

䷝【經】占離二五上爻

【緯】南國盛茂，黍稷醴酒。可以饗養，樂我嘉祐。

夬之臨　【經】占臨三四五爻

【緯】旦生夕死，名曰嬰鬼，不可潛視。道路不通，孩子心憒。

夬之中孚　【經】占中孚三四上爻

【緯】淵泉溢出，爲邑之祟。黄龍負舟，逐到夷陽。宛其玉囊。

夬之睽　【經】占睽三五上爻

【緯】三羊上山，馳至大原。新婚既樂，伯季有德。

夬之大畜　【經】占大畜四五上爻

【緯】始加元服，二十繫室。金木爲仇，百賊擅殺。

夬之比　【經】占比初二三四爻

【緯】異國殊俗，情不相得。歷險致遠，無有難處。

夬之豫　【經】占豫初二三五爻

【緯】日趍月步，周遍次舍。役夫嘉喜，入戶見妻。

夬之否　【經】占否初二三上爻

【緯】班馬旅師，以息勞疲。拘制籠檻，不得搖動。

夬之謙　【經】占謙初二四五爻

【緯】田鼠野雉，意尚欲去。驚之成患，委去酷殘。

夬之漸　【經】占漸初二四上爻

【緯】保辭解謝，除去垢汙。王母御後，文武何憂。

夬之旅　【經】占旅初二五上爻

【緯】北登鬼丘，駕龍東遊。歷山之下，可以多耕。歲精之節，民人安寧。

夬之師　【經】占師初三四五爻

【緯】青牛白咽，呼我俱田。以禮相終，身無災患。

夬之渙　【經】占渙初三四上爻

【緯】被服衣冠，遊戲道門。時多不利，使我後起。

夬之未濟　【經】占未濟初三五上爻

【緯】東失大珠，西行棄襦。時過我邑，羿無所得。

夬之蠱　【經】占蠱初四五上爻

【緯】晨風文翰，大舉就溫。霜降合好，西施在前。

夬之復　【經】占復二三四五爻

【緯】姬姜悅懽，二姓爲婚。涉井發難，唐叔爲患。

夬之益　【經】占益二三四上爻

【緯】孤獨特處，莫依無輔，心勞致苦。

夬之噬嗑　【經】占噬嗑二三五上爻

【緯】長城驪山，生民大殘。少齊在門，夫子懽喜。

夬之賁　【經】占賁二四五上爻

【緯】娶於姜呂，駕迎新婦。燎獵受福，老賴其慶。

夬之損　【經】占損三四五上爻

【緯】畏昏不行，候旦待明。

夬之坤　䷁【經】占坤初二三四五爻　【緯】歲暮花落，陽入陰室。萬物伏匿，絕不可得。

夬之觀　䷓【經】占觀初二三四上爻　【緯】疾貧望幸，使伯南販。開牢擇羊，多得大牂。

夬之晉　䷢【經】占晉初二三五上爻　【緯】執轡在朝，回還故處。麥秀傷心，叔父無憂。

夬之艮　䷳【經】占艮初二四五上爻　【緯】安土宜官，一日九遷。踰越群等，牧養常山。

夬之蒙　䷃【經】占蒙初三四五上爻　【緯】鳧鷖遊涇，君子以寧。履德不愆，福禄來成。

夬之頤　䷚【經】占頤二三四五上爻　【緯】二至靈臺，文所止遊。雲物備具，長樂無憂。

夬之剥　䷖【經】占剥卦彖辭　【緯】隨時草木，灌時葉起。扶疏條桃，長大盛美。華波鑠疏。

遯

䷠【經】占本卦彖辭　【緯】三塗五嶽，陽城太室。神明所住，獨無兵革。

遯之同人　䷌【經】占同人初爻　【緯】入市求鹿，不見頓足。終日至夜，竟無所得。

遯之姤　䷫【經】占姤二爻　【緯】陳媯敬仲，兆興齊姜。乃適營丘，八世大昌。

遯之否　䷋【經】占否三爻　【緯】海老水乾，魚鱉蕭索。高落無澗，獨有沙石。

遯之漸　䷴【經】占漸四爻　【緯】端坐生患，憂來入門，使我不安。

遯之旅　䷷【經】占旅五爻　【緯】跛足息肩，有所忌難。金城鐵郭，以銅爲關。藩屏自衛，安土無患。

遯之咸　䷞【經】占咸上爻　【緯】野有積庾，嗇人駕取。不逢狼虎，暮歸其宇。

遯之乾　䷀【經】占乾初二爻　【緯】軟弱無輔，不能自理。意在外野，心懷勞苦，雖憂不殆。

遯之无妄　䷘【經】占无妄初三爻　【緯】容民蓄衆，履德有信。大人受福，童蒙憂惑，利無所得。

遯之家人　䷤【經】占家人初四爻　【緯】不畏猛虎，依人爲輔。三夫執獸，伏不敢起，身安無咎。

遯之離　䷝【經】占離初五爻　【緯】折亡破甕，使我困貧。與母生分，別離異門。

遯之革　䷰【經】占革初上爻

【緯】福德之士，歡悅日喜。夷吾相國，三歸爲臣，貴流子孫。

遯之訟　䷅【經】占訟二三爻

【緯】德積不輕，辭王釣耕。三媒不已，大福來成。

遯之巽　䷸【經】占巽二四爻

【緯】江水沱汜，思附君子。伯仲處市，不我肯顧，姪娣恨悔。

遯之鼎　䷱【經】占鼎二五爻

【緯】清人高子，久屯外野。逍遙不歸，思我慈母。

遯之大過　䷛【經】占大過二上爻

【緯】敝笱在梁，魴逸不禁。漁父勞苦，焦喉乾口，虛空無有。

遯之觀　䷓【經】占觀三四爻

【緯】安止宜官，一日九遷。升擢超等，牧養常山。

遯之晉　䷢【經】占晉三五爻

【緯】積雪大寒，萬物不生。陰制庶士，時本寒貧。

遯之萃　䷬【經】占萃三上爻

【緯】缺將無憚，難從東西。毀破我盆，泛棄酒食。

遯之艮　䷳【經】占艮四五爻

【緯】路多枳棘，前刺我足。不利旅客，爲心作毒。

遯之蹇　䷦【經】占蹇四上爻

【緯】逢時陽遂，富且尊貴。

遯之小過　䷽【經】占小過五上爻

【緯】騎騅與蒼，南賈太行。逢蛟猛虎，爲所吞餐，葬於渭陽。

遯之履　䷉【經】占履初二三爻

【緯】老耄罷極，無取中直。懸輿致仕，得歸鄉國。

遯之小畜　䷈【經】占小畜初二四爻

【緯】畜牝無駒，養雞不雛。群羊三歲，不生兩頭。

遯之大有　䷍【經】占大有初二五爻

【緯】築門壅戶，虎臥當道。驚我驊騮，不利出處。

遯之夬　䷪【經】占夬初二上爻

【緯】擇日高飛，遠至東齊。見孔聖師，徒我相諧。

遯之益　䷩【經】占益初三四爻

【緯】膠車駕東，與雨相逢。五楘解墮，頓斬獨宿，憂爲身福。

遯之噬嗑　䷔【經】占噬嗑初三五爻

【緯】去惡就凶，東西多訟，行者無功。

遯之隨　䷐【經】占隨初三上爻

【緯】堯問大舜，聖德增益。使民不懼，安無怵惕。

遯之賁　䷕【經】占賁初四五爻

【緯】老馬垂耳，不見百里。君子弗恃，商人莫取，無與爲市。

遯之既濟　䷾【經】占既濟初四上爻　【緯】鎡基逢時，稷契皋陶。貞良得願，微子解囚，市恐無虎，謾言妄語。

遯之豐　䷶【經】占豐初五上爻　【緯】登高望時，見樂無憂。求利南國，與寶相得。

遯之渙　䷺【經】占渙二三四爻　【緯】雲夢苑囿，萬物蕃熾。犀象玳瑁，荆人以富。

遯之未濟　䷿【經】占未濟二三五爻　【緯】酒爲歡伯，除憂未樂。福善入門，與君相索，使我有得。

遯之困　䷮【經】占困二三上爻　【緯】雷車不藏，隱隱西行。霖雨三旬，流爲河江，使我憂凶。

遯之蠱　䷑【經】占蠱二四五爻　【緯】昭公失常，季氏悖狂。遊齊處鄆，喪其寵身。

遯之井　䷯【經】占井二四上爻　【緯】老河空虚，舊井無魚。利得不饒，避患東鄰。福來入門，使我悔存。

遯之恒　䷟【經】占恒二五上爻　【緯】繈褓孩孤，冠帶成家。出門如賓，父母何憂。

遯之剥　䷖【經】占剥三四五爻　【緯】蠛螺生子，深目黑醜。似類其母，雖或相就。衆人莫取。

遯之比　䷇【經】占比三四上爻　【緯】方内不行，輻摧輪傷。馬禁隄與，愛子閔時。

遯之豫　䷏【經】占豫三五上爻　【緯】王良善御，伯樂知馬。周旋步驟，行中規矩。止息有前，延命壽考。

遯之謙　䷎【經】占謙四五上爻　【緯】陶朱白圭，善賈息資。公子王孫，富貴不貧。

遯之中孚　䷼【經】占中孚初二三四爻　【緯】出門東行，日利辰良。步騎與駟，徑歷京邦。暮宿北燕，與樂相逢。

遯之睽　䷥【經】占睽初二三五爻　【緯】南山高岡，回隤難登。道路遼遠，行者無功。憂不改凶，惡亦消去。

遯之兌　䷹【經】占兌初二三上爻　【緯】芽蘖生達，陽唱於外。左手執籥，公言錫爵。

遯之大畜　䷙【經】占大畜初二四五爻　【緯】左跌右僵，前躓觸桑。其稽據石，傷其弟兄。老蠶不作，家無織帛。貴貨賤身，久留連客。

遯之需　䷄【經】占需初二四上爻　【緯】三首六目，政多煩惑。皋陶瘖聾，亂不可從。

遯之大壯　䷡【經】占大壯初二五上爻　【緯】陳力就列，官職無廢。手不勝盆，失其寵門。

遯之臨 ䷒【經】占臨卦彖辭

【緯】昏暮不行，候旦待明。復往止後，未得相從。張伯李季，各噬關門。

遯之師 ䷆【經】占師二三四五上爻

【緯】堅固相親，日篤無患。六體不易，孰為安全。雨師駕西，濡我轂輪。

遯之復 ䷗【經】占復初三四五上爻

【緯】百足俱行，相輔為強。三聖翼事，王室寵光。

遯之泰 ䷊【經】占泰初二四五上爻

【緯】繡緒亂絲，手與為災。越祕逐兔，斷其襌襦。

遯之歸妹 ䷵【經】占歸妹初二三五上爻

【緯】小賦之市，利不足喜。二世積仁，蒙其祖先。匪躬之言，狂悖為患。

遯之節 ䷻【經】占節初二三四上爻

【緯】渠戎萬里，晝夜愁苦。橐甲成服，雖荷不賊。鷹鸇之殃，害不能傷。

遯之損 ䷨【經】占損初二三四五爻

【緯】安坐至暮，禍災不到。利詰妒姝，皇宥不赦。

遯之坤 ䷁【經】占坤三四五上爻

【緯】周成之隆，刑措無凶。大衆讃祐，君子作仁。

遯之升 ䷭【經】占升二四五上爻

【緯】中夜狗吠，盜在廬外。神光佐助，消散歸去。

遯之解 ䷧【經】占解二三五上爻

【緯】求我所欲，得其利福。終身不辱，盈盛之門。高屋光覆，君先其固。

遯之坎 ䷜【經】占坎二三四上爻

【緯】盛中後跌，衰者復掇。盈滿或毀，疾羸肥膌。鄭昭失國，重耳興立。

遯之蒙 ䷃【經】占蒙二三四五爻

【緯】俱為夭民，雲過吾面。治民嫉妒，與我無恩。民一作門

遯之明夷 ䷣【經】占明夷初四五上爻

【緯】龍門海門，失理傷賢。內畔生賊，自為心疾。遠扣天門，入見真君。馬全人安。

遯之震 ䷲【經】占震初三五上爻

【緯】驪駒黑鬃，東歸高鄉。白虎推輪，蒼龍把衡。朱雀導引，靈鳥載遊。

遯之屯 ䷂【經】占屯初三四上爻

【緯】穴有狐鳥，坎生蝦蟆。象去萬里，不可得捕。

遯之頤 ䷚【經】占頤初三四五爻

【緯】昏人旦明，賣食老昌。國祚東表，號稱太公。

訟

【經】占本卦彖辭　【緯】文巧俗弊，將反大質。僵死如麻，流血濡櫓。皆知其母，不識其父，干戈乃止。

訟之履　【經】占履初爻　【緯】樹植藿豆，不得芸鋤。王事靡盬，秋無人收。

訟之否　【經】占否二爻　【緯】數窮廓落，困於曆室。卒登玉堂，與堯侑食。

訟之姤　【經】占姤三爻　【緯】麒鳳所游，安樂無憂。

訟之渙　【經】占渙四爻　【緯】機杼騰擾，女功不成。長妹許嫁，衣無襦袴。聞禍不成，兇惡消去。

訟之未濟　【經】占未濟五爻　【緯】避患東西，反入禍門。糟糠不足，憂愁我心。

訟之困　【經】占困上爻　【緯】絆跳不遠，心與言反。尼父望家，萏菡未華。

訟之无妄　【經】占无妄初二爻　【緯】合體比翼，嘉耦相得，與君同好，使我有福。

訟之乾　【經】占乾初三爻　【緯】文王四乳，仁愛篤厚。子畜十男，夭折無有。

訟之中孚　【經】占中孚初四爻　【緯】謝恩拜德，東歸吾國。舞蹈欣悅，歡樂受福。

訟之睽　【經】占睽初五爻　【緯】秋冬探巢，不得鵲雛。銜指北去，愧我少姬。

訟之兌　【經】占兌初上爻　【緯】執玉歡喜，配之解孿。危詳及安，使我無患。

訟之遯　【經】占遯二三爻　【緯】疾貧望幸，使伯行販。闚牢擇羊，喜得大牂。

訟之觀　【經】占觀二四爻　【緯】欽明之德，坐前玉食。必保嘉善，長受安福。

訟之晉　【經】占晉二五爻　【緯】右手棄酒，左手牧牂。行逢禮御，餌得玉杯。

訟之萃　【經】占萃二上爻　【緯】褰衣涉河，水深請罷。賴幸舟子，濟脫無他。

訟之巽　【經】占巽三四爻　【緯】行觸大諱，與司命忤，執囚束縛，拘制於吏。

訟之鼎　【經】占鼎三五爻　【緯】虎聚摩牙，以待豚豬。往必傷亡，宜利止居。一作：虎厲其牙，以待犬豬。往必傷殘，摧敗無餘。利以止居。

訟之大過 ䷛【經】占大過三上爻

【緯】啞啞笑言，與善飲食。長樂行觴，千秋起舞，拜受大福。

訟之蒙 ䷃【經】占蒙四五爻

【緯】奎軫溫湯，過角宿房。宣時布和，無所不通。

訟之坎 ䷜【經】占坎四上爻

【緯】初憂後喜，與福爲市。八佾列陳，飲御諸友。

訟之解 ䷧【經】占解五上爻

【緯】南徙無廬，鳥破其巢。伐木思初，不利動搖。

訟之同人 ䷌【經】占同人初二三爻

【緯】子鉏執麟，春秋作陰。元聖將終，尼父悲心。

訟之益 ䷩【經】占益初二四爻

【緯】延頸望酒，不入我口。初喜後否，利得無有。

訟之噬嗑 ䷔【經】占噬嗑初二五爻

【緯】武夫司空，多口爭訟。金火當戶，民不安處。年饑無有。

訟之隨 ䷐【經】占隨初二上爻

【緯】甲乙丙丁，俱歸我庭。三丑六子，入門見母。

訟之小畜 ䷈【經】占小畜初三四爻

【緯】獐鹿逐牧，安飽其居。反返次舍，無有疾故。

訟之大有 ䷍【經】占大有初三五爻

【緯】尹氏伯奇，父子生離。無罪被辜，長舌所爲。

訟之夬 ䷪【經】占夬初三上爻

【緯】披髮傾走，寇逐我後。亡失刀兵，身全不傷。

訟之損 ䷨【經】占損初四五爻

【緯】爭訟不已，更相牽擊。張季弱口，被髮北走。

訟之節 ䷻【經】占節初四上爻

【緯】金人鐵距，火燒左右。雖俱不恐，獨得全處。

訟之歸妹 ䷵【經】占歸妹初五上爻

【緯】孤翁寡婦，獨宿悲苦。目張耳鳴，無與笑語。

訟之漸 ䷴【經】占漸二三四爻

【緯】營室紫宮，堅不可攻。明神建德，君受大福。

訟之旅 ䷷【經】占旅二三五爻

【緯】載金販狗，利棄我走。藏匿淵底，悔折爲咎。

訟之咸 ䷞【經】占咸二三上爻

【緯】鳳凰在左，麒麟處右。仁聖相遇，伊呂集聚。時無殃咎，福爲我母。

訟之剥 ䷖【經】占剥二四五爻

【緯】負牛上山，力少行難。烈風雨雪，遮遏我前。中道復還，憂苦自歡。

訟之比 ䷇【經】占比二四上爻 【緯】水流趨下，欲至東海。求我所有，買鲂與鯉，足關路止。

訟之豫 ䷏【經】占豫二五上爻 【緯】弱雞無距，與鵲格鬥。翅折目盲，爲鳩所傷。復歸野廬，與母相扶。

訟之蠱 ䷑【經】占蠱三四五爻 【緯】桑葉螟蠹，衣弊如絡。女工不成，絲布爲玉。

訟之井 ䷯【經】占井三四上爻 【緯】大壯肥牸，惠我諸舅。内外和睦，不憂饑渴。

訟之恒 ䷟【經】占恒三五上爻 【緯】區脱康居，慕仁入朝。湛露之歡，三爵畢恩，復歸舊廬。否之坎。

訟之師 ䷆【經】占師四五上爻 【緯】梟得水沒，喜笑自啄。毛羽悅澤，利以攻玉。公出不復，伯氏客宿。

訟之家人 ䷤【經】占家人初二三四爻 【緯】戴堯扶禹，松喬彭祖。西遇王母，道路夷易，無敢難者。

訟之離 ䷝【經】占離初二三五爻 【緯】西徙無家，破其新車。王孫失利，不如止居。

訟之革 ䷰【經】占革初二三上爻 【緯】黄帝建元，文德在身。禄若陽春，封爲魯君。

訟之頤 ䷚【經】占頤初二四五爻 【緯】兩心不同，或從西東。明論終日，莫適相從。

訟之屯 ䷂【經】占屯初二四上爻 【緯】東上泰山，見堯自言。伸理我冤，以解憂患。

訟之震 ䷲【經】占震初二五上爻 【緯】天地配享，六位光明。陰陽順序，以成和平。蒙之小畜

訟之大畜 ䷙【經】占大畜初三四五爻 【緯】憒憒不悅，憂從中出。喪我寶貝，亡妾失位。

訟之需 ䷄【經】占需初三四上爻 【緯】飲船牽頭，雖拘無憂。王母善禱，禍不成災。

訟之大壯 ䷡【經】占大壯初三五上爻 【緯】處高不傷，雖危不亡。握珠懷玉，還歸其鄉。

訟之臨 ䷒【經】占臨初四五上爻 【緯】開牢辟門，巡狩釋冤。夏臺羑里，商文悅喜。

訟之艮 ䷳【經】占艮二三四五爻 【緯】猿墮高木，不踒手足。保我金玉，還歸其室。

訟之蹇 ䷦【經】占蹇二三四上爻 【緯】兩羝三牂，俱之我鄉。留連多難，損其食糧。

訟之小過 ䷽【經】占小過二三五上爻 【緯】青牛白咽，呼我俱田，歷山之下，可以多耕。歲樂時節，人民安寧。

訟之坤 【經】占坤二四五上爻 【緯】日入望東，不見子家。長女無夫，左手搔頭。

訟之升 【經】占升三四五上爻 【緯】憒憒不悅，憂從中來。喪我金罌，無妄失位。

訟之賁 【經】占賁初二三四五爻 【緯】紫闕九重，尊嚴在中。黄帝堯舜，履行至公。冠帶垂衣，天下康寧。

訟之既濟 【經】占既濟初二三四上爻 【緯】白雉群雎，慕德朝貢。湛露之恩，使我得歡。

訟之豐 【經】占豐初二三五上爻 【緯】低頭窺視，有所畏避。行者不利，酒酸魚敗，衆莫貪嗜。

訟之復 【經】占復初二四五上爻 【緯】褰兔缺唇，行難齒寒，口痛不言，爲身生患。

訟之泰 【經】占泰初三四五上爻 【緯】弱水之西，有西王母。生不知死，與天相保。行者危殆，利居善喜。

訟之謙 【經】占謙二三四五上爻 【緯】蟠木折枝，與母别離。九皋難和，絕不相知。

訟之明夷 【經】占明夷卦彖辭 【緯】養虎牧狼，還自賊傷。大勇小捷，雖危不亡。

巽

【經】占本卦彖辭 【緯】温山松柏，常茂不落。鸞鳳以芘，得其歡樂。

巽之小畜 【經】占小畜初爻 【緯】闇昧不明，耳聾不聰。陷入深淵，滅頂成凶。

巽之漸 【經】占漸二爻 【緯】戴盆望天，不見星辰。顧小失大，福逃牆外。

巽之涣 【經】占涣三爻 【緯】畫龍頭頸，文章未成。甘言美語，詭辭無名。

巽之姤 【經】占姤四爻 【緯】隨風乘龍，與利相逢。田獲三倍，商旅有功。憧憧之邑，長安無他。

巽之蠱 【經】占蠱五爻 【緯】平國不君，夏氏作亂。烏號竊發，靈公殞命。

巽之井 【經】占井上爻 【緯】山水暴怒，壞梁折柱。稽難行旅，留連愁苦。

巽之家人 【經】占家人初二爻 【緯】西誅不服，恃強負力。倍道奔敵，師徒敗覆。

巽之中孚 【經】占中孚初三爻 【緯】陰作大奸，欲君勿言。鴻鵠利口，發其禍亂。荆季懷憂，張相被患。

巽之乾　【經】占乾初四爻

【緯】采唐沬鄉，要我桑中。失信不會，憂在鉤帶。臨之大過

巽之大畜　【經】占大畜初五爻

【緯】爭雉失羊，亡其金囊。利得不長，陳蔡之患，賴楚以安。

巽之需　【經】占需初上爻

【緯】齎貝贖狸，不聽我辭。繫於虎鬚，牽不得來。

巽之觀　【經】占觀二三爻

【緯】讒言亂國，覆是爲非。伯奇流離，恭子憂哀。

巽之遯　【經】占遯二四爻

【緯】三雞啄粟，十雛從食。飢鳶卒擊，凶其兩叔。

巽之艮　【經】占艮二五爻

【緯】宮門悲鳴，臣圍其君，不得東西。

巽之蹇　【經】占蹇二上爻

【緯】磝磽禿白，不生黍稷。無以供祭，祇靈代祀。

巽之訟　【經】占訟三四爻

【緯】一簧兩舌，佞言諂語。三奸成帛，曾母投杼。

巽之蒙　【經】占蒙三五爻

【緯】他山之錯，與璆爲仇。夾攻吾城，傷我肌膚，邦家搔擾。

巽之坎　【經】占坎三上爻

【緯】持鵲抱子，見蛇何咎。室家俱在，不失其所。

巽之鼎　【經】占鼎四五爻

【緯】矢石所射，襄公痫據。吳子巢門，傷病不治。

巽之大過　【經】占大過四上爻

【緯】晨風文翰，大舉就溫。過我成邑，羿無所得。

巽之升　【經】占升五上爻

【緯】雖塞復通，履危不凶。保其明功，以道立宗。

巽之益　【經】占益初二三爻

【緯】兄征東燕，弟伐遼西。大克勝還，封君河間。

巽之同人　【經】占同人初二四爻

【緯】天旱水涸，枯槁無澤，未有所穫。

巽之賁　【經】占賁初二五爻

【緯】望城抱子，見邑殆不。公孫上堂，大君歡喜。

巽之既濟　【經】占既濟初二上爻

【緯】禹將爲君，北入崑崙。稍進陽光，登見溫湯，功德昭明。

巽之履　【經】占履初三四爻

【緯】霧露早霜，日暗不明。陰陽孽疾，年穀大傷。

巽之損　【經】占損初三五爻

【緯】宜行賈市，所求必倍。載喜抱子，與利爲友。

巽之節 ䷻【經】占節初三上爻

【緯】嬰兒孩子，未有知識。彼童而角，亂我政事。

巽之大有 ䷍【經】占大有初四五爻

【緯】陶朱白圭，善賈息貲。公子王孫，富利不貧。

巽之夬 ䷪【經】占夬初四上爻

【緯】初雖驚惶，後乃無傷。受其福慶，相孝爲王。

巽之泰 ䷊【經】占泰初五上爻

【緯】三階土廓，德義明堂。交讓往來，享燕相承。箕伯朝王，錫我元黄。

巽之否 ䷋【經】占否二三四爻

【緯】爭雞失羊，利得不長。陳蔡之患，賴楚以安。

巽之剥 ䷖【經】占剥二三五爻

【緯】三虫爲蠱，劃跡無與。勝母盜泉，君子弗處。姤之觀

巽之比 ䷇【經】占比二三上爻

【緯】天門九重，澤内難通。明登到暮，不見神公。

巽之旅 ䷷【經】占旅二四五爻

【緯】善門福喜，增累盛熾。日就有得，宜其家國。

巽之咸 ䷞【經】占咸二四上爻

【緯】無足斷跟，居處不安，凶惡爲患。

巽之謙 ䷎【經】占謙二五上爻

【緯】黿厭江海，陸行不止。自令枯槁，失其都市，憂悔無咎。

巽之未濟 ䷿【經】占未濟三四五爻

【緯】五嶽四瀆，含潤爲德。行不失理，民賴恩福。

巽之困 ䷮【經】占困三四上爻

【緯】坤厚地德，庶物蕃植。平康正直，以綏大福。

巽之師 ䷆【經】占師三五上爻

【緯】薄行搔尾，逐雲塗水。污泥爲陸，下田宜稷。

巽之恒 ䷟【經】占恒四五上爻

【緯】破筐敝筥，棄捐於道，不復爲寶。

巽之无妄 ䷘【經】占无妄初二三四爻

【緯】欲訪子車，善相欺紿。桓叔相迎，不見所恩。

巽之頤 ䷚【經】占頤初二三五爻

【緯】歲莫花落，陽入陰室。萬物伏匿，利不可得。

巽之屯 ䷂【經】占屯初二三上爻

【緯】仁政之德，參參日息。成都就邑，日受厥福。

巽之離 ䷝【經】占離初二四五爻

【緯】隱隱大雷，滂霈爲雨。有女癡狂，驚駭鄰里。

巽之革 ䷰【經】占革初二四上爻

【緯】使燕築室，身不庇宿。家無聊賴，織我衣服。

巽之明夷 ䷣【經】占明夷初二五上爻

【緯】典策法書，藏在蘭臺。雖遭潰亂，獨不遇災。

巽之睽 ䷥【經】占睽初三四五爻

【緯】春陽生草，夏長條肆。萬物蕃滋，充實益有。

巽之兌 ䷹【經】占兌初三四上爻

【緯】南山之陽，華葉將將。嘉樂君子，爲國寵光。

巽之臨 ䷒【經】占臨初三五上爻

【緯】巨蛇大鰌，戰於國郊。上下閉塞，君遯走逃。

巽之大壯 ䷡【經】占大壯初四五上爻

【緯】乘車七百，以明文德。踐土葵丘，齊晉受福。

巽之晉 ䷢【經】占晉二三四五爻

【緯】百足俱行，相輔爲強。三聖翼事，王室寵光。

巽之萃 ䷬【經】占萃二三四上爻

【緯】魚擾水濁，寇圍吾邑。城危不安，驚恐狂惑。

巽之坤 ䷁【經】占坤二三五上爻

【緯】有鳥飛來，集於宮樹。鳴聲畏惡，主將出去。

巽之小過 ䷽【經】占小過二四五上爻

【緯】德之流行，利之四鄉。雨師灑道，風伯逐殃。巡狩封禪，以告成功。

巽之解 ䷧【經】占解三四五上爻

【緯】褰衣涉河，澗流浚多。幸賴舟子，濟脫無他。

巽之噬嗑 ䷔【經】占噬嗑初二三四五爻

【緯】鬱怏不明，爲陰所傷。衆霧集聚，共奪日光。

巽之隨 ䷐【經】占隨初二三四上爻

【緯】田鼠野雞，意常欲逃。拘制籠檻，不得動搖。

巽之復 ䷗【經】占復初二三五上爻

【緯】車馳人趨，卷甲相求。齊魯寇戰，敗於大丘。

巽之豐 ䷶【經】占豐初二四五上爻

【緯】天陰霖雨，塗行泥潦。商人休止，市無所有。

巽之歸妹 ䷵【經】占歸妹初三四五上爻

【緯】天之所明，禍不遇家。反目相逐，終得和美。

巽之豫 ䷏【經】占豫二三四五上爻

【緯】黄鳥採蓄，既嫁不答。念吾父兄，思復邦國。

巽之震 ䷲【經】占震卦象辭

【緯】日月運行，一寒一暑。榮寵赫赫，不可得保。顛隕墜墮，更爲士伍。

鼎

䷱【經】占本卦象辭

【緯】積德之君，仁政且溫。伊呂股肱，國富民安。

鼎之大有 【經】占大有初爻

【緯】羔裘豹衣，高易我宇。君子惟好，至老無憂。

鼎之旅 【經】占旅二爻

【緯】灼火泉源，釣魴山巔。魚不可得，火不肯燃。

鼎之未濟 【經】占未濟三爻

【緯】螟虫爲賊，害我稼穡。盡禾殫麥，秋無所得。

鼎之蠱 【經】占蠱四爻

【緯】商人行旅，資無所有。貪貝逐利，留連王市。轘轅内安，君子何咎。

鼎之姤 【經】占姤五爻

【緯】砥德礪材，果當成周。拜受大命，封爲齊侯。

鼎之恒 【經】占恒上爻

【緯】詭言譯語，仇禍相得。冰入炭室，消滅不息。

鼎之離 【經】占離初二爻

【緯】伯蹇叔盲，莫爲守裝。失我衣裘，我是陰邦。

鼎之睽 【經】占睽初三爻

【緯】海隅遼右，福禄所在。柔嘉義禮，九夷何咎。

鼎之大畜 【經】占大畜初四爻

【緯】十子夫九，莫適與居。貞心不宣，至今名孤。

鼎之乾 【經】占乾初五爻

【緯】頃筐卷耳，憂不能傷。心思古人，悲慕失母。

鼎之大壯 【經】占大壯初上爻

【緯】朝暮日月，四馬過隙。歲短期促，時難再得。

鼎之晉 【經】占晉二三爻

【緯】耳闕道喪，所爲不成，所求匪得。

鼎之艮 【經】占艮二四爻

【緯】禹召諸神，南山會稽。執玉萬國，天下康寧。

鼎之遯 【經】占遯二五爻

【緯】彭生爲妖，暴龍作災。盜堯衣裳，聚跖荷兵。青禽照夜，三日夷亡。

鼎之小過 【經】占小過二上爻

【緯】蔡侯朝楚，留連江渚。踰時歷月，思其君后。

鼎之蒙 【經】占蒙三四爻

【緯】文王四乳，仁愛篤厚。子畜十男，夭折無有。

鼎之訟 【經】占訟三五爻

【緯】三雛相逐，蠅墜釜中。灌沸潦殪，與母長決。

鼎之解 【經】占解三上爻

【緯】低頭竊視，有所畏避。行作不利，酒酸魚敗，衆莫貪嗜。

鼎之巽 【經】占巽四五爻

【緯】避患東西，反入禍門。糟糠不足，憂動我心。

鼎之升 ䷭【經】占升四上爻 【緯】安坐玉牀，聽詔行觴。飲福萬歲，日壽無疆。

鼎之大過 ䷛【經】占大過五上爻 【緯】作室山根，所以爲安。一夕崩巔，破我饔餐。

鼎之噬嗑 ䷔【經】占噬嗑初二三爻 【緯】東行西步，失其次舍。乾侯野井，昭君喪居。

鼎之賁 ䷕【經】占賁初二四爻 【緯】腫脛病腹，陷廁污辱。命短時極，孤子哀哭。

鼎之同人 ䷌【經】占同人初二五爻 【緯】羅張目列，圍合有缺。採捕無功，魚鳥得脱。

鼎之豐 ䷶【經】占豐初二上爻 【緯】白馬駿騮，更生不休。富我商人，利得如丘。

鼎之損 ䷨【經】占損初三四爻 【緯】左輔右弼，金玉滿堂。常盈不亡，富如敖倉。

鼎之履 ䷉【經】占履初三五爻 【緯】長子入獄，婦饋母哭。霜降旬日，嚮晦伏法。

鼎之歸妹 ䷵【經】占歸妹初三上爻 【緯】俟叔興起，季子富有。照臨楚國，荆蠻是安。

鼎之小畜 ䷈【經】占小畜初四五爻 【緯】東家殺牛，汙臭腥臊。神背西顧，命絕衰周。亳社災燒，宋人夷誅。

鼎之泰 ䷊【經】占泰初四上爻 【緯】溫山松柏，常茂不落。鳳凰以庇，得其歡樂。

鼎之夬 ䷪【經】占夬初五上爻 【緯】東行西走，喪其犬馬。南求騂騮，失車林下。

鼎之剥 ䷖【經】占剥二三四爻 【緯】切膚近災，虎絕我鬚。小人横暴，君子何災。

鼎之否 ䷋【經】占否二三五爻 【緯】大屋之下，朝多君子。德施溥育，宋受其福。

鼎之豫 ䷏【經】占豫二三上爻 【緯】銷鋒鑄耜，縱牛牧馬。甲兵解散，夫婦相保。

鼎之漸 ䷴【經】占漸二四五爻 【緯】忉忉怛怛，如將不和。和睦之恩，靈輒以存，獲生保年。

鼎之謙 ䷎【經】占謙二四上爻 【緯】大頭明目，載受福喜。三雀飛來，與禄相得。

鼎之咸 ䷞【經】占咸二五上爻 【緯】褒寵溢尤，敗政傾家。覆我宗國，秦滅周室。

鼎之渙 ䷺【經】占渙三四五爻 【緯】虎飢欲食，見蝟而伏。禹通龍門，避咎除禍，無醜以安。

鼎之師　【經】占師三四上爻　【緯】所望在外，鼎令方來。拭爵滌罍，炊食待之，不爲季憂。

鼎之困　【經】占困三五上爻　【緯】登高望家，役事未休。王事靡盬，不得逍遥。

鼎之井　【經】占井四五上爻　【緯】擊鼓陷陔，不得相踰。章甫文德，福厭禍消。

鼎之頤　【經】占頤初二三四爻　【緯】車行稻麥，遂至家國。樂土無災，君子何憂。

鼎之无妄　【經】占无妄初二三五爻　【緯】兵征大宛，北出玉關。與胡寇戰，平城道西。七日絶糧，身幾不全。

鼎之震　【經】占震初二三上爻　【緯】老猾大偷，東行盜珠。困於噬敖，幾不得去。

鼎之家人　【經】占家人初二四五爻　【緯】南上泰山，困於空桑。左沙右石，牛馬無食。

鼎之明夷　【經】占明夷初二四上爻　【緯】申公患楚，危不自安。重耳出奔，側喪其魂。

鼎之革　【經】占革初二五上爻　【緯】追亡逐北，呼還幼叔。至止而德，復歸其室。

鼎之中孚　【經】占中孚初三四五爻　【緯】雙鳧鴛鴦，相隨群行。南至饒澤，食魚與粱。君子樂長。

鼎之臨　【經】占臨初三四上爻　【緯】火入井口，陽芒生角。犯歷天門，窺見太微。登上玉牀，家易其公。

鼎之兌　【經】占兌初三五上爻　【緯】我王多寵，商人惶恐。生其禍心，使我危殆，終無災咎。

鼎之需　【經】占需初四五上爻　【緯】容民畜衆，不離其居。

鼎之觀　【經】占觀二三四五爻　【緯】秋隼冬翔，數被嚴霜。甲兵充庭，萬物不生。雄火夜鳴，民擾大驚。

鼎之坤　【經】占坤二三四上爻　【緯】郤叔賈貸，行禄多悔，利無所得。

鼎之萃　【經】占萃二三五上爻　【緯】西逢王母，慈我九子。相對歡喜，王孫萬戶。家蒙福祉。

鼎之蹇　【經】占蹇二四五上爻　【緯】陽春生長，萬物茂壯。垂秋布葉，君子比德。

鼎之坎　【經】占坎三四五上爻　【緯】六人俱行，各遺其囊。黄鵠失珠，無以爲明。

鼎之益　【經】占益初二三四五爻　【緯】坐朝垂軒，據德宰民。虞叔受命，六合和親。

鼎之復 ䷗【經】占復初二三四上爻

【緯】女室作毒，爲我心疾。和弗能治，晉人赴吉。

鼎之隨 ䷐【經】占隨初二三五上爻

【緯】吉月車攻，田弋雙禽。宣王飲酒，以告嘉功。

鼎之既濟 ䷾【經】占既濟初二四五上爻

【緯】驂車駕東，與雨相逢。五粲解墮，頹杌獨坐，憂爲身禍。

鼎之節 ䷻【經】占節初三四五上爻

【緯】安民呼池，玉杯大案。泉如白蜜，一挹獲願。

鼎之比 ䷇【經】占比二三四五上爻

【緯】陸居少泉，高山無雲。車行千里，塗汙爾輪。亦爲我患。

鼎之屯 ䷂【經】占屯卦彖辭

【緯】蹷足狂跛，怪碎不行。棄捐平人，名字無中。

大過

䷛【經】占本卦彖辭

【緯】典冊法書，藏在蘭臺。雖遭亂潰，獨不遇災。

大過之夬 ䷪【經】占夬初爻

【緯】旁多小星，三五在東。早夜以行，勞苦無功。

大過之咸 ䷞【經】占咸二爻

【緯】愛我嬰女，牽引不得。冀幸高貴，反曰下賤。

大過之困 ䷮【經】占困三爻

【緯】大步上車，南到喜家。送我貂裘，與福載來。

大過之井 ䷯【經】占井四爻

【緯】賊仁傷德，天怒不福。斬刈宗社，失其土宇。

大過之恒 ䷟【經】占恒五爻

【緯】宜行賈市，所取必倍。載喜抱子，與利爲友。

大過之姤 ䷫【經】占姤上爻

【緯】東鄉煩煩，相與笑言。子般鞭苹，圉人作患。

大過之革 ䷰【經】占革初二爻

【緯】從猬見虎，雖危無殆，終已不處。

大過之兑 ䷹【經】占兑初三爻

【緯】冽潔緤緤，綈搆難解。嫫母銜嫁，媒不得坐，自爲身禍。

大過之需 ䷄【經】占需初四爻

【緯】大樹之子，百條共母。當夏六月，枝葉盛茂。鸞鳳以庇，召伯避暑。

翩翩偃仰，各得其所。

大過之大壯 ䷡【經】占大壯初五爻

【緯】赤帝懸車，廢職不朝。叔帶之災，君子記廬。

大過之乾 ䷀【經】占乾初上爻 【緯】日在北陸，陰蔽陽目。萬物空虛，不見長育。

大過之萃 ䷬【經】占萃二三爻 【緯】鼻移在頭，枯葦復生。下朽上榮，家乃不寧，其舍不成。

大過之蹇 ䷦【經】占蹇二四爻 【緯】春桃生華，季女宜家。受福多年，男爲邦君。

大過之小過 ䷽【經】占小過二五爻 【緯】兩心相悅，共其柔筋。夙夜在公，不離房中。得君子意。

大過之遯 ䷠【經】占遯二上爻 【緯】坐席未溫，憂來扣門。踰牆北走，兵交我後，脫於虎口。

大過之坎 ䷜【經】占坎三四爻 【緯】坐爭立訟，紛紛哅哅。卒成禍亂，災及家公。

大過之解 ䷧【經】占解三五爻 【緯】高山之巔，去地億千。雖有兵寇，足以自守。

大過之訟 ䷅【經】占訟三上爻 【緯】秉鉞執殳，挑戰先驅。不役元帥，敗破爲憂。

大過之升 ䷭【經】占升四五爻 【緯】蝦蟆群聚，從天請雨。雲雷集聚，應時輒與，得其所願。

大過之巽 ䷸【經】占巽四上爻 【緯】仲春巡狩，東見群后。昭德允明，不失其所。

大過之鼎 ䷱【經】占鼎五上爻 【緯】履行素德，卒蒙祐福。與棄侑食，君子有息。

大過之隨 ䷐【經】占隨初二三爻 【緯】浼浼促促，塗泥至轂。雨濘不進，虎囓不得。

大過之既濟 ䷾【經】占既濟初二四爻 【緯】載餽茹田，破鉏失餐。苗稼不闢，獨飢於年。

大過之豐 ䷶【經】占豐初二五爻 【緯】歲暮花落，君衰於德。榮寵殞墜，陰棄其室。

大過之同人 ䷌【經】占同人初二上爻 【緯】乘龍南遊，夜過糟丘，脫厄增憂。繒絕魯傷，羿不得美。

大過之節 ䷻【經】占節初三四爻 【緯】朝霽暮露，織我衣濡，道無行牛。

大過之歸妹 ䷵【經】占歸妹初三五爻 【緯】蓄水待時，以備火災。駐車絆馬，郊行出旅，可以無咎。

大過之履 ䷉【經】占履初三上爻 【緯】狗吠夜驚，履鬼頭頸。危者弗傾，患者不成。

大過之泰 ䷊【經】占泰初四五爻 【緯】當年少寡，獨與孤處。雞鳴犬吠，無敢難者。我生不辰，獨嬰寒苦。

大過之小畜䷈【經】占小畜初四上爻

【緯】西鄰小女，未有所許。志如委衣，不出房戶。心無所處，傅母何咎。

大過之大有䷍【經】占大有初五上爻

【緯】馬躓車傷，長舌破家。東關二五，晉君出走。

大過之比䷇【經】占比二三四爻

【緯】衰滅無幾，淵溺在項。吠狗夜驚，家乃不寧。

大過之豫䷏【經】占豫二三五爻

【緯】晨風文翰，火舉就溫。時過我邑，羿無所得。

大過之否䷋【經】占否二三上爻

【緯】無道之君，鬼哭其門。命與下國，絕不得食。

大過之謙䷎【經】占謙二四五爻

【緯】瓜花瓠實，百女同室。醯苦不熟，未有妃合。

大過之漸䷴【經】占漸二四上爻

【緯】臺駘昧子，明知地理。障澤宣德，封居河涘。

大過之旅䷷【經】占旅二五上爻

【緯】夏敗蔡悲，千里爲市。黃落澧鬱，利得無有。

大過之師䷆【經】占師三四五爻

【緯】啓室開門，巡狩釋冤。夏臺羑里，湯文悅喜。

大過之渙䷺【經】占渙三四上爻

【緯】鳥嚕夜中，以戒災凶。重門擊柝，備憂外客。

大過之未濟䷿【經】占未濟三五上爻

【緯】甘露醴泉，太平機關。仁德感應，歲樂民安。

大過之蠱䷑【經】占蠱四五上爻

【緯】膠車駕東，與雨相逢。放革懈惰，頓禹獨坐。憂不爲禍。

大過之屯䷂【經】占屯初二三四爻

【緯】涉塗履危，不利有爲。安坐垂堂，乃無災殃。門戶自開，君憂不昌。

大過之震䷲【經】占震初二三五爻

【緯】利在北陸，寒苦難得。憂危之患，福爲道門，商叔生存。

大過之无妄䷘【經】占无妄初二三上爻

【緯】風怒漂木，女感生疾。陽失其時，陰孽爲賊。

大過之明夷䷣【經】占明夷初二四五爻

【緯】逐雁南飛，馬疾牛罷。不見漁池，失利憂危。牢戶之冤，脫免無患。

大過之家人䷤【經】占家人初二四上爻

【緯】推輦上山，高仰重難。終日至暮，不見阜巔。

大過之離䷝【經】占離初二五上爻

【緯】凶憂爲殘，使我不安。從之南國，以除心疾。

大過之臨䷒【經】占臨初三四五爻

【緯】六家作權，公室剖分。陰制其陽，唐叔失明。

大過之中孚 ䷼【經】占中孚初三四上爻

【緯】抱璞懷玉，與桀跖觴。詘坐不申，道無良人。

大過之睽 ䷥【經】占睽初三五上爻

【緯】憂不爲患，福在堂門，使君偃安。

大過之大畜 ䷙【經】占大畜初四五上爻

【緯】車馬疾傷，不利越鄉。幽人無貪，去晦就明。

大過之坤 ䷁【經】占坤二三四五爻

【緯】鬼泣哭社，悲商無後。甲子昧爽，殷人絕祀。

大過之觀 ䷓【經】占觀二三四上爻

【緯】去室離家，來奔大都。火息復明，姬伯以昌，商人失功。

大過之晉 ䷢【經】占晉二三五上爻

【緯】子畏於匡，厄困陳蔡。明德不危，竟自免害。

大過之艮 ䷳【經】占艮二四五上爻

【緯】四蹇六盲，足痛難行。終日至暮，不離其鄰。

大過之蒙 ䷃【經】占蒙三四五上爻

【緯】陽失其紀，枯木復起。秋華冬實，君不得食。

大過之復 ䷗【經】占復初二三四五爻

【緯】出入無時，憂患爲災。行人失牛，利去不來。若馬遺駒，勿與久居。

大過之益 ䷩【經】占益初二三四上爻

【緯】太微復明，說升傅巖，乃稱高宗。

大過之噬嗑 ䷔【經】占噬嗑初二三五上爻

【緯】牧羊稻園，聞虎喧讙。危懼喘息，終無禍患。

大過之賁 ䷕【經】占賁初二四五上爻

【緯】嬰兒求乳，母歸其子。黃麑悅喜，乃得甘飽。

大過之損 ䷨【經】占損初三四五上爻

【緯】過時歷月，役夫憔悴。處子嘆室，思我伯叔。

大過之剥 ䷖【經】占剥二三四五上爻

【緯】廓落失業，跨禍變福，利無所得。

大過之頤 ䷚【經】占頤卦彖辭

【緯】三奇六耦，各有所主。周南召南，聖人所在。德義流行，民悅以喜。

无妄

䷘【經】占本卦彖辭

【緯】夏臺羑里，湯文厄處。皋陶聽斷，岐人悅喜。西望華首，東歸無咎。

无妄之否 ䷋【經】占否初爻

【緯】天厭周德，命與南國。以禮靜民，兵革休息。

无妄之履 ䷉【經】占履二爻

【緯】啞啞笑語，與歡飲酒。長樂行觴，千秋起舞，拜受大福。

无妄之同人䷌【經】占同人三爻【緯】蘊遏隄防，水不得行。火光盛陽，陰魄伏匿，走歸其鄉。

无妄之益䷩【經】占益四爻【緯】魚擾水濁，桀亂我國。駕龍出遊，東之樂邑。天賜我禄，與生爲福。

无妄之噬嗑䷔【經】占噬嗑五爻【緯】戴喜抱子，與利爲友。天之所命，不憂危殆。荀伯勞苦，西來王母。

无妄之隨䷐【經】占隨上爻【緯】破亡之國，天所不福，難以止息。

无妄之訟䷅【經】占訟初二爻【緯】不耕而穫，家食不給。中女無良，長子跛足。疏齒善市，商人有喜。

无妄之遯䷠【經】占遯初三爻【緯】官成立政，衣就缺袂。恭謙爲衛，終無禍尤。

无妄之觀䷓【經】占觀初四爻【緯】三羖五羊，相隨並行。迷入空澤，有谷直北。徑涉六駁，爲所傷賊。

无妄之晉䷢【經】占晉初五爻【緯】亂危之國，不可涉域。機機發發，身頓僵覆。

无妄之萃䷬【經】占萃初上爻【緯】三人輂車，東入旁家。主母貪叨，盜我資財，亡失犁牛。

无妄之乾䷀【經】占乾二三爻【緯】儋耳穿胸，纏離勞春。天地易紀，日月更始。蝮螫我手，痛爲吾毒。

无妄之中孚䷼【經】占中孚二四爻【緯】有兩赤鷂，從五隼噪。操矢無筈，趣釋爾射。扶伏聽命，不敢動摇。

无妄之睽䷥【經】占睽二五爻【緯】顔淵閔騫，以禮自閑。君子所居，禍災不存。

无妄之兑䷹【經】占兑二上爻【緯】搏猬逢虎，患厭不起。遂至權國，與福笑語，君子樂喜。

无妄之家人䷤【經】占家人三四爻【緯】衆神集聚，相與議語。南國虐亂，百姓愁苦。興師征討，更立賢主。

无妄之離䷝【經】占離三五爻【緯】重黎祖後，司馬太史。陽氏之災，離宫悲苦。

无妄之革䷰【經】占革三上爻【緯】枯旱三年，草萊不生。粢盛空乏，無以供靈。

无妄之頤䷚【經】占頤四五爻【緯】冠帶南遊，與喜相期。邀於嘉國，拜位逢時。

无妄之屯䷂【經】占屯四上爻【緯】譌言妄語，轉相詿誤。道左失跡，不知狼處。

无妄之震䷲【經】占震五上爻【緯】鳧池水溢，高陸爲海。江河横流，魚鱉成市。千里無牆，鴛鳳游行。

无妄之姤　䷫【經】占姤初二三爻
【緯】履危不安，疏顛我顔，傷腫爲瘢。

无妄之渙　䷺【經】占渙初二四爻
【緯】狗生龍馬，公勞嫗苦。家無筐筥，折悔爲吝。

无妄之未濟䷿【經】占未濟初二五爻
【緯】龍興之德，周武成福。長女宜家，與君相得。長股遠行，狸且善藏。

无妄之困　䷮【經】占困初二上爻
【緯】鷹棲茂樹，候雀往來。一擊獲兩，伏下枝柯。

无妄之漸　䷴【經】占漸初三四爻
【緯】戎狄蹲踞，無禮貪叨。非吾族類，君子攸去。

无妄之旅　䷷【經】占旅初三五爻
【緯】偃武修文，兵革休安。清人逍遥，來歸空閒。

无妄之咸　䷞【經】占咸初三上爻
【緯】内執柔德，止訟以默。宗邑賴福，禍災不作。

无妄之剥　䷖【經】占剥初四五爻
【緯】行露之訟，貞女不行。君子無食，使道壅塞。

无妄之比　䷇【經】占比初四上爻
【緯】持刃操肉，對酒不食。夫亡從軍，少子入獄，抱膝獨宿。

无妄之豫　䷏【經】占豫初五上爻
【緯】東家中女，嫫母最醜。三十無室，媒伯勞苦。

无妄之小畜䷈【經】占小畜二三四爻
【緯】鰌蝦去海，游於枯里。街巷迫狹，不得自在。南北四極，渴餒成疾。

无妄之大有䷍【經】占大有二三五爻
【緯】河海都市，國之奥府。商人受福，少子玉石。

无妄之夬　䷪【經】占夬二三上爻
【緯】白虎黑狼，伏伺山陽。遮遏牛羊，病我商人。

无妄之損　䷨【經】占損二四五爻
【緯】方軸圓輪，車行不前。組囊以錐，失其事便。還師振旅，兵革休止。

无妄之節　䷻【經】占節二四上爻
【緯】嬰孩求乳，慈母歸子。黄麛悦喜，得其甘餌。

无妄之歸妹䷵【經】占歸妹二五上爻
【緯】渡河踰水，狐濡其尾。不爲禍憂，捕魚遇蟹，利得無幾。

无妄之賁　䷕【經】占賁三四五爻
【緯】織縷未就，針折不復。女工多態，亂我政事。

无妄之既濟䷾【經】占既濟三四上爻
【緯】逐鹿山西，利入我門。陰陽和調，國無災殃。長子東遊，須其三仇。

无妄之豐　䷶【經】占豐三五上爻
【緯】河出小魚，不宜勞煩。苛政害民，君受其患。

无妄之復　䷗【經】占復四五上爻

【緯】羿張烏號，彀射天狼。鐘鼓不鳴，將軍振攘。趙國雄勇，鬥死滎陽。

无妄之巽　䷸【經】占巽初二三四爻

【緯】九疑鬱林，沮濕不中。鸞鳥易去，君子不安。

无妄之鼎　䷱【經】占鼎初二三五爻

【緯】口方圓舌，爲知樞門。解釋鉤帶，商旅以歡。

无妄之大過　䷛【經】占大過初二三上爻

【緯】東西觸垣，不利出門。魚藏深水，無以樂賓。爵級摧頹，光威咸衰。

无妄之蒙　䷃【經】占蒙初二四五爻

【緯】鬱映不明，陰積無光。日在北陸，萬物凋藏。

无妄之坎　䷜【經】占坎初二四上爻

【緯】兩母千子，轉息無已。五乳百雛，騂駁驤駒。

无妄之解　䷧【經】占解初二五上爻

【緯】鶴鳴九皋，處子失時。載土販鹽，難爲功力。

无妄之艮　䷳【經】占艮初三四五爻

【緯】烹魚失刀，駕車馬亡。錫刀不入，魴鯉腥臊。

无妄之蹇　䷦【經】占蹇初三四上爻

【緯】三桓子孫，世秉國權。爵勢上卿，富於周公。

无妄之小過　䷽【經】占小過初三五上爻

【緯】伊尹智士，去桀耕野。執順以強，天祐無咎。

无妄之坤　䷁【經】占坤初四五上爻

【緯】慈母之恩，長大無孫。消息褓繈，害不入門。

无妄之大畜　䷙【經】占大畜二三四五爻

【緯】延頸望酒，不入我口。商人勞苦，利得無有。夏臺羑里，難厄復喜。

无妄之需　䷄【經】占需二三四上爻

【緯】主母多福，天禄所伏。居之寵昌，君子有光。

无妄之大壯　䷡【經】占大壯二三五上爻

【緯】麒麟鳳凰，子孫盛昌。少齊在門，利以合婚，貴人大歡。

无妄之臨　䷒【經】占臨二四五上爻

【緯】蝃蝀之側，佞幸傾惑。女謁橫行，王道雍塞。

无妄之明夷　䷣【經】占明夷三四五上爻

【緯】千雀萬鳩，與鷂爲仇。威勢不敵，雖衆無益。爲鷹所擊，萬事皆失。

无妄之蠱　䷑【經】占蠱初二三四五爻

【緯】驂駕蹇驢，日暮失時。居者無憂，保我樂娱。

无妄之井　䷯【經】占井初二三四上爻

【緯】堯舜欽明，禹稷股肱。伊尹往來，進履登堂。顯德之徒，可以輔王。

无妄之恒　䷟【經】占恒初二三五上爻

【緯】采唐沫鄉，邀期桑中。失信不會，憂思鉤帶。

无妄之師 ䷆【經】占師初二四五上爻

【緯】火起上門，不爲我殘。跳脱東西，獨得生完。不利山鄰，病疾憂患。

无妄之謙 ䷎【經】占謙初三四五上爻

【緯】東行避兵，南去不祥。西逐凶惡，北赴福王，與喜相逢。

无妄之泰 ䷊【經】占泰二三四五上爻

【緯】登高上山，賓於四門。士伍得懽，福爲我根。

无妄之升 ䷭【經】占升卦彖辭

【緯】三鶴南飛，俱就塘池。蝦鰌饒有，利得過倍。

家人

䷤【經】占本卦彖辭

【緯】王命赤烏，與君徼期。征伐無道，誅其君傲，居止何憂。

家人之漸 ䷴【經】占漸初爻

【緯】執斧破薪，使媒求婦。和合二姓，親御斯酒。召彼鄰里，公姑悅喜。

家人之小畜 ䷈【經】占小畜二爻

【緯】杲杲白日，爲月所食。損下毀上，鄭昭出走。

家人之益 ䷩【經】占益三爻

【緯】天馬五道，夾大分處。往來上下，相隨哭歌，凶惡如何。

家人之同人 ䷌【經】占同人四爻

【緯】擊鼓合戰，士怯叛亡。威令不行，敗我成功。

家人之賁 ䷕【經】占賁五爻

【緯】畫龍頭頸，文章不成。甘言美語，詭辭無名。

家人之既濟 ䷾【經】占既濟上爻

【緯】播天舞地，嘵亂神所，居樂無咎。

家人之巽 ䷸【經】占巽初二爻

【緯】孩子含餌，爲利所悅。探釜把甑，爛其手臂。

家人之觀 ䷓【經】占觀初三爻

【緯】恭寬信敏，功加四海。辟去不祥，喜來從母。

家人之遯 ䷠【經】占遯初四爻

【緯】東鄰嫁女，爲王妃后。莊公築館，以事主母。歸于京師，季姜悅喜。

家人之艮 ䷳【經】占艮初五爻

【緯】路多枳棘，步刺我足。不利旅客，爲心作毒。

家人之蹇 ䷦【經】占蹇初上爻

【緯】五日四維，安平不危。利以居止，保有玉女。

家人之中孚 ䷼【經】占中孚二三爻

【緯】禍走患伏，喜爲我福。凶惡消亡，災害不作。

家人之乾 ䷀【經】占乾二四爻

【緯】千歲槐根，身多斧痕。傷夷倒掘，枝葉不存。

家人之大畜䷙【經】占大畜二五爻

【緯】學靈三年，聖且神明，先知吉祥，言喜福慶。神鳥來見，告我無窮。

家人之需䷄【經】占需二上爻

【緯】主有聖德，上配太極。皇靈建中，授我以福。

家人之无妄䷘【經】占无妄三四爻

【緯】威權分離，烏夜徘徊。群蔽月光，大人誅傷。

家人之頤䷚【經】占頤三五爻

【緯】東山辭家，處婦思夫。伊威盈室，長股羸戶。嘆我君子，役日未已。

家人之屯䷂【經】占屯三上爻

【緯】娶於姜呂，駕迎新婦。少齊在門，夫子歡喜。

家人之離䷝【經】占離四五爻

【緯】南行出城，世德福祉。三姬嫁齊，賴其所欲。

家人之革䷰【經】占革四上爻

【緯】泉涸龍憂，箕子爲奴。乾叔隕命，殷破其家。

家人之明夷䷣【經】占明夷五上爻

【緯】騎肫逐羊，不見所望。徑涉虎廬，亡身失羔。

家人之渙䷺【經】占渙初二三爻

【緯】解傷驚惶，散我衣裳，君不安邦。

家人之姤䷫【經】占姤初二四爻

【緯】西行求玉，冀得隋璞。反見凶惡，使我驚惑。

家人之蠱䷑【經】占蠱初二五爻

【緯】東市齊魯，南賈荊楚。羽毛齒革，爲吾利寶。

家人之井䷯【經】占井初二上爻

【緯】張牙反目，怒齰忿怒。狂馬撓犬，道驚傷軫。

家人之否䷋【經】占否初三四爻

【緯】東求金玉，反得敝石。名曰無宜，字曰醜惡，衆所賤薄。

家人之剝䷖【經】占剝初三五爻

【緯】騎龍乘鳳，上見神公。彭祖受制，王高贊通。巫咸就位，拜壽無窮。

家人之比䷇【經】占比初三上爻

【緯】更旦初歲，振除禍敗。新衣元服，拜受利福。

家人之旅䷷【經】占旅初四五爻

【緯】山陵丘墓，魂空室屋。精光竭盡，長臥無覺。

家人之咸䷞【經】占咸初四上爻

【緯】心狂志悖，耳聽從類。政令無常，下民多孽。

家人之謙䷎【經】占謙初五上爻

【緯】尹氏伯奇，父子相離。無罪被辜，長舌爲災。

家人之履䷉【經】占履二三四爻

【緯】君子失意，小人得志。亂憂並作，姦邪充塞。雖有百堯，顛不可救。

家人之損 ䷨【經】占損二三五爻

【緯】剛柔相呼，二姓爲家。霜降既同，惠我以仁。

家人之節 ䷻【經】占節二三上爻

【緯】害政養賊，背主入愆。跛行不安，國爲危患。

家人之大有 ䷍【經】占大有二四五爻

【緯】仲春孟夏，和氣所舍。生我嘉福，國無殘賊。

家人之夬 ䷪【經】占夬二四上爻

【緯】出門懷憂，東上禍丘。與凶相遇，自爲災患。

家人之泰 ䷊【經】占泰二五上爻

【緯】仁德優洽，恩及異域。澤被殊方，福慶隱伏。作蠶不織，寒無所得。

家人之噬嗑 ䷔【經】占噬嗑三四五爻

【緯】張狂妄行，與惡相逢。不得所欲，生我獨凶。

家人之隨 ䷐【經】占隨三四上爻

【緯】登虛望貧，暮食無飧。長子南戍，與我生分。

家人之復 ䷗【經】占復三五上爻

【緯】溫仁君子，忠孝所在。八國爲鄰，禍災不起。

家人之豐 ䷶【經】占豐四五上爻

【緯】日新東徙，魁杓爲禍。漢臺爲秦，使我久坐。

家人之訟 ䷅【經】占訟初二三四爻

【緯】耄老蒙鈍，不見東西。少者弗慕，君不與謀。懸輿致仕，退歸里居。

家人之蒙 ䷃【經】占蒙初二三五爻

【緯】高壤肥澤，民人孔樂。宜利居止，長安有福。

家人之坎 ䷜【經】占坎初二三上爻

【緯】吹角高邦，有失牛羊。衆民驚惶，敬慎避咎，敕行不殃。

家人之鼎 ䷱【經】占鼎初二四五爻

【緯】向食飲酒，嘉賓會聚。牂羊大豬，君子饒有。

家人之大過 ䷛【經】占大過初二四上爻

【緯】張頜開口，舌直絕齒。然諾不行，政亂無緒。

家人之升 ䷭【經】占升初二五上爻

【緯】高樓無柱，顛僵不久。紂失三仁，身死牧野。

家人之晉 ䷢【經】占晉初三四五爻

【緯】陰霧不清，濁政亂民。孟春季夏，水壞我居。

家人之萃 ䷬【經】占萃初三四上爻

【緯】出門無至，動作失利。御憂懷禍，使我多悴。

家人之坤 ䷁【經】占坤初三五上爻

【緯】嗲嗲諤諤，虎豹相齰。畏懼悚息，終無難惡。

家人之小過 ䷽【經】占小過初四五上爻

【緯】老馬爲駒，病雞不雛。三雌獨宿，利在山北。

家人之睽　䷥【經】占睽二三四五爻

【緯】安床厚褥，不得久宿。棄我喜宴，困於南國。投杼之憂，不成禍災。

家人之兌　䷹【經】占兌二三四上爻

【緯】何村待時，門戶獨悲。蚯蚓冬行，解我無憂。桑蠶不得，女紅無成。

家人之臨　䷒【經】占臨二三五上爻

【緯】節情省欲，賦斂有度。家給人足，公劉以富。

家人之大壯　䷡【經】占大壯二四五上爻

【緯】六甲無子，以喪其戊。五丁不親，庚失曾孫，癸走出門。

家人之震　䷲【經】占震三四五上爻

【緯】黄牛騂犢，東行折角。冀得百祥，反亡我囊。

家人之未濟　䷿【經】占未濟初二三四五爻

【緯】異國殊俗，情不相得。金木爲仇，酋長擅役。

家人之困　䷮【經】占困初二三四上爻

【緯】避禍逃殃，身全不傷。高貴疾顛，華落墜亡。

家人之師　䷆【經】占師初二三五上爻

【緯】三狂北行，道逢大狼。暮宿患宅，爲禍所傷。

家人之恒　䷟【經】占恒初二四五上爻

【緯】安上宜官，一日九遷。踰群越等，牧養常山。

家人之豫　䷏【經】占豫初三四五上爻

【緯】五穀不熟，困民惡極。駕之新邑，嘉禾有得。

家人之歸妹　䷵【經】占歸妹二三四五上爻

【緯】駕車出門，順時宜西。福祐我身，安寧無患。

家人之解　䷧【經】占解卦彖辭

【緯】西賈巴蜀，寒雪至轂。欲前不得，反復其室。

離

離　䷝【經】占本卦彖辭

【緯】時乘六龍，爲帝使東。達命宣旨，無所不通。

離之旅　䷷【經】占旅初爻

【緯】公孫駕車，載遊東齊。延陵子產，遺我紵衣，疾病哀悲。

離之大有　䷍【經】占大有二爻

【緯】大樹之子，百條共母。比之火中，枝葉盛茂。

離之噬嗑　䷔【經】占噬嗑三爻

【緯】金城鐵廓，上下全力。政平民歡，寇不敢賊。

離之賁　䷕【經】占賁四爻

【緯】平公有疾，迎醫秦國。和不能治，晉人疑惑。

離之同人　䷌【經】占同人五爻

【緯】素車爲馬，不任重負。王侯出征，憂危爲咎。

離之豐

䷶【經】占豐上爻

【緯】五利四福，俱田高邑。黍稷盛茂，多獲高稻。

離之鼎

䷱【經】占鼎初二爻

【緯】缺陷不成，胎卵不生，不見其形。

離之晉

䷢【經】占晉初三爻

【緯】三虎搏狼，力不相當。如摧腐枯，一擊破亡。

離之艮

䷳【經】占艮初四爻

【緯】河水孔穴，壞敗我室。水深無涯，魚鱉傾倒。

離之遯

䷠【經】占遯初五爻

【緯】三狸搏鼠，遮遏前後。死於圜域，不得脫走。

離之小過

䷽【經】占小過初上爻

【緯】黃裳建元，文德在身。祿祐洋溢，封爲齊君。

離之睽

䷥【經】占睽二三爻

【緯】李花再實，鴻卵降集。仁哲以興，隆國不賊。

離之大畜

䷙【經】占大畜二四爻

【緯】嫡庶不明，孽亂生殃，陳失其邦。

離之乾

䷀【經】占乾二五爻

【緯】執轡四驪，王以爲師。陰陽之明，載受東齊。

離之大壯

䷡【經】占大壯二上爻

【緯】綏德孔明，履祿久長。貴且有光，疾病憂傷。

離之頤

䷚【經】占頤三四爻

【緯】鳥驚孤鴻，亂國不寧。上弱下強，爲陰所行。

離之无妄

䷘【經】占无妄三五爻

【緯】振鐘鼓樂，將軍受福。安帖之家，虎狼爲憂。履危不殆，師行何咎。

離之震

䷲【經】占震三上爻

【緯】見蛇交臥，惜蜓畏惡，心乃無悔。

離之家人

䷤【經】占家人四五爻

【緯】抱空握虛，鶚驚我雛，利去不來。

離之明夷

䷣【經】占明夷四上爻

【緯】使伯采桑，狠不肯行。與叔爭訟，更相毀傷。

離之革

䷰【經】占革五上爻

【緯】言無要約，不成券契。殷叔季姬，公孫爭之。強入委命，不悅子南。

離之未濟

䷿【經】占未濟初二三爻

【緯】虎狼之鄉，日爭凶訟。叨爾爲長，不能定証。

離之蠱

䷑【經】占蠱初二四爻

【緯】早霜晚雪，傷害禾麥。損功棄力，飢無所食。

離之姤

䷫【經】占姤初二五爻

【緯】君臣不和，上下失宜，宗子哀歌。

離之恒

【經】占恒初二上爻

【緯】東風解凍，和氣兆升，年歲豐登。

離之剝

【經】占剝初三四爻

【緯】載堯扶禹，松喬彭祖。西遇王母，道路夷易，無敢難者。

離之否

【經】占否初三五爻

【緯】載璧秉珪，請命於河。周公克敏，沖人瘳愈。

離之豫

【經】占豫初三上爻

【緯】五嶽四瀆，合潤爲德。行不失理，民賴恩福。

離之漸

【經】占漸初四五爻

【緯】五嶽四瀆，地得以安。高而不危，驚懼避患。

離之謙

【經】占謙初四上爻

【緯】壅遏隄防，水不得行。火盛陽光，陰蜺伏藏，走歸其鄉。

離之咸

【經】占咸初五上爻

【緯】昧暮乘車，東至伯家。踰梁越河，濟脱無他。

離之損

【經】占損二三四爻

【緯】南山大木，丈身六目。制命出文，東里宣敷。尊主安居，鄭國無患。

離之履

【經】占履二三五爻

【緯】出令不勝，反爲大災。强不克弱，君受其憂。

離之歸妹

【經】占歸妹二三上爻

【緯】南至之日，陽消不息。北風冽寒，萬物藏伏。

離之小畜

【經】占小畜二四五爻

【緯】夫婦不諧，爲燕攻齊。良弓不張，騎劫憂亡。

離之泰

【經】占泰二四上爻

【緯】奔走相錯，敗亂諸緒，民不得作。

離之夬

【經】占夬二五上爻

【緯】命短不長，中年夭傷。思及哭堂，哀其子亡。

離之益

【經】占益三四五爻

【緯】泉起崑崙，西出玉門。流爲九河，無有憂患。

離之復

【經】占復三四上爻

【緯】羔羊皮革，君子朝服。輔政天德，以合萬國。

離之隨

【經】占隨三五上爻

【緯】駕駿南遊，虎驚我牛。陰不奉陽，其光滅蹤。皆之謙謙，奉義解患。

離之既濟

【經】占既濟四五上爻

【緯】口不從心，欲東反西。與意乖戾，動舉失便。

離之蒙

【經】占蒙初二三四爻

【緯】門戶下堂，與福相迎。禄於公室，曾孫以昌。

離之訟

【經】占訟初二三五爻

【緯】三女爲姦，俱行高園。倍室夜行，與伯笑言。不認主母，爲設歡酒，寃尤誰禱。

離之解 ䷧【經】占解初二三上爻

【緯】飛蚊汙身，爲邪所率。青蠅分白，真孝放逐。

離之巽 ䷸【經】占巽初二四五爻

【緯】蛟虯當道，民困愁苦。望羊置群，長子在門。

離之升 ䷭【經】占升初二四上爻

【緯】南行載鎧，登履九魁。車傷牛罷，日暮嗟咨。

離之大過 ䷛【經】占大過初二五上爻

【緯】被繡夜行，不見文章。安坐於堂，乃無咎殃。長子帥師，得其正常。

離之觀 ䷓【經】占觀初三四五爻

【緯】陰蔽其陽，目暗不明。君憂其國，求騂得黃，駒犢從行。

離之坤 ䷁【經】占坤初三四上爻

【緯】春秋禱祀，解禍除憂，君子無咎。

離之萃 ䷬【經】占萃初三五上爻

【緯】苛政日作，螟食華葉。割下啖上，民被其賊，秋無所得。

離之蹇 ䷦【經】占蹇初四五上爻

【緯】東山皐落，勇悍不服。金瑛玩好，衣爲身賊，絲麻不作。

離之中孚 ䷼【經】占中孚二三四五爻

【緯】南有嘉魚，驚黃取遊。魴鱮詡詡，利來無憂。

離之臨 ䷒【經】占臨二三四上爻

【緯】岐周海隅，獨樂無憂。可以避難，全身保財。

離之兌 ䷹【經】占兌二三五上爻

【緯】金玉滿堂，忠直乘危。三老凍餓，鬼奪我室。求魚河海，網舉必得。

離之需 ䷄【經】占需二四五上爻

【緯】高木腐巢，漏濕難居。不去甘棠，使我無憂。

離之屯 ䷂【經】占屯三四五上爻

【緯】坐朝乘軒，據國子民。虞叔受命，和合六親。

離之渙 ䷺【經】占渙初二三四五爻

【緯】日入明匿，陽晶隱伏。小人心勞，求事不得。

離之師 ䷆【經】占師初二三四上爻

【緯】漏卮盛酒，無以養老。春貸黍稷，年歲實有。履道坦坦，平安無咎。

離之困 ䷮【經】占困初二三五上爻

【緯】春東夏南，隨陽有功，與利相逢。

離之井 ䷯【經】占井初二四五上爻

【緯】頭尾顛倒，不知緒處，君失其國。

離之比 ䷇【經】占比初三四五上爻

【緯】松柏枝葉，常茂不落。君子懽寧，日富求樂。

離之節　䷻【經】占節二三四五上爻　【緯】頻逢招飲，失利後福。不如子息，舊器故杵。申請必得，乃無大悔。

離之坎　䷜【經】占坎卦彖辭　【緯】六月采芑，征伐無道。張仲方叔，克勝飲酒。

革

䷰【經】占本卦彖辭　【緯】馬眼長股，宜行善市。皆蒙福祐，獲金三倍。

革之咸　䷞【經】占咸初爻　【緯】無足斷跟，居處不安。凶惡爲殘。

革之夬　䷪【經】占夬二爻　【緯】騏驥綠耳，章明造父。風伯所獻，襄續厥緒。佐文成伯，爲晉元輔。

革之隨　䷐【經】占隨三爻　【緯】目瞤足動，嘉喜有頃，舉家蒙寵。

革之既濟　䷾【經】占既濟四爻　【緯】孤獨特處，莫爲依輔，心勞志苦。

革之豐　䷶【經】占豐五爻　【緯】牡飛關啓，憂患大解，不爲身禍。

革之同人　䷌【經】占同人上爻　【緯】疾貧望幸，使伯行販。開牢擇羊，多得大牂。

革之大過　䷛【經】占大過初二爻　【緯】彭生爲妖，暴龍作災。盜堯衣裳，聚跖荷兵。青禽照夜，三旦夷亡。

革之萃　䷬【經】占萃初三爻　【緯】求麞嘉鄉，惡地不行。道止中返，復還其牀。

革之蹇　䷦【經】占蹇初四爻　【緯】無足斷跟，居處不安。凶惡爲殘。

革之小過　䷽【經】占小過初五爻　【緯】岐周海隅，獨樂不憂。可以避難，全身保財。

革之遯　䷠【經】占遯初上爻　【緯】退飛見祥，傷敗毀墜。守小失大，功名不遂。

革之兌　䷹【經】占兌二三爻　【緯】三羊群走，雉兔驚駭。非所畏懼，自令勞苦。

革之需　䷄【經】占需二四爻　【緯】太王爲父，王季孝友。文武聖明，仁政興起。旦隆四國，載福綏厚。

革之大壯　䷡【經】占大壯二五爻　【緯】持心懼怒，善搖數動。不安其處，散渙府藏，利得無有。

革之乾　䷀【經】占乾二上爻　【緯】高原峻山，阯大少泉。草木林麓，喜得所蓄。

革之屯　䷂【經】占屯三四爻
【緯】憂患解除，喜至慶來。坐立權門，與樂爲鄰。

革之震　䷲【經】占震三五爻
【緯】子鉏執麟，春秋作經。元聖將終，尼父悲心。

革之无妄　䷘【經】占无妄三上爻
【緯】雙鳧俱飛，欲歸稻池。經涉萑澤，爲矢所射。傷我胸臆。

革之明夷　䷣【經】占明夷四五爻
【緯】禄如周公，建國洛東，父子俱封。

革之家人　䷤【經】占家人四上爻
【緯】君有八人，信允篤敏，爲堯所舉。

革之離　䷝【經】占離五上爻
【緯】延頸見足，身困名辱。欲隱避仇，爲害所滅。

革之困　䷮【經】占困初二三爻
【緯】登崑崙，入天門。過糟丘，宿玉泉。問惠觀，見仁君。

革之井　䷯【經】占井初二四爻
【緯】木爲大牀，患厭不起。季伯夜行，與善相逢。

革之恒　䷟【經】占恒初二五爻
【緯】三人俱行，北求大牂。孟長病足，借季負糧。柳下之貞，不失驪黄。

革之姤　䷫【經】占姤初二上爻
【緯】駕車十里，來鮮魴鯉。非其肆居，自今後市。

革之比　䷇【經】占比初三四爻
【緯】白虎赤幘，門觀王庭。宫闕被甲，大小出征。天下煩憒，育不能嬰。

革之豫　䷏【經】占豫初三五爻
【緯】迷行晨夜，道多湛露。沾濡襦褲，重不可步。

革之否　䷋【經】占否初三上爻
【緯】伯夷叔齊，貞廉之師。以德防患，憂禍不存。

革之謙　䷎【經】占謙初四五爻
【緯】東壁餘光，數暗不明。主母嫉妒，亂我事業。

革之漸　䷴【經】占漸初四上爻
【緯】天馬五道，炎火久處。往來上下，作文約己。衣臯絲麻，相隨笑歌，凶惡如何。

革之旅　䷷【經】占旅初五上爻
【緯】石門晨門，荷蕢食貧。遯世隱居，竟不逢時。

革之節　䷻【經】占節二三四爻
【緯】姬姜稚叔，三人偶食。論仁議福，以安王室。

革之歸妹　䷵【經】占歸妹二三五爻
【緯】鴟鴞破斧，沖人危殆。賴日忠德，轉禍爲福，危傾復立。

革之履　䷉【經】占履二三上爻　【緯】兩目失明，入暮無光。脛足跛步，不可以行，頓於丘傍。

革之泰　䷊【經】占泰二四五爻　【緯】羅網四張，鳥無所翔。征伐困極，飢窮不食。

革之小畜　䷈【經】占小畜二四上爻　【緯】子車鍼虎，善人危殆。黄鳥悲鳴，傷國無輔。

革之大有　䷍【經】占大有二五上爻　【緯】南山之楊，其葉將將。嘉樂君子，爲國寵光。

革之復　䷗【經】占復三四五爻　【緯】秋冬探巢，不得鵲雛。御指北去，愧我少姬。

革之益　䷩【經】占益三四上爻　【緯】懿公淺愚，不受深謀。無援失國，爲狄所滅。

革之噬嗑　䷔【經】占噬嗑三五上爻　【緯】倒基敗筥，重舌作凶。被髮長夜，迷亂相誤，深亡吉居。

革之賁　䷕【經】占賁四五上爻　【緯】亥午相錯，敗亂緒業，民不得作。

革之坎　䷜【經】占坎初二三四爻　【緯】華言風語，亂相誑誤。終無凶事，安寧如故。

革之解　䷧【經】占解初二三五爻　【緯】馬蹄躓車，婦惡破家。青蠅汙白，恭子離居。

革之訟　䷅【經】占訟初二三上爻　【緯】臨河求鯉，燕婉笑弭。屏氣攝息，不得鯉子。

革之升　䷭【經】占升初二四五爻　【緯】使鳩負裝，醉臥道傍。不知何功，竊我衣囊。

革之巽　䷸【經】占巽初二四上爻　【緯】兔聚東郭，衆犬俱獵。圍缺不成，無所能獲。

革之鼎　䷱【經】占鼎初二五上爻　【緯】烏孫氏女，深目黑醜。嗜欲不同，過時無耦。

革之坤　䷁【經】占坤初三四五爻　【緯】一門二關，結弭不便。峻道異路，日暮不到。

革之觀　䷓【經】占觀初三四上爻　【緯】飛不遠去，汝爲內傷。禄養未富，終無災咎，君善安止。

革之晉　䷢【經】占晉初三五上爻　【緯】牽尾不前，逆理失臣，怒翔以奔。

革之艮　䷳【經】占艮初四五上爻　【緯】灼火泉源，釣魴山巔。魚不可得，火不肯燃。

革之臨　䷒【經】占臨二三四五爻　【緯】鼻移在項，枯葉傷生。下枯上榮，家擾不寧，失其金城。

革之中孚　【經】占中孚二三四上爻　【緯】精誠所在，神人爲輔。德教亡患，彌世長久。三聖仍事，多受福祉。

革之睽　【經】占睽二三五上爻　【緯】久陰霖雨，泥塗行潦。商人休止，市空無有。

革之大畜　【經】占大畜二四五上爻　【緯】天門開闢，宇戶寥廓。桎梏解脱，拘囚縱釋。

革之頤　【經】占頤三四五上爻　【緯】尼父孔丘，善釣鯉魚。羅網一舉，得獲萬頭，富我家居。

革之師　【經】占師初二三四五爻　【緯】買利求福，莫如南國。仁德所在，金玉爲寶。

革之渙　【經】占渙初二三四上爻　【緯】羽翮病傷，無以爲強。宋公德薄，敗於水泓。

革之未濟　【經】占未濟初二三五上爻　【緯】顧望登臺，意常欲逃。賈辛醜惡，妻不安夫。

革之蠱　【經】占蠱初二四五上爻　【緯】鷹鶡欲食，雉兔困急。延頸見尾，爲我所賊。

革之剥　【經】占剥初三四五上爻　【緯】野麋畏人，俱入山谷。命短不長，爲虎所得，死於牙腹。

革之損　【經】占損二三四五上爻　【緯】噂噂所言，莫如我垣。歡喜堅固，可以長安。

革之蒙　【經】占蒙卦彖辭　【緯】疏類異路，心不相慕。牝牛牡猳，鰥無室家。

易占經緯卷之二

苑洛韓邦奇輯

中孚

䷼【經】占本卦彖辭

【緯】烏鳴喈喈，天火將下。燔我屋室，災及妃后。

中孚之渙　䷺【經】占渙初爻

【緯】生不逢時，困且多憂。年老衰極，中心悲愁。

中孚之益　䷩【經】占益二爻

【緯】久鰥無偶，思配織女。求其非望，自令寡處。

中孚之小畜　䷈【經】占小畜三爻

【緯】烏升鵲舉，照臨東海。龍降庭堅，爲陶叔後。封於蓼丘，福履綏厚。

中孚之履　䷉【經】占履四爻

【緯】四目相視，稍延同埶。日映之後，見吾伯姊。

中孚之損　䷨【經】占損五爻

【緯】雄聖伏名，人匿麟驚。走鳳飛北，亂潰未息。

中孚之節　䷻【經】占節上爻

【緯】出門蹉跌，看道後旅。買羊逸亡，所畏逃走。空手握拳，坐狼爲咎。

中孚之觀　䷓【經】占觀初二爻

【緯】鳳生七子，同巢共乳，歡悅相保。

中孚之巽　䷸【經】占巽初三爻

【緯】虐敏之德，發憤忘食。虜豹擒越，爲王得福。

中孚之訟　䷅【經】占訟初四爻

【緯】牂羊羵首，君子不飽。年饑孔荒，士民危殆。

中孚之蒙　䷃【經】占蒙初五爻

【緯】嬰孩求乳，母歸其子，黃麑悅喜。

中孚之坎　䷜【經】占坎初上爻

【緯】剛柔相呼，二姓爲家。霜降既同，惠我以仁。

中孚之家人　䷤【經】占家人二三爻

【緯】六蛇奔走，俱入茂草。驚於長塗，畏懼啄口。

中孚之无妄　䷘【經】占无妄二四爻

【緯】開門內福，喜至我側。加以善祥，爲吾家宅。宮城洛邑，以昭文德。

中孚之頤　䷚【經】占頤二五爻

【緯】三雞啄粟，八雛從食。飢鷹卒擊，失亡兩叔。

中孚之屯　䷂【經】占屯二上爻

【緯】蝗囓我稻，驅不可去。實穗無有，但見空槁。

中孚之乾 ䷀【經】占乾三四爻

【緯】黄虹之野，賢君所在。管仲爲相，國無災咎。

中孚之大畜 ䷙【經】占大畜三五爻

【緯】烏飛狐鳴，國亂不寧。下强上弱，爲陰所刑。

中孚之需 ䷄【經】占需三上爻

【緯】折箬蔽目，不見稚叔。失旅亡民，遠去家室。

中孚之睽 ䷥【經】占睽四五爻

【緯】懸貆素餐，食非其任。失輿剥廬，休坐徙居。

中孚之兑 ䷹【經】占兑四上爻

【緯】百足俱行，相輔爲强。三聖翼事，王室寵光，國富民康。

中孚之臨 ䷒【經】占臨五上爻

【緯】乘騮駕驪，遊至東齊。遭遇行旅，送我以貨，厚得利歸。

中孚之漸 ䷴【經】占漸初二三爻

【緯】三人俱行，北求大牂。孟長病足，倩季負囊。柳下之貞，不失我邦。

中孚之否 ䷋【經】占否初二四爻

【緯】穿都相合，未敢面見。媒妁無良，使我还鄉。

中孚之剥 ䷖【經】占剥初二五爻

【緯】匍匐出走，驚懼皇恐。白虎生孫，蓐收在後。

中孚之比 ䷇【經】占比初二上爻

【緯】威約拘囚，爲人所誣。皋陶平理，幾得脱免。

中孚之姤 ䷫【經】占姤初三四爻

【緯】老慵多欲，弊政爲賊。阿房驪山，子嬰失國。

中孚之蠱 ䷑【經】占蠱初三五爻

【緯】薄災暴虎，風吹雲卻。欲上不得，復歸其宅。

中孚之井 ䷯【經】占井初三上爻

【緯】尹氏伯奇，父子分離。無罪被辜，長舌爲災。

中孚之未濟 ䷿【經】占未濟初四五爻

【緯】國無比鄰，相與爭强。紛紛凶凶，天下擾攘。

中孚之困 ䷮【經】占困初四上爻

【緯】舞陽漸離，擊筑善歌。慕丹之義，爲燕荆軻。陰謀不遂，霍目死亡，功名何施。

中孚之師 ䷆【經】占師初五上爻

【緯】靈龜陸處，盤桓失所。伊子退耕，桀亂無輔。

中孚之同人 ䷌【經】占同人二三四爻

【緯】鴻飛遵陸，公母不復，伯氏客宿。

中孚之賁 ䷕【經】占賁二三五爻

【緯】東山西山，各自止安。雖相登望，不得同堂。

中孚之既濟䷾【經】占既濟二三上爻【緯】龍濟鳳池，箕子變服，陰孽萌作。心寒慄搖，常憂殆危。

中孚之噬嗑䷔【經】占噬嗑二四五爻【緯】桃雀竊脂，巢於小枝。動搖不安，爲風所吹。

中孚之隨䷐【經】占隨二四上爻【緯】蜩螗歡喜，草木嘉茂。百果蕃生，日增富有。

中孚之復䷗【經】占復二五上爻【緯】重弋射隼，不知所定。質疑蓍龜，明神答報。告以肥牡，宜利止居。

中孚之大有䷍【經】占大有三四五爻【緯】代戍失期，患至無聊。懼以發難，爲我開基，邦國憂愁。

中孚之夬䷪【經】占夬三四上爻【緯】破亡之國，天所不福，難以止息。

中孚之泰䷊【經】占泰三五上爻【緯】大步上車，南至喜家。送我狐裘，與福載來。

中孚之歸妹䷵【經】占歸妹四五上爻【緯】鵲思其雄，欲隨鳳東。順理羽翼，出次日中。雖留比邑，復歸其室。

中孚之遯䷠【經】占遯初二三四爻【緯】旦醉病酒，暮即瘳愈，獨不及咎。

中孚之艮䷳【經】占艮初二三五爻【緯】機父不賢，朝多讒臣。君失其政，保我久貧。

中孚之蹇䷦【經】占蹇初二三上爻【緯】歡欣九子，俱見大喜。攜提福至，王孫是富。

中孚之晉䷢【經】占晉初二四五爻【緯】日月運行，一寒一暑。榮光赫赫，不可得保。顛躓殞墜，更爲士伍。

中孚之萃䷬【經】占萃初二四上爻【緯】三羖六牂，相隨俱行。迷入空澤，經涉虎廬。爲所傷賊，死於牙腹。

中孚之坤䷁【經】占坤初二五上爻【緯】叔梁有名，相與合齒。乾坤利貞，乳生六子。長大成就，風言如母。

中孚之鼎䷱【經】占鼎初三四五爻【緯】西歷玉山，東入玉門。登上福堂，飲萬歲漿。

中孚之大過䷛【經】占大過初三四上爻【緯】嘆息不悅，憂逆中出。喪我金罌，無妄失位。

中孚之升䷭【經】占升初三五上爻【緯】噬囁嚎嚾，昧冥相搏。多言少實，語無成事。

中孚之解䷧【經】占解初四五上爻【緯】伯夷叔齊，貞廉之師。以德防患，憂禍不存。

中孚之離䷝【經】占離二三四五爻【緯】送我季女，至於蕩道。齊子旦夕，留連久處。

中孚之革　【經】占革二三四上爻　【緯】五精亂行，政逆皇恩。湯武赫怒，天伐利域。

中孚之明夷　【經】占明夷二三五上爻　【緯】爭利王市，朝多君子。蘇氏六國，獲其榮寵。

中孚之震　【經】占震二四五上爻　【緯】行觸忌諱，與司命忤。執囚束縛，拘制於吏，迷人有喜。

中孚之大壯　【經】占大壯三四五上爻　【緯】畫龍頭頸，文章不成。甘言美語，說辭無名。

中孚之旅　【經】占旅初二三四五爻　【緯】白鵠遊望，君子以寧。履德不愆，福禄來成。

中孚之咸　【經】占咸初二三四上爻　【緯】低頭竊視，有所畏避。行作不利，酒酸魚敗，衆莫貪嗜。

中孚之謙　【經】占謙初二三五上爻　【緯】伯氏爭言，戰於龍門。搆怨結禍，三世不安。

中孚之豫　【經】占豫初二四五上爻　【緯】周政養賊，背生人足。陸行不安，國危爲患。

中孚之恒　【經】占恒初三四五上爻　【緯】典策法書，藏在蘭臺。雖遭亂潰，獨不遇災。

中孚之豐　【經】占豐二三四五上爻　【緯】常德自如，不逢禍災。

中孚之小過　【經】占小過卦彖辭　【緯】牧羊稻田，聞虎喧讙。畏懼惕息，終無禍患。

睽

【經】占本卦彖辭　【緯】倉盈庾億，宜稼黍稷。年豐歲熟，民得安息。

睽之未濟　【經】占未濟初爻　【緯】生宜地乳，上皇大喜。隆我祉福，貴壽無極。

睽之噬嗑　【經】占噬嗑二爻　【緯】居處不安，徒反觸患。

睽之大有　【經】占大有三爻　【緯】狐狸雉兔，畏人逃去。分首竄匿，不知所處。

睽之損　【經】占損四爻　【緯】天門東墟，盡既爲災。跡膝喑聾，秦伯受殃。

睽之履　【經】占履五爻　【緯】昧暮乘車，履危蹈溝。亡失群物，摧折兩軸。

睽之歸妹　【經】占歸妹上爻　【緯】鉛刀攻玉，無不鑽鑿。龍體具舉，魯般爲輔。三聖翼事，所求必喜。

睽之晉 ䷢【經】占晉初二爻【緯】門身戰天，門有何患。室家俱在，不失其歡。

睽之鼎 ䷱【經】占鼎初三爻【緯】倉盈庾億，宜稼黍稷。年豐歲熟，民得安息。

睽之蒙 ䷃【經】占蒙初四爻【緯】馨香陟降，明德上登。社神祐顧，命爲大鄰。

睽之訟 ䷅【經】占訟初五爻【緯】山沒丘浮，陵爲水魚，燕雀無廬。

睽之解 ䷧【經】占解初上爻【緯】孤竹之墟，失婦無夫。傷於蒺藜，不見其妻。東郭棠姜，武子以亡。

睽之離 ䷝【經】占離二三爻【緯】隨風騎龍，與利相逢。日獲三狐，商伯有功。衢衢之邑，長安無他。

睽之頤 ䷚【經】占頤二四爻【緯】鬼哭泣社，悲商無後。甲子昧爽，殷湯絕祀。

睽之无妄 ䷘【經】占无妄二五爻【緯】金城朔方，外國多羊。履霜不時，去復爲憂。

睽之震 ䷲【經】占震二上爻【緯】人生馬淵，壽考且神。飛騰上天，舍宿軒轅。居常樂安。

睽之大畜 ䷙【經】占大畜三四爻【緯】匿痼不醫，亂政生災。紂作淫虐，商破其墟。

睽之乾 ䷀【經】占乾三五爻【緯】被服文衣，遊視酒池。上堂見觴，喜爲吾兄。使我憂亡。

睽之大壯 ䷡【經】占大壯三上爻【緯】鷹飛雉退，兔伏不起。狐張狼鳴，野雞驚駭。

睽之中孚 ䷼【經】占中孚四五爻【緯】南向陋室，風雨並入。埃塵積溼，王母盲痹。偏枯心疾，亂我家次。

睽之臨 ䷒【經】占臨四上爻【緯】方船備水，旁河燃火，終身無禍。

睽之兌 ䷹【經】占兌五上爻【緯】黄馬綠車，駕之大都。讚達才能，使我無憂。

睽之旅 ䷷【經】占旅初二三爻【緯】響像無形，骨體不成。微行衰索，消滅無名。

睽之剥 ䷖【經】占剥初二四爻【緯】皋田禾黍，堆壤麻阜。衣食我躬，室家饒有。

睽之否 ䷋【經】占否初二五爻【緯】隔在九山，往來勞難。心結不通，失其所歡。

睽之豫 ䷏【經】占豫初二上爻【緯】怒非怨妒，貪得腐鼠。而呼鷹鸇，自今失餌，倒被困患。

睽之蠱　【經】占蠱初三四爻【緯】三班六黑，同室共食。日長月息，我家有德。

睽之姤　【經】占姤初三五爻【緯】七人同室，兄弟合食。和樂相好，各得所欲。

睽之恒　【經】占恒初三上爻【緯】孟巳乙丑，哀呼尼父。明德訖終，亂虐滋起。

睽之渙　【經】占渙初四五爻【緯】從風放火，芝艾俱死。三害集聚，叔子中傷。

睽之師　【經】占師初四上爻【緯】懿公淺愚，不受深謀。無援失國，爲狄所滅。

睽之困　【經】占困初五上爻【緯】大樹之子，百條共母。當夏六月，枝葉茂盛。鸞鳳以庇，召伯避暑。稺稺卭甚，各得其所。

睽之賁　【經】占賁二三四爻【緯】刺刖髡劓，人所賤棄。批捍之言，我心不快。

睽之同人　【經】占同人二三五爻【緯】下流難居，任失多態。貞良溫柔，年歲不富。

睽之豐　【經】占豐二三上爻【緯】喜來如雲，舉家歡忻。衆才君子，駕福盈門。

睽之益　【經】占益二四五爻【緯】賴生光水，受福之祉。雖遭亂潰，獨不危殆。

睽之復　【經】占復二四上爻【緯】兩目失明，日奪無光。脛足跛踦，不可以行，頓於丘傍。

睽之隨　【經】占隨二五上爻【緯】五心六意，歧道多怪。非君本心，生我恨悔。

睽之小畜　【經】占小畜三四五爻【緯】凶聲醜言，要不可聞。君子舍之，往恨我心。

睽之泰　【經】占泰三四上爻【緯】南有嘉魚，駕黃取鱗。魴鱮詡詡，利來毋憂。

睽之夬　【經】占夬三五上爻【緯】折舌閉目，不見稚叔。三足孤烏，遠其無失。

睽之節　【經】占節四五上爻【緯】一身三手，無益於輔。兩足共節，不能克敏。

睽之艮　【經】占艮初二三四爻【緯】思願所之，今乃逢時。洗我故憂，拜我歡來。

睽之遯　【經】占遯初二三五爻【緯】華燈百枝，消暗衰微。精光訖盡，奄如灰糜。

睽之小過 【經】占小過初二三上爻 【緯】采薇出車，魚麗思初。上下促急，君子懷憂。

睽之觀 【經】占觀初二四五爻 【緯】翳屏獨語，不聞朝市，利以居言，究被後門。

睽之坤 【經】占坤初二四上爻 【緯】邑姜叔子，天文在手。實沈參墟，封爲晉侯。

睽之萃 【經】占萃初二五上爻 【緯】繼體守藩，縱欲廢賢。君臣淫佚，夏氏失身。側室之門，福禄來存。

睽之巽 【經】占巽初三四五爻 【緯】積水不溫，北陸苦寒。露宿多風，君子傷心。

睽之升 【經】占升初三四上爻 【緯】老狐屈尾，東西爲鬼。病我長女，哭涕詘指。或西或東，大革易誘。

睽之大過 【經】占大過初三五上爻 【緯】猋風卒起，車馳袍褐。棄古追亡，失其和節，憂心惙惙。

睽之坎 【經】占坎初四五上爻 【緯】耄老失明，聞善不從。自今顛沛，反爲咎殃。

睽之家人 【經】占家人二三四五爻 【緯】陰陽辨舒，二姓相合。婚姻孔云，生我利福。

睽之明夷 【經】占明夷二三四上爻 【緯】東家殺牛，行逆腥臊。神背西顧，命絶衰周。亳社災燒，宋人夷誅。

睽之革 【經】占革二三五上爻 【緯】駕黄買蒼，與利相迎。心獲所守，不累弟兄。

睽之屯 【經】占屯二四五上爻 【緯】改柯易葉，飯溫不食。豪雄爭彊，先者受福。

睽之需 【經】占需三四五上爻 【緯】老狼白駒，長尾大狐。前顛卻躓，進退遇祟。

睽之漸 【經】占漸初二三四五爻 【緯】魁罡所當，初爲敗殃。君子留連，困於水漿。求金東山，利在茂鄉。賈市有息，子載母行。

睽之謙 【經】占謙初二三四上爻 【緯】異體殊俗，各有所屬。西鄰孤嫗，欲寄我室。主母罵詈，終不可得。

睽之咸 【經】占咸初二三五上爻 【緯】三牛五牂，重明作福。使我有得，疾入官獄，憂在心腹。

睽之比 【經】占比初二四五上爻 【緯】鼎易其耳，熱不可舉。大塗壅塞，旅人心苦。

睽之井 【經】占井初三四五上爻 【緯】井堙木刊，國多暴殘。秦王失所，壞我大壇。

睽之既濟　【經】占既濟二三四五上爻　【緯】先易後否，告我利市。騷蘇自苦，思再故正。

睽之蹇　【經】占蹇卦彖辭　【緯】東入海口，循流北走。一高一下，五色無主。十日六夜，死於水涘。

兑

兑　【經】占本卦彖辭　【緯】班馬還師，以息勞疲。役夫嘉言，入戶見妻。

兑之困　【經】占困初爻　【緯】隱隱煩煩，火燒山根。下潤我鄰，獨不蒙恩。

兑之隨　【經】占隨二爻　【緯】瞻白用弦，駑孱恐怯。任力隨身，如蝟見鵲。偃視怒腸，不敢拒格。

兑之夬　【經】占夬三爻　【緯】叔迎兄弟，遇巷在陽。君了季姬，並坐鼓簧。

兑之節　【經】占節四爻　【緯】命夭不遂，死多爲祟。妻子啼喑，早失其雄。

兑之歸妹　【經】占歸妹五爻　【緯】養虎畜狼，還自賊傷。年歲息長，疾君拜禱，雖危不凶。

兑之履　【經】占履上爻　【緯】下田陸黍，萬華生齒。大雨霖集，波病潰腐。

兑之萃　【經】占萃初二爻　【緯】舜登大禹，石夷之野。徵詣王庭，拜治水土。

兑之大過　【經】占大過初三爻　【緯】符左契右，相與合屬。乾坤利貞，乳生六子。長大成就，夙言如母。

兑之坎　【經】占坎初四爻　【緯】飢蠶作室，絲多亂緒，端不可得。

兑之解　【經】占解初五爻　【緯】目不可合，憂來搔足。怵惕危懼，去其邦族。

兑之訟　【經】占訟初上爻　【緯】禹召諸神，會稽南山。執玉萬國，天下安寧。

兑之革　【經】占革二三爻　【緯】鳥鳴喈喈，天火將下。燔我館舍，災及妃后。

兑之屯　【經】占屯二四爻　【緯】夾河爲婚，期至無船。婬心失望，不見所歡。

兑之震　【經】占震二五爻　【緯】營城洛邑，周公所作。世建三十，年歷八百。福祐盤結，堅固不落。

兑之无妄　【經】占无妄二上爻　【緯】結網得鮮，受福安坐，終無患禍。

兌之需　䷄【經】占需三四爻　【緯】三年爭妻，相隨奔馳。終日不食，精氣勞疲。

兌之大壯　䷡【經】占大壯三五爻　【緯】雄鵠延頸，欲飛入關。雨師灑道，濺我袍裘。車重難前，侍者稽首。

兌之乾　䷀【經】占乾三上爻　【緯】踐履危難，脱去厄患。入福嘉門，見誨大君。

兌之臨　䷒【經】占臨四五爻　【緯】東山西嶽，會合俱食。爲|吳從送，以成恩福。

兌之中孚　䷼【經】占中孚四上爻　【緯】茆屋結席，崇我文德。三辰旆旗，家受其福。

兌之睽　䷥【經】占睽五上爻　【緯】蓄積有餘，糞土不居，利有所得。

兌之咸　䷞【經】占咸初二三爻　【緯】白茅漉酒，靈巫拜禱。神嗜飲食，使君壽考。

兌之比　䷇【經】占比初二四爻　【緯】嵩融持戟，杜伯荷弩。降觀下國，誅逐無道。憂|商之季，失福逃走。

兌之豫　䷏【經】占豫初二五爻　【緯】東行求玉，反得弊石。名曰無直，字曰醜惡，衆所賤薄。

兌之否　䷋【經】占否初二上爻　【緯】有兩赤頭，從五嶽遊。淫言無祐，趍爾之林。俯伏聽命，不敢動搖。

兌之井　䷯【經】占井初三四爻　【緯】闇昧不明，耳聾不聰。陷入深淵，滅頂憂凶。

兌之恒　䷟【經】占恒初三五爻　【緯】范公陶朱，巧賈貨資。東之營丘，易字子皮。抱珠載金，多得利歸。

兌之姤　䷫【經】占姤初三上爻　【緯】徙巢去家，南遇白鳥。東西受福，與喜相得。

兌之師　䷆【經】占師初四五爻　【緯】早霜晚雪，傷害禾麥。損功棄力，飢無所食。

兌之渙　䷺【經】占渙初四上爻　【緯】鳥鳴巢端，一呼三顛。搖動東西，危嵬不安。

兌之未濟　䷿【經】占未濟初五上爻　【緯】銅人鋏柱，暴露勞苦。終月卒歲，無有休止。

兌之既濟　䷾【經】占既濟二三四爻　【緯】天成地安，積石爲山。潤給萬里，人賴其歡。

兌之豐　䷶【經】占豐二三五爻　【緯】後時失利，不得所欲。

兌之同人　䷌【經】占同人二三上爻　【緯】當得自知，不逢凶災。衰來復興，終得福來。

兌之復　䷗【經】占復二四五爻　【緯】雄處弱水，雌在海邊。別離將食，哀悲於心。

兌之益　䷩【經】占益二四上爻　【緯】夏姬附耳，心聽悅喜，利後搏取。

兌之噬嗑　䷔【經】占噬嗑二五上爻　【緯】南循汝水，伐樹斬枝。過時不遇，惄如周飢。

兌之泰　䷊【經】占泰三四五爻　【緯】子畏於匡，困厄陳蔡。明德不危，竟克免害。

兌之小畜　䷈【經】占小畜三四上爻　【緯】生有聖德，上配太極。皇靈建中，受我以福。

兌之大有　䷍【經】占大有三五上爻　【緯】朽根枯樹，華葉落去。卒降火焱，隨風僵仆。

兌之損　䷨【經】占損四五上爻　【緯】福德之士，懽悅日喜。夷吾相桓，三歸爲臣，賞流子孫。

兌之蹇　䷦【經】占蹇初二三四爻　【緯】心願所喜，乃今逢時。我得利福，不離兵革。

兌之小過　䷽【經】占小過初二三五爻　【緯】羅網一張，鳥無一翔。征伐困極，飢窮不食。

兌之遯　䷠【經】占遯初二三上爻　【緯】三羖五羊，相隨俱行。迷入空澤，經涉虎廬。循谷直北，經涉六駁。爲所傷賊，死於牙腹。

兌之坤　䷁【經】占坤初二四五爻　【緯】子鉏執麟，春秋作經。元聖將終，尼父悲心。

兌之觀　䷓【經】占觀初二四上爻　【緯】舞非其處，失節多悔，不合我意。

兌之晉　䷢【經】占晉初二五上爻　【緯】中年蒙慶，今歲受福，必有所得。

兌之升　䷭【經】占升初三四五爻　【緯】江河淮海，天之都市。商人受福，國家富有。

兌之巽　䷸【經】占巽初三四上爻　【緯】秋蛇見穴，不失其節。夫人姜氏，自齊復入。

兌之鼎　䷱【經】占鼎初三五上爻　【緯】十雉百雞，常與母俱。抱虎搏雞，誰敢難者。

兌之蒙　䷃【經】占蒙初四五上爻　【緯】天孫帝子，與日月處。光榮於世，福祿繁祉。

兌之明夷　䷣【經】占明夷二三四五爻　【緯】祿如周公，建國洛東，父子俱封。

兌之家人【經】占家人二三四上爻【緯】安床厚褥，不得久宿。棄我嘉讌，困於東國。投杼之憂，不成禍災。

兌之離【經】占離二三五上爻【緯】東壁餘光，數暗不明。主母嫉妒，亂我事業。

兌之頤【經】占頤二四五上爻【緯】啓戶閉門，巡狩釋冤。夏臺羑里，湯文喜悦。

兌之大畜【經】占大畜三四五上爻【緯】秋南春北，隨時休息。處和履中，無有憂凶。

兌之謙【經】占謙初二三四五爻【緯】葛生衍蔓，絺綌爲願。家道篤厚，父兄悦喜。

兌之漸【經】占漸初二三四上爻【緯】三虎搏狼，力不相當。如鷹格雉，一擊破亡。

兌之旅【經】占旅初二三五上爻【緯】雉兔之東，以野爲場。見鷹奔走，死於谷口。

兌之剥【經】占剥初二四五上爻【緯】乘輿八百，以明文德。踐土葵丘，齊魯受福。

兌之蠱【經】占蠱初三四五上爻【緯】瘖痍多病，宋公危殆。吳子巢門，無命失所。

兌之賁【經】占賁二三四五上爻【緯】公孫駕驪，載遊東齊。延陵說產，遺季紵衣。

兌之艮【經】占艮卦彖辭【緯】三人俱行，別離將食。一身五心，反復迷惑。

大畜

【經】占本卦彖辭【緯】朝鮮之地，姬伯所保。宜人宜家，業處子孫，求事大喜。

大畜之蠱【經】占蠱初爻【緯】一巢九子，同公共母。柔順利貞，君子不殆，福禄所在。

大畜之賁【經】占賁二爻【緯】常德自如，不逢禍殃，福禄自來。

大畜之損【經】占損三爻【緯】兩虎爭鬥，股創無處。不成仇讎，行解卻去。

大畜之大有【經】占大有四爻【緯】黄帝出遊，駕龍乘馬。東至泰山，南過齊魯。王良御右，文武何咎，不利市賈。

大畜之小畜【經】占小畜五爻【緯】配合相迎，利之四鄉。昏以爲期，明星煌煌。欣喜奭懌，所言得償。

大畜之泰　【經】占泰上爻【緯】虎臥山隅，鹿過後朐。弓矢設張，猥爲功曹。伏不敢起，遂全其軀。得我美章。

大畜之艮　【經】占艮初二爻【緯】窟室蓬戶，寒賤所處。千里望煙，渙散四方。形體滅亡，下入深淵，終不見君。

大畜之蒙　【經】占蒙初三爻【緯】虎豹熊羆，遊戲山隅。得其所欲，君子無憂。旅人失利，市空無人。

大畜之鼎　【經】占鼎初四爻【緯】鳧雁啞啞，以水爲宅。雌雄相和，心志娛樂。得其所欲。

大畜之巽　【經】占巽初五爻【緯】載風雲母，遊觀東海。鼓翼千里，見吾愛子。

大畜之升　【經】占升初上爻【緯】窗牖戶房，通利明光。賢智輔聖，仁施大行。家給人足，海內殷昌。

大畜之頤　【經】占頤二三爻【緯】上天樓臺，登拜受福，喜慶大來。

大畜之離　【經】占離二四爻【緯】延陵適魯，觀樂太史。車轔白顛，知秦興起。卒兼其國，一統爲主。

大畜之家人　【經】占家人二五爻【緯】爭訟不已，更相咨詢。張李弱口，被髮北走。

大畜之明夷　【經】占明夷二上爻【緯】陵險難登，澗中多石。車馳轊擊，重載傷軸。擔負善躓，跌踒右足。

大畜之睽　【經】占睽三四爻【緯】心志無良，傷破妄行。觸牆觝壁，不見戶房。先王閉關，商旅委棄。

大畜之中孚　【經】占中孚三五爻【緯】武王不豫，周公禱謝。載璧秉珪，安寧如故。

大畜之臨　【經】占臨三上爻【緯】崔嵬北嶽，天神貴客。溫仁正直，主布恩德。閔哀不已，蒙受大福。

大畜之乾　【經】占乾四五爻【緯】金柱鐵關，膠固衛災。君子居之，安無憂疑。

大畜之大壯　【經】占大壯四上爻【緯】太乙置酒，樂正起舞。萬福攸同，可以安處，保我齯齒。

大畜之需　【經】占需五上爻【緯】躬禮履仁，尚德止訟。宗邑已安，三伯無患。

大畜之剥　【經】占剥初二三爻【緯】范子妙材，戮辱傷膚。後相秦國，封爲應侯。

大畜之旅　䷷【經】占旅初二四爻　【緯】童女無媒，不利動搖。安其室廬，待母動憂。

大畜之漸　䷴【經】占漸初二五爻　【緯】桀紂之主，悖不堪輔。貪榮爲人，必定其咎。聚斂積實，野在都邑，未來我室。

大畜之謙　䷎【經】占謙初二上爻　【緯】齊魯爭言，戰於龍門。搆怨致禍，三世不安。

大畜之未濟䷿【經】占未濟初三四爻　【緯】符左契右，相與合齒。乾以坤利，季生六子。長大成就，風言如母，不利爲咎。

大畜之渙　䷺【經】占渙初三五爻　【緯】夜視失明，不利遠鄉。閉門塞牖，福爲我母。

大畜之師　䷆【經】占師初三上爻　【緯】不虞之患，禍至無門。奄忽暴卒，痛傷我心。

大畜之姤　䷫【經】占姤初四五爻　【緯】寒暑相推，一明一微。赫赫宗周，榮光滅衰。

大畜之恒　䷟【經】占恒初四上爻　【緯】牛驥同堂，郭氏以亡。國破爲墟，君奔走趍。

大畜之井　䷯【經】占井初五上爻　【緯】白鶴銜珠，夜食爲明。膏潤優渥，國歲年豐。中子來同，見惡不凶。

大畜之噬嗑䷔【經】占噬嗑二三四爻　【緯】東山西陵，高峻難升。滅夷掘壘，使道不通。商旅無功，復反其邦。

大畜之益　䷩【經】占益二三五爻　【緯】天女推牀，不成文章。南箕無舌，飯多沙糠。虐衆盜名，雄雞折頸。

大畜之復　䷗【經】占復二三上爻　【緯】狼虎結謀，相聚爲儔。同嚙牛羊，道絕不通，病我商人。

大畜之同人䷌【經】占同人二四五爻　【緯】欒子作殃，伯氏誅傷。州犁奔楚，失其寵光。

大畜之豐　䷶【經】占豐二四上爻　【緯】泰山不然，釣鯉失綸。魚不可得，利去我北。

大畜之既濟䷾【經】占既濟二五上爻　【緯】六雁俱飛，游戲稻池。大飲多食，食飽無患。

大畜之履　䷉【經】占履三四五爻　【緯】三首六身，莫適所閑。更伏搖動，動失事便。箕子佯狂，國乃不昌。

大畜之歸妹䷵【經】占歸妹三四上爻　【緯】倉庫盈億，年歲有息。商人留連，雖久有得。陰多陽少，因地就力。

大畜之節　䷻【經】占節三五上爻【緯】三狗逐兔，于東門路。利以進取，商人有得。

大畜之夬　䷪【經】占夬四五上爻【緯】太子扶蘇，出於遠郊。佞幸成邪，改命生憂。慈母之恩，無路致之。

大畜之晉　䷢【經】占晉初二三四爻【緯】飲酒醉酗，跳起爭鬥。伯傷叔僵，東家治喪。

大畜之觀　䷓【經】占觀初二三五爻【緯】三蛆逐蠅，陷墮釜中。灌沸淹殪，與母長訣。

大畜之坤　䷁【經】占坤初二三上爻【緯】轉禍爲福，喜來入屋。春城夏國，可以飲食，保全家室。

大畜之遯　䷠【經】占遯初二四五爻【緯】大尾小腰，重不可搖。棟撓壞壞，臣爲君憂。湯火之言，消不爲患，使我復安。

大畜之小過䷽【經】占小過初二四上爻【緯】同載共車，中道別去。爵級不進，君子下輿。

大畜之蹇　䷦【經】占蹇初二五上爻【緯】鸋鴂鴟鴞，治成御災。綏德安家，周公勤勞。

大畜之訟　䷅【經】占訟初三四五爻【緯】江淮易服，元黄朱飾。靈公夏徵，哀禍無極。高位崩巔，失其寵室。

大畜之解　䷧【經】占解初三四上爻【緯】清人高子，久屯外野。逍遥不歸，思我慈母。

大畜之坎　䷜【經】占坎初三五上爻【緯】天地閉塞，仁智隱伏。商旅不行，利深難得。

大畜之大過䷛【經】占大過初四五上爻【緯】三羊上山，東至平康。黄龍服箱，南至魯陽。完其珮囊，執綏車中，行人有慶。

大畜之无妄䷘【經】占无妄二三四五爻【緯】不宜杜公，與我爭訟。媒伯無禮，自令塞壅。

大畜之震　䷲【經】占震二三四上爻【緯】逐狐平原，水遏我前。深不可涉，暮無所得。

大畜之屯　䷂【經】占屯二三五上爻【緯】水暴横行，浮屋壞牆。泱泱溢溢，市師驚惶。居止不殆，與母相保。

大畜之革　䷰【經】占革二四五上爻【緯】從豕牽羊，與虎相逢，雖驚不凶。

大畜之兑　䷹【經】占兑三四五上爻【緯】鴻盜我襦，逃於山隅。不見其跡，使伯心憂。

大畜之否　䷋【經】占否初二三四五爻　【緯】麟鳳執獲，英雄失職。自衛反魯，畏昧不起，福禄訖己。

大畜之豫　䷏【經】占豫初二三四上爻　【緯】道禮和德，仁不相賊。君子往之，樂有其利。

大畜之比　䷇【經】占比初二三五上爻　【緯】三塗五嶽，去危入室。凶禍不作，桀盗堯服。失其寵福，貴人有疾。

大畜之咸　䷞【經】占咸初二四五上爻　【緯】橐戢甲兵，歸放馬牛。徑路開通，國無凶憂。

大畜之困　䷮【經】占困初三四五上爻　【緯】雨雪三月，鳥獸飢乏。旅人失宜，利不可得。機言解患，以療篤難，危身復安。

大畜之隨　䷐【經】占隨二三四五上爻　【緯】嫗妒公姥，毁益亂類。使我家憒，利不得遂。

大畜之萃　䷬【經】占萃卦彖辭　【緯】雞狗相望，仁道篤行。不吠昏明，各安其鄉。周鼎和餌，國富民有。八極蒙祐。

需

需　䷄【經】占本卦彖辭　【緯】久旱三年，草木不生。粢盛空乏，無以供靈。

需之井　䷯【經】占井初爻　【緯】圭璧琮璋，執贄見王。百里甯戚，應聘齊秦。

需之既濟　䷾【經】占既濟二爻　【緯】游居石門，禄安身全。受福西鄰，歸飲玉泉。

需之節　䷻【經】占節三爻　【緯】烏銘既端，一呼三顛。動摇東西，危慄不安，疾病無患。

需之夬　䷪【經】占夬四爻　【緯】北辰紫宫，衣冠立中。含和建德，常受天福。

需之泰　䷊【經】占泰五爻　【緯】楚靈暴虐，疲極民力。禍起乾溪，棄疾作毒。扶杖奔逃，身死亥室。

需之小畜　䷈【經】占小畜上爻　【緯】任宿獨居，寡處無夫。陰陽失忘，爲人僕使。

需之蹇　䷦【經】占蹇初二爻　【緯】比目附翼，歡樂相得。行止集周，終不離忒。

需之坎　䷜【經】占坎初三爻　【緯】鑿井求玉，非卞氏寶。名因身辱，勞無所得。

需之大過 ䷛【經】占大過初四爻

【緯】宜昌娶婦，東家歌舞。宴樂有序，長樂嘉喜。

需之升 ䷭【經】占升初五爻

【緯】凶子禍孫，把劍向門。凶訟歡嚻，驚駭我家。

需之巽 ䷸【經】占巽初上爻

【緯】晉平有疾，迎醫秦國。病乃大患，分爲兩豎。逃匿膏肓，和不能愈。

需之屯 ䷂【經】占屯二三爻

【緯】四誅不復，恃強負力。倍道趨敵，師徒敗覆。

需之革 ䷰【經】占革二四爻

【緯】昧旦乘車，履危蹈溝。亡失裙襦，摧折兩軸。

需之明夷 ䷣【經】占明夷二五爻

【緯】螟蟲爲賊，害我五穀。簞食空虚，家無所食。

需之家人 ䷤【經】占家人二上爻

【緯】謀恩拜德，東歸吾國。慷慨宴笑，歡樂有福。

需之兌 ䷹【經】占兌三四爻

【緯】牡飛門啓，憂患大解。修福行善，不爲身禍。

需之臨 ䷒【經】占臨三五爻

【緯】没游源口，求鮫爲寶。家危自懼，復出生道。

需之中孚 ䷼【經】占中孚三上爻

【緯】龍化爲虎，泰山之陽。衆多從者，莫敢救藏。

需之大壯 ䷡【經】占大壯四五爻

【緯】婚姻合配，同枕共牢，以降休嘉，子孫封侯。

需之乾 ䷀【經】占乾四上爻

【緯】火滅復息，君明其德，仁人可遇，身受利福。

需之大畜 ䷙【經】占大畜五上爻

【緯】烏升鵲舉，照臨東海。龍降庭堅，爲陶叔後。封圻英六，履禄綏厚。

需之比 ䷇【經】占比初二三爻

【緯】太乙駕騮，從天上來，征君叔季，封爲魯侯，無有凶憂。

需之咸 ䷞【經】占咸初二四爻

【緯】早霜晚雪，傷害禾麥。損功棄力，饑無所食。

需之謙 ䷎【經】占謙初二五爻

【緯】喪寵溢尤，政傾家覆。我宗失國，秦滅周室。

需之漸 ䷴【經】占漸初二上爻

【緯】冠帶南遊，與福喜逢。期於嘉貞，拜爲公卿。

需之困 ䷮【經】占困初三四爻

【緯】祝伯善言，能事鬼神。辭祁萬歲，使君延年。

需之師 ䷆【經】占師初三五爻

【緯】凫游江海，役行千里。以爲死亡，復見空素，長生乐乡。

需之渙

䷺【經】占渙初三上爻

【緯】追亡逐北，呼還雉叔。至止而得，反其室廬。

需之恒

䷟【經】占恒初四五爻

【緯】蝙螺生子，深目黑醜。雖飾相就，衆人莫取。

需之姤

䷫【經】占姤初四上爻

【緯】輕戰尚勇，不知兵權。爲敵所制，從師北奔。

需之蠱

䷑【經】占蠱初五上爻

【緯】佩玉蕊兮，無所繫之。旨酒一壺，莫與笑語。孤寡獨特，常愁憂苦。

需之隨

䷐【經】占隨二三四爻

【緯】田鼠野雞，意常欲逃。拘制籠檻，不得動搖。

需之復

䷗【經】占復二三五爻

【緯】凶禍災殃，日益明彰。福不可蔣，三郤夷傷。

需之益

䷩【經】占益二三上爻

【緯】商紂牧野，顛敗所在。賦斂重數，黎元愁苦。

需之豐

䷶【經】占豐二四五爻

【緯】韓氏長女，嫁於東海。多貌美好，宜家福壽，利得十倍。

需之同人

䷌【經】占同人二四上爻

【緯】兩矛相刺，勇力鈞敵。交綏結如，不破不缺。

需之賁

䷕【經】占賁二五上爻

【緯】升戶入室，就溫暖食。冰凍北陸，寒不能賊。

需之歸妹

䷵【經】占歸妹三四五爻

【緯】一巢九子，同公共母。柔順利貞，出入不殆，福禄所在。

需之履

䷉【經】占履三四上爻

【緯】兵征大宛，北出玉門。與胡寇戰，平城道西。七日絕糧，身幾不全。

需之損

䷨【經】占損三五上爻

【緯】曳綸江海，鉤掛魴鯉。公孫得利，以享仲友。

需之大有

䷍【經】占大有四五上爻

【緯】乘船渡濟，載水逢火。賴倖免禍，蒙我生全。

需之萃

䷬【經】占萃初二三四爻

【緯】大口宣舌，神使伸言。黄龍景星，出應德門。與福上天，天下安昌。

需之坤

䷁【經】占坤初二三五爻

【緯】溫山松柏，常茂不落。鸞鳳所庇，得其歡樂。

需之觀

䷓【經】占觀初二三上爻

【緯】河水孔穴，壞敗我室。水深無岸，魚鱉傾側。

需之小過

䷽【經】占小過初二四五爻

【緯】猋風忽起，車馳揭揭。棄名追亡，失其和節，憂心輟輟。

需之遯

䷠【經】占遯初二四上爻

【緯】去如飛鴻，避凶直東。遂得全脫，與福相逢。

需之艮　【經】占艮初二五上爻　【緯】黍稷苗稻，垂秀方造，中旱不雨，傷風枯槁。

需之解　【經】占解初三四五爻　【緯】一指食肉，口無所得。染其鼎鼐，舌饞於腹。

需之訟　【經】占訟初三四上爻　【緯】三牛生狗，以戌爲母。荆夷上侵，姬伯出走。

需之蒙　【經】占蒙初三五上爻　【緯】三塗五嶽，陽城太室，神明之保，獨無兵革。

需之鼎　【經】占鼎初四五上爻　【緯】膠著木連，不出牛欄。斯饗羔羊，家室相安。

需之震　【經】占震二三四五爻　【緯】卷舌遯世，仁德不舍。三聖攸同，周家茂興。

需之无妄　【經】占无妄二三四上爻　【緯】載璧秉珪，請命于河。周公克敏，沖人瘳愈。

需之頤　【經】占頤二三五上爻　【緯】危坐至暮，請求不得。膏澤不降，政戾民惑。

需之離　【經】占離二四五上爻　【緯】鵠思其雄，欲隨鳳東。順理羽翼，出次日中。須留此邑，復反其室。

需之睽　【經】占睽三四五上爻　【緯】齋具賸狸，不聽我辭。繫於虎須，牽不得來。

需之豫　【經】占豫初二三四五爻　【緯】冬無藏兵，春旺不通。陰流爲賊，國被其殃。

需之否　【經】占否初二三四上爻　【緯】雌單獨居，歸其本巢。毛羽憔悴，志如死灰。

需之剥　【經】占剥初二三五上爻　【緯】孤竹之墟，失婦無夫。傷於蒺藜，不見少妻。東郭棠姜，武氏破亡。

需之旅　【經】占旅初二四五上爻　【緯】因禍受福，喜盈我室。先人後己，所願必得。

需之未濟　【經】占未濟初三四五上爻　【緯】登高上山，見王自言。申理我冤，得職蒙恩。

需之噬嗑　【經】占噬嗑二三四五上爻　【緯】教羊牧兔，使魚捕鼠。任非其人，費日無功。

需之晉　【經】占晉卦彖辭　【緯】咸陽辰巳，長安戌亥。丘陵生止，非魚鱗市。不可辭阻，終無悔咎。

大壯

【經】占本卦彖辭　【緯】左有噬熊，右有嚙虎。前觸鐵矛，後躓彊弩，無可抵者。

大壯之恒 ䷟【經】占恒初爻

【緯】東壁餘光，數暗不明。主母嫉妒，亂我事業。

大壯之豐 ䷶【經】占豐二爻

【緯】願念所生，隔在東平。遭離滿沸，河川決潰。幸得無恙，復生歸室。

大壯之歸妹 ䷵【經】占歸妹三爻

【緯】五烏六鴟，相對蹲跂。禮讓不興，虞芮爭訟。

大壯之泰 ䷊【經】占泰四爻

【緯】衆惡之堂，相聚爲殃。幽毒良人，使道不通。

大壯之夬 ䷪【經】占夬五爻

【緯】桃李花實，纍纍日息。長大成熟，甘美可食，爲我利福。

大壯之大有 ䷍【經】占大有上爻

【緯】褒后生蛇，經孝曰微。追跌衰耄，復滅黄離。

大壯之小過 ䷽【經】占小過初二爻

【緯】春鴻飛東，以馬貨金，利可得深。

大壯之解 ䷧【經】占解初三爻

【緯】壽如松喬，與日月俱。常安康樂，不罹禍憂。

大壯之升 ䷭【經】占升初四爻

【緯】數窮廓落，困於曆室。往登玉堂，與老侑食。

大壯之大過 ䷛【經】占大過初五爻

【緯】鼠聚生怪，爲我患悔。道絕不通，商旅失意。

大壯之鼎 ䷱【經】占鼎初上爻

【緯】長尾踐跎，畫地爲河。深不可涉，絕世之比，憫然憤息。

大壯之震 ䷲【經】占震二三爻

【緯】晨風文翰，火舉就溫。昧過我邑，羿無所得。

大壯之明夷 ䷣【經】占明夷二四爻

【緯】弓矢斯張，把彈弦折。丸發不至，道遇害患。

大壯之革 ䷰【經】占革二五爻

【緯】舉袂覆目，不見日月。衣衾杖几，就其夜室。

大壯之離 ䷝【經】占離二上爻

【緯】築室水上，危於一齒。丑寅不徙，辰卯有咎。

大壯之臨 ䷒【經】占臨三四爻

【緯】載日精光，驂駕六龍。禄命徹天，封爲燕王。

大壯之兌 ䷹【經】占兌三五爻

【緯】嵩高岱宗，峻直且神。觸石膚寸，千里蒙恩。

大壯之睽 ䷥【經】占睽三上爻

【緯】蒼鷹群行，相得旅前。王孫申公，驚奪我雄。北天門開，神火飛災。如不敬信，事入塵埃。

大壯之需 ䷄【經】占需四五爻

【緯】君不明德，臣亂爲惑。丞相命駕，胡亥失所。

大壯之大畜 ䷙【經】占大畜四上爻

【緯】坐爭立訟，紛紛訩訩。卒成禍亂，災及家公。

大壯之乾 ䷀【經】占乾五上爻

【緯】金齒鐵牙，壽考宜家。年歲有儲，貪利者得，有其咎憂。

大壯之豫 ䷏【經】占豫初二三爻

【緯】信譎龍且，塞水上流。半渡決囊，楚師覆亡。

大壯之謙 ䷎【經】占謙初二四爻

【緯】聰鬣黑髯，東歸南鄉。白虎推輪，蒼龍把衡。遂至夷傷，不離咎殃。

大壯之咸 ䷞【經】占咸初二五爻

【緯】畜雞養狗，長息有儲。耕田得黍，主母喜舞。

大壯之旅 ䷷【經】占旅初二上爻

【緯】追獵東走，兔逃我後。吾銳不利，獨空無有。

大壯之師 ䷆【經】占師初三四爻

【緯】鹿下西山，欲保其群。逢羿箭鋒，死於矢端。

大壯之困 ䷮【經】占困初三五爻

【緯】道淫爲坑，輪陷躓彊。南國作諱，使我多畏。

大壯之未濟 ䷿【經】占未濟初三上爻

【緯】桀亂無道，民散不聚。背室之家，遁逃出走。

大壯之井 ䷯【經】占井初四五爻

【緯】鰥寡孤獨，福禄苦薄。入室無妻，我子哀悲。

大壯之蠱 ䷑【經】占蠱初四上爻

【緯】德被八表，蠻夷率服。蝥賊不作，道無苛慝。

大壯之姤 ䷫【經】占姤初五上爻

【緯】婚禮不明，男女失常。行路有言，出爭我訟。

大壯之復 ䷗【經】占復二三四爻

【緯】雷霆所擊，誅者五逆。劓滅無跡，有懼方息。

大壯之隨 ䷐【經】占隨二三五爻

【緯】有莘季女，爲王妃后。貴夫壽子，母尊四海。

大壯之噬嗑 ䷔【經】占噬嗑二三上爻

【緯】蛇鄉其穴，載麻當喪。哀悲哭泣，送死離鄉。

大壯之既濟 ䷾【經】占既濟二四五爻

【緯】禾生蟲蠹，還自剋賊，使我無得。

大壯之賁 ䷕【經】占賁二四上爻

【緯】四瀆不安，兵革爲患。掠我妻子，客屢飢寒。

大壯之同人 ䷌【經】占同人二五上爻

【緯】老弱無子，不能自理。郭氏雖憂，終不離咎。管子治國，侯伯來服。

乘輿八百，尊祀祖德。

大壯之節 ䷻【經】占節三四五爻 【緯】四壁無戶，三步一止。東西南北，利不可得。

大壯之損 ䷨【經】占損三四上爻 【緯】出門望東，伯仲不來。疾病爲患，使母憂歎。

大壯之履 ䷉【經】占履三五上爻 【緯】至德之君，禍不過鄰。使我世存，身無患災。

大壯之小畜 ䷈【經】占小畜四五上爻 【緯】秦失嘉居，河伯爲怪。還其御璧，神怒不祐。織組無文，燒香不芬。

大壯之坤 ䷁【經】占坤初二三四爻 【緯】家給八足，頌聲並作。四夷賓服，干戈櫜閣。

大壯之萃 ䷬【經】占萃初二三五爻 【緯】室穿漏敝，破桴殘缺。陰弗能完，瓦碎不全。

大壯之晉 ䷢【經】占晉初二三上爻 【緯】鄭國讒多，數被楚憂。征夫愁苦，民困無聊。

大壯之蹇 ䷦【經】占蹇初二四五爻 【緯】穿屋相宜，利倍我北。循邪詭道，迎不可得。南北望邑，遂歸入室。

大壯之艮 ䷳【經】占艮初二四上爻 【緯】出入節時，南北無憂。亟行所逐，在外來歸。

大壯之遯 ䷠【經】占遯初二五上爻 【緯】剛柔相傷，火爛銷金。鵰鷹制兔，伐楚有功。

大壯之坎 ䷜【經】占坎初三四五爻 【緯】寒暑不當，軌度失常。一前一後，年歲鮮有。

大壯之蒙 ䷃【經】占蒙初三四上爻 【緯】心患其身，不念安存。忠臣孝子，爲國除患。

大壯之訟 ䷅【經】占訟初三五上爻 【緯】東行西窮，南北無功。張伯買鹿，從者失羊。

大壯之巽 ䷸【經】占巽初四五上爻 【緯】犬吠非主，上下渾擾。敵人襲戰，閔王逃走。

大壯之屯 ䷂【經】占屯二三四五爻 【緯】獮猴冠帶，盜載非位。衆犬持吠，狂走蹶足。

大壯之頤 ䷚【經】占頤二三四上爻 【緯】霜降門戶，蟄蟲隱處。不見日月，與死爲伍。

大壯之无妄 ䷘【經】占无妄二三五上爻 【緯】張氏揖酒，請謁左右。王時枯槁，獨不蒙所。

大壯之家人 ䷤【經】占家人二四五上爻 【緯】舉觴飲酒，未得至口。側棄醉酗，拔劍斫怒，武侯作悔。

大壯之中孚 ䷼【經】占中孚三四五上爻 【緯】求君衣裳，情不可當。觸諱西行，爲伯生殃。君之上安，得生安存。

大壯之比 ䷇【經】占比初二三四五爻 【緯】明夷兆初，三旦爲災。以讒復歸，名曰豎牛。剥亂叔孫，餒卒虚丘。

大壯之剥 ䷖【經】占剥初二三四上爻 【緯】乘風雨橋，與飛鳥俱。一舉千里，見吾愛母。

大壯之否 ䷋【經】占否初二三五上爻 【緯】三癡六狂，欲之平鄉。迷惑失道，不知昏明。

大壯之漸 ䷴【經】占漸初二四五上爻 【緯】陽氏狂惑，季孫亂潰。陪臣執政，平子俱折，季心不快。

大壯之渙 ䷺【經】占渙初三四五上爻 【緯】陳魚觀社，狼虎踰距。爲民開緒，亡其祖考。

大壯之益 ䷩【經】占益二三四五上爻 【緯】太姬之孫，周文九子。咸遂受成，寵貴富有。

大壯之觀 ䷓【經】占觀卦彖辭 【緯】纓急縮頸，行不得前。五石示象，襄伯不成。

否

䷋【經】占本卦彖辭 【緯】秦爲虎狼，與晉爭強，併吞其國，號曰始皇。

否之无妄 ䷘【經】占无妄初爻 【緯】陰衰老極，陽見其德。履離載光，天下昭明。功業不長，蝦蟆代王。

否之訟 ䷅【經】占訟二爻 【緯】珪璧琮璋，執贄見王。百里甯戚，應聘齊秦。

否之遯 ䷠【經】占遯三爻 【緯】失恃毋教，嘉偶出走。傫如失老，如喪家狗。

否之觀 ䷓【經】占觀四爻 【緯】天之奥隅，堯舜所居。可以存身，保我邦家。

否之晉 ䷢【經】占晉五爻 【緯】雙鳧俱飛，欲歸稻池。徑涉萑澤，爲矢所射，傷我胸臆。

否之萃 ䷬【經】占萃上爻 【緯】破筐敝筥，棄損於道。壞落穿敗，不復所實。

否之履 ䷉【經】占履初二爻 【緯】把珠入口，爲我利寶。得吾所有，欣然嘉喜。

否之同人 ䷌【經】占同人初三爻 【緯】衆鬼瓦聚，中有大怪，九身無頭。魂驚魄去，不可以居。

否之益　䷩【經】占益初四爻

【緯】徙巢去家，南過白馬。東西受福，與母相得。

否之噬嗑　䷔【經】占噬嗑初五爻

【緯】伯蹇叔盲，足痛難行。終日至暮，不離家鄉。

否之隨　䷐【經】占隨初上爻

【緯】春桃生花，季女宜家。受福多年，男爲邦君。

否之姤　䷫【經】占姤二三爻

【緯】三年生狗，以戌爲母。荆夷上侵，姬伯出走。

否之渙　䷺【經】占渙二四爻

【緯】娶於姜女，駕迎新婦。少齊在門，夫子悦喜。

否之未濟　䷿【經】占未濟二五爻

【緯】灌頡同徒，道頓跌踦。日辰不良，病爲身禍。

否之困　䷮【經】占困二上爻

【緯】白日揚光，雷車避藏。雲雨不行，各自還鄉。

否之漸　䷴【經】占漸三四爻

【緯】春栗夏梨，少鮮稀有。斗千石萬，貴不可求。

否之旅　䷷【經】占旅三五爻

【緯】履服自敵，殃咎並列，憂不能笑。

否之咸　䷞【經】占咸三上爻

【緯】華薄實槁，衣敝入絡。女工不成，絲布如玉。

否之剥　䷖【經】占剥四五爻

【緯】桃李花實，累累日息。長大成就，甘美可食。

否之比　䷇【經】占比四上爻

【緯】官爵相保，居之無咎。求免不得，使伯悔恨。

否之豫　䷏【經】占豫五上爻

【緯】南山之峻，真人所在。德配唐虞，天命爲子。保祐飲享，身受大慶。

否之乾　䷀【經】占乾初二三爻

【緯】江河淮濟，天之奥府，衆利所聚。可以饒有，樂我君子。

否之中孚　䷼【經】占中孚初二四爻

【緯】老妾踞機，緯絕不知。女功不成，冬寒無衣。

否之睽　䷥【經】占睽初二五爻

【緯】野烏山鵲，來集六博。三梟四散，主人勝客。

否之兑　䷹【經】占兑初二上爻

【緯】免冠進賢，步出朝門。儀禮不正，賊孽爲患。

否之家人　䷤【經】占家人初三四爻

【緯】俱爲天民，雲過吾西。風伯疾雨，與我無恩。

否之離　䷝【經】占離初三五爻

【緯】翕翕輖輖，隕墜崩顛。滅其令名，長没不存。

否之革　䷰【經】占革初三上爻

【緯】齎貝贖狸，不聽我辭。繫於虎鬚，牽不得來。

否之頤　䷚【經】占頤初四五爻

【緯】狐鳴室北，飢無所食。困于空丘，莫與同力。

否之屯　䷂【經】占屯初四上爻

【緯】名成德就，項領不試。景公耋老，尼父逝去。

否之震　䷲【經】占震初五上爻

【緯】逐兔山西，利走入門。賴我仁德，獲爲我福。

否之巽　䷸【經】占巽二三四爻

【緯】杜口結舌，言爲禍母。代伯受患，無所禱免。

否之鼎　䷱【經】占鼎二三五爻

【緯】持鶴抱子，見蛇何咎。室家俱在，不失其所。

否之大過　䷛【經】占大過二三上爻

【緯】雄聖伏名，人匿麟遠。走鳳飛北，擾亂未息。

否之蒙　䷃【經】占蒙二四五爻

【緯】持善避患，福禄長存。雖有豺虎，不能危患。

否之坎　䷜【經】占坎二四上爻

【緯】病貧望幸，使伯行販。開牢擇羊，多得大牂。

否之解　䷧【經】占解二五上爻

【緯】伊伯致仕，去桀耕野。執順以待，反和無咎。

否之艮　䷳【經】占艮三四五爻

【緯】興役不休，與民爭時。牛生五趾，行危爲憂。

否之蹇　䷦【經】占蹇三四上爻

【緯】北陰司寒，堅冰不溫。淩人惰殆，大雹爲災。

否之小過　䷽【經】占小過三五上爻

【緯】黑龍吐光，使陰復陽。榮獵載聖，六師以昌。

否之坤　䷁【經】占坤四五上爻

【緯】天之所災，凶不可居。轉徙獲福，留止憂危。

否之小畜　䷈【經】占小畜初二三四爻

【緯】載車無褌，裸裎出門。小兒作笑，君爲憂患。

否之大有　䷍【經】占大有初二三五爻

【緯】家給人足，頌聲並作。四夷賓服，干戈囊閣。

否之夬　䷪【經】占夬初二三上爻

【緯】鳥飛跌破，兩兩相和。不疾四肢，但去莫疑。

否之損　䷨【經】占損初二四五爻

【緯】秋風牽手，相提笑語。伯歌季舞，燕樂以喜。

否之節　䷻【經】占節初二四上爻

【緯】牡羊稻園，聞虎喧歡。畏恐悚息，終無禍患。

否之歸妹　【經】占歸妹初二五上爻　【緯】悲號北行，失其長兄。伯仲不幸，骸骨散亡。
否之賁　【經】占賁初三四五爻　【緯】日月相望，光明盛昌。三聖茂功，仁德大隆。
否之既濟　【經】占既濟初三四上爻　【緯】東鄰嫁女，爲王妃后。莊公築館，以監主母。歸於京師，姬姜悅喜。
否之豐　【經】占豐初三五上爻　【緯】賦斂重數，政爲民賊。杼軸空盡，家去其室。
否之復　【經】占復初四五上爻　【緯】入和出明，動作有光。運轉休息，所爲允康。
否之蠱　【經】占蠱二三四五爻　【緯】鴟鴞破斧，沖人危殆。賴其忠德，轉禍爲福，傾危復立。
否之井　【經】占井二三四上爻　【緯】杜口結舌，心中怫鬱。去災生患，無所告冤。
否之恒　【經】占恒二三五上爻　【緯】溫山松柏，常茂不落。鸞鳳所庇，得其歡樂。
否之師　【經】占師二四五上爻　【緯】揚水潛鑿，使石潔白。衣素表朱，遊戲皋沃。得君所願，心志娛樂。
否之謙　【經】占謙三四五上爻　【緯】人面鬼口，長舌如斧。斫破瑚璉，殷商絕祀。
否之大畜　【經】占大畜初二三四五爻　【緯】行役未已，新事復起。姬姜勞苦，不得休止。
否之需　【經】占需初二三四上爻　【緯】避患東西，反入禍門。糟糠不足，憂動我心。
否之大壯　【經】占大壯初二三五上爻　【緯】太乙駕騮，從天上來。徵我季叔，封爲魯侯。
否之臨　【經】占臨初二四五上爻　【緯】猿墮高木，不踒手足。保我金玉，還歸其室。
否之明夷　【經】占明夷初三四五上爻　【緯】深坑復平，天下安寧。意娛心樂，賴福長生。
否之升　【經】占升二三四五上爻　【緯】結紐得解，憂不爲禍。食利仙家，受福安坐。
否之泰　【經】占泰卦彖辭　【緯】行不如止，直不如曲，進不如退，可以安吉。

漸

【經】占本卦彖辭　【緯】別離分散，長子從軍。稚叔就賊，寡老獨安，莫爲種瓜。

漸之家人 ䷤【經】占家人初爻

【緯】本根不固，華葉落去，更爲孤嫗。

漸之巽 ䷸【經】占巽二爻

【緯】跂蹞未起，失利後市，不得鹿子。

漸之觀 ䷓【經】占觀三爻

【緯】春鴻飛東，以馬貨金。利得十倍，重載歸鄉。

漸之遯 ䷠【經】占遯四爻

【緯】子長忠直，季氏爲賊。禍及無嗣，司馬失福。

漸之艮 ䷳【經】占艮五爻

【緯】虎豹熊羆，遊戲山谷。仁賢君子，得其所欲。

漸之蹇 ䷦【經】占蹇上爻

【緯】敏捷亟疾，如猿集木。彤弓雖調，終不能獲。

漸之小畜 ䷈【經】占小畜初二爻

【緯】周成之隆，刑措除凶。太宰費祐，君子作仁。

漸之益 ䷩【經】占益初三爻

【緯】築闕石巔，立基水源。疾病不安，老孤無鄰。

漸之同人 ䷌【經】占同人初四爻

【緯】蝦蟆群聚，從天請雨。雲雷連集，應時輒下，得其所欲。

漸之賁 ䷕【經】占賁初五爻

【緯】膏澤沐浴，洗去污辱。振除災咎，更與壽福。

漸之既濟 ䷾【經】占既濟初上爻

【緯】乘風而舉，與飛鳥俱。一舉千里，見吾愛母。

漸之渙 ䷺【經】占渙二三爻

【緯】江河淮海，天之都市。商人受福，國家饒有。

漸之姤 ䷫【經】占姤二四爻

【緯】麟子鳳雛，生長嘉國。和氣所居，康樂温仁，邦多聖人。

漸之蠱 ䷑【經】占蠱二五爻

【緯】隨時逐便，不失利門。多獲得福，富於封君。

漸之井 ䷯【經】占井二上爻

【緯】逶迤高源，家伯安施，亂其在官。

漸之否 ䷋【經】占否三四爻

【緯】鴻飛循陸，公出不復，伯氏客宿。

漸之剥 ䷖【經】占剥三五爻

【緯】履階登墀，高升峻巍。福禄洋溢，依天之威。

漸之比 ䷇【經】占比三上爻

【緯】文山鴻豹，肥腯多脂。王孫獲願，載福巍巍。

漸之旅 ䷷【經】占旅四五爻

【緯】甲乙戊庚，隨時轉行。不失常節，萌芽律屈。咸達生出，各順其類。

漸之咸 ䷞【經】占咸四上爻 【緯】慈母念子，饗賜德士。蠻夷來服，國人懽喜。

漸之謙 ䷎【經】占謙五上爻 【緯】搖梅折枝，與母别離，絶不相知。

漸之中孚 ䷼【經】占中孚初二三爻 【緯】牝馬鳴响，求呼其潦。雲雨大會，流成河海。

漸之乾 ䷀【經】占乾初二四爻 【緯】旦種穀豆，暮成藿羹。心之所願，志快意愜。

漸之大畜 ䷙【經】占大畜初二五爻 【緯】繈褓孩幼，冠帶成家。出門如賓，父母何憂。

漸之需 ䷄【經】占需初二上爻 【緯】交侵如亂，民無聊賴。追我濟西，狄人便殫。

漸之无妄 ䷘【經】占无妄初三四爻 【緯】絶域異路，多所畏惡。使我驚惶，思吾故處。

漸之頤 ䷚【經】占頤初三五爻 【緯】一尋百節，綢繆相結。其指詰屈，不能解脱。

漸之屯 ䷂【經】占屯初三上爻 【緯】東山西山，各自止安。雖相登望，竟未同堂。

漸之離 ䷝【經】占離初四五爻 【緯】剛柔相呼，二姓爲家。霜降既同，惠我以仁。

漸之革 ䷰【經】占革初四上爻 【緯】謝恩拜德，東歸吾國，懽樂有福。

漸之明夷 ䷣【經】占明夷初五上爻 【緯】尼父孔丘，善釣鯉魚。羅網一舉，獲利萬頭，富我家居。

漸之訟 ䷅【經】占訟二三四爻 【緯】麟鳳所翔，國無咎殃。賈市十倍，復歸惠鄉。

漸之蒙 ䷃【經】占蒙二三五爻 【緯】衆鳥所翔，中有大怪。九身無頭，魂驚魄去，不可以居。

漸之坎 ䷜【經】占坎二三上爻 【緯】危坐至暮，請求不得。膏澤不降，政戾民忒。

漸之鼎 ䷱【經】占鼎二四五爻 【緯】雞鳴同舉，思配無家。執佩持梟，莫使致之。

漸之大過 ䷛【經】占大過二四上爻 【緯】鷹鸇獵食，雉兔困極。逃走見尾，爲人所賊。

漸之升 ䷭【經】占升二五上爻 【緯】心狂志悖，聽視聾盲。正命無常，下民多孽。

漸之晉 ䷢【經】占晉三四五爻 【緯】驅羊南行，與福相逢。狼驚我馬，虎盗我子，悲恨自咎。

漸之萃　䷬【經】占萃三四上爻　【緯】西行求玉，莫得卞璞。反得凶惡，使我驚惑。

漸之坤　䷁【經】占坤三五上爻　【緯】牡飛門啓，憂患大解，不爲身禍。

漸之小過　䷽【經】占小過四五上爻　【緯】日月之塗，所行必到，無有患故。

漸之履　䷉【經】占履初二三四爻　【緯】珪璧琮璋，執贄見王。百里甯戚，應聘齊秦。

漸之損　䷨【經】占損初二三五爻　【緯】年豐歲熟，政仁民樂，禄入獲福。

漸之節　䷻【經】占節初二三上爻　【緯】節情省慾，賦斂有度。家給人足，且貴且富。

漸之大有　䷍【經】占大有初二四五爻　【緯】老弱無子，不能自理。爲民雖憂，終不離咎。管子治國，侯伯賓服。乘輿八百，尊我恒德。

漸之夬　䷪【經】占夬初二四上爻　【緯】逐狐東山，水遏我前。深不可涉，失利後還。

漸之泰　䷊【經】占泰初二五上爻　【緯】穿室漏敝，破壞殘缺。陶弗能治，瓦甓不甃。

漸之噬嗑　䷔【經】占噬嗑初三四五爻　【緯】金齒鐵牙，壽考宜家。年歲有餘，貪利者得，雖憂無咎。

漸之隨　䷐【經】占隨初三四上爻　【緯】聞虎入邑，心欲逃匿。走據陽德，不見霍叔，絶無憂慝。

漸之復　䷗【經】占復初三五上爻　【緯】坤厚地德，庶物蕃息。平康正直，以綏大福。

漸之豐　䷶【經】占豐初四五上爻　【緯】華首之山，仙道所遊。利以居止，長無咎憂。

漸之未濟　䷿【經】占未濟二三四五爻　【緯】陰配陽事，臥木反立。君子攸行，喪其官職。

漸之困　䷮【經】占困二三四上爻　【緯】南國少子，才略美好。求我長女，賤薄不與。反得醜惡，後乃大悔。

漸之師　䷆【經】占師二三五上爻　【緯】鑿井求玉，非卞氏宅。身困名辱，勞無所得。

漸之恒　䷟【經】占恒二四五上爻　【緯】良夫孔姬，負悝登臺。欒季不扶，衛輒走逃。

漸之豫　䷏【經】占豫三四五上爻　【緯】盛中不絶，衰老復拙。盈滿減虧，瘯去腯肥。鄭昭失國，重耳興起。

漸之睽 ䷥【經】占睽初二三四五爻

【緯】設罟捕魚，反得居諸。負困竭忠，伍氏夷誅。

漸之兌 ䷹【經】占兌初二三四上爻

【緯】惟恃自負，不志於下。血從地出，誅罰失理。賣市不售，枯槁爲福。

漸之臨 ䷒【經】占臨初二三五上爻

【緯】禹作神鼎，伯益衔指。斧斤既折，憧立獨倚。

漸之大壯 ䷡【經】占大壯初二四五上爻

【緯】節慶之德，不涉亂國。雖昧無光，民受大福。

漸之震 ䷲【經】占震初三四五上爻

【緯】凶重憂慮，身受誅罪，神不能解。

漸之解 ䷧【經】占解二三四五上爻

【緯】冠帶南行，與福相期。邀於嘉國，拜位逢時。

漸之歸妹 ䷵【經】占歸妹卦彖辭

【緯】海隅遼右，福禄所至。柔嘉蒙祉，九夷何咎。

旅

旅 ䷷【經】占本卦彖辭

【緯】羅網四張，鳥無所翔。征伐困極，飢渴不食。

旅之離 ䷝【經】占離初爻

【緯】既癡且狂，兩目又盲。箕踞坐嗜，名爲無中。

旅之鼎 ䷱【經】占鼎二爻

【緯】躬履孔德，以帶束帶。文王燎獵，呂尚獲福。號稱太師，封建齊國。

旅之晉 ䷢【經】占晉三爻

【緯】鶬鶊竊脂，巢於小枝。搖動不安，爲風所吹。內寒飄搖，常憂殆危。

旅之艮 ䷳【經】占艮四爻

【緯】良夫淑女，配合相保。多孫壽子，歡樂長久。

旅之遯 ䷠【經】占遯五爻

【緯】彭生爲妖，暴龍作災。盜堯衣裳，聚跖荷兵。青禽照夜，三旦夷亡。

旅之小過 ䷽【經】占小過上爻

【緯】昨宵夜遊，與君相遭。除煩解惑，使我無憂。

旅之大有 ䷍【經】占大有初二爻

【緯】東入海口，循流北走。一高二下，五邑失主。七夜六日，死於水浦。

旅之噬嗑 ䷔【經】占噬嗑初三爻

【緯】教羊逐兔，使魚捕鼠。任非其人，費日無功。

旅之賁 ䷕【經】占賁初四爻

【緯】生角有尾，張孽制家。排揚逐狐，張氏易公，憂禍重凶。

旅之同人 ䷌【經】占同人初五爻

【緯】床傾簀折，屋漏垣缺，季姬不愜。

旅之豐　䷶【經】占豐初上爻
【緯】束帛戔戔，賻我孟空。徵召送君，處號易子。

旅之未濟　䷿【經】占未濟二三爻
【緯】請聘作耳，啬不我與，驅我父母。

旅之蠱　䷑【經】占蠱二四爻
【緯】延頸望酒，不入我口。深目自若，利得無有。

旅之姤　䷫【經】占姤二五爻
【緯】高阜山陵，峻阤顛崩。爲國妖祥，元后以薨。

旅之恒　䷟【經】占恒二上爻
【緯】裹糗荷糧，與跖相逢。欲飛不得，爲網所獲。

旅之剥　䷖【經】占剥三四爻
【緯】去安就危，墜陷井池，破我玉鑴。

旅之否　䷋【經】占否三五爻
【緯】輔相之好，無有休息。時行雲集，所在遇福。

旅之豫　䷏【經】占豫三上爻
【緯】四亂不安，東西爲患。退身山足，無出邦域。乃得完全，賴其生福。

旅之漸　䷴【經】占漸四五爻
【緯】委蛇四牡，思念父母。王事靡盬，不得安處。

旅之謙　䷎【經】占謙四上爻
【緯】群虎入邑，求索肉食。大人守御，君失其國。

旅之咸　䷞【經】占咸五上爻
【緯】金梁鐵柱，十年牢固。完全不腐，聖人安處。

旅之睽　䷥【經】占睽初二三爻
【緯】負牛上山，力劣行難。烈風雨雪，遮遏我前，中道復還。

旅之大畜　䷙【經】占大畜初二四爻
【緯】巢成樹折，傷我彝器。伯踜叔跌，凶羊乃追。

旅之乾　䷀【經】占乾初二五爻
【緯】寄生無根，如過浮雲。立本不固，斯須落去，更爲枯樹。

旅之大壯　䷡【經】占大壯初二上爻
【緯】褐夫老婦，不能生子，鰥寡居處。

旅之頤　䷚【經】占頤初三四爻
【緯】六人俱行，各遺其囊。黄鵠失曉，無以爲明。

旅之无妄　䷘【經】占无妄初三五爻
【緯】體重飛難，未能越關。不離空壇。

旅之震　䷲【經】占震初三上爻
【緯】征將止惡，鼓鞞除賊。慶仲奔莒，子般獲福。

旅之家人　䷤【經】占家人初四五爻
【緯】土陷四維，安平不危。利以居止，保其玉女。

旅之明夷 ䷣【經】占明夷初四上爻 【緯】素車木輿，不任負重。王子出征，憂疑爲咎。

旅之革 ䷰【經】占革初五上爻 【緯】跡造惡人，使得不通。炎旱爲殃，年穀大傷。

旅之蒙 ䷃【經】占蒙二三四爻 【緯】封豕溝瀆，灌潰國邑。人宿口中，民多病疾。

旅之訟 ䷅【經】占訟二三五爻 【緯】秋蠶不成，冬種不生。設王逆理，棄其寵名。

旅之解 ䷧【經】占解二三上爻 【緯】清潔淵塞，爲人所言。證訓詁问，繫於知溫。甘棠聽斷，昭然蒙恩。

旅之巽 ䷸【經】占巽二四五爻 【緯】乾行大德，履贍六合。嘔煦成熟，使我福德。

旅之升 ䷭【經】占升二四上爻 【緯】異國殊俗，情不相得。金木爲仇，酋賊擅役。

旅之大過 ䷛【經】占大過二五上爻 【緯】播枝遷岐，與母分離，絕不相知。

旅之觀 ䷓【經】占觀三四五爻 【緯】牽頭繫尾，屈折幾死。彫世無仁，不知所歸。

旅之坤 ䷁【經】占坤三四上爻 【緯】人無定法，綏降牛出。蛇雄走趨，陽不制陰，宜其家困。

旅之萃 ䷬【經】占萃三五上爻 【緯】六鷁退飛，爲襄敗祥。陳師合戰，左股疾傷。遂以崩薨，霸功不成。

旅之蹇 ䷦【經】占蹇四五上爻 【緯】金城鈇郭，上下同力。政平民親，寇不敢賊。

旅之損 ䷨【經】占損初二三四爻 【緯】皋陶聽理，岐伯悅喜。西登華道，東歸無咎。

旅之履 ䷉【經】占履初二三五爻 【緯】木生內蠹，上下相賊。禍亂我國。

旅之歸妹 ䷵【經】占歸妹初二三上爻 【緯】水壞我里，東流爲海。黿鼉讙囂，不得安居。

旅之小畜 ䷈【經】占小畜初二四五爻 【緯】雞鳴無距，與雀格鬥。翅折目盲，爲仇所傷。

旅之泰 ䷊【經】占泰初二四上爻 【緯】延陵適魯，觀樂太史。車鄰白顛，知秦興起。卒兼其國，一統爲主。

旅之夬 ䷪【經】占夬初二五上爻 【緯】十雉百雛，常與母俱。抱雞搏虎，誰肯爲娛。

旅之益 ䷩【經】占益初三四五爻 【緯】低頭竊視，有所畏避。行作不利，酒酸魚敗，衆莫貪嗜。

旅之復 ䷗【經】占復初三四上爻 【緯】茹芝餌黄，塗飲玉英。與神通流，長無憂凶。

旅之隨 ䷐【經】占隨初三五上爻 【緯】叔肸抱冤，祈子自邑。乘遽解患，羊舌以免，賴其生全。

旅之既濟 ䷾【經】占既濟初四五上爻 【緯】逐鹿南山，知我入門。陰陽和調，國無災殘。長子出逃，須其仁君。

旅之渙 ䷺【經】占渙二三四五爻 【緯】晦昧昏冥，君無紀綱。甲子成亂，簡公喪亡。

旅之師 ䷆【經】占師二三四上爻 【緯】衛侯東遊，惑於少姬。亡我考妣，久迷不來。

旅之困 ䷮【經】占困二三五上爻 【緯】鴉噪庭中，以戒災凶。重門擊柝，儕憂暴客。

旅之井 ䷯【經】占井二四五上爻 【緯】慈母赤子，享賜得士。獲夷服除，以安王家，側陋逢時。

旅之比 ䷇【經】占比三四五上爻 【緯】鳥會雀合，與惡相得。鴟鴞相酬，爲心所賊。

旅之中孚 ䷼【經】占中孚初二三四五爻 【緯】長夜短日，陰爲陽賊。萬物空枯，藏於北陸。

旅之臨 ䷒【經】占臨初二三四上爻 【緯】仁政之德，參參日息。成都就邑，日受厥福。

旅之兌 ䷹【經】占兌初二三五上爻 【緯】秦併六國，更相克賊。獲惠質圉，鄭被其咎。

旅之需 ䷄【經】占需初二四五上爻 【緯】奮翅鼓翼，翺翔外國。逍遥徙倚，來歸溫室。

旅之屯 ䷂【經】占屯初三四五上爻 【緯】衆鳥所翔，中有大怪。九身無頭，魂驚魄去，不可以居。

旅之坎 ䷜【經】占坎二三四五上爻 【緯】迎福開戶，喜隨我後。曹伯愷悌，爲宋國主。

旅之節 ䷻【經】占節卦彖辭 【緯】三足無頭，弗知所之。心狂精傷，莫使爲明，不見日光。

咸

䷷【經】占本卦彖辭 【緯】雌單獨居，歸其本巢。毛羽憔悴，志如死灰。

咸之革 ䷰【經】占革初爻 【緯】朝鮮之地，姬伯所保。宜家宜人，業處子孫。

咸之大過 ䷛【經】占大過二爻 【緯】汎汎柏舟，流行不休。耽耽寐寐，公懷大憂。仁不遇時，退隱窮居。

咸之萃　䷬【經】占萃三爻

【緯】桀跖並處，民人愁苦。捕兵荷糧，戰於齊魯。合巹得牢，姬姜並居。

咸之蹇　䷦【經】占蹇四爻

【緯】天厭周德，命與南國。以禮靜民，兵革休息。

咸之小過　䷽【經】占小過五爻

【緯】燕雀御茅，以生孚乳。昆弟六人，懽好孝悌。各同心願，和悦相樂。

咸之遯　䷠【經】占遯上爻

【緯】過時不歸，雌雄苦悲。徘徊外國，與母分離。

咸之夬　䷪【經】占夬初二爻

【緯】聾瞢闇盲，跛倚不行。坐户孚骸，身被大災。困其多憂。

咸之隨　䷐【經】占隨初三爻

【緯】鶻鳩徙巢，西至平州。遭逢雷電，碎我茖蘆。室家飢寒，思吾故初。

咸之既濟　䷾【經】占既濟初四爻

【緯】文君德義，仁聖致福。年無胎夭，國富民實。臥者在室，曾累益息。

咸之豐　䷶【經】占豐初五爻

【緯】亂君之門，佐鬥傷跟。營私貪禄，身爲悔殘。東下泰山，見我所歡。

咸之同人　䷌【經】占同人初上爻

【緯】以鹿爲馬，欺誤其主。聞言不信，三口爲咎。黄龍三子，中樂不殆。

咸之困　䷮【經】占困二三爻

【緯】空曹注器，豚彘不至。張弓祝雞，雄父飛去。

咸之井　䷯【經】占井二四爻

【緯】望尚阿衡，太宰周公。藩屏湯武，立爲王侯。

咸之恒　䷟【經】占恒二五爻

【緯】南行求福，與喜相得。封受上賞，鼎足輔國。

咸之姤　䷫【經】占姤二上爻

【緯】生長太平，仁政流行。四方歸德，社稷康榮。

咸之比　䷇【經】占比三四爻

【緯】雙凫俱飛，以歸稻池。經涉萑澤，爲矢所傷，損我胸臆。

咸之豫　䷏【經】占豫三五爻

【緯】山水暴怒，壞梁折柱。稽旅難行，留連愁苦。

咸之否　䷋【經】占否三上爻

【緯】望龍無目，不見手足。入水求玉，失其所欲。

咸之謙　䷎【經】占謙四五爻

【緯】王孫貴子，相與爲友。明允篤誠，升擢薦舉。

咸之漸　䷴【經】占漸四上爻

【緯】駕車八里，求鮮魴鯉。非吾肆居，自令失布。君子所在，安無危殆。

咸之旅　䷷【經】占旅五上爻

【緯】慈母望子，遥思不已。久客外野，使我心苦。

咸之兌　【經】占兌初二三爻　【緯】甘露醴泉，太平機關。仁德感應，歲樂民安。

咸之需　【經】占需初二四爻　【緯】入年多悔，耕石不富。衡門屢空，使士失意。

咸之大壯　【經】占大壯初二五爻　【緯】堯舜在國，陰陽和德。涿聚衣裳，晉人無殃。

咸之乾　【經】占乾初二上爻　【緯】小窗多明，道里利通。仁賢君子，國安不僵。

咸之屯　【經】占屯初三四爻　【緯】烏鳴呼子，哺以酒脯。高棲水起，來歸其母。

咸之震　【經】占震初三五爻　【緯】叔迎伯兄，遇巷在陽。君子季姬，並坐鼓簧。

咸之无妄　【經】占无妄初三上爻　【緯】男女合室，三姓同食。婚姻孔云，宜我孝孫。

咸之明夷　【經】占明夷初四五爻　【緯】申酉脫服，牛馬休息。君子以安，勞者得懽。

咸之家人　【經】占家人初四上爻　【緯】凱風無母，何恃何怙。幼孤弱子，爲人所苦。

咸之離　【經】占離初五上爻　【緯】一身三口，語無所主。東西南北，迷惑失道。

咸之坎　【經】占坎二三四爻　【緯】大尾小頭，重不可搖。上弱下強，陰制其雄。

咸之解　【經】占解二三五爻　【緯】棠桑折衡，佐門者傷。暴臣反國，良臣被殃。

咸之訟　【經】占訟二三上爻　【緯】諸孺行賈，遠涉山阻。與旅爲市，不危不殆，利得十倍。

咸之升　【經】占升二四五爻　【緯】南與凶俱，破車失襦。西行無袴，亡其寶賂。

咸之巽　【經】占巽二四上爻　【緯】魴生淮郤，一轉爲百。周流四海，無有患惡。

咸之鼎　【經】占鼎二五上爻　【緯】息憂解笑，故貧今富。載樂履善，與福俱憂。

咸之坤　【經】占坤三四五爻　【緯】心惡來怪，衝衝何懼。顏淵子騫，尼父聖誨。

咸之觀　【經】占觀三四上爻　【緯】九里十山，道卻峻難。牛馬不前，復反來還。

咸之晉　【經】占晉三五上爻　【緯】周公之隆，越裳夷通。疾病多祟，鬼哭其公。狼子野心，客宿不同。

咸之艮　【經】占艮四五上爻【緯】順風縱火，艾芝俱亡。三官集房，千子中傷。

咸之節　【經】占節初二三四爻【緯】豕生魚魴，鼠舞庭堂。雄佞施毒，上下昏荒，君失其邦。

咸之歸妹　【經】占歸妹初二三五爻【緯】拔劍傷手，見敵不起。良臣無佐，困辱爲苦。

咸之履　【經】占履初二三上爻【緯】南國饑凶，民食糟糠。少子困捕，利無所得。

咸之泰　【經】占泰初二四五爻【緯】狗吠非主，狼虎夜擾。驚我東西，不爲家咎。

咸之小畜　【經】占小畜初二四上爻【緯】謾誕不成，佶梁滅文。許人買牛，三夫爭之。失利後時，公孫懷憂。

咸之大有　【經】占大有初二五上爻【緯】養幼新婚，未能出門。登宋望齊，不見太師。

咸之復　【經】占復初三四五爻【緯】大推破轂，長舌亂國。床笫之言，三世不安。

咸之益　【經】占益初三四上爻【緯】耕石不生，棄禮無名。縫衣失針，襦褲不成。

咸之噬嗑　【經】占噬嗑初三五上爻【緯】枯樹不花，空淵無魚。舊鳥飛翔，利棄我去。

咸之賁　【經】占賁初四五上爻【緯】雄狐綏遺，登山崔嵬。昭告顯功，大福允興。

咸之師　【經】占師二三四五爻【緯】梁破橋壞，水深多畏。陳鄭之間，絕不得前。

咸之渙　【經】占渙二三四上爻【緯】采薇出車，魚麗思初。上下役急，君子免憂。

咸之未濟　【經】占未濟二三五上爻【緯】秋梁未成，無以至陳。水深難涉，使我不前。

咸之蠱　【經】占蠱二四五上爻【緯】登高傷軸，土阪棄粟。販鹽不利，市賈折角。

咸之剥　【經】占剥三四五上爻【緯】啞啞笑言，與歡飲酒。長樂行觴，千秋起舞，拜受大福。

咸之臨　【經】占臨初二三四五爻【緯】祝鮀王孫，能事鬼神。節用綏民，衛國以存，眉壽多年。

咸之中孚　【經】占中孚初二三四上爻【緯】三頭六目，道畏難宿。寒苦之國，利不可得。

咸之睽　【經】占睽初二三五上爻【緯】出門上堂，從容牖房。不失其常，天牢地戶，勞者憂苦。

咸之大畜　䷙【經】占大畜初二四五上爻　【緯】千仞之牆，不得入門。金籠鐵疏，利以避兵。欲上南阪，軸方不轉，還車復反。

咸之頤　䷚【經】占頤初三四五上爻　【緯】華言風語，自相詿誤。終無凶事，安寧如故。

咸之蒙　䷃【經】占蒙二三四五上爻　【緯】國馬生角，陰孽萌作。變易常服，君失於宅。

咸之損　䷨【經】占損卦彖辭　【緯】合歡之國，嘉喜我福。東嶽西山，朝齊成思。

渙

䷺【經】占本卦彖辭　【緯】望幸不到，文章未就。三子逐兔，犬踦不得。

渙之中孚　䷼【經】占中孚初爻　【緯】牽羊不前，與心戾旋。聞言不信，誤給丈人。

渙之觀　䷓【經】占觀二爻　【緯】鳥飛無翼，兔走折足。雖欲會同，未見其功。

渙之巽　䷸【經】占巽三爻　【緯】南國少子，才略美好。求我長女，賤薄不與。反得醜惡，後乃大悔。

渙之訟　䷅【經】占訟四爻　【緯】三年生狗，以戌爲母。荆夷上侵，伯姬出走。

渙之蒙　䷃【經】占蒙五爻　【緯】因禍受福，喜盈其室，求事皆得。

渙之坎　䷜【經】占坎上爻　【緯】子畏於匡，困於陳蔡。明德不危，竟免厄害。

渙之益　䷩【經】占益初二爻　【緯】昌長景行，來觀柘桑。止伯自喜，都叔允藏。

渙之小畜　䷈【經】占小畜初三爻　【緯】裸裎逐狐，爲人觀笑。牝雞司晨，主母亂門。

渙之履　䷉【經】占履初四爻　【緯】爲季求婦，家在東海。水長無船，不見所歡。

渙之損　䷨【經】占損初五爻　【緯】有莘外野，不逢堯主。復歸窮處，心勞志苦。

渙之節　䷻【經】占節初上爻　【緯】文山紫芝，雍梁朱草。生長和氣，王以爲寶。公孫宥食，福禄來處。

渙之漸　䷴【經】占漸二三爻　【緯】孽蔑徙靡，空無誰是。言季不明，樂減少解。

渙之否 ䷋【經】占否二四爻

【緯】天行帝室，黄帝所直。藩屏周衛，不可得入。常安長在，終無禍患。

渙之剥 ䷖【經】占剥二五爻

【緯】爲虎所齧，泰山之陽。衆多從者，莫敢救藏。

渙之比 ䷇【經】占比二上爻

【緯】行觸天網，馬死車傷。身無聊賴，困窮乏糧。

渙之姤 ䷫【經】占姤三四爻

【緯】踰江求橘，並得大栗。烹羊食豕，飲食歌笑。

渙之蠱 ䷑【經】占蠱三五爻

【緯】獨宿深夜，嫫母畏晝。平王逐建，荆子憂懼。

渙之井 ䷯【經】占井三上爻

【緯】迷行失道，不得馬牛。伯買遂亡，市沒無有。

渙之未濟 ䷿【經】占未濟四五爻

【緯】三虎上山，更相咆哮。心志不親，如仇與怨。

渙之困 ䷮【經】占困四上爻

【緯】絶域異路，多有怪惡。使我驚懼，思我故處。

渙之師 ䷆【經】占師五上爻

【緯】安息康居，異國窮廬。非吾習俗，使伯憂惑。

渙之家人 ䷤【經】占家人初二三爻

【緯】翕翕�輷，稍崩墜顛。滅其令名，長沒不全。

渙之无妄 ䷘【經】占无妄初二四爻

【緯】獮猴所言，語無成全。誤我白馬，使口不至。

渙之頤 ䷚【經】占頤初二五爻

【緯】大尾細腰，重不可搖。陰權制國，平子逐昭。

渙之屯 ䷂【經】占屯初二上爻

【緯】兩犬爭鬥，股瘡無處。不成仇讎，行解卻去。

渙之乾 ䷀【經】占乾初三四爻

【緯】猋風阻越，車馳揭揭。棄名追亡，失其和節，憂心惙惙。

渙之大畜 ䷙【經】占大畜初三五爻

【緯】飛不遠去，卑廝内侍，禄養未富。

渙之需 ䷄【經】占需初三上爻

【緯】江有寶珠，海多大魚。亟行疾去，可以得財。

渙之睽 ䷥【經】占睽初四五爻

【緯】折芒蔽目，不見稚叔。三足飛鳥，遠去家室。

渙之兌 ䷹【經】占兌初四上爻

【緯】昭公失常，季女悖狂。遜齊處野，喪其寵光。

渙之臨 ䷒【經】占臨初五上爻

【緯】追亡逐北，呼還幼叔。至山而得，復歸其室。

渙之遯 ䷠【經】占遯二三四爻 【緯】季姬踟躕，望孟城隅。終日至暮，不見齊侯。

渙之艮 ䷳【經】占艮二三五爻 【緯】羊頭兔足，羸瘦少肉。漏囊敗粟，利無所得。

渙之蹇 ䷦【經】占蹇二三上爻 【緯】羊腸九縈，相催稍前。止須王孫，乃能上天。

渙之晉 ䷢【經】占晉二四五爻 【緯】天之所予，福祿常在，不憂危殆。

渙之萃 ䷬【經】占萃二四上爻 【緯】敝笱在梁，魴逸不禁。漁大勞苦，口燋喉乾，虛空無有。

渙之坤 ䷁【經】占坤二五上爻 【緯】蛇得澤草，不憂危殆。

渙之鼎 ䷱【經】占鼎三四五爻 【緯】疊疊纍纍，如岐之室。畜　息十，古公治邑。

渙之大過 ䷛【經】占大過三四上爻 【緯】旦生夕死，名曰嬰兒，不可得祀。

渙之升 ䷭【經】占升三五上爻 【緯】生有陰孽，制家非陽。遂受還作，張氏易休，憂禍重凶。

渙之解 ䷧【經】占解四五上爻 【緯】坤厚地德，庶物蕃息。平康正直，以綏大福。

渙之同人 ䷌【經】占同人初二三四爻 【緯】齋金觀市，欲置騮子。猾偷竊發，盜我黃寶。

渙之賁 ䷕【經】占賁初二三五爻 【緯】山作大池，陸地爲海，各得其所。

渙之既濟 ䷾【經】占既濟初二三上爻 【緯】鹿求其子，虎廬之里。唐伯李耳，貪不我許。

渙之噬嗑 ䷔【經】占噬嗑初二四五爻 【緯】抱空握虛，鶚鷲我雛，利出不成。

渙之隨 ䷐【經】占隨初二四上爻 【緯】潔身白齒，衰老復起。多孫衆子，宜利姑舅。

渙之復 ䷗【經】占復初二五上爻 【緯】逶迤四牡，思歸念母。王事靡盬，不得安處。

渙之大有 ䷍【經】占大有初三四五爻 【緯】三思俱行，欲歸故鄉。望邑入門，拜見家親。

渙之夬 ䷪【經】占夬初三四上爻 【緯】周師伐紂，戰於牧野。甲子平旦，天下喜悅。

渙之泰 ䷊【經】占泰初三五上爻 【緯】男女合室，二姓同食。婚姻孔云，宜我多孫。

渙之歸妹 ䷵【經】占歸妹初四五上爻 【緯】妹貌親熟，敗君正色。作事不成，自爲心賊。

渙之旅 ䷷【經】占旅二三四五爻 【緯】陰變爲陽，女化爲男。治道得通，君臣相衛。

渙之咸 ䷞【經】占咸二三四上爻 【緯】白鳥御餌，鳴呼其子。旋枝張翅，來從其母。

渙之謙 ䷎【經】占謙二三五上爻 【緯】娶於姜女，駕迎新婦。少妻在門，夫子悦喜。

渙之豫 ䷏【經】占豫二四五上爻 【緯】伯仲旅行，南求大牂。孟長痛足，倩季負囊。柳下之貞，不失我邦。

渙之恒 ䷟【經】占恒三四五上爻 【緯】宫商角徵，五音和氣。君臣父子，弟順有序。唐虞襲德，國無災咎。

渙之離 ䷝【經】占離初二三四五爻 【緯】畏昏潛處，候時昭朗。卒逢白日，爲世榮主。

渙之革 ䷰【經】占革初二三四上爻 【緯】雌鸞生鵰，神異興起。乘雲龍騰，民戴爲父。

渙之明夷 ䷣【經】占明夷初二三五上爻 【緯】比目附翼，相待爲福。姜氏季女，與君合德。

渙之震 ䷲【經】占震初二四五上爻 【緯】瘖瘂疥瘙，孝婦不省。君多疣贅，四時作災。

渙之大壯 ䷡【經】占大壯初三四五上爻 【緯】鬼哭於社，悲傷無後。甲子昧爽，殷人絕祀。

渙之小過 ䷽【經】占小過二三四五上爻 【緯】東山西山，各自止安。心雖相望，竟不同堂。

渙之豐 ䷶【經】占豐卦彖辭 【緯】四馬共轅，東上泰山。騂驪同力，無有重艱，與君笑言。

未濟

未濟 ䷿【經】占本卦彖辭 【緯】志慢未習，單酒糗脯。數至神前，欲求所願，反得大患。

未濟之睽 ䷥【經】占睽初爻 【緯】獫狁匪度，治兵焦穫。伐鎬及方，與周爭疆。元戎其駕，衰及夷王。

未濟之晉 ䷢【經】占晉二爻 【緯】烏鴟搏翼，以避陰賊。盜伺二女，賴厥生福。旱災爲疾，君無黍稷。

未濟之鼎 ䷱【經】占鼎三爻 【緯】龍渴求飲，雲黑景從。河伯捧醴，跪進酒漿，流潦滂滂。

未濟之蒙 ䷃【經】占蒙四爻 【緯】北陸藏冰，君子心悲。困於粒食，鬼驚我門。

未濟之訟 ䷅【經】占訟五爻

【緯】比目四翼，來安吾國。福喜上堂，與我同牀。

未濟之解 ䷧【經】占解上爻

【緯】陰承川決，水爲吾祟。使我潰心，毋樹臬麻，居止凶殆。

未濟之噬嗑 ䷔【經】占噬嗑初二爻

【緯】春服既成，載華復生。莖葉茂盛，實穗泥泥。

未濟之大有 ䷍【經】占大有初三爻

【緯】初雖驚惶，後乃無傷，受其福慶。

未濟之損 ䷨【經】占損初四爻

【緯】厭浥晨夜，道多湛露。沾我襦褲，重難以步。

未濟之履 ䷉【經】占履初五爻

【緯】天火卒起，燒我旁里。延及吾家，空盡己財。

未濟之歸妹 ䷵【經】占歸妹初上爻

【緯】龍生馬淵，壽考且神。舍宿軒轅，居樂常安。

未濟之旅 ䷷【經】占旅二三爻

【緯】鬼夜哭泣，齊失其國，爲下所賊。

未濟之剝 ䷖【經】占剝二四爻

【緯】三狐嗥哭，自悲孤獨。野無所由，死於丘室。

未濟之否 ䷋【經】占否二五爻

【緯】鬼魅之居，凶不可舍。

未濟之豫 ䷏【經】占豫二上爻

【緯】曳綸河海，掛鈎魴鯉。王孫利德，以享仲發。

未濟之蠱 ䷑【經】占蠱三四爻

【緯】蜘蛛作網，以伺行旅。青蠅嚵聚，觸我羅域。爲網所得，死於網羅。

未濟之姤 ䷫【經】占姤三五爻

【緯】淵蔽杜荆，生蘙山旁。仇敵皆憎，孰肯相迎。

未濟之恒 ䷟【經】占恒三上爻

【緯】甕破缶缺，南行兑失。

未濟之渙 ䷺【經】占渙四五爻

【緯】伯虎仲熊，德義淵弘。使布五教，陰陽順序。

未濟之師 ䷆【經】占師四上爻

【緯】狡兔趯趯，良犬逐咋。雄雌爰爰，爲鷹所獲。

未濟之困 ䷮【經】占困五上爻

【緯】播枝折歧，與母別離。絕不相知。

未濟之離 ䷝【經】占離初二三爻

【緯】被珠銜玉，沐浴仁德。應聘唐國，四門穆穆。蠡賊不作，凶惡伏匿。

未濟之頤 ䷚【經】占頤初二四爻

【緯】齗齗啮啮，貧鬼相責。無有懽怡，一日九結。

未濟之无妄䷘【經】占无妄初二五爻　【緯】獨立山巔，求麋耕田。草木不闢，秋饑無年。

未濟之震䷲【經】占震初二上爻　【緯】雹梅零蒂，心思積憤，亂我雲氣。

未濟之大畜䷙【經】占大畜初三四爻　【緯】火雖熾，在吾後。寇雖近，在吾右。身安吉，不危殆。

未濟之乾䷀【經】占乾初三五爻　【緯】旦生夕死，名曰嬰鬼，不可得祀。

未濟之大壯䷡【經】占大壯初三上爻　【緯】蒙惑憧憧，不知西東。魁罡指南，告我失中。利以宜止，去國憂患。

未濟之中孚䷼【經】占中孚初四五爻　【緯】春秋禱祝，解禍除憂，君無災咎。

未濟之臨䷒【經】占臨初四上爻　【緯】所望在外，鼎命方來。拭爵滌罍，炊食待之，不爲季憂。

未濟之兌䷹【經】占兌初五上爻　【緯】望幸不到，文章未就。三子逐兔，犬踦不得。

未濟之艮䷳【經】占艮二三四爻　【緯】鹿求其子，虎廬之西。唐伯李耳，貪不我許。

未濟之遯䷠【經】占遯二三五爻　【緯】脣亡齒寒，積日淩根。朽不可用，爲身災患。

未濟之小過䷽【經】占小過二三上爻　【緯】牧羊稻園，聞虎喧讙。畏懼悚息，終無禍患。

未濟之觀䷓【經】占觀二四五爻　【緯】日月並居，常暗匪明。高山崩顛，丘陵爲溪。

未濟之坤䷁【經】占坤二四上爻　【緯】大步上車，南至喜家。送我狐裘，與福喜來。

未濟之萃䷬【經】占萃二五上爻　【緯】坐茵乘軒，握德宰臣。虞叔受命，六合和親。

未濟之巽䷸【經】占巽三四五爻　【緯】二政多門，君失其權。三家專制，禍起季孫。

未濟之升䷭【經】占升三四上爻　【緯】雲興蔽日，雨集草木，年茂歲熟。

未濟之大過䷛【經】占大過三五上爻　【緯】追亡逐北，呼還幼叔。至山而得，反歸其室。

未濟之坎䷜【經】占坎四五上爻　【緯】銜命辱使，不堪厥事。遂墮落去，更爲欺吏。

未濟之賁䷕【經】占賁初二三四爻　【緯】華首山頭，仙道所遊。利以居止，長無咎憂。

未濟之同人䷌【經】占同人初二三五爻

【緯】飛鳥逐兔，各有畏惡。鵰鷹爲賊，亂我室舍。

未濟之豐䷶【經】占豐初二三上爻

【緯】崔嵬北嶽，天神貴客。溫仁正直，主布恩德。衣冠不已，蒙受大福。

未濟之益䷩【經】占益初二四五爻

【緯】宜行賈市，所求必倍。載喜抱子，與利爲友。

未濟之復䷗【經】占復初二四上爻

【緯】火中暑退，求藿其食。商人不至，市空無有。

未濟之隨䷐【經】占隨初二五上爻

【緯】犬畏虎狼，依人作輔。三大執戟，伏不敢起，身安無咎。

未濟之小畜䷈【經】占小畜初三四五爻

【緯】騎龍乘鳳，上見神公。彭祖受制，王喬贊通。巫咸就位，拜福無窮。

未濟之泰䷊【經】占泰初三四上爻

【緯】金帛黃寶，宜與我市。嫁娶有息，利得萬倍。

未濟之夬䷪【經】占夬初三五上爻

【緯】陰變爲陽，女化爲男。治道得通，君臣相承。

未濟之節䷻【經】占節初四五上爻

【緯】兩足四翼，飛入家國。寧我伯姊，與母相得。

未濟之漸䷴【經】占漸二三四五爻

【緯】穿匏挹水，搆銕燃火。勞瘦力竭，飢渴爲禍。

未濟之謙䷎【經】占謙二三四上爻

【緯】兩金相擊，勇氣均敵。日月鬥戰，不破不缺。

未濟之咸䷞【經】占咸二三五上爻

【緯】機關不便，不能出言。精誠適通，爲人所冤。

未濟之比䷇【經】占比二四五上爻

【緯】增禄益福，喜來入室，解除憂惑。

未濟之井䷯【經】占井三四五上爻

【緯】天旱水涸，枯槁無澤。困於沙石，未有所獲。

未濟之家人䷤【經】占家人初二三四五爻

【緯】言與心詭，西行東望。鯀湮洪水，佞賊爲禍。

未濟之明夷䷣【經】占明夷初二三四上爻

【緯】名成德就，項領不試。景公耄耋，尼父避去。

未濟之革䷰【經】占革初二三五上爻

【緯】圭璧琮璜，執贄見王。百里甯戚，應聘齊秦。

未濟之屯䷂【經】占屯初二四五上爻

【緯】西多小星，三五在東。早夜晨行，勞苦無功。

未濟之需䷄【經】占需初三四五上爻

【緯】山泉暴怒，壞梁折柱。稽難行旅，留連愁苦。

未濟之蹇　䷦【經】占蹇二三四五上爻

【緯】三火起明，雨滅其光。高位疾顛，驕恣誅傷。

未濟之既濟　䷾【經】占既濟卦彖辭

【緯】大蛇巨魚，相搏於郊。君臣隔塞，郭公出廬。

困

䷮【經】占本卦彖辭

【緯】席多針刺，不可以卧。爲身作累，動而有悔，言行俱過。

困之兌　䷹【經】占兌初爻

【緯】狐嘈向城，三日悲鳴，邑主大驚。

困之萃　䷬【經】占萃二爻

【緯】被髮獸心，難與比鄰。來如飄風，去似絶絃，爲狼所殘。

困之大過　䷛【經】占大過三爻

【緯】雷行相逐，無有休息，戰于平陸，爲夷所覆。

困之坎　䷜【經】占坎四爻

【緯】委蛇循河，至北海涯，涉歷要荒，君世無他。

困之解　䷧【經】占解五爻

【緯】陰淫寒疾，水離其室，舟楫大作，傷害黍稷。民飢於食，不無病厄。

困之訟　䷅【經】占訟上爻

【緯】襄送季女，至於蕩道，齊子旦夕，留連久處。

困之隨　䷐【經】占隨初二爻

【緯】筐筥錡釜，可活百口，伊氏鼎俎，大福所起。

困之夬　䷪【經】占夬初三爻

【緯】作凶作患，北檄困貧，東與禍連，傷我老根。

困之節　䷻【經】占節初四爻

【緯】秋隼冬翔，數被嚴霜。甲兵充庭，萬物不生。雄父夜鳴，民大擾驚。

困之歸妹　䷵【經】占歸妹初五爻

【緯】伯圭東行，與利相逢。出既遭昧，孰不相知。

困之履　䷉【經】占履初上爻

【緯】八會大都，饒富有餘，安民利國，可以長居。

困之咸　䷞【經】占咸二三爻

【緯】比目四翼，安我邦國，上下無患，爲吾家福。

困之比　䷇【經】占比二四爻

【緯】望尚阿衡，太宰周公，藩屏輔弼，福禄來同。

困之豫　䷏【經】占豫二五爻

【緯】大足長股，利出行道，困倉充盈，疏齒善市，宜以錢富，事得萬倍。

困之否　䷋【經】占否二上爻

【緯】薄爲災虐，大風吹卻，欲上不得，復規其宅。

困之井　䷯【經】占井三四爻【緯】桀亂無道，民散不聚。背室棄家，君孤出走。

困之恒　䷟【經】占恒三五爻【緯】先縠彘季，反謀桓子，不從元帥，遂行挑戰，爲荆所敗。

困之姤　䷫【經】占姤三上爻【緯】東南其戶，風雨不處，鷰睨仁人，父子相保。

困之師　䷆【經】占師四五爻【緯】麞鹿逐牧，飽歸其居，還於次舍，樂得自如。

困之渙　䷺【經】占渙四上爻【緯】明德光敏，重華貢舉。放勳徵用，公哲蒙祐。

困之未濟　䷿【經】占未濟五上爻【緯】光休出城，陳寶雞鳴。陽明失道，不能自守，消已無咎。

困之革　䷰【經】占革初二三爻【緯】申酉敗時，陰慝萌作。柯葭載牧，泥塗不白。

困之屯　䷂【經】占屯初二四爻【緯】匍匐出走，驚惶悼恐，白虎王孫，蓐收在後，居中無咎。

困之震　䷲【經】占震初二五爻【緯】四足俱走，駑疲在後。戰既不勝，敗於東野。

困之无妄　䷘【經】占无妄初二上爻【緯】戴山崔嵬，曰高無頹，君主好德，賜以嘉國。

困之需　䷄【經】占需初三四爻【緯】碩鼠四足，不能上屋，顏氏淑德，未有爵禄。

困之大壯　䷡【經】占大壯初三五爻【緯】緣山升木，中墮於谷，子輿失勞，黃鳥哀作。

困之乾　䷀【經】占乾初三上爻【緯】烏鵲食穀，張口受哺，蒙被恩德，長大成就。柔順利貞，君臣合好。

困之臨　䷒【經】占臨初四五爻【緯】用彼嘉賓，政平且均，螟虫不作，民得安寧。

困之中孚　䷼【經】占中孚初四上爻【緯】絲紵布帛，人所衣服。摻摻女手，紡績善織，南國饒足，取之有息。

困之睽　䷥【經】占睽初五上爻【緯】坎中蝦蟆，乍盈乍虛，三夕三朝，形消無餘。

困之蹇　䷦【經】占蹇二三四爻【緯】僮或射御，不知所定。質疑就蓍，孰可避之。國安土樂，宜利止居，兵寇不至，民無騷擾。

困之小過　䷽【經】占小過二三五爻【緯】鳳有十子，同巢其母，懽以相保。富市之地，多財積穀。

困之遯　䷠【經】占遯二三上爻

【緯】三頭六足，欲盜東國，顔子在邇，禍滅不成。

困之坤　䷁【經】占坤二四五爻

【緯】六鷁退飛，爲襄敗祥，陳師合戰，右股夷傷，遂以薨崩，霸功不成。

困之觀　䷓【經】占觀二四上爻

【緯】桃夭少葉，婚悅宜家，君子樂胥，長利止居。

困之晉　䷢【經】占晉二五上爻

【緯】南有嘉魚，駕黄娶鱗，魴鯉瀰瀰，利來無憂。

困之升　䷭【經】占升三四五爻

【緯】天覆地載，日月運照。陰陽允作，方内四富。

困之巽　䷸【經】占巽三四上爻

【緯】鼓腋大喜，行婚飲酒。嘉彼諸董，樂我皇考。

困之鼎　䷱【經】占鼎三五上爻

【緯】踝踵足傷，右指病瘍。失旅後時，利走不來。

困之蒙　䷃【經】占蒙四五上爻

【緯】庇廬不明，使孔德妨。女孽亂國，虐政傷仁。

困之既濟　䷾【經】占既濟初二三四爻

【緯】雄雞不晨，雌雞俱呻。志庇心離，三旅生哀。

困之豐　䷶【經】占豐初二三五爻

【緯】東行賊家，鄭伯失辭。國無貞良，君受其殃。

困之同人　䷌【經】占同人初二三上爻

【緯】昭昭略略，非忠信寡。言多反覆，以黑爲白。

困之復　䷗【經】占復初二四五爻

【緯】同本異葉，安仁尚德，東鄰慕義，來興古國。

困之益　䷩【經】占益初二四上爻

【緯】童女無媒，不宜動搖，安其室廬，傅母何憂。

困之噬嗑　䷔【經】占噬嗑初二五上爻

【緯】東行失旅，不知所處，西歸無配，莫與笑語。

困之泰　䷊【經】占泰初三四五爻

【緯】陰雲四方，日在中央，人雖昏霧，我獨昭明。

困之小畜　䷈【經】占小畜初三四上爻

【緯】開廓洪緒，王跡所基，報以公子，功德俟時。

困之大有　䷍【經】占大有初三五上爻

【緯】三女爲姦，俱遊高園。背室夜行，與伯笑言。禍及乃身，冤無所禱。

困之損　䷨【經】占損初四五上爻

【緯】離友絕朋，巧言纏匿，覆白汙玉，顔叔哀哭。

困之謙　䷎【經】占謙二三四五爻

【緯】涉尸留鬼，大斧所視，文昌司過，簡公亂死。

困之漸　【經】占漸二三四上爻　【緯】搏髀大笑，不知憂懼。開立大路，爲主所召。

困之旅　【經】占旅二三五上爻　【緯】前屈後曲，形體飭急。絞黑大索，困於清室。

困之剥　【經】占剥二四五上爻　【緯】明德孔嘉，萬歲無虧，駕龍巡狩，王得安所。

困之蠱　【經】占蠱三四五上爻　【緯】升高登虚，欲有望候，駕之北邑，與喜相扶。

困之明夷　【經】占明夷初二三四五爻　【緯】邃炁作雲，蒙覆大君，塞聰閉明，殷人賈傷。

困之家人　【經】占家人初二三四上爻　【緯】舉翅櫨翼，跂望南國，延頸卻縮，未有所得。

困之離　【經】占離初二三五上爻　【緯】鴻聲大視，高舉神化，背昧皆明，以道福功。

困之頤　【經】占頤初二四五上爻　【緯】養雞生雛，畜馬得駒，明堂太學，君子所居。

困之大畜　【經】占大畜初三四五上爻　【緯】築室合歡，千里無患，周公萬年，佑我三人，壽以高遠。

困之艮　【經】占艮二三四五上爻　【緯】塗行破車，醜女無媒。莫適爲耦，孤困獨居。

困之賁　【經】占賁卦彖辭　【緯】玩好亂目，巧聲迷耳，賊敗貞良，君受其殃。

蠱

【經】占本卦彖辭　【緯】魴生江淮，一轉爲百。周流天下，無有難惡。

蠱之大畜　【經】占大畜初爻　【緯】雲雷陰積，大雨重疊。久不見日，使我心悒。

蠱之艮　【經】占艮二爻　【緯】天之所壞，不可強支。衆口嘈嘈，雖貴必危。

蠱之蒙　【經】占蒙三爻　【緯】家在海隅，繞旋深流。王孫單行，無妄以趨。固陰沍寒，常冰不溫。淩人惰怠，大雹爲害。

蠱之鼎　【經】占鼎四爻　【緯】獐鹿雉兔，群聚東國。蘆葦白春，俱往追逐。九齕十得，主君有喜。

蠱之巽　【經】占巽五爻　【緯】重譯置之，來除我憂。喜樂俱居。

蠱之升 ䷭【經】占升上爻 【緯】雞方啄粟，爲狐所逐。走不得食，惶怖惕息。

蠱之賁 ䷕【經】占賁初二爻 【緯】轉作驪山，大失元心。劉季發怒，命滅子嬰。

蠱之損 ䷨【經】占損初三爻 【緯】弩弛弓藏，良犬不烹。內無怨女，征夫在堂。

蠱之大有 ䷍【經】占大有初四爻 【緯】日短夜長，禄命不光。早離父兄，免見分張。

蠱之小畜 ䷈【經】占小畜初五爻 【緯】初憂後喜，與福爲市。八佾列陳，飲御嘉友。

蠱之泰 ䷊【經】占泰初上爻 【緯】玄黄四塞，陰雌伏謀。呼爲牆屋，爲巫所識。

蠱之剥 ䷖【經】占剥二三爻 【緯】羊腸九縈，相推稍前。止須王孫，乃得上天。

蠱之旅 ䷷【經】占旅二四爻 【緯】南山黄竹，三身六目。出入制命，東皇宣政。主尊君安，鄰國無患。

蠱之漸 ䷴【經】占漸二五爻 【緯】天之奥隅，堯舜所居。可以全身，保我邦家。

蠱之謙 ䷎【經】占謙二上爻 【緯】采唐深鄉，徼期桑中。失心不會，憂思苦傷。

蠱之未濟 ䷿【經】占未濟三四爻 【緯】固陰沍寒，常冰不温。淩人惰怠，大雹爲災。

蠱之渙 ䷺【經】占渙三五爻 【緯】紫芝朱草，生長和氣。公尸侑食，福禄來下。

蠱之師 ䷆【經】占師三上爻 【緯】二人共路，東趨西步。千里之外，不相知處。

蠱之姤 ䷫【經】占姤四五爻 【緯】心多恨悔，出門見怪。反蛇三足，醜聲可惡。嫫母爲媒，請求不得。

蠱之恒 ䷟【經】占恒四上爻 【緯】心多恨悔，出言爲怪。梟鳴室北，醜聲可惡，請謁不得。

蠱之井 ䷯【經】占井五上爻 【緯】昊天白日，照臨我國。萬民康寧，咸賴喜福。

蠱之頤 ䷚【經】占頤初二三爻 【緯】三河俱合，水怒踴躍。壞我王室，民因無食。

蠱之離 ䷝【經】占離初二四爻 【緯】鴻雁南飛，隨陽休息。轉送天和，千里不衰。

蠱之家人 ䷤【經】占家人初二五爻 【緯】公無長驅，天王駿馬。非其當所，傷折爲患。

蠱之明夷　【經】占明夷初二上爻　【緯】葛藟蒙棘，華不得實。讒佞亂政，使恩壅塞。

蠱之睽　【經】占睽初三四爻　【緯】大倉充盈，萬物蕃盛，年歲熟榮。

蠱之中孚　【經】占中孚初三五爻　【緯】商之子孫，資無所食。貪貝逐狐，留連都市。還轅內鄉，嘉喜何咎。

蠱之臨　【經】占臨初三上爻　【緯】則天順時，周流其墟。與樂並居，無有咎憂。

蠱之乾　【經】占乾初四五爻　【緯】首釋與目，載受福慶。我有好爵，與喜相迎。

蠱之大壯　【經】占大壯初四上爻　【緯】陰變爲陽，女化爲男。治道得通，君臣相承。

蠱之需　【經】占需初五上爻　【緯】執義秉德，不危不殆。延頸盤桓，安其室垣。屯耗未得，終無大恤。

蠱之晉　【經】占晉二三四爻　【緯】昆侖源口，流行不止。龍門砥柱，民不安處。母歸扶子，黃麋悅喜。

蠱之觀　【經】占觀二三五爻　【緯】蠆室蜂戶，螫我手足。不可進取，爲我害咎。

蠱之坤　【經】占坤二三上爻　【緯】輷輷轟轟，歲暮偏蔽。寵名捐棄，君衰去位。

蠱之遯　【經】占遯二四五爻　【緯】四馬過隙，時難再得。尼父孔聖，繫而不食。

蠱之小過　【經】占小過二四上爻　【緯】執贄入朝，獻其狐裘。元戎燮安，沙漠以歡。

蠱之蹇　【經】占蹇二五上爻　【緯】執簧炤犧，爲風所吹。火滅無光，不見玄黃。

蠱之訟　【經】占訟三四五爻　【緯】長舌亂國，大斧破車。陽陰不順，姬姜哀憂。

蠱之解　【經】占解三四上爻　【緯】烏反故巢，歸其室家，心平意正，與叔相鳴。登高隕墜，失其寵貴。

蠱之坎　【經】占坎三五上爻　【緯】褒后生蛇，經老育微。側趹哀公，酒滅黃離。

蠱之大過　【經】占大過四五上爻　【緯】旦雨夜行，早遍都城。更相覆傾，終無所成。三頭兩眼，不見其真。

蠱之噬嗑　【經】占噬嗑初二三四爻　【緯】公孫駕驪，載遊東齊。延陵悅產，遺季紵衣。

蠱之益　【經】占益初二三五爻　【緯】牲犧孔博，日新其德。文君出獵，姜氏受福。

蠱之復 ䷗【經】占復初二三上爻 【緯】蝳蝀充側，佞人傾惑。女謁横行，正道壅塞。

蠱之同人 ䷌【經】占同人初二四五爻 【緯】伯氏殺牛，行悖天時。亳社夷燒，朝歌丘墟。

蠱之豐 ䷶【經】占豐初二四上爻 【緯】江河海隅，衆利聚居。可以遨遊，卒歲無憂。

蠱之既濟 ䷾【經】占既濟初二五上爻 【緯】湧泉汩汩，南流不絕。洿爲淮海，壞敗邑里。

蠱之履 ䷉【經】占履初三四五爻 【緯】僮妾獨宿，長女未室，利無所得。

蠱之歸妹 ䷵【經】占歸妹初三四上爻 【緯】下泉苞稂，十年九王。荀伯遇時，憂念周京。「九」一作「無」。

蠱之節 ䷻【經】占節初三五上爻 【緯】宫城室就，進樂相舞。英俊在堂，福禄光明。

蠱之夬 ䷪【經】占夬初四五上爻 【緯】秋季冬孟，寒露霜降。大陰在庭，庶物不生。雞鳴犬吠，家憂數驚。

蠱之否 ䷋【經】占否二三四五爻 【緯】中歲摧隕，常恐衰微。老復賴慶，五殺爲相。

蠱之豫 ䷏【經】占豫二三四上爻 【緯】昧視無光，夜不見明。冥抵空牀，季葉逃亡。

蠱之比 ䷇【經】占比二三五上爻 【緯】視暗不明，雲蔽日光。不見子都，鄭人心傷。

蠱之咸 ䷞【經】占咸二四五上爻 【緯】後時失利，不得所欲。

蠱之困 ䷮【經】占困三四五上爻 【緯】陳媯敬仲，兆興齊姜。乃適營丘，八世大昌。

蠱之无妄 ䷘【經】占无妄初二三四五爻 【緯】福禄不遂，家多怪祟。麋鹿悲吟，思其大雄。

蠱之震 ䷲【經】占震初二三四上爻 【緯】德惠孔明，主君復章，保其室堂。

蠱之屯 ䷂【經】占屯初二三五上爻 【緯】折箬蔽日，屏翳王目。司馬無良，平子沒傷。

蠱之革 ䷰【經】占革初二四五上爻 【緯】雲夢大藪，索有所在。虞人共職，驪駒樂喜。

蠱之兑 ䷹【經】占兑初三四五上爻 【緯】南山高崗，麟鳳室堂。含和履中，國無災殃。

蠱之萃 ䷬【經】占萃二三四五上爻 【緯】虎豹爭強，道閉不通。小人懽訟，貪天之功。

蠱之隨　䷐【經】占隨卦彖辭　【緯】舉趾振翼，南至嘉國，見我伯姑，與惠相得。

井

井之需　䷄【經】占本卦彖辭　【緯】躓跛未起，失利後市，不得鹿子。

井之蹇　䷦【經】占需初爻　【緯】大夫祈父，無地不涉。爲吾相土，莫如韓樂。可以居止，長安富有。

井之坎　䷜【經】占蹇二爻　【緯】公子王孫，把彈攝丸。發輒有獲，室家饒足。

井之大過　䷛【經】占坎三爻　【緯】炙魚銅斗，張伺夜鼠。不忍香味，機發爲祟，祟在頭頸。

井之升　䷭【經】占大過四爻　【緯】羿張烏號，彀射驚狼。鐘鼓夜鳴，將軍壯心。趙國雄勇，鬥死滎陽。

井之巽　䷸【經】占升五爻　【緯】營城洛邑，周公所作。世連三十，年歷七百。福祐豐實，堅固不落。

井之既濟　䷾【經】占巽上爻　【緯】春陽生草，夏長條枝。萬物蕃滋，充實益有。

井之節　䷻【經】占既濟初二爻　【緯】望風入門，來到我鄰，鋪吾養均。

井之夬　䷪【經】占節初三爻　【緯】避地東走，反入虎口。制於爪牙，骨於灰土。

井之泰　䷊【經】占夬初四爻　【緯】胎卵胞乳，長大成就。君子萬年，動有利得。

井之小畜　䷈【經】占泰初五爻　【緯】根本不固，華落葉去，更爲孤嫗。

井之比　䷇【經】占小畜初上爻　【緯】東行述職，征討不服。侵齊伐陳，御璧爲臣，大得意還。

井之咸　䷞【經】占比二三爻　【緯】馬驚車破，王墜深津。身絕魂去，離其室廬，貞難無虞。

井之謙　䷎【經】占咸二四爻　【緯】鉛刀攻玉，堅不可得。盡我筋力，胝胼爲疾。

井之漸　䷴【經】占謙二五爻　【緯】安如泰山，福禄屢臻。雖有狼虎，不能危身。

井之困　䷮【經】占漸二上爻　【緯】黄虹之野，賢君所在。榮段爲相，國無災殃。

【經】占困三四爻　【緯】從叔旅行，食於東昌。嘉伯悦喜，與我芝香。

井之師 ䷆【經】占師三五爻【緯】側弁醉客，長舌作凶。披髮夜行，迷亂相誤，亡失居處。

井之渙 ䷺【經】占渙三上爻【緯】明月照夜，使暗爲晝。國有仁賢，君尊於故。

井之恒 ䷟【經】占恒四五爻【緯】方喙宣口，聖智仁厚。解釋倒懸，歷國安泰。

井之姤 ䷫【經】占姤四上爻【緯】伍心乖離，各引是非。莫適爲主，道路壅塞。

井之蠱 ䷑【經】占蠱五上爻【緯】養虎畜狼，還自賊傷。無事招禍，自取災殃。

井之屯 ䷂【經】占屯初二三爻【緯】螟虫爲賊，害我嘉穀。中留空虛，家無所食。

井之革 ䷰【經】占革初二四爻【緯】失耳聾蔽，不曉聲味。委以鼎俎，方始亂憒。

井之明夷 ䷣【經】占明夷初二五爻【緯】藏戟之室，封豕受福。充澤肥腯，子孫蕃息。

井之家人 ䷤【經】占家人初二上爻【緯】八子同巢，心勞相思，雉苦無憂。

井之兌 ䷹【經】占兌初三四爻【緯】大蛇奔走，奔入茂草。驚於長往，畏懼喙口。

井之臨 ䷒【經】占臨初三五爻【緯】順風吹火，幸附驥尾。易爲功力，因權受福。

井之中孚 ䷼【經】占中孚初三上爻【緯】傾迭不行，弱走善僵。孟縶無良，失其寵光。

井之大壯 ䷡【經】占大壯初四五爻【緯】公孫之政，惠而不煩。喬子相國，終身無患。

井之乾 ䷀【經】占乾初四上爻【緯】左輔右弼，金玉滿堂。常盈不亡，富如廒倉。

井之大畜 ䷙【經】占大畜初五上爻【緯】千門萬戶，大福所處。黄屋左纛，龍德獨右。

井之萃 ䷬【經】占萃二三四爻【緯】百柱載梁，千歲不僵。大願輔福，文武以昌。

井之坤 ䷁【經】占坤二三五爻【緯】雨師娶婦，黄巖季女。成禮既婚，相呼南上。膏澤下土，年歲大喜。

井之觀 ䷓【經】占觀二三上爻【緯】五嶽四瀆，沾濡爲德。行不失禮，民賴恩福。

井之小過 ䷽【經】占小過二四五爻【緯】十年俱見，黄頭爲首。歲尾民安，國樂無咎。

井之遯　【經】占遯二四上爻　【緯】踟躕南北，誤入喪國。社季利兵，傷我心腹。

井之艮　【經】占艮二五上爻　【緯】雨山萌使，節君媚好。皇女長婦，多孫衆子。

井之解　【經】占解三四五爻　【緯】井渚有悔，渴蜺爲怪。不亟徙鄉，家受其殃。

井之訟　【經】占訟三四上爻　【緯】少孤無父，長失慈母。悖悖煢煢，莫與爲耦。

井之蒙　【經】占蒙三五上爻　【緯】跛躄難步，道不及舍。露宿澤陂，亡其襦絝。

井之鼎　【經】占鼎四五上爻　【緯】訾娵開門，鶴鳴彈冠。文章進用，舞韶和鸞。三仁翼政，國無災殃。

井之隨　【經】占隨初二三四爻　【緯】蜺見不祥，禍起我鄉。行人畏懼，邑客逃藏。

井之復　【經】占復初二三五爻　【緯】明月作書，大人失居。衆星宵亂，不知所據。

井之益　【經】占益初二三上爻　【緯】穿室鑿牆，不直生訟。褰衣涉河，雖勢無功。

井之豐　【經】占豐初二四五爻　【緯】商風數起，天下昏晦。旱魃爲虐，七凡兵作。

井之同人　【經】占同人初二四上爻　【緯】履位乘勢，靡有絕弊。爲隸所圖，與衆庶伍。

井之賁　【經】占賁初二五上爻　【緯】神鳥五氣，鳳凰爲主。集於王國，使君得所。

井之歸妹　【經】占歸妹初三四五爻　【緯】穿鑿道路，爲君除舍。開闢福門，喜在我鄰。

井之履　【經】占履初三四上爻　【緯】百足俱行，相輔爲強。三聖翼事，王室寵光。

井之損　【經】占損初三五上爻　【緯】鄭澮有聲，國亂失傾。弘明早見，止樂不能。

井之大有　【經】占大有初四五上爻　【緯】大輿多塵，小人傷賢。皇甫司徒，使君失家。

井之豫　【經】占豫二三四五爻　【緯】同氣異門，各別東西。南與凶遇，北傷其孫。

井之否　【經】占否二三四上爻　【緯】牧羊稻園，聞虎喧讙。畏懼怵惕，終無禍焉。

井之剝　【經】占剝二三五上爻　【緯】媒妁無明，雖期不行。齊女長子，亂我紀綱。

井之旅　䷷【經】占旅二四五上爻　【緯】自衛反魯，時不我與。冰炭異室，仁道閉塞。

井之未濟　䷿【經】占未濟三四五上爻　【緯】登高連返，視失彌遠。虎口不張，害賊消亡。

井之震　䷲【經】占震初二三四五爻　【緯】遊魂六子，百木所起。三男從父，三女隨母。至己而足，各得其所。

井之无妄　䷘【經】占无妄初二三四上爻　【緯】少康興起，誅澆復祖。微滅復明，宮祀大禹。

井之頤　䷚【經】占頤初二三五上爻　【緯】乾作聖男，坤爲智女。配合成就，長住樂所。

井之離　䷝【經】占離初二四五上爻　【緯】高飛不視，貪叨所在。臭腐爲患，自害其身。

井之睽　䷥【經】占睽初三四五上爻　【緯】循理舉手，典求相予。六休相磨，終無殃咎。

井之晉　䷢【經】占晉二三四五上爻　【緯】弧矢大張，道絕不通。小人寇賊，君子塞壅。

井之噬嗑　䷔【經】占噬嗑卦彖辭　【緯】延陵聰敏，聽樂太史。雞鳴大國，姜氏受福。

恒

䷟【經】占本卦彖辭　【緯】黄帝所生，伏羲之宇。兵刃不至，利以居止。

恒之大壯　䷡【經】占大壯初爻　【緯】朽根枯株，不生肌膚。病在心腸，日以燋枯。

恒之小過　䷽【經】占小過二爻　【緯】疊疊累累，如岐之室。一息十子，古公治邑。

恒之解　䷧【經】占解三爻　【緯】鳥飛無翼，兔走折足。雖不同會，未得醫工。

恒之升　䷭【經】占升四爻　【緯】三狸捕鼠，遮遏我前。死於壤域，不得脫走。

恒之大過　䷛【經】占大過五爻　【緯】重門射平，不知所定。質疑蓍龜，孰可避火。明神答報，告以犧牲，宜利止居。

恒之鼎　䷱【經】占鼎上爻　【緯】駷牝龍身，日取三千。南上蒼梧，與福爲婚。道里夷易，身安無患。

恒之豐　䷶【經】占豐初二爻　【緯】播輪折輻，馬不得行。豎牛之讒，賊其父兄。布衣不傷，終身無患。

恒之歸妹 ䷵【經】占歸妹初三爻

【緯】兄征東燕，弟伐遼西。大克勝還，封居河間。

恒之泰 ䷊【經】占泰初四爻

【緯】一身兩頭，延適二家，亂不可治。

恒之夬 ䷪【經】占夬初五爻

【緯】爭雞失羊，亡其金囊，利不得長。陳蔡之患，賴楚以安。

恒之大有 ䷍【經】占大有初上爻

【緯】憂人之患，履傷浮顔，爲身禍殘。篤心自守，與喜相抱。

恒之豫 ䷏【經】占豫二三爻

【緯】不知何孫，夜來扣門。我慎外寇，兵戎且來。

恒之謙 ䷎【經】占謙二四爻

【緯】咸陽辰巳，長安戌亥。丘陵生心，非魚鰌市。可以避水，終無凶咎。

恒之咸 ䷞【經】占咸二五爻

【緯】簪短帶長，出思苦窮。瘠蠡小瘦，以病之癃。

恒之旅 ䷷【經】占旅二上爻

【緯】駕之南海，晨夜不止。君子勞罷，僕夫憔苦。

恒之師 ䷆【經】占師三四爻

【緯】牛騂亡子，鳴於大野。申后陰微，還歸其母。

恒之困 ䷮【經】占困三五爻

【緯】狼虎爭强，禮義不行。兼吞其國，齊魯無王。

恒之未濟 ䷿【經】占未濟三上爻

【緯】蔽鏡無光，不見文章。少女不市，棄於相望。

恒之井 ䷯【經】占井四五爻

【緯】五嶽四瀆，合潤爲德。行不失理，民賴恩福。

恒之蠱 ䷑【經】占蠱四上爻

【緯】江陰水側，舟楫破乏。狐不得南，豹無以北。雖欲會盟，河水梁絕。

恒之姤 ䷫【經】占姤五上爻

【緯】九登十陟，馬跌不前。管子佐之，乃能上山。

恒之震 ䷲【經】占震初二三爻

【緯】出入休居，安止無憂。上室之權，虐爲季殘。

恒之明夷 ䷣【經】占明夷初二四爻

【緯】冬採薇蘭，地凍堅難。利走失北，暮無所得。

恒之革 ䷰【經】占革初二五爻

【緯】六月種黍，歲晚無雨。秋不宿酒，神失其所。先困後通，與福相從。

恒之離 ䷝【經】占離初二上爻

【緯】新田宜粟，上農得穀。君子懷德，以千百禄。

恒之臨 ䷒【經】占臨初三四爻

【緯】神之在丑，逆破爲咎。不利西南，商人休止。

恒之兌 ䷹【經】占兌初三五爻 【緯】張狂妄行，竊食稻粱。狗吠非主，齧傷我足。

恒之睽 ䷥【經】占睽初三上爻 【緯】日莫閉目，隨陽休息。箕子以之，乃受其福。舉事多言，必爲悔殘。

恒之需 ䷄【經】占需初四五爻 【緯】張牙切齒，斷怒相視。禍起蕭牆，牽引吾子。患不可解，憂驚吾母。

恒之大畜 ䷙【經】占大畜初四上爻 【緯】不孝之患，子孫爲殘。老耄莫養，獨坐空垣。

恒之乾 ䷀【經】占乾初五上爻 【緯】登墀跛足，南行折角。長夜之室，不逢忠直。

恒之坤 ䷁【經】占坤二三四爻 【緯】燕雀衰老，悲鳴入海。憂在不飾，差池其羽。頡頏上下，寡位獨處。

恒之萃 ䷬【經】占萃二三五爻 【緯】東鄰愁苦，君亂天紀。日貪禄寵，必受其咎。

恒之晉 ䷢【經】占晉二三上爻 【緯】雨師娶婦，黃巖季女。成禮就婚，相呼南上。膏澤下土，年歲大茂。

恒之蹇 ䷦【經】占蹇二四五爻 【緯】蓼蕭瀼瀼，君子龍光。鳴鸞噰噰，福禄來同。

恒之艮 ䷳【經】占艮二四上爻 【緯】南山昊天，刺政閔身。疾病無辜，背憎爲仇。

恒之遯 ䷠【經】占遯二五上爻 【緯】爭訟之門，不可與鄰。出入有爲，憂生我患。

恒之坎 ䷜【經】占坎三四五爻 【緯】麟麑鳳雛，安樂無憂。捕魚河海，利踰徙居。

恒之蒙 ䷃【經】占蒙三四上爻 【緯】郊耕擇耜，有所疑止。空虛無子，蒙昧不知。

恒之訟 ䷅【經】占訟三五上爻 【緯】履不容足，南山多棘。毋出房闥，乃無病疾。

恒之巽 ䷸【經】占巽四五上爻 【緯】怨重被燒，忿怒生禍。褊心作事，意如爲亂。

恒之復 ䷗【經】占復初二三四爻 【緯】阿衡服箱，太乙載行。逃時歷舍，所求吉昌。

恒之隨 ䷐【經】占隨初二三五爻 【緯】昧旦不明，目暗無光。喪滅失常，使我心傷。

恒之噬嗑 ䷔【經】占噬嗑初二三上爻 【緯】攘臂拯肘，怒不可止。狼戾愎狠，無與爲市。

恒之既濟 ䷾【經】占既濟初二四五爻 【緯】三嫗治民，不勝其任。兩馬爭車，敗壞家室。

恒之賁　【經】占賁初二四上爻　【緯】販馬買牛，會值空虛。利得鮮少，留連爲憂。

恒之同人　【經】占同人初二五上爻　【緯】南行懷憂，破其金輿。安坐故廬，乃無殃患。

恒之節　【經】占節初三四五爻　【緯】門戶乏食，困死誰告。對門不通，安所歸急。積藏五穀，一花千葉，市賈有息。

恒之損　【經】占損初三四上爻　【緯】五勝相賊，火得水息。精光消滅，絕不能續。

恒之履　【經】占履初三五上爻　【緯】北陸陽伏，不知黑白。君子傷讒，正害善人。

恒之小畜　【經】占小畜初四五上爻　【緯】既嫁宜吉，出入無咎。三聖並居，國安無災。

恒之比　【經】占比二三四五爻　【緯】龍生於淵，因風升天。章虎炳文，爲禽敗軒。發軏溫谷，暮宿崑崙，終身無患。光精照耀，不被患難。

恒之剥　【經】占剥二三四上爻　【緯】高樓陸處，以避風雨。深堂邃宇，君安其所。牝雞之息，爲我利福。請求弗得。

恒之否　【經】占否二三五上爻　【緯】牝馬牡駒，歲孳不休。君子衣服，利得有餘。

恒之漸　【經】占漸二四五上爻　【緯】潼頓東徙，道路跛踦。日辰不良，病爲祟禍。

恒之渙　【經】占渙三四五上爻　【緯】驚蹕式道，先驅除咎。王后親桑，以率群公，安我祖宗。

恒之屯　【經】占屯初二三四五爻　【緯】闢門除憂，伯自外來。切切之患，我心得歡。

恒之頤　【經】占頤初二三四上爻　【緯】南過棘門，駒裂我冠。斷衣傷襦，使君恨憂。

恒之无妄　【經】占无妄初二三五上爻　【緯】飛來之福，入我居室，以安吾國。

恒之家人　【經】占家人初二四五上爻　【緯】昧之東域，誤過虎邑。失我熟罷，飢無所食。

恒之中孚　【經】占中孚初三四五上爻　【緯】破敝復完，危者得安。鄉善無患，商人有息，利來入門。

恒之觀　䷓【經】占觀二三四五上爻　【緯】然諾不行，欺訟誤人。使我虚宿，夜歸溫室。神怒不直，鬼擊無目。欲求福利，適反自賊。

恒之益　䷩【經】占益卦彖辭　【緯】東資齊魯，得騂大馬。便辟能言，市人善賈。鄰人併戶，請火不與。人道閉塞，鬼祟其宇。

易占經緯卷之三

苑洛韓邦奇輯

益

䷩【經】占本卦彖辭【緯】文王四乳，仁愛篤厚。子畜十男，無有夭折。

益之觀 ䷓【經】占觀初爻【緯】鵠思其雄，欲隨鳳東。順理兩翼，出自日中。須留北邑，復反其室。

益之中孚 ䷼【經】占中孚二爻【緯】戴盆望天，不見星辰。顧小失大，福逃牆外。

益之家人 ䷤【經】占家人三爻【緯】麒麟鳳凰，善政得祥。陰陽和調，國無災殃。

益之无妄 ䷘【經】占无妄四爻【緯】水流趨下，遂成東海。求我所有，買鱣與鯉。

益之頤 ䷚【經】占頤五爻【緯】憂驚以除，禍不成災，安全以來。

益之屯 ䷂【經】占屯上爻【緯】伯虎仲熊，德義淵泓。使布五穀，陰陽順序。

益之渙 ䷺【經】占渙初二爻【緯】上無飛鳥，下無走獸。擾亂未治，勞民於事。

益之漸 ䷴【經】占漸初三爻【緯】伯仲言留，叔子云去。誰云無咎，主母大喜。

益之否 ䷋【經】占否初四爻【緯】東家殺豬，聞臭腥臊。神怒不顧，命絶衰國。亳社火燒，宋公夷誅。

益之剥 ䷖【經】占剥初五爻【緯】躡華巔，觀浮雲。風不搖，雨不薄。心安吉，患無咎。

益之比 ䷇【經】占比初上爻【緯】白龍黑虎，起伏俱怒。期戰盤空，蚩尤敗走，死於魚首。

益之小畜 ䷈【經】占小畜二三爻【緯】鴻飛戾天，避害紫淵。雖有鋒門，不能危身。

益之履 ䷉【經】占履二四爻【緯】國平不均，夏氏作亂。烏號竊發，靈公隕命。

益之損 ䷨【經】占損二五爻【緯】桀跖惡人，使得不通。炎旱爲殃，年穀大傷。

益之節 ䷻【經】占節二上爻【緯】月削日衰，工夫下機。宇宙滅明，不見三光。

益之同人　【經】占同人三四爻　【緯】西誅不服，恃彊負力。倍道趨敵，師走敗覆。

益之賁　【經】占賁三五爻　【緯】甲乙丙丁，俱歸我庭。三丑六子，入門見母。

益之既濟　【經】占既濟三上爻　【緯】操戟刺魚，披髮立憂。虎脫我輿，狼取我袍，亡馬失財。

益之噬嗑　【經】占噬嗑四五爻　【緯】且如驚鹿，不能定足。室家分散，各走竄匿。

益之隨　【經】占隨四上爻　【緯】卷領遯世，仁德不害。三聖攸同，周國茂興。

益之復　【經】占復五上爻　【緯】德施流行，利之四鄉。雨師灑道，風伯逐殃。巡狩封禪，以告成功。

益之巽　【經】占巽初二三爻　【緯】天地鈐塞，仁智隱伏。商旅不行，利潤難得。

益之訟　【經】占訟初二四爻　【緯】隨時逐便，不失利門。靈獲得福，富於封君。

益之蒙　【經】占蒙初二五爻　【緯】飲酒醉臥，跳起爭鬥。伯傷仲僵，東家治喪。

益之坎　【經】占坎初二上爻　【緯】翕翕輷輷，實墜崩顛。歲滅其病，身命不全。

益之遯　【經】占遯初三四爻　【緯】出門得堂，不逢禍殃。入戶自苦，不見矛戟。

益之艮　【經】占艮初三五爻　【緯】孤獨特處，莫依爲輔。正心允濟，神勞志苦。

益之蹇　【經】占蹇初三上爻　【緯】丑戌亥子，饑饉所生。陰爲暴客，水絕我食。

益之晉　【經】占晉初四五爻　【緯】鴻雁俱飛，北就魚池。鱣鰋鯰鯉，衆鳥饒有。一鳴獲兩，得之過倍。

益之萃　【經】占萃初四上爻　【緯】送金出門，井失玉兔。往來井上，破甕壞盆。

益之坤　【經】占坤初五上爻　【緯】城上有烏，自鳴破家。招呼醜毒，爲國災患。

益之乾　【經】占乾二三四爻　【緯】下堂出門，東西九山。逢福值喜，得其安閒。

益之大畜　【經】占大畜二三五爻　【緯】和氣相薄，膏潤津澤，生我嘉穀。

益之需　【經】占需二三上爻　【緯】四目相視，稍近同執。日映之後，見吾伯姨。

益之睽 ䷥【經】占睽二四五爻

【緯】逐狐東山，水過我前。深不可涉，失其後便。

益之兌 ䷹【經】占兌二四上爻

【緯】福德之士，歡悦日喜。夷吾相桓，三歸爲臣。賞流子孫。

益之臨 ䷒【經】占臨二五上爻

【緯】帶季兒良，時利權兵。將師合戰，敵不能當。趙魏以彊。

益之離 ䷝【經】占離三四五爻

【緯】因禍受福，喜盈其身。

益之革 ䷰【經】占革三四上爻

【緯】雀行求粒，誤入網罭。賴仁君子，復説歸室。

益之明夷 ䷣【經】占明夷三五上爻

【緯】當風奮翼，與鳥飛北。入我家國，見吾慶室。

益之震 ䷲【經】占震四五上爻

【緯】軀厭江海，陸行不止。自今枯槁，失其都市，憂悔爲咎。

益之姤 ䷫【經】占姤初二三四爻

【緯】土階明堂，禮讓益興。雄雌相得，使我無疾。

益之蠱 ䷑【經】占蠱初二三五爻

【緯】去危脱厄，安無怵惕。上福善堂，見我喜悦。

益之井 ䷯【經】占井初二三上爻

【緯】六月騤騤，名欲有至。專征未裝，俟侍明旦。

益之未濟 ䷿【經】占未濟初二四五爻

【緯】兩人俱醉，相與悖戾。心乖不同，爭訟匈匈。

益之困 ䷮【經】占困初二四上爻

【緯】盜竊滅身，二母不親。王后無黨，毁其寶靈。

益之師 ䷆【經】占師初二五上爻

【緯】隴西冀北，多見駿馬。去如焱揚，害不能傷。

益之旅 ䷷【經】占旅初三四五爻

【緯】鹿生澤陂，豺傷其麑，泣血獨哀。

益之咸 ䷞【經】占咸初三四上爻

【緯】陸居千里，不見河海，無有魚市。

益之謙 ䷎【經】占謙初三五上爻

【緯】配合相迎，利之四鄉。昏以爲期，明星煌煌。欣喜奭懌，所言得當。

益之豫 ䷏【經】占豫初四五上爻

【緯】猿墜高木，不踒手足。握金懷玉，還歸其室。

益之大有 ䷍【經】占大有二三四五爻

【緯】一婦六夫，擾亂不治。張王季莊，莫適爲公。政道塞壅，周君失邦。

益之夬 ䷪【經】占夬二三四上爻

【緯】兔乳立室，行來雀食。虎攫我子，長號不已。

益之泰　䷊【經】占泰二三五上爻
【緯】江漢上游，政逆民憂。陰伐其陽，雄者受殃。

益之歸妹　䷵【經】占歸妹二四五上爻
【緯】初憂不安，後得笑懽，雖懼無患。

益之豐　䷶【經】占豐三四五上爻
【緯】好戰亡國，師不以律。稱上殞墜，齊疾狼戾。被其災祟。

益之鼎　䷱【經】占鼎初二三四五爻
【緯】仁德孔明，患禍不傷。期誓不至，室人御恤。

益之大過　䷛【經】占大過初二三四上爻
【緯】堅冰黄鳥，常哀悲愁。不見甘粒，但睹藜蒿。數驚鷙鳥，爲我心憂。

益之升　䷭【經】占升初二三五上爻
【緯】諷德誦功，美周盛隆。加其旦輔，夬濟沖人。

益之解　䷧【經】占解初二四五上爻
【緯】狐狸雉兔，畏我逃去。分走竄匿，不知處所。

益之小過　䷽【經】占小過初三四五上爻
【緯】握斗運樞，順天無憂。所行造德，與樂並居。

益之大壯　䷡【經】占大壯二三四五上爻
【緯】累尊重席，命我家客。福祐久長，不見咎殃。

益之恒　䷟【經】占恒卦彖辭
【緯】鹿得美草，鳴呼其友。九族和睦，不憂飢乏。

噬嗑

䷔【經】占本卦彖辭
【緯】麒麟鳳凰，善政得祥。陰陽和調，國無災殃。

噬嗑之晉　䷢【經】占晉初爻
【緯】公悦嫗喜，子孫俱在。榮譽日登，福禄來處。

噬嗑之睽　䷥【經】占睽二爻
【緯】鄰不我顧，而望玉女。身多疣癩，誰當媚者。

噬嗑之離　䷝【經】占離三爻
【緯】鵲笑鳩舞，來遺我酒。大喜在後，授我龜紐。龍喜張口，超拜福祉。

噬嗑之頤　䷚【經】占頤四爻
【緯】明滅光息，不能復食。精魄既喪，以夜爲室。

噬嗑之无妄　䷘【經】占无妄五爻
【緯】愛我嬰女，牽引不與。冀幸高貴，反曰下賤。

噬嗑之震　䷲【經】占震上爻
【緯】車駕兩軔，絕馬欲步。雙輪脱行，至道遇害。

噬嗑之未濟　䷿【經】占未濟初二爻
【緯】徑邪賊田，政惡傷民。夫婦咒詛，泰山覆顛。

噬嗑之旅 ䷷【經】占旅初三爻 【緯】羿張烏號，彀射天狼。趙國雄勇，敗於滎陽。

噬嗑之剝 ䷖【經】占剝初四爻 【緯】凶憂災殃，日益明章。禍不可救，三都夷傷。

噬嗑之否 ䷋【經】占否初五爻 【緯】朽根枯樹，華葉落去。卒逢火焱，相隨偃僕。

噬嗑之豫 ䷏【經】占豫初上爻 【緯】裸裎逐狐，爲人觀笑。牝雞鳴晨，主作亂妖。

噬嗑之大有 ䷍【經】占大有二三爻 【緯】國多忌諱，大人恆畏。結口無患，可以長存。

噬嗑之損 ䷨【經】占損二四爻 【緯】遠望千里，不見黑子。離婁之明，無益於光。

噬嗑之履 ䷉【經】占履二五爻 【緯】狼虎所嗥，患害必遭。不利有爲，宜以遯逃。

噬嗑之歸妹 ䷵【經】占歸妹二上爻 【緯】名成德就，項領不試。景公耄耋，尼父逝去。

噬嗑之賁 ䷕【經】占賁三四爻 【緯】智不別揚，張誑妄行。陷淵仆顛，傷殺伯身。

噬嗑之同人 ䷌【經】占同人三五爻 【緯】入和出暗，動作有光。轉運休息，常樂允康。

噬嗑之豐 ䷶【經】占豐三上爻 【緯】一夫兩心，岐刺不深。所爲無功，求事不成。

噬嗑之益 ䷩【經】占益四五爻 【緯】斧斤所斫，瘡疣不息。鍼口不施，下即空室。

噬嗑之復 ䷗【經】占復四上爻 【緯】長尾蟋蛇，畫地爲河。深不可涉，絕無以北，悵然憤息。

噬嗑之隨 ䷐【經】占隨五上爻 【緯】陰失陽復，桀失其室，相餧不食。

噬嗑之鼎 ䷱【經】占鼎初二三爻 【緯】三足孤烏，靈明爲御。司過罰惡，自殘其家，毀敗爲憂。

噬嗑之蒙 ䷃【經】占蒙初二四爻 【緯】注斯膏澤，祈衛百毒。防以江南，虺不能螫。

噬嗑之訟 ䷅【經】占訟初二五爻 【緯】大蛇巨魚，戰於國郊。上下濟塞，衛侯廬漕。

噬嗑之解 ䷧【經】占解初二上爻 【緯】剋身整己，逢禹巡狩。賜我玄圭，蒙受福祐。

噬嗑之艮 ䷳【經】占艮初三四爻 【緯】鬱映不明，爲陰所傷。衆霧麗集，共奪日光。

噬嗑之遯　【經】占遯初三五爻【緯】內執柔德，止訟以默。宗邑賴德，禍災不作。

噬嗑之小過【經】占小過初三上爻【緯】陳蔡之厄，從者飢瘦。明德上通，憂不爲凶。

噬嗑之觀　【經】占觀初四五爻【緯】禍走患伏，喜爲我福。凶惡消亡，災害不作。

噬嗑之坤　【經】占坤初四上爻【緯】甲戊己庚，隨時運行。不失常節，咸逢出生。各樂其類，達性任情。

噬嗑之萃　【經】占萃初五上爻【緯】烏孫氏女，深目黑醜。嗜欲不同，過時無偶。

噬嗑之大畜【經】占大畜二三四爻【緯】鳧游江湖，甘樂其餌。既不近人，雖驚不駭。

噬嗑之乾　【經】占乾二三五爻【緯】北風相牽，提笑語言。伯歌叔舞，燕樂以喜。

噬嗑之大壯【經】占大壯二三上爻【緯】犬吠驚駭，公拔戈起。玄冥厭火，消散瓦解。

噬嗑之中孚【經】占中孚二四五爻【緯】璚英朱草，仁政得道。鳧鷺在渚，福祿來下。

噬嗑之臨　【經】占臨二四上爻【緯】鬼守我廬，欲呼伯去。曾孫壽考，司命不許，與生相保。

噬嗑之兌　【經】占兌二五上爻【緯】火起我後，喜炙吾廬。蒼龍銜水，泉噀屋柱，雖難無咎。

噬嗑之家人【經】占家人三四五爻【緯】析薪熾酒，使媒求婦。和合齊宋，姜子悅喜。

噬嗑之明夷【經】占明夷三四上爻【緯】鳥鳴捕鷇，長欲飛去。循枝上下，適與風遇。顛損樹根，命不可救。

噬嗑之革　【經】占革三五上爻【緯】大蛇爲殃，使道不通。歲收甚少，年穀敗傷。

噬嗑之屯　【經】占屯四五上爻【緯】破亡之虛，神所憂哀。進德無光，留止有慶。

噬嗑之蠱　【經】占蠱初二三四爻【緯】蜎飛蠢動，各有配偶。大小相保，咸得其所。

噬嗑之姤　【經】占姤初二三五爻【緯】失儷後旅，天門地戶。不知所在，安止無咎。

噬嗑之恒　【經】占恒初二三上爻【緯】白鶴銜珠，夜食爲明。膏潤優渥，國歲年豐。

噬嗑之渙　【經】占渙初二四五爻【緯】桃雀竊脂，巢於小枝。搖動不安，爲風所吹。心寒飄搖，常憂殆危。

噬嗑之師【經】占師初二四上爻【緯】龍入天關，經歷九山。登高下上，道里險難。日晏不食，絕無甘酸。

噬嗑之困【經】占困初二五上爻【緯】二女寶珠，誤鄭大夫。君父無禮，自爲作笑。

噬嗑之漸【經】占漸初三四五爻【緯】鸇鵝鴟梟，治城御災。周公勤勞，綏得安家。

噬嗑之謙【經】占謙初三四上爻【緯】天地淳亨，六合光明。陰序陽順，厥功以成。

噬嗑之咸【經】占咸初三五上爻【緯】搖尾逐災，雲孽辟除。洿泥生粱，下爲田主。

噬嗑之比【經】占比初四五上爻【緯】沙漠北塞，純無水泉。君子征凶，役夫力殫。

噬嗑之小畜【經】占小畜二三四五爻【緯】關柝門啓，衿帶解墮。福與善生，憂不爲禍。

噬嗑之泰【經】占泰二三四上爻【緯】金精耀怒，帶劍過午。兩虎相距，弓弩滿野，雖憂無咎。

噬嗑之夬【經】占夬二三五上爻【緯】齊侯少子，才略美好。求我長女，賤薄不與。反得醜陋，後乃大悔。

噬嗑之節【經】占節二四五上爻【緯】徒足去域，飛入東國。有所畏避，深藏遠匿。

噬嗑之既濟【經】占既濟三四五上爻【緯】春桃生花，季女宜家。受福多年，男爲邦君。

噬嗑之巽【經】占巽初二三四五爻【緯】東家殺牛，汙臭腥臊。神皆西顧，命衰絕周。

噬嗑之升【經】占升初二三四上爻【緯】伯駕純驑，南至東華。求索車馬，道闕中止。

噬嗑之大過【經】占大過初二三五上爻【緯】奇適無偶，習靜獨處。所願不從，心思勞苦。

噬嗑之坎【經】占坎初二四五上爻【緯】葛藟蒙棘，花不得實。讒佞亂政，使忠壅塞。

噬嗑之蹇【經】占蹇初三四五上爻【緯】遠視無光，不知青黃。黈纊塞耳，使君闇聾。

噬嗑之需【經】占需二三四五上爻【緯】日月相望，光輝盛昌。三聖成功，仁德大降。

噬嗑之井【經】占井卦彖辭【緯】陽城太室，神明所息。仁者之君，獨無兵革。

隨

䷐【經】占本卦彖辭

【緯】鳥鳴東西，迎其群侶。似有所屬，不得自專，空返獨還。

隨之萃　䷬【經】占萃初爻

【緯】燕雀銜泥，以生孚乳。兄弟六人，叫好孝悌。得心歡欣，和悅相樂。

隨之兌　䷹【經】占兌二爻

【緯】兩心不同，或欲西東。明論終始，莫適所從。

隨之革　䷰【經】占革三爻

【緯】載金販狗，利棄我走。藏匿淵渠，悔折爲咎。

隨之屯　䷂【經】占屯四爻

【緯】左輔右弼，金玉滿匱。常盈不亡，富如倉廒。

隨之震　䷲【經】占震五爻

【緯】驪姬讒嬉，與二孽謀。譖我恭子，賊害忠孝。駕出喜門，商伯有害。

隨之无妄　䷘【經】占无妄上爻

【緯】茅茹本居，與類相投。顧慕群旅，不離其巢。

隨之困　䷮【經】占困初二爻

【緯】黯黯許許，仇偶相得。冰入炭室，消亡不息。

隨之咸　䷞【經】占咸初三爻

【緯】稱幸上靈，媚悅於神。受福重重，子孫蕃功。

隨之比　䷇【經】占比初四爻

【緯】同載共輿，中道別去。喪我元夫，獨與孤居。

隨之豫　䷏【經】占豫初五爻

【緯】樑柱堅固，子孫蕃盛。福喜盈積，終無禍悔。

隨之否　䷋【經】占否初上爻

【緯】鹿求其子，虎廬之裏。唐伯李耳，貪不我許。

隨之夬　䷪【經】占夬二三爻

【緯】辯變白黑，巧言亂國。大人失福，君子迷惑。

隨之節　䷻【經】占節二四爻

【緯】交川合浦，遠濕難處。水土不同，思吾皇祖。

隨之歸妹　䷵【經】占歸妹二五爻

【緯】明德隱伏，麟鳳遠匿。周室傾側，不知所息。

隨之履　䷉【經】占履二上爻

【緯】目傾心惑，夏姬在側。申公顛倒，巫臣亂國。

隨之既濟　䷾【經】占既濟三四爻

【緯】富年早寡，孤與獨居。雞鳴犬吠，無敢問者。我生不遇，獨罹寒苦。

隨之豐　䷶【經】占豐三五爻

【緯】鄰不我顧，而求寶玉。身多禿癩，誰肯媚者。

隨之同人　䷌【經】占同人三上爻

【緯】敗魚鮑室，臭不可息。上山履塗，歸傷我足。

隨之復 【經】占復四五爻

【緯】穆違百里，使明厲武。將帥襲戰，敗于殽右。

隨之益 【經】占益四上爻

【緯】威權分離，烏夜徘徊。爭蔽月光，大人誅傷。

隨之噬嗑 【經】占噬嗑五上爻

【緯】白馬騮駁，更生不休。富有商人，利得如丘。

隨之大過 【經】占大過初二三爻

【緯】雀目燕頷，畏昏無光。思我狡童，不見子充。

隨之坎 【經】占坎初二四爻

【緯】入和出明，動作有光。運轉休息，常樂允康。

隨之解 【經】占解初二五爻

【緯】王喬無病，狗頭不痛。亡跛失履，乏我徒從。

隨之訟 【經】占訟初二上爻

【緯】逐兔驅狼，避去不祥。兇惡北行，與善相逢。

隨之蹇 【經】占蹇初三四爻

【緯】戴瓶望天，不見星辰。願小失大，福逃於外。

隨之小過 【經】占小過初三五爻

【緯】慈烏鳴鳩，執一無尤。寢門內治，君子悅喜。

隨之遯 【經】占遯初三上爻

【緯】遨遊無患，出入安全，長受其歡，君子萬年。

隨之坤 【經】占坤初四五爻

【緯】唐虞相輔，鳥獸喜舞。安康無事，國家富有。

隨之觀 【經】占觀初四上爻

【緯】志合意同，姬姜相從。佳偶在門，夫子悅喜。

隨之晉 【經】占晉初五上爻

【緯】負金懷玉，南歸嘉國。蜂蠆不螫，利入我室。

隨之需 【經】占需二三四爻

【緯】釣目厭部，善逐人走。來嫁無父，不安其廬。

隨之大壯 【經】占大壯二三五爻

【緯】被服文德，升入大麓。四門雍肅，登受大福。慈烏鳴鳩，執一無尤。寢門內治，君子悅喜。

隨之乾 【經】占乾二三上爻

【緯】鼻目易處，不知香臭。君迷於事，失其寵位。

隨之臨 【經】占臨二四五爻

【緯】澠池鳴呴，呼我水潦。雲雨大會，流成河海。

隨之中孚 【經】占中孚二四上爻

【緯】勾踐之危，棲於會稽。太宰讒言，越國復存。

隨之睽 ䷥【經】占睽二五上爻【緯】東鄰少女，爲王長歸。柔順利貞，宜夫壽子。

隨之明夷 ䷣【經】占明夷三四五爻【緯】日在阜顛，向昧爲昏。小人成群，君子傷倫。

隨之家人 ䷤【經】占家人三四上爻【緯】水火父母，先來鳴咰。澤高之上，從高而處。

隨之離 ䷝【經】占離三五上爻【緯】不勝私情，以利自嬰。北室出孤，毁其良家。

隨之頤 ䷚【經】占頤四五上爻【緯】亡羊補牢，張氏失牛。騂駟奔走，鵠盜我魚。

隨之井 ䷯【經】占井初二三四爻【緯】鴟鴞破斧，邦人危殆。賴其忠德，轉禍爲福，傾亡復立。

隨之恒 ䷟【經】占恒初二三五爻【緯】齊姜叔子，天命在位。實沈參墟，封爲康侯。

隨之姤 ䷫【經】占姤初二三上爻【緯】衣鋸甲鎧，敝筐爲具。大人不顧，少婦不取，棄捐於道。

隨之師 ䷆【經】占師初二四五爻【緯】齎貝贖狸，不聽我辭。繫於虎須，牽不得來。

隨之渙 ䷺【經】占渙初二四上爻【緯】天帝懸車，廢禮不朝。襶服不制，失寵其家。

隨之未濟 ䷿【經】占未濟初二五上爻【緯】江海變服，淫湎無測。高位顛崩，寵禄反覆。

隨之謙 ䷎【經】占謙初三四五爻【緯】顔叔子夏，遨遊仁宇。溫良受福，不失其所。

隨之漸 ䷴【經】占漸初三四上爻【緯】牧羊稻園，聞虎喧囔。畏懼悚息，終無禍患。

隨之旅 ䷷【經】占旅初三五上爻【緯】初雖無輿，後得戰車。賴幸逢福，不罹兵革。

隨之剥 ䷖【經】占剥初四五上爻【緯】甲戊己庚，隨時轉行。不失其心，唐季發憤，擒滅子嬰。

隨之泰 ䷊【經】占泰二三四五爻【緯】博鳩彈鵲，逐兔山北，丸盡日暮，失獲無得。

隨之小畜 ䷈【經】占小畜二三四上爻【緯】奮翅鼓翼，將之嘉國。愆期失時，乃得所欲。

隨之大有 ䷍【經】占大有二三五上爻【緯】花燈百枝，消暗衰微。精光訖盡，奄有灰靡。

隨之損 ䷨【經】占損二四五上爻【緯】使燕築室，身無庇宿。家不容車，後我衣服。

隨之賁　【經】占賁三四五上爻　【緯】太姒夏禹，經啓九道。各有攸處，民得安所。

隨之升　【經】占升初二三四五爻　【緯】登几上輿，駕駟南遊。合從散衡，燕秦以強。

隨之巽　【經】占巽初二三四上爻　【緯】水壞我里，東流爲海。龜鼂歡囂，不堵王母。

隨之鼎　【經】占鼎初二三五上爻　【緯】淵坑復平，宇穴安寧。憂患解除，賴福長生。

隨之蒙　【經】占蒙初二四五上爻　【緯】蒼龍單獨，與石相觸，摧折兩角。

隨之艮　【經】占艮初三四五上爻　【緯】刺羊不當，血少無羹。女執空筐，不得采桑。

隨之大畜　【經】占大畜二三四五上爻　【緯】伯仲叔季，日暮寢寐。坐臥失明，喪其貝囊。

隨之蠱　【經】占蠱卦彖辭　【緯】邊鄙不寧，民狎於野。穡人成功，年歲大有。

賁

【經】占本卦彖辭　【緯】仁政不暴，鳳凰來舍。四時順節，民安其居。

賁之艮　【經】占艮初爻　【緯】清人高子，久屯外野。逍遙不歸，思我君母。公子謁請，王孫嘉許。

賁之大畜　【經】占大畜二爻　【緯】外與中退，舉事不遂。餔糜毀齒，失其道理。

賁之頤　【經】占頤三爻　【緯】鴻鵠高飛，鳴求其雌。雌來在戶，雄哺嘻嘻。甚獨勞苦，炮鱉膾鯉。

賁之離　【經】占離四爻　【緯】明不處暗，智不履危。終年卒歲，樂以笑歌。

賁之家人　【經】占家人五爻　【緯】東山西山，各自言安。雖相登望，竟未同堂。

賁之明夷　【經】占明夷上爻　【緯】作室山根，人以爲安。一夕崩巔，破我壺飧。

賁之蠱　【經】占蠱初二爻　【緯】班馬還師，以息勞疲。役夫嘉喜，入室見妻。

賁之剝　【經】占剝初三爻　【緯】依叔牆隅，志下心勞。楚王晨食，韓子低頭。

賁之旅　【經】占旅初四爻　【緯】猾醜假誠，前後相違。言如鱉咳，語不可知。

賁之漸 ䷴【經】占漸初五爻

【緯】讒妄所言，語不成全。虎狼之患，不爲我殘。

賁之謙 ䷎【經】占謙初上爻

【緯】釋然遠咎，避患高阜。田獲三狐，以貝爲寶。君子所在，安寧不殆。

賁之損 ䷨【經】占損二三爻

【緯】龍蛇所聚，大小來處。泱泱霈霈，淡淡磕磕，使我無賴。

賁之大有 ䷍【經】占大有二四爻

【緯】歲暮花落，陽入陰室。萬物伏匿，歲不可得。

賁之小畜 ䷈【經】占小畜二五爻

【緯】條風制氣，萬物茁生。明庶長養，花葉壯茂。

賁之泰 ䷊【經】占泰二上爻

【緯】昴畢附耳，將軍乘怒。路徑隔塞，燕雀驚駭。

賁之噬嗑 ䷔【經】占噬嗑三四爻

【緯】六人俱行，各遺其囊。黃鵠失珠，無以爲明。

賁之益 ䷩【經】占益三五爻

【緯】旃裘若闔，慕德獻服。邊鄙不悚，以安王國。

賁之復 ䷗【經】占復三上爻

【緯】三年生狗，以戌爲母。荆夷上侵，姬伯出走。

賁之同人 ䷌【經】占同人四五爻

【緯】兩足四翼，飛入家國。寧我伯姊，與母相得。

賁之豐 ䷶【經】占豐四上爻

【緯】安仁尚德，東鄰慕義，來安吾國。

賁之既濟 ䷾【經】占既濟五上爻

【緯】右手掩目，不見長叔。失其所得，悔吝相仍。

賁之蒙 ䷃【經】占蒙初二三爻

【緯】戴盆望天，不見星辰。顧小失大，福逃牆外。

賁之鼎 ䷱【經】占鼎初二四爻

【緯】東門之墠，茹藘在阪。禮義不行，與我心反。

賁之巽 ䷸【經】占巽初二五爻

【緯】懷璧越鄉，不可遠行。蔡侯兩裘，久苦流離。

賁之升 ䷭【經】占升初二上爻

【緯】隋和重寶，衆所貪有。相如睨柱，趙王危殆。

賁之晉 ䷢【經】占晉初三四爻

【緯】徒行離車，□厭泥塗，利以休居。

賁之觀 ䷓【經】占觀初三五爻

【緯】順風吹火，牽騎驥尾。易爲功力，因懼受福。

賁之坤 ䷁【經】占坤初三上爻

【緯】鬼守我門，呼伯入山。去其室家，捨其兆墓。

賁之遯　【經】占遯初四五爻

【緯】析薪熾酒，使媒求婦。和合齊宋，姜子悅喜。

賁之小過　【經】占小過初四上爻

【緯】玄黄虺隤，行者勞罷。役夫憔悴，處子猥衰。

賁之蹇　【經】占蹇初五上爻

【緯】隐隐慎慎，火燒山根。不潤我鄰，獨不蒙恩。

賁之睽　【經】占睽二三四爻

【緯】君子在朝，凶言消去。驚駭逐狼，不見雄英。

賁之中孚　【經】占中孚二三五爻

【緯】騎豚逐羊，不見所望。徑涉虎廬，亡豚失羊。

賁之臨　【經】占臨二三上爻

【緯】老楊日衰，條多枯枝。爵級不進，遂至摧隤。

賁之乾　【經】占乾二四五爻

【緯】八口九頭，長舌破家。帝辛沈湎，商滅其墟。

賁之大壯　【經】占大壯二四上爻

【緯】夜視無明，不離商賈。子反笑歡，與市爲仇。

賁之需　【經】占需二五上爻

【緯】兩輪日轉，南山大阪。四馬共轅，無有重難，與語笑言。

賁之无妄　【經】占无妄三四五爻

【緯】鶴盜我珠，逃於東都。鵠起追求，郭氏之墟。不見蹤跡，反爲禍災。

賁之震　【經】占震三四上爻

【緯】梟遇稻蘆，甘樂趋鰌，雖驅不去。

賁之屯　【經】占屯三五上爻

【緯】日出阜東，山蔽其明。章甫薦履，箕子佯狂。

賁之革　【經】占革四五上爻

【緯】逐憂除殃，洿泥生粱，下田爲王。

賁之未濟　【經】占未濟初二三四爻

【緯】免冠賢進，步出朝門。儀體不正，賊孽爲患。

賁之渙　【經】占渙初二三五爻

【緯】火石相得，乾無潤澤，利少囊縮。

賁之師　【經】占師初二三上爻

【緯】梗生荆山，命制輸班。袍衣剥脱，夏熱冬寒。飢餓枯槁，衆人莫憐。

賁之姤　【經】占姤初二四五爻

【緯】下泉苞稂，十年無王。荀伯遇時，憂念周京。

賁之恒　【經】占恒初二四上爻

【緯】舍車而徒，亡其駁牛。雖喪白頭，酒以療憂。

賁之井　【經】占井初二五上爻

【緯】二人爲旅，俱歸北海。入門上堂，拜謁王母。勞賜我酒，女功不喜。

賁之否　䷋【經】占否初三四五爻　【緯】東風啓戶，黔啄翻舞。各樂其類，咸得生處。

賁之豫　䷏【經】占豫初三四上爻　【緯】遷延卻縮，不見頭目，日以困急。

賁之比　䷇【經】占比初三五上爻　【緯】烏飛無翼，兔走折足。不常其德，自爲羞辱。

賁之咸　䷞【經】占咸初四五上爻　【緯】三足俱行，傾危善僵。六指不便，圂累弟兄。樹柱閡車，失其正當。

賁之履　䷉【經】占履二三四五爻　【緯】坤厚地德，萬物蓄息。平康正直，以綏大福。

賁之歸妹　䷵【經】占歸妹二三四上爻　【緯】張羅捕鳩，鳥麗其災。雌雄俱得，爲網所賊。

賁之節　䷻【經】占節二三五上爻　【緯】君明聖哲，嗚呼其友。顯德之徒，可以禮仕。

賁之夬　䷪【經】占夬二四五上爻　【緯】光體春城，陳倉雞鳴。陽明失道，不能自守，消亡爲咎。

賁之隨　䷐【經】占隨三四五上爻　【緯】秋隼冬翔，數被嚴霜。雄犬夜鳴，家擾不寧。

賁之訟　䷅【經】占訟初二三四五爻　【緯】羊驚狼虎，聳耳群聚。行旅稽難，留連愁苦。

賁之解　䷧【經】占解初二三四上爻　【緯】南山之蹊，真人所遊。德配唐虞，天命爲子。保佑歆享，身受大慶。

賁之坎　䷜【經】占坎初二三五上爻　【緯】虎齧龍指，泰山之崖。天命不佑，不見其雌。

賁之大過　䷛【經】占大過初二四五上爻　【緯】褰衣涉河，水深漬衣。幸賴舟子，濟脫無他。

賁之萃　䷬【經】占萃初三四五上爻　【緯】仁德不暴，五光就舍。四序允釐，民安其居。

賁之兌　䷹【經】占兌二三四五上爻　【緯】伯氏歸國，多所恨惑。車頓蓋傾，身常驚惶。乃得其願，雌雄相從。

賁之困　䷮【經】占困卦彖辭　【緯】鳳生五雛，長於南郭。君子康寧，悅樂身榮。

既濟

既濟　䷾【經】占本卦彖辭　【緯】玄兔捐掌，與足相視。證訊詰問，詿情自侶。死誣難告，口爲身禍。

既濟之蹇　䷦【經】占蹇初爻　【緯】茹芝餌黃，飲酒玉漿。與神流通，長無憂凶。

既濟之需 ䷄【經】占需二爻【緯】乘龍光土，先暗後明。燎獵大得，太師以昌。

既濟之屯 ䷂【經】占屯三爻【緯】人無足法，紱除牛出。雄走羊驚，不失其家。

既濟之革 ䷰【經】占革四爻【緯】甘露醴泉，太平機關。仁德感應，歲樂民安。

既濟之明夷 ䷣【經】占明夷五爻【緯】魚鱉貪餌，死於網鉤。受危因寵，爲身殃咎。

既濟之家人 ䷤【經】占家人上爻【緯】金精耀怒，帶劍過午。徘徊高原，宿於山谷。兩虎相距，弓矢滿野。

既濟之井 ䷯【經】占井初二爻【緯】商風召寇，來呼外盜。間諜内應，與我爭鬥。殫己寶藏，主人不勝。

既濟之比 ䷇【經】占比初三爻【緯】舜升大禹，石夷之野。徵詣黄門，拜治水土。

既濟之咸 ䷞【經】占咸初四爻【緯】雄狐綏綏，登山崔嵬。昭告顯功，大福允興。

既濟之謙 ䷎【經】占謙初五爻【緯】蠻夷戎狄，太陰所積。涸水沍寒，君子不存。

既濟之漸 ䷴【經】占漸初上爻【緯】明德克敏，乘輿貢舉。放勳御用，人哲蒙祐。

既濟之節 ䷻【經】占節二三爻【緯】應門内崩，誅賢殺暴。上下咸愜，景公失位。長歸元恆，望妻不來。

既濟之夬 ䷪【經】占夬二四爻【緯】三雁俱飛，欲歸稻池。經涉山澤，爲矢所射。

既濟之泰 ䷊【經】占泰二五爻【緯】晨風文翰，火舉就溫。昧過我邑，羿無所得。

既濟之小畜 ䷈【經】占小畜二上爻【緯】烏子鵲雛，常與母居。顧頫群聚，不離其巢。

既濟之隨 ䷐【經】占隨三四爻【緯】水流趨下，欲至東海。求我所有，買鮪與鯉。

既濟之復 ䷗【經】占復三五爻【緯】心願所喜，乃今逢時。保我利福，不離兵革。

既濟之益 ䷩【經】占益三上爻【緯】跛足息肩，有所忌難。金城鐵郭，以銅爲關。藩屏息衛，安止無患。

既濟之豐 ䷶【經】占豐四五爻【緯】天命赤烏，與兵徼期。征伐無道，箕子遨遊。

既濟之同人 ䷌【經】占同人四上爻【緯】鬥龍股折，日就遂明。自外爲主，弟伐其兄。

既濟之賁 ䷕【經】占賁五上爻

【緯】居華山巔，遊觀浮雲。有雨不濡，心樂無憂。

既濟之坎 ䷜【經】占坎初二三爻

【緯】望幸不至，文章未成。王子逐兔，犬踦不得。

既濟之大過 ䷛【經】占大過初二四爻

【緯】言笑未畢，憂來暴卒。身加檻纜，囚繫縛束。

既濟之升 ䷭【經】占升初二五爻

【緯】跛躓未起，失利後市。蒙被殃咎，不得鹿子。

既濟之巽 ䷸【經】占巽初二上爻

【緯】羊驚虎狼，聳耳群聚。無益威僵，爲齒所傷。

既濟之萃 ䷬【經】占萃初三四爻

【緯】飲酒醉飽，跳趨爭鬥。伯傷叔僵，東家治喪。

既濟之坤 ䷁【經】占坤初三五爻

【緯】陽春草生，萬物風興。君子所居，禍災不到。

既濟之觀 ䷓【經】占觀初三上爻

【緯】結衿流溺，遭讒桎梏。周召述職，身受大福。

既濟之小過 ䷽【經】占小過初四五爻

【緯】兩輪日轉，南上大阪。四馬共轅，無有險難，與禹笑言。

既濟之遯 ䷠【經】占遯初四上爻

【緯】危坐至暮，請求不得。膏澤不降，政戾民忒。

既濟之艮 ䷳【經】占艮初五上爻

【緯】狼虎結謀，相聚爲保。伺候牛羊，病我商人。

既濟之兌 ䷹【經】占兌二三四爻

【緯】初雖啼號，後必慶笑。光明照耀，百嘉如意。

既濟之臨 ䷒【經】占臨二三五爻

【緯】莎雞振羽，爲季門戶。新沐彈冠，仲父悅喜。

既濟之中孚 ䷼【經】占中孚二三上爻

【緯】執斧破薪，使媒和婦。好合二姓，親御斯酒。色比毛嬙，姑悅公喜。

既濟之大壯 ䷡【經】占大壯二四五爻

【緯】孟春和氣，鷹隼搏鷙，眾雀憂潰。

既濟之乾 ䷀【經】占乾二四上爻

【緯】游駒石門，騄耳安全。受福西鄰，歸隱玉泉。

既濟之大畜 ䷙【經】占大畜二五上爻

【緯】弱水之右，有西王母。生不知老，與天相保，不利行旅。

既濟之震 ䷲【經】占震三四五爻

【緯】反孽難步，留不及舍。露宿澤陂，亡其襦褲。

既濟之无妄 ䷘【經】占无妄三四上爻

【緯】靈龜陸處，盤桓失所。阿衡退耕，夏封於國。

既濟之頤　【經】占頤三五上爻　【緯】抱瑰求金，日暮坐吟。終身卒歲，竟無成功。

既濟之離　【經】占離四五上爻　【緯】震悚恐懼，多所畏忌。行道留難，不可以步。

既濟之困　【經】占困初二三四爻　【緯】辰次降婁，建星中堅。子無遠行，外顛霄陷，遂合訖終。

既濟之師　【經】占師初二三五爻　【緯】因禍受福，喜盈其室。螟蟲不作，君無苛惑。

既濟之渙　【經】占渙初二三上爻　【緯】馬服長股，宜行善市。蒙祐諧耦，獲金五倍。

既濟之恒　【經】占恒初二四五爻　【緯】火起吾後，喜炙我廡。倉龍含水，深濮吾柱，雖憂無咎。

既濟之姤　【經】占姤初二四上爻　【緯】濟深難渡，濡我衣褌。王子善濯，決無他故。

既濟之蠱　【經】占蠱初二五上爻　【緯】冠帶南行，與福相期。徼爲嘉國，釋爲逢時。

既濟之豫　【經】占豫初三四五爻　【緯】畏昏潛處，候時昭明。卒遭白日，爲榮祿主。

既濟之否　【經】占否初三四上爻　【緯】六喜三福，南至歡國。與喜同樂，嘉我潔德。

既濟之剥　【經】占剥初三五上爻　【緯】傾倚將顛，亂不能存。英雄作業，家困無年。

既濟之旅　【經】占旅初四五上爻　【緯】威約拘囚，爲人所誣。臯陶平理，剖械出牢，脱歸家閭。

既濟之歸妹　【經】占歸妹二三四五爻　【緯】貧鬼守門，日破我盆。毁罌破甕，空虛無子。

既濟之履　【經】占履二三四上爻　【緯】夷羿所射，發輒有獲。增加倉鷹，雙鳥俱得。

既濟之損　【經】占損二三五上爻　【緯】天門地戶，幽冥不觀，不知所在。

既濟之大有　【經】占大有二四五上爻　【緯】蒙慶受福，有所獲得，不利出域。

既濟之噬嗑　【經】占噬嗑三四五上爻　【緯】田鼠野雞，意常欲逃。拘制籠檻，不得動搖。

既濟之訟　【經】占訟初二三四五爻　【緯】羊頭兔足，羸瘦少肉。漏囊貯粟，利無所得。

既濟之解　【經】占解初二三四上爻　【緯】求獐嘉鄉，惡蛇不行。豳岐口還，復反其床。

既濟之蒙 ䷃【經】占蒙初二三五上爻

【緯】泰山上奔，變見太傲。陳吾廢忽，作爲禍患。

既濟之鼎 ䷱【經】占鼎初二四五上爻

【緯】蔡仲子突，要門逐急。禍起子傷，弟伐其兄，鄭文不昌。

既濟之晉 ䷢【經】占晉初三四五上爻

【緯】緩法長奸，不能理冤。沉湎失節，君受其患。

既濟之睽 ䷥【經】占睽二三四五上爻

【緯】四目相望，精近同光，並坐鼓簧。

既濟之未濟 ䷿【經】占未濟卦象辭

【緯】千柱百梁，終不傾僵，周家寧康。

豐

豐 ䷶【經】占本卦象辭

【緯】清懦行賈，徑陟山阻。與狄爲市，不憂危殆，利得十倍。

豐之小過 ䷽【經】占小過初爻

【緯】網密網縮，動益蹙急，困不得息。

豐之大壯 ䷡【經】占大壯二爻

【緯】刲羊不當，血少無羹。女執空筐，不得桑根。

豐之震 ䷲【經】占震三爻

【緯】衛侯東遊，惑於少姬。亡我考妣，久迷不來。

豐之明夷 ䷣【經】占明夷四爻

【緯】兩足四翼，飛入嘉國。寧我伯姊，子母相得。

豐之革 ䷰【經】占革五爻

【緯】魂孤無室，銜損不食。盜張氏饋，見敵失肉。

豐之離 ䷝【經】占離上爻

【緯】早霜晚雪，傷禾害黍。損功棄力，飢無可食。

豐之恒 ䷟【經】占恒初二爻

【緯】牽羊不前，與心戾旋。聞言不信，誤紿丈人。

豐之豫 ䷏【經】占豫初三爻

【緯】病篤難醫，和不能治。命期中訖，下既蒿里。

豐之謙 ䷎【經】占謙初四爻

【緯】東齊郭廬，嫁於洛都。駿良美好，多好讓主，利得過倍。

豐之咸 ䷞【經】占咸初五爻

【緯】腐臭何在，青蠅集聚。變白爲黑，敗亂邦國。君爲臣逐，失其龍光。

豐之旅 ䷷【經】占旅初上爻

【緯】叔仲善賈，與喜爲市。不憂危殆，利得十倍。

豐之歸妹 ䷵【經】占歸妹二三爻

【緯】臣尊主卑，權力日衰。侵奪無光，三家逐公。

豐之泰　䷊【經】占泰二四爻

【緯】鵠思其雄，欲隨鳳東。順理羽翼，出次日中。傾流北邑，反復其室。

豐之夬　䷪【經】占夬二五爻

【緯】初病終凶，季爲死喪，不見光明。

豐之大有　䷍【經】占大有二上爻

【緯】定房戶室，括薪除毒。文德淵府，害不能賊。

豐之復　䷗【經】占復三四爻

【緯】馬服長股，宜行善市。蒙祐諧偶，獲利五倍。

豐之隨　䷐【經】占隨三五爻

【緯】開郭聚業，王跡所起。姬德七百，振以八子。

豐之噬嗑　䷔【經】占噬嗑三上爻

【緯】左指右麾，邪侈靡靡。執節無良，靈君以亡。

豐之既濟　䷾【經】占既濟四五爻

【緯】負牛上山，力劣行難。烈風雨雪，遮遏我前。中道復還，憂者得歡。

豐之賁　䷕【經】占賁四上爻

【緯】日中爲市，各持所有。交易資賄，函珠懷寶。心悅歡喜。

豐之同人　䷌【經】占同人五上爻

【緯】日走月步，趨不同舍。夫妻反目，君主失國。

豐之解　䷧【經】占解初二三爻

【緯】伯蹇叔盲，莫爲守株。失我衣裘，代爾陰鄉。

豐之升　䷭【經】占升初二四爻

【緯】羊腸九縈，相催併前。卝須王孫，乃能上天。

豐之大過　䷛【經】占大過初二五爻

【緯】雨師娶婦，黃巖季子。成禮既婚，相呼南上。膏潤下土，年歲大有。

豐之鼎　䷱【經】占鼎初二上爻

【緯】讒言亂國，覆是爲非。伯奇乖離，恭子憂哀。

豐之坤　䷁【經】占坤初三四爻

【緯】曳綸江海，釣魴與鯉。王孫列俎，以饗仲友。

豐之萃　䷬【經】占萃初三五爻

【緯】鹿食山草，不思邑里，雖久無咎。

豐之晉　䷢【經】占晉初三上爻

【緯】齗齗齧齧，貧鬼相責。無有歡怡，一日九結。

豐之蹇　䷦【經】占蹇初四五爻

【緯】北辰紫宮，衣冠立中。含弘建德，常受大福。

豐之艮　䷳【經】占艮初四上爻

【緯】雞鳴同興，思配無家。執佩持凫，莫使致之。

豐之遯　䷠【經】占遯初五上爻

【緯】甘忍利害，還相克敵。商子酷刑，鞅喪厥身。

豐之臨　䷒【經】占臨二三四爻【緯】鶬求魚食，過彼食邑。繒加我頸，繳掛羽翼。欲飛不能，爲羿所得。

豐之兌　䷹【經】占兌二三五爻【緯】水壞我里，東流爲海。梟鶩讙囂，不可安居。

豐之睽　䷥【經】占睽二三上爻【緯】絕世遊魂，福祿不存。精神渙散，離其躬身。

豐之需　䷄【經】占需二四五爻【緯】二龍北行，道逢六狼。莫宿中澤，爲禍所傷。

豐之大畜　䷙【經】占大畜二四上爻【緯】鬼舞國社，歲樂民喜。臣禮於君，子孝於父。

豐之乾　䷀【經】占乾二五上爻【緯】鼎足承德，嘉謀生福。爲王開庭，得心所欲。

豐之屯　䷂【經】占屯三四五爻【緯】東山皋落，叛逆不服。興師征討，恭子敗覆。

豐之頤　䷚【經】占頤三四上爻【緯】慈母望子，遙思不已。久客外野，我心悲苦。

豐之无妄　䷘【經】占无妄三五上爻【緯】三狸捕鼠，遮遏前後。死於國城，不得脫走。

豐之家人　䷤【經】占家人四五上爻【緯】文山紫芝，雍梁朱草。生長和氣，王以爲寶。公尸侑食，福祿來處。

豐之師　䷆【經】占師初二三四爻【緯】狐狸雉兔，畏人逃去。分走竄匿，不知所處。

豐之困　䷮【經】占困初二三五爻【緯】管仲遇桓，得其願歡。膠目殺糾，振冠無憂。笑戲不莊，空言妄行。

豐之未濟　䷿【經】占未濟初二三上爻【緯】喁喁嘉草，思降甘雨。景風升上，沾洽時澍，生我禾稼。

豐之井　䷯【經】占井初二四五爻【緯】桀跖並處，民困愁苦。旅行遲遲，留連齊魯。

豐之蠱　䷑【經】占蠱初二四上爻【緯】豐年多儲，河海饒魚。商客善賈，大國富有。

豐之姤　䷫【經】占姤初二五上爻【緯】三鳥飛來，自到逢時。俱行先至，多得大利。

豐之比　䷇【經】占比初三四五爻【緯】雨師娶婦，黃巖季子。成禮既婚，相呼南上。膏潤下土，年歲大有。

豐之剝　䷖【經】占剝初三四上爻【緯】山沒丘浮，陸爲水魚，燕雀無廬。

豐之否　䷋【經】占否初三五上爻【緯】蜲蛇九子，長尾不殆。均明光澤，燕自受福。

豐之漸　䷴【經】占漸初四五上爻【緯】義不勝情，以欲自縈。覬利危躬，摧角折頸。

豐之節　䷻【經】占節二三四五爻【緯】陰變爲陽，女化爲男。治道大通，君子相承。

豐之損　䷨【經】占損二三四上爻【緯】兩女共室，心不聊食。亂髮如蓬，憂常在中。

豐之履　䷉【經】占履二三五上爻【緯】天命絕後，孤傷無子。徬徨兩社，獨不得酒。

豐之小畜　䷈【經】占小畜二四五上爻【緯】外棲野鼠，與雉爲伍。瘡痍不息，即去其室。

豐之益　䷩【經】占益三四五上爻【緯】去辛就蓼，毒愈酷甚。避井遇坑，憂患日生。

豐之坎　䷜【經】占坎初二三四五爻【緯】兩狗圍室，相咬爭食。枉矢西流，射我暴國。高宗伐鬼，三年乃服。

豐之蒙　䷃【經】占蒙初二三四上爻【緯】千里騂駒，爲王服車。嘉其驪榮，君子有成。

豐之訟　䷅【經】占訟初二三五上爻【緯】天災所遊，凶不可居。轉徙獲福，留止危憂。

豐之巽　䷸【經】占巽初二四五上爻【緯】六蛇奔走，俱入茂草。驚於長路，畏懼啄口。

豐之觀　䷓【經】占觀初三四五上爻【緯】望城抱子，見邑不殆。公孫上堂，文君悅喜。

豐之中孚　䷼【經】占中孚二三四五上爻【緯】踐履危難，脫厄出患。入福善門，見悔大君。

豐之渙　䷺【經】占渙卦彖辭【緯】飛不遠去，卑廝內侍，祿食未富。

損

損　䷨【經】占本卦彖辭【緯】路多枳棘，步刺我足。不利旅客，爲心作毒。

損之蒙　䷃【經】占蒙初爻【緯】四手共身，莫失所圖。更相訪接，動失事便。

損之頤　䷚【經】占頤二爻【緯】十丸同投，爲雉所離。獨得逃脫，完全不虧。

損之大畜　䷙【經】占大畜三爻【緯】嬰兒駭笑，未有所識。狡童而爭，亂我政事。

損之睽　䷥【經】占睽四爻【緯】府藏之富，玉以振貨。捕魚河海，罟網多得。

損之中孚

【經】占中孚五爻

【緯】鄰不顧我，而望玉女。身疾瘡癩，誰肯媚者。

損之臨

【經】占臨上爻

【緯】元吉無咎，安寧不殆。

損之剥

【經】占剥初二爻

【緯】貧鬼守門，日破我盆。毁罌傷甕，空虛無子。

損之蠱

【經】占蠱初三爻

【緯】乘牛逐驥，日暮不至。路宿多畏，亡其騂騅。

損之未濟

【經】占未濟初四爻

【緯】陰住陽疾，水離其室。舟楫大作，傷其黍稷。民飢於食，亦病心腹。

損之渙

【經】占渙初五爻

【緯】桃雀竊脂，巢於小枝。動摇不安，爲風所吹。心寒悚惕，常憂殆危。

損之師

【經】占師初上爻

【緯】旦往暮還，相佑與聚，無有凶患。

損之賁

【經】占賁二三爻

【緯】嬰兒求乳，慈母歸子。黄麑悦喜，得其甘飽。

損之噬嗑

【經】占噬嗑二四爻

【緯】河伯娶婦，東山氏女。新婚三日，浮雲灑雨。露我管第，萬邦蒙祐。

損之益

【經】占益二五爻

【緯】雨師娶婦，黄巖季子。成禮既婚，相呼而南。膏澤應時，年豐大喜。

損之復

【經】占復二上爻

【緯】多載重負，捐棄於野。王母誰子，但自勞苦。

損之大有

【經】占大有三四爻

【緯】還憂除殃，污泥上義，下田爲江。

損之小畜

【經】占小畜三五爻

【緯】徒足去域，亂入陳國。有所畏避，深藏邃匿。

損之泰

【經】占泰三上爻

【緯】夏麥麩麵，霜擊其芒。疚君敗國，使年大傷。

損之履

【經】占履四五爻

【緯】海爲水宗，聰明且聖。百流歸得，無有叛逆，常饒優足。

損之歸妹

【經】占歸妹四上爻

【緯】牧羊逐兔，使魚捕鼠。任非其人，卒歲無功，不免辛苦。

損之節

【經】占節五上爻

【緯】陽春長日，萬物華實，樂有利福。

損之艮

【經】占艮初二三爻

【緯】擒狼所言，語無成全。設我白馬，使乾口來。

損之晉

【經】占晉初二四爻

【緯】鉛刀切玉，堅不可得。盡我劬力，胝胼爲疾。

損之觀　䷓【經】占觀初二五爻

【緯】奮翅鼓翼，翱翔外國。逍遥徙倚，來歸溫室。

損之坤　䷁【經】占坤初二上爻

【緯】景星照堂，麟遊鳳翔。仁施大行，頌聲作興。仁序無明，失其龍光。

損之鼎　䷱【經】占鼎初三四爻

【緯】一指食肉，口無所得，舌饞於腹。

損之巽　䷸【經】占巽初三五爻

【緯】太姒文母，仍生聖子。昌發受命，爲天下主。

損之升　䷭【經】占升初三上爻

【緯】秋隼冬翔，數被嚴霜。中兵庭堂，萬物不生。

損之訟　䷅【經】占訟初四五爻

【緯】春栗夏棗，山鮮稀有。斗千萬石，貴不可賤。

損之解　䷧【經】占解初四上爻

【緯】梟過稻藘，甘樂麩麵。雖驚不去，田畯懷憂。

損之坎　䷜【經】占坎初五上爻

【緯】跛足息肩，所忌不難。金城銅郭，以鐵爲關。藩屏周衛，安全無患。

損之離　䷝【經】占離二三四爻

【緯】戴堯扶禹，松喬彭祖。西過王母，道路夷易。無敢難者。

損之家人　䷤【經】占家人二三五爻

【緯】有人追亡，爲言所匿，不日而得。

損之明夷　䷣【經】占明夷二三上爻

【緯】穆逢百里，使孟奮武。將軍帥戰，敗於殽口。

損之无妄　䷘【經】占无妄二四五爻

【緯】雄狐綏綏，登山崔嵬。昭告顯功，大福允興。

損之震　䷲【經】占震二四上爻

【緯】晨夜驚駭，不知所止。皇母相佑，卒得安處。

損之屯　䷂【經】占屯二五上爻

【緯】羊腸九縈，相推稍前。止須王孫，乃能至天。

損之乾　䷀【經】占乾三四五爻

【緯】鯉鮪鮒鯽，積福多魚。資所無有，富我窮家。

損之大壯　䷡【經】占大壯三四上爻

【緯】行觸天網，馬死車傷。身無聊賴，困窮乏糧。

損之需　䷄【經】占需三五上爻

【緯】水流趨下，遂成東海。求我所有，買鱣與鯉。

損之兌　䷹【經】占兌四五上爻

【緯】兩罝同室，兔無誰告。與犴相觸，蒙我與惡。

損之旅　䷷【經】占旅初二三四爻

【緯】禹召諸神，會稽南山。執玉萬國，天下康安。

損之漸　䷴【經】占漸初二三五爻【緯】呼精靈來，魄生無憂。疾病瘳愈，解我患愁。

損之謙　䷎【經】占謙初二三上爻【緯】暗昧冥語，傳相詿誤。鬼魅所居，誰知臥處。

損之否　䷋【經】占否初二四五爻【緯】秋隼冬翔，數被履霜。雄犬夜鳴，家憂不寧。

損之豫　䷏【經】占豫初二四上爻【緯】南歷玉山，東入玉關。登上福堂，飲萬歲漿。

損之比　䷇【經】占比初二五上爻【緯】大蛇當路，使季畏懼。湯火之災，切直我膚。賴其天幸，歸於室廬。

損之姤　䷫【經】占姤初三四五爻【緯】重門擊柝，介士守護。終有他道，雖驚不懼。

損之恒　䷟【經】占恒初三四上爻【緯】良夫孔姬，負理登臺。欒季不扶，衛輒走逃。

損之井　䷯【經】占井初三五上爻【緯】秦失其鹿，高足先得。勇夫慕義，君子率服。

損之困　䷮【經】占困初四五上爻【緯】招禍致凶，來螫我邦。痛在手足，不得安息。

損之同人　䷌【經】占同人二三四五爻【緯】樂仁上德，東鄰慕粱，來安吾國。

損之豐　䷶【經】占豐二三四上爻【緯】堂祥上樓，與福俱居。帝姬治好，國安無憂。

損之既濟　䷾【經】占既濟二三五上爻【緯】狼虎之鄉，日爭凶訟。受性貪饕，不能容縱。

損之隨　䷐【經】占隨二四五上爻【緯】比目四翼，來安我國。福善上堂，與我同床。

損之夬　䷪【經】占夬三四五上爻【緯】蓄積有餘，糞土不居。美哉輪奐，出有高車。

損之遯　䷠【經】占遯初二三四五爻【緯】天之所予，福禄常在，不憂危殆。

損之小過　䷽【經】占小過初二三四上爻【緯】涸旱不雨，澤竭無流。魚鱉乾口，皇天不憂。

損之蹇　䷦【經】占蹇初二三五上爻【緯】鴻飛遵陸，公歸不復，伯氏客宿。

損之萃　䷬【經】占萃初二四五上爻【緯】大都王市，稠人多實。公孫宜賈，資貨萬倍。

損之大過　䷛【經】占大過初三四五上爻【緯】狐濟濡尾，來揭得枳。季姜懷悔，鮑舍魚梟。

損之革　䷰【經】占革卦彖辭　【緯】山陵四塞，遏我逕路。欲前不得，復還故處。

損之咸　䷞【經】占咸二三四五上爻　【緯】京庾積聚，黍稷以極。行者疾至，可以厭飽。

節

䷻【經】占本卦彖辭　【緯】海爲水王，聰聖且明。百流歸德，無有叛逆。常饒優足，不利攻玉。

節之坎　䷜【經】占坎初爻　【緯】群隊虎狼，囓彼牛羊。道路不通，妨農害商。

節之屯　䷂【經】占屯二爻　【緯】日望一食，常恐不足，禄命寡薄。所求弗得。

節之需　䷄【經】占需三爻　【緯】鵲巢鳩城，上下不親。內外乖畔，子走失顧。

節之兌　䷹【經】占兌四爻　【緯】傅說休明，駗御四龍。周徑萬里，無有危凶。

節之臨　䷒【經】占臨五爻　【緯】奢淫吝嗇，神所不福。靈祇憑怒，鬼瞰其室。

節之中孚　䷼【經】占中孚上爻　【緯】江有寶珠，海多大魚。亟行疾至，可以得財。

節之比　䷇【經】占比初二爻　【緯】僮妾獨宿，長女未室。利無所得。

節之井　䷯【經】占井初三爻　【緯】宣勞就力，爲王主國。安土成稷，天下蒙福。

節之困　䷮【經】占困初四爻　【緯】月走日步，趍不同舍。夫妻反目，主君失居。

節之師　䷆【經】占師初五爻　【緯】春多膏澤，夏潤優渥。稼穡成熟，畝獲百斛。

節之渙　䷺【經】占渙初上爻　【緯】伯仲叔季，日暮寢寐。醉醒失明，喪其貝囊，臥拜道旁。

節之既濟　䷾【經】占既濟二三爻　【緯】弱足刖跟，不利出門。市賈無贏，折亡爲患。

節之隨　䷐【經】占隨二四爻　【緯】比目四翼，相倚爲福。姜氏季女，與君合德。

節之復　䷗【經】占復二五爻　【緯】北虜匈奴，數侵邊境。左衽爲長，國猶未慶。

節之益
䷩【經】占益二上爻
【緯】伯夷叔齊，貞廉之師。以德防患，憂禍不存。

節之夬
䷪【經】占夬三四爻
【緯】一雌二雄，子不得公。亂我族類，使吾心憒。

節之泰
䷊【經】占泰三五爻
【緯】騏驥緑耳，章明造父。伯夙奏獻，衰續厥緒。佐文成霸，爲晉元輔。

節之小畜
䷈【經】占小畜三上爻
【緯】四野不安，東西爲患。退身止足，無出邦域。乃得全完，賴其生福。

節之歸妹
䷵【經】占歸妹四五爻
【緯】王良善御，伯樂知馬。周旋步驟，行中規矩。止息有節，延命壽考。

節之履
䷉【經】占履四上爻
【緯】長寧理福，安我百國。嘉賓上堂，與季同牀。

節之損
䷨【經】占損五上爻
【緯】積水下濕，北陸苦寒。露宿多風，君子傷心。

節之蹇
䷦【經】占蹇初二三爻
【緯】葛藟蒙棘，華不得實。讒佞亂政，使恩壅塞。

節之萃
䷬【經】占萃初二四爻
【緯】千載槐根，身多斧瘢。樹維枯屈，枝葉不出。

節之坤
䷁【經】占坤初二五爻
【緯】探巢得雛，鳩鵲俱來，使我心憂。

節之觀
䷓【經】占觀初二上爻
【緯】大步上車，南到喜家。送我狐裘，與福載來。

節之大過
䷛【經】占大過初三四爻
【緯】烏飛無羽，雞鬥折距。徒自長嗟，誰肯爲侶。

節之升
䷭【經】占升初三五爻
【緯】周師伐紂，勝殷牧野。甲子平旦，天下大喜。

節之巽
䷸【經】占巽初三上爻
【緯】六目俱視，各欲有志。一言不同，乖戾生訟。

節之解
䷧【經】占解初四五爻
【緯】皇母多恩，字養孝孫。脱於繈褓，成就爲君。

節之訟
䷅【經】占訟初四上爻
【緯】雲龍集會，征討西戎。招邊定衆，誰敢當鋒。

節之蒙
䷃【經】占蒙初五上爻
【緯】良馬疾走，千里一宿。離逃它鄉，誰能追復。

節之革
䷰【經】占革二三四爻
【緯】諷德誦功，美周盛隆。奭旦輔成，光濟沖人。

節之明夷
䷣【經】占明夷二三五爻
【緯】羽動角甘，雨續草木，茂年歲熟。

節之家人 ䷤【經】占家人二三上爻

【緯】天所祐助，福來禍去，君王何憂。

節之震 ䷲【經】占震二四五爻

【緯】思願所之，乃今逢時。洗濯故憂，並其所來。

節之无妄 ䷘【經】占无妄二四上爻

【緯】續事康域，鍼折不成。嬰兒短舌，說辭無名。

節之頤 ䷚【經】占頤二五上爻

【緯】文明之世，銷鋒鑄耜。以道順昌，百王不易。

節之大壯 ䷡【經】占大壯三四五爻

【緯】德音孔博，升在王室。八極蒙祐，受其福禄。

節之乾 ䷀【經】占乾三四上爻

【緯】虎豹怒咆，慎戒外憂。上下俱擾，士民無聊。

節之大畜 ䷙【經】占大畜三五上爻

【緯】景星明堂，麟遊鳳翔。仁施大行，頌聲作興。

節之睽 ䷥【經】占睽四五上爻

【緯】方喙廣口，聖智仁厚。釋解倒懸，唐國大安。

節之咸 ䷞【經】占咸初二三四爻

【緯】三狸搏鼠，遮遏前後。當此之時，不能脫走。

節之謙 ䷎【經】占謙初二三五爻

【緯】伯去我東，首髮如蓬。長夜不寐，輾轉空牀。內懷惆悵，憂摧肝腸。

節之漸 ䷴【經】占漸初二三上爻

【緯】騂牛亡子，鳴於大野。申後陰徵，還歸其母。說我除悔。

節之豫 ䷏【經】占豫初二四五爻

【緯】朽條腐索，不堪施用。安靜候時，以待親知。

節之否 ䷋【經】占否初二四上爻

【緯】張陳嘉謀，贊成漢都。主歡民喜，其樂休休。

節之剥 ䷖【經】占剥初二五上爻

【緯】非理所求，誰肯相與。往來不獲，徒勞道路。

節之恒 ䷟【經】占恒初三四五爻

【緯】陶叔孔團，不處亂國。初雖未萌，後受福慶。

節之姤 ䷫【經】占姤初三四上爻

【緯】主安多福，天禄所伏。居之寵昌，君子有光。

節之蠱 ䷑【經】占蠱初三五上爻

【緯】履階升墀，高登崔嵬。福禄洋溢，依天之威。

節之未濟 ䷿【經】占未濟初四五上爻

【緯】利盡得媒，時不我來。鳴雌深步，寡宿獨居。

節之豐 ䷶【經】占豐二三四五爻

【緯】釋然遠咎，避患革害。田獲三狐，以貝爲寶。

節之同人　䷌【經】占同人二三四上爻　【緯】大面長頭，來解君憂。遺吾福善，與我嘉惠。

節之賁　䷕【經】占賁二三五上爻　【緯】喜樂踴躍，來迎歡客。鵲巢百兩，以成嘉福，多獲利益。

節之噬嗑　䷔【經】占噬嗑二四五上爻　【緯】東行西步，失次後舍。乾侯野井，昭王失居。與彼作期，不覺至夜。

節之大有　䷍【經】占大有三四五上爻　【緯】畏昏不行，待旦昭明。燎獵受福，老賴其慶。

節之小過　䷽【經】占小過初二三四五爻　【緯】遠視千里，不見所視。離婁之明，無益於耳。

節之遯　䷠【經】占遯初二三四上爻　【緯】奮翅鼓翼，翱翔外國。逍遙北域，不入溫室。

節之艮　䷳【經】占艮初二三五上爻　【緯】噂噂囁囁，夜行晝伏。謀議我資，來攻吾室。空盡己財，幾無所食。

節之晉　䷢【經】占晉初二四五上爻　【緯】當變立權，擿解患難。渙然冰釋，大國以安。

節之鼎　䷱【經】占鼎初三四五上爻　【緯】三夜不寢，憂來益甚。戒以危懼，棄其安居。

節之離　䷝【經】占離二三四五上爻　【緯】商伯沉醉，庶兄奔走。淫女蕩夫，仁德並孤。

節之旅　䷷【經】占旅卦彖辭　【緯】仁獸所處，國無凶咎。市賈十倍，復歸惠里。

歸妹

䷵【經】占本卦彖辭　【緯】堅冰黃鳥，常悲哀鳴。不見甘粒，但歡藜荆。數驚鷙鳥，爲我心憂。

歸妹之解　䷧【經】占解初爻　【緯】三羖五羊，相隨俱行。迷入空澤，循入直北。經涉六駁，爲所傷敗。

歸妹之震　䷲【經】占震二爻　【緯】火雖熾，在吾後。寇雖多，在吾右。身安吉，不危殆。

歸妹之大壯　䷡【經】占大壯三爻　【緯】太公避紂，七十隱處。卒逢聖文，爲王室輔。

歸妹之臨　䷒【經】占臨四爻　【緯】伯夷叔齊，貞廉之師。以德防患，憂禍不存。

歸妹之兌　䷹【經】占兌五爻　【緯】延頸望酒，不入我口。深目自苦，利得無有。幽人悅喜。

歸妹之睽　䷥【經】占睽上爻　【緯】刲羊不當，女執空筐。兔跛鹿踦，緣山墜墮。讒佞亂作。

歸妹之豫　䷏【經】占豫初二爻

【緯】逐利三年，利走如神。展轉東西，如鳥避丸。

歸妹之恒　䷟【經】占恒初三爻

【緯】合歡之國，喜爲我福。東嶽南山，朝濟成恩。

歸妹之師　䷆【經】占師初四爻

【緯】炙魚拈斗，陰倚碩鼠。舌不思味，讒發爲祟，笮不得去。

歸妹之困　䷮【經】占困初五爻

【緯】式微式微，憂禍相半。隔以巖山，室家分散。

歸妹之未濟䷿【經】占未濟初上爻

【緯】火燒公牀，家破滅亡。然得安昌，先憂後喪。

歸妹之豐　䷶【經】占豐二三爻

【緯】困而後通，難厄不窮。終得其願，姬姜相從。

歸妹之復　䷗【經】占復二四爻

【緯】室當原口，漂溺爲海。財產殫盡，衣食無有。

歸妹之隨　䷐【經】占隨二五爻

【緯】隄防壞決，河水泛溢。傷害稼穡，民流去室。君孤獨宿，沒溺我邑。

歸妹之噬嗑䷔【經】占噬嗑二上爻

【緯】進士爲官，不苦服田，獲壽保年。

歸妹之泰　䷊【經】占泰三四爻

【緯】外得好畜，相與嫁娶。仁賢集聚，諮詢厥事。傾奪我城，使家不寧。

歸妹之夬　䷪【經】占夬三五爻

【緯】孟春己丑，哀呼仲父。明德訖終，亂虐滋起。

歸妹之大有䷍【經】占大有三上爻

【緯】依宵夜遊，與君相遭。除解煩惑，使心不憂。

歸妹之節　䷻【經】占節四五爻

【緯】張網捕鳩，兔離其災。雌雄俱得，爲罝所賊。

歸妹之損　䷨【經】占損四上爻

【緯】爭雞失羊，亡其金囊。利得不長，陳蔡之患，賴楚以安。

歸妹之履　䷉【經】占履五上爻

【緯】孤公寡婦，獨宿悲苦。目張耳鳴，莫與笑語。

歸妹之小過䷽【經】占小過初二三爻

【緯】然諾不行，欺紿誤人。使我露宿，夜歸温室。神怒不直，鬼擊其目。

欲求福利，反言自賊。

歸妹之坤　䷁【經】占坤初二四爻

【緯】喘牛傷暑，弗能耕畝。草萊不闢，年歲無有。

歸妹之萃　䷬【經】占萃初二五爻

【緯】三足無頭，弗知所之。心在精傷，莫使爲明。不見日光。

歸妹之晉 ䷢【經】占晉初二上爻

【緯】江漢上流，政逆民憂。陰代其陽，雌爲雄公。

歸妹之升 ䷭【經】占升初三四爻

【緯】戴堯扶禹，喬松彭祖。西過王母，道路夷易，無敢難者。

歸妹之大過 ䷛【經】占大過初三五爻

【緯】弊鏡無光，不見文章。少女不嫁，棄於其公。

歸妹之鼎 ䷱【經】占鼎初三上爻

【緯】夏麥發黄，霜擊其芒。疾君敗國，使年夭傷。

歸妹之坎 ䷜【經】占坎初四五爻

【緯】大蛇巨魚，相輔殺之。君臣隔塞，郭公失廬。

歸妹之蒙 ䷃【經】占蒙初四上爻

【緯】春耕有息，秋入利福。獻豜大豭，以樂成功。

歸妹之訟 ䷅【經】占訟初五上爻

【緯】右撫琴頭，左手援帶。凶訟不已，相與相戾，失利而歸。

歸妹之明夷 ䷣【經】占明夷二三四爻

【緯】縮縮亂絲，舉手爲災。越畝逐兔，濡其衣褌。

歸妹之革 ䷰【經】占革二三五爻

【緯】仁德覆洽，恩及異域。澤及殊方，禍災隱伏。蠶不作室，寒無所得。

歸妹之離 ䷝【經】占離二三上爻

【緯】絕世無嗣，福禄不存。精神渙散，離其躬身。

歸妹之屯 ䷂【經】占屯二四五爻

【緯】魚欲負流，衆不同心，至德潛伏。

歸妹之頤 ䷚【經】占頤二四上爻

【緯】他山之錯，與璆爲仇。來攻吾城，傷我肌膚，國家騷憂。

歸妹之无妄 ䷘【經】占无妄二五上爻

【緯】雞方啄粟，爲狐所逐。走不得食，惶懼喘息。

歸妹之需 ䷄【經】占需三四五爻

【緯】生有聖德，上配太極。皇靈建中，授我以福。

歸妹之大畜 ䷙【經】占大畜三四上爻

【緯】家在海隅，繞旋深流。豈敢憚行，無木以趨。

歸妹之乾 ䷀【經】占乾三五上爻

【緯】荆木冬生，司寇緩刑。威權在下，國亂且傾。

歸妹之中孚 ䷼【經】占中孚四五上爻

【緯】三人俱行，一人言北。伯仲欲南，少叔不得。中欲分道，爭鬥相賊。

歸妹之謙 ䷎【經】占謙初二三四爻

【緯】無有絕明，巧言爲讒。覆白汙玉，顔叔哀音。

歸妹之咸 ䷞【經】占咸初二三五爻

【緯】文君之德，養人致福。年無胎夭，國富民實。憂者之望，曾參盜息。

歸妹之旅　䷷【經】占旅初二三上爻【緯】西賈巴蜀，寒雪已沒。欲前不得，還反空室。

歸妹之比　䷇【經】占比初二四五爻【緯】申酉說服，牛馬休息。君子以安，勞者得歡。

歸妹之剥　䷖【經】占剥初二四上爻【緯】靈龜陸處，一旦失所。伊子復耕，桀亂無輔。

歸妹之否　䷋【經】占否初二五上爻【緯】煎砂盛暑，鮮有不朽。去河千里，敗我利市。老手育馬，去之何悔。

歸妹之井　䷯【經】占井初三四五爻【緯】靈龜陸處，一旦失所。伊子復耕，桀亂無輔。

歸妹之蠱　䷑【經】占蠱初三四上爻【緯】陰陽隔塞，許嫁不答。旄丘新臺，悔往嘆息。

歸妹之姤　䷫【經】占姤初三五上爻【緯】履不容足，南山多棘。家有芝蘭，乃無病疾。

歸妹之渙　䷺【經】占渙初四五上爻【緯】仲春孟夏，和氣所舍。生我喜福，國無殘賊。

歸妹之既濟　䷾【經】占既濟二三四五爻【緯】陳辭達誠，使安不傾。增禄益壽，以成功名。

歸妹之賁　䷕【經】占賁二三四上爻【緯】耕石不生，棄禮無名。縫衣失針，襦褲弗成。

歸妹之同人　䷌【經】占同人二三五上爻【緯】甲乙戊庚，隨時轉行。不失常節，萌芽律屈。咸達出生，各樂其類。

歸妹之益　䷩【經】占益二四五上爻【緯】三灑負衡，南取芷香。秋蘭芬馥，盈滿神匱，利我仲季。

歸妹之小畜　䷈【經】占小畜三四五上爻【緯】堯門尹爵，聖德增益。使民不疲，安無怵惕。

歸妹之蹇　䷦【經】占蹇初二三四五爻【緯】拔劍傷手，見敵不喜。良臣無佐，困憂爲咎。

歸妹之艮　䷳【經】占艮初二三四上爻【緯】遼遠絕路，客宿多悔。頑嚚相聚，生我畏惡。

歸妹之遯　䷠【經】占遯初二三五上爻【緯】憂人之患，履悖易顏。爲身禍殘，率身自守。與喜相抱，長子成考，封受福祐。

歸妹之觀　䷓【經】占觀初二四五上爻【緯】陽爲狂悖，拔劍自傷，爲身生殃。

歸妹之巽　䷸【經】占巽初三四五上爻【緯】作新初陵，爛焰難登。三駒推車，躓損傷頤。

歸妹之家人 ䷤【經】占家人二三四五上爻　【緯】臭毚腐木，與狼相輔。亡夫失子，憂及父母。

歸妹之漸 ䷴【經】占漸卦彖辭　【緯】懸懸南海，去家萬里。飛兔褭駿，一日見母，除我憂悔。

泰

泰 ䷊【經】占本卦彖辭　【緯】有求陳國，留連東域，須我王孫，四月來復。主君有德，蒙受恩福。

泰之升 ䷭【經】占升初爻　【緯】日中爲市，各抱所有。交易資貨，含珠懷寶，心悅歡喜。

泰之明夷 ䷣【經】占明夷二爻　【緯】求兔得獐，過其所望。歡一相迎，高位夷傷。

泰之臨 ䷒【經】占臨三爻　【緯】舉袂覆目，不見日月。衣裘簟牀，就長夜室。

泰之大壯 ䷡【經】占大壯四爻　【緯】水流趨下，遠至東海。求我所有，買鮪與鯉。

泰之需 ䷄【經】占需五爻　【緯】四並兼用，君子所服。南征述職，與福同德。

泰之大畜 ䷙【經】占大畜上爻　【緯】長生以時，長柱根本。陰陽相和，歲樂無憂。

泰之謙 ䷎【經】占謙初二爻　【緯】翕翕軥軥，稍墜山顛。滅我令名，長沒不全。

泰之師 ䷆【經】占師初三爻　【緯】春城夏國，生長之域。可以服食，保全家國。

泰之恒 ䷟【經】占恒初四爻　【緯】蔡侯適楚，留連江湖。踰日歷月，思其后君。

泰之井 ䷯【經】占井初五爻　【緯】狐貉載剥，淩溫厚蓐。寒棘爲疾，何所不足。

泰之蠱 ䷑【經】占蠱初上爻　【緯】敏捷勁疾，如猿升木。彤弓雖調，終不能獲。

泰之復 ䷗【經】占復二三爻　【緯】跛踦相隨，日暮牛罷。陵遲後旅，失利亡雌。

泰之豐 ䷶【經】占豐二四爻　【緯】龍蛇所聚，大水來處。滑滑沛沛，使我無賴。

泰之既濟 ䷾【經】占既濟二五爻　【緯】重瞳四乳，聰明順理。無隱不形，微視千里。災害不作，君子集聚。

泰之賁 ䷕【經】占賁二上爻　【緯】夏麥麩麯，霜擊其芒。疾君敗國，使民夭傷。

泰之歸妹　䷵【經】占歸妹三四爻

【緯】逐鹿山顛，利去我西。維邪南北，無所不得。

泰之節　䷻【經】占節三五爻

【緯】黿厭河海，陸行不止。自令枯槁，失其都市，有悔爲咎。

泰之損　䷨【經】占損三上爻

【緯】㧺敝牡荆，生賢止悔。仇敵背憎，孰肯相迎，上下有眚。

泰之夬　䷪【經】占夬四五爻

【緯】作凶不善，相牽入井。溺陷辜罪，禍生憂滋。

泰之大有　䷍【經】占大有四上爻

【緯】生值地乳，上皇大喜。賜我福祉，壽算無極，賓於作命。

泰之小畜　䷈【經】占小畜五上爻

【緯】久客無牀，思歸故鄉。雷雨浸盈，道不得通。

泰之坤　䷁【經】占坤初二三爻

【緯】濟深南渡，濡我衣袴。五子善擢，脱無他故。

泰之小過　䷽【經】占小過初二四爻

【緯】桃李花實，累累日息。長大成熟，甘美可食，爲我利福。

泰之蹇　䷦【經】占蹇初二五爻

【緯】居如轉丸，危不得安。東西不寧，動生憂患。

泰之艮　䷳【經】占艮初二上爻

【緯】妄怒失理，陽孤無輔。物病焦枯，年饑於黍。

泰之解　䷧【經】占解初三四爻

【緯】坤厚地載，庶物蓄息。平康正直，以綏百福。

泰之坎　䷜【經】占坎初三五爻

【緯】金精耀怒，帶劍過午。兩虎相距，雖驚不咎。

泰之蒙　䷃【經】占蒙初三上爻

【緯】葛藟蒙棘，華不得實。讒佞爲政，使恩壅塞。

泰之大過　䷛【經】占大過初四五爻

【緯】春令原宥，仁德不周。三聖攸同，周國茂興。

泰之鼎　䷱【經】占鼎初四上爻

【緯】四亂不安，東西爲患。退止我足，無出國城。乃得全完，賴齊生福。

泰之巽　䷸【經】占巽初五上爻

【緯】澤狗水梟，雞畜少雛。不爲家饒，心其亟逋。

泰之震　䷲【經】占震二三四爻

【緯】南國少子，材略美好。求我長女，賤薄不與。反得醜惡，後乃大悔。

泰之屯　䷂【經】占屯二三五爻

【緯】倚立相望，適我道通，驅駕奔馳，比目同床。

泰之頤　䷚【經】占頤二三上爻

【緯】童女無室，未有配合。陰陽不和，空坐獨宿。

泰之革 ䷰【經】占革二四五爻【緯】履踐危難，脫執去患。入福喜門，見誨大君。

泰之離 ䷝【經】占離二四上爻【緯】危坐至暮，謀求不得。膏澤不降，政戾民忒。

泰之家人 ䷤【經】占家人二五上爻【緯】過時不歸，道遠且迷。旅人心悲，使我徘徊。

泰之兌 ䷹【經】占兌三四五爻【緯】水壞我里，東流爲海。黿鼉還囂，不見慈母。

泰之睽 ䷥【經】占睽三四上爻【緯】魂孤無室，御宿舍食。盜張民潰，見敵失內。

泰之中孚 ䷼【經】占中孚三五上爻【緯】同本異葉，樂仁正德。東鄰慕義，來興我國。

泰之乾 ䷀【經】占乾四五上爻【緯】伯夷叔齊，貞廉之師。以德防患，憂禍不存。

泰之豫 ䷏【經】占豫初二三四爻【緯】東鄰嫁女，爲王妃后。莊公築館，以尊王母。歸於京師，季姜悅喜。

泰之比 ䷇【經】占比初二三五爻【緯】望驥不來，駒蹇爲憂。雨驚我心，風撼我肌。

泰之剥 ䷖【經】占剥初二三上爻【緯】淵涸龍憂，箕子爲奴。干叔隕命，殷破其家。

泰之咸 ䷞【經】占咸初二四五爻【緯】老楊日衰，條多枯枝。爵級不進，日下摧頽。

泰之旅 ䷷【經】占旅初二四上爻【緯】從風吹火，牽騏驥尾。易爲功力，因催受福。

泰之漸 ䷴【經】占漸初二五上爻【緯】倬然遠咎，辟患早阜。田獲三狐，臣貝爲寶。

泰之困 ䷮【經】占困初三四五爻【緯】振急絕理，恒陽不雨。物病焦乾，華實無有。

泰之未濟 ䷿【經】占未濟初三四上爻【緯】實沈參墟，以義討尤。次止結盟，以成霸功。

泰之渙 ䷺【經】占渙初三五上爻【緯】褰衣涉行，水深漬多。賴幸舟者，濟脫無他。

泰之姤 ䷫【經】占姤初四五上爻【緯】悲鳴北行，失其長兄。伯中不幸，骸骨敗亡。

泰之隨 ䷐【經】占隨二三四五爻【緯】伯虎仲熊，德義淵閎。使布五穀，陰陽順敘。

泰之噬嗑 ䷔【經】占噬嗑二三四上爻【緯】固陰沍塞，長冰不溫，令人瘵殆，庖火爲災，電火爲蓄。

泰之益 ䷩【經】占益二三五上爻 【緯】鳳凰銜書，玄珪賜我，封爲晉侯。

泰之同人 ䷌【經】占同人二四五上爻 【緯】多載重負，捐棄於野。干母離子，思勞自苦。

泰之履 ䷉【經】占履三四五上爻 【緯】方船備水，傍河燃火。積善有徵，終身無禍。天福吉昌，永得安康。

泰之萃 ䷬【經】占萃初二三四五爻 【緯】羔衣豹裘，高揚我宇，君子維新。

泰之晉 ䷢【經】占晉初二三四上爻 【緯】登几上輿，駕駟南遊，合縱散衡，燕寢以強。

泰之觀 ䷓【經】占觀初二三五上爻 【緯】忍醜少羞，無面有頭。耗見寡虛，日以削消。

泰之遯 ䷠【經】占遯初二四五上爻 【緯】右撫劍風，左援鉤帶，凶訟不止，相與爭戾，失利市肆。

泰之訟 ䷅【經】占訟初三四五上爻 【緯】踝踵足傷，大指病癰。失旅後時，利走不來。

泰之无妄 ䷘【經】占无妄二三四五上爻 【緯】桑方將落，隕其黃葉。失勢傾側，如無所立。

泰之否 ䷋【經】占否卦彖辭 【緯】徙岵望母，役事未已。王政靡盬，不得相保。

觀

䷓【經】占本卦彖辭 【緯】歷山之下，虞唐所處。躬耕致孝，名聞四海。爲堯所薦，禪位天子。

觀之益 ䷩【經】占益初爻 【緯】去辛就蓼，毒愈酷甚。避井入坎，憂患日生。

觀之渙 ䷺【經】占渙二爻 【緯】褰衣涉河，水深漬衣。賴幸舟子，濟脫無他。

觀之漸 ䷴【經】占漸三爻 【緯】御騂從龍，至霍華東。與禹相逢，送至子邦。

觀之否 ䷋【經】占否四爻 【緯】青牛白咽，呼我俱田。歷山之下，可以多耕。歲藏時節，人保安寧。

觀之剥 ䷖【經】占剥五爻 【緯】壽如松喬，與日月俱。常安康樂，不罹禍憂。

觀之比 ䷇【經】占比上爻 【緯】麟趾龍身，日馭三千。南上蒼梧，與福爲婚。道理夷易，安全無患。

觀之中孚 ䷼【經】占中孚初二爻 【緯】鼎易其耳，熱不可舉。大路壅塞，旅人心苦。

觀之家人 ䷤【經】占家人初三爻

【緯】冬桑枯槁，當風失道。蒙被塵埃，左右勞苦。

觀之无妄 ䷘【經】占无妄初四爻

【緯】蝠螺生子，深目黑醜。雖飾相就，衆人莫取。

觀之頤 ䷚【經】占頤初五爻

【緯】烏升鵲舉，照臨東海。龙降庭堅，爲陶叔後。封爲蓼丘，履禄綏厚。

觀之屯 ䷂【經】占屯初上爻

【緯】秋冬探巢，不得鵲雛。銜指北去，媿我少姬。

觀之巽 ䷸【經】占巽二三爻

【緯】澤枯無魚，山童難株。長女嫉妒，使身虚空。

觀之訟 ䷅【經】占訟二四爻

【緯】日闇不明，讒夫在堂。右臂疾痹，君失其光。

觀之蒙 ䷃【經】占蒙二五爻

【緯】僮妾獨宿，長女未室，利無所得。

觀之坎 ䷜【經】占坎二上爻

【緯】黍稷醇醲，敬奉山宗。神嗜飲食，甘雨嘉降。獨蒙福力，時災不至。

觀之遯 ䷠【經】占遯三四爻

【緯】雍門内崩，賊賢傷仁。暴亂狂悖，簡公失位。

觀之艮 ䷳【經】占艮三五爻

【緯】暴虐失國，爲下所逐。北奔陰胡，主君旄頭。

觀之蹇 ䷦【經】占蹇三上爻

【緯】履泥汙足，名困身辱。兩仇相當，自爲痛疾。

觀之晉 ䷢【經】占晉四五爻

【緯】膠車木馬，不利遠賈。出門爲患，安止不殆。

觀之萃 ䷬【經】占萃四上爻

【緯】望尚阿衡，太宰周公。藩屏湯武，立爲侯王。

觀之坤 ䷁【經】占坤五上爻

【緯】繼祀宗邑，追明成康。光照萬國，享世久長。病疾不醫，下即蒿蘆。

觀之小畜 ䷈【經】占小畜初二三爻

【緯】三子成駒，折損轅軸。輪載空輿，後時失期。

觀之履 ䷉【經】占履初二四爻

【緯】逐福除患，道德神仙。避惡萬里，常歡以安。

觀之損 ䷨【經】占損初二五爻

【緯】長生無極，子孫千億。松柏爲梁，堅固不傾。

觀之節 ䷻【經】占節初二上爻

【緯】推車上山，高仰重難。終日至暮，不見阜顛。

觀之同人 ䷌【經】占同人初三四爻

【緯】有頭無目，赫赫粟粟。消耗爲疾，三年不復。

觀之賁 ䷕【經】占賁初三五爻【緯】東行無門，西出華山。道塞於難，遊子爲患。

觀之既濟 ䷾【經】占既濟初三上爻【緯】班馬還師，以息勞疲。役夫嘉喜，入戶見妻。

觀之噬嗑 ䷔【經】占噬嗑初四五爻【緯】茹芝餌黄，飲食玉英。與神流通，長無憂凶。

觀之隨 ䷐【經】占隨初四上爻【緯】躓馬破車，惡婦破家。青蠅汙白，暴子離居。

觀之復 ䷗【經】占復初五上爻【緯】探斅得螽，所願不喜。黄池之盟，吳楚爭强。

觀之姤 ䷫【經】占姤二三四爻【緯】狗逐兔走，俱入谷口。與虎逢之，迫不得去。

觀之蠱 ䷑【經】占蠱二三五爻【緯】長女三嫁，進退無羞。逐狐作妖，行者離憂。

觀之井 ䷯【經】占井二三上爻【緯】獹作龍身，進無所前。三日五夜，得其所欲。

觀之未濟 ䷿【經】占未濟二四五爻【緯】積德不怠，遇生逢時。載善渭陽，身受榮光。

觀之困 ䷮【經】占困二四上爻【緯】三蟲作蠱，削跡無與。勝母盜泉，居不安處。

觀之師 ䷆【經】占師二五上爻【緯】王孫季子，相與孝友。明允篤誠，升擢薦舉，爲國榦柱。

觀之旅 ䷷【經】占旅三四五爻【緯】梅李冬實，國多盜賊。亂擾並作，王不能制。

觀之咸 ䷞【經】占咸三四上爻【緯】晝卧牢門，怵惕不安。目不得闔，鬼搔我足。

觀之謙 ䷎【經】占謙三五上爻【緯】高岡鳳凰，朝陽梧桐。雝雝喈喈，菶菶萋萋。陳辭不多，以告孔嘉。

觀之豫 ䷏【經】占豫四五上爻【緯】鰥寡獨宿，憂動胸臆，莫與笑食。

觀之乾 ䷀【經】占乾初二三四爻【緯】蜎飛蠕動，各有所配。歡悦相迎，咸得其處。

觀之大畜 ䷙【經】占大畜初二三五爻【緯】喜怒不時，霜雪爲災。稼穡無功，后稷飢寒。

觀之需 ䷄【經】占需初二三上爻【緯】洪魚逆流，至人潛去。蒿蓬代柱，大屋顛仆。

觀之睽 ䷥【經】占睽初二四五爻【緯】過時不行，妄逐王公。老女無夫，不安其居。

觀之兌 ䷹【經】占兌初二四上爻 【緯】天門冬虛，晉季爲災。膃睽默蒼，秦伯受殃。

觀之臨 ䷒【經】占臨初二五上爻 【緯】人無足法，緩行長姦。地雄走歸，陽不制陰，男失其家。

觀之離 ䷝【經】占離初三四五爻 【緯】禍不更生，福過我里。入門笑喜，與吾利市。

觀之革 ䷰【經】占革初三四上爻 【緯】黄裡緑衣，君服不宜。淫湎毁常，失其寵光。

觀之明夷 ䷣【經】占明夷初三五上爻 【緯】家在海隅，橈短流深。企立望宋，無木以趨。

觀之震 ䷲【經】占震初四五上爻 【緯】盤紆九回，行道留難。止須千丘，乃睹所歡。

觀之鼎 ䷱【經】占鼎二三四五爻 【緯】天所顧祐，禍災不到，安吉無懼。

觀之大過 ䷛【經】占大過二三四上爻 【緯】黄離白日，照我四國。元首昭明，民賴其福。

觀之升 ䷭【經】占升二三五上爻 【緯】清人高子，久屯外野。逍遥不歸，思我慈母。

觀之解 ䷧【經】占解二四五上爻 【緯】精華墮落，形客醜惡。齟齬挫頓，枯槁腐蠹。

觀之小過 ䷽【經】占小過三四五上爻 【緯】四亂不安，東西爲患。退身止足，無出邦域。乃得完全，賴其生福。

觀之大有 ䷍【經】占大有初二三四五爻 【緯】山没丘浮，陸爲水魚。燕雀無巢，民無室廬。

觀之夬 ䷪【經】占夬初二三四上爻 【緯】行堯欽德，養賢致禮。衆英積聚，國無寇賊。

觀之泰 ䷊【經】占泰初二三五上爻 【緯】黄池之盟，吴楚爭強。勾踐爲患，夷門不安。探觳得螽，所願不喜。

觀之歸妹 ䷵【經】占歸妹初二四五上爻 【緯】銅人鐵距，雨露勞苦。終日卒歲，無有休息。

觀之豐 ䷶【經】占豐初三四五上爻 【緯】大人失宜，盈滿復虧。成長之木，盛者滅衰。

觀之恒 ䷟【經】占恒二三四五上爻 【緯】春草榮華，長女宜夫。受福多年，世有封禄。

觀之大壯 ䷡【經】占大壯卦彖辭 【緯】心壯無良，猖獗妄行。觸抵牆壁，不見戶房。

晉

晉 ䷢【經】占本卦彖辭

【緯】銷鋒鑄耜，休牛放馬。甲兵解散，夫婦相保。

晉之噬嗑 ䷔【經】占噬嗑初爻

【緯】大尾小頭，重不可搖。上弱下强，陰制其雄。

晉之未濟 ䷿【經】占未濟二爻

【緯】邑居衛師，如轉蓬時，居之凶危。

晉之旅 ䷷【經】占旅三爻

【緯】東行西維，南北善迷。逐旅失群，亡我襦衣。

晉之剥 ䷖【經】占剥四爻

【緯】天命玄鳥，下生大商。造定四表，享國久長。

晉之否 ䷋【經】占否五爻

【緯】北風寒涼，雨雪盈冰。憂思不樂，哀悲傷心。

晉之豫 ䷏【經】占豫上爻

【緯】桑華腐蠹，衣敝如絡。女功不成，絲布爲玉。

晉之睽 ䷥【經】占睽初二爻

【緯】東行食榆，困於枯株。夫妻無家，志窮爲憂。

晉之離 ䷝【經】占離初三爻

【緯】雖汙不辱，因何跣足。童子褰衣，五步平復。

晉之頤 ䷚【經】占頤初四爻

【緯】跡行竊視，有所畏避。蔽目伏藏，以夜爲利。

晉之无妄 ䷘【經】占无妄初五爻

【緯】陰陽隔塞，許嫁不答。宛丘新臺，悔往嘆息。

晉之震 ䷲【經】占震初上爻

【緯】白鳥御餌，鳴呼其子。施枝張翅，來從其母。

晉之鼎 ䷱【經】占鼎二三爻

【緯】玉鋭鐵頤，倉庫空虛。賈市無盈，興利爲仇。

晉之蒙 ䷃【經】占蒙二四爻

【緯】少無强輔，長不見母。勞心遠思，自傷憂苦。

晉之訟 ䷅【經】占訟二五爻

【緯】君明有德，登天大禄。布政施惠，以成恩福。中子南遊，翱翔未復。

晉之解 ䷧【經】占解二上爻

【緯】懈緩不前，台墮失便。二至之戒，家無禍凶。刻木象形，聞言不信。

晉之艮 ䷳【經】占艮三四爻

【緯】學靈三年，聖且神明。先見善祥，吉盛福慶。神馬來見，告我無憂。

晉之遯 ䷠【經】占遯三五爻

【緯】千里騂駒，爲王服車。嘉其驪榮，君子有成。

晉之小過 ䷽【經】占小過三上爻

【緯】月出阜東，山蔽其明。章父憂僂，箕子徉狂。

晉之觀 ䷓【經】占觀四五爻

【緯】鷯鳩徙巢，西至平州。遭逢雷電，破全葦蘆。室家飢寒，思吾故初。

晉之坤 ䷁【經】占坤四上爻

【緯】百足俱行，相輔爲强。三聖翼事，王室寵光。

晉之萃 ䷬【經】占萃五上爻

【緯】孔鸞鴛雛，鵯鸃鵜鴣，翱翔紫淵。嘉禾之國，君子以說。

晉之大有 ䷍【經】占大有初二三爻

【緯】蓼蕭瀼瀼，君子寵光。鳴鸞噰噰，福禄來同。

晉之損 ䷨【經】占損初二四爻

【緯】仁愛篤厚，不以所忿，害其所子。徙我舊都，日益富有。

晉之履 ䷉【經】占履初二五爻

【緯】倚立相望，引衣欲裝。陰雲蔽日，暴雨降集。使道不通，阻我歡會。

晉之歸妹 ䷵【經】占歸妹初二上爻

【緯】春耕有息，利入利福。獻豜大豵，以樂成功。

晉之賁 ䷕【經】占賁初三四爻

【緯】疏足息肩，有所忌難。金城銅郭，以鐵爲關。藩屏自衛，安心無患。

晉之同人 ䷌【經】占同人初三五爻

【緯】貞鳥雎鳩，執一無尤。寢門治理，君子悦喜。

晉之豐 ䷶【經】占豐初三上爻

【緯】羸豕躑躅，虎來都邑。遮遏左右，國門敕急。

晉之益 ䷩【經】占益初四五爻

【緯】缺破不成，胎卵未生，弗見兆形。

晉之復 ䷗【經】占復初四上爻

【緯】賦斂重數，政爲民賊。杼軸空虚，我去其室。

晉之隨 ䷐【經】占隨初五上爻

【緯】左服易右，王良心歡，喜利從己。

晉之蠱 ䷑【經】占蠱二三四爻

【緯】壽考不忘，駕駟東行。三適陳宋，南賈楚荆。得利息長，旅身多罷。畏晝喜夜。

晉之姤 ䷫【經】占姤二三五爻

【緯】乘桴浮海，免脱厄中，雖困無凶。

晉之恒 ䷟【經】占恒二三上爻

【緯】敝笱在梁，不能得魚。望食千里，所至空虚。

晉之渙 ䷺【經】占渙二四五爻

【緯】風吹塵起，十里無所。南國年傷，不可安處。

晉之師 ䷆【經】占師二四上爻

【緯】曉然唯諾，敬上尊客。執恭除患，禦侮致福。

晉之困 ䷮【經】占困二五上爻 【緯】東騎墮落，千里獨宿。高岸爲谷，陽失其室。

晉之漸 ䷴【經】占漸三四五爻 【緯】雲孽蒸起，失其道里。傷害年穀，神君之精。

晉之謙 ䷎【經】占謙三四上爻 【緯】南行求福，與喜相得。受封上賞，鼎足輔國。

晉之咸 ䷞【經】占咸三五上爻 【緯】宫城立見，衣就袂裾。恭謙自衛，終無禍尤。

晉之比 ䷇【經】占比四五上爻 【緯】黍稷禾稻，垂秀方造。中旱不雨，傷風病槁。

晉之大畜 ䷙【經】占大畜初二三四爻 【緯】願望登虚，意常欲逃。賈辛醜惡，妻不安夫。

晉之乾 ䷀【經】占乾初二三五爻 【緯】一衣三冠，冠無所絆。衣服不成，爲身災患。

晉之大壯 ䷡【經】占大壯初二三上爻 【緯】鼎足承德，嘉謀生福。爲王開庭，得心所欲。

晉之中孚 ䷼【經】占中孚初二四五爻 【緯】敗牛羸馬，與利爲市，不我加喜。

晉之臨 ䷒【經】占臨初二四上爻 【緯】羔羊皮弁，君子朝服。輔政扶德，以合萬國。

晉之兌 ䷹【經】占兌初二五上爻 【緯】東方孟春，乘冰載盆。懼危不安，終身所歡。

晉之家人 ䷤【經】占家人初三四五爻 【緯】憂凶增累，患近不解。心西意東，事無成功。

晉之明夷 ䷣【經】占明夷初三四上爻 【緯】右手無合，獨折左指。禹湯失位，事功弗立。

晉之革 ䷰【經】占革初三五上爻 【緯】邯鄲反言，父兄生患。竟涉憂恨，卒死不還。

晉之屯 ䷂【經】占屯初四五上爻 【緯】魚蛇之怪，大人憂懼。梁君好城，失其安居。

晉之巽 ䷸【經】占巽二三四五爻 【緯】居室之倫，夫婦和親。小人乘車，車在夫家。碩果失豢，不知孰是。

晉之升 ䷭【經】占升二三四上爻 【緯】甘露溫潤，眾來得願。樂易君子，不逢禍亂。

晉之大過 ䷛【經】占大過二三五上爻 【緯】信敏恭謙，敬鬼尊神。五嶽四瀆，克厭帝心，受福宜年。

晉之坎 ䷜【經】占坎二四五上爻 【緯】懸懸南海，去家萬里。飛兔腰裦。一日見母，除我憂悔。

晉之蹇　䷦【經】占蹇三四五上爻　【緯】五經六紀，仁道所在。正月繁霜，獨不離咎。

晉之小畜　䷈【經】占小畜初二三四五爻　【緯】三羸六罷，不能越跪。東賈失馬，往反勞苦。

晉之泰　䷊【經】占泰初二三四上爻　【緯】高腳疾步，受肩喜趨。日走千里，賈市有得。

晉之夬　䷪【經】占夬初二三五上爻　【緯】摧角不傷，雖折復長。秉德無愆，老賴榮光。

晉之節　䷻【經】占節初二四五上爻　【緯】重載傷車，婦女無夫。三十不室，獨坐空廬。

晉之既濟　䷾【經】占既濟初三四五上爻　【緯】出入門所，欲道開通。杞梁之信，不失日中。少季渡江，來歸其邦，疾病危亡。

晉之井　䷯【經】占井二三四五上爻　【緯】入村既登，以成嘉功。尨降庭堅，國無災凶。

晉之需　䷄【經】占需卦彖辭　【緯】前不溽暑，解不可取。離門二里，敗我利市。老牛病馬，去之何悔。

萃

䷬【經】占本卦彖辭　【緯】蒙慶受福，有所獲得。不利出城，疾人困極。

萃之隨　䷐【經】占隨初爻　【緯】貧鬼守門，日破我盆。毀鼠傷綬，空虛無子。

萃之困　䷮【經】占困二爻　【緯】九里十山，道仰峻難。牛馬不前，復反來還。

萃之咸　䷞【經】占咸三爻　【緯】水山暴怒，壞梁折柱。稽難行旅，留連愁苦。

萃之比　䷇【經】占比四爻　【緯】德施流行，利之四鄉。雨師灑道，風伯逐殃。巡狩封禪，以告成功。

萃之豫　䷏【經】占豫五爻　【緯】穿鼻繫株，爲虎所拘。王母祝禱，禍不成災，突然自來。

萃之否　䷋【經】占否上爻　【緯】鹿畏人藏，俱入深谷。命短不長，爲虎所得，死於牙腹。

萃之兌　䷹【經】占兌初二爻　【緯】嫗冠應門，與伯爭言。東家失狗，意在不存。爭亂無息，絕無所歡。

萃之革　䷰【經】占革初三爻　【緯】霧露雪霜，日暗不明。陰孽爲疾，年穀大傷。

萃之屯

【經】占屯初四爻

【緯】克身潔己，逢禹巡狩。錫我玄圭，拜受福祉。

萃之震

【經】占震初五爻

【緯】登高上山，見王自言。信理我冤，得職蒙恩。

萃之无妄

【經】占无妄初上爻

【緯】乘風上天，爲時服軒。周旋萬里，無有患難。

萃之大過

【經】占大過二三爻

【緯】亂頭多憂，搔虱生愁。膳夫仲年，使我無聊。

萃之坎

【經】占坎二四爻

【緯】江河淮海，天之都市。商人受福，國家富有。

萃之解

【經】占解二五爻

【緯】伯夷叔齊，貞廉之師。以德防患，憂禍不存，芳聲後時。

萃之訟

【經】占訟二上爻

【緯】亡錐失斧，公輸無輔。抱其彝器，適君子處。

萃之蹇

【經】占蹇三四爻

【緯】齎貝贖狸，不聽我辭。繫於虎鬚，牽不得來。

萃之小過

【經】占小過三五爻

【緯】故室舊廬，消散無餘。不如新創，可以樂居。

萃之遯

【經】占遯三上爻

【緯】三宿無主，南行勞苦。東里失利，喪其珍寶。

萃之坤

【經】占坤四五爻

【緯】新受大喜，福優重職，樂且日富。

萃之觀

【經】占觀四上爻

【緯】冬藪朽腐，當風於道。蒙被塵埃，左右勞苦。

萃之晉

【經】占晉五上爻

【緯】安坐玉堂，聽樂行觴。飲福萬鍾，日受無疆。

萃之夬

【經】占夬初二三爻

【緯】千歡萬悅，舉事爲決。獲受嘉慶，動作有福。

萃之節

【經】占節初二四爻

【緯】針頭刺手，百病瘳愈。抑按捫灸，死人復起。

萃之歸妹

【經】占歸妹初二五爻

【緯】東鄰西家，來即我謀。中告吉誠，使君安寧。

萃之履

【經】占履初二上爻

【緯】泥滓污辱，棄捐溝瀆。爲衆所笑，終不顯禄。

萃之既濟

【經】占既濟初三四爻

【緯】老狐多態，行爲蠱怪。爲魅爲妖，驚我王母，終無咎悔。

萃之豐

【經】占豐初三五爻

【緯】褰衣出戶，心欲奔走。王孫毋驚，使我長生。

萃之同人 ䷌【經】占同人初三上爻 【緯】南山芝蘭，君子所有。東家淑女，生我王室。

萃之復 ䷗【經】占復初四五爻 【緯】大斧砍木，讒佞敗國。東關良工，禍及三子。晉人亂邑，懷公出走。

萃之益 ䷩【經】占益初四上爻 【緯】長城既立，四夷賓服。交和結好，昭君是福。

萃之噬嗑 ䷔【經】占噬嗑初五上爻 【緯】六爻既立，神明所告。文定吉祥，康叔受福。

萃之井 ䷯【經】占井二三四爻 【緯】鳩杖扶老，衣食百口。曾孫壽考，凶惡不起。

萃之恒 ䷟【經】占恒二三五爻 【緯】阿衡服箱，太一載行。延時歷舍，所之吉昌。

萃之姤 ䷫【經】占姤二三上爻 【緯】種一得十，日益有息。仁政獲民，四國親睦。

萃之師 ䷆【經】占師二四五爻 【緯】家在海隅，橈短深流。伯氏難行，無木以趨。

萃之渙 ䷺【經】占渙二四上爻 【緯】祚加明德，與我周國。公劉文母，福流子孫。

萃之未濟 ䷿【經】占未濟二五上爻 【緯】愛子多材，起跡空虛。避害如神，水不能濡。

萃之謙 ䷎【經】占謙三四五爻 【緯】爵秩不明，爲臣所傷。衆陰群聚，共奪日光。

萃之漸 ䷴【經】占漸三四上爻 【緯】喬木無息，漢女難得。禱神請佩，反手離汝。

萃之旅 ䷷【經】占旅三五上爻 【緯】三日不飲，遠水無酒。晝夜焦喉，使我爲咎。

萃之剥 ䷖【經】占剥四五上爻 【緯】三宿無主，南行勞苦。東里失利，喪其珍寶。

萃之需 ䷄【經】占需初二三四爻 【緯】機言不發，頑不能達。齊魯爲仇，亡我葵丘。

萃之大壯 ䷡【經】占大壯初二三五爻 【緯】生無父母，出門不喜。買椒失粟，亡我大利。

萃之乾 ䷀【經】占乾初二三上爻 【緯】碩鼠四足，飛不上屋。顔氏淵德，未有爵禄。

萃之臨 ䷒【經】占臨初二四五爻 【緯】昭君守國，諸夏蒙德。異類既同，崇我王室。

萃之中孚 ䷼【經】占中孚初二四上爻 【緯】元龜象齒，大賂爲寶。稽疑當否，衰微復起。

萃之睽　䷥【經】占睽初二五上爻　【緯】目不可合，憂來搔足。怵惕恐懼，去其邦域。
萃之明夷　䷣【經】占明夷初三四五爻　【緯】登危入厄，四時變易。春霜夏雪，物皆凋落。
萃之家人　䷤【經】占家人初三四上爻　【緯】衣空履穿，無以御寒。細小貧寠，不能自好。
萃之離　䷝【經】占離初三五上爻　【緯】泰山幽谷，鳳凰遊宿。禮義有序，可以求福。
萃之頤　䷚【經】占頤初四五上爻　【緯】陽伏在下，陰制祐福。生不逢時，潛龍隱處。
萃之升　䷭【經】占升二三四五爻　【緯】安子富有，東國不殃。齊鄭和親，顯比以喜。
萃之巽　䷸【經】占巽二三四上爻　【緯】衆口銷金，慾言不驗。腐臭敗兔，入市不售。
萃之鼎　䷱【經】占鼎二三五上爻　【緯】迷行數卻，不知西東。陰强暴逆，道理不通。
萃之蒙　䷃【經】占蒙二四五上爻　【緯】置筐失筥，輪破無輔。家伯爲政，病我下土。
萃之艮　䷳【經】占艮三四五上爻　【緯】三世爲德，天祚以國。封建少昊，魯侯之福。
萃之泰　䷊【經】占泰初二三四五爻　【緯】獮猴兔走，腥臊少肉。漏卮盛酒，利無所有。
萃之小畜　䷈【經】占小畜初二三四上爻　【緯】筐傾筥覆，畏我公置。簡伯無禮，太師正食。
萃之大有　䷍【經】占大有初二三五上爻　【緯】左指右揮，邪望侈靡。執節無良，靈君以亡。
萃之損　䷨【經】占損初二四五上爻　【緯】張王子季，爭財相制。商君頑嚚，不知所由。
萃之賁　䷕【經】占賁初三四五上爻　【緯】泣涕長訣，我心不悦。遠送衛野，歸寧無咎。
萃之蠱　䷑【經】占蠱二三四五上爻　【緯】襄王束帶，鄭人是賴。莊公卿士，王母憂喜。
萃之大畜　䷙【經】占大畜卦彖辭　【緯】大樹百根，比與山連。文君作義，受福萬年。

艮

䷳【經】占本卦彖辭　【緯】君孤獨處，單弱無輔。名曰困苦，輔心湧泉，碌碌如山。

艮之賁

【經】占賁初爻

【緯】春多膏澤，夏潤優渥。稼穡熟成，數獲百斛。師行以律，霸功不遠。

艮之蠱

【經】占蠱二爻

【緯】七竅龍身，造易八元。法天則地，順時施恩。引和貴長，以富永存。

艮之剥

【經】占剥三爻

【緯】二女同室，心不聊食。首髮如蓬，憂常在中。

艮之旅

【經】占旅四爻

【緯】鳥舞國城，邑懼卒驚。仁德不修，爲下所傾。

艮之漸

【經】占漸五爻

【緯】比目四翼，安我邦國。上下無思，爲我嘉福。

艮之謙

【經】占謙上爻

【緯】黍稷醇醲，敬奉山宗。神嗜飲食，甘雨嘉祥。庶物蕃茂，時無災咎，獨蒙福祉。

艮之大畜

【經】占大畜初二爻

【緯】踧行竊視，有所畏避。狸首伏藏，以夜爲利。

艮之頤

【經】占頤初三爻

【緯】人面九口，長舌爲斧。斲破瑚璉，殷商絕後。

艮之離

【經】占離初四爻

【緯】秦儀機言，解其國患。一説燕下，齊相以權。

艮之家人

【經】占家人初五爻

【緯】山作天時，陸爲海口，民不安處。

艮之明夷

【經】占明夷初上爻

【緯】鑿諸攻玉，無不穿鑿。龍體吾舉，魯班爲輔。舞鳳成形，德象君子。

艮之蒙

【經】占蒙二三爻

【緯】邑將爲墟，居之憂危。

艮之鼎

【經】占鼎二四爻

【緯】宛馬疾步，盲師坐御。目不見路，中止弗到。

艮之巽

【經】占巽二五爻

【緯】五穀不熟，民苦困急。駕之南國，嘉樂有得。

艮之升

【經】占升二上爻

【緯】臏詐龐子，夷竈書木。伏兵卒發，矢至如雨。魏師驚亂，將獲爲虜。

艮之晉

【經】占晉三四爻

【緯】陰生麞鹿，鼠舞鬼谷。靈龜陸處，釜甑草土。人知敗國，桀亂無緒。

艮之觀

【經】占觀三五爻

【緯】銜命辱使，不堪其事。中墜落去，更爲負載。

艮之坤

【經】占坤三上爻

【緯】穿匏浥水，搆鐵熒火。勞疲力竭，飢渴爲禍。

艮之遯

䷠【經】占遯四五爻

【緯】堅冰黄鳥，常哀悲愁。不見甘粒，但睹藜蒿。數驚鷙鳥，爲我心憂。

艮之小過

䷽【經】占小過四上爻

【緯】出門逢患，與禍爲怨。更有拏刺，傷我指端。

艮之蹇

䷦【經】占蹇五上爻

【緯】華燈百枝，植暗衰微。精光欲盡，命如灰麇。

艮之損

䷨【經】占損初二三爻

【緯】卵與石鬥，糜碎無處。動而有悔，出不得時。

艮之大有

䷍【經】占大有初二四爻

【緯】情僞難知，使我偏頗。小人在位，雖聖何咎。

艮之小畜

䷈【經】占小畜初二五爻

【緯】辰次降婁，王駕巡狩。廣施德惠，國安無憂。

艮之泰

䷊【經】占泰初二上爻

【緯】放銜委轡，奔亂不制。法度無常，君失其位。

艮之噬嗑

䷔【經】占噬嗑初三四爻

【緯】溫仁君子，忠孝所在。八闓爲儀，禍災不起。

艮之益

䷩【經】占益初三五爻

【緯】尋兵爭強，失其貞良，敗我殽鄉。

艮之復

䷗【經】占復初三上爻

【緯】築闕石顛，立本泉源。病疾不安，老孤爲鄰。

艮之同人

䷌【經】占同人初四五爻

【緯】脛急股攣，不可出門。暮速群旅，必爲身患。

艮之豐

䷶【經】占豐初四上爻

【緯】消弊穿空，家莫爲宗。奴婢逃走，子西父東，爲身作凶。

艮之既濟

䷾【經】占既濟初五上爻

【緯】出入節持，南北無憂。行者即至，在外歸來。

艮之未濟

䷿【經】占未濟二三四爻

【緯】公孫駕車，載遊東齊。延陵說產，遺季紵衣。

艮之渙

䷺【經】占渙二三五爻

【緯】齊東郭盧，嬪於洛都。駿良美好，利得萬倍。

艮之師

䷆【經】占師二三上爻

【緯】北山有黍，使叔壽考。東嶺多粟，宜行賈市。陸梁雄雉，所至利喜。

艮之姤

䷫【經】占姤二四五爻

【緯】操笱搏狸，荷弓射魚。非其器用，自令心勞。

艮之恒

䷟【經】占恒二四上爻

【緯】弱足刖跟，不利出門。賈市無過，折亡爲患。

艮之井

䷯【經】占井二五上爻

【緯】冬采薇蘭，地凍堅難。雖利奔走，暮無所得。

艮之否

【經】占否三四五爻

【緯】獨登西垣，莫與笑言。秋風多哀，使我心悲。

艮之豫

【經】占豫三四上爻

【緯】公子王孫，把彈攝丸。發輒有獲，室家饒足。

艮之比

【經】占比三五上爻

【緯】高原峻山，陸土少泉。草木林麓，嘉禾所災。

艮之咸

【經】占咸四五上爻

【緯】旦奭輔王，周德孔明。越裳獻雉，萬國咸寧。

艮之睽

【經】占睽初二三四爻

【緯】東風啓戶，隱伏歡喜。萌庶蒙恩，復得我子。

艮之中孚

【經】占中孚初二三五爻

【緯】内崩身傷，中亂無恒。雖有美粟，不得其食。

艮之臨

【經】占臨初二三上爻

【緯】逐狐東山，水遏我前。深不可涉，失利後便。

艮之乾

【經】占乾初二四五爻

【緯】憂驚已深，禍不爲災，安全以來。

艮之大壯

【經】占大壯初二四上爻

【緯】魂微惙惙，屬纊聽絕。豁然大通，復更生活。

艮之需

【經】占需初二五上爻

【緯】根刖樹殘，花葉落去。卒逢火焱，隨風僵仆。

艮之无妄

【經】占无妄初三四五爻

【緯】欲避凶門，反與禍鄰。顛覆不制，痛薰我心。

艮之震

【經】占震初三四上爻

【緯】求我難國，亡去我北。憂歸其城，反爲我賊。

艮之屯

【經】占屯初三五上爻

【緯】蹇牛折角，不能載粟。災害不避，年歲無穀。

艮之革

【經】占革初四五上爻

【緯】王喬無病，狗頭不痛。亡破失履，乏我欲速。

艮之訟

【經】占訟二三四五爻

【緯】元后貪欲，窮極民力。執政乖劣，爲夷所覆。

艮之解

【經】占解二三四上爻

【緯】三十無室，寄伯桑中。上宮長女，不得樂同。

艮之坎

【經】占坎二三五上爻

【緯】銷金鑄兵，雷車不行，民安其鄉。

艮之大過

【經】占大過二四五上爻

【緯】和氣相薄，膏澤津液，生我嘉穀。

艮之萃

【經】占萃三四五上爻

【緯】葵丘之盟，獻晉會庭。見太宰辭，後秦還興。

艮之履　䷉【經】占履初二三四五爻　【緯】軥軥轞轞，歲暮偏弊。寵名復棄，君衰於位。

艮之歸妹　䷵【經】占歸妹初二三四上爻　【緯】八材既登，以成嘉功。龍降庭堅，國無災凶。

艮之節　䷻【經】占節初二三五上爻　【緯】安牀厚褥，不得失宿。棄我嘉宴，困於南國。投杼之憂，不成禍災。

艮之夬　䷪【經】占夬初二四五上爻　【緯】虐除善疑，難爲攻醫。驥窮鹽車，困於御御。

艮之隨　䷐【經】占隨初三四五上爻　【緯】陰升陽伏，舜失其室。元元赤子，相餧不食。

艮之困　䷮【經】占困二三四五上爻　【緯】南行出城，世得大福。王姬歸齊，賴其所欲，以安邦國。

艮之兌　䷹【經】占兌卦彖辭　【緯】黄裳建元，病得在身。福祐洋溢，封爲齊君。賈市無門，富貴多餐。

蹇

䷦【經】占本卦彖辭　【緯】同濟共輿，中道別去。喪我元夫，獨與孤苦。

蹇之既濟　䷾【經】占既濟初爻　【緯】道涉多阪，牛馬蛇蟺。車不利載，請求不得。

蹇之井　䷯【經】占井二爻　【緯】荷蕢隱居，以避亂傾。終身不仕，遂其潔清。

蹇之比　䷇【經】占比三爻　【緯】送我季女，塋於蕩道。齊了旦夕，留連久處。

蹇之咸　䷞【經】占咸四爻　【緯】日月並居，常暗且微。高山崩顛，丘陵爲溪。

蹇之謙　䷎【經】占謙五爻　【緯】天門開闢，牢戶寥廓。桎梏解脱，拘囚縱釋。

蹇之漸　䷴【經】占漸上爻　【緯】麟鳳所翔，國無咎殃。賈市十倍，復歸惠里。

蹇之需　䷄【經】占需初二爻　【緯】潔齋沐浴，思明居德。哀公怯弱，風氏復北。

蹇之屯　䷂【經】占屯初三爻　【緯】作室山根，人以爲安。一夕崩顛，敗我壺餐。

蹇之革　䷰【經】占革初四爻　【緯】折梃舂稷，君不得食。頭癢搔跟，無益於疾。

蹇之明夷　䷣【經】占明夷初五爻　【緯】欲飛不能，志苦心勞，福不我來。

蹇之家人 ䷤【經】占家人初上爻 【緯】羔裘豹褎，東與福遇。駕迎吾兄，送我驪黃。

蹇之坎 ䷜【經】占坎二三爻 【緯】跛踦相隨，日暮牛罷。陵遲後旅，失利亡雌。

蹇之大過 ䷛【經】占大過二四爻 【緯】伯虎仲熊，德義淵弘。使布五教，陰陽順序。

蹇之升 ䷭【經】占升二五爻 【緯】皇帝出遊，駕龍乘馬。東上泰山，南過齊魯，郡國咸喜。

蹇之巽 ䷸【經】占巽二上爻 【緯】南至隱域，深潛處匿。聰明閉塞，與死爲伍。

蹇之萃 ䷬【經】占萃三四爻 【緯】司命不游，喜解我憂。皇母緩帶，嬰兒笑喜。

蹇之坤 ䷁【經】占坤三五爻 【緯】兔聚東郭，眾犬俱獵。圍缺不成，無所能獲。

蹇之觀 ䷓【經】占觀三上爻 【緯】牙孽生齒，陽倡於外。左手執籥，公言錫爵。

蹇之小過 ䷽【經】占小過四五爻 【緯】六目睽睽，各欲有至。後來未壯，候待明旦。

蹇之遯 ䷠【經】占遯四上爻 【緯】雖躓復起，不毀牙齒。克免平復，憂除無疾。

蹇之艮 ䷳【經】占艮五上爻 【緯】登山履谷，與虎相觸。蝟爲功曹，班叔奔北，脫之喜國。

蹇之節 ䷻【經】占節初二三爻 【緯】西國彊梁，爲虎作狼。東吞齊楚，並有其王。

蹇之夬 ䷪【經】占夬初二四爻 【緯】向日揚光，火爲正王。消金厭兵，雷車避藏。陰雨不行，民定其鄉。

蹇之泰 ䷊【經】占泰初二五爻 【緯】歷險登危，道遠勞疲。去家自歸，困涉大波。

蹇之小畜 ䷈【經】占小畜初二上爻 【緯】三孫六子，安無所苦。中藏廢殆，亡我所使。

蹇之隨 ䷐【經】占隨初三四爻 【緯】鄉歲逢時，與生爲期。枝葉盛茂，君子無憂。

蹇之復 ䷗【經】占復初三五爻 【緯】日入道極，勞者休息。班馬還師，復我燕室。

蹇之益 ䷩【經】占益初三上爻 【緯】行役未已，新事復起。姬姜勞苦，不得休止。

蹇之豐 ䷶【經】占豐初四五爻 【緯】延頸望邑，思歸我室。臺榭不成，未得安息。

蹇之同人　【經】占同人初四上爻　【緯】被服文衣，遊觀酒池。上堂見觴，喜爲吾兄，使我憂亡。

蹇之賁　【經】占賁初五上爻　【緯】舉事無成，不利出征。言不可用，眾不能平。

蹇之困　【經】占困二三四爻　【緯】既往不説，憂來禍結。比戸爲患，無所申冤。

蹇之師　【經】占師二三五爻　【緯】褰衣涉河，澗流波多。賴遇舟子，濟脱無他。

蹇之渙　【經】占渙二三上爻　【緯】從騎出谷，遊戲苦域。坡高不進，利無所得。

蹇之恒　【經】占恒二四五爻　【緯】烏鵲食穀，張口受哺。蒙恩被德，長大成就。柔順利貞，君臣相好。

蹇之姤　【經】占姤二四上爻　【緯】放銜垂轡，奔馬不制。棄法作奸，君失其位。

蹇之蠱　【經】占蠱二五上爻　【緯】六鷁退飛，爲衰毀祥。陳師合戰，左股夷傷。遂崩不起，霸功不成。

蹇之豫　【經】占豫三四五爻　【緯】川淵難遊，水爲我憂。多言少實，命鹿爲駒。道德開基，君子逢時，利以中疑。

蹇之否　【經】占否三四上爻　【緯】六藝之門，仁義俱存。鎡基逢時，堯舜爲君。傷寒執溫，下至黃泉。

蹇之剥　【經】占剥三五上爻　【緯】老狼白驢，長尾大胡。前顛卻躓，進退遇祟。

蹇之旅　【經】占旅四五上爻　【緯】蒙生株瞿，棘掛我鬚。小人嫉妒，使恩不遂。

蹇之兑　【經】占兑初二三四爻　【緯】機餌設張，計暴子良。范叔不廉，凶害及身。

蹇之臨　【經】占臨初二三五爻　【緯】雷君出裝，隱隱西行。霖雨不止，流爲河江，南國憂凶。

蹇之中孚　【經】占中孚初二三上爻　【緯】登山伐輻，虎在我側。王孫無懼，仁不見賊。

蹇之大壯　【經】占大壯初二四五爻　【緯】草木黃落，歲暮無室。虐政爲賊，大人失福。

蹇之乾　【經】占乾初二四上爻　【緯】叔肸居冤，祁子自邑。乘遽解患，羊舌免脱，賴得生全。

蹇之大畜　【經】占大畜初二五上爻　【緯】蓄利積福，日新其德。高氏飲食，憂不爲患。

蹇之震　【經】占震初三四五爻　【緯】凶門生意，牢戶多冤。沙陁禿齒，使我困窮。

蹇之无妄　【經】占无妄初三四上爻　【緯】山林麓藪，非人所處。鳥獸無禮，使我心苦。

蹇之頤　【經】占頤初三五上爻　【緯】張羅百目，鳥不得北。縮頸掛翼，困於窘國。君子治德，獲譽受福。

蹇之離　【經】占離初四五上爻　【緯】嬴氏違良，使孟尋兵。老師不已，敗於齊卿。

蹇之解　【經】占解二三四五爻　【緯】魚陸失所，鳥蠅困苦。澤無萑蒲，晉國以墟。

蹇之訟　【經】占訟二三四上爻　【緯】土瘠瘦薄，培塿無柏，使我不樂。

蹇之蒙　【經】占蒙二三五上爻　【緯】疾風塵起，亂我崩始。彊大並小，先否後喜。

蹇之鼎　【經】占鼎二四五上爻　【緯】植根不固，華葉落去，便爲枯樹。

蹇之晉　【經】占晉三四五上爻　【緯】避凶東走，反以禍口。制於牙爪，骨爲灰土。

蹇之歸妹　【經】占歸妹初二三四五爻　【緯】路險道難，水過我前。進往不利，回車復還。

蹇之履　【經】占履初二三四上爻　【緯】揚風偃草，塵埃俱起。清濁溷散，忠直隱處。

蹇之損　【經】占損初二三五上爻　【緯】脫兔無蹄，三步五罷。南行不進，後市勞苦。

蹇之大有　【經】占大有初二四五上爻　【緯】生時不利，天命災至。制於斧癙，當夜勤苦。

蹇之噬嗑　【經】占噬嗑初三四五上爻　【緯】火起土門，不爲我殘。跳脫東西，獨得生完。不利出鄰，病疾憂患。

蹇之未濟　【經】占未濟二三四五上爻　【緯】一口三舌，相妨無益。群羊百牂，不爲威彊。亡馬失駒，家耗於時。

蹇之睽　【經】占睽卦彖辭　【緯】東耕破犁，西失良妻。災害不避，家貧無資。

小過

【經】占本卦彖辭　【緯】初雖驚惶，後乃無傷。受其福慶，永永其祥。

小過之豐　【經】占豐初爻　【緯】反鼻岐頭，三寡獨居。

小過之恒　䷟【經】占恒二爻

【緯】窗牖戶傍，通利明光。賢智輔聖，仁德大行。家給人足，海內殷昌。

小過之豫　䷏【經】占豫三爻

【緯】低頭竊視，有所畏避。行旅不利，酒酸魚餒，衆莫貪嗜。

小過之謙　䷎【經】占謙四爻

【緯】牛耳聾聵，不曉聲味。委以鼎俎，治亂潰潰。

小過之咸　䷞【經】占咸五爻

【緯】倉盈庾億，宜稼黍稷，年歲有息。

小過之旅　䷷【經】占旅上爻

【緯】衣裳顛倒，爲王來呼。成就東周，封受大福。

小過之大壯　䷡【經】占大壯初二爻

【緯】水無魚滋，陸爲海涯。君子失居，小人相攜。

小過之震　䷲【經】占震初三爻

【緯】門戶之居，可以止舍。進士不殆，安樂相保。

小過之明夷　䷣【經】占明夷初四爻

【緯】六翮泛飛，走歸不及。脫歸王室，上其騂特。

小過之革　䷰【經】占革初五爻

【緯】陽曜旱疾，傷病稼穡，農人無食。

小過之離　䷝【經】占離初上爻

【緯】爪牙之士，怨毒祈父。轉憂與己，傷不及母。

小過之解　䷧【經】占解二三爻

【緯】夏麥麩鷟，霜擊其芒。疾君敗國，使我誅傷。

小過之升　䷭【經】占升二四爻

【緯】義不勝情，以欲自營。睹利爲躬，折角摧頸。

小過之大過　䷛【經】占大過二五爻

【緯】和璧隋珠，爲火所燒。冥昧失明，奪精無光，棄於道傍。

小過之鼎　䷱【經】占鼎二上爻

【緯】流浮出食，載豢入屋。釋轡繫馬，西南廡下。

小過之坤　䷁【經】占坤三四爻

【緯】謹慎重言，不幸遭患。周召述職，脫免牢門。

小過之萃　䷬【經】占萃三五爻

【緯】二人異路，東趍西步。十里之外，不知相處。

小過之晉　䷢【經】占晉三上爻

【緯】九疑鬱林，沮濕不中。鸞鳳所惡，君子攸去。

小過之蹇　䷦【經】占蹇四五爻

【緯】失羊捕牛，無損無憂。

小過之艮　䷳【經】占艮四上爻

【緯】過時不歸，雌雄苦悲。徘徊外國，與母分離。

小過之遯 ䷠【經】占遯五上爻

【緯】忉忉之患，凶重與薦，爲虎所吞。

小過之歸妹 ䷵【經】占歸妹初二三爻

【緯】失時無友，覆家出走，何如喪狗。

小過之泰 ䷊【經】占泰初二四爻

【緯】三蛇共室，同類相得。甘露時降，生我百穀。

小過之夬 ䷪【經】占夬初二五爻

【緯】六疾生狂，癡走妄行。北入患門，與禍爲鄰。

小過之大有 ䷍【經】占大有初二上爻

【緯】剛柔相呼，二姓爲家。霜降既同，惠我以仁。

小過之復 ䷗【經】占復初三四爻

【緯】桑方隕落，黄葉敗散。失勢傾側，如無所立。

小過之隨 ䷐【經】占隨初三五爻

【緯】雨師娶婦，黄巖季子。成禮既婚，相呼南上，膏我下土，年歲大有。

小過之噬嗑 ䷔【經】占噬嗑初三上爻

【緯】湯火之憂，轉解喜來。

小過之既濟 ䷾【經】占既濟初四五爻

【緯】衆邪充側，鳳凰折翼。微子復北，去其邦國。

小過之賁 ䷕【經】占賁初四上爻

【緯】忠信輔成，王政不傾。公劉肇基，文武綏之。

小過之同人 ䷌【經】占同人初五上爻

【緯】被髪獸心，難與爲鄰。來如風雨，去如絶絃，爲狼所殘。

小過之師 ䷆【經】占師二三四爻

【緯】匠卿操斧，豫章危殆。袍衣既剥，禄命訖已。

小過之困 ䷮【經】占困二三五爻

【緯】騷騷擾擾，不安其類。疾在頸項，凶危爲憂。

小過之未濟 ䷿【經】占未濟二三上爻

【緯】六月采芑，征伐無道。張仲季叔，孝友飲酒。

小過之井 ䷯【經】占井二四五爻

【緯】三河俱合，水怒湧躍。壞我王室，民困於食。

小過之蠱 ䷑【經】占蠱二四上爻

【緯】戴盆望天，不見星辰。顧小失大，遯逃牆外。

小過之姤 ䷫【經】占姤二五上爻

【緯】驅羊就群，狼不肯前。慶季愎諫，子之被患。

小過之比 ䷇【經】占比三四五爻

【緯】天女踞牀，不成文章。南箕無舌，飯多砂糠。虐衆盜名，雌雄折頸。

小過之剥 ䷖【經】占剥三四上爻

【緯】登高折木，頓躓蹈險。車傾馬疲，叔伯嗟嘘。

小過之否　【經】占否三五上爻　【緯】衣繡夜遊，與君相逢。除患解惑，使君不憂。

小過之漸　【經】占漸四五上爻　【緯】中田有廬，疆埸有瓜。獻進皇祖，曾孫壽考。

小過之臨　【經】占臨初二三四爻　【緯】二人輦車，徙去其家。井沸釜鳴，不可以居。

小過之兌　【經】占兌初二三五爻　【緯】含血走禽，不曉五音。匏巴鼓瑟，不悅於心。

小過之睽　【經】占睽初二三上爻　【緯】倉庚多億，宋公危殆。吴子巢門，殞命失所。

小過之需　【經】占需初二四五爻　【緯】使伯東求，拒不肯行。與叔爭訟，更相毁傷。

小過之大畜　【經】占大畜初二四上爻　【緯】陰淫所居，盈溢過度，傷害禾稼。

小過之乾　【經】占乾初二五上爻　【緯】積德累仁，靈祐順信，福祉日增。

小過之屯　【經】占屯初三四五爻　【緯】鳥飛鼓翼，喜樂堯德。虞夏著功，要荒賓服。

小過之頤　【經】占頤初三四上爻　【緯】霄冥高山，道險峻難。王孫罷極，困於阪間。

小過之无妄　【經】占无妄初三五上爻　【緯】鸞鳳翱翔，集於家國。念我伯姊，與母相得。

小過之家人　【經】占家人初四五上爻　【緯】不直莊公，與我爭訟。媒伯無禮，自令壅塞。

小過之坎　【經】占坎二三四五爻　【緯】虞君好田，惠我老親。恭承宗廟，長慍不去，復我內事。

小過之蒙　【經】占蒙二三四上爻　【緯】牙蘖生齒，室堂啓戶。幽人利貞，鼓翼起舞。

小過之訟　【經】占訟二三五上爻　【緯】手足易處，頭尾顛倒。公爲雌嫗，亂其蠶織。

小過之巽　【經】占巽二四五上爻　【緯】飛不遠去，還歸故處，興事多悔。

小過之觀　【經】占觀三四五上爻　【緯】攘臂反肘，怒不可止。狼戾腹心，無與爲市。

小過之節　【經】占節初二三四五爻　【緯】山崩谷絕，大福盡歇。涇渭失紀，玉石既已。

小過之損　【經】占損初二三四上爻　【緯】昧昧暗暗，不知白黑。風雨亂擾，光明伏匿，幽王失國。

小過之履　䷉【經】占履初二三五上爻　【緯】銜命辱使，不堪厥事。中墜落去，更爲負載。

小過之小畜䷈【經】占小畜初二四五上爻　【緯】大椎破轂，長舌亂國。牀笫之言，三世不安。

小過之益　䷩【經】占益初三四五上爻　【緯】執斧破薪，使媒求婦。和合二姓，親御飲酒。色比毛嬙，姑公悅喜。

小過之渙　䷺【經】占渙二三四五上爻　【緯】求玉獲石，非心所欲，祝願不得。

小過之中孚䷼【經】占中孚卦彖辭　【緯】雜目懼怒，不安其居。散漫府藏，無有利得。

易占經緯卷之四

苑洛韓邦奇輯

蒙

【經】占本卦彖辭【緯】何草不黃，至未盡玄。室家分離，悲愁於心。

蒙之損【經】占損初爻【緯】忉忉怛怛，如將不活。黍稷之恩，靈輒以存。

蒙之剥【經】占剥二爻【緯】履位乘勢，靡有絶斃。替爲隸圉，與衆庶伍。

蒙之蠱【經】占蠱三爻【緯】逐狐東山，水遏我前。深不可涉，失利後便。

蒙之未濟【經】占未濟四爻【緯】山林麓藪，非人所往。鳥獸無禮，使我心苦。

蒙之渙【經】占渙五爻【緯】震慄恐懼，多所畏惡。行道留難，不可以步。

蒙之師【經】占師上爻【緯】小狐渡水，汙濡其尾。利得無幾，與道合契。

蒙之頤【經】占頤初二爻【緯】重譯賀芝，來除我憂。善説逐良，與喜相求。

蒙之大畜【經】占大畜初三爻【緯】天厭周德，命與仁國。以禮靖民，兵革休息。

蒙之睽【經】占睽初四爻【緯】跮蹉側跌，申酉爲祟。亥戌滅明，顔子隱藏。

蒙之中孚【經】占中孚初五爻【緯】早凋被霜，花葉不長。非時爲災，家受其殃。

蒙之臨【經】占臨初上爻【緯】鑿井求玉，非卞氏寶。名困身辱，勞無所得。

蒙之艮【經】占艮二三爻【緯】攫飯把肉，以就口食。所往必得，無有虚乏。

蒙之晉【經】占晉二四爻【緯】有莘季女，爲夏妃后。貴夫壽子，母字四海。

蒙之觀【經】占觀二五爻【緯】黄玉溫厚，君子所服。甘露溽暑，萬物生茂。

蒙之坤【經】占坤二上爻【緯】天之所佑，禍不過家。左輔右弼，金玉滿堂。常盈不亡，富如敖倉。

蒙之鼎　【經】占鼎三四爻　【緯】三人爲旅，俱歸北海。入門上堂，拜謁王母，勞賜我酒。

蒙之巽　【經】占巽三五爻　【緯】患解憂除，王母相於。與喜俱來，使我安居。

蒙之升　【經】占升三上爻　【緯】天福所豐，兆如飛龍。成子得志，六二以興。

蒙之訟　【經】占訟四五爻　【緯】老楊日衰，條多枯枝。爵級不進，遂乃摧隤。

蒙之解　【經】占解四上爻　【緯】望雞得雉，冀馬獲駒。大德生少，有廖從居。

蒙之坎　【經】占坎五上爻　【緯】白龍黑虎，起鬐暴怒。戰于阪泉，蚩尤敗走。居止不殆，君安其所。

蒙之賁　【經】占賁初二三爻　【緯】招禍致凶，來弊我邦。病在手足，不得安息。

蒙之噬嗑　【經】占噬嗑初二四爻　【緯】畫龍頭頸，文章不成。甘言善語，說辭無名。

蒙之益　【經】占益初二五爻　【緯】莫莫輯輯，夜作書匿。謀議我資，來攻我室。空盡我財，幾無我食。

蒙之復　【經】占復初二上爻　【緯】獐鹿雉兔，群聚東囿。盧黄白脊，俱往趨逐。九齚十得，君子有喜。

蒙之大有　【經】占大有初三四爻　【緯】舉杯飲酒，無益溫寒。指直失取，亡利不歡。

蒙之小畜　【經】占小畜初三五爻　【緯】天地配享，六位光明。陰陽順序，以成和平。訟之震

蒙之泰　【經】占泰初三上爻　【緯】異體同恩，各有所屬。西鄰孤媼，欲寄我家。王母罵詈，求之不得。

蒙之履　【經】占履初四五爻　【緯】踝踵足傷，右指病癰。失旅後時，利走不歸。

蒙之歸妹　【經】占歸妹初四上爻　【緯】體重飛難，不得逾關。行走憂愁，不離室垣。

蒙之節　【經】占節初五上爻　【緯】三夫共妻，莫適爲雌。子無名氏，公不可知。

蒙之旅　【經】占旅二三四爻　【緯】譯重關牢，求解己憂。心感乃成，與喜俱居。

蒙之漸　【經】占漸二三五爻　【緯】鳥飛無翼，兔走折足。雖欲會同，未得已惑。

蒙之謙　【經】占謙二三上爻　【緯】日月指望，光明盛昌。三聖茂承，功德大隆。

蒙之否 【經】占否二四五爻 【緯】操稻鄉畝，折禍稷黍。飲食充口，安利無咎。

蒙之豫 【經】占豫二四上爻 【緯】猾大爭強，民去其鄉。公孫叔子，戰于城南。

蒙之比 【經】占比二五上爻 【緯】豕生魚魴，鼠舞庭堂。奸佞施毒，上下昏荒，君失其邦。

蒙之姤 【經】占姤三四五爻 【緯】目動睫瞤，喜來加身。舉家蒙歡，吉利無殃。

蒙之恒 【經】占恒三四上爻 【緯】折鋒載殳，輿馬放休。狩軍依營，天下安寧。

蒙之井 【經】占井三五上爻 【緯】夏姬親附，心聽悅喜。利以搏取，無言不許。

蒙之困 【經】占困四五上爻 【緯】氓伯以婚，抱布自媒。棄禮急情，卒罹悔憂。

蒙之離 【經】占離初二三四爻 【緯】抱關傳語，聾跛摧殆。破賊無灾，不安其所。

蒙之家人 【經】占家人初二三五爻 【緯】飛鷹退去，不食鄰鳥。憂患解除，君王安居。

蒙之明夷 【經】占明夷初二三上爻 【緯】不虞之患，禍至無門。奄忽暴卒，痛傷我心。

蒙之无妄 【經】占无妄初二四五爻 【緯】鐵錦未成，緯畫無名。長子逐兔，鹿起失路，見利不利。

蒙之震 【經】占震初二四上爻 【緯】陽淫旱疾，傷害稼穡。喪制病來，農人無食。

蒙之屯 【經】占屯初二五上爻 【緯】安息康居，異國穹廬。非吾習俗，使我心憂。

蒙之乾 【經】占乾初三四五爻 【緯】海爲水王，聰聖且明。百流歸德，無有叛逆，常饒優足。

蒙之大壯 【經】占大壯初三四上爻 【緯】千里望城，不見山青。老兔蝦蟆，遠絕無家。

蒙之需 【經】占需初三五上爻 【緯】范公陶夷，善賈飾資。東之營丘，易字子皮。把珠載金，多得利歸。

蒙之兌 【經】占兌初四五上爻 【緯】冬生不花，老女無家。霜冷蓬室，更爲枯株。

蒙之遯 【經】占遯二三四五爻 【緯】至德之君，仁政且溫。伊呂股肱，國富民安。

蒙之小過 【經】占小過二三四上爻 【緯】雉兔之東，狼虎所食，貪叨兇惡，不可止息。

蒙之蹇　【經】占蹇二三五上爻　【緯】司録憑怒，謀議無道。商民失政，殷人乏祀。

蒙之萃　【經】占萃二四五上爻　【緯】黿羹芬香，染指弗嘗。口饞於手，公子恨饞。

蒙之大過　【經】占大過三四五上爻　【緯】膏澤肥壤，人民安樂。宜利俱止，長安富有。

蒙之同人　【經】占同人初二三四五爻　【緯】新受大喜，福禄重來。樂且日富，蒙慶得財。

蒙之豐　【經】占豐初二三四上爻　【緯】四雄並處，人民愁苦。擁兵西東，不得安所。

蒙之既濟　【經】占既濟初二三五上爻　【緯】馬驚破車，主墜深溝。身死魂去，離其室廬。

蒙之隨　【經】占隨初二四五上爻　【緯】猿墮高木，不踒手足。保我全生，還歸其室。

蒙之夬　【經】占夬初三四五上爻　【緯】天之所壞，不可強支。衆口指笑，雖貴必危。

蒙之咸　【經】占咸二三四五上爻　【緯】憂禍解除，喜至慶來。坐立歡門，與樂爲鄰。

蒙之革　【經】占革卦彖辭　【緯】南山昊天，刺政閔身。疾悲無辜，背憎爲仇。

坎

【經】占本卦彖辭　【緯】有鳥黄足，歸呼季玉。從我睢陽，可避刀兵。與福俱行，有命久長。

坎之節　【經】占節初爻　【緯】三河俱合，水怒踴躍。壞我王屋，民飢於食。

坎之比　【經】占比二爻　【緯】禹鑿龍門，通利水泉。同注滄海，民得安然。

坎之井　【經】占井三爻　【緯】冠帶南遊，與福喜期。遨遊嘉國，拜位逢時。

坎之困　【經】占困四爻　【緯】山没丘浮，陸爲水魚。燕雀無巢，民無室廬。

坎之師　【經】占師五爻　【緯】虎行相逐，未有休息。戰於平陸，爲夷所覆。

坎之渙　【經】占渙上爻　【緯】三足孤烏，虚鳴督郵。司過罰惡，自賊其家，毀敗爲憂。

坎之屯　【經】占屯初二爻　【緯】重耳恭敏，遇讒出處。北奔戎狄，經涉齊楚。以秦代懷，誅殺子圉，身爲伯主。

坎之需 【經】占需初三爻 【緯】狗冠雞步，君失其所。出門抵山，行者憂難。水灌我園，高陸爲泉。

坎之兌 【經】占兌初四爻 【緯】酒爲歡伯，除憂來樂。福喜入門，與君相索，使我有得。

坎之臨 【經】占臨初五爻 【緯】羊驚虎狼，獼猴群走。無益於疆，爲齒所傷。

坎之中孚 【經】占中孚初上爻 【緯】南行棗園，惡虎畏班。執火銷鋒，使我無患。

坎之蹇 【經】占蹇二三爻 【緯】兩足四翼，飛入家國。寧我伯姊，與母相得。

坎之萃 【經】占萃二四爻 【緯】履祿綏厚，載受福祉。衰微復起，繼世長久。疾病無危，晉人起告。〔一〕

坎之坤 【經】占坤二五爻 【緯】猿墮高木，不踒手足。保我全生，還歸其室。

坎之觀 【經】占觀二上爻 【緯】履蛇躡虺，與鬼相視。驚恐失氣，如騎虎尾。

坎之大過 【經】占大過三四爻 【緯】府藏之富，王以賑貸。捕魚河海，布網多得。

坎之升 【經】占升三五爻 【緯】鰥寡孤獨，祿命苦薄。入宮無妻，武子哀悲。

坎之巽 【經】占巽三上爻 【緯】輕車醱祖，疾風暴起。促亂祭器，飛揚鼓舞。明神降佑，道無害寇。

坎之解 【經】占解四五爻 【緯】寒露所淩，漸至堅冰。草木瘡瘍，花落葉亡。

坎之訟 【經】占訟四上爻 【緯】眾鳥所翔，中有大怪。丈身長頸，爲我驚憂。

坎之蒙 【經】占蒙五上爻 【緯】倚鋒據戟，傷我胸臆，耗折不息。

坎之既濟 【經】占既濟初二三爻 【緯】行旅困蹴，失明守宿。囹圄之憂，啓蟄出遊。

坎之隨 【經】占隨初二四爻 【緯】天地際會，不見內外。祖辭遣送，與世長訣。

〔一〕原文無「無危」二字，據焦氏易林補。

坎之復　䷗【經】占復初二五爻　【緯】出門逢惡，與福爲患。反相擊刺，傷我手端。

坎之益　䷩【經】占益初二上爻　【緯】設網張羅，捕魚園池。網罟自決，雖得復失。危許之患，受其忻懽。

坎之夬　䷪【經】占夬初三四爻　【緯】路與縣休，侯伯恣驕。上失其威，周室相微。

坎之泰　䷊【經】占泰初三五爻　【緯】朝不見光，夜不見明。暝抵空牀，季女奔亡，愴然心傷。

坎之小畜　䷈【經】占小畜初三上爻　【緯】堯舜仁德，養賢致福。衆英積聚，國無寇賊。

坎之歸妹　䷵【經】占歸妹初四五爻　【緯】南至之日，陽消不息。北風烈寒，萬物藏伏。

坎之履　䷉【經】占履初四上爻　【緯】陸居少泉，山高無雲。車行千里，塗不汙輪，渴我爲怨。

坎之損　䷨【經】占損初五上爻　【緯】后稷農功，富利我國。南畝治理，一室百子。

坎之咸　䷞【經】占咸二三四爻　【緯】風塵坎坷，不見南北。行迷失利，復反其室。

坎之謙　䷎【經】占謙二三五爻　【緯】門燒屋燔，爲下所殘。西行出戶，順其道理。虎卧不起，牛羊歡喜。

坎之漸　䷴【經】占漸二三上爻　【緯】白雲如帶，往往來處。飛風送迎，大雹將下。擊我禾稼，僵死不起。

坎之豫　䷏【經】占豫二四五爻　【緯】牆高蔽目，崑崙翳日。遠行無明，不見懽叔。

坎之否　䷋【經】占否二四上爻　【緯】齊魯永國，仁聖輔德。造禮雅言，定公以安。

坎之剥　䷖【經】占剥二五上爻　【緯】延陵適魯，觀樂太史。車鄰白顛，知秦興起。卒兼其國，一統爲主。

坎之恒　䷟【經】占恒三四五爻　【緯】金革白黃，宜利戎市。嫁娶有息，商人悦喜。

坎之姤　䷫【經】占姤三四上爻　【緯】逐走追亡，相及扶桑。復見其鄉，使我悔喪。

坎之蠱　䷑【經】占蠱三五上爻　【緯】深水難涉，泥塗至轂。牛罷不進，浮陷爲疾。

坎之未濟　䷿【經】占未濟四五上爻　【緯】據棘履杞，跌刺爲憂。夫婦不和，亂我良家。

坎之革　䷰【經】占革初二三四爻　【緯】東行亡羊，失其羝牂。少女無夫，獨坐空廬。

坎之明夷 ䷣【經】占明夷初二三五爻

【緯】託寄之徒，不利請求。結衿無言，乃有悔患。

坎之家人 ䷤【經】占家人初二三上爻

【緯】三羊爭妻，相逐奔馳。終日不食，精氣竭罷。

坎之震 ䷲【經】占震初二四五爻

【緯】東行飲酒，與喜相抱。福爲我家，利來從母。水澤之徒，望邑而處。

坎之无妄 ䷘【經】占无妄初二四上爻

【緯】獐鹿群走，自然燕喜。公子好遊，他人多有。

坎之頤 ䷚【經】占頤初二五上爻

【緯】欲飛無翼，鼎重折足。失其福利，庖羞爲賊。

坎之大壯 ䷡【經】占大壯初三四五爻

【緯】乘船渡濟，載水逢火。賴得免患，我有所持。

坎之乾 ䷀【經】占乾初三四上爻

【緯】太王爲父，季歷孝友。文武聖明，仁德興起。孔張四國，載福綏厚。

坎之大畜 ䷙【經】占大畜初三五上爻

【緯】恭寬信敏，履福不殆。從其邦域，與喜相得。

坎之睽 ䷥【經】占睽初四五上爻

【緯】退惡防患，日之中息，解釋倒懸。

坎之小過 ䷽【經】占小過二三四五爻

【緯】求鹿過山，與利爲怨。闇聾不言，誰知其懽。

坎之遯 ䷠【經】占遯二三四上爻

【緯】匏瓜之德，宜繫不食。君子失輿，官正懷憂。

坎之艮 ䷳【經】占艮二三五上爻

【緯】妄怒失精，自令畏悔。怡怡之歡，君子無咎。

坎之晉 ䷢【經】占晉二四五上爻

【緯】道險多石，傷車折軸。與市爲仇，不利客宿。

坎之鼎 ䷱【經】占鼎三四五上爻

【緯】探巢捕魚，耕田捕鰌。費日無功，右手虛空。

坎之豐 ䷶【經】占豐初二三四五爻

【緯】火中仲夏，鴻雁解舍。體重難移，未能高舉。君子顯名，不失其譽。

坎之同人 ䷌【經】占同人初二三四上爻

【緯】東帛玄圭，君以布德。伊呂百里，應聘輔國。

坎之賁 ䷕【經】占賁初二三五上爻

【緯】南販北賈，與喜爲市，利得百倍。

坎之噬嗑 ䷔【經】占噬嗑初二四五上爻

【緯】車驚人傾，兩輪脫去。行者不止，人生憂懼。結締復解，夜明爲喜。

坎之大有 ䷍【經】占大有初三四五上爻

【緯】棘鉤我襦，爲絆所拘。靈巫拜祝，禍不成災。東山之邑，中有肥土，可以饒飽。

坎之旅 ䷷【經】占旅二三四五上爻 【緯】北行出門，履蹈蹎顛。蹽足據塗，汙我襦褲。

坎之離 ䷝【經】占離卦彖辭 【緯】陰生麓鹿，鼠舞鬼哭。靈龜陸處，釜甑塵生。仁智盤桓，國亂無緒。

解

䷧【經】占本卦彖辭 【緯】駕言出遊，鳥鬥車前。更相捽滅，兵馬且來。回車亟還，可以無憂。

解之歸妹 ䷵【經】占歸妹初爻 【緯】春桃生花，季女宜家。受福孔多，男爲邦君。

解之豫 ䷏【經】占豫二爻 【緯】裹糗荷糧，與利相逢。高飛有得，君子獲福。

解之恒 ䷟【經】占恒三爻 【緯】烏集茂木，心樂願得。烏鵲食穀，張口受哺。柔順利貞，感戴慈母。

解之師 ䷆【經】占師四爻 【緯】推車上山，力不能任。顛蹶蹉跌，傷我中心。

解之困 ䷮【經】占困五爻 【緯】萬物和生，蟄蟲振起。益爵增福，日受其喜。

解之未濟 ䷿【經】占未濟上爻 【緯】干旄旌旗，執在載郊。雖有寶玉，無路致之。

解之震 ䷲【經】占震初二爻 【緯】水深難游，霜寒難涉。商伯失利，旅人稽留。

解之大壯 ䷡【經】占大壯初三爻 【緯】驕胡火形，造惡作凶。無所能成，還自滅身。

解之臨 ䷒【經】占臨初四爻 【緯】天孫帝子，與日月處。光榮於世，福禄繁祉。

解之兌 ䷹【經】占兌初五爻 【緯】水中大賈，求利十千。商人不至，市空無有。

解之睽 ䷥【經】占睽初上爻 【緯】駕福乘喜，東至嘉國。戴慶南行，離家室居。

解之小過 ䷽【經】占小過二三爻 【緯】冊書之信，言不負語。易我驎驥，君子有德。

解之坤 ䷁【經】占坤二四爻 【緯】膠著木連，不出牢關，家室相安。

解之萃 ䷬【經】占萃二五爻 【緯】竊名盗位，居非其家。霜隕不實，爲陰所賊，三年失室。

解之晉　【經】占晉二上爻
【緯】異國他土，出良駿馬。去如奔蝱，害不能傷。

解之升　【經】占升三四爻
【緯】賊仁傷德，天怒不福。斬刈家社，失其本域。

解之大過　【經】占大過三五爻
【緯】三耳六齒，痛疾不已。齲病蠹缺，墮落其宅。

解之鼎　【經】占鼎三上爻
【緯】鼎行窘步，次伯方舍。居安不懼，姬妾何憂。

解之坎　【經】占坎四五爻
【緯】失時無友，嘉偶出走，傫如喪狗。

解之蒙　【經】占蒙四上爻
【緯】朽輿瘦駟，不任銜轡。君子服之，談何容易。

解之訟　【經】占訟五上爻
【緯】入門大喜，上堂見母。妻子俱在，兄弟饒有。

解之豐　【經】占豐初二三爻
【緯】雷鼓東行，稼穡凋傷。大夫執政，君贊其明。

解之復　【經】占復初二四爻
【緯】平正賤使，至服苦事。

解之隨　【經】占隨初二五爻
【緯】水土相得，萬物蕃殖。膏澤優渥，君子有得。

解之噬嗑　【經】占噬嗑初二上爻
【緯】鷁飛中退，舉事不遂。且守仁德，猶恐失墜。

解之泰　【經】占泰初三四爻
【緯】陽衰伏匿，陰淫爲賊。幸賴王孫，遂至家國。

解之夬　【經】占夬初三五爻
【緯】堅冰黄鳥，常哀悲愁。不見米粒，但觀蓬蒿。數驚鷙鳥，爲我心憂。

解之大有　【經】占大有初三上爻
【緯】覆手齊櫝，易爲功力。正月元日，承平致福。

解之節　【經】占節初四五爻
【緯】左眇右盲，目視不明。下民多孽，君失其常。

解之損　【經】占損初四上爻
【緯】下憂上煩，蠹政爲患，歲饑無年。

解之履　【經】占履初五上爻
【緯】夫妻反目，不能正室。公云子南，姬言還北。並后匹嫡，二政亂國。

解之謙　【經】占謙二三四爻
【緯】三火起明，雨滅其光。高位疾顛，驕恣誅傷。

解之咸　【經】占咸二三五爻
【緯】登几上車，駕駟南遊。合散從横，燕秦以强。

解之旅　【經】占旅二三上爻

【緯】季世君憂，亂國淫遊。殃禍立至，民無以休。

解之比　【經】占比二四五爻

【緯】鷹飛退去，不食其雛。禽尚如此，何況人乎。

解之剥　【經】占剥二四上爻

【緯】申酉退跌，陰雨前作。柯條花枝，復泥不白。

解之否　【經】占否二五上爻

【緯】入水求玉，不見和璞。終日至暮，勞無所得。

解之井　【經】占井三四五爻

【緯】和氣所生，物皆不朽。聖賢居位，國無凶咎。

解之蠱　【經】占蠱三四上爻

【緯】道理和得，人不相賊。君子往之，樂有利福。

解之姤　【經】占姤三五上爻

【緯】玉鋭鐵頤，倉庫空虚。市賈無盈，與我爲仇。

解之渙　【經】占渙四五上爻

【緯】春草萌生，萬物敷榮。陰陽和暢，國樂無憂。

解之明夷　【經】占明夷初二三四爻

【緯】恪敬競職，心不作慝。君明臣忠，民賴其福。

解之革　【經】占革初二三五爻

【緯】龍遊鳳舞，歲樂民喜。

解之離　【經】占離初二三上爻

【緯】宜重微民，歲樂年豐。百國無咎，君子安喜。

解之屯　【經】占屯初二四五爻

【緯】孟伯食長，懼其畏王。賴四蒙五，抱福歸房。

解之頤　【經】占頤初二四上爻

【緯】陽春枯槁，夏多水潦。雷雹俱擊，傷我禾黍，年歲困苦。

解之无妄　【經】占无妄初二五上爻

【緯】釣魴河湄，水泛無涯。振衣徒歸，上下昏迷，厲公經齊。

解之需　【經】占需初三四五爻

【緯】許嫁既婚，利福在身。適惠生桓，爲我君魯。

解之大畜　【經】占大畜初三四上爻

【緯】胎養萌生，始見兆形。遭逢雷電，摧角折頸。采蝱山頭，終安不傾。

解之乾　【經】占乾初三五上爻

【緯】大都之居，無物不具。抱布貿絲，所求必得。

解之中孚　【經】占中孚初四五上爻

【緯】悦以内安，不利出門。憂禍消除，公孫何尤。

解之蹇　【經】占蹇二三四五爻

【緯】四姦爲殘，齊魯道難。前驅執役，戒守無患。

解之艮　【經】占艮二三四上爻　【緯】跛踦相隨，日暮牛罷。陵原徙傷，失利亡雌。

解之遯　【經】占遯二三五上爻　【緯】啓蟄始生，萬物美榮。福祉未成，市買無嬴。

解之觀　【經】占觀二四五上爻　【緯】布衣在位，乘非其器。折足覆餗，毀傷我玉。

解之巽　【經】占巽三四五上爻　【緯】發軔溫陽，過雨宿房。宜時布和，無所不通。

解之既濟　【經】占既濟初二三四五爻　【緯】上政搖擾，蟲螟並起。害我嘉穀，年歲無稷。

解之賁　【經】占賁初二三四上爻　【緯】經束整冠，意盈不厭。桀紂迷惑，讒佞傷賢，使國亂傾。

解之同人　【經】占同人初二三五上爻　【緯】鳴鸞四牡，駕出行狩。合格有獲，獻公飲酒。

解之益　【經】占益初二四五上爻　【緯】雞雉失雛，常畏狐狸。黃池要盟，越國以昌。

解之小畜　【經】占小畜初三四五上爻　【緯】福棄我走，利不可得。幽人利貞，終無怨慝。

解之漸　【經】占漸二三四五上爻　【緯】一牛九鎖，更相牽攣。案明如市，不得東西。請讞得報，日中被刑。

解之家人　【經】占家人卦彖辭　【緯】三女求夫，伺候山隅。不見復關，長思憂嘆。

升

升之泰　【經】占本卦彖辭　【緯】禹鑿龍門，通利水源。東注滄海，人民得安。

升之謙　【經】占泰初爻　【緯】公劉之居，太王所業。可以長生，拜受福爵。

升之師　【經】占謙二爻　【緯】延頸遠望，昧爲目病。不見叔姬，使伯心憂。

升之恒　【經】占師三爻　【緯】駕生會稽，稍巨能飛。翱翔桂林，爲衆鳥雄。

升之井　【經】占恒四爻　【緯】假文翰翼，隨風背北。至虞夏國，與舜相得。年歲大樂，邑無盜賊。

升之蠱　【經】占井五爻　【緯】刻畫爲飾，毛嬙西施，求事必得。

【經】占蠱上爻　【緯】盲者目張，跛倚起行。瞻望日月，與主相迎。

升之明夷　䷣【經】占明夷初二爻【緯】驕胡火形，造惡作凶。無所能成，還自滅身。

升之臨　䷒【經】占臨初三爻【緯】據斗運樞，順天無憂。與樂並居，萬代歡慶。

升之大壯　䷡【經】占大壯初四爻【緯】開市作喜，建造利事。平準貨寶，海内殷富。

升之需　䷄【經】占需初五爻【緯】商子無良，相怨一方。引鬥交爭，咎以自當。

升之大畜　䷙【經】占大畜初上爻【緯】牽頸繫尾，詘折幾死。彫世無仁，不知所比。

升之坤　䷁【經】占坤二三爻【緯】百里南行，雖微復明。去虞適秦，爲穆國卿。

升之小過　䷽【經】占小過二四爻【緯】天所佑助，福至禍去，君主何憂。

升之蹇　䷦【經】占蹇二五爻【緯】牽瑜上樓，與福俱遊。勞躬治國，安樂無憂。

升之艮　䷳【經】占艮二上爻【緯】西戎獯鬻，病於我國。扶陽之政，以保乾德，終無患惑。

升之解　䷧【經】占解三四爻【緯】白鳥御餌，鳴呼其子。旋枝張翅，來從其母。

升之坎　䷜【經】占坎三五爻【緯】公孫駕驪，載遊東齊。延陵故產，遺季紵衣。

升之蒙　䷃【經】占蒙三上爻【緯】畫龍頭頸，文章不成。甘言善語，譎辭無名。

升之大過　䷛【經】占大過四五爻【緯】疾貧王孫，北極無輝。禄命苦薄，兩守孤門。

升之鼎　䷱【經】占鼎四上爻【緯】衣裳顛倒，爲王來呼。成就東周，封受大侯。

升之巽　䷸【經】占巽五上爻【緯】臣尊主卑，權威日衰。侵奪無光，三家逐公。

升之復　䷗【經】占復初二三爻【緯】飲酒醉飽，跳起爭鬥。伯傷叔僵，東家治喪。

升之豐　䷶【經】占豐初二四爻【緯】春日新婚，就陽日溫。嘉樂萬歲，獲福大椿。

升之既濟　䷾【經】占既濟初二五爻【緯】窮夫失居，唯守舊廬。初憂中懼，終日兢兢，無悔無虞。

升之賁　䷕【經】占賁初二上爻【緯】日鏡不明，冬災大傷。盜花失實，十年消亡。

升之頤　䷚【經】占頤初二三上爻　【緯】東龍究毒，不知所觸。南北困窮，王子危急。

升之屯　䷂【經】占屯初二三五爻　【緯】王孫宜家，張名益有。龍子善行，西得大壽。

升之震　䷲【經】占震初二三四爻　【緯】當變立權，擿解患難。渙然冰釋，六國以寧。

升之姤　䷫【經】占姤四五上爻　【緯】讚陽上舞，神明正氣。禹拜受福，君使我德，居則厚禄。

升之渙　䷺【經】占渙三五上爻　【緯】迎福開戶，喜逐我後。康伯愷悌，治民以禮。

升之未濟　䷿【經】占未濟三四上爻　【緯】買玉得石，失其所欲。荷蕢擊磬，隱耳無聲。

升之困　䷮【經】占困三四五爻　【緯】民迷失道，亂我統紀。空使乾華，賓無所有，先憂後樂。

升之漸　䷴【經】占漸二五上爻　【緯】南行逐羊，子利喜亡。陰孽爲病，復返其邦。

升之旅　䷷【經】占旅二四上爻　【緯】陰升陽伏，鬼哭其室。相飾不食，安巢如棘。

升之咸　䷞【經】占咸二四五爻　【緯】日月不居，重耳趨舍。遊燕入秦，晉國是霸。

升之剥　䷖【經】占剥二三上爻　【緯】鰥寡孤獨，命禄苦薄。入室無妻，武子悲哀。

升之比　䷇【經】占比二三五爻　【緯】安平不傾，載福長生，君子以寧。

升之豫　䷏【經】占豫二三四爻　【緯】上無飛鳥，下無走獸。擾亂未清，民勞於事。

升之小畜　䷈【經】占小畜初五上爻　【緯】牛驥同槽，郭氏以亡。國破爲墟，君奔走逃。

升之大有　䷍【經】占大有初四上爻　【緯】缺破不完，殘際側偏。公孫幽遏，跛倚後門。

升之夬　䷪【經】占夬初四五爻　【緯】彭離濟東，遷之上庸。狼戾無節，失其寵功。

升之損　䷨【經】占損初三上爻　【緯】盲聾獨宿，莫與共食。老窮於人，病在心腹。

升之節　䷻【經】占節初三五爻　【緯】日就月將，昭明有功。靈臺觀賞，膠鼓作仁。

升之歸妹　䷵【經】占歸妹初三四爻　【緯】遊戲仁德，日益有福。凶言不至，妖孽滅息。

升之革 ䷰【經】占革初二四五爻【緯】日居月諸，遇暗不明。長夜喪甲，絕其紀綱。

升之離 ䷝【經】占離初二四上爻【緯】王良善御，伯樂知馬。文王東獵，獲嘉賢士。開福祐周，發且興起。

升之家人 ䷤【經】占家人初二五上爻【緯】拜跪贊辭，無益於尤。大夫頑嚚，使我心憂。

升之兌 ䷹【經】占兌初三四五爻【緯】反言爲賊，戎女生患。亂吾家國，父子相賊。

升之睽 ䷥【經】占睽初三四上爻【緯】辰次降婁，王嘉巡狩。廣佑施惠，萬國咸喜。子孫榮品，長安不殆。

升之中孚 ䷼【經】占中孚初三五上爻【緯】百草嘉卉，萌芽將出。昆蟲扶戶，陽明所得。

升之乾 ䷀【經】占乾初四五上爻【緯】白鹿鳴呦，呼其老少。喜彼茂草，樂我君子。

升之萃 ䷬【經】占萃二三四五爻【緯】從首至足，部分爲六。室家離散，逐南乞食。

升之晉 ䷢【經】占晉二三四上爻【緯】三犬俱走，鬥於谷口。白者不勝，死於阪下。

升之觀 ䷓【經】占觀二三五上爻【緯】稼穡不偏，重適不傾。巧言賊忠，傷我申生。

升之遯 ䷠【經】占遯二四五上爻【緯】南行北走，延頸望食。舉口失利，累我子孫。

升之訟 ䷅【經】占訟三四五上爻【緯】衰老困極，無齒不食。痔病痏瘵，就陰爲室。

升之隨 ䷐【經】占隨初二三四五爻【緯】久陰霖雨，塗行泥潦。民人休止，市空無有。

升之噬嗑 ䷔【經】占噬嗑初二三四上爻【緯】金城鐵郭，上下同力。政平民歡，寇不敢賊。

升之益 ䷩【經】占益初二三五上爻【緯】登木出淵，稍上升天。明德孔聖，白日載熒，寵祿再榮。

升之同人 ䷌【經】占同人初二四五上爻【緯】濟河踰厄，脫母怵惕。四序爲衛，使惠不廢。

升之履 ䷉【經】占履初三四五上爻【緯】日中明德，兩國盛興。仁聖會遇，君受其福，臣多榮祿。

升之否 ䷋【經】占否二三四五上爻【緯】時凋歲寂，君子疾病。宋女無辜，鄭受其殃。

升之无妄 ䷘【經】占无妄卦彖辭【緯】介召微子，使君不殆。二國合歡，燕齊以安。

頤

頤 ䷚【經】占本卦彖辭　【緯】家給人足，頌聲並作。四夷賓服，干戈卷閣。

頤之剝 ䷖【經】占剝初爻　【緯】弱足刖跟，不利出門。商賈無贏，折崩爲患。湯火之憂，轉解喜來。

頤之損 ䷨【經】占損二爻　【緯】庭燎夜明，追古傷今。陽弱不制，陰雄坐戾。

頤之賁 ䷕【經】占賁三爻　【緯】群虎入邑，求索肉食。大人禦守，君不失國。

頤之噬嗑 ䷔【經】占噬嗑四爻　【緯】隨陽轉行，不失其常。君安於鄉，國無咎殃。

頤之益 ䷩【經】占益五爻　【緯】懸貆素餐，食非其任。失輿剝廬，休坐徙居。

頤之復 ䷗【經】占復上爻　【緯】夏臺幽戶，文王厄處。鬼侯飲食，岐人悅喜。

頤之蒙 ䷃【經】占蒙初二爻　【緯】秋南春北，隨時休息。處和履中，安無憂凶。

頤之艮 ䷳【經】占艮初三爻　【緯】據斗運樞，順天無憂，與樂並居。

頤之晉 ䷢【經】占晉初四爻　【緯】兩虎爭鬥，股瘡無處。不成仇讎，行解卻去。

頤之觀 ䷓【經】占觀初五爻　【緯】一室百孫，公悅嫗歡。相與笑言，家樂以安。

頤之坤 ䷁【經】占坤初上爻　【緯】江淮河海，天之奧府。眾利所聚，可以饒有，樂我君子。

頤之大畜 ䷙【經】占大畜二三爻　【緯】讒以內安，不利其國。室家大懼，幽囚重閉。疾病多求，罪亂憒憒。

頤之睽 ䷥【經】占睽二四爻　【緯】缺囊破筐，空無黍粱。不媚姑公，棄於糞場。

頤之中孚 ䷼【經】占中孚二五爻　【緯】熊羆豺狼，在山陰陽。伺鹿取麞，道伏畏難。

頤之臨 ䷒【經】占臨二上爻　【緯】大斧斫木，讒人敗國。東關二五，禍及三子。晉人亂危，懷公出走。

頤之離 ䷝【經】占離三四爻　【緯】一指食肉，口無所得。染其鼎鼐，舌饞於腹。

頤之家人 ䷤【經】占家人三五爻　【緯】載車乘馬，南逢君子。與我嘉福，離憂無咎。

頤之明夷 ䷣【經】占明夷三上爻 【緯】五嶽四瀆，潤洽爲德。行不失理，民賴恩福。

頤之无妄 ䷘【經】占无妄四五爻 【緯】棟撓壞壞，廊屋大敗。宫闕空廓，如冬枯樹。

頤之震 ䷲【經】占震四上爻 【緯】從商近遊，食飽無憂。囹圄之困，中子見囚。

頤之屯 ䷂【經】占屯五上爻 【緯】三雁俱飛，避暑就涼。適與矰遇，爲繳所傷。

頤之蠱 ䷑【經】占蠱初二三爻 【緯】南歷玉山，東入生門。登福上堂，飲萬歲漿。

頤之未濟 ䷿【經】占未濟初二四爻 【緯】順風直北，與歡相得。歲熟年豐，邑無寇賊。

頤之渙 ䷺【經】占渙初二五爻 【緯】火息無光，千歲不長，殷湯遠明。

頤之師 ䷆【經】占師初二上爻 【緯】泥滓汙辱，棄捐溝瀆。衆所笑哭，終不顯録。

頤之旅 ䷷【經】占旅初三四爻 【緯】載船逢火，憂不爲禍。家在山東，入門見公。

頤之漸 ䷴【經】占漸初三五爻 【緯】姬奭姜望，爲武守邦。藩屏燕齊，周室以彊，子孫億昌。

頤之謙 ䷎【經】占謙初三上爻 【緯】乘船涉濟，載水逢火。賴得無患，蒙我全生。

頤之否 ䷋【經】占否初四五爻 【緯】雪梅零墜，心思憒憒。懷憂少愧，亂我魂氣。

頤之豫 ䷏【經】占豫初四上爻 【緯】德至之君，政仁且溫。伊呂股肱，國富民安。

頤之比 ䷇【經】占比初五上爻 【緯】旦往暮還，吝與相存，身無患凶。

頤之大有 ䷍【經】占大有二三四爻 【緯】轟轟輷輷，驅車東西。盛盈必毁，高位崩顛。

頤之小畜 ䷈【經】占小畜二三五爻 【緯】六翮長翼，夜過射國，羿氏無得。

頤之泰 ䷊【經】占泰二三上爻 【緯】被狐乘龍，爲王道東。過時不返，使我憂聾。

頤之履 ䷉【經】占履二四五爻 【緯】蜂蠆之國，難以止息。嘉媚之士，爲王所食，從去其室。

頤之歸妹 ䷵【經】占歸妹二四上爻 【緯】亡羊東澤，循隄直北。子思其母，隨返其所。

頤之節

【經】占節二五上爻

【緯】文王四乳，仁孝篤厚。子蓄十男，無有折夭。

頤之同人

【經】占同人三四五爻

【緯】長女三嫁，進退多態。牝狐作妖，夜行離憂。

頤之豐

【經】占豐三四上爻

【緯】張鳥開口，舌直距齒。然諾不行，政亂無緒。

頤之既濟

【經】占既濟三五上爻

【緯】黄離白日，照我四國。元首昭明，民賴爲福。

頤之隨

【經】占隨四五上爻

【緯】生不逢時，困且多憂。無有冬夏，心常悲愁。

頤之鼎

【經】占鼎初二三四爻

【緯】牛馬聾聵，不知聲味。遠賢賤仁，自令亂憒。疾病無患，生福在門。

頤之巽

【經】占巽初二三五爻

【緯】絕國異路，心不相慕。蛇子兩角，使我相惡。

頤之升

【經】占升初二三上爻

【緯】三鳥鴛鴦，相隨俱行。南到饒澤，食魚與粱。君子長樂，見惡不傷。

頤之訟

【經】占訟初二四五爻

【緯】東家凶婦，怨其公姥。毀盤破盆，棄其飯餐，使我困貧。

頤之解

【經】占解初二四上爻

【緯】箕仁入室，政衰弊極。抱其彝器，奔於他國，因禍受福。

頤之坎

【經】占坎初二五上爻

【緯】天下雷行，塵起不明。市空無羊，疾人憂凶。三木不喜，脱歸家邦。

頤之遯

【經】占遯初三四五爻

【緯】殰豕童牛，害傷不來。三光同堂，生我福仁。

頤之小過

【經】占小過初三四上爻

【緯】彫葉被霜，獨蔽不傷。鴛入喜門，與福爲婚。

頤之蹇

【經】占蹇初三五上爻

【緯】殺行桃園，見虎東還。螳螂之敵，使我無患。

頤之萃

【經】占萃初四五上爻

【緯】水深無桴，蹇難何遊。商伯失利，庶人愁憂。

頤之乾

【經】占乾二三四五爻

【緯】思初道古，哀吟無輔。陽明不制，上失其所。

頤之大壯

【經】占大壯二三四上爻

【緯】江河淮濟，盈溢爲害。邑被其癩，年困無歲。

頤之需

【經】占需二三五上爻

【緯】履危無患，逃脱獨全。不利出門，傷我左膝。疾病不食，鬼哭其室。

頤之兑

【經】占兑二四五上爻

【緯】鼻項移徙，居不安坐。枯竹後生，失其寵榮。

頤之革　䷰【經】占革三四五上爻　【緯】言無要約，不成券契。殷叔季姬，公孫爭之。彊入委命，不悅我心。

頤之姤　䷫【經】占姤初二三四五爻　【緯】執綏登車，驂乘東遊。說齊解燕，霸國以安。

頤之恒　䷟【經】占恒初二三四上爻　【緯】毛生毫背，國樂民富，侯王有德。

頤之井　䷯【經】占井初二三五上爻　【緯】終風東西，渙散四方。終日至暮，不見子歡。

頤之困　䷮【經】占困初二四五上爻　【緯】遠視目盼，臨深苦眩。不離越都，旅人留難。

頤之咸　䷞【經】占咸初三四五上爻　【緯】喜笑不常，失其福慶。口辨言狝，行者畏忌。

頤之夬　䷪【經】占夬二三四五上爻　【緯】嘉聞福喜，繒帛盛織，日就爲得。

頤之大過　䷛【經】占大過卦彖辭　【緯】六龍俱怒，戰於陂下。蒼黄不勝，旅人艱苦。

屯

䷂【經】占本卦彖辭　【緯】兵征大宛，北出玉關。與胡寇戰，平城道西，七日絶糧，身幾不全。

屯之比　䷇【經】占比初爻　【緯】獐鹿逐牧，飽歸其居。反還次舍，無有疾故。

屯之節　䷻【經】占節二爻　【緯】眾神集聚，相與議語。南國虐亂，百姓愁苦。興師征討，更立賢主。

屯之既濟　䷾【經】占既濟三爻　【緯】棟隆輔強，寵貴日光。福善並作，樂以高明。

屯之隨　䷐【經】占隨四爻　【緯】太乙駕騮，從天上來。征我叔季，封爲魯侯。

屯之復　䷗【經】占復五爻　【緯】牧羊稻園，聞虎呻喧。懼畏惕息，終無禍患。

屯之益　䷩【經】占益上爻　【緯】水載船舟，無根以浮。往來溶溶，心勞且憂。

屯之坎　䷜【經】占坎初二爻　【緯】朽根倒樹，花葉落去。卒逢火焱，隨風偃仆。

屯之蹇　䷦【經】占蹇初三爻　【緯】爲季求婦，家在東海。水長無船，不見所歡。

屯之萃　䷬【經】占萃初四爻　【緯】黄帝所生，伏羲之宇。兵刃不至，利以居止。

屯之坤

【經】占坤初五爻

【緯】采薪得麟，大命隕顛。豪雄爭名，天下四分。

屯之觀

【經】占觀初上爻

【緯】東鄰嫁女，爲王妃后。莊公築館，以尊王母。歸於京師，季姜悅喜。

屯之需

【經】占需二三爻

【緯】夏臺羑里，湯文所厄。鬼侯輸賄，商王解舍。

屯之兌

【經】占兌二四爻

【緯】道路僻除，南至東遼。衛子善辭，使國無憂。

屯之臨

【經】占臨二五爻

【緯】家給人足，頌聲並作。四夷賓伏，干戈韜閣。

屯之中孚

【經】占中孚二上爻

【緯】北陸閉蟄，隱伏不出。目盲耳聾，道路不通。

屯之革

【經】占革三四爻

【緯】從容長閑，遊戲南山。拜祠禱神，神使免患。

屯之明夷

【經】占明夷三五爻

【緯】蕫室蜂戶，螫我手足。不可進取，爲身害咎。

屯之家人

【經】占家人三上爻

【緯】崔嵬北嶽，天神貴客。溫仁正直，主布恩德。閔哀不已，蒙受大福。

屯之震

【經】占震四五爻

【緯】黿鱉列市，河海饒有。長錢山賈，商季悅喜。

屯之无妄

【經】占无妄四上爻

【緯】鳴條之圖，北奔犬胡。左衽爲長，國號匈奴。主君旄頭，立尊單于。

屯之頤

【經】占頤五上爻

【緯】冬華不實，國多盜賊。疾病難醫，鬼哭其室。

屯之井

【經】占井初二三爻

【緯】大蛇當路，使季畏懼。湯火之災，切近我膚。賴其天幸，趨於王廬。

屯之困

【經】占困初二四爻

【緯】跛躓未起，先利後市，不得鹿子。

屯之師

【經】占師初二五爻

【緯】李梅冬實，國多盜賊。擾亂並作，君不能息。

屯之渙

【經】占渙初二上爻

【緯】同枕同袍，中年相知。少賈無失，獨居愁思。

屯之咸

【經】占咸初三四爻

【緯】炎絕續光，火滅復明。簡易理得，以成乾功。

屯之謙

【經】占謙初三五爻

【緯】甘露醴泉，太平機關。仁德感應，歲樂民安。

屯之漸

【經】占漸初三上爻

【緯】二人俱東，道路爭訟。意乖不同，使我凶凶。

屯之豫 【經】占豫初四五爻 【緯】重茵厚席，循皋採藿。雖躓不懼，反復其處。

屯之否 【經】占否初四上爻 【緯】登几上輿，駕駟南遊。合縱散横，燕齊以強。

屯之剥 【經】占剥初五上爻 【緯】天官列宿，五神共舍。宫闕光堅，君安所居。

屯之夬 【經】占夬二三四爻 【緯】有鳥來飛，集于古樹。鳴聲可惡，主將出去。

屯之泰 【經】占泰二三五爻 【緯】坐位失處，不能自居。賊破王邑，陰陽顛倒。

屯之小畜 【經】占小畜二三上爻 【緯】夾河爲婚，期至無船。搖心失望，不見忻歡。

屯之歸妹 【經】占歸妹二四五爻 【緯】樹我藿豆，鹿兔爲食。君不恤護，秋無收入。

屯之履 【經】占履二四上爻 【緯】百足俱行，相福爲強。三聖翼事，王室寵光。

屯之損 【經】占損二五上爻 【緯】踦牛失角，下山傷軸，失其利禄，过在谁執。

屯之豐 【經】占豐三四五爻 【緯】黄鳥悲鳴，愁不見星。困於鷙鳥，鸇使我驚。

屯之同人 【經】占同人三四上爻 【緯】三系河弩，無益於輔。城弱不守，邦君受討。

屯之賁 【經】占賁三五上爻 【緯】路多枳棘，步刺我足。不利旅客，爲心作毒。

屯之噬嗑 【經】占噬嗑四五上爻 【緯】陳嬀敬仲，兆興齊姜。營丘是適，八世大昌。

屯之大過 【經】占大過初二三四爻 【緯】襄送季女，至於蕩道。齊子旦夕，留連久處。

屯之升 【經】占升初二三五爻 【緯】東山救亂，處婦思夫。勞我君子，役無休已。

屯之巽 【經】占巽初二三上爻 【緯】久客無依，思歸我鄉。雷雨盛溢，道未得通。

屯之解 【經】占解初二四五爻 【緯】山陵丘墓，魂魄失舍，精神盡竭，長寢不覺。

屯之訟 【經】占訟初二四上爻 【緯】泥津污辱，棄捐溝瀆。所共笑哭，終不顯録。

屯之蒙 【經】占蒙初二五上爻 【緯】山崩谷絕，天福盡竭。涇渭失紀，玉歷盡已。

屯之小過　䷽【經】占小過初三四五爻　【緯】癡狂妄作，心誑善惑。迷行失路，不知南北。

屯之遯　䷠【經】占遯初三四上爻　【緯】江河海澤，衆利安宅，可以富有，飲御嘉客。

屯之艮　䷳【經】占艮初三五上爻　【緯】年常蒙慶，今歲受福。二伏采芑，出君有得。

屯之晉　䷢【經】占晉初四五上爻　【緯】烏鵲嘻嘻，天火將起。燔我室屋，災及姬后。

屯之大壯　䷡【經】占大壯二三四五爻　【緯】冬采薇蘭，地凍堅坼。利走室北，暮無所得。

屯之乾　䷀【經】占乾二三四上爻　【緯】泛泛柏舟，流行不休。耿耿寤寐，心懷大憂。仁不逢時，身隱窮居。

屯之大畜　䷙【經】占大畜二三五上爻　【緯】克身潔吉，逢禹巡狩，錫我玄圭，拜受福佑。

屯之睽　䷥【經】占睽二四五上爻　【緯】伯蹇叔盲，莫與守牀。失我衣裘，代己除服。

屯之離　䷝【經】占離三四五上爻　【緯】陰變爲陽，女化作男。治道得通，君臣相承。

屯之恒　䷟【經】占恒初二三四五爻　【緯】多載重負，捐棄於野。予母誰子，但自勞苦。

屯之姤　䷫【經】占姤初二三四上爻　【緯】東徙不時，觸患離憂。井泥無濡，思叔舊居。

屯之蠱　䷑【經】占蠱初二三五上爻　【緯】南巴六安，石斛戟天。所指不已，耋老復丁。敝室舊墟，更爲新家。

屯之未濟　䷿【經】占未濟初二四五上爻　【緯】愛我嬰女，牽衣不與。冀幸高貴，反曰賤下。

屯之旅　䷷【經】占旅初三四五上爻　【緯】雙鳧俱飛，欲歸稻食。經涉萑澤，爲矢所射，傷我胸臆。

屯之大有　䷍【經】占大有二三四五上爻　【緯】河伯大呼，津不得渡。船空無人，往來亦難。

屯之鼎　䷱【經】占鼎卦彖辭　【緯】區脫康居，慕義入朝。湛露之歡，三爵畢恩。復歸野廬，與母相扶。

震

䷲【經】占本卦彖辭　【緯】枯瓠不朽，利以濟舟。渡踰江海，無有溺憂。

震之豫　䷏【經】占豫初爻　【緯】金精耀怒，帶劍過午。徘徊高庫，宿於木下。兩虎相距，弓弩滿野。

震之歸妹 ䷵【經】占歸妹二爻

【緯】火雖熾，在吾後。寇雖衆，在吾右。身安吉，不危殆。

震之豐 ䷶【經】占豐三爻

【緯】旃裘羶國，文禮不飾。跨馬控弦，伐我都邑。

震之復 ䷗【經】占復四爻

【緯】載金販狗，利棄我走。藏匿淵底，拆晦爲咎。

震之隨 ䷐【經】占隨五爻

【緯】江河淮海，天之奧府。衆利所聚，可以富有，安樂無憂。

震之噬嗑 ䷔【經】占噬嗑上爻

【緯】旁行不遠，三里反復。心多畏惡，日中止舍。

震之解 ䷧【經】占解初二爻

【緯】胡俗戎狄，太陰所積。涸洌沍寒，君子不存。

震之小過 ䷽【經】占小過初三爻

【緯】石門晨門，荷蕢食貧。遯世隱居，竟不逢時。

震之坤 ䷁【經】占坤初四爻

【緯】旦生夕死，名曰嬰鬼，不可得祀。

震之萃 ䷬【經】占萃初五爻

【緯】春生子乳，萬物蕃熾。君子所集，禍災不至。

震之晉 ䷢【經】占晉初上爻

【緯】牙孽生齒，螳蜋啓戶。幽人利貞，鼓翼起舞。

震之大壯 ䷡【經】占大壯二三爻

【緯】夏臺羑里，湯文厄處。鬼侯歠醢，岐人悅喜。

震之臨 ䷒【經】占臨二四爻

【緯】畫龍頭角，文章未成。甘言美語，說譯無名。

震之兌 ䷹【經】占兌二五爻

【緯】馬西負乘，見邑之野。並獲粱稻，喜悅無咎。

震之睽 ䷥【經】占睽二上爻

【緯】拆臂接手，不能進酒。析杞閑曠，神怒弗喜。

震之明夷 ䷣【經】占明夷三四爻

【緯】烈女無夫，閔思苦憂。齊子無良，使我心愁。

震之革 ䷰【經】占革三五爻

【緯】登崑崙，入天門。過糟丘，宿玉泉。問惠觀，見忻君。

震之離 ䷝【經】占離三上爻

【緯】持心耀目，善數搖動。自東徂西，不安其處。渙散府藏，無有利得。

震之屯 ䷂【經】占屯四五爻

【緯】揚水潛鑿，使石潔白。衣素表朱，遊戲皋澤。得君所願，心志娛樂。

震之頤 ䷚【經】占頤四上爻

【緯】陽明失時，陰凝爲憂。主君哀泣，喪其元侯。

震之无妄　䷘【經】占无妄五上爻

【緯】日中爲市，各抱所有。交易貲賄，函珠爲寶，心悅歡喜。

震之恒　䷟【經】占恒初二三爻

【緯】老狼白獹，長尾大胡。前顛後躓，岐人悅喜。

震之師　䷆【經】占師初二四爻

【緯】一莖九纏，更用牽攣。安明俯仰，不得東西。讚讞當決，日午被刑。

震之困　䷮【經】占困初二五爻

【緯】六明並照，政入有統。秦楚戰國，民受其咎。

震之未濟　䷿【經】占未濟初二上爻

【緯】白日揚光，雷車避藏。雲雨不行，爲止其鄉。

震之謙　䷎【經】占謙初三四爻

【緯】三人北行，大見光明。道逢淑女，與我驥子。

震之咸　䷞【經】占咸初三五爻

【緯】賚貝贖狸，不聽我辭。繫於虎鬚，牽不得來。

震之旅　䷷【經】占旅初三上爻

【緯】被髮八十，暮德獻服。邊鄙不聳，以安王國。

震之比　䷇【經】占比初四五爻

【緯】鮐老鮐背，齒牙動搖。近地遠天，下入黃泉。

震之剥　䷖【經】占剥初四上爻

【緯】喜來如雲，舉家蒙歡。衆財君子，喜福盈門。

震之否　䷋【經】占否初五上爻

【緯】蜉蝣戴盆，不能上山。搖推跌跛，頓傷其顔。

震之泰　䷊【經】占泰二三四爻

【緯】絆逃不遠，心與言反。尼丘顧家，茅簞朱華。

震之夬　䷪【經】占夬二三五爻

【緯】三鳥飛來，自我逢時。俱行先至，多得大利。

震之大有　䷍【經】占大有二三上爻

【緯】河伯之功，九州攸同。載祀六百，光烈無窮。

震之節　䷻【經】占節二四五爻

【緯】東行西步，失其次舍。乾侯野井，昭公喪居。

震之損　䷨【經】占損二四上爻

【緯】翕翕輌輌，稍頹崩顛。滅其令名，身不得全。

震之履　䷉【經】占履二五上爻

【緯】訐疑八子，更相欺紿。管叔善政，不見邪期。

震之既濟　䷾【經】占既濟三四五爻

【緯】齗齗嚚嚚，貧鬼相責。無有歡怡，一日九結。

震之賁　䷕【經】占賁三四上爻

【緯】四瀆不安，兵革爲患。探我妻子，家復飢寒。

震之同人 ䷌【經】占同人三五上爻　【緯】朝露不久，爲恩惠少。膏澤欲盡，咎在枯槁。

震之益 ䷩【經】占益四五上爻　【緯】螟蟲爲賊，害我稼穡。盡禾殫麥，秋無所得。

震之升 ䷭【經】占升初二三四爻　【緯】王孫季子，相與爲友。明允篤誠，升擢薦舉。

震之大過 ䷛【經】占大過初二三五爻　【緯】年衰歲暮，精魂遊去。形容消枯，哀子相呼。

震之鼎 ䷱【經】占鼎初二三上爻　【緯】體重飛難，未能越關，不離空垣。

震之坎 ䷜【經】占坎初二四五爻　【緯】少無功績，老困失福。跌行跛踦，不知所立。

震之蒙 ䷃【經】占蒙初二四上爻　【緯】衆鳥所翔，呼有大怪。九身無頭，魂驚魄去。不可以居。

震之訟 ䷅【經】占訟初二五上爻　【緯】府藏之富，王以振貧。捕魚河海，罟網多得。

震之蹇 ䷦【經】占蹇初三四五爻　【緯】蟻封戶穴，大雨將集。鵲數起鳴，牝雞嘆室。相薨雄文，來到在道。

震之艮 ䷳【經】占艮初三四上爻　【緯】玄黃虺隤，行者勞罷。役夫憔悴，踰時得歸。

震之遯 ䷠【經】占遯初三五上爻　【緯】背地相憎，心志不同。如火與金，君猛臣懾。虎行兔伏。

震之觀 ䷓【經】占觀初四五上爻　【緯】缺破不成，胎卵不生，不見非刑。

震之需 ䷄【經】占需二三四五爻　【緯】刖根枯株，不生肌膚。病在於心，日以憔枯。

震之大畜 ䷙【經】占大畜二三四上爻　【緯】日趨月步，周遍次舍。經歷致遠，無有難處。

震之乾 ䷀【經】占乾二三五上爻　【緯】陷塗溺水，火燒我履，憂患重累。

震之中孚 ䷼【經】占中孚二四五上爻　【緯】神烏五彩，鳳凰爲主。集於山谷，使年歲有。

震之家人 ䷤【經】占家人三四五上爻　【緯】踐履危難，脫厄去患。入福喜門，見海太君。

震之井 ䷯【經】占井初二三四五爻　【緯】蝃蝀充側，佞人所惑。女謁横行，正道壅塞。

震之蠱 ䷑【經】占蠱初二三四上爻　【緯】不虞之患，禍至此門。奄忽暴卒，病傷我心。

震之姤　【經】占姤初二三五上爻　【緯】龍馬上山，絕無水泉。喉脣燋乾，渴不可言。

震之渙　【經】占渙初二四五上爻　【緯】高飛視下，貪饕所在。腐臭爲患，害於躬身。

震之漸　【經】占漸初三四五上爻　【緯】孔德如玉，出於幽谷。飛上高木，鼓其羽翼，輝光照國。

震之小畜　【經】占小畜二三四五上爻　【緯】季蛇叔虎，野心善怒。黷貨無厭，以滅其身。

震之巽　【經】占巽卦彖辭　【緯】心得所好，口常欲笑。公孫蛾眉，雞鳴樂夜。

明夷

【經】占本卦彖辭　【緯】他山之錯，與璆爲仇。來攻吾城，傷我肌膚，邦家騷憂。

明夷之謙　【經】占謙初爻　【緯】狼虎所宅，不可以居，爲我患憂。

明夷之泰　【經】占泰二爻　【緯】切切之患，凶憂不成。虎不敢囓，利當我身。

明夷之復　【經】占復三爻　【緯】僞言妄語，轉爲詿誤，不知狼虎。

明夷之豐　【經】占豐四爻　【緯】日月之塗，所行必到。無凶無咎，安寧不殆。

明夷之既濟　【經】占既濟五爻　【緯】湧泉涓涓，南流不絕。卒爲江海，將帥襲戰，獲其醜虜。

明夷之賁　【經】占賁上爻　【緯】光禮春成，陳室雞鳴。師明失道，不能自守，消亡爲咎。

明夷之升　【經】占升初二爻　【緯】鳴條之災，北奔於胡。左衽爲長，國號匈奴。主君旄頭，立爲單于。

明夷之坤　【經】占坤初三爻　【緯】太公避紂，七十隱處。卒逢聖文，爲王室輔。

明夷之小過　【經】占小過初四爻　【緯】虎怒捕羊，蝟不能攘。

明夷之蹇　【經】占蹇初五爻　【緯】鹿得美草，鳴喚其友。九族和睦，不憂飢乏。

明夷之艮　【經】占艮初上爻　【緯】鴟鴞娶婦，深目窈身。折腰不媚，與伯相悖。

明夷之臨　【經】占臨二三爻　【緯】爭訟不已，更相談詢。張季弱口，被髮北走。

明夷之大壯【經】占大壯二四爻【緯】驕胡奇形，造惡作凶。無所能成，還自滅身。

明夷之需【經】占需二五爻【緯】童子無室，未有配合，空坐獨宿。

明夷之大畜【經】占大畜二上爻【緯】牽尾不前，逆理失臣，惠朔以奔。

明夷之震【經】占震三四爻【緯】三塗五嶽，陽城太室。神明所扶，獨無兵革。

明夷之屯【經】占屯三五爻【緯】日月之塗，所行必到，無有患悔。

明夷之頤【經】占頤三上爻【緯】三狸捕鼠，遮遏我後。死於環城，不得脫走。

明夷之革【經】占革四五爻【緯】方圓不同，剛柔異鄉。掘井得石，勞而無功。

明夷之離【經】占離四上爻【緯】山林麓藪，非人所處。鳥獸無禮，使我心苦。

明夷之家人【經】占家人五上爻【緯】三杞無棗，家無積莠。使鳩求婦，頑不我許。

明夷之師【經】占師初二三爻【緯】黃帝神明，八子聖聰。佚受大福，天下平康。

明夷之恒【經】占恒初二四爻【緯】魂微惙惙，屬纊聽絕。擴然大通，復更生活。

明夷之井【經】占井初二五爻【緯】陽竝悖狂，拔劍自傷，爲身生殃。

明夷之蠱【經】占蠱初二上爻【緯】文墨且墨，禍福相雜。南北失志，東西不得。

明夷之豫【經】占豫初三四爻【緯】喋囁處耀，明昧相傳。多言少實，語無成事。

明夷之比【經】占比初三五爻【緯】深谷爲陵，衰者復興。亂傾之國，民德安息。中婦病困，遂入冥室。

明夷之剥【經】占剥初三上爻【緯】驚虎無患，虞爲我言，賴得以安。

明夷之咸【經】占咸初四五爻【緯】新作初陵，踰陷難登。三駒推車，跌損傷頤。

明夷之旅【經】占旅初四上爻【緯】管叔遇桓，得其願歡。膠目殺糾，振冠無憂。笑喜不莊，空言妄行。

明夷之漸【經】占漸初五上爻【緯】轉行軌軌，行近不遠。旦夕入門，與君笑言。

明夷之歸妹【經】占歸妹二三四爻
【緯】求利難國，逃去我北。復歸其城，不爲吾賊。

明夷之節【經】占節二三五爻
【緯】牛驚馬走，上下渾擾。鼓音不絕，項公奔敗。

明夷之損【經】占損二三上爻
【緯】逢時積德，身受福慶。

明夷之夬【經】占夬二四五爻
【緯】環堵倚鉏，斗升屬口。貧賤所處，心寒悲苦。

明夷之大有【經】占大有二四上爻
【緯】雖窮復通，履危不凶，得其明功。

明夷之小畜【經】占小畜二五上爻
【緯】道遠遼絕，路宿多悔。頑嚚相聚，生我畏忌。

明夷之隨【經】占隨三四五爻
【緯】履冰蹈淩，雖困不窮。播鼓登巖，卒無憂凶。

明夷之噬嗑【經】占噬嗑三四上爻
【緯】江水沱汜，思附君子。仲氏愛歸，不我肯顧，姪娣恨悔。

明夷之益【經】占益三五上爻
【緯】鵠思其雄，欲隨鳳東。順理羽翼，出次日中。須留北邑，復反其室。

明夷之同人【經】占同人四五上爻
【緯】寒燠失時，陽旱爲災，雖耗無憂。

明夷之解【經】占解初二三四爻
【緯】亡玉失鹿，不知所伏。利以避危，全我生福。甘雨時降，年穀有得。

明夷之坎【經】占坎初二三五爻
【緯】陰積不已，雲作淫雨。傷害平陸，民無室屋。

明夷之蒙【經】占蒙初二三上爻
【緯】諷德誦功，美風盛隆。旦輔成周，光濟沖人。

明夷之大過【經】占大過初二四五爻
【緯】言笑未畢，憂來暴卒。身墨丹索，檻內裝束。

明夷之鼎【經】占鼎初二四上爻
【緯】乘風駕雨，與鳴鳥俱。動舉千里，見我愛母。

明夷之巽【經】占巽初二五上爻
【緯】出入蹈踐，動順天時。俯仰有節，禍災不來。

明夷之萃【經】占萃初三四五爻
【緯】稷爲堯使，西見王母。拜請百福，賜我喜子，長樂富有。

明夷之晉【經】占晉初三四上爻
【緯】陳辭達情，使安不傾。增榮益譽，以成功名。

明夷之觀【經】占觀初三五上爻
【緯】德積逢時，宜其美才。相明輔聖，拜受福休。長女不嫁，後爲大悔。

明夷之遯　【經】占遯初四五上爻　【緯】欒子作殃，伯氏誅傷。州吁奔楚，去其邑鄉。

明夷之兑　【經】占兑二三四五爻　【緯】内崩中傷，上亂無常。雖有米粟，我不得食。

明夷之睽　【經】占睽二三四上爻　【緯】慎禍重患，顔子爲尤，乃能安存。牢戸繫羊，乃受福慶。

明夷之中孚　【經】占中孚二三五上爻　【緯】西上九陂，往來留連。心須時日，靈與有德。

明夷之乾　【經】占乾二四五上爻　【緯】踐履寒冰，十步九尋。惟有苦痛，不爲病憂。

明夷之无妄　【經】占无妄三四五上爻　【緯】履悖自敵，凶憂來到，痛不死哭。

明夷之困　【經】占困初二三四五爻　【緯】絕而復通，雖危不窮。終得其願，姬姜相從。

明夷之未濟　【經】占未濟初二三四上爻　【緯】桃弓葦戟，除殘去惡，敵人執服。

明夷之渙　【經】占渙初二三五上爻　【緯】逐禍除患，道德神仙。過惡萬里，福常在前，身樂以安。

明夷之姤　【經】占姤初二四五上爻　【緯】孤獨特處，莫依爲輔，心勞志苦。

明夷之否　【經】占否初三四五上爻　【緯】王伯遠宿，長婦在室。異庖待食，所求不得。

明夷之履　【經】占履二三四五上爻　【緯】旦樹菽豆，暮成藿羹。心之所樂，志快心歡。

明夷之訟　【經】占訟卦彖辭　【緯】穿鼻繫株，爲虎所拘。王母祝祠，禍不成災，遂然脱來。

臨

【經】占本卦彖辭　【緯】弱水之西，有西王母。生不知老，與天相保。行者危殆，利居善喜。

臨之師　【經】占師初爻　【緯】六人俱行，各遺其囊。鴻鵠失珠，無以爲明。

臨之復　【經】占復二爻　【緯】天之所予，福禄常在，不憂危殆。

臨之泰　【經】占泰三爻　【緯】胥怨之吴，畫策闔閭。鞭平服荆，除大咎殃。威震敵國，還受上卿。

臨之歸妹　【經】占歸妹四爻　【緯】域域牧牧，憂和相伴。隔我巖山，室家分散。

臨之節 ䷻【經】占節五爻

【緯】陰淫不止，白馬爲海。澤皋之子，就高而處。

臨之損 ䷨【經】占損上爻

【緯】秋蛇向穴，不失其節。夫人姜氏，自齊復入。

臨之坤 ䷁【經】占坤初二爻

【緯】倉皇奉使，中山以孝。文侯悦喜，繫子徵召。

臨之升 ䷭【經】占升初三爻

【緯】黄帝出遊，駕龍乘鳳。東上泰山，南遊齊魯。邦國咸喜。

臨之解 ䷧【經】占解初四爻

【緯】唐虞相輔，鳥獸率無。民安無事，國家富有。

臨之坎 ䷜【經】占坎初五爻

【緯】人面九口，長舌爲斧。斲破瑚璉，殷商絶後。

臨之蒙 ䷃【經】占蒙初上爻

【緯】白茅醴酒，靈巫拜禱。神嗜飲食，使君壽考。

臨之明夷 ䷣【經】占明夷二三爻

【緯】春多膏澤，夏潤優渥。稼穡成熟，畝獲百斛。

臨之震 ䷲【經】占震二四爻

【緯】折箬蔽目，不見稚叔。五足孤鳥，遠離室家。

臨之屯 ䷂【經】占屯二五爻

【緯】機關不便，不能出言。精誠不通，爲人所冤。

臨之頤 ䷚【經】占頤二上爻

【緯】華首山頭，仙道所遊。利於居止，長無咎憂。

臨之大壯 ䷡【經】占大壯三四爻

【緯】長男少女，相向笑語。來歡致福，和悦樂喜。

臨之需 ䷄【經】占需三五爻

【緯】重瞳四乳，目聰耳明。普仁表聖，爲作元輔。〔一〕

臨之大畜 ䷙【經】占大畜三上爻

【緯】賫金買車，失道後時，勞罷爲憂。

臨之兑 ䷹【經】占兑四五爻

【緯】貧鬼守門，日破我盆。孤牝不駒，雞不成雛。

臨之睽 ䷥【經】占睽四上爻

【緯】乘槎浮海，雖懼不殆。母載其子，終焉何咎。

臨之中孚 ䷼【經】占中孚五上爻

【緯】執戈俱立，以備暴急。千人舉龍，困危得海，終安何畏。

〔一〕原文缺「爲」字，據焦氏易林補。

臨之謙 【經】占謙初二三爻 【緯】散渙水長，風吹我鄉。火滅無光，隳敗桓功。

臨之豫 【經】占豫初二四爻 【緯】蜎飛蠕動，各有配偶。大小相保，咸得其所。

臨之比 【經】占比初二五爻 【緯】隨時轉行，不失其常。各樂厥類，身無咎殃。

臨之剥 【經】占剥初二上爻 【緯】壽如松喬，與日月俱。常安康樂，不離禍憂。

臨之恒 【經】占恒初三四爻 【緯】蝗螟爲賊，害我稼穡。秋饑於年，農夫鮮食。

臨之井 【經】占井初三五爻 【緯】秋南春北，不失消息。涉和履中，時無陰匿。

臨之蠱 【經】占蠱初三上爻 【緯】大生災禍，下土恩塞，骶亂我國。

臨之困 【經】占困初四五爻 【緯】履危不止，與鬼相視。驚恐失氣，如騎虎尾。

臨之未濟 【經】占未濟初四上爻 【緯】狂劣德薄，失其臣妾。田不見禽，大無所得。

臨之渙 【經】占渙初五上爻 【緯】飽食從容，入門上堂。不失其常，家無咎殃。

臨之豐 【經】占豐二三四爻 【緯】麒麟騄耳，遊食萍草。逍遥石門，循山上下，不失其子。

臨之既濟 【經】占既濟二三五爻 【緯】陰陽變化，各得其宜。上下順通，奏爲膚功。

臨之賁 【經】占賁二三上爻 【緯】三河俱合，水怒踴躍。壞我王室，民困於食。

臨之隨 【經】占隨二四五爻 【緯】安樂几筵，未出王門。

臨之噬嗑 【經】占噬嗑二四上爻 【緯】欽敬昊天，曆象星辰。宜受民時，陰陽和調。

臨之益 【經】占益二五上爻 【緯】病篤難醫，和不能治。命終永訖，下即蒿蘆。

臨之夬 【經】占夬三四五爻 【緯】青蛉如雲，城邑閉門。國君御守，民困於患。

臨之大有 【經】占大有三四上爻 【緯】三十無室，長女獨宿。心勞未得，憂在胸臆。

臨之小畜 【經】占小畜三五上爻 【緯】蔡女蕩舟，爲國患憂。褒后在側，遮罩王目，早衰六畜。

臨之履　䷉【經】占履四五上爻

【緯】駕龍騎虎，周遍天下。爲神人使，西見王母，不憂危殆。

臨之小過　䷽【經】占小過初二三四爻

【緯】夾河爲婚，水漲無船。追心失望，不見歡君。

臨之蹇　䷦【經】占蹇初二三五爻

【緯】手拙不便，不能伐檀。車無軸轅，行者苦難。

臨之艮　䷳【經】占艮初二三上爻

【緯】望叔山北，陵隔我目。不見所得，使我心惑。

臨之萃　䷬【經】占萃初二四五爻

【緯】梟遊江湖，役行千里。以爲死亡，復見空桑，長生樂鄉。

臨之晉　䷢【經】占晉初二四上爻

【緯】平國不君，夏氏作亂。烏號竊發，靈公殞命。

臨之觀　䷓【經】占觀初二五上爻

【緯】長生無極，子孫千億。柏柱載梁，堅固不傾。

臨之大過　䷛【經】占大過初三四五爻

【緯】采唐沬鄉，微期桑中。失信不會，憂思鉤帶。巽之乾

臨之鼎　䷱【經】占鼎初三四上爻

【緯】千歲廟堂，楝橈傾僵。天厭周德，失其寵光。

臨之巽　䷸【經】占巽初三五上爻

【緯】羊腸九縈，相推稍前。止須王孫，乃能上天。

臨之訟　䷅【經】占訟初四五上爻

【緯】水漲無船，破城壞堤，大夫從役。一朝亡殞，不見少妻。

臨之革　䷰【經】占革二三四五爻

【緯】龍門砥柱，通利水道。百川順流，民安其居。

臨之離　䷝【經】占離二三四上爻

【緯】臨溪橋疢，雖恐不危，樂以笑歌。

臨之家人　䷤【經】占家人二三五上爻

【緯】客宿臥寒，席蓐不安。行爲危害，留不得歡。

臨之无妄　䷘【經】占无妄二四五上爻

【緯】受讖六符，招搖室虛。雖跌無憂，保我命財。

臨之乾　䷀【經】占乾三四五上爻

【緯】黃瀘生子，白戊爲母。晉師在郊，虞公出走。

臨之咸　䷞【經】占咸初二三四五爻

【緯】泱泱沸溢，水泉爲害，使我無賴。

臨之旅　䷷【經】占旅初二三四上爻

【緯】天所祚昌，文以爲良。篤生武王，姬受其福。

臨之漸　䷴【經】占漸初二三五上爻

【緯】匏瓠之息，一畝十室。萬國都邑，北門有福。

臨之否　䷋【經】占否初二四五上爻　【緯】唐邑之廬，晉人以居。虞叔受福，實貺是國，世載其樂。

臨之姤　䷫【經】占姤初三四五上爻　【緯】牙孽生齒，室堂啓戶。出入利貞，鼓翼起舞。

臨之同人　䷌【經】占同人二三四五上爻　【緯】管鮑相知，至德不離。三言於桓，齊國以安。

臨之遯　䷠【經】占遯卦彖辭　【緯】六百諸侯，不期同時。慕西文德，興我宗族，家門雍睦。

剥

䷖【經】占本卦彖辭　【緯】行觸大諱，與司命忤。執囚束縛，拘制於吏，憂人有喜。

剥之頤　䷚【經】占頤初爻　【緯】危坐至暮，請求不得。膏澤不降，政戾民忒。

剥之蒙　䷃【經】占蒙二爻　【緯】賚金贖狸，不聽我辭。繫於虎鬚，牽不得來。

剥之艮　䷳【經】占艮三爻　【緯】巨蛇大鰌，戰於國邦。上下隔塞，主君走逃。

剥之晉　䷢【經】占晉四爻　【緯】鳧舞鼓翼，嘉樂堯德。虞夏美功，要荒賓服。

剥之觀　䷓【經】占觀五爻　【緯】二母多福，天禄所伏。居之寵光，君子有福。

剥之坤　䷁【經】占坤上爻　【緯】從風縱火，荻芝俱死。三害集房，十子中傷。

剥之損　䷨【經】占損初二爻　【緯】牧羊稻園，聞虎喧讙。畏懼悚息，終無禍患。

剥之賁　䷕【經】占賁初三爻　【緯】褰裳涉河，水流漬衣。幸賴舟子，濟脱無他。

剥之噬嗑　䷔【經】占噬嗑初四爻　【緯】被服文德，升入大麓。四門雍肅，登受大福。

剥之益　䷩【經】占益初五爻　【緯】陽花不時，冬實生危。憂多横賊，生不能服。崑崙之玉，取求必得。

剥之復　䷗【經】占復初上爻　【緯】班馬還師，以息勞疲。役夫嘉喜，入戶見妻。

剥之蠱　䷑【經】占蠱二三爻　【緯】黍稷禾稻，垂畝方好。中旱不雨，傷風病稿。

剥之未濟　䷿【經】占未濟二四爻　【緯】衆神集聚，相與議語。南國虐亂，百姓愁苦。舉師征討，別立賢主。

剥之渙 ䷺【經】占渙二五爻【緯】坐爭立訟，紛紛訩訩。幸成禍亂，災及我公。

剥之師 ䷆【經】占師二上爻【緯】蹇驢不才，駿驥失時。筋力勞盡，罷於沙丘。

剥之旅 ䷷【經】占旅三四爻【緯】三奇六耦，相隨俱市。王孫善賈，先得利寶。居止不移，大盜爲咎。

剥之漸 ䷴【經】占漸三五爻【緯】已動死，連商子。揚砂石，胡貉擾。軍鼓振，吏士恐。

剥之謙 ䷎【經】占謙三上爻【緯】三婦同夫，忽不相思。志恒不愁，顔色不怡。

剥之否 ䷋【經】占否四五爻【緯】龍馬上山，絶無水泉。喉焦脣乾，口不能言。

剥之豫 ䷏【經】占豫四上爻【緯】鶴盜我珠，逃於東都。鵠怒追求，郭氏之墟。不見蹤跡，反爲患災。

剥之比 ䷇【經】占比五上爻【緯】明傷之初，爲穆出郊。以讒復歸，名曰豎牛。剥亂叔孫，飫於虚丘。

剥之大畜 ䷙【經】占大畜初二三爻【緯】百足俱行，相輔爲強。三聖翼事，王室寵光。

剥之睽 ䷥【經】占睽初二四爻【緯】螟蟲爲賊，害我禾穀。簞瓶空虚，飢無所食。

剥之中孚 ䷼【經】占中孚初二五爻【緯】隙大牆壞，蠹衆木折。狼虎爲政，天降罪伐。高殺望夷，胡亥以斃。

剥之臨 ䷒【經】占臨初二上爻【緯】雄聖伏名，人匿麟遠。走鳳飛北，亂禍未息。

剥之離 ䷝【經】占離初三四爻【緯】禮壞樂崩，陰晴不當。成子傲慢，爲簡生殃。欲求致理，力疲心爛。

剥之家人 ䷤【經】占家人初三五爻【緯】歲暮花落，陽入陰室。萬物伏匿，藏不可得。

剥之明夷 ䷣【經】占明夷初三上爻【緯】登丘上山，對酒遇歡。終年卒歲，優福無患。

剥之无妄 ䷘【經】占无妄初四五爻【緯】東鄰嫁女，爲王妃后。莊公築館，以尊王母。歸于京師，季姜悦喜。

剥之震 ䷲【經】占震初四上爻【緯】桑之將落，隕其黄葉。失勢傾倒，如無所立。

剥之屯 ䷂【經】占屯初五上爻【緯】北山有棗，橘柚所聚。荷囊載擔，香盈筐筥。

剥之鼎 ䷱【經】占鼎二三四爻【緯】泥面亂頭，忍恥少羞，日以削消。

剥之巽　【經】占巽二三五爻　【緯】三人俱行，一人言北。伯叔欲南，少叔不得。中路分道，爭鬥相賊。

剥之升　【經】占升二三上爻　【緯】鴻飛循陸，公出不復，伯氏客宿。

剥之訟　【經】占訟二四五爻　【緯】二人輦車，徙去其家。並沸釜鳴，不可安居。

剥之解　【經】占解二四上爻　【緯】四馬共轅，東上泰山。騂驪同力，無有重難。與君笑言。

剥之坎　【經】占坎二五上爻　【緯】乘騮駕驪，東至於濟。遭遇仁友，送我以資。厚得利歸。

剥之遯　【經】占遯三四五爻　【緯】新田宜粟，上農得穀。君子懷德，以千百福。

剥之小過　【經】占小過三四上爻　【緯】陽不違德，高山多澤。顏子逐兔，未有所得。

剥之蹇　【經】占蹇三五上爻　【緯】陽虎脅主，使德不通。炎離爲殃，年穀患傷。

剥之萃　【經】占萃四五上爻　【緯】兩目失明，日奪無光。脛足跛曳，不可以行。頓於丘旁，亡妾莫逐，嵬然獨宿。

剥之大有　【經】占大有初二三四爻　【緯】庭燎夜明，追嗣日光。陽軟不至，陰雄生戾。

剥之小畜　【經】占小畜初二三五爻　【緯】天火大起，飛鳥驚駭。作事不時，自爲多咎。

剥之泰　【經】占泰初二三上爻　【緯】日出阜東，山蔽其明。章甫薦履，箕子佯狂。

剥之履　【經】占履初二四五爻　【緯】土與山連，共保歲寒。終無災患，萬世長安。

剥之歸妹　【經】占歸妹初二四上爻　【緯】張羅搏鳩，鳥麗其災。雌雄俱得，爲網所滅。

剥之節　【經】占節初二五上爻　【緯】蛇行蜿蜒，不能上阪。履節安居，可以無憂。

剥之同人　【經】占同人初三四五爻　【緯】雄處弱水，雌在海濱。將別持食，悲哀於心。

剥之豐　【經】占豐初三四上爻　【緯】三聖相輔，鳥獸喜舞。安樂富有，二人諧偶。

剥之既濟　【經】占既濟初三五上爻　【緯】心多畏惡，時愁日懼。雖有小咎，終無大悔。

剥之隨　【經】占隨初四五上爻　【緯】沐猴冠帶，盜在非位。衆犬共吠，倉狂蹶足。

剥之姤　【經】占姤二三四五爻　【緯】釋然遠咎，避患革害。田獲三狐，以貝爲寶。君子所在，安寧不殆。

剥之恒　【經】占恒二三四上爻　【緯】羊頭兔足，少肉不飽。漏囊敗粟，利無所得。

剥之井　【經】占井二三五上爻　【緯】載船渡海，雖深何咎。孫子俱在，不失其所。

剥之困　【經】占困二四五上爻　【緯】佩玉橤蕊，無以繫之。孤怨獨處，愁哀相憂。

剥之咸　【經】占咸三四五上爻　【緯】二人輦車，乘入虎家。王母貪饕，盜我犂牛。

剥之乾　【經】占乾初二三四五爻　【緯】穿胸狗邦，僵離旁春。天地易紀，日月更始。

剥之大壯　【經】占大壯初二三四上爻　【緯】夷羿所射，發輒有獲。雙鳬俱得，利伐王國。

剥之需　【經】占需初二三五上爻　【緯】上下惟邪，寡婦無夫。歡心隔塞，君子離居。

剥之兑　【經】占兑初二四五上爻　【緯】播天舞地，擾亂神所。居樂無咎，言不信誤。

剥之革　【經】占革初三四五上爻　【緯】鵠求魚食，道遇射弋。繒加我頸，繳縛兩翼。欲飛不能，爲羿所得。

剥之大過　【經】占大過二三四五上爻　【緯】百川朝海，泛流不止。路雖遼遠，無不到者。

剥之夬　【經】占夬卦彖辭　【緯】高阜所在，陰氣不淋。洪水不處，爲家利寶。

比

比之比　【經】占本卦彖辭　【緯】鹿得美草，嗚呼其友。九族和睦，不憂饑乏。

比之屯　【經】占屯初爻　【緯】灼火泉源，釣魴山顛。魚不可得，火不肯燃。

比之坎　【經】占坎二爻　【緯】恒山浦壽，高邑所在。陰氣下淋，洪水不處，牢人開戶。〔一〕

〔一〕原本缺「壽」「所」二字，據焦氏易林補。

比之蹇 ䷦【經】占蹇三爻　【緯】長股善走，趨步千里。王良嘉言，伯來在道。申生見母，下有由子。

比之萃 ䷬【經】占萃四爻　【緯】團團白日，爲月所食。損上毁下，鄭昭出走。

比之坤 ䷁【經】占坤五爻　【緯】麒子鳳雛，生長家國。和氣所居，康樂無憂，邦多哲人。

比之觀 ䷓【經】占觀上爻　【緯】鳴鶴北飛，下就稻池。鱣鮪鰋鯉，衆多饒有。一苟獲兩，利得過倍。

比之節 ䷻【經】占節初二爻　【緯】牙蘖生齒，室堂啓户。幽人利貞，鼓翼起舞。

比之既濟 ䷾【經】占既濟初三爻　【緯】精神消落，形骸醜惡。齷齪頓挫，枯槁腐蠹。

比之隨 ䷐【經】占隨初四爻　【緯】過時不歸，雌雄苦悲。徘徊外國，與母分離。

比之復 ䷗【經】占復初五爻　【緯】季去我東，髮櫛如蓬。輾轉空牀，内懷憂傷。

比之益 ䷩【經】占益初上爻　【緯】純服黄裳，栽土以興。德義茂生，天下歸仁。

比之井 ䷯【經】占井二三爻　【緯】中年摧折，常恐不活。老賴福慶，光榮輔相。

比之困 ䷮【經】占困二四爻　【緯】虎狼結謀，相聚爲保。伺齧牛羊，道絶不通，傷我商人。

比之師 ䷆【經】占師二五爻　【緯】千歲之墟，大兵所屠。不見子都，城空無家。

比之渙 ䷺【經】占渙二上爻　【緯】一旅三關，結緝不便。岐道異路，日暮不到。

比之咸 ䷞【經】占咸三四爻　【緯】杜口結舌，心中怫鬱。去菑患生，莫所告冤。

比之謙 ䷎【經】占謙三五爻　【緯】鳥飛墜木，不毁頭足。保我羽翼，復歸其室。

比之漸 ䷴【經】占漸三上爻　【緯】南國少子，方略美好。求我長女，薄賤不與。反得醜惡，後乃大悔。

比之豫 ䷏【經】占豫四五爻　【緯】陳媯敬仲，兆興齊姜。乃適營丘，八世大昌。

比之否 ䷋【經】占否四上爻　【緯】失意懷憂，如幽狴牢。亡子喪夫，附托寄居。

比之剥 ䷖【經】占剥五上爻　【緯】伯夷叔齊，貞廉之師。以德防患，憂禍不存。

比之需　䷄【經】占需初二三爻

【緯】黍稷醇醴，敬奉山宗。神嗜飲食，甘雨嘉降。黎庶蕃殖，獨蒙福祉，時灾不至。

比之兌　䷹【經】占兌初二四爻

【緯】四尾六頭，爲凶作妖。陰不奉陽，上失其明。

比之臨　䷒【經】占臨初二五爻

【緯】府藏之富，王以賑貸。捕魚河海，苟願多得。

比之中孚　䷼【經】占中孚初二上爻

【緯】春鴻飛東，以馬至金。利得十倍，重載歸鄉。

比之革　䷰【經】占革初三四爻

【緯】同載共車，中道分去。喪我元夫，獨爲孤苦。

比之明夷　䷣【經】占明夷初三五爻

【緯】元吉無咎，安寧不殆。

比之家人　䷤【經】占家人初三上爻

【緯】懿公淺愚，不深受謀。無援失國，爲狄所賊。

比之震　䷲【經】占震初四五爻

【緯】出值凶災，逢五赤頭，跳言死格，扶杖伏聽，不敢動搖。

比之无妄　䷘【經】占无妄初四上爻

【緯】百足俱行，相輔爲強。三聖翼事，王室寵光。

比之頤　䷚【經】占頤初五上爻

【緯】螣蛇乘龍，年歲饑凶，民食草蓬。

比之大過　䷛【經】占大過二三四爻

【緯】鉛刀攻玉，堅不可得。盡我筋力，胝繭爲疾。

比之升　䷭【經】占升二三五爻

【緯】倉盈庾億，宜稼黍稷。年歲有息，國家富有。

比之巽　䷸【經】占巽二三上爻

【緯】雀行求食，暮歸孚乳。反其屋室，安寧如故。

比之解　䷧【經】占解二四五爻

【緯】耕石山顛，費種家貧。無聊處作，苗發不生。

比之訟　䷅【經】占訟二四上爻

【緯】李花再實，鴻飛降集。仁哲權輿，蔭國受福。

比之蒙　䷃【經】占蒙二五上爻

【緯】彭生爲娱，白虎行菑。盜堯衣裳，桀跖荷兵。青禽照火，三日夷傷。

比之小過　䷽【經】占小過三四五爻

【緯】歡悅以喜，子孫俱在。守發能忍，不見殃咎。

比之遯　䷠【經】占遯三四上爻

【緯】早霜晚遯，傷害禾麥。損功棄力，饑無所食。

比之艮　䷳【經】占艮三五上爻　【緯】狼虎爭強，利義不行。兼吞其國，齊晉無主。

比之晉　䷢【經】占晉四五上爻　【緯】昊天白日，照臨我國。萬民康樂，咸賴嘉福。

比之夬　䷪【經】占夬初二三四爻　【緯】五銑鐵頭，倉庫空虛。賈市無盈，與利爲仇。

比之泰　䷊【經】占泰初二三五爻　【緯】長生無極，子孫千億。柏柱載青，堅固不傾。

比之小畜　䷈【經】占小畜初二三上爻　【緯】公子王孫，把彈攝丸。發輒有得，室家饒足。

比之歸妹　䷵【經】占歸妹初二四五爻　【緯】一身兩頭，莫適其軀。無見我心，亂不可治。

比之履　䷉【經】占履初二四上爻　【緯】驪姬讒喜，與二嬖謀，譖殺公子，賊害忠孝。申生以縊，重耳奔逃。

比之損　䷨【經】占損初二五上爻　【緯】二人異路，東趨西步。千里之行，不相知處。

比之豐　䷶【經】占豐初三四五爻　【緯】李耳巢鵲，更相恐怯，偃而以腹，不能舉格。

比之同人　䷌【經】占同人初三四上爻　【緯】仁智隱伏，麟不可得。龍蛇潛藏，虛居堂室。

比之賁　䷕【經】占賁初三五上爻　【緯】兩火爭明，雖鬥不傷。分離且忍，全我弟兄。

比之噬嗑　䷔【經】占噬嗑初四五上爻　【緯】蒼梧郁林，道易利通。元龜象齒，寶貝南金，爲吾福功。

比之恒　䷟【經】占恒二三四五爻　【緯】牽尾不前，逆理失臣，忠莫往來，惠朔以奔。

比之姤　䷫【經】占姤二三四上爻　【緯】登昆侖，入天門，過糟丘，宿玉泉，問惠觀，見仁君。

比之蠱　䷑【經】占蠱二三五上爻　【緯】齊魯爭言，戰於龍門。構怨結禍，三世不寧。

比之未濟　䷿【經】占未濟二四五上爻　【緯】登高上山，見王自言。申理我冤，得職蒙恩。

比之旅　䷷【經】占旅三四五上爻　【緯】松柏棟樑，相輔爲強。八哲五教，王室康寧。

比之大壯　䷡【經】占大壯初二三四五爻　【緯】適戍失期，患生無聊。懼以發憂，發藏閉塞，邦國窮愁。

比之乾　䷀【經】占乾初二三四上爻　【緯】繼祖復宗，追明成康。光照萬國，享世長久。

比之大畜　【經】占大畜初二三五上爻　【緯】壅遏堤防，水不得行。火盛陽光，陰霓伏藏，退還其鄉。

比之睽　【經】占睽初二四五上爻　【緯】城上有烏，自號破家。呼喚鴆毒，爲國患災。

比之離　【經】占離初三四五上爻　【緯】比目四翼，來安我國。福善上堂，與我同牀。

比之鼎　【經】占鼎二三四五上爻　【緯】飲酒醉酗，跳躍爭鬥，伯傷叔僵，東家治喪。

比之大有　【經】占大有卦彖辭　【緯】列潔累累，締結難解。嫫母衒嫁，媒不得坐，自爲身禍。

豫

【經】占本卦彖辭　【緯】冰將泮散，鳴雁雍雍。丁男長女，可以會同，生育賢人。

豫之震　【經】占震初爻　【緯】吾有驊騮，畜之以時。東家翁孺，來詣我車，價極可與，後無賤悔。

豫之解　【經】占解二爻　【緯】周德既成，杼軸不傾。太宰東西，夏國康寧。

豫之小過　【經】占小過三爻　【緯】李花再實，鴻卵降集。仁德以興，萌國受福。

豫之坤　【經】占坤四爻　【緯】蔡侯朝楚，留連江濱。逾時歷月，思其后君。

豫之萃　【經】占萃五爻　【緯】中原有菽，以待雉食。飲御諸友，所求大得。

豫之晉　【經】占晉上爻　【緯】鵲巢柳樹，鳩奪其處。任力德薄，天命不佑。

豫之歸妹　【經】占歸妹初二爻　【緯】旁行不遠，三思復返。心多畏惡，中日止舍。

豫之豐　【經】占豐初三爻　【緯】倉皇奉使，中山以孝。文侯悅喜，擊子徵召。

豫之復　【經】占復初四爻　【緯】羊驚馬走，上下揮擾。鼓音不絕，頃公奔敗。

豫之隨　【經】占隨初五爻　【緯】憂在腹內，山崩爲疾。禍起蕭牆，竟制其國。

豫之噬嗑　【經】占噬嗑初上爻　【緯】張弓控弩，經涉山道。雖有伏虎，誰敢害者。

豫之恒　【經】占恒二三爻　【緯】心多悔恨，出言爲怪。梟鳴室比，聲醜可惡，請謁不得。

豫之師 ䷆【經】占師二四爻

【緯】蝗囓我稻，驅不可去。實穗無有，但見空藁。

豫之困 ䷮【經】占困二五爻

【緯】青蠅集蕃，君信讒言，害賢傷忠，患生婦人。

豫之未濟 ䷿【經】占未濟二上爻

【緯】采薪得麟，大命隕顛。豪雄爭名，天下四分。

豫之謙 ䷎【經】占謙三四爻

【緯】螟蟲爲賊，害我稼嗇。禾殫麥盡，秋無所得。

豫之咸 ䷞【經】占咸三五爻

【緯】晨風文翰，隨時就溫。雄雌相和，不憂危殆。

豫之旅 ䷷【經】占旅三上爻

【緯】入天門，守地戶，君安樂，不勞苦。文山蹲鴟，肥腯多脂。王孫獲願，載福巍巍。

豫之比 ䷇【經】占比四五爻

【緯】虎饑欲食，爲蝟而伏。禹導龍門，避咎除患，元醜以安。

豫之剝 ䷖【經】占剝四上爻

【緯】野鳶山雀，弈棋六博。山梟四散，主人勝客。

豫之否 ䷋【經】占否五上爻

【緯】令妻壽母，宜家無咎。君子之歡，得以長久。

豫之大壯 ䷡【經】占大壯初二三爻

【緯】過時不歸，雌雄苦悲。徘徊外國，與叔分離。

豫之臨 ䷒【經】占臨初二四爻

【緯】一夫兩心，技刺不深。所爲無功，求事不成。

豫之兌 ䷹【經】占兌初二五爻

【緯】秋蛇向穴，不失其節。夫人姜氏，自其復入。

豫之睽 ䷥【經】占睽初二上爻

【緯】月走日步，趣不同舍。夫妻反目，主君失居。

豫之明夷 ䷣【經】占明夷初三四爻

【緯】鶴盜我珠，逃於東都。鵠怒追求，郭氏之墟。不見蹤跡，使伯心憂。

豫之革 ䷰【經】占革初三五爻

【緯】商風召寇，呼我北盜。間諜內應，與我爭鬥。殫以寶藏，主人不勝。

豫之離 ䷝【經】占離初三上爻

【緯】衣成無開，不知所穿。客指東西，未得使安。

豫之屯 ䷂【經】占屯初四五爻

【緯】文厄羑里，湯囚夏臺。仁聖不害，數困何憂。免於縲紲，爲世明侯。

豫之頤 ䷚【經】占頤初四上爻

【緯】螣蛇乘龍，宋鄭饑凶，民食草蓬。

豫之无妄 【經】占无妄初五上爻 【緯】黄帝神明，八子聖聰。俱受大福，天下平康。

豫之升 【經】占升二三四爻 【緯】多虚少實，語不可知。尊空無酒，飛言如雨。

豫之大過 【經】占大過二三五爻 【緯】揚水潛鑿，使石潔白。裏素表朱，遊戲皋澤。得君所欲，心志娱樂。

豫之鼎 【經】占鼎二三上爻 【緯】逸豫好遊，不安其家。或有少姬，久迷不來。

豫之坎 【經】占坎二四五爻 【緯】西過虎廬，驚我前驅。雖憂無危。

豫之蒙 【經】占蒙二四上爻 【緯】典冊法書，藏閣蘭臺。雖遭亂潰，獨不遇災。

豫之訟 【經】占訟二五上爻 【緯】星隕如雨，力弱無輔。强陰制陽，不得安土。

豫之蹇 【經】占蹇三四五爻 【緯】洛陽嫁女，善逐人走。三寡失夫，婦妒無子。

豫之艮 【經】占艮三四上爻 【緯】厄窮上通，與堯相逢。登升大麓，國無凶人。

豫之遯 【經】占遯三五上爻 【緯】離女去夫，閔思苦憂。齊子無良，使我心悲。

豫之觀 【經】占觀四五上爻 【緯】十里望煙，散渙四方。形容滅亡，終不見君。

豫之泰 【經】占泰初二三四爻 【緯】兩足不獲，難以遠行。疾步不能，後倡失時。

豫之夬 【經】占夬初二三五爻 【緯】忠言輔成，王政不傾。公劉兆基，文武綏之。

豫之大有 【經】占大有初二三上爻 【緯】子鉏執麟，春秋作元。陰聖將終，尼父悲心。

豫之節 【經】占節初二四五爻 【緯】景星照堂，麟遊鳳翔。仁施大行，頌聲並興。

豫之損 【經】占損初二四上爻 【緯】日中爲市，交易資寶。名利所有，心悦以喜。

豫之履 【經】占履初二五上爻 【緯】精華墮落，形體醜惡。齟齬挫頓，枯槁腐蠹。

豫之既濟 【經】占既濟初三四五爻 【緯】白馬赤烏，戰於東都。敗悔爲憂。

豫之賁 【經】占賁初三四上爻 【緯】泉閉澤竭，王母飢渴。君子困窮，乃徐有說。

豫之同人 ䷌【經】占同人初三五上爻 【緯】饑蠶作室，緡多亂纏，緒不可得。

豫之益 ䷩【經】占益初四五上爻 【緯】童妾獨宿，長女爲室，利無所得。

豫之井 ䷯【經】占井二三四五爻 【緯】履株履輿，馬驚傷車，步爲我憂。

豫之蠱 ䷑【經】占蠱二三四上爻 【緯】茹芝餌黃，飲食玉瑛。與神流通，長無憂凶。

豫之姤 ䷫【經】占姤二三五上爻 【緯】牛驥同堂，郭氏以亡。國破爲墟，主君奔逃。

豫之渙 ䷺【經】占渙二四五上爻 【緯】忍醜少羞，有面無頭。耗減寡虛，日以削消。

豫之漸 ䷴【經】占漸三四五上爻 【緯】衆兔俱走，熊羆在後。踦不能進，失信寡處。

豫之需 ䷄【經】占需初二三四五爻 【緯】氈裘羶國，文禮不飭。跨馬空弦，伐我都邑。

豫之大畜 ䷙【經】占大畜初二三四上爻 【緯】住車醊酒，疾風暴起。泛亂福器，飛揚位卓。明神降禄，道無害寇。

豫之乾 ䷀【經】占乾初二三五上爻 【緯】龍馬上山，絶無水泉。喉焦脣乾，口不能言。

豫之中孚 ䷼【經】占中孚初二四五上爻 【緯】干旄旌旗，執幟在郊。雖有寶珠，無路致之。

豫之家人 ䷤【經】占家人初三四五上爻 【緯】夫婦相背，和氣弗處。陰陽俱否，莊姜無子。

豫之巽 ䷸【經】占巽二三四五上爻 【緯】登階上堂，見吾父兄。左酒右漿，與福相迎。

豫之小畜 ䷈【經】占小畜卦彖辭 【緯】蝙蝠夜藏，不敢晝行。酒是酸漿，魴死鮑羹。

謙

䷎【經】占本卦彖辭 【緯】王喬無病，狗頭不痛。亡跛失履，之我逆從。

謙之明夷 ䷣【經】占明夷初爻 【緯】鰍蝦去海，藏於枯里。街巷偏隘，不得自在。南北無極，渴餒成疾。

謙之升 ䷭【經】占升二爻 【緯】七竅龍身，造化八元。法天則地，順時施恩，富貴長存。

謙之坤 ䷁【經】占坤三爻 【緯】北辰紫宫，衣冠中立。含和達德，常受大福。鉛刀攻玉，堅不可得。

謙之小過 ䷽【經】占小過四爻

【緯】梅李冬實，國多盜賊，擾亂並作，王不得制。十步之外，不知何公。

謙之蹇 ䷦【經】占蹇五爻

【緯】右目無瞳，偏視寡明。十步之外，不知何公。

謙之艮 ䷳【經】占艮上爻

【緯】空巢住豬，豚彘不至。張弓祝雞，雄父飛去。

謙之泰 ䷊【經】占泰初二爻

【緯】白鶴銜珠，夜室反明。懷我德音，身受光榮。

謙之復 ䷗【經】占復初三爻

【緯】南山昊天，刺政閔身。疾悲無辜，皆憎爲仇。

謙之豐 ䷶【經】占豐初四爻

【緯】拜跪請免，不得臭腐。挽眉銜指，不得北去。

謙之既濟 ䷾【經】占既濟初五爻

【緯】望幸不到，文章未就。羊子逐兔，犬踦不得。

謙之賁 ䷕【經】占賁初上爻

【緯】十雌百雛，常與母俱。抱雞搏虎，誰敢害者。

謙之師 ䷆【經】占師二三爻

【緯】拜傑載復，送至東萊。百僚具舉，君王嘉喜。

謙之恒 ䷟【經】占恒二四爻

【緯】久陰霖雨，塗行泥潦。商人休止，市空無有。

謙之井 ䷯【經】占井二五爻

【緯】華首山頭，仙道所遊。利以居上，長無咎憂。

謙之蠱 ䷑【經】占蠱二上爻

【緯】伯仲叔季，日暮寢寐。裸臥失明，喪我貝囊，銜卸道旁。

謙之豫 ䷏【經】占豫三四爻

【緯】江河淮海，天之奧府，眾利所聚，可以饒有，樂我君子。

謙之比 ䷇【經】占比三五爻

【緯】安息康居，異國穹廬，非吾邦域，使伯憂戚。

謙之剥 ䷖【經】占剥三上爻

【緯】桀跖並處，人民愁苦。擁兵荷糧，戰於齊魯。

謙之咸 ䷞【經】占咸四五爻

【緯】齊魯爭言，戰於龍門。構怨致禍，三歲不安。

謙之旅 ䷷【經】占旅四上爻

【緯】有莘季女，爲王妃后。貴夫壽子，母字四海。

謙之漸 ䷴【經】占漸五上爻

【緯】長夜短日，陰爲陽賊。萬物空枯，藏於北陸。

謙之臨 ䷒【經】占臨初二三爻

【緯】受阻文祖，承率復起。以義自閑，雖苦無咎。

謙之大壯 ䷡【經】占大壯初二四爻

【緯】防患備災，凶禍不來。雖困無災。

謙之需 ䷄【經】占需初二五爻

【緯】鳳生會稽，稍具能飛。翱翔桂林，與衆鳥雄。

謙之大畜 ䷙【經】占大畜初二上爻

【緯】目不可合，憂來搖足，悚惕危懼，去其邦域。

謙之震 ䷲【經】占震初三四爻

【緯】陽孤亢極，多所恨惑。車傾蓋亡，身常驚惶。乃得其願，雌雄相存。

謙之屯 ䷂【經】占屯初三五爻

【緯】東壁爲光，數暗不明。王母嫉妒，亂我事業。

謙之頤 ䷚【經】占頤初三上爻

【緯】烏升鵠舉，照臨東海。龍降庭堅，爲陶叔後。封於蓼丘，福履綏厚。

謙之革 ䷰【經】占革初四五爻

【緯】鶻鳩徙巢，西至平州。遭逢雷雹，辟我葦蘆。室家饑寒，思吾故初。

謙之離 ䷝【經】占離初四上爻

【緯】羔羊皮革，君子朝服。輔政扶德，以合萬國。

謙之家人 ䷤【經】占家人初五上爻

【緯】恭寬信敏，功加四海。辟去不祥，喜來從母。

謙之解 ䷧【經】占解二三四爻

【緯】蜩螗歡喜，草木嘉茂。百果蕃熾，日益庶有。

謙之坎 ䷜【經】占坎二三五爻

【緯】懸貆素食，食非其任。失望遠民，實勞我心。

謙之蒙 ䷃【經】占蒙二三上爻

【緯】下背其上，資明其讓。子嬰兩頭，陳破其墟。

謙之大過 ䷛【經】占大過二四五爻

【緯】北方多棗，橘柚所聚。荷囊載黍，盈我筐筥。

謙之鼎 ䷱【經】占鼎二四上爻

【緯】狗無前足，陰謀叛背，爲身害賊。

謙之巽 ䷸【經】占巽二五上爻

【緯】季姜踟躕，待孟城隅。終日至暮，不見齊侯。

謙之萃 ䷬【經】占萃三四五爻

【緯】水壞我里，東流爲海。龜鳧歡嘩，不睹我家。

謙之晉 ䷢【經】占晉三四上爻

【緯】引頸絶糧，與母異門。不見所歡，孰與共言。

謙之觀 ䷓【經】占觀三五上爻

【緯】旋斗運樞，順天無憂，與樂並俱。

謙之遯 ䷠【經】占遯四五上爻

【緯】桃雀竊脂，巢於小枝。搖動不安，爲風所吹。寒心悚悚，常憂殆危。

謙之歸妹　䷵【經】占歸妹初二三四爻　【緯】爪牙之士，怨毒乞父。轉憂於己，傷不及母。

謙之節　䷻【經】占節初二三五爻　【緯】穿鼻繫株，爲虎所拘。王母祀福，禍不成災，突然自來。

謙之損　䷨【經】占損初二三上爻　【緯】常德自如，安坐無尤。幸如貴鄉，到老安榮。

謙之夬　䷪【經】占夬初二四五爻　【緯】春桃生花，季女宜家。受福多年，男爲封君。

謙之大有　䷍【經】占大有初二四上爻　【緯】天地配享，六位光明。陰陽順序，以成厥功。

謙之小畜　䷈【經】占小畜初二五上爻　【緯】江河淮海，天之都市。商人受福，國家富有。

謙之隨　䷐【經】占隨初三四五爻　【緯】雙鳧俱飛，欲歸稻池。徑涉萑澤，爲矢所射，傷我胸臆。

謙之噬嗑　䷔【經】占噬嗑初三四上爻　【緯】周師伐紂，戰於牧野。甲子平旦，天下悅喜。

謙之益　䷩【經】占益初三五上爻　【緯】狡兔躍躍，良犬逐咋。雄雉受害，爲鷹所獲。

謙之同人　䷌【經】占同人初四五上爻　【緯】宮商既和，聲音相隨。驪駒在門，主君以歡。

謙之困　䷮【經】占困二三四五爻　【緯】四夷慕德，來興我國。文君降陟，合受其德。

謙之未濟　䷿【經】占未濟二三四上爻　【緯】千柱百梁，終不傾僵。仁智輔聖，周宗甯康。

謙之渙　䷺【經】占渙二三五上爻　【緯】逐鹿山巔，利去我西。維邪南北，所求不得。

謙之姤　䷫【經】占姤二四五上爻　【緯】山石朽弊，少崩墜落。上下離心，君受其祟。

謙之否　䷋【經】占否三四五上爻　【緯】踐履危難，脫厄去患。入福喜門，見吾母君。

謙之兌　䷹【經】占兌初二三四五爻　【緯】邯鄲反言，父兄生患。涉此憂恨，卒死不還。

謙之睽　䷥【經】占睽初二三四上爻　【緯】歲饑無年，虐政害民。乾溪驪山，秦楚結冤。

謙之中孚　䷼【經】占中孚初二三五上爻　【緯】虎豹熊羆，遊戲山谷。君子仁賢，亦得所欲。

謙之乾　䷀【經】占乾初二四五上爻　【緯】喋囁處曜，昧冥相待。多言少實，終無成事。

謙之无妄　【經】占无妄初三四五上爻　【緯】百川朝海，流行不止。道雖遼遠，無不到者。

謙之訟　【經】占訟二三四五上爻　【緯】鑿井求玉，非卞氏寶。名困身辱，勞無所得。

謙之履　【經】占履卦彖辭　【緯】同木異葉，樂仁上德。東鄰慕義，來興吾國。

師

【經】占本卦彖辭　【緯】烏鳴呼子，哺以酒脯。高樓之處，子來歸母。穡人成功，年歲大有，妒婦無子。

師之臨　【經】占臨初爻　【緯】玄黃虺隤，行者勞疲。役夫憔悴，逾時不歸。

師之坤　【經】占坤二爻　【緯】春桃生花，季女宜家。受福且多，在師中吉，男爲邦君。

師之升　【經】占升三爻　【緯】耳目盲聾，所言不通。佇立以泣，事無成功。

師之解　【經】占解四爻　【緯】三德五材，和合四時。陰陽順序，國無咎災。

師之坎　【經】占坎五爻　【緯】國亂不安，兵革爲患。掠我妻子，家中飢寒。

師之蒙　【經】占蒙上爻　【緯】折葉蔽目，不見稚叔。三足孤鳥，遠其元夫。

師之復　【經】占復初二爻　【緯】淵泉堤防，水道通利。順注湖海，邦國富有。

師之泰　【經】占泰初三爻　【緯】三人北行，六位光明。道逢淑女，與我驥子。

師之歸妹　【經】占歸妹初四爻　【緯】左輔右弼，金玉滿匱。常盈不亡，富如厫倉。

師之節　【經】占節初五爻　【緯】日月相望，光明盛昌。三聖茂功，仁德大隆。

師之損　【經】占損初上爻　【緯】解衣毛羽，飛入大都。晨門戒守，鄭忽失家。

師之謙　【經】占謙二三爻　【緯】穿胸狗邦，僵離旁春。天地易紀，日月更始。

師之豫　【經】占豫二四爻　【緯】北山有棗，使叔壽考。東岑多栗，宜行賈市，陸梁雌雄，所至利喜。

師之比 ䷇【經】占比二五爻 【緯】削樹無枝，與子分離。饑寒莫食，獨泣哀悲。

師之剝 ䷖【經】占剝二上爻 【緯】讒父佞雄，賊亂邦國。生雖忠孝，敗困不福。

師之恒 ䷟【經】占恒三四爻 【緯】乘龍從蜺，征詣北闕。乃見宣室，拜守東城。鎮慰黎元，舉家蒙富。

師之井 ䷯【經】占井三五爻 【緯】范子妙材，戮辱傷膚。然後相國，封爲應侯。

師之蠱 ䷑【經】占蠱三上爻 【緯】精潔淵塞，爲讒所言。證訊詰請，繫於枳溫。甘棠聽斷，怡然蒙恩。

師之困 ䷮【經】占困四五爻 【緯】天宮列宿，五神所舍。宮闕堅固，君安其居。

師之未濟 ䷿【經】占未濟四上爻 【緯】鑽木取火，掘地索泉。主母饑渴，手爲心福。

師之渙 ䷺【經】占渙五上爻 【緯】惡來呼伯，慎驚外客。甲守閉宅，以備凶急。臨折之憂，將滅無災。

師之明夷 ䷣【經】占明夷初二三爻 【緯】火烈不去，必殪僵仆。燔我衣裾，福不可悔。

師之震 ䷲【經】占震初二四爻 【緯】鴻飛在陸，公出不復。仲氏任止，伯氏客宿。

師之屯 ䷂【經】占屯初二五爻 【緯】殊類異路，心不相慕。牝牛牡豭，獨無家室。

師之頤 ䷚【經】占頤初二上爻 【緯】鴉鳴庭中，以戒災凶。重門擊柝，備不速客。

師之大壯 ䷡【經】占大壯初三四爻 【緯】久旱水涸，枯槁無澤。虛修其德，未有所獲。

師之需 ䷄【經】占需初三五爻 【緯】雀東求粒，誤入網域。賴逢君子，脫復歸息。

師之大畜 ䷙【經】占大畜初三上爻 【緯】三人俱行，別離獨食。一身五心，反覆迷惑，亂無所得。

師之兌 ䷹【經】占兌初四五爻 【緯】甘露醴泉，太平機關。仁德感應，歲樂民安。

師之睽 ䷥【經】占睽初四上爻 【緯】清人高子，久屯外野。逍遙不歸，思我慈母。

師之中孚 ䷼【經】占中孚初五上爻 【緯】葛藟蒙棘，華不得實。讒佞亂政，使恩壅塞。

師之小過 ䷽【經】占小過二三四爻 【緯】鄰不我顧，而望玉女。身多癩疾，誰肯媚者。

師之蹇

【經】占蹇二三五爻

【緯】武庫軍府，甲兵所聚，非里邑居，不可舍止。

師之艮

【經】占艮二三上爻

【緯】鶴鳴九皋，避世隱居。抱樸守真，竟不相隨。

師之萃

【經】占萃二四五爻

【緯】鳧雁啞啞，以水爲家。雌雄相和，心志娱樂，得其歡欲。

師之晉

【經】占晉二四上爻

【緯】依天倚地，凶危不至。上清下淨，受福大明，君受其利。

師之觀

【經】占觀二五上爻

【緯】膚敏之德，發憤忘食。虜豹禽說，爲王求福，以成主德。

師之大過

【經】占大過三四五爻

【緯】功成事就，拱手安居。立德有言，坐飾貢賦。

師之鼎

【經】占鼎三四上爻

【緯】子畏於匡，厄困陳蔡。德行不危，竟脱厄害。

師之巽

【經】占巽三五上爻

【緯】胡蠻戎狄，大陰所積，涸凍冰寒，君子不存。

師之訟

【經】占訟四五上爻

【緯】王孫季子，相與孝友。明允篤誠，升擢薦舉，爲國藩輔。

師之豐

【經】占豐初二三四爻

【緯】崔嵬北嶽，天神貴客。衣冠不已，蒙被恩德。

師之既濟

【經】占既濟初二三五爻

【緯】精誠所至，神爲之輔。德教尚忠，彌世長久。三聖尚功，多受福祉。

師之賁

【經】占賁初二三上爻

【緯】伯甯子福，惠我邦國。蠲除苛殘，使季無患。

師之隨

【經】占隨初二四五爻

【緯】干旄旌旗，撫幟在郊。雖有寶玉，無路致之。

師之噬嗑

【經】占噬嗑初二四上爻

【緯】采唐沬鄉，要我桑中。失信不會，憂思鉤帶。

師之益

【經】占益初二五上爻

【緯】削根燒株，不生肌膚。病在心腹，日以焦枯。

師之夬

【經】占夬初三四五爻

【緯】文山紫芝，雍梁朱草。生長和氣，福禄來處。

師之大有

【經】占大有初三四上爻

【緯】鴻雁翩翩，始怨勞苦。災疫病民，鰥寡愁憂。

師之小畜

【經】占小畜初三五上爻

【緯】舜升大禹，石夷之野。徵詣玉闕，拜治水土。

師之履

【經】占履初四五上爻

【緯】義不勝情，以欲自營。見利危寵，滅君令名。

師之咸　【經】占咸二三四五爻　【緯】長尾委蛇，畫地成河。深不可涉。絕無以比，惆悵嘆息。

師之旅　【經】占旅二三四上爻　【緯】空巢注豬，獖彘不到。張弓祝雞，雄父飛去。

師之漸　【經】占漸二三五上爻　【緯】舜升大禹，石夷之野。徵詣王庭，拜治水土。

師之否　【經】占否二四五上爻　【緯】羿張烏號，彀射天狼。杜國雄勇，鬥死滎陽。

師之姤　【經】占姤三四五上爻　【緯】多載重負，捐棄於野。少任其大，但自勞苦。

師之革　【經】占革初二三四五爻　【緯】秋冬探巢，不得鵲雛。銜指北去，慚我少夫。

師之離　【經】占離初二三四上爻　【緯】戴堯扶禹，松喬彭祖。西遇王母，道路夷宜，無敢難者。

師之家人　【經】占家人初二三五上爻　【緯】配合相迎，利之四鄉。欣喜心釋，所言得當。

師之无妄　【經】占无妄初二四五上爻　【緯】江南多蝮，螫我手足。冤繁詰屈，痛徹心腹。

師之乾　【經】占乾初三四五上爻　【緯】一簧兩舌，佞言諂語。三奸成虎，曾母投杼。

師之遯　【經】占遯二三四五上爻　【緯】土與山連，終身無患。天地高明，萬歲長安。

師之同人　【經】占同人卦彖辭　【緯】季姬躑躅，結衿待時。終日至暮，百兩不來。

復

【經】占本卦彖辭　【緯】周師伐紂，克於牧野。甲子平旦，天下悅喜。

復之坤　【經】占坤初爻　【緯】義不勝情，以欲自營。覬利危躬，折角摧頸。

復之臨　【經】占臨二爻　【緯】尚利壞義，月出平地。國亂天常，昝徵滅亡。

復之明夷　【經】占明夷三爻　【緯】堯飲舜舞，禹拜上酒。禮樂所豐，可以安處，保我淑女。

復之震　【經】占震四爻　【緯】猿墮喬木，不跛手足。握珠懷玉，還歸我室。

復之屯　【經】占屯五爻　【緯】懸貆素餐，食非其任。失輿剥廬，休坐徙居，室家何憂。

復之頤 ䷚【經】占頤上爻 【緯】噂噂所言，莫如我垣。歡樂堅固，可以長安。

復之師 ䷆【經】占師初二爻 【緯】京庾積倉，黍稷以興。亟行疾至，以厭飽食。

復之謙 ䷎【經】占謙初三爻 【緯】虎狼並處，不可以事。忠謀轉改，禍必及己。退隱深山，身乃不殆。

復之豫 ䷏【經】占豫初四爻 【緯】卵與石鬥，糜碎無處。挈瓶之使，不爲憂懼。

復之比 ䷇【經】占比初五爻 【緯】南山之蹊，真人所在。德配唐虞，天命爲子。保祐歆享，身受大慶。

復之剥 ䷖【經】占剥初上爻 【緯】持刃操肉，對酒不食。夫亡從軍，長子入獄，抱膝獨宿。

復之泰 ䷊【經】占泰二三爻 【緯】任力劣薄，遠托邦國。輔車不僵，爲癰所傷。

復之歸妹 ䷵【經】占歸妹二四爻 【緯】東行破車，還反室家。天命訖終，無所禱凶。

復之節 ䷻【經】占節二五爻 【緯】簪短帶長，幽思最苦。瘠貌少疲，以疾病降。

復之損 ䷨【經】占損二上爻 【緯】把珠入口，蓄爲玉寶。得吾所有，欣然嘉喜。

復之豐 ䷶【經】占豐三四爻 【緯】九雁列陣，雌獨不群。爲罾所牽，死於庖人。

復之既濟 ䷾【經】占既濟三五爻 【緯】驅羊南行，與福相逢。狼驚吾馬，虎盜我子，悲恨自咎。

復之賁 ䷕【經】占賁三上爻 【緯】春孟醴酒，使君壽考。南山多福，宜行賈市。秋梁雌雉，所至利喜。

復之隨 ䷐【經】占隨四五爻 【緯】五心六意，岐道多怪。非君本志，生我恨悔。

復之噬嗑 ䷔【經】占噬嗑四上爻 【緯】逐金出門，並失玉几。往來井上，甑破缺盆。

復之益 ䷩【經】占益五上爻 【緯】襦燒褌燔，羸剥飢寒，病證凍攣。

復之升 ䷭【經】占升初二三爻 【緯】長子入獄，婦饋母哭。霜降旬甚，嚮晦伏去。

復之解 ䷧【經】占解初二四爻 【緯】春桃萌生，萬物華榮。邦君所居，國樂無憂。

復之坎 ䷜【經】占坎初二五爻 【緯】桎梏拘獲，身入牢獄。髡刑受法，終不得釋。耳閉道塞，求事不得。

復之蒙 【經】占蒙初二上爻 【緯】鷗鴟娶婦，深目窈身。折腰不媚，與伯相背。

復之小過 【經】占小過初三四爻 【緯】逐鳩南飛，與喜相隨。井獲鹿子，多得利歸，雖憂無危。

復之蹇 【經】占蹇初三五爻 【緯】宛馬疾步，盲師坐御。日不見路，中止不到。

復之艮 【經】占艮初三上爻 【緯】三驪負衡，南取芝香。秋蘭芬馥，盈滿筐筐，利我少姜。

復之萃 【經】占萃初四五爻 【緯】蜉蝣戴盆，不能上山。腳摧跛蹶，損傷其頭。

復之晉 【經】占晉初四上爻 【緯】飛之日南，還歸遼東。雌雄相從，和鳴雍雍。解我胸春。

復之觀 【經】占觀初五上爻 【緯】東行破車，步入范家。衡門穿射，無以爲主。賣袍續食，糟糠不飽。

復之大壯 【經】占大壯二三四爻 【緯】三羝上山，俱至陰安。遂到南陽，完其芝香。兩崖相望，未有枕床。

復之需 【經】占需二三五爻 【緯】東風解凍，河川流通。西門子產，陞擢有功。

復之大畜 【經】占大畜二三上爻 【緯】南邦大域，鬼魅滿室。讙聲相逐，爲我行賊。

復之兌 【經】占兌二四五爻 【緯】賦斂重數，政爲民賊。杼軸空虛，家去其室。

復之睽 【經】占睽二四上爻 【緯】白馬騂騮，生乳不休。富我商人，得利饒優。

復之中孚 【經】占中孚二五上爻 【緯】三人俱行，各別採桑。蘊其筐筥，留我嘉侶。得歸無咎，四月來處。

復之革 【經】占革三四五爻 【緯】天厭禹德，命興湯國。祓社釁鼓，以除民疾。

復之離 【經】占離三四上爻 【緯】跖並桀處，民困愁苦。行旅遲遲，留連齊魯。

復之家人 【經】占家人三五上爻 【緯】太乙置酒，樂正起舞。萬神攸同，可以安處。綏我兒齒。

復之无妄 【經】占无妄四五上爻 【緯】踦牛傷暑，不能成畝。草萊不墾，年歲無有。

復之恒 【經】占恒初二三四爻 【緯】雨師駕駟，風伯吹雲。秦楚爭強，施不得行。

復之井 【經】占井初二三五爻 【緯】鳥鳴葭端，一呼三顛。動搖東西，危而不安。靈符禱祉，疾病無患。

復之蠱　【經】占蠱初二三上爻

【緯】雨雪載塗，東行破車，旅人無家。

復之困　【經】占困初二四五爻

【緯】求犬得兔，請新遇故。雖不當路，踰吾舊舍。

復之未濟　【經】占未濟初二四上爻

【緯】東鄰西國，福喜同樂。出得隋珠，留獲和玉，俱利有息。

復之渙　【經】占渙初二五上爻

【緯】怒非其怨，貪妒腐鼠。而呼鵲鴟，自令失餌，倒被災患。

復之咸　【經】占咸初三四五爻

【緯】求雞獲雉，買鱉失魚。出入均貨，利得無餘。齊姜宋子，婚姻孔喜。

復之旅　【經】占旅初三四上爻

【緯】二人輦車，從去其家。井沸釜鳴，不可以居。

復之漸　【經】占漸初三五上爻

【緯】春生孚乳，羽毛成就。舉不失宜，君臣相好。盜走奔北，終無所悔。

復之否　【經】占否初四五上爻

【緯】千載舊室，將有困急。荷糧負囊，出門直北。

復之夬　【經】占夬二三四五爻

【緯】水沫沉浮，沮濕不居，爲心疾憂。

復之大有　【經】占大有二三四上爻

【緯】冠危載患，身驚不安。與禍馳逐，凶來入門。

復之小畜　【經】占小畜二三五上爻

【緯】車馳人趨，卷甲相仇。齊魯寇戰，敗於大丘。

復之履　【經】占履二四五上爻

【緯】十五許室，柔順有德。霜降歸嫁，夫以爲合。先王日至，不利出域。

復之同人　【經】占同人三四五上爻

【緯】惡災殆盈，日益章明。禍不可救，三郤夷傷。

復之大過　【經】占大過初二三四五爻

【緯】堯舜禹湯，四聖敦仁。允施德音，民安無窮。旅人相望，未同朝卿。

復之鼎　【經】占鼎初二三四上爻

【緯】陰霧作匿，不見白日。邪徑迷通，使君亂惑。

復之巽　【經】占巽初二三五上爻

【緯】閉塞復通，與喪相逢。甘棠之人，解我憂凶。

復之訟　【經】占訟初二四五上爻

【緯】三足俱行，傾危善僵。六指不便，累圂弟兄。樹柱閡車，失其正當。

復之遯　【經】占遯初三四五上爻

【緯】仲冬兼秋，鳥散飲憂。困於米食，數驚鸖鷳。

復之乾　【經】占乾二三四五上爻

【緯】任武負力，東征不伏。陷履泥塗，雄師敗覆。

復之姤 ䷫【經】占姤卦彖辭

【緯】行如桀紂，雖禱不祐。命衰絶周，文君乏祀。

坤

坤之復 ䷁【經】占本卦彖辭

【緯】不風不雨，白日皎皎。宜出驅馳，通利大道。

坤之師 ䷗【經】占復初爻

【緯】衆鬼所趨，反作大怪。九身無頭，魂驚魄去，不可以居。

坤之謙 ䷆【經】占師二爻

【緯】皇陛九重，絶不可登。謂天蓋高，未見王公。

坤之豫 ䷎【經】占謙三爻

【緯】修其翰翼，隨風向北，至虞夏國，與舜相得。年歲大樂，邑無盜賊。

坤之比 ䷏【經】占豫四爻

【緯】鉛刀攻玉，堅不可得。盡我筋力，胝繭爲疾。

坤之剝 ䷇【經】占比五爻

【緯】孔德如玉，出於幽谷。飛上喬木，鼓其羽翼，輝光照國。

坤之臨 ䷖【經】占剝上爻

【緯】南山大玃，盜我媚妾。怯不敢逐，退而獨宿。

坤之明夷 ䷒【經】占臨初二爻

【緯】白龍赤虎，戰鬥俱怒。蚩尤敗走，死於魚口。

坤之震 ䷣【經】占明夷初三爻

【緯】訾陬開門，鶴鳴彈冠，章甫進用，舞韶和鸞。三人翼事，國無災患。

坤之屯 ䷲【經】占震初四爻

【緯】三年生狗，以戌爲母。荆夷上侵，姬伯出走。

坤之頤 ䷂【經】占屯初五爻

【緯】蒼龍單獨，與石相觸。摧折兩角，室家不足。

坤之升 ䷚【經】占頤初上爻

【緯】自衛反魯，時不我與。冰炭異室，仁道隔塞。

坤之解 ䷭【經】占升二三爻

【緯】憑河登山，道路阻難，求事少便。

坤之坎 ䷧【經】占解二四爻

【緯】北辰紫宫，衣冠立中。含和建德，常受天福。

坤之蒙 ䷜【經】占坎二五爻

【緯】東齊郭盧，嫁於洛都。俊良美好，媒利過倍。

坤之小過 ䷃【經】占蒙二上爻

【緯】城上有鳥，自名破家。招呼鴆毒，爲國患災。

䷽【經】占小過三四爻

【緯】初憂後喜，與福爲市。八佾列陳，飲御嘉友。

坤之蹇 ䷦【經】占蹇三五爻 【緯】三人逐兔，各爭有得，愛妾善走，多獲其子。

坤之艮 ䷳【經】占艮三上爻 【緯】途遏道塞，求事不得。

坤之萃 ䷬【經】占萃四五爻 【緯】褰衣涉河，澗流浚多。賴遇舟子，濟脱無它。

坤之晉 ䷢【經】占晉四上爻 【緯】捯潔累累，締結難解。嫫母衒嫁，媒不得坐，自爲身禍。

坤之觀 ䷓【經】占觀五上爻 【緯】北辰紫宫，衣冠立中。含和建德，常受天福。

坤之泰 ䷊【經】占泰初二三爻 【緯】雷行相逐，無有攸息。戰于平陸，爲夷所覆。

坤之歸妹 ䷵【經】占歸妹初二四爻 【緯】飛樓屬道，跐多攬垣，居之不安，覆厭爲患。

坤之節 ䷻【經】占節初二五爻 【緯】龍門時門，失理傷賢。内畔外賊，則生禍難。

坤之損 ䷨【經】占損初二上爻 【緯】拜跪請免，不得其哺。俯首銜枚，低頭北走。

坤之豐 ䷶【經】占豐初三四爻 【緯】義不勝情，以欲自傾，幾危利寵，折角摧頸。

坤之既濟 ䷾【經】占既濟初三五爻 【緯】持刀操肉，對酒不食。夫行從軍，小子入獄，抱膝獨宿。

坤之賁 ䷕【經】占賁初三上爻 【緯】三人異趣，反覆迷惑。一身五心，亂無所得。

坤之隨 ䷐【經】占隨初四五爻 【緯】舉被覆目，不見日月。衣裳簠簋，就長夜室。

坤之噬嗑 ䷔【經】占噬嗑初四上爻 【緯】稷爲堯使，西見王母。拜請百福，賜我善子。

坤之益 ䷩【經】占益初五上爻 【緯】鶴盜我珠，逃於東隅。求之郭墟，不見所居。

坤之恒 ䷟【經】占恒二三四爻 【緯】倉盈庾億，宜種黍稷。年歲豐熟，民得安息。

坤之井 ䷯【經】占井二三五爻 【緯】三女求夫，伺候山隅，不見復關，泣涕漣如。

坤之蠱 ䷑【經】占蠱二三上爻 【緯】賊仁傷德，天怒不福。斬刈宗社，失其邦國。

坤之困 ䷮【經】占困二四五爻 【緯】兔罝之榮，不失其恭。和謙致樂，君子攸同。

坤之未濟 ䷿【經】占未濟二四上爻【緯】陰衰老極，陽建其德。履離戴光，天下昭明。功業不長，蝦蟆代王。

坤之渙 ䷺【經】占渙二五上爻【緯】舉首望城，不見子貞，使我悔生。

坤之咸 ䷞【經】占咸三四五爻【緯】膏澤肥壤，農人豐畝。利居長安，歷世無患。

坤之旅 ䷷【經】占旅三四上爻【緯】潼翁蔚薈，扶首來會，津液來降，流淹滂霈。

坤之漸 ䷴【經】占漸三五上爻【緯】探懷得蚤，所願失道。

坤之否 ䷋【經】占否四五上爻【緯】六龍爭極，服在下飾。謹愼管鑰，結禁無出。

坤之大壯 ䷡【經】占大壯初二三四爻【緯】歲疾無年，虐政害民。乾溪驪山，秦楚結冤。

坤之需 ䷄【經】占需初二三五爻【緯】霜降閉戶，蟄蟲隱處。不見日月，與死爲伍。

坤之大畜 ䷙【經】占大畜初二三上爻【緯】典冊法書，藏在蘭臺。雖遭亂潰，獨不遇災。

坤之兌 ䷹【經】占兌初二四五爻【緯】車馳人趨，卷甲相仇。齊魯寇戰，敗於大丘。

坤之睽 ䷥【經】占睽初二四上爻【緯】邯鄲反言，兄弟生患。涉叔憂恨，卒死不還。

坤之中孚 ䷼【經】占中孚初二五上爻【緯】安如泰山，福喜屢臻。雖有豹虎，不致危身。

坤之革 ䷰【經】占革初三四五爻【緯】螟蟲爲賊，害我五穀。中溜空虛，家無所食。

坤之離 ䷝【經】占離初三四上爻【緯】齊魯爭言，戰於龍門。構怨連禍，三世不安。

坤之家人 ䷤【經】占家人初三五上爻【緯】姊妹和居，與類相扶。願慕群醜，不離其處。

坤之无妄 ䷘【經】占无妄初四五上爻【緯】延頸遠望，眯爲目疾。不見叔姬，使伯心憂。

坤之大過 ䷛【經】占大過二三四五爻【緯】瘤瘿禿疥，爲身瘡害。疾病癃殘，常不屬遠。

坤之鼎 ䷱【經】占鼎二三四上爻【緯】望尚阿衡，太宰國公。藩屏輔弼，福祿來同。

坤之巽 ䷸【經】占巽二三五上爻【緯】白駒生芻，猗猗盛姝。赫喧君子，樂以忘憂。

坤之訟 ䷅【經】占訟二四五上爻

【緯】天之德室，溫仁受福。衣裳所在，兇惡不起。

坤之遯 ䷠【經】占遯三四五上爻

【緯】鴟鴞破斧，邦人危殆。賴其忠德，轉禍爲福，傾危復立。

坤之夬 ䷪【經】占夬初二三四五爻

【緯】一簧兩舌，妄言謬語。三奸成虎，曾母投杼。

坤之大有 ䷍【經】占大有初二三四上爻

【緯】奸延惡人，使德不通。炎火爲殃，禾穀大傷。

坤之小畜 ䷈【經】占小畜初二三五上爻

【緯】五範四軌，復得饒有。陳力就列，騶虞悅喜。

坤之履 ䷉【經】占履初二四五上爻

【緯】敝笱在梁，魴逸不禁。漁父劳苦，连室乾口。

坤之同人 ䷌【經】占同人初三四五上爻

【緯】長男少女，相向共語，折薪在尅，福禄歡喜。

坤之姤 ䷫【經】占姤二三四五上爻

【緯】伯虎仲熊，德義洵美。使布五穀，陰陽順序。

坤之乾 ䷀【經】占乾卦彖辭

【緯】谷風步氣，萬物出生。萌庶長養，華葉茂盛。

易占經緯後序

張士榮

孔子曰：「動則觀其變而玩其占。」斯易之大用乎！夫周易，爲卜筮而作也，是故尚其占焉。易之數，老變而少不變，是故觀變焉。易之爻惟九六，無七八之爻也，是故占變焉。「占不變爻」者，於易莫歸；「三爻占彖」者，於理無取，是故于易窒矣。三百八十四爻，四千九十六變，易之變，盡於是也。是故國語之附會，後儒之議擬，吾不得而知也。用易林之變而不用易林之辭，吾亦不得而知也。吾之所知，經緯而已矣。

嘉靖乙巳春三月朔旦，士榮百拜書

易占經緯附録

卦爻三變序

張思静

思静年十三時，以朱子詩廪於州庠。應秋試，累科不第。己亥，苑洛先生復里居，思静受學焉。庚子，復不第。明年，先生曰：「子之詩亦既成章矣，何進諸？」乃以蔡子書授之。癸卯，遂以書魁鄉試。甲辰會試，南宫不第。先生已起總理河道，思静往卒業焉。又明年，思静請進于易。先生曰：「孔子，大聖也，加數年可以學易，易豈易言哉！然欲學易，先以卦爻始。」取卦爻三變圖說授思静。思静拜手曰：「卦爻之變，盡於是矣。」伏羲之卦自一而二，二而三，三而四，四而五，五而六，成六十四矣。孔子三而三之，則亦六十四矣。先生畫二圖而合之。夫生卦之序，士子之常談也；至於伏羲一加之，孔子三加之，生序先後，無不脗合，則發自先生也，此一變也。夫子三而三之，相蕩爲六十四，士子之常談也；以八卦三爻各三變，各爲八卦，爲六十四，則發自先生也，此第二變也。一卦盡六爻之變，爲四千九十六卦，此士子之常談也；以六畫之上再加六畫，即與四千九十六變合且以制用者，則發自先生也，此第三變也。嗚呼！盡之矣！先生曰：「義理無窮，安知此外更無變乎？姑藏之以俟精深君子焉可也。」

嘉靖乙巳閏正月三日，門人張思靜拜書

卦爻三變　苑洛韓邦奇輯

第一卦變

伏羲畫卦加一而至六，夫子相蕩自三而加三，亦爲六。至宋，邵子復明伏羲之本旨，然自一而二，自二而三，自三而四，自四而五，自五而六，其六十四卦之生序，與夫子三上加三，無一而不同。先聖後聖，其義一也。故取二家，合而爲一，以便讀者之觀覽。

其生異，其成同；其本同，其末異。此羲、孔之畫也。

伏羲畫卦之序，當時人皆知之。至於卦畫止於六，人蓋不知。故夫子立相蕩之法，三倍而爲六，陰陽、仁義、剛柔，天地人之體用備矣。過此則義無取矣。此畫止於六也。

此篇以八卦爲經，六十四卦爲緯，六十四卦爲經，四千九十六卦爲緯。

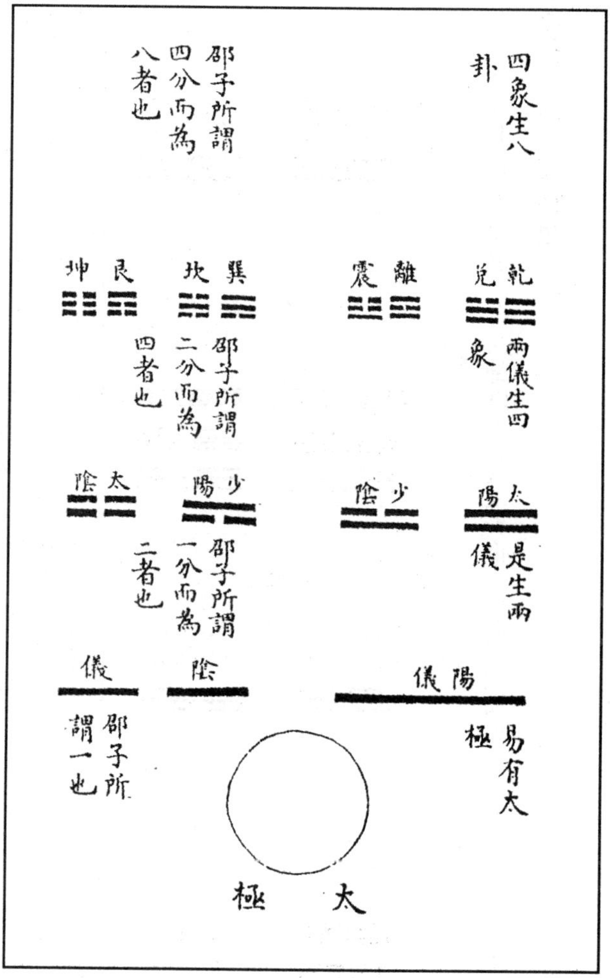

四象生八卦

邵子所謂四分而為八者也

乾 兌 離 震 巽 坎 艮 坤

兩儀生四象

邵子所謂二分而為四者也

太陽 少陰 少陽 太陰

是生兩儀

邵子所謂一分而為二者也

陽儀 陰儀

易有太極

邵子所謂一也

太極

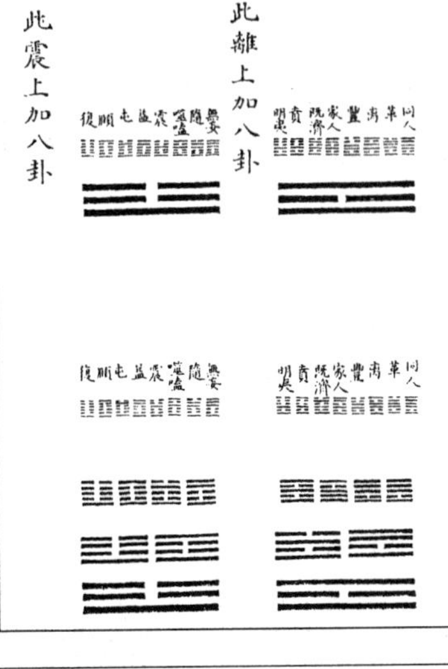

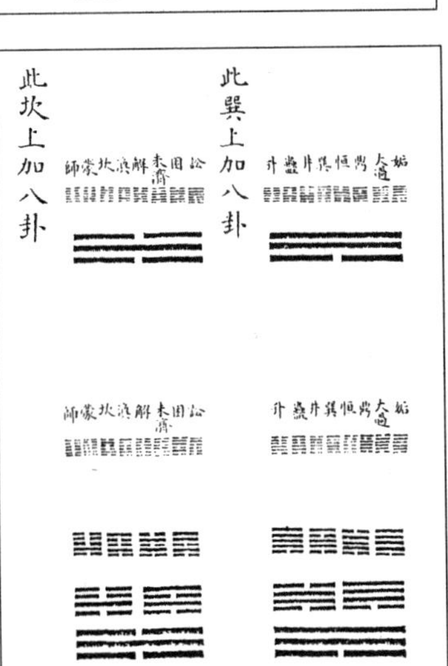

自八卦以上，其本同也。自八卦以下，其末異也。三而四，四而五，五而六，自三而即六，其生異也。自乾而坤，六十四卦之序無不同，其成同也。

第二卦變

夫子于八卦上各加八卦，成六十四卦，只是倍其三。今於八卦各三爻盡其變，每一卦可變八卦，亦成六十四卦。如：乾一爻變者三，二爻變者三，三爻變者一，並本卦爲八。各加乾卦之上，爲八卦。餘七卦準此。此因夫子相蕩、生卦之序而於卦變得之也。

☰

此乾之本卦，自小成乾卦而來。

乾卦一爻變者三，自小成乾卦而來。

乾卦二爻變者一，自小成乾卦而來。

乾卦三爻變者一，自小成乾卦而來。

此乾卦變爲八卦，與相蕩者合。即乾上加八卦也。

☱

此乾之二爻變者，自兌而來。

此乾之一爻變者，自兌而來。

此乾之三爻變者，自兌而來。

此乾之三爻變者，自兌而來。

此乾之二爻變者，自兌而來。

此乾之二爻變者，自兌而來。

此乾之四爻變者，自兌而來。

此乾之三爻變者，自兌而來。

此兌一卦變爲八卦。即兌上加八卦也。

此乾之二爻變者，自離而來。

此乾之三爻變者，自離而來。

此乾之一爻變者，自離而來。

此乾之三爻變者，自離而來。

此乾之二爻變者，自離而來。

此乾之四爻變者，自離而來。

此乾之二爻變者，自離而來。

此乾之三爻變者，自離而來。

此離一卦變爲八卦。即離上加八卦也。

此乾之四爻變者，自震而來。

此乾之三爻變者，自震而來。

此乾之三爻變者，自震而來。

此乾之五爻變者，自震而來。

此乾之二爻變者，自震而來。

此乾之四爻變者，自震而來。

此乾之四爻變者，自震而來。

此乾之三爻變者，自震而來。

此震一卦變爲八卦。即震上加八卦也。

☴

此乾之二爻變者，自巽而來。

此乾之三爻變者，自巽而來。

此乾之三爻變者，自巽而來。

此乾之一爻變者，自巽而來。

此乾之四爻變者，自巽而來。

此乾之二爻變者，自巽而來。

此乾之二爻變者，自巽而來。

此乾之三爻變者，自巽而來。

此巽一卦變爲八卦。即巽上加八卦也。

☵

此乾之四爻變者，自坎而來。

此乾之三爻變者，自坎而來。

此乾之五爻變者，自坎而來。

此乾之三爻變者，自坎而來。

此乾之四爻變者，自坎而來。

此乾之二爻變者，自坎而來。

此乾之四爻變者，自坎而來。

此乾之三爻變者，自坎而來。

此坎一卦變爲八卦。即坎上加八卦也。

此乾之四爻變者，自艮而來。

此乾之五爻變者，自艮而來。

此乾之三爻變者，自艮而來。

此乾之三爻變者，自艮而來。

此乾之四爻變者，自艮而來。

此乾之四爻變者，自艮而來。

此乾之二爻變者，自艮而來。

此乾之三爻變者，自艮而來。

此艮一卦變爲八卦。即艮上加八卦也。

此乾之六爻變者，自坤而來。

此乾之五爻變者，自坤而來。

此乾之五爻變者，自坤而來。

此乾之五爻變者，自坤而來。

此乾之四爻變者，自坤而來。

䷸此乾之五爻變者，自坤而來。

䷗此乾之四爻變者，自坤而來。

䷒此乾之三爻變者，自坤而來。

此坤一卦變爲八卦。即坤上加八卦也。

統而言之，一爻變者亦六，二爻變者亦十五，三爻變者亦二十，四爻變者亦十五，五爻變者亦六，六爻變者亦一。與啓蒙卦變相同。

第三卦變

於六十四卦上各加六十四卦，爲四千九十六卦。焦氏一卦變六十四卦，各有卦辭，其名稱亦各不同。朱子卦變則是每卦自一爻至六爻之變爲六十四卦，然止占三百八十四爻、六十四象，用不如焦氏之密。然朱子變爻，實本于焦氏變卦來。焦氏之卦變，聖人復起，不能易矣，蓋得羲、文之本旨。

焦氏於卦變得四千九十六，今則於每卦上加六十四卦，得四千九十六卦，此因焦、朱卦爻之變，而於相蕩得之也。

八卦小成矣，倍之爲六十四。及六十四卦大成矣，倍之得四千九十六，不倍則何以致用？此自然之數，非聖人有意而爲之。三者，三才也；六者，六德也。六者，體也，十二者，用也。陰陽、仁義、剛柔，是謂六德。

䷀乾之乾　此一卦即乾之本卦。

䷫乾之姤

䷌䷀乾之同人

䷉䷀乾之履

䷈䷀乾之小畜

䷍䷀乾之大有

䷪䷀乾之夬

以上六卦，即乾之一爻變者六。

䷠䷀乾之遯

䷅䷀乾之訟

䷸䷀乾之巽

䷱䷀乾之鼎

䷛䷀乾之大過

䷘䷀乾之无妄

䷤䷀乾之家人

䷝䷀乾之離

䷰䷀乾之革

䷼䷀乾之中孚

䷥䷀乾之睽

䷹䷀乾之兑

䷙䷀乾之大畜

䷄䷀乾之需

䷡䷀乾之大壯

以上十五卦，即乾之二爻變者十五。

䷋䷀乾之否

䷴䷀乾之漸

䷷䷀乾之旅

䷞䷀乾之咸

䷺䷀乾之渙

䷿䷀乾之未濟

䷮䷀乾之困

䷑䷀乾之蠱

䷯䷀乾之井

䷟䷀乾之恒

䷩䷀乾之益

䷔䷀乾之噬嗑

䷐䷀乾之隨

䷕䷀乾之賁

䷾䷀乾之既濟

䷶䷀乾之豐

乾之損

乾之節

乾之歸妹

乾之泰

以上二十卦，即乾之三爻變者二十。

乾之觀

乾之晉

乾之萃

乾之艮

乾之蹇

乾之小過

乾之蒙

乾之坎

乾之解

乾之升

乾之頤

乾之屯

乾之震

乾之明夷

䷒䷀乾之臨

以上十五卦，即乾之四爻變者十五。

䷖䷀乾之剥

䷇䷀乾之比

䷏䷀乾之豫

䷎䷀乾之謙

䷆䷀乾之師

䷗䷀乾之復

以上六卦，即乾之五爻變者六。

䷁䷀乾之坤

此即乾之六爻變者一。

䷀䷁坤之乾

䷪䷁坤之夬

䷍䷁坤之大有

䷡䷁坤之大壯

䷈䷁坤之小畜

䷄䷁坤之需

䷙䷁坤之大畜

䷊䷁坤之泰

以上八卦，即乾上加八卦。

䷉☷坤之履

䷹☷坤之兌

䷥☷坤之睽

䷵☷坤之歸妹

䷼☷坤之中孚

䷻☷坤之節

䷨☷坤之損

䷒☷坤之臨

以上八卦，即兌上加八卦。

䷌☷坤之同人

䷰☷坤之革

䷝☷坤之離

䷶☷坤之豐

䷤☷坤之家人

䷾☷坤之既濟

䷕☷坤之賁

䷣☷坤之明夷

以上八卦，即離上加八卦。

䷘䷁坤之无妄

䷐䷁坤之隨

䷔䷁坤之噬嗑

䷲䷁坤之震

䷩䷁坤之益

䷂䷁坤之屯

䷚䷁坤之頤

䷗䷁坤之復

以上八卦，即震上加八卦。

䷫䷁坤之姤

䷛䷁坤之大過

䷱䷁坤之鼎

䷟䷁坤之恒

䷸䷁坤之巽

䷯䷁坤之井

䷑䷁坤之蠱

䷭䷁坤之升

以上八卦，即巽上加八卦。

䷅䷁坤之訟

䷮䷁坤之困

䷿䷁坤之未濟

䷧䷁坤之解

䷺䷁坤之渙

䷜䷁坤之坎

䷃䷁坤之蒙

䷆䷁坤之師

以上八卦，即坎上加八卦。

䷠䷁坤之遯

䷞䷁坤之咸

䷷䷁坤之旅

䷽䷁坤之小過

䷴䷁坤之漸

䷦䷁坤之蹇

䷳䷁坤之艮

䷎䷁坤之謙

以上八卦，即艮上加八卦。

䷋䷁坤之否

䷬䷁坤之萃

䷢坤之晉

䷏坤之豫

䷓坤之觀

䷇坤之比

䷖坤之剥

䷁坤之坤

以上八卦，即坤上加八卦。

此即乾坤二卦之變，以見四千九十六卦之實。然乾之六十四卦，即乾六十四變也，而生卦之數在其中。坤之六十四卦，即八卦上各加八卦而生六十四卦，而卦變之數在其中。互見之也。

易林推用

苑洛韓邦奇　推著

京房易傳曰：「揲蓍布爻，用之于卜筮。」又曰：「四營而成易，十有八變而成卦。」則京氏之占驗，用蓍决也。

三百六十者，六甲相乘，自然之數也。去震、兑、坎、離二至二分之爻，爲三百六十，亦自然之數也。夫豈人爲之私哉？

一陽來復，其一歲之首乎！周之建子，其得天元之正乎！

上元甲子，曆紀之始也，其起元之首乎！起於坎中，終於坎中，一歲之常也。每歲過六爻，天體天運之自然也。一歲六，至十歲六十，六十歲三百六十，復於坎中起元，至三元則無餘分矣。知聖人神道設教，則知聖人先天而天弗違。

五行生，則造化發育之功具，而十數由之生。此數所以止於十也。天機至此而盡洩矣。宜乎！萬物莫逃於數也。萬物生於數，而數本於五行。

筮，無心也，隨遇而應。有心則私而應不孚矣。

歲本三百六十五日三時，止用三百六十者，六甲相乘，餘日置閏，非有增益也，自然之數也，就朔也。張子曰：「閏餘生於朔，不盡周天之數。」不易之論也。

易者，聖人先天之用也，天安得而違之？

天，無心也，無思也；易，無心也，無思也；筮，無心也，無思也。聖人後天而奉天時，故神而應也。

暑極則一陰生，寒極則一陽生。老不得變也。體天地之撰，發天地之秘者，易。而蓍者，傳易之精者也。京房傳曰：「陰極則陽來，陰消則陽長，衰則推，盛則戰。易上六：『龍戰於野，其血玄黃。』『玄』，天之色也，『黃』，地之色也，於是陰變而爲陽，坤轉而爲復矣。故曰『玄黃』」。

三百六十者，天盤之定位乎！至皆定於子。三百六十者，爻之數也，不足者，若右轉也。此與曆法不同。曆法：日行恰好，天行過一度。直爻歲少六爻。天盤運轉，當恰好處。

一甲者，六甲之數備矣。三百六十者，六甲之合數也。五行之生氣，猶父也。五行之成質，猶母也。一三五七九者，猶男也，二四六八十者，猶女也。

盈天地之間者，氣也，象也，不越乎消長耳。消者，受其克也，長者，受其生也。天地不能逃，而況於人乎！

直爻之用，有太極、陰陽、五行、萬物之象焉。自本而枝，自一而萬者也，廣矣，變矣，神矣。

神天下之用，存乎動。宰天下之動，存乎一。非變則莫能施。是故易尚變。

十一月初一日子時，甲子年甲子月甲子日甲子時。

直爻三百六十日。

每年三百六十五日零三時，六十八年行過三百四十日。三時之積，十七日，是爲一會，不及三日。七會，四百七十六年。

一會不及三日，七會二十一日。二十日加四年餘一日，以足三時之數，七會四百八十年爲一周，復以十一月朔起甲子，冬至起己卯。

每年過數，四日積一日。每會不及之數，每四日仍加一日，以足三時之數。

用復者，常理也；用坤之半者，月陰精也。陰不極則陽不生，聖人之意精矣，造化之理微矣。

上元甲子，數之紀也。四百八十年，會之終也。知幾者，其神乎！京氏窺其微而不知藏乎！

上元之後，歲之復也。寒凝愈甚者，可以識陽九之後矣。

陽道復矣，君子且潛者，時未至也。

圓圖者，甲子起子月中，朔上元甲子也。

横圖者，甲子起子月，中上古甲子也。

坎之中後十五爻爲初氣，即冬至。坎之六爻、艮之九爻爲二氣，即小寒。艮之十五爻爲三氣，即大寒。艮之十五爻爲四氣，即立春。艮之九爻、震之六爻爲五氣，即雨水。震之十五爻爲六氣，即驚蟄。震之十五爻爲七氣，即春分。震之六爻、巽之九爻爲八氣，即清明。巽之十五爻爲九氣，即穀雨。巽之十五爻爲十氣，即立夏。巽之九爻、離之六爻爲十一氣，即小滿。離之十五爻爲十二氣，即芒種。離之十五爻爲十三氣，即夏至。離之六爻、坤之九爻爲十四氣，即小暑。坤之十五爻爲十五氣，即大暑。坤之十五爻爲十六氣，即立秋。坤之九爻、兑之六爻爲十七氣，即處暑。兑之十五爻爲十八氣，即白露。兑之十五爻爲十九氣，即秋分。兑之六爻乾之九爻爲二十氣，即寒露。乾之十五爻爲二十一氣，即霜降。乾之十五爻爲二十二氣，即立冬。乾之九爻、坎之六爻爲二十三氣，即小雪。坎之十五爻爲二十四氣，即大雪。

每六氣後餘一日三時五十八分有奇，二十七氣共五日三時，歸於氣終。

易用七八九六之數。老變四十二，餘則六。四十八，餘則九。九六變則運交，少不變，七八爲十五，居中而各司其事，自然之理也。

水克火，土以制之，則水不能害；火生土，土以洩之，則生意微；金遇木爲仇，木遇火爲恩，土勝則水不能侵，兩土一木，木反爲恩。火得水而既濟，金得火而成從革之功。木得金而削棟梁之才。水得土而生物，生克制洩恩仇，勝者，吉凶平也。

初變者，直主用也。再變者，削洩勝也。三變者，生克恩仇也。

克主者爲大逆，主克者爲鬼賊。

再變之於主爲比德者，兄弟也。仇克者，大逆也。子得母而奪逆，主遇賊而助逆，母得子而制逆，吉凶較矣。

考當年之太歲，莫逃乎生克。

甲子金，乙丑金，丙寅火，丁卯火，戊辰木，己巳木，庚午土，辛未土，壬申金，癸酉金，甲戌火，乙亥火，丙子水，丁丑水，戊寅土，己卯土，庚辰金，辛巳金，壬午木，癸未木，甲申水，乙酉水，丙戌土，丁亥土，戊子火，己丑火，庚寅木，辛卯木，壬辰水，癸巳水，甲午金，乙未金，丙申火，丁酉火，戊戌木，己亥木，庚子土，辛丑土，壬寅金，癸卯金，甲辰火，乙巳火，丙午水，丁未水，戊申土，己酉土，庚戌金，辛亥金，壬子木，癸丑木〔一〕，甲寅水，乙卯水，丙辰土，丁巳土，戊午火，己未火，庚申木，辛酉木，壬戌水，癸亥水。

究占經之辭旨，可定乎吉凶。

初變而主爻之用卦生，再變而六十四卦定，三變而四千九十六卦備矣。

仍以直日之爻爲主，但非用卦無以生六十四卦。

一運之終，交代之期，用靜可也。獲恩德上吉，三吉則行之。

卦應支干，應辭善者三，吉也。

〔一〕原文爲「壬子水，癸丑水」，依六十甲子納音，當誤，徑改。

坎離震兌之用四十二，乾坤艮巽之用四十八，數盡則交。

坎之用，餘艮七十二，外則陰土也。坤亦陰也。離之用，餘巽七十二，外則陽土也。乾亦陽也。

初變者，直爻之用也。

如乾初一爻直日，變爲姤，則姤爲用爻。

三變者，太歲之用也。

於所變爻起甲子，至當年太歲干支，爲太歲之用爻。如筮得乾卦初爻，當年太歲是己巳，即以初爻起甲子，曆乙丑、丙寅、丁卯、戊辰，至六爻爲己巳，是太歲之用爻。視直日用爻生克以定吉凶。以甲子起太歲用爻，數至本月支干爲月將，又以甲子起，直日爻至筮時，爲時神。

三占而吉凶決矣。

用爻支干、太歲支干相生相剋，一也。用爻五行，三變卦爻五行相生相剋，二也。四千九十六變之卦辭，三也。

水運七十二，木運七十二，火運七十二，土運七十二，金運七十二。水雖克火，直日用爻，在火運其災稍減，又在水運，其災爲甚。水雖生木，直日用爻，在土運其福稍減，又在水運其福全備，是爲一輔。

卦爻正應者吉，反對者凶。

復與姤爲正應，復與夬爲反對，是爲二輔。

九居五爲天恩，六居二爲地德，九居四爲天囚，六居一爲地陷，是爲三輔。

傳曰：「定之以三占，考之以三輔」，此之謂也。

上元甲子，是年即十六年甲子十一月中，冬至起涣四爻，蓋甲子共三百六十，爻亦三百六十。每歲運，三百六十六日，多六日，多用六爻。積六十年則爲一周，蓋一年過六爻，十年過六十爻，六十年六六三百六十爻爲一周，復至涣起冬至。甲子乃朔日中氣戊寅。爻三百八十四，除坎爲冬至，震爲春分，離爲夏至，兌爲秋分，四卦不用，共三百六十爻，以直一歲之日。

四十三回自渙之四爻數起，至二百五十二畫履三爻，自履之四爻上起冬至，本年八月三十，豐卦二爻直日。

大抵一歲氣運三百六十五日零三時，曆家合四歲爲一日，今直三十，亦與一爻。至歲終，雖少一日，亦放一爻。免抽爻法，不如以一年多五日三時實算爲的。起數一以後天爲主。加卦起乾，乾上加乾，乾上加坎，乾上加艮，乾上加震，乾上加巽，乾上加離，乾上加兌，餘七卦皆然。但以本卦爲首，如坎則先加坎，然後加乾等七卦。

坎之屬

坎坎坎

乾坎訟

十五	十四	十三	十二	十一	初十
戊申	丁未	丙午	乙巳	甲辰	癸卯

二十四氣大雪

艮坎蒙

二十一	二十	十九	十八	十七	十六
甲寅	癸丑	壬子	辛亥	庚戌	己酉

震坎解

二十七	二十六	二十五	二十四	二十三	二十二
庚申	己未	戊午	丁巳	丙辰	乙卯

初氣冬至

巽坎渙

初三	初二	初一	三十	二十九	二十八
丙寅	乙丑	甲子	癸亥	壬戌	辛酉

離坎未濟

初九	初八	初七	初六	初五	初四
壬申	辛未	庚午	己巳	戊辰	丁卯

坤坎師

十五	十四	十三	十二	十一	初十
戊寅	丁丑	丙子	乙亥	甲戌	癸酉

二氣小寒

兌坎困

二十一	二十	十九	十八	十七	十六
甲申	癸未	壬午	辛巳	庚辰	己卯

艮之屬

艮艮艮　二十七庚寅　二十六己丑　二十五戊子　二十四丁亥　二十三丙戌　二十二乙酉

三氣大寒

乾艮遯　初三丙申　初二乙未　初一甲午　三十癸巳　二十九壬辰　二十八辛卯

坎艮蹇　初九壬寅　初八辛丑　初七庚子　初六己亥　初五戊戌　初四丁酉

震艮小過　十五戊申　十四丁未　十三丙午　十二乙巳　十一甲辰　初十癸卯

四氣立春

巽艮漸　二十一甲寅　二十癸丑　十九壬子　十八辛亥　十七庚戌　十六己酉

離艮旅　二十七庚申　二十六己未　二十五戊午　二十四丁巳　二十三丙辰　二十二乙卯

五氣雨水

坤艮謙　初三丙寅　初二乙丑　初一甲子　三十癸亥　二十九壬戌　二十八辛酉

兌艮咸　初九壬申　初八辛未　初七庚午　初六己巳　初五戊辰　初四丁卯

震之屬

震震震

乾震无妄　十五戊寅　十四丁丑　十三丙子　十二乙亥　十一甲戌　初十癸酉

六氣驚蟄

坎震屯　二十一甲申　二十癸未　十九壬午　十八辛巳　十七庚辰　十六己卯

艮震頤	二十七 庚寅	二十六 己丑	二十五 戊子	二十四 丁亥	二十三 丙戌	二十二 乙酉
			七氣春分			
巽震益	初三 丙申	初二 乙未	初一 甲午	三十 癸巳	二十九 壬辰	二十八 辛卯
離震噬嗑	初九 壬寅	初八 辛丑	初七 庚子	初六 己亥	初五 戊戌	初四 丁酉
坤震復	十五 戊申	十四 丁未	十三 丙午	十二 乙巳	十一 甲辰	初十 癸卯
						八氣清明
兌震隨	二十一 甲寅	二十 癸丑	十九 壬子	十八 辛亥	十七 庚戌	十六 己酉

巽之屬

巽巽巽		乾巽姤		坎巽井		艮巽蠱		震巽恒	
二十七	庚申	初三	丙寅	初九	壬申	十五	戊寅	二十一	甲申
二十六	己未	初二	乙丑	初八	辛未	十四	丁丑	二十	癸未
二十五	戊午	初一	甲子	初七	庚午	十三	丙子	十九	壬午
二十四	丁巳	三十	癸亥	初六	己巳	十二	乙亥	十八	辛巳
二十三	丙辰	二十九	壬戌	初五	戊辰	十一	甲戌	十七	庚辰
二十二	乙卯	二十八	辛酉	初四	丁卯	初十	癸酉	十六	己卯

九氣穀雨

十氣立夏

離巽鼎

二十七 庚寅 二十六 己丑 二十五 戊子 二十四 丁亥 二十三 丙戌 二十二 乙酉

十一氣小滿

坤巽升

初三 丙申 初二 乙未 初一 甲午 三十 癸巳 二十九 壬辰 二十八 辛卯

兌巽大過

初九 壬寅 初八 辛丑 初七 庚子 初六 己亥 初五 戊戌 初四 丁酉

離之屬

離離離

乾離同人

十五	十四	十三	十二	十一	初十
戊申	丁未	丙午	乙巳	甲辰	癸卯

十二氣芒種

坎離既濟

二十一	二十	十九	十八	十七	十六
甲寅	癸丑	壬子	辛亥	庚戌	己酉

艮離賁

二十七	二十六	二十五	二十四	二十三	二十二
庚申	己未	戊午	丁巳	丙辰	乙卯

十三氣夏至

巽離家人

初三	初二	初一	三十	二十九	二十八
丙寅	乙丑	甲子	癸亥	壬戌	辛酉

震離豐　初九 壬申　初八 辛未　初七 庚午　初六 己巳　初五 戊辰　初四 丁卯

坤離明夷　十五 戊寅　十四 丁丑　十三 丙子　十二 乙亥　十一 甲戌　初十 癸酉

十四氣小暑

兌離革　二十一 甲申　二十 癸未　十九 壬午　十八 辛巳　十七 庚辰　十六 己卯

坤之屬

坤坤坤　二十七 庚寅　二十六 己丑　二十五 戊子　二十四 丁亥　二十三 丙戌　二十二 乙酉

十五氣大暑

乾坤否　初三 丙申　初二 乙未　初一 甲午　三十 癸巳　二十九 壬辰　二十八 辛卯

坎坤比	初九 壬寅	初八 辛丑	初七 庚子	初六 己亥	初五 戊戌	初四 丁酉
艮坤剥	十五 戊申	十四 丁未	十三 丙午	十二 乙巳	十一 甲辰	初十 癸卯

十六氣立秋

巽坤觀	二十一 甲寅	二十 癸丑	十九 壬子	十八 辛亥	十七 庚戌	十六 己酉
震坤豫	二十七 庚申	二十六 己未	二十五 戊午	二十四 丁巳	二十三 丙辰	二十二 乙卯

十七氣處暑

離坤晉	初三 丙寅	初二 乙丑	初一 甲子	三十 癸亥	二十九 壬戌	二十八 辛酉

兌坤萃

初九 壬申
初八 辛未
初七 庚午
初六 己巳
初五 戊辰
初四 丁卯

兌之屬

兌兌兌

乾兌復

十五 戊寅
十四 丁丑
十三 丙子
十二 乙亥
十一 甲戌
初十 癸酉

十八氣白露

坎兌節

二十一 甲申
二十 癸未
十九 壬午
十八 辛巳
十七 庚辰
十六 己卯

艮兑損

二十七	二十六	二十五	二十四	二十三	二十二
庚寅	己丑	戊子	丁亥	丙戌	乙酉

十九氣秋分

巽兑中孚

初三	初二	初一	三十	二十九	二十八
丙申	乙未	甲午	癸巳	壬辰	辛卯

震兑歸妹

初九	初八	初七	初六	初五	初四
壬寅	辛丑	庚子	己亥	戊戌	丁酉

離兑睽

十五	十四	十三	十二	十一	初十
戊申	丁未	丙午	乙巳	甲辰	癸卯

二十氣寒露

坤兑臨

二十一	二十	十九	十八	十七	十六
甲寅	癸丑	壬子	辛亥	庚戌	己酉

乾之屬

乾乾乾	二十七 庚申	二十六 己未	二十五 戊午	二十四 丁巳	二十三 丙辰	二十二 乙卯

二十一氣霜降

坎乾需	初三 丙寅	初二 乙丑	初一 甲子	三十 癸亥	二十九 壬戌	二十八 辛酉
艮乾大畜	初九 壬申	初八 辛未	初七 庚午	初六 己巳	初五 戊辰	初四 丁卯
震乾大壯	十五 戊寅	十四 丁丑	十三 丙子	十二 乙亥	十一 甲戌	初十 癸酉

二十二氣立冬

巽乾小畜	二十一 甲申	二十 癸未	十九 壬午	十八 辛巳	十七 庚辰	十六 己卯

離乾大有	二十七	二十六	二十五	二十四	二十三	二十二
	庚寅	己丑	戊子	丁亥	丙戌	乙酉

二十三氣小雪

坤乾泰	初三	初二	初一	三十	二十九	二十八
	丙申	乙未	甲午	癸巳	壬辰	辛卯

兑乾夬	初九	初八	初七	初六	初五	初四
	壬寅	辛丑	庚子	己亥	戊戌	丁酉

如至曰：渙之四爻直日，用則變爲訟。如筮得訟第一爻，則爲履。是此渙之一爻，已可盡六十四卦。如筮得履三爻，變則爲乾。是此一爻，已可盡四千九十六卦。凡三變而占可定矣。發此一爻以見例。

如乾一爻變，則爲姤，用姤之一爻。二爻變，則爲遯，用遯之第二爻。三爻變則爲否，用否之第三爻。四爻變則爲觀，用觀之第四爻；五爻變則爲剥，用剥之第五爻。六爻變則爲坤，用坤之第六爻。四千九十六卦皆然。

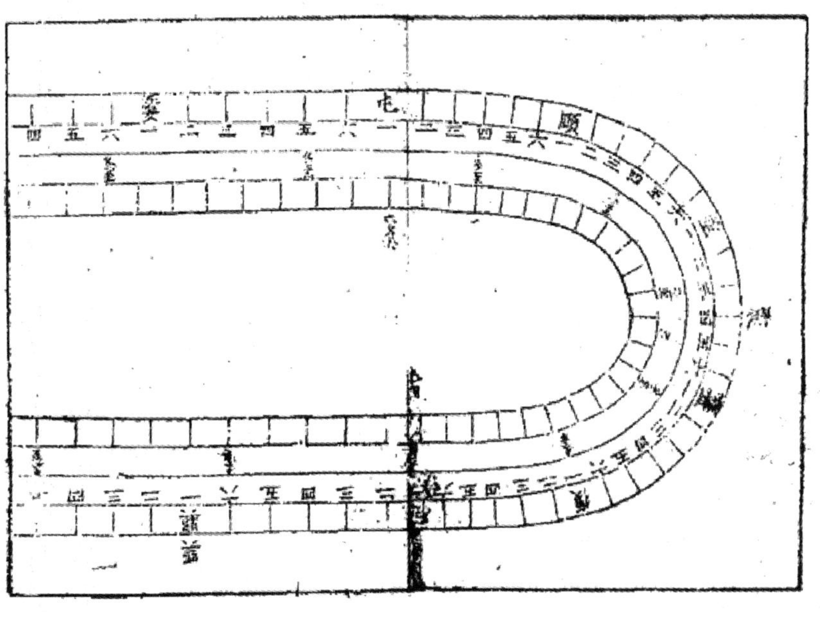
屯
頤

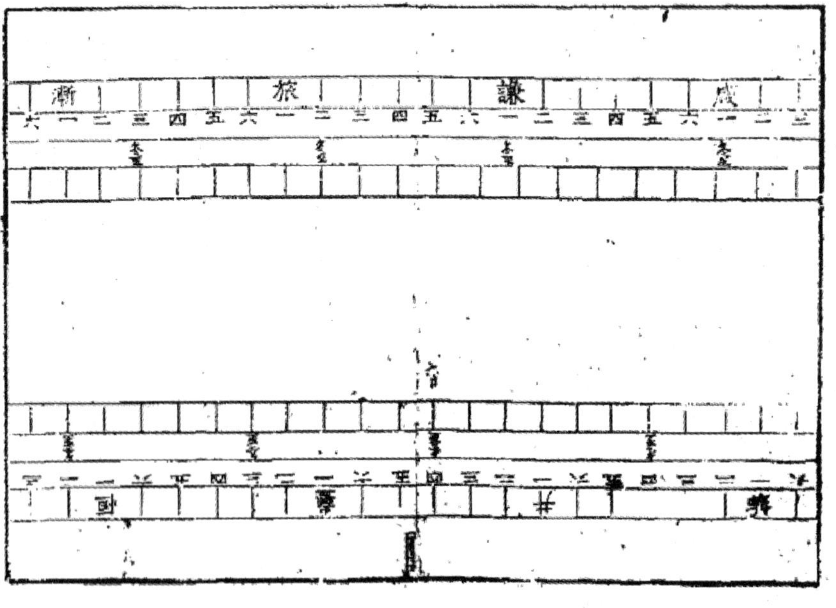
漸
旅
謙
咸
井
恒

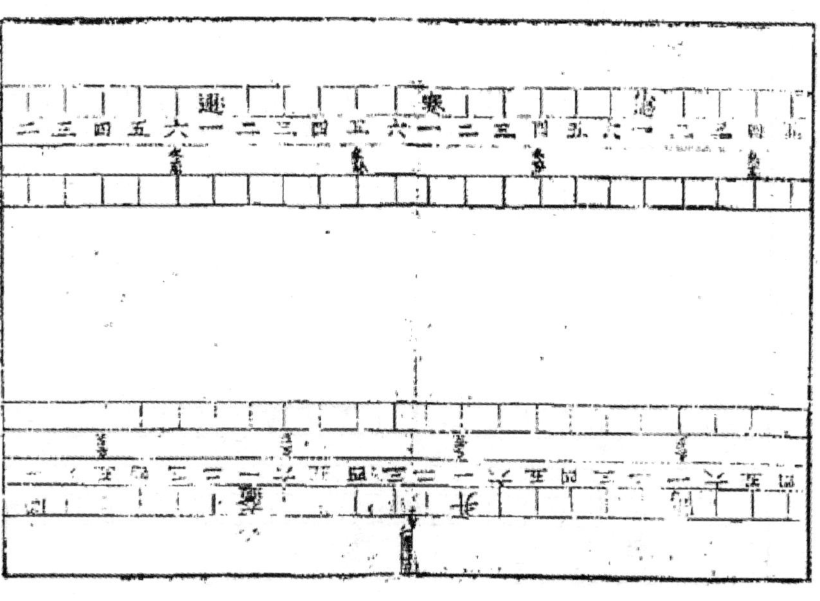

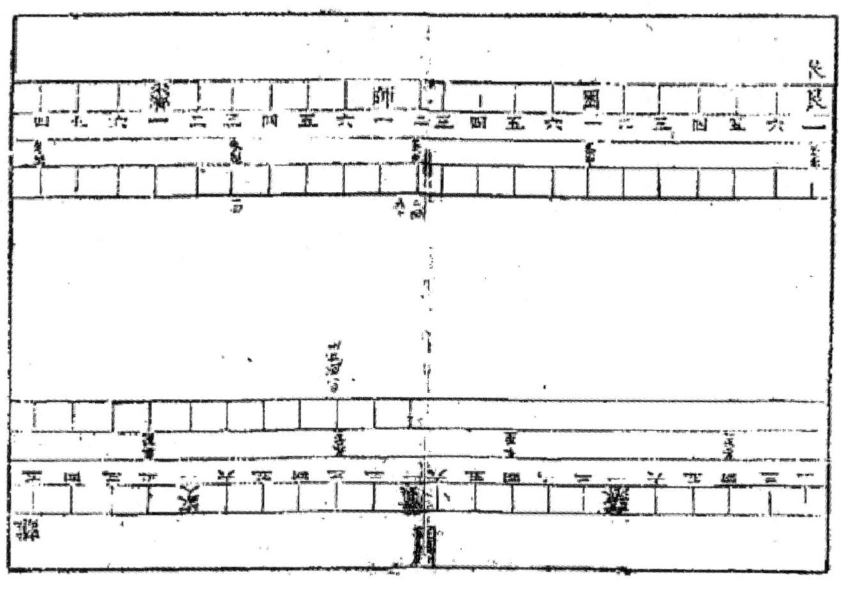

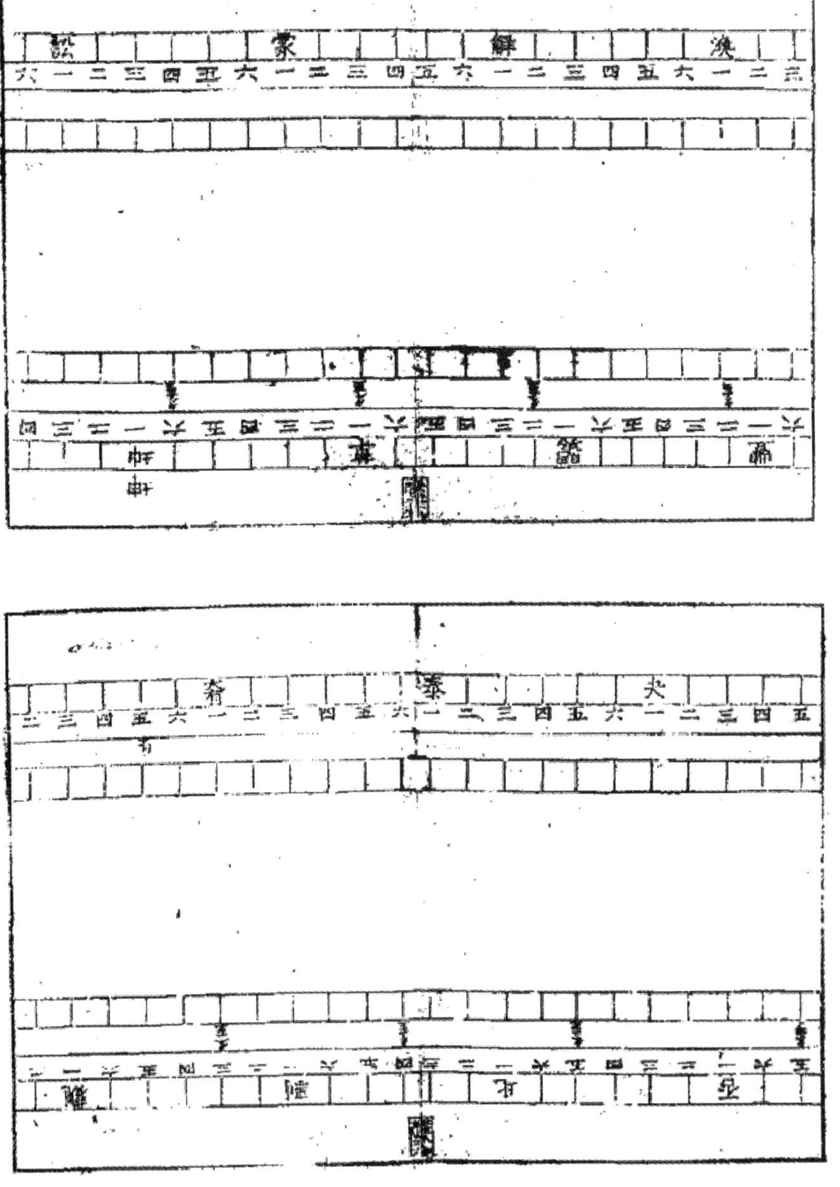
渙
蒙
訟
坤
泰
否

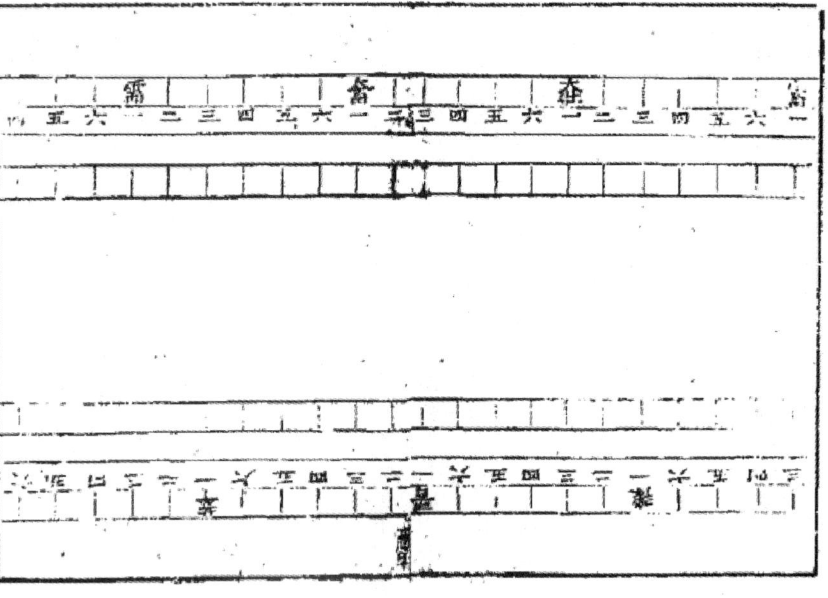

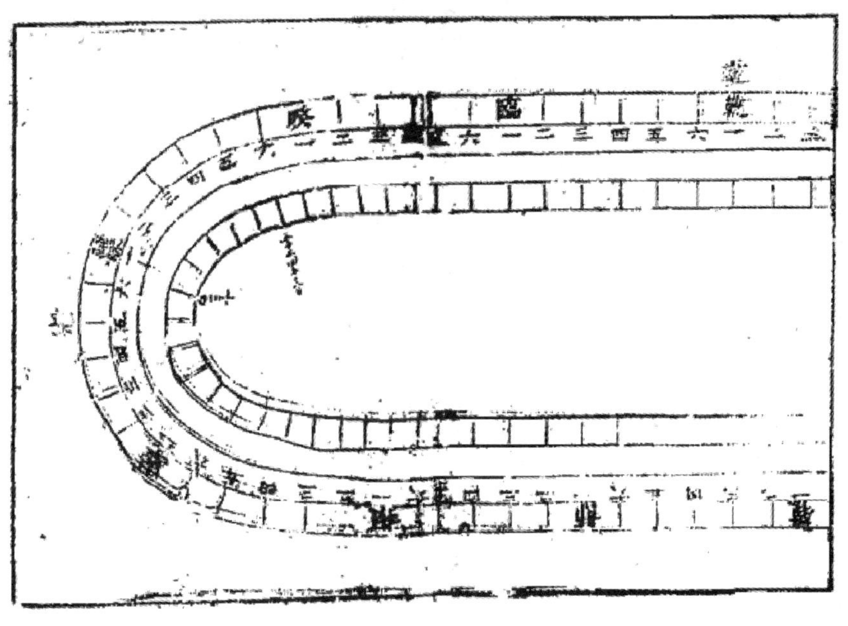

附録

朱彝尊經義考

易占經緯

四卷。

王賜紱序曰：「先生自入仕歷四十年，罷免里居者四，故士多從之遊。嘉靖己亥春，先生自撫晉歸，紱以易往就學焉。甲辰，先生起總河道，紱南宮不第，歸卒業門下，先生以占變語紱，且命以三百八十四變爲經，四千九十六變爲緯。經者，易爻辭；緯取易林以附之；占則一以孔子占變爲主。且曰：『易取變，爻皆九六，不變則七八也，易無七八之爻，何自而占？且與孔子之旨違焉。』紱乃與張子士榮次第成編。士榮者，先生外孫。」

卦爻要圖

一卷。

張思靜序曰：「苑洛先生里居，思靜往受易焉。先生曰：『孔子，大聖也。加數年可以學易，易豈易言哉！然欲學易，先以卦爻始。』取卦爻三變圖說授思靜。思靜拜手曰：『卦爻之變，盡於是矣。』伏羲之卦，自一而二、二而三、三而四、四而五、五而六，成六十四矣；孔子三而三之，則亦六十四矣；先生畫二圖而合之。夫生卦之序，士子之常談也；至於伏羲一加之、孔子三加之，生序先後，無不脗合，則發自先生也，此一變也。夫子三而三之，相蕩爲六十四，士子之常談也；以八卦三爻各三變，各爲八卦，爲六十四，則發自先生也，此第二變也。一卦盡六爻之變，爲四千九十六卦，此士子之常談也；以六畫之上，再加六畫，即與四千九十六變合，且以制用者，則發自先生也，此第三變也。嗚呼！盡之矣！先生曰：『義理無窮，安知此外更無變乎？姑藏之以俟精深君子焉，可也。』」

易林推用

未見。

邦奇自序曰：「五星連珠，日月合璧，所謂『七曜』齊元之法，數之始也。三百六十五日四分日之一，一歲，天運之全數也。微抄[二]不盡，餘數也。三百四十八，一歲，月運之數也。三百六十者，六甲相乘六甲之全數也。月、甲之數，非造化之正，而聖人兼取之者，乾坤之大用也；今夫端陽之日，非五氣之五日也，諸家之術，用之必驗。六甲非氣之全，自古紀數必用者，乾坤之用不可遺也。數雖萬變不齊，然實不過於三元，再倍而六，得全日三百六十六，雖曰日之所餘，曆不能齊，於全日無損焉。聖人倚數於此矣。是數也，以天運爲體，以月運紀年，以甲子紀日，歲餘三時，四餘益一，支干起於兩，上元之首，三百六十年，一運之始，推自坎中焉。直日之交，千歲可坐而致矣。爲京氏之學者，此其階也。」

言行錄：「邦奇，字汝節，朝邑人。正德戊辰進士，仕至南京兵部尚書。」

張雲章曰：「朝邑韓恭簡公，譚理學，負經濟，世稱苑洛先生，有性理三解行世，內啓蒙意見四卷，即易學疏原也。易

[二] 韓邦奇苑洛集卷一易林推用序作「秘」。

占經緯四卷，前列卦變圖，易占圖，焦氏易林占圖，易象、爻辭；　復有附録一卷，明卦爻三變及易林推用之法；　經緯云者，以三百八十四變爲經，四千九十六變爲緯；　經者，易爻辭，緯取焦氏易林附之。」

（朱彝尊經義考卷五十二　易五十一）

四庫全書總目　易占經緯提要

易占經緯　四卷　江蘇廵撫採進本

明韓邦奇撰，邦奇有易學啓蒙意見，已著録。兹編專闡卜筮之法，以三百八十四變爲經，四千九十六變爲緯。經者，易之爻辭，緯取焦氏易林附之。占則以孔子占變爲主，蓋言數而流於藝術者也。經義考載其門人王賜紱序，署此本不録。别有濟南金城序，殊不及原序之詳。

四庫全書總目子部術數類存目